珠江三角洲城市群年鉴

URBAN AGGLOMERATION IN THE PEARL RIVER DELTA YEARBOOK

2013

珠江三角洲城市群年鉴编纂委员会　编

廣東省出版集團
广东人民出版社
·广州·

图书在版编目（CIP）数据

珠江三角洲城市群年鉴. 2013 / 珠江三角洲城市群年鉴编纂委员会编.—广州：广东人民出版社，2013.10

ISBN 978-7-218-09058-0

Ⅰ.①珠… Ⅱ.①珠… Ⅲ.①珠江三角洲—城市群—2013—年鉴 Ⅳ.①Z526.5

中国版本图书馆CIP数据核字（2013）第242396号

ZHUJIANGSANJIAOZHOU CHENGSHIQUN NIANJIAN

珠江三角洲城市群年鉴（2013）

珠江三角洲城市群年鉴编纂委员会 编

出 版 人 曾 莹

责任编辑 柏 峰 陈其伟 林 冕
插页设计 广州市新角度广告有限公司
责任技编 周 杰

出版发行 广东人民出版社
地 址 广州市大沙头四马路10号（邮政编码：510102）
电 话 （020）83798714（总编室）
传 真 （020）83780199
网 址 http://www.gdpph.com
印 刷 深圳中华商务安全印务股份有限公司
书 号 ISBN 978-7-218-09058-0
开 本 787mm×1092mm 1/16
印 张 35 插页：26 字数：850千
版 次 2013年10月第1版 2013年10月第1次印刷
定 价 180.00元

《珠江三角洲城市群年鉴》编辑部
地 址：广州市启明横马路7号
电 话：020-87665153
电子邮箱：zsjcsq@163.com
邮政编码：510080
传 真：（020）87662941

编辑说明

1.《珠江三角洲城市群年鉴》是广州、深圳、珠海、佛山、江门、东莞、中山、惠州、肇庆9个城市合作组织编纂的年度资料性文献，创刊于2010年，重点反映珠江三角洲城市群落实《珠江三角洲地区改革发展规划纲要（2008~2020年）》的基本情况和一体化发展进程。

2.《珠江三角洲城市群年鉴》每年出版一卷，以出版年号为卷次名称，内容主要记述上一年度的基本资料。

3. 全书的框架结构分为三大部分。第一部分是地区综述，设“基本情况”“大事记”“区域协调”“合作交流”4个篇目；第二部分是各市发展，设“广州市”“深圳市”“珠海市”“佛山市”“江门市”“东莞市”“中山市”“惠州市”“肇庆市”9个篇目；第三部分是附属资料，设“统计资料”“珠江三角洲发展研究论文摘要”“文献法规”“泛珠江三角洲基本情况”4个篇目。各篇目下设分目、条目。条目是全书内容记述的主体，标题统一用黑体加【 】表示，个别包含多方面资料的条目在段落间加插楷体标题提示。

4. 全书前有目录，后有索引，方便读者查阅，并随书附送包含全部内容的数据光盘。

5. 为进一步增加信息量，增强可读性，2013年卷设有4辑彩色图片专辑，分别为“2012·习近平视察广东”“2012·珠江三角洲大事”“南沙、前海、横琴新区”“珠江三角洲九市风采”，图文并茂地反映各市日新月异的建设风貌。

6. 全书所载录的内容和数据，部分由珠江三角洲九市人民政府地方志办公室或地方综合年鉴编纂机构提供，部分由编辑部采集编写。文中如有数据与“统计资料”篇目的数据有出入，以广东省统计局提供的“统计资料”篇目数据为准。

目　录

CONTENTS

基本情况
BASIC SITUATION

■珠江三角洲概况
The Pearl River Delta Overview

■珠江三角洲地区经济社会发展概述
A Brief Introduction to Economic and Social Development of the Pearl River Delta

■《珠江三角洲地区改革发展规划纲要（2008～2020年）》实施情况

The Reform and Development of the Pearl River Delta Region Planning Framemork (2008~2020)Lmplementation

■组织机构

Institutional Framework

大事记（2012年）

A CHRONICLE OF MAJOR EVENTS IN 2012

区域协调

REGIONAL COORDINATING

■重要会议

Important Meeting

■制度创新

System Innovation

■规划计划

合作交流
COOPERATION AND COMMUNICATION

广州市
GUANGZHOU

珠海市
ZHUHAI

■体制改革

Structural Reform

■基础设施建设

Infrastructure Construction

■现代产业

Modern Industrial

■转型升级

Transformation and Upgrading

■城乡发展

Urban and Rural Development

■社会建设

Social Construction

江门市
JIANGMEN

■基本情况

Basic Situation

东莞市
DONGGUAN

■转型升级

Transformation and Upgrading

■城乡发展

Urban and Rural Development

■社会建设

Social Construction

中山市

ZHONGSHAN

■基本情况

Basic Situation

■生态环境

Ecological Environment

■体制改革
Structural Reform

■基础设施建设
Infrastructure Construction

■现代产业
Modern Industrial

■转型升级
Transformation and Upgrading

■城乡发展
Urban and Rural Development

■社会建设
Social Construction

肇庆市
ZHAOQING

■基本情况

■社会建设
Social Construction

统计资料
STATISTICAL DATA

珠江三角洲发展研究论文摘要
RESEARCH PAPERS IN THE PEARL RIVER DELTA DEVELOPMENT

文献法规
DOCUMENTS，LAWS AND REGULATIONS

泛珠江三角洲基本情况
BASIC SITUATION OF PAN-PEARL RIVER DELTA

主题索引
SUBJECT INDEX

2012·珠江三角洲数字

土地面积：54754平方千米

年末常住人口：5689.64万人

城镇人口：4770.19万人

年末从业人员：3638.83万人

地区生产总值：47779.56亿元

　第一产业：983.24亿元

　第二产业：22084.62亿元

　　工业：20731.70亿元

　第三产业：24711.70亿元

三次产业结构：2.1∶46.2∶51.7

人均生产总值：84355元

地区生产总值占全省比重：79.1％

公路通车里程：58590千米

轨道交通营运里程：413千米

港口货物吞吐量：10.88亿吨

邮电业务总量：1730.31亿元

本地电话年末用户：2295.29万户

移动电话年末用户：9573.16万户

全社会固定资产投资：13974.24亿元

房地产开发投资：4483.67亿元

社会消费品零售总额：16552.69亿元

出口总额：5477.09亿美元

进口总额：3956.56亿美元

实际外商直接投资额：215.53亿美元

地方财政一般预算收入：4129.09亿元

地方财政一般预算支出：4798.40亿元

城乡居民储蓄存款余额：35646.70亿元

中外资金融机构本外币存款：91585.24亿元

中外资金融机构本外币贷款：60568.45亿元

贺州市
广西壮族自治区
梧州市
怀集县
广宁县
封开县
德庆县
郁南县
四会市
清新县
清远市
清远市
云安县
肇庆市
高要市
鼎湖区
三水区
佛山市
南海区
禅城区
高明区
鹤山市
江门市
江海区
新会区
开平市
台山市
恩平市
云浮市
云浮市
罗定市
新兴县
阳春市
阳东县
阳江市
阳西县
阳江市
茂名市
茂名市
茂名市
花都区
荔湾区
顺德区
斗门区

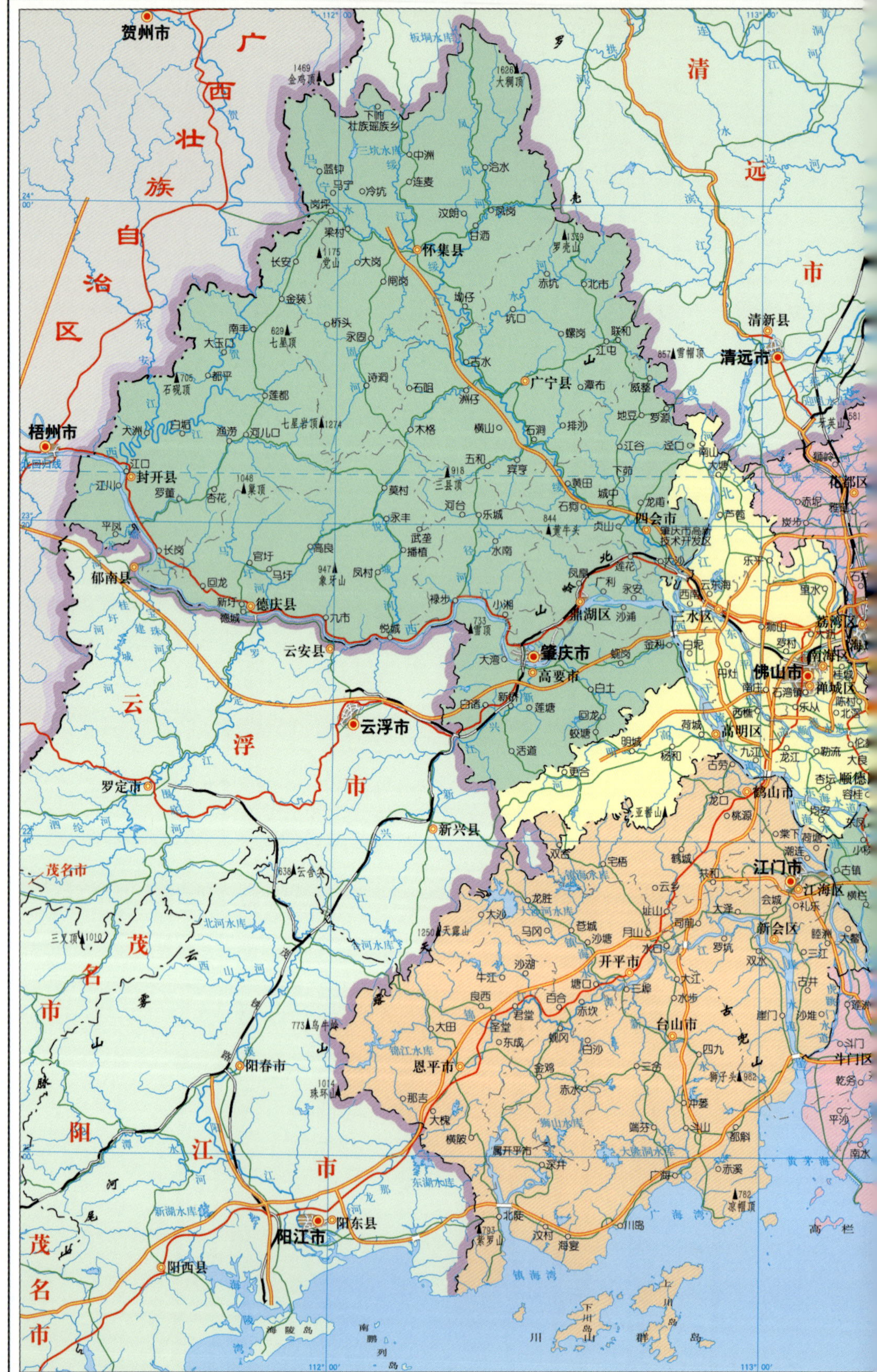

广东省地图院 编制

注：本图界线不作权属争议依据

▲ 2012年12月8日，中共中央总书记、中央军委主席习近平在深圳莲花山公园与老同志亲切交谈

（新华社 摄）

▲ 2012年12月8日，中共中央总书记、中央军委主席习近平在深圳莲花山公园与群众在一起

（广东省档案局供稿）

▲ 2012年12月8日，中共中央总书记、中央军委主席习近平视察中航通用飞机有限公司珠海基地

（珠海年鉴社供稿）

▲ 2012年12月9日，中共中央总书记、中央军委主席习近平在广东省顺德黄龙村老人活动中心与在此休闲的村民交谈

（佛山年鉴社供稿）

▲ 2012年12月9日，中共中央总书记、中央军委主席习近平在广东省顺德黄龙村老百姓家中了解村民生活居住情况

(佛山年鉴社供稿)

▲ 2012年12月9日，中共中央总书记、中央军委主席习近平在广东省顺德黄龙村向学生赠送工具书和学习用具

(佛山年鉴社供稿)

▲ 2012年8月25日，中共中央政治局常委、国务院总理温家宝(中)在东莞三星视界有限公司听取企业负责人介绍情况

(张村城 摄)

▲ 2012年5月18日，中共中央政治局委员、中宣部部长刘云山(右二)视察深圳文博会展区

(区坚强 摄)

▲ 2012年4月19日，中共中央政治局委员、广东省委书记汪洋(中)考察深圳市钟表行业协会

(区坚强 摄)

▲ 2012年12月26日，中共中央政治局委员、广东省委书记胡春华到东莞市调研。图为胡春华(右二)在东莞市以纯集团有限公司了解企业情况

(张村城 摄)

▲ 2012年8月7日，广东省省长朱小丹到东莞市调研珠江三角洲城际轨道交通建设情况。图为朱小丹(左二)在道滘莞惠项目东莞水道特大桥工地考察 (郑家雄 摄)

◀ 2012年11月28日，第三届广东珠三角咸水歌会在广州市海珠湿地公园(一期)北广场举行 (广州市供稿)

▲ 2012年5月7日，南沙、前海、横琴三地合作协议签约 （广州市南沙区供稿）

▶ 2012年1月11日，“青企齐携手，助推‘两区引领两化’战略推介会暨珠三角青年企业家新春嘉年华”活动在肇庆市举行

（共青团肇庆市委供稿）

▶ 2012年 9月 29日，广州·台北民间文化交流演唱会在广州举行

（广州市总工会供稿）

▲ 2012年7月31日，港珠澳大桥珠海连接线项目开工 (珠海年鉴社供稿)

◀ 2012年9月26日，深圳·佛山产业链对接合作洽谈会在佛山举行

(佛山年鉴社供稿)

▶ 2012年4月16~17日，深圳市党政代表团赴珠海、中山、江门考察

(区坚强 摄)

▲ 2012年9月19日，广州首个港澳巴士直通车站启用 （广州港务局供稿）

▲ 2012年4月14日，“广东·澳门周”江门站开幕仪式在江门举行。图为澳门特别行政区行政长官崔世安(右六)等主礼嘉宾共同推杆启动开幕式 (江门市供稿)

▲ 2012年9月28日，第三届广佛肇一体化发展理论研讨会在肇庆市召开

（肇庆市供稿）

◀ 2012年9月12日，广佛肇在内蒙古鄂尔多斯举行旅游推介会签约仪式

（广州市旅游局供稿）

▶ 2012年12月18日，广佛两地商会及企业家齐聚佛山，探讨两地合作交流，并签署《合作联盟框架协议书》

（佛山年鉴社供稿）

▲ 2012年10月27日，广佛肇高速公路(肇庆段)奠基　　(刘春林 摄)

▼ 2012年3月20日，广佛肇经济圈第三次市长联席会议在肇庆市召开　　(佛山年鉴社供稿)

▲ 2012年2月21日，东莞市党政代表团赴深圳考察学习。图为在深圳光启高等理工研究院，省委常委、深圳市委书记王荣向徐建华、袁宝成一行介绍情况 （郑琳东 摄）

▲ 2012年9月18日，莞韶、莞惠产业园商机推介会在东莞召开 （东莞市供稿）

◀ 2012年6月4日，梅州市党政考察团访问珠海 （珠海年鉴社供稿）

▲ 2012年11月13日，第九届中国国际航空航天博览会在珠海开幕 （珠海年鉴社供稿）

▶ 2012年12月30日，第四届珠中江进出口商品展销会在江门市开幕

（江门市供稿）

◀ 2012年4月17日，珠中江区域紧密合作第五次党政联席会议在中山市召开，珠海、中山、江门三市共同签署《推进珠中江区域紧密合作框架协议》

(中山市供稿)

▼ 2012年10月18日，第11届中国·古镇国际灯饰博览会暨LED应用展在中山市古镇开幕

(中山市供稿)

▶ 2012年7月6日，2012年第七届中国(中山)装备制造业博览会暨首届节能环保与新能源产业博览会在中山市开幕

(中山市供稿)

◀ 2012年11月2~3日，第四届珠中江健康产业交流合作会在中山市召开，珠海、中山、江门三市食品药品监督管理局及餐饮食品、药品、医疗器械、保健食品、化妆品生产经营龙头企业、骨干企业代表100多人与会 (中山市供稿)

▼ 2012年12月27日，珠中江区域紧密合作第六次党政联席会议在江门市举行，珠海、中山、江门三市人民政府共同签订《推进珠中江城市(镇)供水水源同网框架协议》，三市旅游部门签订《珠中江深化区域旅游合作备忘录》

(江门市供稿)

▲2012年12月29日，广珠铁路开通运营 （广铁集团供稿）

▼2012年12月31日，广珠城际铁路珠海北至珠海段正式开通。图为珠海站 （广铁集团供稿）

基本情况

珠江三角洲概况

【自然地理】 珠江三角洲位于广东省中南部，地处北回归线以南，是中国南亚热带最大的冲积平原。

珠江三角洲旧称粤江平原，面积约1万平方千米，是由西江、北江、东江以及增江、流溪河、高明河、潭江等在溺谷湾内合力冲积而成的复合三角洲，以珠江干流的黄埔至虎门河段为界，西部的西、北江三角洲为珠江三角洲的主体部分，占珠江三角洲总面积的93.4%。

珠江三角洲基底为古生界变质岩系。燕山运动和喜马拉雅山运动形成的NE向、MW向、EW向断裂，围限成珠江三角洲中、新生代构造盆地，与周围的龙归盆地、三水盆地、潭江盆地、东莞盆地，合成广义的珠江三角洲盆地。盆地内堆积白垩系和第三系陆相碎屑岩、火山碎屑岩、细粒层凝灰岩等；第四系盖层为中更新统河床相砂砾层，晚更新统河流相、河口湾—三角洲相碎屑沉积及其风化壳等，平均厚度约30米，由陆向海增加。

珠江三角洲地势低平，可分为4个地貌类型：中部、北部高围田、高沙田（高平原），占总面积51.2%；南部近海的中沙田、低沙田（低平原），占总面积25.0%；西北的塱田（积水地），占总面积6.6%；人工地貌桑基鱼塘及蔗基鱼塘（基水地），分布在顺德及其附近，占总面积17.2%。平原上散布160多个海拔300~500米的岛丘，多为三角洲沉积前古海湾中的岛屿，如五桂山、西樵山、莲花山等。

珠江三角洲河网密布，主要水道共105条，长1738千米。珠江水量大、含沙量小，多年平均径流量3412亿立方米，各支流进入珠江三角洲后，62.5%的水量和50.9%的沙量经东四口门（虎口、蕉口、洪奇沥、横门）流入伶仃洋，37.5%的水量和49.1%的沙量经西四口门（磨刀门、鸡啼门、虎跳门、崖门）流入黄茅海。珠江三角洲平均每年接纳泥沙8336万吨，其中约20%沉积在三角洲内，80%淤积在八大口门之外的海域中。

珠江三角洲属南亚热带湿润季风气候，终年高温，降水丰沛，水热季节配合好。年日照时数为1900~2000小时，年平均气温21℃~22℃，最热月平均气温28.2℃，最冷月平均气温12.5℃~12.7℃，全年实际有霜日期在3天以下。年降水量1600~2000毫米，降水以夏季最多，每年4~9月为雨季，降水量约占全年的80%左右，降水年变化呈双峰型，最高峰在6月，次高峰在8月。各大支流汛期错开，但夏秋多台风，洪涝威胁大。

珠江三角洲地带性植被为南亚热带常绿阔叶季雨林，种类组成以热带科为主。受人类干扰，自然植被少，局部村边保留榕树、红鳞蒲桃、鸭脚木、越南山龙眼组成的半常绿季雨林，丘陵地主要分布马尾松、岗松、桃金娘和鹧鸪草组成的疏林。

珠江三角洲的土壤主要有水稻土、堆叠土、赤红壤等。在南亚热带湿润季风气候和生物因子的长期作用下，红色风化壳深厚，土壤呈酸性，缺乏盐基物质，富铝化作用明显。

【资源物产】 珠江三角洲的土地资源类型多样。据统计，珠三角地区共有土地资源546.76万公顷，其中农用地425.89万公顷，

珠江三角洲自然保护区

保护区名称	行政区域	面积（公顷）	主要保护对象	类型	级别
内伶仃岛-福田	深圳市宝安区、福田区	815	猕猴、鸟类、红树林湿地生态系统	海洋海岸	国家级
淇澳-担杆岛	珠海市	7363	红树林	海洋海岸	省级
珠江口中华白海豚	珠海市	46000	中华白海豚及其生境	野生动物	国家级
古兜山	台山市	11567	天然次生林	森林生态	省级
江门台山中华白海豚	台山市	10748	中华白海豚及其生境	野生动物	省级
上川岛猕猴	台山市	2232	猕猴及其生境	野生动物	省级
七星坑	恩平市	8060	亚热带原始次生林	森林生态	省级
鼎湖山	肇庆市鼎湖区	1133	南亚热带常绿阔叶林及珍稀动植物	森林生态	国家级
大稠顶	怀集县	3761	南亚热带常绿阔叶林及珍稀动植物	森林生态	省级
怀集桥头燕岩	怀集县	923	燕岩地质地貌	地质遗迹	省级
三岳	怀集县	6762	南亚热带常绿阔叶林及珍稀动植物	森林生态	省级
黑石顶	封开县	4186	南亚热带常绿阔叶林	森林生态	省级
西江珍稀鱼类	封开县	1914	水生野生动物	野生动物	省级
西江烂柯山	高要市	7962	南亚热带常绿阔叶林及珍稀动植物	森林生态	省级
大亚湾水产资源	惠州市	98500	海洋水产资源	野生动物	省级
罗浮山	博罗县	9828	森林生态系统和野生动物	森林生态	省级
象头山	博罗县	10697	森林生态及野生动植物	森林生态	国家级
古田	惠东县	2189	亚热带常绿阔叶林及珍稀动植物	森林生态	省级
惠东港口海龟	惠东县	800	海龟及其产卵繁殖地	野生动物	国家级
莲花山白盆珠	惠东县	4127	湿地生态系统及珍稀动植物	内陆湿地	省级
南昆山	龙门县	6666	南亚热带季风常绿阔叶林、珍稀动植物	森林生态	省级

占总面积的77.89%；建设用地82.65万公顷，占总面积的15.12%。在农用地中，林地275.64万公顷，耕地78.28万公顷，园地30.35万公顷，牧草地0.32万公顷，其他农用地41.3万公顷。

珠江三角洲水资源丰富。2012年，珠江三角洲降水量2030.1毫米，水资源总量605.89亿立方米，其中地表水资源量602.24亿立方米，地下水资源量137.2亿立方米，地表与地下水资源不重复量3.87亿立方米，供水总量225.32亿立方米，用水总量181.87亿立方米。至年底，珠江三角洲有保护区9个，源头水保护区河段6个，中华白海豚自然保护区1个，水库保护区2个（流溪河水库、深圳水库保护区）。珠江三角洲河流开发利用程度比较高。

珠江三角洲矿产种类多、规模小。共有矿床140处，矿产种类46种，其中大型矿床23处，主要矿产有金、银、铌、钽、水泥用灰岩、建筑用石料、石膏、盐矿、矿泉水、地下热水等。非金属矿产资源为珠江三角洲的优势矿产资源，共有矿床53处，主要有高岭土、石灰岩、膨润土、硅质原料、石膏、萤石、大理岩与砂石等。珠江三角洲的能源矿床共39处，以泥炭最多，其次是地热水、矿泉水和煤。珠江三角洲金属矿床48处，主要有铷、褐铱铌矿、独居石等。

珠江三角洲常见植物有500多种，分属130多科、373属，其中纯热带性属占42%，泛热带性属占11%。常见乔木有榕树、蒲桃、胭脂木、红锥、中华锥、厚壳桂、黄桐、假苹婆、香樟、山乌桕、谷木、猴耳环、橄榄等。主要灌木有九节、栀子、毛果算盘子、细叶五月茶、箬竹、罗伞树、车轮梅、红背山麻杆等。草本植物有扇形铁线蕨、沙皮蕨、狗脊、淡竹叶、莨草、弓果黍、山姜、乌毛蕨等。藤本植物有瓜馥木、小叶买麻藤、爬崖藤等。珠江三角洲动物以热带性广布种为主，食肉动物极少，代表性动物有树蛙科、蜥蜴科、山鹧鸪等。利用丰富的农业生物资源，珠江三角洲已发展成为我国重要的粮食、蔗糖、桑蚕、塘鱼、水果、花卉、蔬菜、家禽生产和出口基地。

珠江三角洲的海洋资源优势主要在于港口、旅游和滩涂。大陆海岸线长715.3千米，包括伶仃洋、磨刀门、广海—镇海湾三个岸段。大型港口区有大亚湾、荃湾、马鞭洲、秤头角、盐田、蛇口—大铲湾、沙田、沙角、黄埔、新沙、南沙、桂山、高栏、台山等。沿海主要港口与码头货物年吞吐量10.58亿吨，货物周转量8269.29亿吨公里。已建设品清湖、莲花山、情侣路、横琴岛、崖门炮台、宝安等重点风景旅游区。珠江三角洲每年海水产品产量70万吨，重要渔港有新湾、新垦、莲花山、崖门、沙堤等，重点养殖区有考洲洋、范和港、大亚湾、长沙湾、北山、横琴岛南部、赤溪东部、广海湾等。

【行政区划】 2012年，珠江三角洲包括珠江沿岸的广州、深圳、珠海、佛山、惠州、东莞、中山、江门和肇庆9个地级市，下辖31个市辖区、8个县级市、7个县，共有268个街道办事处、2个民族乡，土地总面积5.47万平方千米。

【历史沿革】 自然地理学中的珠江三角洲，一般是指西江羚羊峡以下、北江芦苞以下、东江石龙以下、流溪河江村以下、潭江开平以下的珠江平原（包括部分丘陵台地），陆地面积1万多平方千米，称为“小珠江三角洲”。也有学者将肇庆盆地、清远盆地、惠阳盆地、广花平原、潭江盆地划入，称为“大珠江三角洲”。

1985年1月，国务院提出把珠江三角洲开辟为沿海开放区，先“小三角”，后“大三角”，分步骤、有计划地安排。珠江小三角经济开放区包括佛山、江门、中山、东莞4市和番禺、增城、南海、顺德、高明、新会、开平、恩平、泰山、鹤山、宝安、斗门12县。1986年，广东省又将三水县划入。小三角经济开放区陆地面积2.28万平方千米。

1987年12月，经国务院同意，广东省决定将珠江三角洲经济开放区的范围由“小三角”扩大为“大三角”，纳入花县、从化、高要、四会、广宁、惠阳、惠东、博罗8县。至此，大三角经济开放区共7市21县，陆地面积4.26万平方千米。

1994年10月8日，中共广东省委在七届三次全会上提出设立珠江三角洲经济区。珠江三角洲经济区包括广州、深圳、珠海、佛山、江门、中山、东莞7市，惠州的惠城、惠阳、惠东、博罗，肇庆的端州、鼎湖2区和高要、四会2县级市，陆地面积4.17万平方千米。后来，珠三角经济区的范围被调整扩大为广州、深圳、佛山、珠海、东莞、中山、惠州、江门、肇庆9市，陆地面积4.52万平方千米。

2003年7月，中共广东省委首先正式提出“泛珠三角”的概念。2004年6月，首届“泛珠三角区域合作与发展论坛”召开，“泛珠三角”11省（区）政府领导共同签署《泛珠三角区域合作框架协议》。“泛珠三角”包括珠江流域地域相邻、经贸关系密切的福建、江西、广西、海南、湖南、四川、云南、贵州和广东9省（自治区），以及香港、澳门2个特别行政区，简称“9+2”。“泛珠三角”陆地面积200.6万平方千米。

2008年12月，国家发展和改革委员会发布《珠江三角洲地区改革发展规划纲要（2008~2020年）》，规划范围以广东省的广州、深圳、珠海、佛山、江门、东莞、中山、惠州和肇庆市为主体，辐射泛珠江三角洲区域，并纳入与港澳紧密合作的相关内容。

2009年6月，广东省政府发布《关于加快推进珠江三角洲区域经济一体化的指导意见》，明确提出以交通一体化为先导，以广州、佛山同城化为示范，省市联手推进基础设施、产业发展、环保生态、城市规划、公共服务一体化。

2011年4月，广东省政府在《广东省国民经济和社会发展第十二个五年规划纲要》中提出推进主体功能区建设，优化提升珠三角。对人口密集、开发强度偏高、资源环境负荷偏重的珠三角核心区域要优化开发。坚持政府推动、市场主导，突破体制障碍，强化统筹协调，整合内部资源，推进珠三角经济一体化取得实质性进展，全面提升珠三角整体竞争力。

【人口】 珠江三角洲人口数量多、密度大，城镇人口比重大，外来人口多，文化教育基础较好。2012年末珠江三角洲常住人口5689.64万人（其中城镇人口4770.19万人），户籍人口3105.01万人。人口密度为1039人/平方千米，是广东省平均人口密度近2倍，其中深圳市人口密度高达5282人/平方千米。户籍人口中，非农业人口2246.37万人，占72.35%；农业人口850.82万人，占27.4%。2012年，珠江三角洲从业人员年末人数为3638.33万人，其中，第一产业358.71万人，第二产业1875.38万人，第三产业1404.74万人。由于劳动力不足，每年吸引大量青壮年劳动力前来就业。

【民族】 珠江三角洲的居民以汉族为主，汉族人口比重超过98.2%，少数民族人口不到1.8%。主要的少数民族有壮、回、满、瑶、苗、黎、畲等。珠江三角洲古为百越族居地，土著民族大部分已被汉化，一部分发展成壮、瑶、畲等少数民族。如今，珠江三角洲的少数民族多分布在城市。据第六次全国人口普查统计，2010年广东省少数民族人口206.34万人，户籍人口近一半，其中三分之一分布在3个民族自治县和7个民族乡，六分之一居住在城市，二分之一散居在50多个市、县；外来少数民族常住人口占一半多，主要分布在广州、深圳、佛山、东莞、江门、中山、惠州等珠江三角洲城市。珠江三角洲有2个民族乡，分别为怀集县下帅壮族瑶族乡、龙门县蓝田瑶族乡。其中，蓝田瑶族乡是广东省最大的少数民族乡，有瑶族居民近万人。

【语言】 珠江三角洲居民主要使用粤方言，俗称白话、广东话，属汉藏语系汉语族的声调语言。粤方言可分为：粤海片，也称广府片，以广州为代表，在粤语中影响最大；四邑片，以台山为代表；莞宝片，通行于东莞及宝安，以莞城为代表；香山片，通行于中山、珠海（斗门除外），以石岐为代表。各片小有差别，其中四邑片与粤海片差异最大。珠江三角洲客家方言主要分布在花都、东莞、惠东、惠阳、龙岗、中山五桂山等地。珠江三角洲外来打工者一般使用普通话。由于普通话为学校教学语言，大部分珠江三角洲居民均能听懂、并与人交流。壮族、瑶族聚居区使用壮语、瑶语等本民族语言，增城、博罗的畲族使用山瑶话。

【地域文化】 珠江三角洲是广府文化核心区，发展历史悠久，市场经济发达，文化水平较高，地域文化独具特色。一方面，珠江三角洲的居民传承了南越人的土著风俗，如善水、使用舟楫、嗜食水产、尚鬼敬神等；另一方面，又博采中原文化、港澳文化、西方文化等外来文化之长，形成了商品意识重、不拘泥历史、敢于冒险开拓、善于接受新鲜事物等特点。珠江三角洲的农业文化、饮食文化、乐俗文化等在国内外影响深远。

珠江三角洲的农业文化起源很早。岭南是亚洲栽培稻的起源地之一，发现的原始人工栽培稻谷壳化石距今已1.2万年。种植水稻是土著南越人的重要文化特征。“饭之美者，玄山之禾，南海之秏”，其中的“秏”指的就是水稻，稻米为南越人主要的食物来源。宋代大量汉人南迁，带来先进的生产工具和技术，水田增多，一年三熟制形成，水稻得到大面积推广。明清时期，河流下游和海滩大量被围垦，耕作制度与技术提高，稻作文化模式基本定型。珠江三角洲成为专业性生产的经济作物集中种植区，顺德、南海、中山、番禺等地的基塘农业驰名于世。现在，珠江三角洲的稻作、经作和生态农业等农业文化十分发达，并通过农产品和技术输出辐射海内外。

珠江三角洲食物资源种类丰富且四时不绝，岭南人利用蛇、狗、鼠、虫等各种食物资源，经过长期的交流与发展，形成了杂食、饮茶、食粥等具有岭南特色的饮食风俗。粤菜是我国的四大菜系之一，以其特有的菜式和韵味，在国内外享有很高的声誉。粤菜烹饪“集技术于南北，贯通于中西，共冶于一炉”。粤菜汇集广东各地优秀的民间美食，吸取我国各大菜系之精华，借鉴西方食谱之所长，其用料广博、选料精细、技艺精良、善于变化、品种多样。烹调方法以炒、煎、焖、炸、煲、炖、扣等见长，讲究火候，制出的菜肴注重色、香、味、形。口味上以清、鲜、嫩、脆为主，讲究清而不淡、鲜而不俗、嫩而不生、油而不腻。

岭南的乐俗文化源远流长。铜鼓文化是百越文化的重要特征之一。铜鼓音乐广泛用于作战、祭祀、婚丧等仪式。1983年，考古人员在广州西汉南越王墓发掘了编钟、编磬等大型乐器，古越人铜鼓音乐之发达可见一斑。流行于珠江三角洲的民间歌谣有咸水歌、客家山歌、竹枝词等，民间舞蹈有佛山醒狮、中山醉龙舞、增城火狗舞等。粤剧是珠江三角洲代表性地方戏曲之一，它利用本地民间曲调，吸取弋阳腔、昆山腔、秦腔、徽班等戏曲的优点，逐渐发展而成。2009年，粤剧被列入《人类非物质文化遗产名录》。

【名胜古迹】 珠江三角洲海陆兼备，地貌复杂多样，自然景观千姿百态，独具神韵。目前，珠江三角洲不仅拥有肇庆星湖、佛山西樵山、广州白云山、惠州西湖、深圳梧桐山等国家重点风景名胜区和广东内伶仃岛—福田、广东珠江口中华白海豚、惠东港口海龟、广东象头山等国家级自然保护区，还拥有佛山西樵山、恩平地热、封开、深圳大鹏半岛等国家地质公园和梧桐山、万有、流溪河、南昆山、西樵山、从化石门、圭峰山、广宁竹海、北峰山、观音山、御景峰等国家森林公园。其中，鼎湖山于1956年成为中国第一个国家级自然保护区，1979年加入联合国教科文组织“人与生物圈”计划，被批准为世界生物圈保护区网络成员。另外，珠江三角洲的国家5A级风景区有广州市长隆旅游度假区、深圳华侨城旅游度假区、广州市白云山风景旅游区等。

千百年来，各族人民世世代代在珠江三角洲地区生息繁衍，创造了悠久灿烂的历史文化。1982年，广州被国务院批准为首批国家历史文化名城。1994年，肇庆、佛山被批准为第三批国家历史文化名城。2011年，中山被增补为国家历史文化名城。至此，珠江三角洲的国家历史文化名城累计达4个。此外，珠江三角洲的中国历史文化名镇有番禺区沙湾镇、开平市赤坎镇、珠海市唐家湾镇、东莞市石龙镇、惠州市惠阳区秋长镇、中山市黄圃镇等6个，中国历史文化名村有三水区乐平镇大旗头村、龙岗区大鹏镇鹏城村、东莞市茶山镇南社村、开平市塘口镇自力村、顺德区北滘镇碧江村、番禺区石楼镇大岭村、东莞市石排镇塘尾村、中山市南朗镇翠亨村、恩平市圣堂镇歇马村、佛冈县龙山镇上岳古围村、南海区西樵镇松塘村等11个。

珠江三角洲在历史时期就是中华民族重要的活动中心之一。近代以来，珠江三角洲更以其得天独厚的地理环境和兼收并蓄的文化传统，成为中国民族资本的摇篮、资产阶级维新思想的启蒙地、资产阶级民主革命和第一次国内革命的策源地和根据地。1961～2006年，国务院先后核定并公布六批国家级重点文物保护单位。珠江三角洲第一批全国重点文物保护单位有三元里平英团遗址、黄花岗七十二烈士墓、广州农民运动讲习所旧址、广州公社旧址、光孝寺，第二批全国重点文物保护单位有林则徐销烟池与虎门炮台旧址，第三批全国重点文物保护单位有洪秀全故居、孙中山故居、黄埔军校旧址、中华全国总工会旧址、陈家祠堂，第四批全国重点文物保护单位有秦代造船遗址、南越国宫署遗址及南越文王墓、怀圣寺光塔、梅庵、德庆学宫、佛山祖庙、广州沙面建筑群、康有为故居、梁启超故居、广州圣心大教堂、广州大元帅府旧址，第五批全国重点文物保护单位有莲花山古采石场、东莞可园、东华里古建筑群、大鹏所城、悦城龙母祖庙、肇庆古城墙、七星岩摩崖石刻、中山纪念堂、余荫山房、开平碉楼，第六批全国重点文物保护单位有南汉二陵、却金亭碑、六榕寺塔、广裕祠、南社村和塘尾村古建筑群、陈芳家宅、粤海关旧址、叶挺故居、广东咨议局旧址、大岭山抗日根据地旧址等。开平碉楼与古村落将外国不同时期、不同风格的建筑艺术移植到珠江三角洲乡村，是华侨文化的杰出代表，2007 年被列入《世界文化遗产名录》。

数量众多、高品位的名胜古迹，为珠江三角洲旅游业的发展提供了良好的条件。2012 年，珠江三角洲旅游收入 4388.59 亿元，比上年增长 17.15%。其中，旅游外汇收入 946.7 亿元，比上年增长 9.55%，国内旅游收入 3441.89 亿元，增长 19.43%。此外，珠江三角洲游客接待能力也得到进一步的提高。2012 年，该地区接待游客总数为 18124.26 万人次，比上年增长 7.96%。其中，接待入境游客 3316 万人次，比上年增长 5.64%；接待国内游客 14808.26 万人次，增长 8.49%。

【对外贸易口岸】 至 2012 年底，珠江三角洲经国家批准对外开放的一类口岸 46 个，占广东省的 79.31%。其中港口口岸 30 个，占全省的 76.92%；航空港口岸 2 个，占 40%；陆路口岸 14 个，占 100%。珠江三角洲对外贸易口岸的数量、通过能力和各项效益指标自改革开放以来均居全国首位，在中国对外贸易、科技文化交流和国际旅游事业中发挥着举足轻重的作用。

2012 年，珠江三角洲出口总额为 5477.2 亿美元，占全省的 95.4%；进口总额 3954.68 亿美元，占全省的 96.53%；实现贸易顺差 1520.53 亿美元。外商投资企业出口总额 3277.01 亿美元，占全省的 96.23%；外商投资企业进口总额 2336.56 亿美元，占全省的 96.97%。外商直接投资签订项目共 5448 个，合同外资额 3062009 万美元，实际利用外资 2152349 万美元。最重要的出口商品有数据处理设备、服装及衣着附件、手持或车载无线电话、家具、鞋、纺织品等，主要进口商品有集成电路 / 电子件、数据处理设备、半导体器件、原油、钢材、电路保护装置等。

【城市化发展水平】 改革开放以来，珠江三角洲工业化发展迅速，工业体系逐步完善，产业结构不断优化，竞争能力日益增强。截至 2012 年，珠江三角洲已成为以电子、电气为主导，汽车、石化等重化工业为依托的世界制造业中心之一。工业化的高速发展加快了城市化进程。鲜明的政府主导与地区自发增长相结合，珠江三角洲涌现出“以下促上，遍地开花”的东莞模式、“以上带下、一镇一品”的中山模式、“中间突破，带动两头”的顺德模式、“六轮齐转，各显神通”的南海模式等城市化发展模式。

城市拓展和乡村城市化的双向作用，推动城乡一体化发展格局的形成。随着区域经济社会的快速发展，珠江三角洲城市规模增大、城市数量增加，形成大中小城镇相结合、多层次的城镇体系，城市空间结构和布局也发生了根本性的改变。改革开放以前，广州市与周边地区城市之间属于核心 - 边缘结构；改革开放以来，深圳逐步发展成为又一个中心城市，珠海、佛山、中山、东莞、江门、肇庆等也发展成为中等城市，形成以广州、深圳为“双核”的珠江三角洲城市群。近年来，珠江三角洲城市群区域性基础设施和城镇基础设施逐步完备，城市生活质量和投资环境也明显提高，已发展成一个城乡一体、类型完备的多层次城镇体系，双核模式正逐渐向网络化模式演化。

改革开放以来，珠江三角洲地区已逐步发展成为中国城镇化水平最高、开发建设强度最大的城镇密集地区之一。据统计，2008 年，珠江三角洲拥有建设用地面积 8790 平方千米，占珠三角土地总面积的 16.00%，

2000~2012 年珠江三角洲城镇人口占常住人口比例情况

单位：%

区域	2000 年	2005 年	2007 年	2008 年	2009 年	2010 年	2011 年	2012 年
珠三角	71.59	77.32	79.50	80.17	81.60	82.72	83.01	83.84
广　州	83.79	91.51	82.17	82.23	82.53	83.78	84.13	85.02
深　圳	92.46	100.00	100.00	100.00	100.00	100.00	100.00	100.00
珠　海	85.48	87.90	85.10	85.14	87.16	87.65	87.80	87.82
佛　山	75.06	78.39	90.98	91.82	92.36	94.09	94.86	94.87
惠　州	51.66	55.01	61.22	61.27	61.27	61.84	62.19	63.90
东　莞	60.04	73.02	85.20	86.39	86.39	88.46	88.60	88.67
中　山	60.67	74.29	84.96	86.14	86.34	87.82	87.87	87.92
肇　庆	32.52	38.99	40.37	40.96	41.60	42.39	42.45	42.62
江　门	47.08	56.78	48.70	49.45	61.81	62.30	62.80	63.2

建设用地地均产出 3.5 亿元 / 平方千米，城市生活污水处理率和生活垃圾无害化处理率分别为 55.9%和 63.9%。2012 年末，珠江三角洲常住人口 5689.64 万人，城市化水平已经达到 83.01%，与 2000 年（69.50%）相比提高了 13.51 个百分点。珠江三角洲 9 个城市集中了广东省 53.70% 的常住人口、65.64%的城镇人口、60.9%的从业人员。

《珠江三角洲城乡规划一体化规划(2009~2020 年)》提出，要“将广州、深圳建设成为世界城市，引领区域一体化；三大都市区多元化发展：广佛肇都市区形成多中心梯度分布的空间发展格局，广佛同城化发展，整体辐射能力加强；深莞惠都市区形成以深圳为核心，东莞、惠州为次中心，重要发展廊道为依托的多中心点轴发展格局；珠中江都市区形成多中心均衡分布的空间格局，人口城镇化水平达到 85%以上。环珠江口湾区建成珠三角的创新核心、生态核心、高端服务中枢和多元文化融合区”。

按照规划，珠江三角洲将进一步统筹城乡发展、提高城镇化水平，不断加快城市化进程、推进宜居城乡建设、推动“双转移”创新提质、辐射带动粤东西北振兴发展，采取优化国土空间布局、大力推进污染减排、促进资源节约、加强生态建设等措施，推进生态文明建设，努力建设美丽广东。截至 2012 年，珠三角地区已经成为中国参与全球化竞争的前沿阵地和战略空间，正朝着“亚太地区最具活力和国际竞争力的城市群”的目标迈进。

（张争胜　张苏吕　杨玉匀　冯　兴　田维娜）

珠江三角洲地区经济社会发展概述

【概况】 2012 年，珠江三角洲实现地区生产总值 47897.25 亿元，比上年增长 8.1%，占广东省总量的 79.1%。投资、消费、进出口协调增长，实现固定资产投资额 13974.24 亿元，比上年增长 12.3%；社会消费品零售总额 16552.7 亿元，增长 12.1%；外贸进出口总值 9432 亿美元，增长 7.9%，占全省的 95.9%；地方公共财政预算收入 4128.94 亿元，增长 12.4%。

【产业转型升级成效显著】 2012 年，珠江三角洲地区实现规模以上工业增加值 17957 亿元，先进制造业占规模以上工业增加值的 52.2%，比上年提高 0.5 个百分点。服务业占地区生产总值的 51.6%，比上年提高 1.6 个百分点；现代服务业占服务业增加值的 61.7%，比上年提高 0.5 个百分点；一汽大众南海轿车、长安标志雪铁龙、中海油深水海洋工程装备、江门南车轨道交通装备基地等一批重大龙头项目加快推进，现代服务业和先进制造业"双轮驱动"的现代产业体系基本建立。

【外贸进出口增速持续回落】 2012 年，珠江三角洲地区出口总额 5477.09 亿美元，比上年增长 8.1%，占全省的 95.4%；进口总额 3956.56 亿美元，增长 7.5%，占全省的 96.5%。珠三角仍是全省外商投资的集中地，全年珠江三角洲地区实际利用外商直接投资额 215.53 亿美元，比上年增长 10.2%，占全省的 91.4%。

【区域一体化进程加快】 2012 年，珠江三角洲地区以广佛同城化为引领，实施基础设施、产业布局、城乡规划、基本公共服务和环境保护等 5 个一体化专项规划，珠江三角洲地区率先实现"县县通高速公路"；广佛肇、深莞惠、珠中江三大经济圈内全部实现年票互认，每年减轻群众负担 10 亿元以上；珠中江经济圈率先实现通信资费一体化。

【重点区域平台建设】 2012 年，国务院先后批准支持深圳前海开发开放的政策和广州南沙新区发展规划，省政府出台《关于加快横琴开发的若干意见》，通过《中新广州知识城总体发展规划》，加快珠海横琴、深圳前海、广州南沙、中新广州知识城等国家级重点区域建设，推进全省产业转型升级和城市提质发展。

【区域创新体系逐步完善】 2012 年，珠江三角洲地区规模以上高技术制造业增加值 4972.8 亿元，占全省的 97.0%；战略性新兴产业工业产值 10057.8 亿元，占全省的 89.4%。区域内拥有 13 个国家高技术产业基地、9 个国家高新技术产业开发区和 23 个省级战略性新兴产业基地。已建立移动通讯、中药现代化、新型电子元器件、数字家庭等国家工程（技术）研究中心 22 个，塑料改性与加工、新一代移动通信设备与终端技术等国家工程实验室 8 个，稀有金属分离与综合利用、移动网络和移动多媒体技术、热带海洋环境等国家重点实验室 16 个，国家企业技术中心 61 个。年内新增国家企业技术中心 7 个、国家地方联合创新平台 8 个。知识产权工作稳步推进，专利申请量 203408 件，授权量 135926 件，分别比上年增长 18.7%和 16.9%，分别占全省的 88.6%和 88.5%。其中，发明专利申请量 57122 件，增长 16.3%，占全省的 94.5%；PCT（《专利合作条约》）国际专利申请量占全国的 50.2%。

【交通网络进一步完善】 至 2012 年末，珠江三角洲地区公路通车里程 5.86 万千米，占全省的 30%；高速公路通车里程 3310 千米，占全省的 60%；轨道运营里程 1491 千米，占全省的 47.1%。珠江三角洲地区港口发展速度快，集疏运条件不断完善，全年完成总吞吐量 11 亿吨，占全省的 77.8%；集装箱吞吐量4576万个标准箱，占全省总量的96.1%。珠江三角洲地区的广州、深圳、珠海、佛山机场，全年旅客吞吐量8015万人，占全省的96.8%；货邮吞吐量211.4万吨，占全省的99.4%。

【能源建设加快推进】 2012年，珠江三角洲地区电力需求继续保持快速增长，全社会用电量3397.86亿千瓦·时，比上年增长4.4%，占广东省的74%。新增投产国华台山电厂6-7号机组（2×100万千瓦）、中电荔新热电联产项目（2×30万千瓦）等。中山火电“上大压小”热电联产项目（2×30万千瓦）、大鹏LNG接收站四号罐项目（罐容16万立方米）、深圳迭福LNG接收站（年接收能力400万吨）获国家核准，深圳滨海电厂（2×100万千瓦）、深圳液化天然气应急调峰站（年接收能力350万吨）获国家同意开展前期工作。关停小火电机组11.9万千瓦；完成电网建设投资193.13亿元，占全省的73.5%。截至2012年末，珠江三角洲地区电源总装机容量5000万千瓦，占全省的61%；在建电源项目总装机1054万千瓦(其中核电、抽水蓄能电站共470万千瓦)，占全省的45%，全部为大型高效环保机组，电源结构得到优化。

【固定资产投资平稳增长】 2012年，珠江三角洲地区安排广东省重点项目188个，总投资18537亿元；年度投资计划2320亿元，完成年度投资2654亿元，为年度投资计划的114.4%。完成的项目有：广珠铁路、佛开高速公路改扩建工程、广东省江门至肇庆公路肇庆段、珠海机场高速公路、广州港出海航道三期工程、广州新塘漂染工业环境保护综合治理“上大压小”热电联产工程、惠州市中海油陈江储运中心、深圳旭硝子第8.5代TFT-LCD玻璃基板项目、江门富华重工载重汽车零部件项目、深圳市宝安（老虎坑）垃圾焚烧发电二期工程、南方科技大学校区建设工程、广东省疾病预防控制中心异地新建项目、广州农民工博物馆及其配套工程。开工建设的项目有：广佛城际轨道交通二期工程、广清城际轨道交通项目（广州北站至清远段）、大庆至广州高速公路连平至从化段、江门至罗定高速公路、港珠澳大桥珠海连接线、广州白云国际机场扩建工程、广州港南沙港区三期工程、国电中山民众燃气热电冷多联供项目、广东大鹏LNG接收站四号罐工程、新科宇航广州飞机维修基地、珠海三一重工港口机械项目、惠州中海油LG化学30万吨/年ABS项目一期。

（省发展改革委）

《珠江三角洲地区改革发展规划纲要(2008~2020年)》实施情况

【《规划纲要》实施情况考核验收】 2012年，广东省对推进《珠江三角洲地区改革发展规划纲要（2008~2020年）》（简称《规划纲要》）“四年大发展”工作实施考核。考核验收结果为：广州、深圳、惠州3市为优秀等次，佛山、东莞、珠海、中山、江门、肇庆6市为良好等次，广东省发展改革委、经济和信息化委、编办、财政厅、人力资源和社会保障厅、环境保护厅、水利厅、住房城乡建设厅、国土资源厅、物价局等10个单位为优秀等次，省外经贸厅、科技厅、教育厅、农业厅、交通运输厅、民政厅、法制办、港澳办、卫生厅、林业厅、公安厅、海洋渔业局、文化厅、知识产权局、旅游局、金融办、国资委、外办、监察厅、地税局、广电局、质监局等22个单位为良好等次。省委宣传部、政研室、台办，省统计局、发展研究中心、社科院，海关总署广东分署、省国税局、广东出入境检验检疫局、民航中南管理局、人民银行广州分行、广东银监局、广东证监局、广东保监局、省通信管理局等单位为推动实现“四年大发展”作出积极贡献，获表彰。

【珠江三角洲进入“创新驱动”发展阶段】至2012年，珠江三角洲经济总量占全省近八成，是广东转型升级的主体。经过四年发展，珠江三角洲转型升级成效明显，现代产业核心区初步形成，三次产业比重调整为2.1∶46.3∶51.6；现代服务业增加值占服务业比重、先进制造业增加值占规模以上工业比重分别达61.7%、52.2%；战略性新兴产业总产值突破万亿元，形成6个年产值超千亿元的新兴产业群。一批具有国际影响力的传统优势产业集群加快发展，加工贸易转型升级成效明显。广州南沙、深圳前海、珠海横琴等重大平台建设加快推进。珠江三角洲自主创新能力进一步提升，R&D（研究与开发）支出占GDP（国内生产总值）比重提高到2.4%，标志着珠江三角洲进入“创新驱动”发展阶段。

珠江三角洲节能减排和生态环境建设成效明显。珠江三角洲成为覆盖面积最大、受惠人数最多的国家环境保护模范城市群，也是国内首个按新《环境空气质量标准》公布监测指标并评价空气质量的城市群，空气中化学需氧量、氮氧化物、氨氮、二氧化硫减排均优于全省平均水平。

【第四轮行政审批制度改革完成】2008~2012年，广东省重点领域改革取得新突破，珠江三角洲成为改革先锋和主体。国务院正式批复同意广东省“十二五”时期行政审批制度改革先行先试，深圳、珠海横琴、东莞等地商事登记制度改革试点加快推进，广东省网上办事大厅建成投入使用。投资、财政、金融等经济体制改革和社会管理体制改革有序推进。

2012年，广东省公布《关于加快转变政府职能深化行政审批制度改革的意见》，清理取消179项行政审批事项，向下级政府下放115项审批权限。截至2012年，珠江三角洲各市均完成第四轮行政审批制度改革，平均取消行政许可、非行政许可审批、备案事项163项，占审批事项总数的四分之一。深圳、珠海横琴、东莞、惠州、肇庆等地开展商事登记（企业登记审批）制度改革试点。中山、江门、佛山等市建立网上审批模式。

广东地方金融体系框架初步建立。2012年，《广东省建设珠江三角洲金融改革创新综合试验区总体方案》获国务院批复，珠江三角洲产业发展的金融环境优化。

【三大经济圈签署合作协议149项】2008~2012年，珠江三角洲地区通过实施环境保护、基础设施建设、城乡规划、产业布局和基本公共服务“五个一体化”规划，广佛肇、深莞惠、珠中江三大经济圈合作不断深化、领域不断扩大。截至2012年底，广佛肇、深莞惠、珠中江三大经济圈分别签署55项、49项、45项合作协议。珠江三角洲九市实现年票互认，广佛肇经济圈通信资费实现一体化，深莞惠经济圈启动区域发展总体规划及各专项规划编制工作，珠中江经济圈实施三地医疗机构间医学检验影像检查互认。同时，产业转移扎实推进，珠江三角洲对粤东西北地区的辐射带动能力进一步增强。（湘君）

组织机构

【广东省实施《珠江三角洲地区改革发展规划纲要（2008～2020年）》领导小组名单】

组　　长：朱小丹　中共广东省委副书记、省长

副 组 长：林木声　广东省副省长

刘志庚　广东省副省长

陈建华　中共广州市委副书记、市长

许　勤　中共深圳市委副书记、市长

专职副组长：苏泽群

成　　员：唐　豪　广东省政府秘书长、办公厅主任

林浩坤　中共广东省纪委副书记、省监察厅厅长

谭一鸣　中共广东省委副秘书长

魏建飞　中共广东省委副秘书长、政研室主任

李春洪　广东省政府副秘书长、省发展改革委党组书记

谭君铁　广东省政府副秘书长、省港澳办主任

赵　坤　广东省政府副秘书长

何宁卡　中共珠海市委副书记、市长

刘悦伦　中共佛山市委副书记、市长

陈奕威　中共惠州市委副书记、市长

袁宝成　中共东莞市委副书记、市长

陈茂辉　中共中山市委副书记、市长

庞国梅　中共江门市委副书记、市长

郭　锋　中共肇庆市委副书记、市长

杨　健　中共广东省委宣传部副部长、省广电局局长

李志红　广东省机构编制委员会办公室主任

杨建初　广东省经济和信息化委员会主任

罗伟其　广东省教育厅厅长

李兴华　广东省科技厅厅长

罗　娟　广东省公安厅党组副书记、副厅长

刘　洪　广东省民政厅厅长

曾志权　广东省财政厅厅长

欧真志　广东省人力资源和社会保障厅厅长

陈耀光　广东省国土资源厅厅长

李　清　广东省环境保护厅厅长

房庆方　广东省住房和城乡建设厅厅长

曾兆庚　广东省交通运输厅党

组书记、副厅长
黄柏青　广东省水利厅厅长
谢悦新　广东省农业厅厅长
张育文　广东省林业厅厅长
梁耀文　广东省外经贸厅厅长
方健宏　广东省文化厅厅长
陈元胜　广东省卫生厅党组书记、副厅长
傅　朗　广东省外事办公室主任
温国辉　广东省国有资产管理委员会主任
王南健　广东省地方税务局局长
幸晓维　广东省统计局局长
林　积　广东省物价局党组书记、副局长
郑伟仪　广东省海洋渔业局局长
赖天生　广东省质量技术监督局局长
陶凯元　广东省知识产权局局长
杨荣森　广东省旅游局局长
李炳余　广东省法制办公室主任
陈国兴　广东省台湾事务办公室主任
周高雄　广东省金融办公室主任
梁桂全　广东省社会科学院院长
汪一洋　广东省发展研究中心主任
陈世庆　广东省人民政府办公厅副主任
吕　滨　海关总署副署长、海关总署广东分署主任
李永恒　广东省国家税务局局长
李延辉　广东出入境检验检疫局局长
蒋怀宇　民航中南管理局局长
罗伯川　中国人民银行广州分行行长
刘福寿　广东银监局局长
侯外林　广东证监局局长
黄　洪　广东保监局局长
古伟中　广东省通信管理局局长

·责任编辑　郝红英·

大事记（二〇一二年）

1月

1日　△“体育彩票杯”广东省绿道定向邀请赛在肇庆市牌坊广场举行，来自全省以及香港特别行政区的300多名运动员参赛。

2日　△第三届珠中江商展会在江门市五邑华侨广场闭幕。4天展会累计到会人数达44万人次，现场销售金额1.23亿元。

6日　△是日至10日，广州市贸促会与香港贸易发展局合作主办的“时尚香港——广州展览会”在广州锦汉展览中心举行。此届展会有205家香港企业、300多个优质品牌参展。

10日　△广河高速公路惠州段竣工暨通车仪式在广河惠州段麻陂主线收费站举行，广河高速公路全线开通运营，并于当日15时正式对外开放。

11日　△“青企齐携手，助推‘两区引领两化’战略推介会暨珠三角青年企业家新春嘉年华”活动在肇庆市举行，来自香港、珠江三角洲地区的200多位青年企业家参加。

12日　△广州市贸促会、澳门贸易投资促进局共同主办的“2012年穗澳贸促机构、商协会联席会议暨行业对接洽谈会”在广州市举行。这是广州、澳门贸促机构和商协会共同举办首次联席会议。

13日　△广州市对外贸易经济合作局和澳门贸易投资促进局共同举办的以“品味魅力澳门、发现精彩广州”为主题的“2012澳门·广州名品展”在广州市开幕。该届展会是在广州首次举行的澳门名品大型展会，展览面积8500平方米，展位205个。

18日　△广深沿江高速公路一期工程广州至东莞虎门段建成通车。通车里程41千米，双向8车道。

25日　△广珠西线高速公路三期工程完工并正式通车，全长37.7千米。该工程起于中山市沙溪镇北侧，途经中山市大涌镇、南区、板芙镇、三乡镇，终点位于中山市坦洲镇月环，顺接西部沿海高速公路珠海段支线。

2月

3日　△由德国亚太经济委员会主办，德国工商大会广州代表处承办，广东省贸促会、市贸促会协办的以“珠三角经济圈向高科技基地转型过程中的中德合作”为主题的2012中德经济论坛在广州市举行。德国总理安格拉·默克尔，广东省省长朱小丹，德国亚太经济委员会主席暨西门子集团董事会主席彼得·罗旭德出席开幕式并致辞。

4日　△肇庆市和高要市组团赴澳门利澳酒店举行“2012年肇庆市（高要）澳门新春团拜会”。

△“中韩友好千里行”活动启动仪式在肇庆市鼎湖区砚洲岛举行。出席活动的中韩嘉宾从肇庆绿道启程，开始“端砚故乡游绿道”活动。为期6个月的活动分为广东段、

韩国段两部分。

4 日　△是日至 6 日，广东省省长朱小丹率广东代表团赴香港、澳门举行 2012 年春茗活动，代表中共广东省委、省人民政府和广东省人民向港澳同胞拜年，与港澳特别行政区政府和社会各界人士共贺新春。

7 日　△东莞市政府下发《东莞市实施〈珠江三角洲环境保护一体化规划（2009~2020 年）〉2011~2012 年工作计划》，设定 2012 年全市跨界水体达标率超过 80%，城镇污水处理率超过 80%，集中式饮用水源水质达标率超过 95%的总体目标。

8 日　△中共东莞市委书记、市人大常委会主任徐建华，市委副书记、市长袁宝成率东莞市党政代表团赴佛山、惠州、广州三市，学习考察三市在重大项目、重大发展平台、重大科技专项、“三旧”改造、科技产业园建设等方面的先进经验和做法。

△2012 肇庆市港澳新春团拜会在香港举行。

12 日　△广东省省长朱小丹率广东省相关部门领导在珠海考察港珠澳大桥建设情况并召开现场会。

13 日　△粤港澳台四地暨珠江三角洲九市工会新春团拜会在中山市举行，来自广东省总工会、香港工会联合会、澳门工会联合总会、台湾台中市总工会和广州、深圳、珠海、佛山、惠州、东莞、中山、江门、肇庆市总工会的领导和嘉宾近 100 人参加。

△广东省统计局首次发布《2010 年建设幸福广东综合评价报告》。广州以 84.32 分排名第一，东莞和珠海分别以 82.90 分和 82.27 分位列第二和第三名。

△香港工会联合会副秘书长、工联会老干委员会主任李锦桃到肇庆市总工会交流工作。

15 日　△中共肇庆市委书记、市人大常委会主任徐萍华，市长郭锋会见到访的广西壮族自治区贺州市党政代表团，双方签署《友好交流与合作备忘录》。

16 日　△广东省实施《珠江三角洲地区改革发展规划纲要（2008~2020 年）》领导小组专职副组长苏泽群率调研组到江门市调研《规划纲要》实施情况。

△是日至 17 日，中共东莞市委书记、市人大常委会主任徐建华，市委副书记、市长袁宝成率东莞市党政代表团赴香港开展系列考察活动。

21 日　△中共东莞市委书记、市人大常委会主任徐建华，市委副书记、市长袁宝成率领东莞市党政代表团到珠江三角洲学习借鉴之旅的第四站——深圳，进行为期一天的学习考察。

22 日　△广东省召开实施《珠江三角洲地区改革发展规划纲要（2008~2020 年）》领导小组会议。

23 日　△在广东省实施《珠江三角洲地区改革发展规划纲要（2008~2020 年）》领导小组会议上，省长朱小丹把肇庆新区列为珠江三角洲三个重点新区之一。

△惠州仲恺高新区东莞凤岗（惠东）产业转移工业园和惠州仲恺高新区东莞（惠

州）产业转移工业园挂牌暨项目签约仪式，先后在惠东县和龙门县举行。

25日 △2012“中国欢乐健康游”暨广佛肇妇女游绿道庆“三八”活动在肇庆市举行。三市妇女游客3500人参加。

27日 △广东省实施《珠江三角洲地区改革发展规划纲要（2008~2020年）》领导小组广佛肇督查组到肇庆市开展“四年大发展”重大项目专项督查，南（宁）广（州）、贵（阳）广（州）铁路被列为重点督查项目。

△珠海供港澳蔬菜加工配送中心正式启用。

△是日至28日，东莞市委市政府召开赴广州、深圳、佛山、惠州学习考察心得交流座谈会。

△是日至28日，由广东省发展改革委员会牵头的广东省督查组到江门市督查有关《规划纲要》“四年大发展”重点项目工作。

△是日至29日，中共珠海市委书记李嘉，市委副书记、市长何宁卡率珠海市代表团访问香港。代表团先后拜访香港特别行政区行政长官曾荫权和外交部驻香港特派员公署，珠港双方希望进一步加深了解，深入贯彻落实《粤港合作框架协议》，在粤港澳区域格局中实现珠港合作新突破。

是月 △香港博爱医院董事局访问团一行访问江门市，考察投资营商环境。

3月

1日 △“广东（粤穗深）档案跨馆查阅利用系统”正式开通。该系统在广东省档案馆、广州市国家档案馆及深圳市档案馆试行，市民凭证可享受“就地查询，跨馆出证”的服务方式。

△是日至3日，中山市旅游局联合广州、江门旅游部门共同在“2012广州国际旅游展”上设置联合展位，推介三地旅游产品，拓展珠江三角洲区域及港澳地区的共同客源市场。

△广东省实施《规划纲要》领导小组专职副组长苏泽群率广东省“四年大发展”84个重大项目专项督查组到惠州考察，实地督查相关重大项目进展情况。

2日 △广东省监察厅派驻港珠澳大桥工程监察专员办公室揭牌仪式在珠海市举行。

8日 △广东省在珠江三角洲地区开始实施《环境空气质量标准》，珠江三角洲9个城市包括$PM_{2.5}$等空气监测数据通过广东省环保公众网实时发布，珠江三角洲成为全国第一个按照新标准公布监测指标并评价空气质量的地区。

9日 △广州中山纪念堂、中山翠亨孙中山故居纪念馆、上海孙中山故居、武汉辛亥革命博物馆、北京中山堂、南京近代史遗址博物馆（总统府）、南京中山陵孙中山纪念馆共同承办的“永恒的纪念”大型图片展揭幕典礼在广州中山纪念堂正门广场举行，纪念孙中山先生逝世87周年。

16日 △东莞市对外友好协会携手巴西中国经济贸易促进委员会，正式签订友好合作组织关系备忘录，促进东莞与巴西的贸易合作往来。

△江门市科技局与广东省生产力促进中心在广州市签署战略合作框架协议。

△珠海、中山、江门三市“三打两建”工作推进会在珠海市召开。

△《珠中江共性技术与服务平台列表》公布。此举标志珠中江三地共性技术与服务平台实现资源共建共享，成为国内最早实现产业公共服务资源共建共享的区域之一。

17日 △广州、深圳、珠海等地近1000名自驾车游客到中山黄圃镇参加“欢乐中山游·修身伴我行”百万车友游中山活动。

18日 △广佛肇三市图书馆馆长联席会议在肇庆市召开，会议商讨2012年广佛肇三市图书馆协作与发展事宜。

20日 △广佛肇经济圈第三次市长联席会议在肇庆市召开，研究《广佛肇经济合作区建设前期工作方案（送审稿）》，推动广佛肇经济圈向纵深发展。

21日 △广东省实施《珠江三角洲地区改革发展规划纲要》领导小组专职副组长苏泽群到肇庆市调研《规划纲要》实施情况。

27日 △中共广东省委常委、副省长徐少华与省有关部门负责人到肇庆市调研并主持现场办公会议，研究推进珠江三角洲城际轨道交通建设，协调解决建设中遇到的问题。

29日 △中山、珠海市跨界道路建设项目合作会议在中山市召开，两市签署《中山市、珠海市跨界道路建设项目合作协议》，对13条重点跨界道路的规划建设达成共识，为进一步完善两市的道路衔接夯实基础。

30日 △广、佛、肇三市贸易部门相关负责人汇聚肇庆市怀集县，对加快广佛肇经济圈产业协作的相关工作展开调研。

△是日至4月1日，肇庆市委书记、市人大常委会主任徐萍华，市长郭锋率领肇庆市党政代表团到广西壮族自治区梧州市、桂林市、贺州市考察，增进肇庆与广西兄弟城市的合作交流。

4月

8日 △参加由广东狮子会主办的“为爱远骑”环珠三角自行车马拉松公益宣传活动的80多名骑手，在肇庆市七星岩东门广场举行接旗仪式并开展公益宣传活动。

10日 △中共东莞市委副书记、市长袁宝成会见由香港工业总会主席钟志平率领的香港工业代表团一行。

12日 △由广东省人民政府与澳门特别行政区共同举办的“广东澳门周”活动在广州开幕。

13日 △肇庆市在香港举行“2012肇庆—香港电子信息产业发展交流会”，专题推介电子信息产业。

17日 △珠中江区域紧密合作第五次党政联席会议在中山市召开。会议审议通过珠中江经济圈建设年度重点工作计划，签署《珠中江区域产学研合作框架协议》。

△是日至29日，由中共东莞市委副书记、市长袁宝成率领的东莞市政府代表团赴

日本、中国台湾地区开展为期13天的“新东莞、新产业、新商机”的招商推介系列活动，找准和推动一批真正有意增资或投资的重点大项目落户东莞。

18日 △佛山市顺德区党政企代表团到肇庆市鼎湖区考察，双方举行合作交流活动。

19日 △是日至22日，“2012东莞台湾名品博览会”在东莞市举行，2万多种台货精品亮相东莞。两岸400余家参展企业，共设置摊位930个，其中东莞本地台资企业约占六成。该届博览会创造总采购商机27亿元，超过30万人次进场参观采购。中共广东省委副书记朱明国，副省长招玉芳，东莞市委书记、市人大常委会主任徐建华等出席开幕式。

20日 △澳门特别行政区政府组织驻澳门特别行政区领事团访问珠海，领事团由孟加拉国、罗马尼亚、阿根廷、印度等19个国家驻澳门领事人员组成。中共珠海市委副书记、市长何宁卡会见领事团一行，希望加强与19个国家的联系与往来。

△是日至21日，肇庆市领导徐萍华、郭锋、张成文、吴华钦等在肇庆市端州区会见到访考察的香港广佛肇联谊总访问团。该访问团考察肇庆新区规划建设，资助山区教育事业发展。澳门霍英东基金会向肇庆市政府捐赠500万元，香港广佛肇联谊总会向怀集县捐赠100万元港币建设闸岗中学教学大楼。

22日 △来自中央、省、港澳及珠江三角洲地区的120多名新闻记者，参加“百名记者骑游肇庆星湖绿道”活动。

△广东省海洋与渔业局和珠海市人民政府在广州市签订《关于共同推进珠海市海洋经济强市建设合作框架协议》。

△是日至24日，中共肇庆市委书记、市人大常委会主任徐萍华，市长郭锋，市政协主席梁国安等在肇庆会见澳门特别行政区行政长官崔世安。

23日 △是日至24日，中共肇庆市委书记、市人大常委会主任徐萍华，市长郭锋率肇庆市党政代表团到广州市、佛山市参观考察，分别就深化三市合作、推进广佛肇经济圈建设和加快重点项目建设达成共识。

26日 △香港《文汇报》社长助理、广东分社社长罗爱文访问肇庆，市有关领导出席会谈，并就进一步加强合作交换意见。

5月

1日 △2012年“体育彩票杯”山地自行车邀请赛暨自行车嘉年华活动在肇庆星湖绿道举行，来自美国、法国、港澳、广州、深圳、佛山、肇庆等国家、地区和城市的600名自行车选手参赛。

5日 △共青团中山市委枢纽型社会组织综合改革试验区首场活动“2012中山市青年大会暨首届万紫千红青年show”在中山市开幕，来自中山、香港、澳门、广州及珠江三角洲区域周边市80多个社团参加交流演出。

7日 △即日起，珠江三角洲9个城市三级

医院医学检验和影像检查结果实行互认。

△广州南沙新区、深圳前海合作区、珠海横琴新区在广州南沙签署三地友好合作协议。

14 日　△是日至 15 日，中共广东省委副书记、省长朱小丹率广东省代表团赴澳门特别行政区参加 2012 年粤澳合作联席会议，并作主题发言。是日，朱小丹在澳门会见澳门特别行政区行政长官崔世安。

16 日　△深圳、东莞、惠州三市第六次党政联席会议在惠州市召开，三市共同推进 9 项重点工作事项，签署《深圳市东莞市惠州市加快推进交通运输一体化补充协议四》《深圳市东莞市惠州市共建深莞惠区域创新体系合作协议》《深圳市东莞市惠州市农产品质量安全监管合作协议》《深圳市东莞市惠州市三地文化联动合作协议》等 4 项协议。中共广东省委常委、深圳市委书记王荣，深圳市市长许勤，东莞、惠州市委、市政府主要负责人出席会议。

△广东肇庆—广西贺州社区管理创新座谈会在肇庆市召开。

△广东省政府与中国银行联合举办的粤港澳跨境金融服务签约仪式在广州市举行，中共中央政治局委员、广东省委书记汪洋，中共广东省委副书记、省长朱小丹，中国银行董事长肖钢等出席仪式。广州南沙经济技术开发区管委会、深圳前海深港现代服务业合作区管理局、珠海横琴新区管理委员会分别与中国银行签署《金融创新合作备忘录》。

17 日　△珠海海事局和澳门港务局首次联合组织的“2012 珠澳海上消防及防油污联合演练”在香港湾仔内港水域举行，双方共派出 16 艘船艇参与演练。

△是日至 20 日，中共中央政治局常委李长春到珠海、深圳、广州等地，深入企业、社区、产业园区和宣传文化单位，就贯彻落实党的十七届六中全会精神、加快转变经济发展方式、推进文化改革发展等进行调研。

19 日　△中山市与珠海市开展“中国旅游日千人互游”主题活动，互相推介旅游精品线路，互相组团参与对方城市举办的“中国旅游日”主题活动，互为对方旅游业界提供旅游惠民措施。

22 日　△珠江三角洲 9 市水务局长联席会议第五次会议在惠州市召开，省水利厅厅长黄柏青出席会议。

23 日　△中山市党政代表团访问惠州，考察比亚迪、中海壳牌石油化工有限公司、中海油惠州炼油分公司、TCL 液晶产业园、三星电子有限公司等企业在大亚湾和惠州仲恺高新区的项目。

24 日　△中共东莞市委书记、市人大常委会主任徐建华，市委副书记、市长袁宝成等市领导与到东莞考察交流的中山市委书记、市人大常委会主任薛晓峰，中山市委副书记、市长陈茂辉率领的中山市党政代表团进行座谈。

28 日　△以广东省环境保护厅副厅长黄文沐为组长的省《珠江三角洲地区改革发展规划纲要（2008~2020 年）》考核组第三组对江门市贯彻实施《规划纲要》和落实“四年大发展”中心任务情况进行检查评估。

△坐落肇庆市境内的珠江三角洲城际轨道佛肇线首次成功架梁。

△珠海市人民政府与广东省旅游局在珠海市签订《共同推进珠海滨海旅游大发展合作框架协议》。

△是日至 29 日，广东省实施《珠江三角洲地区改革发展规划纲要（2008~2020 年）》广佛肇考核组到肇庆市考核 2011 年度实施《规划纲要》及推动“四年大发展”工作。考核组认为肇庆市各项工作任务完成情况良好。

29 日 △东莞市虎门港沙田港区集装箱码头股权重组签约仪式暨新闻发布会举行，虎门港集团有限公司分别与 PSA 国际港务集团、中国外运广东有限公司签订沙田港区一期码头股权增资和二期码头股权重组协议。

△是日至 30 日，广东省实施《珠江三角洲地区改革发展规划纲要（2008~2020 年）》评估考核组到惠州市开展 2011 年实施《规划纲要》实地评估考核工作。

30 日 △广东省绿道网建设现场会在肇庆市召开。会议总结和交流绿道网建设经验，部署年内珠江三角洲绿道网成熟完善和粤东西北地区绿道网建设任务。

是月 △珠江三角洲首个免费大型露天泳场——佛山新城露天泳场正式启用。

△《广东省绿道网建设总体规划（2011 ~ 2015 年）》在省住建厅网站公布。珠江三角洲省立绿道 1 号线将延伸至江门，贯穿新会区、台山市，主线长 125 千米。

6 月

1 日 △是日零时，华快、广深等高速的收费标准按照广东省统一标准调整。同时，广东高速公路联网收费广州区域与中片区域合并，广氮（广州）主线收费站撤销，火村、萝岗、化龙、官田等 4 个主线收费站改为标识站。

4 日 △韩国媒体代表团到东莞考察，在莞期间代表团参观并采访松山湖高新技术产业开发区和广东易事特电源股份有限公司。该代表团此次到东莞考察，是“韩国马来西亚媒体走进珠三角”活动的环节之一。

6 日 △肇庆市交通运输局与广西梧州市交通运输局决定在两广交界处建设大桥，作为开展粤桂合作特别试验区工作的启动点，拟建大桥桥长 127 米，桥梁宽 12 米。

12 日 △粤赣两省座谈会在广州市举行。中共广东省委副书记、省长朱小丹，江西省委副书记、省长鹿心社出席会议并讲话。

14 日 △中共中央政治局委员、广东省委书记汪洋在香港会见香港特别行政区行政长官曾荫权。

15 日 △中共中央政治局委员、广东省委书记汪洋在香港分别会见全国政协副主席董建华，香港特别行政区候任行政长官梁振英，中央政府驻港联络办主任彭清华。

16 日 △珠海、中山、江门“三打”工作汇报会在珠海市召开。

△中共中央政治局委员、广东省委书记汪洋在澳门分别会见全国政协副主席何厚铧、澳门特别行政区行政长官崔世安。

17 日　△香港中国旅游协会会员大会在肇庆市召开。该协会 100 多名成员及肇庆旅游部门、“广之旅”香港国际旅游有限公司等有关负责人参加。会议探索推动港肇旅游合作、促进旅游业资源共享和发展等问题。

△为落实《珠江三角洲地区改革发展规划纲要（2008~2020 年）》，加快推进环大亚湾湾区开发建设，惠州市启动环大亚湾经济带发展规划。国家发展改革委宏观经济研究院常务副院长王一鸣一行到惠州开展规划调研。

18 日　△是日至 19 日，《深莞惠区域协调发展总体规划》的 6 个前期研究课题初稿完成预评审。

19 日　△珠江三角洲九市一区交通综合执法工作第七次联席会议在江门市举行。

△肇庆—梧州战略合作工作协调会在肇庆市召开，双方就《肇庆—梧州战略合作框架协议》签署以来工作进展交换意见。

20 日　△是日至 21 日，广州、深圳、东莞、惠州四市交通执法部门开展联合整治，共同打击跨界道路运输违法经营行为。

24 日　△江门一中与香港现代教育集团有限公司达成协议，合作开办国际预科班，为五邑各地学子海外留学和走进世界知名大学提供新路径。

26 日　△江门市侨商总会与天津市广东商会、深圳市五邑商会、佛山市侨商投资企业协会、中山市侨资企业商会签订友好交流与合作协议。

△广东省金融工作会议暨中国（广州）国际金融交易博览会在广州开幕。江门市市长庞国梅、副市长易中强出席活动并参观江门展位。易中强代表市政府与省建行签订战略合作框架协议。

△由广东省住房和城乡建设厅、香港环境局、澳门运输工务司联合组织编制，国内首部以“优质生活”为主题的区域合作规划——《共建优质生活圈专项规划》在粤港澳三地同步对外发布。

27 日　△“2012 粤港澳三地海上联合搜救演习”在珠海三角岛附近水域举行。三地共 21 艘船艇、3 架飞机及 19 个单位的近 300 名搜救人员参加演习。

28 日　△肇庆星湖风景名胜区与香港永东集团（国际）有限公司结成合作联盟。该公司于 7 月 7 日正式开通香港到肇庆市的旅游巴士，每天单向 3 班次。

7 月

1 日　△是日起，肇庆市至香港九龙的肇九列车每班次分配给肇庆的旅客座位从 56 座增至 100 座，票额总数首次超过佛山。

3 日　△广东省交通运输厅厅长曾兆庚一行抵达江门市检查协调江罗高速、江番及江珠北延线高速建设情况。

4 日　△中共肇庆市封开县委书记张浩在封开县会见中共梧州市委常委、常务副市长李新元，双方就粤桂合作特别试验区相关工作进行协商。

5 日　△历时 3 年建设，全长 6.4 千米，投资总额达 5.3 亿元的中山市福源路实现全线贯通。该路是广珠中线重要组成部分，途经中山市三角镇和港口镇，通车后成为两镇的经济大动脉。

△2012 粤港经济技术贸易合作交流会在香港开幕。珠海代表团现场签约 8 个项目，投资总额近 5 亿美元。同日，举办横琴、前海、南沙三大功能区及广东省产业转移园专题推介会。

6 日　△肇庆市海外联谊会第五届理事会就职典礼暨“粽有爱心”之夜慈善活动在香港举行，筹得善款 100 多万元。

7 日　△2012 年广州国际龙舟邀请赛在广州大桥至海印桥之间的珠江河段举行。来自广州、佛山、肇庆、清远以及香港、澳门和美国驻广州总领事馆共 82 支龙舟队、4000 余名运动员参加比赛。

△800 多名香港广东社团总会代表到东莞参观考察。中联办副主任黎桂康、东莞市领导徐建华等出席欢迎宴会。

8 日　△是日至 17 日，中共东莞市委书记、市人大常委会主任徐建华率东莞市党政及企业代表团前往以色列和德国进行科技交流与经贸考察，寻求国际科技创新资源，招引与东莞产业结构相适应的国际知名企业，促进科技金融产业融合，助力高水平崛起。

10 日　△是日至 10 月 10 日，由广东省博物馆和肇庆市博物馆联合主办，肇庆市砚语堂艺术品有限公司、梁焕明端砚艺术博物馆、紫云轩协办的“紫石风流——现当代端砚精品展”在广东省博物馆举行，展出端砚 152 方（套）。

13 日　△是日至 14 日，中共云南省委副书记、省长李纪恒率云南省代表团到广州市开展经济合作交流活动。是日，广东和云南两省合作交流座谈会召开。中共广东省委副书记、省长朱小丹，云南省委副书记、省长李纪恒共同签署《广东·云南战略合作框架协议》。

14 日　△中共广东省委副书记、省长朱小丹，副省长许瑞生陪同云南省省长李纪恒、副省长顾朝曦带领的云南省政府代表团，到肇庆高新区考察大华农生物药品有限公司及高新区创业服务中心。

15 日　△珠海旅游发展高端论证会在珠海举行。珠海市政府与中山大学旅游学院、中国城市规划设计研究院签订《珠海旅游发展战略合作协议》。

18 日　△广东省粤港澳合作促进会第二届理事会就职典礼暨第五届珠江论坛在广州市召开。中共广东省委副书记、省长朱小丹为促进会荣誉会长、顾问颁发聘书并致辞。全国人大华侨委员会主任委员高祀仁出席活动。全国人大华侨委员会副主任委员、促进会荣誉会长黄华华出席活动并致辞。

△广东省外经贸厅与香港中华总商会在广州签署加强全面战略合作协议。根据合作协议，双方将建立联络与磋商机制，定期或

不定期开展高层互访，成为香港工商企业与服务业界反映情况的交流平台。

19 日　△肇庆市卫生局和梧州市卫生局在广西梧州市签署《肇梧卫生合作框架协议》。

20 日　△是日至 24 日，东莞市副市长贺宇会见韩国牙山市市长卜箕旺率领的政企代表团，探讨在经贸、教育、文化、体育等多个领域的合作。中共东莞市委副书记、市长袁宝成代表东莞与韩国牙山市市长卜箕旺签订友好城市备忘录。东莞理工学院与韩国牙山湖西大学签订友好高校备忘录。在同时举办的韩国牙山市优秀企业经贸代表团洽谈会（牙山市产品展销会）上，来自牙山市的多家企业代表与 68 家东莞内资、韩资企业开展商务洽谈。

22 日　△怀集县与广西贺州市八步区签署《战略合作协议》，双方共同建设规划 12 平方千米的“两广合作怀集—八步试验区”。

25 日　△中共广东省委常委、常务副省长徐少华到惠州视察在建的莞惠城际轨道 GZH-12 标工地，省政府副秘书长李春洪陪同视察。

26 日　△珠江三角洲地区贸促会第四次会长座谈会在肇庆市召开。会议研讨珠江三角洲地区贸促系统如何形成整体合力、推动广东企业“走出去”、开拓国际新兴市场、促进广东省外经贸转型升级和平稳发展等课题。

31 日　△港珠澳大桥珠海连接线项目开工仪式在珠海市举行。该项目起自珠澳口岸人工岛，西行止于洪湾，与西部沿海高速公路月环至南屏支线延长线连接，投资总额 91.53 亿元。

8 月

1 日　△珠江三角洲国际科技园在佛山国家高新技术开发区揭牌。同时，中国科学院佛山产业技术创新科技园、深圳清华大学研究院力合（佛山）科技园等十大项目同步启动。

△广东省实施《珠江三角洲地区改革发展规划纲要（2008~2020 年）》领导小组专职副组长苏泽群率省调研组到惠州调研网上办事大厅建设和重大项目推进工作情况。

2 日　△2012 年广州横渡珠江活动在中大码头举行。来自广州、佛山、东莞、中山、肇庆、清远 6 市 2100 名“泳士”成功横渡珠江。

6 日　△珠中江旅游质监工作会议在中山市召开，三市一致同意加强沟通与交流，建立长期有效的合作会晤机制和信息资源共享机制。

7 日　△中共广东省委副书记、省长朱小丹到东莞出席珠江三角洲城际轨道交通建设座谈会并讲话。

△珠江三角洲地区发展创业投资促进转型升级座谈会在东莞市召开。广东省副省长陈云贤、东莞市政府党组成员冷晓明等省市领导出席座谈会。

8日 △中国（江门）国际绿色光源博览交易中心奠基暨省市合作推动项目建设框架签约仪式在江门市江海区外海街举行。澳门特别行政区行政长官崔世安和江门市委副书记、市长庞国梅等挥锹为奠基石培土，标志着江澳经贸合作进入新的发展时期。项目占地15.07公顷，投资总额40亿元，建筑面积近100万平方米。

△广东省实施《珠江三角洲地区改革发展规划纲要（2008~2020年）》讲评会暨“四年大发展”攻关动员会在广州市召开。

9日 △东莞市举行港资企业生产力提升成果展示会，莞港合作搭建的“在莞港资企业转型升级辅导平台”取得阶段性成果，有226家企业参加辅导平台，港企产值比上年增长69%。

15日 △2012年梧州（肇庆）旅游推介会在肇庆市举行，双方签订《旅游合作框架协议》。

16日 △珠海、中山、江门三市台务部门在江门市举行珠中江对台工作意向合作项目座谈会，就建立对台招商信息交流平台，加强对台重点交流项目合作，建立涉台突发事件处置和台商台胞投诉求助协调机制等项目达成合作意向。

21日 △珠海、中山、江门三市人民银行中心支行在江门市召开合作推进珠中江金融服务同城化工作第八次联席会议。

△广佛肇三市农牧部门在肇庆市召开动物产品安全联席会议，就动物卫生与畜产品质量安全监管等作交流。

22日 △粤港共促“双转移”暨肇庆高新区投资推介会在香港举行。

△肇庆和梧州两市科技局签署《肇庆市—梧州市科技合作协议》《肇庆市—梧州市共建林产化工科技创新基地合作协议》，推动两市科技创新和粤桂合作特别试验区建设。

23日 △“从横琴视角看粤港澳区域经济一体化发展”论坛在珠海市举行。

24日 △是日至25日，中共中央政治局常委、国务院总理温家宝到广州、佛山、东莞等地，就当前经济走势特别是稳定外需、加快外贸转型升级等问题到广州鸿利光电公司、唯品会信息科技公司、佛山伊之密精密机械股份有限公司、三星视界公司、科创实业公司等企业调研生产经营和出口状况，并在企业召开座谈会。

27日 △广东省“加快转型升级，建设幸福广东”检查组第二小组到东莞检查工作，听取东莞市关于贯彻落实中央和省重大决策部署及开展监督检查工作情况的汇报。

28日 △珠澳跨境区进口街开门迎客。

30日 △全省加工贸易转型升级现场会在东莞市召开。中共中央政治局委员、广东省委书记汪洋主持会议并作讲话。省长朱小丹传达温家宝总理视察广东重要讲话精神并作讲话。在现场会上，举行“东莞市加工贸易管理服务平台”四方联网上线仪式，成为全国首个外经贸、海关、检验检疫与企业“四方联网”（企业联网申报，外经贸联网审批，海关联网备案，检验检疫联网共享数据）平台。省领导王荣、林木声、李嘉、招玉芳，东莞市领导徐建华、袁宝成和其他兄弟市领导参加现场会系列活动。

△由工信部主办的“推动中小企业发展全国人大代表座谈会（广东）”在东莞市召开。

31日　△《珠中江区域紧密合作规划（2012～2020年）》由珠海、中山、江门发展和改革局联合印发实施。

9月

1日　△是日至2日，由广东省法学会、香港城市大学法律学院和澳门大学法学院共同主办，东莞法学院承办的第四届粤港澳法学论坛在东莞市举行。来自国务院港澳办、广东省政府港澳办、香港中联办、澳门中联办，以及粤港澳三地的法学和法律工作者180多人参加论坛。该论坛收到论文50多篇。

3日　△位于肇庆市境内的广佛肇城际轨道控制性工程羚山隧道贯通。

4日　△珠海市人民政府、香港贸发局在丹麦哥本哈根举办“香港珠海，您在中国的最佳合作伙伴”联合推介会。珠海市副市长王庆利、香港贸发局古静敏及丹麦、瑞典工商企业界人士近百人出席活动。

6日　△国务院印发《关于广州南沙新区发展规划的批复》，原则同意《广州南沙新区发展规划》。《批复》同意广州南沙新区为国家级新区，南沙新区的开发建设上升到国家战略。至此，广州南沙新区成为中国第六个国家级新区。

7日　△肇庆和贺州两市在肇庆市签订《粤桂肇庆—贺州战略合作框架协议》。

10日　△中共广东省委副书记、省长朱小丹分别会见澳门特别行政区行政长官崔世安和出席“新广州·新商机——百家知名企业羊城行”活动的嘉宾。

△中共东莞市委常委、常务副市长梁国英会见新加坡驻广州总领事馆商务领事冯家强及吉宝企业有限公司中国首席代表吴多深一行，双方希望在垃圾焚烧、环境保护方面展开合作。

14日　△粤港合作联席会议第十五次会议举行。中共广东省委副书记、省长朱小丹，香港特别行政区行政长官梁振英主持会议并作主题发言。

△是日至23日，广佛肇三市合作举办的“‘我行·我秀·我幸福’——肇庆市广发行‘真情俱乐部’女性专题书画摄影照片展暨‘幸福广东，美丽家园’广佛肇家庭摄影大赛作品巡回展”在肇庆市博物馆举行。

15日　△首届广州国际夜光龙醒狮邀请赛在广州白云山举行。来自荷兰、马来西亚、新加坡、印尼以及中国香港、中国澳门、中国台湾、广州等国家和地区的龙狮团队共160多名选手参赛。

20日　△穗莞战略合作第一次联席会议在广州市召开。会议通过2012年两市共同推进虎门二桥工程、穗莞深城际线项目、花莞高速公路等 14 个合作项目及《穗莞战略合作机制》。

22 日　△珠海市投资促进局与加拿大本拿比市贸易委员会签署《关于进一步深化投资贸易合作的双边合作备忘录》。珠海市副市长王庆利、本拿比市市长德里克·柯瑞根出席签署仪式。

24 日　△广佛肇通信一体化启动仪式在广州市举行。是年 10 月 1 日起，广州、佛山、肇庆通信实施保留各市现有长途区号，通过资费、服务、网络一体化的方式实现区域通信一体化。

△肇梧战略合作第一次市长联席会议在肇庆市召开。会议由中共肇庆市委副书记、市长郭锋和梧州市委副书记、市长王凯共同召集。会议听取粤桂战略合作特别试验区工作情况汇报，审议并原则通过《肇梧战略合作市长联席会议及相关工作协调机制》《2012 年肇庆—梧州合作重点建设项目计划》《2012 年肇庆—梧州合作重点项目前期工作计划》和《2012 年肇庆—梧州合作重要事项推进计划》，并对下阶段工作进行部署。

25 日　△深圳、香港、澳门、珠海四地旅游方面负责人在深圳市签署《深港澳珠四地旅游合作协议》。该协议为四地首份旅游合作协议，旨在加强四地在宣传推广和市场监督管理方面的合作与沟通，共同建立深港澳珠“一程多站”旅游目的地，维护四地旅游市场秩序。

26 日　△中共肇庆市委副书记、政法委书记、市社工委主任吴华钦率队到佛山市顺德区学习考察枢纽型社会组织建设工作。

27 日　△中共广东省委常委、珠海市委书记李嘉，市委副书记、市长何宁卡率珠海市党政代表团到中山市和江门市考察。

△珠海市港澳青年创业基地在珠海高新技术产业开发区揭牌。

28 日　△由中共广州市委党校、佛山市委党校、肇庆市委党校联合举办，肇庆市委党校承办的第三届“广佛肇一体化发展”理论研讨会在肇庆市召开。

△中共广东省委常委、珠海市委书记李嘉，市委副书记、市长何宁卡率珠海市党政代表团到佛山市考察。

△珠海、澳门合作共建天气雷达项目奠基仪式在珠海金湾区三灶镇轿顶山举行。兴建的 S 波段双偏振多普勒天气雷达是广东省第一台双偏振天气雷达，也是国内最先进的天气雷达之一。该项目填补了珠江口西岸雷达监测的空白，提升了珠江三角洲地区气象灾害监测和预报预警能力。

10 月

8 日　△江门市副市长易中强会见泰国经贸考察团，双方就加强江门与泰国经济贸易合作进行深入交流。

10 日　△《广州南沙新区发展规划》新闻发布会在国务院新闻办公室举行。

15 日　△广东省区域发展经济技术合作洽谈会暨全省乡贤反哺工作会议在江门市召开。中共中央政治局委员、广东省委书记汪洋主持会议并讲话。会议的主要任务是加强珠江三角洲与广东省东西北地区产业对接合作，深入实施“双转移”战略和“乡贤反哺”工程。

18日　△广佛肇价格工作联席会议在肇庆市召开，三市围绕如何进一步加强广佛肇之间的价格工作联系与合作进行磋商，并就建立三市价格信息平台达成合作意向。

△中国城市规划学会与香港凤凰周刊有限公司主办的“2012年凤凰城市榜·最具中华价值城市”评选活动在昆明举办，授予中山市“2012年最具中华价值城市”称号，中山市成为全国十个上榜城市之一，是广东省唯一上榜的城市。

22日　△珠海市人民政府与中山大学战略合作签约仪式在珠海香洲举行。

23日　△南沙国际仲裁中心揭牌仪式在广州南沙举行。南沙国际仲裁中心由南沙开发区管委会与广州仲裁委、香港国际仲裁中心、澳门世界贸易中心仲裁中心共同设立。南沙国际仲裁中心依据《联合国国际商事仲裁示范法》，结合香港、澳门的仲裁规则，制订南沙国际仲裁中心的仲裁规则。双方当事人达成一致意见的，可选择适用香港、澳门等地的仲裁规则和商事规则，以及英语、葡语等外国语言进行仲裁，仲裁结果国际适用。

△珠海市人民政府、香港中华总商会全面加强战略合作协议签约仪式在珠海市举行。

24日　△是日至25日，2012年“广东省青年文明号”第二片区评审会在肇庆市举行，来自广州、东莞、肇庆、清远、云浮等市的44个集体为争创2012年度省级“青年文明号”展开角逐。

25日　△是日至29日，国家旅游局组织的“第七届海峡两岸台北旅展”在台北市举行，肇庆市组团参加广东省旅游局组织的“活力广东”展。

26日　△首届珠中江三市教育合作联席会议在珠海市举行。三市签署《珠海、中山、江门市国家级示范性普通高中工作联盟备忘录》和《珠海、中山、江门市教研部门工作联盟合作协议书》。

27日　△2012“肇庆金秋”经贸洽谈会开幕暨肇庆新区揭牌、广佛肇高速公路（肇庆段）奠基仪式在肇庆市鼎湖区莲花镇举行。中共广东省委常委、常务副省长徐少华，省政协副主席唐国忠，肇庆市领导徐萍华、郭锋等领导出席。共166个项目统一签约、奠基、剪彩，投资总额1120.19亿元。

29日　△深莞惠三市打假合作第三次联席会议在惠州市召开。

30日　△广佛肇经济圈市长联席会议办公室在肇庆市怀集县主持召开《广佛肇（怀集）经济合作区发展总体规划》评审会，该《规划》通过广东省专家组评审。

31日　△肇庆市教育局与梧州市教育局签订《梧州—肇庆教育合作框架协议》。

11月

1日　△珠海、中山、江门三市卫生局在珠海市共同签署《珠中江三地医学检验、影像检查结果互认协议》。

△肇庆市科技局与贺州市科技局在肇庆市共同签署《贺州市与肇庆市科技交流合作协议》。

△珠海市人民政府与美国国际华人科技工商协会签署战略合作框架协议。

2日　△东莞市第四届收藏文化联展暨珠江三角洲收藏精品邀请展在东莞市开幕。该次活动共展出各类收藏品400余件。广州市文物总店、南方文化产权交易所等单位均组织收藏品参展。

△珠海、中山、江门三市共44个二级及以上医疗机构医学检验影像检查结果实现互认。

△是日至3日，第四届珠中江健康产业交流合作会在中山市火炬开发区召开，珠海、中山、江门三市食品药品监督管理局及餐饮食品、药品、医疗器械、保健食品、化妆品生产经营龙头企业、骨干企业代表，共100多人参加。

4日　△是日至5日，全国政协常委、中国侨联副主席李卓彬率调研组在广东省侨联副主席华清文的陪同下到江门市开展调研。江门市委书记刘海、市长庞国梅会见调研组一行，对如何促进侨资企业转型升级、发挥侨界港澳委员作用、打造新侨工作平台、加强以侨引资和引智等工作与调研组交换意见。

6日　△由东莞市政府主办的2012东莞投资环境（深圳）推介会在深圳市举行，签约合作项目30个，投资金额187.5亿元。

9日　△肇庆、梧州两市市委组织部在肇庆市封开县召开“党建合作先行先试”村级基层组织建设工作观摩座谈会。

17日　△澳门工联妇女委员会主任郭淑华到肇庆市交流肇澳两地女职工工作。

20日　△珠海市文体旅游局、中山市旅游局、江门市旅游局联合在江西省南昌市举办“最美珠江西岸游”旅游推介会。

22日　△加拿大乔治王子市市长莎莉·格林女士一行到访江门，并与江门市签署《加强友好合作备忘录》，双方协商进一步促进民间友好联系及经贸交流，开展在运输、物流、文化、旅游、高等教育等领域的交流与合作。

24日　△珠江三角洲九市2013届高校毕业生联合招聘大会肇庆供需见面会在肇庆学院举行，210个参会单位提供5360个招聘职位，吸引6000名毕业生入场。

△900名驴友参加“修身善行，爱在路上”——2012第十届中珠（中山—珠海）55千米城际徒步毅行活动，呼吁青年朋友参与和热爱公益事业。

25日　△第五届番禺旅外乡亲恳亲大会在广州市番禺英东体育馆举行，来自16个国家和地区的70个番禺旅外乡亲社团代表，海外及港澳台知名人士，广州市荣誉市民，港澳政协委员，外商及台商代表，归侨侨眷代表等共1600人参加大会。

26日　△肇庆、贺州两市在肇庆市怀集县签署《安全生产战略合作框架协议》，并召开安全生产战略合作工作会议。

28日　△第三届“韩国——广东发展经贸论坛”在广州市举行，中共广东省委副书记、省长朱小丹，韩国知识经济部部长洪锡禹出席论坛并作主旨发言。

△是日至30日，第八届泛珠三角区域合作与发展论坛暨经贸洽谈会在海南省海口市举行。

29日　△粤桂合作签约仪式在海口市举行。中共广东省委副书记、省长朱小丹，广西壮族自治区党委副书记、自治区主席马飚出席仪式并签署《两广经济一体化发展工作备忘录》《关于建设粤桂合作特别试验区的指导意见》。

△深圳雷曼光电科技股份有限公司投资建成的惠州雷曼光电工业园开业。

30日　△中山市人民政府与澳门科技大学签约合作筹办大学，澳门科技大学在中山设立国际研发和孵化基地，为推进中山教育强市和产业战略性转型升级提供更优质的平台。中共中山市委副书记、市长陈良贤代表市人民政府与澳门科技大学基金会主席廖泽云签署协议。

△珠海市人民政府与中国电子信息产业集团在珠海市签署战略合作框架协议。

12月

1日　△中共广东省委副书记、省长朱小丹在海南省三亚市出席第八届泛珠大会行政首长联席会议。

3日　△2012年穗澳合作会议在澳门特别行政区举行。穗澳双方签署《农产品供应合作框架协议》《穗澳加强文化产业合作意向》《关于相互支持2013年五大会展项目的合作协议》等协议。

7日　△广东省副省长刘志庚到东莞现场督导广深沿江高速公路建设，东莞市委书记、市人大常委会主任徐建华等一同参加督导工作。

△是日至11日，中共中央总书记、中央军委主席习近平到广东省珠江三角洲地区考察工作。

△珠江三角洲地区九市一区交通综合执法工作第八次联席会议在惠州市召开。九市一区的交通执法部门负责人就高速公路两侧违法广告牌设施清拆、打击非法营运、出租车跨市营运、出租车拒载、汽车超载等问题进行探讨。

8日　△珠海、中山、江门三市人力资源和社会保障局在中山市联合主办“首届珠中江大型公益性人才招聘会”。

△中山市旅游局、三乡镇人民政府在中山温泉共同主办“2012百万车友游中山·趣味到镇”主题活动欢迎仪式，珠江三角洲区域有700多名自驾车游客参加。

14日　△中共广东省委常委、常务副省长徐少华到东莞市调研珠江三角洲城际轨道交通项目建设情况。

△香港媒体高层访粤团到东莞市参观访问，中共东莞市委书记、市人大常委会主任

徐建华会见参观团一行。

△广（州）佛（山）同城化第五次市长联席会议在佛山市召开。双方就同城化重点项目的轨道交通对接，治理大气、水、垃圾等方面的问题进行协商和沟通。

15日 △中共广东省委常委林雄在东莞市会见台湾海基会董事长林中森一行。大陆海协会副秘书长郑崇阳，全国台企联会长郭山辉，广东省台办副主任李旭政，东莞市委书记、市人大常委会主任徐建华等一同参加会见。

17日 △第二次多国在东莞投资企业政企联络会议在东莞市举行，来自新加坡、澳大利亚、加拿大、英国、德国、法国等多国驻穗总领事馆代表以及各国在粤商会负责人，多国在东莞投资企业的代表出席会议。

18日 △珠江三角洲国际科技园海外高层次人才项目对接会在佛山市南海区举行，来自美国、新加坡和香港特别行政区等海内外56个人才项目参加展示推介，有19个项目达成合作意向。

19日 △“我们的家园——广东十大最美古村落”颁奖盛典在佛山市南海区举行，肇庆的高要市回龙镇黎槎村获“广东十大最美古村落”称号，该市的白土镇坑尾村获“广东十大特色古村落”称号。

22日 △肇庆市博物馆和佛山市博物馆联合举办的“砚都藏珍——当代端砚精品展”在佛山市祖庙博物馆藏珍阁开幕，展出60多方端砚精品，展期两个多月。

25日 △深莞惠通信一体化启动仪式在深圳市举行。

26日 △佛开高速谢边至三堡段改扩建项目通车仪式在佛开高速公路雅瑶服务区举行。佛开高速改扩建工程于2007年起开始筹建，总长46.6千米，起于佛山南海区谢边（北接广佛高速），止于江门市三堡（南连江肇高速昆东互通立交）。

27日 △珠中江区域紧密合作第六次党政联席会议在江门市召开。会议审议通过《珠中江经济圈2013年度工作计划》，签订《推进珠中江城市供水水源同网框架协议》和《珠中江深化区域旅游合作备忘录》。

29日 △纵贯广州、佛山、江门、珠海四市的全线电气化广珠铁路通车。该铁路历时4年建设，全长189.37千米。

30日 △“第四届珠中江进出口商品展销会”在江门市开幕。

31日 △经广东省政府同意，珠江三角洲地区的广州、深圳、珠海、佛山、惠州、东莞、中山、江门、肇庆9市，自是日零时起实施车辆通行费年票互通。

△广珠城轨全线通车。广珠城轨于2011年1月7日开通运营至珠海北站，其余站点经过后续建设，是日全线贯通。广珠城轨连接广州、佛山、中山、珠海、江门五市。广珠城轨全线贯通运营，标志着珠江三角洲城际铁路网“A”字形主骨架左侧主轴基本成形。

·责任编辑　周慧琴·

区域协调

重要会议

【广东省实施《珠三角规划纲要》讲评会暨“四年大发展”攻关动员会】 于2012年8月8日在广州召开。中共中央政治局委员、广东省委书记汪洋主持会议并作讲话，省长朱小丹作讲评和动员讲话。会议指出，《珠江三角洲地区改革发展规划纲要（2008~2020年）》（简称《珠三角规划纲要》）实施以来，珠三角九市和省各有关部门围绕“科学发展主题、转变发展方式”主线和“加快转型升级、建设幸福广东”的核心任务，产业转型升级、自主创新能力、重点领域和关键环节改革有新突破，珠三角经济一体化取得新进展，粤港澳合作呈现新局面，民生社会事业发展取得新成效。当前，必须针对工作中的薄弱环节，明确任务，落实责任，确保“四年大发展”的目标任务如期实现。

会议强调，要在重点难点突破上攻关，在整体协同推进上攻关，在队伍保障上攻关。正确理解珠三角区域一体化的内涵，积极转变政府职能，发挥社会主义的制度优势和政治优势。要以现行体制的能力去推动职能的转变，使珠三角地区资源得到科学有效的配置，努力建设具有综合竞争力的世界级大城市圈，逐步走出一条具有广东特色的区域一体化道路。2012年是实现《珠三角规划纲要》“四年大发展”目标的决胜之年。珠三角各市、省各部门要落实“四年大发展”的重要指标和重大项目，加快建设现代产业体系，推进改革创新，加强基础设施建设，推进节能减排和环境保护，深化粤港澳合作。

会上，中共广东省委常委、常务副省长徐少华通报实施《珠三角规划纲要》2011年度评估考核和创新工作评奖情况。省发展改革委、省经信委、省港澳办分别汇报省现代产业体系建设、珠三角地区节能减排和粤港澳合作工作情况，广州市、深圳市、珠海市分别作大会发言。

【珠三角城际轨道交通沿线土地综合开发工作会议】 于2012年7月11日在广州召开。会议总结分析前一阶段工作进展情况，研究部署进一步加快推进珠三角城际轨道交通建设各项工作。中共广东省委副书记、省长朱小丹出席会议并作讲话。会议还传达中共中央政治局委员、广东省委书记汪洋在7月3日珠三角城际轨道交通建设情况汇报会上的讲话精神。中共广东省委常委、常务副省长徐少华主持会议并作发言。

会议要求首批6个开展TOD综合开发的试点站场（鼎湖站、三水站、珠海北站、银盏站、虎门商贸城站、新塘站）中尚未确定开发模式的必须于是年7月前明确开发模式，已经明确开发模式的要于8月上报工程建设推进时间表。同时做好土地储备、收益测算、站场TOD开发规划、新规划线路红线内外土地综合开发调查摸底等工作；统筹资金筹措，提高筹资水平，确保资金及时到位。

（连　术）

【广佛同城化第五次工作协调会议】 于2012年3月28日在广州召开。会议由广州市副市长欧阳卫民，中共佛山市委常委、常务副市长李子甫共同召集，广州市副市长欧阳卫民主持。广州市政府副秘书长周灵、佛山市政府副秘书长葛承书，以及市长联席会议有关成员单位，有关区、部门、企业负责人参加会议。会议听取《广佛同城化建设2011~2012年度工作计划》执行情况报告，检查广佛同城化第四次市长联席会议议定事项落实情况，审议并原则通过广佛同城化第五次市长联席会议方案。

【广佛同城化第五次市长联席会议】 于2012年12月14日在佛山召开。会议由中共广州市委副书记、市长陈建华，中共佛山市委副书记、市长刘悦伦共同召集，佛山市市长刘悦伦主持。两市有关领导、部门以及两市市长联席会议成员单位参加会议。会议听取《广佛同城化建设2011~2012年度工作计划》执行情况报告，检查广佛同城化第四次市长联席会议议定事项的落实情况，并对下阶段工作进行了部署。 （黄胜青）

【广佛肇经济圈第三次市长联席会议】 于2012年3月20日在肇庆召开。会上讨论审议《广佛肇经济圈2012年度工作计划（送审稿）》，并听取关于《广佛肇经济合作区建设前期工作方案（送审稿）》的情况。

【深莞惠第六次党政联席会议】 2012年5月16日，深圳、东莞、惠州三市在惠州市召开第六次党政联席会议，签署《深圳市东莞市惠州市共建深莞惠区域创新体系合作协议》。三市立足创新，加强合作，共同整合区域科技资源，逐步共建科技创新平台、服务平台，实现信息共享、资源共享，实现共赢。主要工作任务是推动创新平台共享共建、创新资源开发共享、创新成果相互转化、创新人才联合培养、创新服务对接、创新政策协调落实。 （惠州志办）

【珠中江区域紧密合作第五次党政联席会议】 于2012年4月17日在中山召开。会议审议通过珠中江经济圈建设2012年度重点工作计划及《珠中江区域紧密合作规划》，签署《珠中江区域产学研合作框架协议》，调整领导小组名单。会上，珠海、中山、江门三市就珠中江经济圈建设2012年重点工作的相关内容交换意见，并对下一阶段区域紧密合作提出具体建议。会议把三地交通一体化的建立放在重要位置，加快珠中江区域轨道交通、干线公路、城市道路建设对接，打通城市对接道路。三市将推动环境共治工作，建立跨界水污染治理联运机制等。在海洋经济发展方面，三市共同规划建设滨海产业区。产学研合作方面，确立三市产学研合作的机制、内容及合作领域，增强创新主体间的互补创新能力，强化科技创新区域的带动作用，为促进珠中江区域创新要素有序流动和优化配置，构建三地开放融合、布局合理的区域创新体系奠定基础。

中共珠海市委书记李嘉、市长何宁卡，中共中山市委书记薛晓峰、市长陈茂辉，中共江门市委书记刘海、市长庞国梅等三市党政主要领导出席会议。 （连　术）

【珠中江区域紧密合作第六次党政联席会议】 于2012年12月27日在江门市召开。会议审议通过珠中江经济圈建设2013年度工作计划，珠海、中山、江门三市政府签订《推进珠中江城市（镇）供水水源同网框架协议》，三市旅游部门签署《珠中江深化区域旅游合作备忘录》。会议达成五方面共识：一是发展共谋方面，依托珠海横琴新区、中山翠亨新区、江门银洲湖、台山广海湾等区域，谋划发展海洋经济。二是交通对接方面，拟重点推进广佛江珠城际轻轨等轨道交通项目以及三市之间重点跨线公路建设，促进珠中江交通基础设施一体化。三是供水同网方面，根据《推进珠中江城市（镇）供水水源同网框架协议》，把供水同网工程近期建设重点放在应急水源保障上，将应急和优质供水方案相结合。四是旅游合作方面，联合开发“珠中江旅游”精品线路、开展旅游宣传推广活动、错位发展旅游产业、探索三市旅游优惠政策合作。五是医疗互认方面，共同做好全省基本医疗保险异地就医即时结算网络系统实施的各项准备工作，依托省医疗保险异地就医结算系统，分步实施三市的定点医疗机构住院费用联网结算。同时，探索个人医疗账户在三市的部分定点零售药店实现联网实时结算、社会保障卡内个人信息互通、参保人身份确认等。（江门志办）

【泛珠三角区域合作行政首长联席会议】 于2012年12月1日在海南省三亚市召开。福建、江西、湖南、广东、广西、海南、四川、贵州、云南省和香港、澳门特别行政区等泛珠合作各方行政首长或行政首长代表出席会议。内地9省（区）副省长（副主席）和香港、澳门特别行政区政府相应官员，行政首长联席会议秘书处秘书长，泛珠合作各方日常工作办公室负责人等列席会议。会议由2012年行政首长联席会议执行主席、海南省省长蒋定之主持。会议听取江西省省长鹿心社关于第七届泛珠论坛暨经贸洽谈会以来工作推进情况的通报、泛珠秘书处秘书长唐豪关于泛珠秘书处的工作报告，以及联席会议执行主席、海南省省长蒋定之通报的第八届泛珠专题磋商会、招商推介和项目对接活动的情况及泛珠区域政府秘书长联席会议关于2012年泛珠三角区域合作行政首长联席会议审议事项的审议意见。会议审议同意由广东省政府秘书长李锋接任泛珠秘书处秘书。（连 术）

制度创新

【珠三角按新标准发布 $PM_{2.5}$ 数据】 2012年3月8日起，广东省珠三角17个监测站点正式公布包括 $PM_{2.5}$ 在内的环境空气质量监测数据，成为国内首个按新《环境空气质量标准》公布监测指标并评价空气质量的城市群。同期，广州市10个站点和深圳市18个站点也按新标准发布空气质量监测数据。是日起，广东省环境信息综合发布平台共发布国家新标准规定的6种污染物7项指标和空气质量指数的数据，包括 $PM_{2.5}$、PM_{10}、臭氧、一氧化碳等，数据每隔一小时更新一次，市民登录广东省环保公众网即可查询。

【《广东省建设珠三角金融改革创新综合实验区总体方案》发布】 2012年7月25日，由中国人民银行、国家发改委等八部委联合印发的《广东省建设珠三角金融改革创新综合实验区总体方案》(简称《方案》)在广州发布。《方案》由三大部分组成：在珠三角地区建设城市金融改革创新综合实验区，在环珠三角地区的梅州市建设农村金融改革创新综合实验区，在环珠三角的湛江市建设统筹城乡发展金融改革创新综合实验区。

在城市金融改革创新方面，《方案》提出加快建设现代金融市场体系，构建多层次资本市场，鼓励和引导民间资本进入金融服务领域等。同时，做好跨境贸易人民币结算试点工作，逐步扩大人民币在境外的流通和使用，在横琴新区和前海地区探索资本项目可兑换的先行试验；并将深圳市保险改革试验区相关政策扩大到珠三角地区等。

在农村金融改革创新方面，《方案》提出要培育完善的农村金融要素市场，推进农村宅基地和土地承包经营权抵押贷款试点工作；创新农村金融服务体系，深化农村信用社改革、加快村镇银行发展等；优化农村金融发展环境。引导金融机构增加对“三农”金融投入；加强农村社会信用体系建设等。在统筹城乡协调发展金融改革创新试验方面，《方案》提出要探索城乡金融协调发展新机制，促进城市金融资源支持“三农”发展；加快形成支持城乡协调发展的金融服务体系等。

【《泛珠内地9省（区）突发事件管理办法》出台】 2012年5月，泛珠内地9省（区）应急管理合作联席会议秘书处印发《泛珠内地9省（区）突发事件应急联动机制管理办法》（简称《管理办法》），进一步完善区域内突发事件应急联动机制。《管理办法》要求，发生或可能发生跨区域特别重大、重大突发事件，本地区应急资源不足或应对时间紧急，需要其他省（区）紧急支援应对和控制事态发展时，按照区域协作、优势互补、效率优先、就近支援的原则，快速调集区域内特别是毗邻省（区）应急资源、应急力量参与处置突发事件。（连　术）

规划计划

【广佛肇经济圈年度重点工作计划】 2012年3月21日，在广州、佛山、肇庆三市市长联席会议上审议通过《广佛肇经济圈2012年度重点工作计划（送审稿）》（简称《工作计划》），共确定39个项目，其中基础设施工程项目15个、社会民生工程项目10个。在15个基础设施工程项目中，广佛肇城际轨道是年加快征地拆迁及工程建设进度，计划在2013年建成通车；广佛肇高速公路工程在肇庆境内修筑176千米的高速公路并连接广佛，项目设计时速100千米，总投资177.6亿元，一期工程年内确定道路走向。从肇庆通达广州花都的肇花高速公路计划2014年建成通车。《工作计划》要求广佛肇三地年内开展征地拆迁，协助铁路部门建设南广铁路工程和贵广铁路工程，年底前完成主体工程，2013年建成通车。在水上运输方面，广佛肇三市政府引导和鼓励三市港航企业开展合作，完善广佛肇港口集疏运系统，促进港航资源整合，拓展江海联运业务。

《工作计划》提出，由广州市牵头，成立由三市分管副市长、信息化主管部门及通信运营商参加的广佛肇通信一体化联席会议，协调各相关部门及主要基础通信企业，年内实现广佛肇通信资费的完全一体化。三市卫生部门年内签订广佛肇公共卫生信息共享协议书，10月份召开突发公共事件联防联控会议，推进公共场所监测、生活饮用水监测以及预防性健康检查等方面的合作。《工作计划》还首次提出，三市将以“爱我珠江、保护母亲河”为主题合办亲水节，互相组队参加横渡珠江、广州国际龙舟邀请赛、佛山龙舟邀请赛、肇庆龙舟锦标赛等活动。在环保领域，广佛肇三地将联合开展西江饮用水水源地环境状况评估，强化区域环境空气质量监测网络建设，新增$PM_{2.5}$等监测项目的试验。三市规划部门在年内开展以广州为核心的广佛肇大都市圈重大战略问题研究，对大都市圈城镇空间战略、区域交通一体化的长远发展进行宏观规划，对空间格局、交通对接、基础设施建设、区域生态环境联防联治等重大问题进行协调、对接。通过继续推动“双转移”，广州、佛山将引导产业结构调整和扩张延伸项目向肇庆工业园区转移；肇庆组织技能性劳动力的培训和输出，广州、佛山市提供用人需求信息。

【《广佛肇交通基础设施衔接规划》】 于2012年10月29日正式公布。根据《广佛肇交通基础设施衔接规划》，2020年后，广佛肇将在高速路网上打造“双核双环十九射八条重要公路”，总里程2373千米；在广佛间新增加13条轨道线，佛肇间增加4条轨道线。其中建设4条国家铁路、5条城际轨道、3条城市轨道。4条国家铁路分别是：南沙港疏港铁路、广珠铁路、南广铁路、贵广铁路；5条城际轨道分别是：广佛环线、广佛江珠城际轨道、佛肇城际轨道、佛莞城际轨道、肇顺南城际轨道；3条城市轨道分别是：广佛线二期、佛山二号线一期工程、佛山三号线。

根据广佛肇区域高快速路、区域干线公路和联络支线的布局规划，广佛之间公路衔接点规划增加11个，由18个增加至29个；佛肇之间公路衔接点规划增加7个，由10个增加至17个。三市高快速路衔接的主要任务是加快广佛肇高速公路、珠三环线高速（江肇二期、肇花高速、增城沙庄至花都北兴公路二期）、汕湛高速（肇庆段）、广昆高速（广肇高速公路路段）扩建、广明高速陈村至西樵段、广明高速陈村至化龙（广州段）、广明高速西延线、深罗高速（江罗高速高明段）、广三高速东延线、江珠高速北延线（佛山段）、江番高速（佛山段）、花莞高速、佛清从高速的建设，形成三市之间快速的高速公路网络，加强区域间交通联系，推进地区融合。

【粤港澳共建优质生活圈】 2012年6月25日，由广东省住房和城乡建设厅、香港特别行政区环境局、澳门特别行政区运输工务司联合组织编制，中国首部以“优质生活”为主题的区域合作规划——《共建优质生活圈专项规划》（简称《规划》）在粤港澳三地同步对外发布。《规划》提出区域发展愿景，明确要将大珠三角建设成为具有示范意义的绿色宜居城市群区域。《规划》对环境生态质量、低碳发展、文化民生合作、空间协调发展、绿色交通和便利通关等五大领域提出具体的合作内容。《规划》将生态环境保护作为共建优质生活圈的前提条件，优化区域大气监测网络，加强区域大气、水环境质量和污染控制合作；将促进绿色交通和通关便利作为共建优质生活圈的重要支撑，逐步使粤港、粤澳邻近地区的交通条件接近同城化水平。

（连　术）

·责任编辑　何文倩·

合作交流

联席共商

【珠三角防震减灾工作合作联席会议第一次工作会议】 2012年9月25日，广东省政府与中国地震局在广州召开共同推进珠江三角洲地区防震减灾工作合作联席会议第一次工作会议。副省长刘昆、中国地震局副局长修济刚出席会议并讲话。 修济刚在会上介绍《中国地震局广东省人民政府共同推进珠江三角洲地区防震减灾工作合作项目实施方案》。实施方案包括珠江三角洲地震烈度速报与预警工程、珠江三角洲地震构造勘查及地震危险性评价、地震安全公共服务系统建设、地震监测与减灾技术重点实验室建设、防震减灾示范城市创建5个项目，计划在5年内完成。

【珠三角机场主席会议】 2012年5月4日，深圳机场集团主办2012年度珠三角五大机场主席会议。香港、广州、深圳、澳门、珠海五大机场负责人共同探讨未来珠三角机场群竞合格局，并签署合作备忘录。五大机场同意进一步加强在安全运行、应急救援、人员培训、节能减排、信息共享等方面的经验交流，建立更为紧密的多边友好合作关系。 （连 术）

【广东省珠三角地区教育现代化督导业务学习会议】 于2012年9月11~12日在广州举行。广东省教育厅副厅长朱超华、省教育厅主任督学陈健和广州市教育局局长屈哨兵及市教育局党委委员、主任督学沈子鸣等出席会议。省督学以及珠三角地区的市、区（县）教育局分管领导、督导室负责人等约160人参加会议。

9月11日，召开督导业务学习会议。会议围绕全省教育“创强争先建高地”的战略部署，加强特殊教育工作，对新修订、新制定的教育“创强争先”验收办法、评估指标体系等话题进行讨论。9月12日，珠三角地区教育局的分管领导和督导室负责人分别到越秀区、天河区、番禺区参观学校并进行分组讨论。 （郭海清）

【全省推动医改机制创新工作座谈会（珠三角片）】 于2012年6月5日由中共广东省委常委、常务副省长徐少华在江门市主持召开。珠海、佛山、惠州、东莞、中山、江门、肇庆七市和各试点县政府主要负责人，以及省医改办等部门负责人参加会议。会议强调，要推广医改“湛江模式”，建立个人电子健康档案，推进医院病历、诊疗结果互认，编写广东省医保诊疗常规，开展“平价医院、平价诊室、平价药包”建设，提高医疗保障水平，解决群众看病难、看病贵问题。

【珠三角九市一区交通综合执法工作第七次联席会议】 于2012年6月19日在江门市召开。会上，珠三角广州、深圳、珠海、佛山、江门、东莞、中山、惠州、肇庆九市及顺德区的交通运输执法人员，交流探讨如何解决打击非法营运、应对暴力抗法等执法工作中的热点难点问题，并就强化交通运输执法领域的“三打两建”工作力度进行部署。

（江门志办）

【广佛同城化规划专家评审会】 2012年12月28日，由广州市规划局和佛山市国土资源和城乡规划局联合组织的《广佛—花都空港地区同城整合规划》和《广佛同城化城市规划——五沙地区同城整合规划》专家评审会在佛山召开。佛山市国土资源和城乡规划局总规划师刘宏主持会议，来自广州、深圳和佛山的共5位专家组成评审专家组，广州和佛山两地的市和区相关职能部门代表应邀参加会议。经过审议，专家组原则同意两规划通过评审。

【广佛同城化各区教育结对交流合作工作会议】 于2012年12月29日，由广州、佛山两市教育局联合召开。会议回顾近年来广佛同城化教育交流与合作的情况，提出2012年乃至今后一个时期教育交流与合作的计划和设想。强调各结对区要深入贯彻落实《珠江三角洲地区改革发展规划纲要(2008~2020年)》《广州市佛山市同城化建设教育合作协议》《广佛肇经济圈建设教育培训合作规划》，签订结对交流合作协议，研究并共同制订结对交流合作工作规划和实施方案，建立相应的领导机构和工作机构，采取措施，开展教育领域各方面的交流与合作。

（黄胜青）

【广佛肇图书馆馆长联席会议】 于2012年3月19日在肇庆市举行。广州市图书馆馆长方家忠、佛山市图书馆馆长屈义华、肇庆市图书馆馆长范雪梅及有关负责人参加会议。会议主要议题为商讨“2012广佛肇图书馆学会联合年会”相关事宜。与会者就出版论文集、联合年会时间、年会征文主题、业务交流形式等进行讨论，并对年会的形式创新等建言献策。（吴　源）

【广佛肇流感防治工作会议】 于2012年3月20日在广州召开。会议就流感防治工作，如何深化广州、佛山、肇庆三市突发公共卫生事件联防联控工作机制和落实2012年重点工作计划进行交流与研讨。会后，三市联合印发《广佛肇流感疫情联防联控工作意见》。

（彭全良）

【广佛肇旅游合作联席会议】 于2012年5月22日在肇庆市召开。广州、佛山、肇庆三市旅游部门负责人及有关人员与会。会议总结2011年广佛肇旅游一体化工作情况，对《2012年广佛肇旅游合作计划》提出修改意见。

（孙秀丽）

【广佛肇经济圈环保专责小组第二次联席会议】 于2012年6月27日在广州市召开。会议通报2012年上半年广佛肇经济圈环保合作工作进展情况，肯定广佛肇经济圈建设环保合作所取得的成绩，尤其是在联合治水、治气等方面所取得的进展。会议研究“2012年爱我珠江亲水节”活动保障措施，讨论广佛肇经济圈环保合作2012年下半年重点工作，商讨下一次广佛肇经济圈环保专责小组联席会议有关事宜。（黄胜青）

【广佛肇第三次动物产品质量安全合作联席会议】 于2012年8月21日在肇庆市召开。广州、佛山、肇庆三市农业（畜牧兽医）局相关领导和人员出席会议。会议交流探讨三市在动物产品质量安全监管、动物检疫证使用管理、动物疫病监测、动物防疫条件审查、行政执法以及动物疫病防控工作量化考核等方面的工作经验和存在的难点热点问题。会议要求三市继续细化合作细则，落实监管措施，建立信息互通机制，共同推进动物防疫及畜产品质量安全监管合作，保障动物卫生和畜产品质量安全。（白炜杰）

【广佛肇价格工作联席会议】 于2012年10月18日在肇庆市召开。广州、佛山、肇庆三市物价（发改）部门负责人，围绕如何以建立价格信息平台为核心完善价格监测网络、加强区域内价格监管合作、加强价格执法协查协作、建立和健全数据共享机制等问题展开交流和讨论，提出建议和意见，并就建立三市价格信息平台达成合作意向。

（黎卓伟）

【广佛肇突发环境事件应急监测技术交流会】 于2012年11月21日在佛山举行。广州市环境监测中心站、肇庆市环境保护监测站、佛山市环境监测中心站及五区环境监测站各站分管应急监测的负责人和应急监测技术骨干参加会议。会议由佛山市环境监测中心站副站长刘丰山主持，广州市环境监测中心站副站长王宇骏在会上讲解“环境监测人员如何应对突发环境事件”，重点探讨应急监测工作中的应对难点及须注意的环节，并介绍广州市环境监测中心站主要的应急监测案例；各站技术人员进行探讨和交流。

【广佛肇公共卫生沟通交流会】 于2012年12月21日在佛山市召开。会议就三地公共卫生协作问题进行研讨，确定三地将加强公共卫生监管交流与合作，实施公共场所监测、生活饮用水监测信息定期通报，三地共同签订《广佛肇公共卫生信息共享协议书》。

（黄胜青）

【佛肇交通工作协调会议】 于2012年11月26日在佛山市三水区召开。佛山、肇庆两市交通运输局有关领导和人员参加。会议就两市交通衔接项目进行沟通和协调。经协商，两市交通部门在实施“交通一体化”达成共识：协调征地拆迁和落实资金，加快推进交通基础设施项目，明确部分项目的规划对接问题（完成规划对接的佛山桂丹路延伸至肇庆金利跨西江特大桥），两市加强规划控制，预留桥位和接线建设用地；建议将广佛肇新增的跨北江特大桥和大旺至三水跨北江特大桥列为规划对接项目，由两市加强规划控制，视交通量发展情况适时建设；肇庆市提出凤凰经三水青岐连接西南跨北江桥位规划问题由三水区环境运输局先行研究，提交下次两市交通工作协调会讨论。（贺广玲）

【珠中江三市消费维权一体化第六次联席会议】 于2012年5月10日在中山市召开。会议商定，珠海、中山、江门三市消委会于11月联合开展流通领域固定插座、电线电缆等商品共75批次进行比较试验，并通过媒体同时公布比较试验结果、发布消费提示，倡导科学消费。（江门志办）

【珠中江旅游质监工作会议】 于2012年8月6日在中山市召开。珠海、中山、江门三地一致同意加强沟通与交流，建立长期有效的合作会晤机制、信息资源共享机制，开展交叉和联合检查，共同开展旅游质监宣传和培训工作。

（中山志办）

【合作推进珠中江金融服务同城化工作第八次联席会议】 于2012年8月21日，在中国人民银行江门中心支行召开。会议主要探讨建立珠海、中山、江门三地中小企业信用信息服务平台，逐步实现珠中江地区的联网查询，最终实现风险防范、信用发现和信贷合作等问题。中国人民银行江门中心支行与江门市纪委诚信办、市金融局开发“中小企业信用信息服务平台”，主要分为银行信息交流、银企动态对接、风险防范监控三部分，有利于促进珠中江三地中小企业信用信息联网建设。加强支付结算管理，防范风险挤出效应，并计划组织有关部门和人员就建立珠中江三地支票核销联网系统进行论证和磋商。探讨如何利用已实现全国联网的“珠海产权交易中心”，进一步扩大三地企业融资渠道。（江门志办）

【泛珠三角区域环境保护合作联席会议第八次会议】 于2012年11月30日在海南省海口市召开。会议主题为“深化环保合作，推动绿色发展”。来自福建、广东、广西、湖南、江西、四川、贵州、云南、海南及香港、澳门环保部门的领导出席会议。会议明确，泛珠三角区域各成员单位要继续加强泛珠三角区域环保合作，进一步完善泛珠“9+2”合作机制，深化合作领域。一是建立健全环保执法检查联动机制，加强环境应急合作和开展联合执法防止区域环境污染；二是继续加强环境监测合作机制建设，推动水质、酸雨、空气等环境监测技术交流与资源共享；三是开展环保产业技术交流，提升环保技术与科研水平，共同促进泛珠环保产业与技术合作；四是推进环境宣传教育合作，提升社会公众的环保意识。

本届大会将往届大会期间召开的务实式专题论坛改为行业专题磋商会。“9+2”各方重点围绕泛珠区域有关行业重点项目和重要的事项合作进行专题磋商，解决合作中遇到的实际问题并提出需要行政首长预定的重要事项。会上，围绕旅游、文化、金融、物流、交通、海洋以及战略性新兴产业和高技术产业、冬季蔬菜产销对接以及南繁育种、人力资源等方面分别举办11场专业磋商会。签约6个项目，签约金额28亿元。同时签署合作协议备忘录以及会谈纪要16份，确定合作共识1份。会议期间，首次举办泛珠三角区域名优产品展销会。大会共签约202个项目，项目投资额达2772亿元。（连　术）

合作协议

【《广佛肇流感疫情联防联控工作意见》】 于2012年3月26日，由广州、佛山、肇庆三地卫生局联合制发。三地就继续推进流感疫情信息通报机制，加强流感疫情监测和研判，加强流感疫情调查处置的协调与合作，做好重症病例发现、报告和救治工作，加大防控宣传教育，做好流感疫苗接种等方面达成一致意见。

【广州、佛山、肇庆、清远、韶关签订市际边界人民调解合作协议】 2012年8月22日，广州、佛山、肇庆、清远、韶关五市边界人民调解联动工作会议在清远市召开。会上，佛山市与广州、肇庆、清远、韶关四市签订市际边界人民调解合作协议。根据市际边界人民调解合作协议，五市将在矛盾纠纷排查化解、重大矛盾纠纷信息通报反馈、人民调解案件办理异地协作、人民调解理论研究、人民调解宣传以及毗邻地区联合调解组织建设等六个方面进一步加强交流与协作，实现调解资源共享、调解组织联建、纠纷信息互通、纠纷联防联调的目的。会议还讨论通过五市市际边界人民调解协作工作规程及边界人民调解协作联络领导小组名单，并确定广州市为下一届市际边界人民调解协作会议的主办方。（黄胜青）

【穗莞签订战略合作框架协议】 2012年2月13日，广州市和东莞市签署《广州市·东莞市战略合作框架协议》。中共广东省委常委、广州市委书记万庆良，市人大常委会主任张桂芳，市政协主席苏志佳，市委副书记方旋，东莞市领导徐建华、李毓全、姚康、黄双福等出席协议签署仪式。根据框架协议，两市在规划对接、产业合作、交通运输、协作创新、城市管理、环境生态、水资源及水务合作、信息网络、社会管理、海洋资源及海事合作十大方面开展具体合作。两市市委书记、市长成立领导小组，负责重大事项的决策和协调，领导小组会议由两市协商召开。建立两市联席会议制度，通报两市经济社会发展重要情况。联席会议原则上每年召开一次，可在广州、东莞两市轮流召开，也可视需要由会议召集人协商召开。联席会议在两市经济协作部门设立办公室作为日常办事机构。两市对口部门可就规划对接、产业合作、协作创新、基础设施建设、环境保护、社会管理等重要事项加强衔接，具体落实领导小组和联席会议确定的有关工作事项，制定工作规划和年度工作计划，细化目标任务，制定具体措施，协调推进落实。

规划对接方面，建立两市规划衔接协调机制，加强两市之间发展战略、经济社会发展规划、城乡规划、土地利用总体规划及有关重大基础设施专项规划的衔接和协调，实现规划有效对接，建立规划信息共享平台。

产业合作方面，发挥广州中心城市服务功能、科技创新能力的优势以及东莞市制造业集群竞争力较强、产业配套完善的优势，突出重点产业的合作，构建优势互补、合作共赢、协调发展的产业格局。推进两市现有国家高新技术开发区和市属产业园区的合作，重点加强广州南沙开发区和东莞虎门港、虎门镇等沿海片区的对接，推进中新广州知识城与东莞麻涌、中堂、望牛墩和洪梅等镇的交流合作。鼓励和引导两市企业在战略性新兴产业、高新技术产业、先进制造业、优势传统产业等领域的合作，重点推进电子信息、汽车、摩托车、造船、机械装备、精细化工、海洋生物等产业开展深度合作，延伸产业链，加强配套协作，共同推进转型升级。加强两市在金融保险、商务会展、现代物流、科技服务、信息服务、文化创意、网游动漫等现代服务业领域的合作，推进产业结构优化升级，构建区域服务中心。两市不定期召开经济贸易交流会议，鼓励促进两市企业加强战略合作和投资合作。

协作创新方面，加强创新资源的合作与共享，促进科技、金融和产业的融合发展。加强两市高等院校和科研机构合作，鼓励共建共享研发创新或技术检测服务平台，建立健全科研检测设备和科技信息开放共享制度，提高两市技术创新与科技成果转化能力，发挥广州作为华南科技创新中心的辐射带动作用。加强两市产学研合作，推进科技创新技术交流，促进两市创新要素的优化配置，推动产业与科技的融合，提升创新产业整体竞争力。实施知识产权和技术标准战略合作，鼓励高科技服务业异地发展，完善资金融通网络、金融服务体系和人才服务体系，促进创新要素高效流动。

城市管理方面，加强两市城市管理合作与交流，研究建设新型城市化合作机制，建立联动机制和城市管理信息通报机制，共同解决两市接合部的城市管理问题，提升城市管理水平。共享城市管理科研新成果，建立互通信息机制，定期召开两市合作交流会，共享生活垃圾无害化处理、城市园林绿化培育、城市管理节能减排等方面的科研成果。

加强两市城市天然气领域的合作，研究建立两市城市天然气供应安全应急机制和城市供气的执法合作长效机制；探索两市餐厨垃圾的综合处理和生活垃圾处理产业的衔接。

交通运输方面，加快建设两市城际高速公路、快速干线、轨道交通及配套工程，加快建设两市相邻地区连接道路、桥梁建设，促进道路互联互通；重点加快穗莞深城际轨道广州段、东莞段工程进度，东莞市轨道1号线和广州市地铁5号线东延线的规划对接，推进莲花山公路过江通道前期工作、东莞市沿海公路等市际路网与广州路网对接等工作；合理规划港口功能，加强广州港、虎门港合作发展和交流，推动广州港新沙港区二期开发，根据发展需要共同浚深和维护广州港出海主航道南沙至新沙段，共同建设应急和生产锚地。加强广州空港服务网络向东莞辐射，加快两市民航公共信息平台建设，进一步完善东莞城市候机楼与广州白云机场的地面交通接驳；完善公交互通；完善接壤地区交通接驳，形成换乘便利的集疏运系统，建设开放的现代综合交通运输体系，实现两市车辆免费互通。

生态环境方面，节约集约利用土地，发展循环经济，加大污染联合防治力度。加强环境保护方面的信息共享，共同监测大气污染和水域污染情况，及时通报环境保护信息。建立污染联防联治机制，开展大气复合污染治理，加强相邻生态功能区合作。推进环境保护基础设施建设，科学合理布设工业固体废弃物、生活垃圾、危险废弃物处理处置设施。推进东江北干流、珠江河口和狮子洋海域污染综合治理，合力整治大型火电厂和石化产业大气污染物、机动车尾气跨境传输带来的污染，探索建立环保排放、收费、治理的统一标准。水资源及水务合作方面，推进水利水务基础设施建设，以保障供水安全为出发点，加强水资源开发利用、水污染治理和界河防洪排涝等工程建设的协调力度，优化水资源配置体系和供水网络设施，提高水资源综合利用效率和供水应急保障能力，建立两市水资源突发事件应对机制和供水应急合作机制，加大对东江北干流和珠江出海河口流域的水资源和水环境共同保护力度，确保东江北干流饮用水源水质达标。共同参与和支持广东省开展西水东调工程工作。加强河道采沙及河沙岸上堆场的联合管理与执法工作。

信息网络方面，优化两市信息网络资源配置，加快相关信息平台的对接，联合建设政府信息资源共享平台。统一信息交换标准和规范。加快实现信息资源共享，构建信息安全保障体系。重点在科技服务、人力资源、法人单位、自然资源和地理空间等领域实现互联互通。参与“数字珠三角”和“物联网”建设。降低两市间固定和移动电话长途通话费。海洋资源及海事合作方面，共同推进狮子洋、伶仃洋海域资源环境保护工作，加强海洋环境监视监测、海洋灾害预防协作和预警信息通报工作。

社会管理方面，加强社会公共事务管理协作，加大两市教育培训、文化建设、社会保障、人力资源等社会公共服务领域合作力度。加强对口部门的交流，共同探索合作新模式，实现两市优势资源互补。加强两市在自然灾害、事故灾难、公共卫生事件、社会安全事件等方面的合作，完善突发事件预防、处置和善后的协作机制。

【穗珠加强志愿服务信息化合作】 2012年9月14日，广州、珠海两市在广州签署《穗珠志愿服务工作合作框架协议》，双方同意加强志愿服务信息化方面的合作，珠海将引入广州研发完善的志愿信息全在线平台——“志愿时”；同时，穗珠两地还计划在大型志愿服务项目领域互派志愿者，分享枢纽型组织建设经验等。中共广东省委常委、广州市委书记万庆良，中共广东省委常委、珠海市委书记李嘉等出席协议签署仪式。

（白　芷）

【深莞惠交通运输一体化补充协议四】 2012年5月16日，深圳、东莞、惠州三市在惠州市召开第六次党政联席会议，签署《深圳市东莞市惠州市加快推进交通运输一体化补充协议四》。协议内容包括：深化边界路网对接、加快跨市公交发展。其中深圳和东莞边界路网对接项目有深圳丹平快速路二期—东莞东深公路、深圳外环高速公路。东莞和惠州边界路网对接项目有龙溪东江大桥（龙桥大桥）。同时，启动深莞惠城际轨道交通项目规划设计、建设投资方式研究等工作；适时启动深圳与惠州两市轨道交通规划衔接研究工作。

【深莞惠农产品质量安全监管合作协议】 2012年5月16日，深圳、东莞、惠州三市在惠州市召开第六次党政联席会议，签署《深圳市东莞市惠州市农产品质量安全监管合作协议》。协议要求三市遵循政府推动、资源共享、优势互补、平等协商、共同推进、协调发展、互利共赢、先易后难、务实渐进的原则，逐步打破行政体制障碍，创新合作机制，促进要素合理流动，优化资源配置，全面提升农产品质量安全水平，促进社会和谐发展，并以建立完善“四项制度”为重点，健全三市农产品质量安全监管协作机制：一是建立农产品质量安全监督检测互认制度；二是建立市场准入制度；三是建立农产品源头追溯和农产品标识管理制度；四是建立信息共享和通报制度。

【深莞惠三地文化联动合作协议】 2012年5月16日，深圳、东莞、惠州三市在惠州市召开第六次党政联席会议，签署《深圳市东莞市惠州市三地文化联动合作协议》。协议要求，三市进一步创新文化合作机制，实现文化资源优势互补，推进深莞惠文化合作向更广领域拓展、更深层次延伸，更好地满足三地人民群众多样化、多层次、多方面的文化需求。协议主要内容是：开展公共文化服务合作，促进文化节庆、文化品牌合作，加强广播电视资源合作开发，开展文化遗产保护合作，推进文化市场执法联动，深化三地文化产业合作，建立文化人才培训合作机制。

（惠州志办）

【深莞惠签署文化合作框架协议】 2012年9月25日，深圳、东莞、惠州三市文广新局在东莞签署《2013年深莞惠文化合作框架协议》。按照框架协议，2013年深莞惠三市将在文化活动、文艺创作、艺术展览、非物质文化遗产保护、文化执法、志愿服务、图书文献等七个方面加强对接。三市将针对广大群众，特别是外来务工人员的文化需求，继续举办“情系深莞惠，幸福广东人”深莞惠流动大舞台三地巡回演出活动。三市美术机构联合办展，并利用岭南画派的深厚渊源，策划举办“深莞惠岭南美术名家名作联展”，传播和弘扬岭南文化艺术，共同打造岭南文化品牌。

（白　芷）

【《珠中江区域产学研合作框架协议》】 于2012年4月17日，在珠中江第五次党政联席会议上，由珠海、中山、江门三市科技部门签署。该协议确立三市产学研合作的机制、内容及合作领域，增强创新主体间的互补创新能力，强化科技创新区域的带动作用，为促进珠中江创新要素有序流动和优化配置，构建三地开放融合、布局合理的区域创新体系奠定基础。

【《珠中江三地医学检验、影像检查结果互认协议》】 于 2012 年 11 月 1 日在珠海市召开的珠中江三地医学检验、影像检查结果互认新闻发布会上签署，珠海、中山、江门三地二级及以上共 44 个医疗机构纳入互认范围。该协议有望简化病人就医环节，降低病人医疗费用。

【《珠中江深化区域旅游合作备忘录》】 于 2012 年 12 月 27 日在珠中江党政联席会议上签订。备忘录就三市在建立珠中江区域旅游目的地、联合推广旅游线路、加强旅游企业间的合作等方面达成共识。 （江门志办）

【《中山市、珠海市跨界道路建设项目合作协议》】 2012 年 3 月 29 日，中山市政府与珠海市政府在中山市签署《中山市、珠海市跨界道路建设项目合作协议》。协议确定打通两市之间的 13 条通道，并建立跨界交通工作协调的长效机制。2012 年，两市跨界交通工作的重点是制定实施《珠中江交通基础设施一体化规划》，并解决两地之间断头路、烂尾路等问题，年内重点推进香海高速公路、坦洲十四村宝翠桥与珠海翠微西路衔接工程、坦洲潭隆南路与珠海造贝工人新村路衔接工程、坦洲环洲南路与珠海金鸡西路衔接工程等 4 个项目，其余 9 个项目为规划及中远期对接项目。 （中山志办）

【珠三角九市三级医院检验结果互认】 2012 年 5 月 7 日，在广东省卫生厅召开的全省卫生系统 2012 年医改工作会议上，广州、深圳、珠海、佛山、东莞、中山、江门、肇庆、惠州等珠三角九市卫生局签署检查检验结果互认协议，促进合理、有效利用卫生资源，简化病人就医环节，降低病人医疗费用。根据协议，珠三角九市辖区内所有三级医院将在临床生化、临床免疫、临床微生物、临床血液、体液及各类涂片细胞学检查等医学检验结果和普通放射线检查、使用甲乙类大型医用设备的检查项目等医学影像结果进行互认。协议生效后，医疗机构接诊、转诊和治疗患者时，协议地市辖区内所有三级医院出具的有关检查结果和检验报告作为诊断治疗依据，不再复查。因病情变化或诊疗需要，可根据病情的临床表现和诊疗规范进一步检查和检验。 （白　芷）

【珠三角专利行政执法合作协议】 2012 年 11 月 29 日，《珠江三角洲地区专利行政执法合作协议》签字仪式暨珠江三角洲地区专利行政执法联席会议首次会议在广州市召开，广州、深圳、珠海、佛山、惠州、东莞、中山、江门、肇庆九市知识产权局的代表与会，分别代表各市签署协议。广东省知识产权局副局长唐毅出席签字仪式。该协议是省知识产权局推进“两建工作”的创新举措，旨在完善珠三角地区专利行政执法工作的信息共享和协作机制，形成部门联动、快速反应、运转高效的知识产权保护体系。协议内容包括政策研讨、业务交流、信息共享、执法协作等方面。 （麦伟男）

【珠海建设粤港澳海洋经济合作先行区】 2012 年 4 月 22 日，广东省海洋与渔业局和珠海市人民政府签署《关于共同推进珠海市海洋经济强市建设合作框架协议》。根据协议，省海洋与渔业局支持珠海市建设粤港澳海洋经济合作先行区，发挥其毗邻港澳的优势，依托港珠澳大桥兴建、横琴新区开发，促进与港澳的紧密合作、融合发展。特别在横琴区建设方面，省海洋与渔业局将在海域使用、建设用围填海指标、海洋环境保护等方面支持珠海市加快长隆国际海洋旅游度假区、横琴岛澳门大学新校区、十字门中央商务区、横琴岛市政基础设施等项目建设。协议还支持珠海市率先探索建立粤港澳游艇出入境管理模式、共同保护开发无居民海岛、建设国际海洋垂钓区。珠海同步加快建立有利于加强与粤港澳海洋开发合作的相关政策，探索粤港澳海洋经济发展、海洋资源环境保护合作新模式，为深圳前海、广州南沙等地提供粤港澳海洋经济合作的先行经验。

（白　芷）

【中山市与澳门科技大学签订合作办学框架协议】　2012年5月，在2012年粤澳合作联席会议上，中山市人民政府与澳门科技大学签署“政产学研”战略合作框架协议，双方共建高起点、国际化、创新型以及可持续的“政产学研”合作平台。11月30日，中山市人民政府与澳门科技大学在中山温泉宾馆签订合作办学框架协议。该项目是“政产学研”战略合作框架协议下的首个落实项目，选址板芙镇，占地120公顷，将为推进中山教育强市和产业战略性转型升级提供更优质的平台。（中山志办）

【粤港澳跨境金融服务签约】　2012年5月16日，广东省政府与中国银行联合举行粤港澳跨境金融服务签约仪式，中共中央政治局委员、广东省委书记汪洋，中共广东省委副书记、省长朱小丹，中国银行董事长肖钢出席仪式并见证签约。广州南沙经济技术开发区管委会、深圳市前海深港现代服务业合作区管理局、珠海市横琴新区管理委员会分别与中国银行签署《金融创新合作备忘录》。三区将贯彻落实国家战略部署，发挥中国银行在“走出去”和跨境金融服务方面的独特优势，重点推进跨境金融服务、多元化金融服务及融资等重点领域的创新，营造良好的投融资环境、金融生态环境、市场环境，提升国际金融、产业金融服务水平和区域综合竞争力，推动三区建设和发展。广东省20余家重点企业还分别与中国银行广东省分行、深圳市分行、中国银行（香港）有限公司、澳门分行、中银国际控股有限公司、中银集团投资公司、中银保险有限公司等签署《“走出去”金融服务合作协议》《多元化金融服务协议》。

【省外经贸厅与香港中华总商会加强合作】
2012年7月18日，广东省外经贸厅与香港中华总商会在广州签署加强全面战略合作协议。中共广东省委副书记、省长朱小丹，副省长招玉芳，香港特别行政区政府政务司司长林郑月娥出席仪式并见证签约。根据合作协议，双方将建立联络与磋商机制，共同推进粤港两地服务贸易自由化先行先试，加强合作交流和统筹安排，相互支持与配合对方举办各类投资、商贸推广活动，鼓励香港企业和广东企业联合“走出去”。

【粤澳签订影视文化合作协议】　2012年9月3日，广东省与澳门特别行政区两地的官方广播电视机构——南方广播影视传媒集团与澳门广播电视股份有限公司在澳门签署

《粤澳影视文化合作框架协议》。这是粤澳两地达成的最高规格影视文化合作协议。两地在电视广告业务、频道覆盖、节目互换、采访互助、人员培训、影视剧制作、艺术活动等方面，以及更多的等待开发的项目上，进行全面合作，拓展两地影视文化产业。双方分别成立工作协调小组，负责相关工作联系、协调及协议约定合作项目的计划方案制订和组织实施，建立沟通平台，定期举行高层会议，并就部分项目达成共识。（连　术）

项目实施

【广佛两地银行业机构通存通兑】 2012年1月，佛山市金融局组织召开“推进广佛两地银行业机构通存通兑工作会议”，银行业机构代表均表示将尽快向总行申请减免手续费事宜，争取于2013年内实现广佛两地行内通存通兑免收手续费。是年1月，佛山市政府出台《关于推进银行业金融机构全面实现广佛金融同城化的实施意见》，对两地银行业机构推进行内及跨行实现通存通兑等相关工作提供政策上的支持。是年，佛山市辖内19家商业银行实现免收广佛间行内汇兑和存、取款手续费；浦发、兴业等9家股份制银行的广州分行也已经实现跨行通存通兑。

（黄胜青）

【广佛同城地铁对接】 2012年12月14日，广州地铁总公司在广佛同城化第五次市长联席会议上公布，广州地铁12号线向南海里水延伸、广州地铁7号线向顺德区北滘镇延伸以及佛山轨道2号线与广州南站衔接具体条件。广州地铁新一轮线网规划中已预留12号线向西延伸至南海里水方向的规划条件，该线路属于广州市2020年建设范围，对于佛山提出该线路向西延伸的需求将大力支持和配合。计划广州地铁7号线延伸至顺德北滘，并与佛山2号线、3号线及广佛城际线换乘。7号线自广州南站向西经韦涌、陈村大道、林上南路延伸至北滘新城止，延伸段长11千米。延伸后7号线（北滘—奥体东路）全长43.2千米，共设19个车站，全程运营时间1小时。

【广佛城铁环线佛山西站至广州南站】 2012年7月，广佛环线城际铁路“佛山西站至广州南站”项目在广东省环保厅网站进行环评审批公示。项目预计2016年完工，造价151亿元。10月，项目获广东省政府、铁道部批复，在是年底全面开工。广佛环线位于珠三角城际铁路网的核心区，将与佛莞线、穗莞深线、广惠线、广清线、佛肇线和广佛江珠线等六条城际铁路线相衔接，是珠三角城际铁路网络“三环八射”中的内环。按规划，广佛环线远期还将往北延伸至广州白云国际机场。广佛环线起于佛山西站，接入广州南站，线路正线长度34.971千米，其中佛山市境内31.071千米，广州市境内3.9千米；全线高架线长14.229千米，地下线长18.238千米，占线路总长的92.84%；路基段落长2.504千米。线路建设方式主要是高架、地下线路，桥隧比为92.4%。全线共设车站5个，依次为张槎站、东平新城站、北滘站、陈村站和广州南站，设北滘停车场1个。线路使用车型为电力牵引动车，设计速度目标值为200千米/小时，全程10分钟。

【广佛肇推进凭证式国债服务一体化】

2012年9月，中国人民银行广州分行营业管理部与佛山市中心支行国库部门，联合中国农业银行、中国银行、中国建设银行广东省分行及其在佛山、顺德的分支机构开办凭证式国债异地通兑业务。开办广佛肇凭证式国债服务一体化业务的网点达1422个。凡在广佛肇地区中国农业银行、中国银行、中国建设银行购买凭证式国债的投资者，均可以在三地之间办理不跨行异地通兑业务。

【珠江三角洲城际快速轨道交通广佛线二期工程】 于2012年9月28日动工兴建，预计2015年年底建成通车。工程起点位于佛山新城百顺道东侧，沿裕和路向西行进，至汾江南路向北行进下穿东平水道，到达一期工程魁奇路站后折返线止，线路全长6.67千米。广佛线二期工程共设4个站，分别为新城东站、东平站、世纪莲站和澜石站，其中换乘站1个，为东平站，与规划的佛山轨道交通3号线及珠三角城际广佛环线、广佛江珠线换乘。广佛线二期工程投资概算40.78亿元。工程1月完成总体设计，4月完成初步设计并获得省住建厅批复，6月完成招标设计，施工图设计已经开放。施工场地8月底部分交付使用。2012年完成汾江南路（前进路至澜石一路段）围蔽、裕和路（吉庆道至华康道段）半幅围蔽、裕和路与文华南路十字路口半幅围蔽、裕和路东端头一半围蔽，正在进行动工前各项施工准备及临建施工。（白　芷）

【广佛肇经济合作区建设】 2012年3月2日，肇庆市成立推进广佛肇经济合作区建设工作领导小组。3月20日，广佛肇经济圈第三次市长联席会议原则通过《广佛肇经济合作区建设前期工作方案》，商定在肇庆市怀集县共建经济合作区，并将合作区建设纳入《广佛肇经济圈建设2012年度重点工作项目》。8月13日，广州、佛山、肇庆三市的发改部门联合印发《关于成立广佛肇经济合作区筹备工作小组的通知》。10月26日，在肇庆金秋·怀集经贸洽谈会上，广佛肇（怀集）经济合作区首批20个项目入园动工，投资总额46.8亿元。10月30日，广佛肇市长联席会议办公室在怀集召开《广佛肇（怀集）经济合作区发展总体规划》专家评审会，《规划》通过专家组评审。截至12月底，完成《规划》的修改工作，"经济合作区"的建设方案及合作协议也完成编制，并上报三市政府审批。（黎卓伟）

【广佛肇高速公路肇庆段建设】 2012年3月14日，肇庆市研究确定广佛肇高速公路肇庆大旺至小湘段路线走向，并决定广佛肇高速公路由原来分两期建设改为整体推进，起于四会市大沙镇沙沥（往东接广佛肇高速公路广佛段），与二广高速公路衔接，经四会市、鼎湖区、端州区、高要市、德庆县、封开县，终点在封开县与广西梧州交界处，往西接梧州环城高速，全线长177千米，总投资211.91亿元。6月4日，广东省政府批复同意将广佛肇高速公路列入"十二五"省重点建设项目，同意广佛肇高速公路肇庆段采用省市共建模式建设。10月27日，广佛肇高速公路肇庆段建设项目举行奠基仪式。12月4日，广东省政府办公厅批复同意该项目的收费立项，省财政给予一次性资本金补助28亿元，采用BOT+EPC（投资、设计、施工、营运一体化）模式进行建设。

（谢瑞仪）

【广佛肇三市实现通信一体化】 2012年9

月 24 日，广佛肇通信一体化启动仪式在广州举行。广东省副省长刘志庚出席仪式并宣布广佛肇通信一体化正式启动，标志着广州、佛山、肇庆三市正式实现通信一体化，三市人民经济社会活动的通信费用每年将减少 6.91 亿元。广佛肇通信一体化是以“资费叠加包”、取消长途费和漫游费为主的方案来实施，三市无须更改长途区号，也不须升位，用户不改变原有号码、不改变原有拨号习惯。用户可通过发送短信、网上营业厅或亲临营业厅等方式简单办理手续后，即可在次月享受通信一体化优惠资费。

【南海新轨道交通建设启动】 2012 年 3 月 29 日，佛山南海区新型轨道交通试验段建设启动，西起广佛地铁蠕岗公园站，东至广州南站，线路全长 16.4 千米，项目总投资估算 48.8 亿元，设计全程运行时间 30 分钟。新交通线路主要沿夏平路、宝翠南路、佛平三路、佛平四路、佛平五路、永安南路、平东大道、长江路、港口路、林岳大道敷设，其中高架线 7.619 千米、地面线 2.641 千米、地下线 5.904 千米、过渡段 0.280 千米。全线共设 16 个站，最大站间距 1675 米，最小站间距 802 米，其中地下站 5 个、地面站 3 个、高架站 8 个，设车辆段 1 处；全线共设 4 个换乘站，其中在广佛地铁蠕岗公园站与广佛线换乘，在佛山一环站与规划的广佛江珠城际线换乘，在康怡公园站与规划的佛山地铁 6 号线换乘，在林岳东站与规划的佛山地铁 2 号线换乘。新交通线路的发车间隔最快能达到 2 分钟。新交通采用专属路权的方式运营，全线利用现有道路中央分隔带，采用高架桥和地下隧道进行敷设，消除与地面交通的交织。同时新交通在线路敷设过程中充分考虑与广佛地铁，规划中的佛山地铁 2 号、6 号线和广佛江珠城际线的换乘节点，设置换乘站，未来乘客可以方便地在几条客运线中换乘。新交通采用 100% 低地板结构车辆，该种车辆具有车辆轻、速度快、爬坡能力强等特点，行进时平稳舒适，噪音极小；车门与地面接近，方便儿童、老人和残疾人等行动不便者上下车，也有利于减少车辆的停站时间，提高车辆的运行速度。同时车辆采用宽大的门窗，车厢宽敞明亮，乘坐视野好，适合观光旅游乘坐。

【广深沿江高速一期通车】 2012 年 1 月 18 日，广深沿江高速公路一期工程（广州黄埔—东莞虎门段）通车。广深沿江高速公路途经广州、东莞、深圳三市，是继广深高速公路之后珠三角又一条南北向交通要道。广深沿江高速采用八车道，全线贯通后，比广深高速缩短三分之一里程，从广州开车去香港只需 1 个半小时，去深圳不到 1 小时。广深沿江高速公路全长 89.14 千米，起点位于广州黄埔 107 国道，终点深圳段直达香港。其中广州段、东莞段分两期建设，这两段全长 59 千米，概算投资 157 亿元。广州段、东莞段一期工程，通车里程 41 千米，起点始于黄埔官田，终点至东莞虎门威远岛，设有官田、夏港、南岗、麻涌、洪梅、沙田、威远七个互通立交，其中 85% 是桥梁。广州段、东莞段二期工程共 18 千米，与深圳段一起开通。

12 月 5 日，广深沿江高速公路深圳段三围码头通航孔架梁合龙进行施工。12 月 8 日，架梁完工，全长 31.58 千米的深圳段全线贯通。广深沿江高速采用全封闭、全立交的双向八车道高速公路标准，主线设计行车速度为 100 千米 / 小时。全线设福永、机场、西乡及月亮湾4处互通式立交，并在线位上预留与外环高速之间的互通，同时在深圳市南山区南头村位置设置与南坪快速路互通立交的接口。

【穗莞深城轨穗莞段】 2012年6月5日，穗莞深城际轨道交通广州至东莞段建设项目环评审批受理公示。穗莞深城际轨道交通广州至东莞段工程位于广州和东莞市境内。线路自广深四线新塘站附近引出，终点为洪梅站广州端，正线全长17.934千米，设新塘、中堂、望牛墩、望洪（莞惠线、穗莞深共用站）4座高架车站。设计速度目标值140千米/小时，采用电力牵引，车型为CRH6型城际动车组。线路自广深铁路III、IV线新塘火车站附近引出后，折向东南跨越广深铁路，在港口大道北端设新塘站，与广州规划地铁13、16号线十字交叉换乘，出新塘站后一路高架，沿港口大道前行，跨东江北干流后进入东莞境内，在中堂镇境内跨倒运海水道、中堂水道，望牛墩镇境内跨洪屋涡水道，之后线路沿望洪公路进入洪梅，在洪梅大道与西部快速干道交叉处设望洪站，与佛莞城际、莞惠城际十字交叉换乘。穗莞深城际轨道项目是珠三角城际轨道交通线网规划的主轴线之一，该项目线路走向起于广州，经东莞至深圳机场（预留延长至深圳福田中心区）。项目建设总工期为三年，计划2015年完成项目建设。

10月，原起点在新塘的穗莞深城际轨道将通过改造广深四线的方式，延伸至广州东站，该工程将对广州东站进行改造，增设石牌、吉山两个城际轨道站点。16日，新建铁路穗莞深城际轨道交通广州站（不含）至新塘站广深四线改造工程开始进行环评公示。

【广珠城铁拱北至横琴段】 2012年7月，珠海市区至珠海机场城际铁路项目第一阶段“拱北至横琴段”开始环评公示。本次进行环评的拱北到横琴段只有17千米，动车跑完全程10分钟（未计停靠站），在横琴同时预留与澳门轨道接驳条件。项目年底开工，2016年年底通车试运营，总工期4年。全程设7个站点，起点为广珠城际铁路珠海站，终点是横琴新区长隆公园站。7个站点分别为：珠海站、湾仔北站、湾仔站、十字门站、金融站、横琴站、长隆公园站，其中长隆公园站为地面站，珠海站为高架站。线路上运行的列车是CRH6型动车，列车的时速限制在100千米/小时。

【广珠城轨】 2012年9月19日，广珠城际轨道南头站通车。南头站站房总建筑面积3600多平方米，共三层：一层为架空层，二层为售票厅及候车厅，三层为站台。南头站开通后，从南头镇到广州南站时间仅需25分钟，到广州南站后可实现无缝换乘武广、广深高铁前往武汉、深圳。

12月31日，广珠城轨珠海唐家湾站、明珠站、前山站、珠海站开通，增加营业里程23千米。广州南站至珠海站全程最快72分钟。广珠城际轨道北起武广高铁的广州南站，南至珠海站。广珠城轨开至珠海拱北后，仍有5个城轨站尚未开通。其中碧江站、顺德学院站在顺德，江海站、礼乐站在江门，翠亨站在中山。

【广珠铁路投运】 2012年12月29日，广珠铁路工程正式竣工。广珠铁路是国铁I级电气化铁路，设计时速120千米/小时，年运量6000万吨。线路自京广线江村编组站南端双线引出，终于高栏港站，全长189.38

千米，途经广州、佛山、江门、珠海四市，设大田、官窑、丹灶、鹤山、江门南、古井、斗门、珠海西、高栏港等9个车站，江村编组站至江门南站（含）双线，江门南站至高栏港站单线。建筑限界满足双层集装箱列车开行条件。广珠铁路全立交、全封闭设计，接触网电压为2.75万伏，电力电缆电压为1万伏，列车最高运行速度将达到120千米/小时。

【深莞惠旅游联盟启动】 2012年5月19日，深莞惠旅游联盟启动暨深圳市旅游信息中心开放仪式在深圳举行。联盟成立之后，将整合区域旅游资源，联合打造黄金旅游线路，携手营销深莞惠区域旅游品牌，开拓区域旅游大市场，促进各区域在旅行企业管理培训方面的交流合作，实现各区域旅游网站的相互连接和信息共享等工作，进一步促进深莞惠地区旅游业的发展。（白　芷）

【深中通道路线规划选址确定】 2012年11月，广东省政府召开深中通道前期工作协调小组第二次会议，同意深中通道采用A3东隧西桥方案，珠江西岸的主登陆点设在中山市马鞍岛。项目推荐方案路线全长51千米，起点位于宝安区西乡黄鹤互通式立交，终点在中山港口镇新隆立交，与中江高速对接，全线拟采用双向8车道的高速公路技术标准，设计时速100千米，路基宽度41米。全线按工程性质分为4段：海中段桥隧工程、深圳侧接线工程、中山侧接线工程和南沙连接线工程。其中，海中段桥隧工程全长22千米，总投资324亿元；中山侧接线工程全长23.8千米，总投资92.25亿元。项目建成后将缩短过江运输距离80千米。该项目初步规划2013年立项，2015年开工，2020年建成投入使用。（中山志办）

【珠中江突发环境事件应急演练】 于2012年9月25日，由珠海、中山、江门市环保局，在珠海市高栏港长兴化学工业有限公司厂区内举办。演练结束后，珠海、中山、江门三市环保局首次达成协议，将实现三市互享应急资源，形成一个协调领导、反应及时、科学决策、处置有序的应急处置系统。

【佛开高速谢边至三堡段改扩建项目通车】 2012年12月26日，佛开高速谢边至三堡段改扩建项目通车仪式在佛开高速公路雅瑶服务区举行。佛开高速改扩建工程总长46.6千米，起于佛山南海区谢边（北接广佛高速），止于江门市三堡（南连江肇高速昆东互通立交）。佛开高速公路谢边至三堡段将由原来四车道扩成八车道，设计时速120千米。（江门志办）

【江肇高速全线通车】 2012年12月29日，双向6车道、全长34.2千米的江肇高速公路肇庆高要蚬岗至四会东城段正式建成通车，与已通车的江肇高速公路一期对接贯通。江肇高速公路是广东省第一条"代建代管"的非经营性高速公路，起于江门市杜阮镇，止于四会市黄岗镇，顺接肇花高速公路，是粤西南地区联系广州、佛山、中山、珠海、深圳等珠三角重要城市及通往香港、澳门的一条快捷通道。工程全长107.7千米，设计行车速度为每小时100千米，沿线与江鹤、佛开、广明、广肇、广贺高速公路及多条国道、省道干线公路相连。

【港珠澳大桥珠海连接线动工】 2012年7月31日，港珠澳大桥珠海连接线项目开工仪式在珠海举行。该项目全长13.43千米，投资91.5亿元，计划于2016年与大桥同步建成通车。港珠澳大桥珠海连接线项目起自珠澳口岸人工岛，向西设拱北湾大桥连接珠海连接线人工岛，采用隧道方式从拱北口岸和澳门口岸之间地下穿过，经茂盛围军事管理区后，设前山河特大桥跨越前山河；经中富工业园上跨南湾大道设南湾互通立交，设南湾隧道穿越将军山；在横琴大桥北与南琴路交叉设置横琴北互通立交，设高架桥继续西行至本项目终点洪湾；与西部沿海高速公路月环至南屏支线延长线连接，设洪湾枢纽互通，西行止于洪湾。该连接线为双向六车道，设计时速80千米，设有南湾、横琴北、洪湾三个互通和珠澳人工岛连接匝道。该项目建成后将与广东多条高速公路相连，往西经过洪鹤高速通往江珠高速，连接东莞、深圳和粤东地区、粤西地区和西南省份；往南经过横琴二桥，直达横琴半岛；往北连接广珠西线，广珠西线三期通车后，从广州芳村到珠海只需要60分钟。

【粤穗深开通跨馆档案查阅】 2012年3月1日，广东（粤穗深）跨馆档案查阅利用系统正式开通，在广东省档案馆、广州市国家档案馆、深圳市档案馆之间率先建立起跨馆查阅利用系统。全省档案部门将在五年内全面推广“就地查询，跨馆出证”的服务方式。该系统是一个面向公众的开放档案和政府公开信息的服务平台，共有开放档案目录数据80多万条，政府信息公开文件目录26000多条。整合粤、穗、深三馆开放档案和政府公开信息的目录数据，依托三馆各自的档案利用平台，实现馆际之间档案信息的互联互通。

【珠三角城轨沿线TOD开发启动】 2012年4月23日，广东珠三角城际轨道交通资源开发有限公司正式挂牌成立。该公司担负整个广东珠三角城轨沿线所有“铁路建设用地”（即“红线内土地”）的综合开发任务。TOD模式是指以公共交通为导向的开发模式，即在规划一个居民或者商业区时，注重火车站、机场、地铁站、轻轨站以及巴士站的集聚作用，将公共交通作用发挥到最大化。1月，广东省政府网站公布《关于完善珠三角城际轨道交通沿线土地综合开发机制意见的通知》，再次明确TOD模式。在开发主体的核心问题上，《通知》中明确将广东城际轨道沿线土地开发的主体，分为“红线”内外两种，这里所谓的红线就是指“铁路建设用地”。

【珠三角“两化融合”试验区通过验收】 2012年4月，珠三角国家级信息化和工业化融合（简称“两化融合”）试验区通过工信部验收。“两化融合”是以信息化带动工业化、以工业化促进信息化，走新型工业化道路；其核心是信息化支撑，追求可持续发展模式。从2008年10月起，工信部先后批准包括珠三角地区在内的8个国家级“两化融合”试验区。在推动“两化融合”试验区建设过程中，珠三角工业体系已从过去的“广东粮、珠江水、粤家电、岭南衣”，演进到以高端电子信息和大汽车、大石化、大钢铁、大船舶、大航空、大铁路、大装备为特征的“陆、海、空”全面发展的工业产业体系。

【珠三角卫星导航应用示范系统工程启动】 2012年5月15日，珠三角卫星导航应用示范系统工程正式启动。这是国家首个落户地方的北斗卫星导航系统区域性应用示范工程。该工程的启动将加速广东航运、物流、机械控制等产业的转型升级。北斗卫星导航系统是中国自主建设、独立运行，与其他卫星导航系统兼容共用的全球卫星导航系统。此次启动的珠三角卫星导航应用示范系统工程主要包括开展北斗城市应用示范、建设公共技术支持和公共运营服务平台，以及开展广州公务用车使用管理系统、揭阳市重点车辆监控管理系统和广东省民用运力国防动员管理系统等3个行业的应用示范。（白　芷）

【珠三角城市群人才服务一体化合作】 2012年6月，珠三角城市群人才一体化战略联盟赴台湾开展人才交流和学术研讨考察活动，并签订合作框架协议书，在人才交流、人才网站、人才评价、人才培训等方面达成合作共识。7月，广州、佛山、肇庆三市人社部门联合在广州举办“广佛肇人才一体化大学生专场招聘会”，佛山市共组织94家知名企业参加。9月，珠三角九市以及香港、澳门人才服务机构的负责人，参加“珠三角城市群人才一体化联盟2012年（第六届）主任联席会议”。11月，珠三角九市人社部门联合举办2013届高校毕业生联合招聘大会及网上招聘服务月活动，招聘活动为公益性质，对所有参会的招聘单位及高校毕业生一律实行免费服务，佛山分会场共有190个用人单位参加招聘，提供2100多个招聘职位，吸引约2000名高校毕业生进场求职。（黄胜青）

【珠三角区域九市车辆通行费年票互认】 按《珠三角区域车辆通行费年票互通实施方案》，从2012年12月31日24时起，珠三角地区九市实行车辆通行费年票互通。凡车辆号牌以“粤A（广州）、粤B（深圳）、粤E（佛山）、粤Y（南海）、粤X（顺德）、粤H（肇庆）、粤C（珠海）、粤J（江门）、粤T（中山）、粤S（东莞）、粤L（惠州）”开头的车辆，只要购买本市车辆通行费年票(凭有效年票缴讫凭证或年票标识)，可互通往返广州、佛山、肇庆、珠海、江门、中山、深圳、东莞、惠州市任何普通公路收费站和年票制次票收费站。（中山志办）

【珠澳共建天气雷达】 2012年9月28日珠澳合作共建天气雷达项目奠基。该项目将填补珠江口西岸雷达监测的空白，提升珠江三角洲地区城市群的气象预警预报和服务能力，提高南海海洋海域的气象观测能力。该项目是广东省政府实施粤澳合作框架协议2012年重点工作，位于珠海市金湾区三灶镇轿顶山。该项目利用珠海市已有的天气雷达站硬件设施进行改造建设，澳门特别行政区政府出资购置一套S波段双偏振多普勒天气雷达设备，珠海市提供安装雷达的场地和配套的基础设施。该雷达项目采用的天气雷达设备具有更高的探测灵敏度、距离分辨率和探测精度，能够精确分析每个地方的降水类型和降水量。预计于2013年底建成投入运行，由珠澳双方共同维护，共享数据资源。（白　芷）

【珠三角五市试点防治 $PM_{2.5}$ 污染】 2012年3月23日，广东省环保厅发布《关于珠江三角洲地区严格控制工业企业挥发性有机物（VOCs）排放的意见》（简称《意见》）。《意见》说，VOCs是 $PM_{2.5}$ 污染的重要来源之一，由于对VOCs污染防治重视不够，以及VOCs排放监控难度大，导致珠三角地区光化学烟雾污染时有发生，区域性灰霾天数每年维持在高位水平，珠三角地区呈现出酸雨频率高、臭氧浓度高、细颗粒物浓度高和灰霾天气严重的“三高一严重”区域性大气复合污染特征。《意见》指出，加强区域内VOCs的综合防治是从根本上解决珠三角地区大气灰霾污染问题的重要举措。广州、深圳、东莞、佛山、中山五市率先开展VOCs污染防治试点工作，推行清洁生产审核制度，探索建立VOCs排放总量控制制度，2013年起在珠三角地区全面开展。力争到2015年底，珠三角地区VOCs重点污染源全部采取有效处理措施，确保VOCs排放企业稳定达标排放，并最大限度削减VOCs的排放；出台重点行业挥发性有机污染物排放标准，严格环境准入和环境监管，新建项目必须通过区域工业源的减排实现增产减污，并推行清洁生产审核制度，全面规范珠三角地区VOCs排放工业企业依法依规生产经营。

（连　术）

【粤港澳建设执业资格互认】 根据《〈内地与香港关于建立更紧密经贸关系的安排〉补充协议七》，广东省住房和城乡建设厅印发《取得内地一级注册结构工程师互认资格的香港结构师在广东省注册管理办法》，省注册建筑师与工程师管理委员会印发《取得内地一级注册建筑师互认资格的香港建筑师在广东省注册执业管理办法》，从2011年1月起正式接受取得互认资格的香港结构师、建筑师在粤注册执业。2012年，为落实《〈内地与香港关于建立更紧密经贸关系的安排〉补充协议八》，省住房和城乡建设厅制定《广东省住房和城乡建设厅关于广东建设工程设计企业聘用香港专业人士申请资质暂行管理办法》，该《办法》突破住房和城乡建设部关于对取得内地互认资格的香港专业人士仅能注册执业，不能充当企业资质申请所需注册人员的规定，便于香港专业人士进入内地设立企业和承揽业务。截至2012年底，8名香港建筑师在广东省注册执业，3名建筑师申办设计事务所。

2012年9月22日，根据《取得内地一级注册建筑师互认资格的香港建筑师在广东省注册执业管理办法》和《取得内地一级注册结构工程师互认资格的香港结构工程师在广东省注册执业管理办法》的规定，广东省住房和城乡建设厅、省注册建筑师与工程师管理委员会在广州举办面向香港建筑师、结构工程师的法规测试，105名香港建筑师、结构工程师通过该次测试。

10月15日，广东省住房和城乡建设厅争取得到住房和城乡建设部的支持，并转发住房和城乡建设部关于落实内地与香港、澳门《〈关于建立更紧密经贸关系的安排〉补充协议九》有关事项的通知，批准取得内地注册监理工程师、建筑师资格的香港、澳门专业人士在粤注册执业，并作为广东省内企业申报企业资质所要求的注册执业人员予以认定。批准通过考试，取得内地注册结构工程师、注册土木工程师（港口与航道）、注册公用设备工程师、注册化工工程师、注册电气工程师等5项资格的香港、澳门专业人士在粤注册执业，并可以作为广东省内企业申报企业资质所要求的注册执业人员予以认定。

（何志坚）

交流活动

【广佛“民间金融街”交流活动】 2012年9月，为加强广州、佛山金融业合作交流，推进广佛金融同城化，佛山市金融局组织区金融办、区财政局等相关部门赴广州民间金融街进行交流、研讨，考察走访广州长堤民间金融街管理公司、广州民间融资服务中心、广州金瑞泰小额贷款公司、广州华易小额贷款公司等部门及金融机构，了解广州民间金融街的运作及工作进展情况和引导民间资本投入金融领域的做法、经验，为佛山市开展金融创新工作奠定基础。

【第三届广佛肇教师校本行动研究学术研讨会】 2012 年 5 月 19 日，第三届广佛肇教师校本行动研究暨第八届（2012）广州市校本研究与教师发展学术研讨会在广州市召开。会议由广州市教育科学研究所、佛山市教育科学研究所、肇庆市教育科学研究所主办。来自台湾地区的专家学者、广州市教育系统的领导以及 400 多名幼儿园和中小学、中等职业学校的教师出席会议。台湾嘉义大学教授曾迎新、广州市教育科学研究所副研究员杜新秀分别作题为“心像感受性测量”和“知识管理促进教师专业发展”的专题报告。参会人员分 11 个小组进行讨论，对教师专业发展背景下的课堂教学、学校管理、班级建设、师生关系、校本课程开发等校本研究问题进行讨论。

【广佛肇中小学图书馆现代化建设与创新实践交流会】 于 2012 年 6 月 26~27 日在佛山市召开。来自广州、佛山、肇庆教育装备部门图书馆专干、中小学（含职业技术学校）图书馆管理员（馆长）等代表参加会议。中国图书馆学会学术研究委员会未成年人图书馆服务专委会副主任、江苏省无锡市第一女子中学图书馆馆长尤敬党作题为《中小学图书馆事业的建设和发展》的主题报告，佛山市教育局电教站副站长区建峰、佛山科学技术学院教育科学学院副教授李新晖就中小学校图书馆现代化创新发展与升级转型、建立数字化图书馆等方面展开论述和交流。在大会创新实践案例竞赛环节，由广佛肇三市共同推荐的 6 位参赛者围绕“图书馆服务与管理创新”的主题，对各自单位的实践案例进行现场互动式的竞赛交流，并接受现场评委和会议代表的质询。最后与会代表现场体验佛山市汽车联合图书馆资源共享与移动借阅系统。（黄胜青）

【首届“爱我珠江亲水节”】 2012 年 6~8 月，广州、佛山、肇庆、清远 4 市联合主办首届“爱我珠江亲水节”系列活动。6 月 30 日，在广州星海音乐厅广场举行开幕式。亲水节包括广州国际龙舟邀请赛、横渡珠江、渔业资源增殖放流等活动。亲水节将由 4 市轮流主办。（白芷）

【广佛肇旅游推介会】 2012 年 9 月 10 日和 12 日，广州、佛山、肇庆三市联合举办在吉林省长春市和内蒙古鄂尔多斯市举行的“多彩广佛肇，岭南真味道——2012 广佛肇旅游推介会”，由肇庆市牵头组织宣传推介。广州以“惊艳广州、新生活、新体验”为主题重点推介羊城新八景及时尚商都的魅力；佛山市重点推介“狮舞岭南，传奇佛山”旅游品牌；肇庆市重点推介“岭南名郡，山水名城”城市形象及其休闲之旅、文化之旅、寻宝之旅、美食之旅、红色之旅、祈福之旅六大线路产品。广佛肇旅游推介会还特别推出“这里的冬天不太冷——广佛肇暖冬之旅”旅游产品。广佛肇三市各有 1 家旅行社分别与鄂尔多斯市 3 家旅行社签订《旅游合作意向书》。（孙秀丽）

【广佛肇三市教育合作交流研讨会】 于2012年11月15日在佛山市召开，广州教育局发展规划处处长崔学军、佛山市教育局副局长杨汉波、肇庆市教育局副局长黄红敏出席会议并讲话。会议回顾广佛肇近年来教育合作交流的情况，总结三市教育交流合作的经验与成效，查找存在问题和不足，研究部署2013年和今后一个时期广佛肇教育交流合作工作，为确保三市教育合作交流工作平稳顺利推进奠定基础。

【"广佛肇新型城市下的博物馆"研讨会】 于2012年11月28日在佛山市举行，广佛肇三市文广新局负责人、博物馆馆长出席会议，来自广州、佛山和肇庆三地约50位论文作者参加研讨。会上，与会者就博物馆文化建设、历史与文物研究、民俗文化研究等方面展开探讨。研讨会出版论文集，共收录论文39篇。

【佛肇当代端砚精品展】 2012年12月22日，由佛山市、肇庆市文广新局联合主办的"砚都藏珍——当代端砚精品展"在佛山祖庙博物馆藏珍阁开幕，展览齐集60多方来自五大名坑（老坑、坑仔岩、麻子坑、宋坑、梅花坑）的端砚佳作。（黄胜青）

【第三届珠中江进出口商品展销会】 于2012年1月2日在江门闭幕。来自珠三角和港澳台地区的328家企业参展，展区面积超过2万平方米，累计到会人数44万人次，现场销售金额1.23亿元。（江门志办）

【珠中江三地旅游业合作推介活动】 2012年3月，中山市旅游局联合广州、江门旅游部门共同在2012广州国际旅游展上设置联合展位，推介珠海、中山、江门三地的旅游产品，拓展珠三角区域及港澳地区的共同客源市场。5月19日，中山与珠海开展"中国旅游日千人互游"主题活动，互相推介旅游精品线路，互相参与对方城市举办的"中国旅游日"主题活动，互为对方旅游业界提供旅游惠民措施。11月21日，珠海、中山、江门三市旅游局联合组织三地旅游业及媒体代表，在江西省南昌市举办"最美珠江西岸游"推介会。推介会上，双方四地旅游企业代表面对面交流，推动实质性旅游合作，珠中江旅游联盟首次推出《珠中江车游指南》，为自驾车游客提供最新最全的旅游资讯和指引。（中山志办）

【2012"红牛杯"首届珠中江自行车赛】 于2012年9月15日由江门市自行车运动协会在江门市举办。来自珠海、中山、江门、广州、佛山等地200多名骑手前来参赛。赛事以"低碳、绿色、健康、快乐骑行"为主题，旨在加强珠中江三地自行车协会与周边城市的联系与交流，引导广大自行车爱好者进行正确、健康的全民健身活动。

（江门志办）

【第四届珠中江健康产业交流合作会】 于2012年11月2~3日在中山市召开，珠海、中山、江门三市食品药品监督管理局及餐饮食品、药品、医疗器械、保健食品、化妆品生产经营龙头企业、骨干企业代表共100人参加。会议搭建珠中江食品药品监管工作和生物医药健康产业交流合作的平台，与会代表们就企业在发展的理念和研发新药的政策与各位专家沟通交流，并前往中山市翠亨新区、国家健康科技产业基地和华南现代中医药城参观考察，了解中山健康产业发展情况

及招商引资的政策措施。（中山志办）

【珠中江核与放射事故卫生应急演示】 于2012年11月20日在江门中医药学校举办。演示队伍由省职业病防治院和江门市中心医院、人民医院、疾控中心、职防所的医务人员组成，演示内容主要包括核与放射事故中的辐射防护、现场医疗救护、污染检测、去污洗消、救治分类转运、心理辅导以及食品饮用水监测等，对经检测确认无污染人员、受放射污染人员、有外伤合并污染人员按技术规范的流程进行有效迅速处置。

【珠中江中学生环保诗歌朗诵比赛】 于2012年12月8日由珠海、中山、江门三市环保局、教育局联合在珠海市举行，共25组60名选手参赛。比赛旨在贯彻落实《珠中江环境保护区域合作协议》，通过朗诵环保诗歌表达爱护自然、保护环境的愿望，向社会发出践行生态文明理念的倡议，推动三地在环境保护方面的合作与宣传。

【首届珠中江大型公益性人才招聘会及网络招聘大会】 于2012年12月8日在中山市举行。此次招聘会来自珠海、中山、江门企业共有300多家，其中珠海企业50多家、中山企业100多家、江门企业50多家，需求人才为工程师、研发人员、财务经理等，职位涵盖机械制造、市场营销、电子商务、包装设计、生物制药等领域。首届珠中江人才网络招聘大会同步举行。（江门志办）

【第十届中珠55千米城际徒步毅行活动】 2012年11月24日晚至次日清晨，“修身善行，爱在路上”——2012第十届中珠（中山—珠海）55千米城际徒步毅行活动在中山市起步。活动由共青团中山市委、共青团珠海市委支持，中山市青年自组织联盟、中山市青年志愿者协会、珠海青年志愿者协会联合发起，中山清风自游人和珠海逍遥驴2个民间组织承办，表达支持公益的决心，呼吁青年朋友参与、热爱公益事业。当晚参赛者在中山市东区金钟水库绿道停车场出发，途经城桂路，穿过五桂山，再从三乡雍陌转入珠海市那洲检查站，经珠海市大金顶路口、唐家高速路口，到达终点野狸岛，全程55千米。活动吸引珠海、中山等珠三角地区的驴友900人参与，沿途有中山、珠海两地600多名志愿者提供服务和后勤保障。

（中山志办）

【战略推介会暨珠三角青年企业家新春嘉年华活动】 2012年1月11日，共青团肇庆市委、肇庆市青联在肇庆奥威斯酒店举办“青企齐携手，助推‘两区引领两化’战略推介会暨珠三角青年企业家新春嘉年华”活动，来自香港特别行政区和珠三角九市的200多名青年参与。青年企业家们畅叙友情，共谋发展。共青团广东省委副书记、省青企协名誉会长陈小锋参加活动。（钱锦嫦）

【粤港澳台四地暨珠三角九市工会新春团拜会】 于2012年2月13日在中山举行，来自广东省总工会、香港工会联合会、澳门工会联合总会、台湾台中市总工会和广州、深圳、珠海、佛山、惠州、东莞、中山、江门、肇庆市总工会的负责人近百人欢聚一堂，共贺龙年新春，交流工会工作经验。会议还为获得2010~2011年度广东省工会外事暨港澳台工作先进单位代表颁奖。中共广东省委副书记朱明国，省人大常委会副主任、省总工会主席邓维龙出席团拜会并讲话，全

国总工会港澳台工作领导小组办公室、香港中联办社工部和澳门中联办社工部负责人参加团拜活动。（白　芷）

【“文明颂·巾帼情”海峡两岸和香港、澳门姐妹合唱演出】 于2012年3月2日由江门市妇联、市文明办共同主办，来自海外、港澳台、佛山、东莞、珠海以及江门市的13个合唱团、近700名女同胞用歌声共迎“三八”妇女节。（江门志办）

【香港珠三角工商界合作交流会】 2012年12月7日，以“粤港合作、共创商机”为主题的第十一届香港珠三角工商界合作交流会在广州举行。香港特别行政区政府行政长官梁振英，中共广东省委常委、广州市委书记万庆良，副省长招玉芳，省政协副主席汤炳权以及粤港工商界代表近1000人出席活动。梁振英、招玉芳在会上致辞。会上，香港工业总会、珠三角工业协会与广州市对外贸易经济合作局签署合作备忘录。（白　芷）

对外开放

【粤港合作第十七次工作会议】 于2012年1月9日在香港举行。广东省副省长招玉芳与香港特区政府政务司司长林瑞麟共同主持会议。双方总结2011年以来粤港合作的各项工作进展情况，共同商定下一阶段重点工作，并签署《实施〈粤港合作框架协议〉2012年重点工作安排》。会议决定，粤港双方将按照工作安排，落实CEPA和服务业先行先试政策措施，深化金融业合作，推进港资企业转型升级及科技创新，推进社会民生领域的合作，抓好深圳前海、广州南沙和港珠澳大桥、广深港高速铁路等重点合作区域及项目建设。

【粤澳合作联席会议】 2012年5月15日，2012年粤澳合作联席会议在澳门特别行政区举行。中共广东省委副书记、省长朱小丹与澳门特别行政区行政长官崔世安分别率代表团出席并作主题发言。会上，粤澳双方就实施《粤澳合作框架协议》2012年重点工作、深化CEPA和现代服务业合作等12个议题进行磋商。会议结束后，朱小丹、崔世安共同见证签署《实施〈粤澳合作框架协议〉2012年重点工作》《粤澳新通道项目合作协议》《横琴岛澳门大学新校区〈国有建设用地使用权租赁合作书〉》《粤澳标准工作专责小组合作协议》《粤澳旅游合作备忘录》等5份粤澳合作协议。《实施〈粤澳合作框架协议〉2012年重点工作》明确，双方下一阶段将围绕实施《粤澳合作框架协议》，重点在率先实现服务贸易自由化、加快推进重点合作区域建设、推动跨境基础设施建设和通关便利化、加快社会生活共同体建设、推进合作机制创新等方面取得新突破。

【粤港澳警方刑侦主管会晤】 2012年6月7~8日，粤港澳三地警方刑侦主管第十八次工作会晤在澳门举行。广东省公安厅副厅长郭少波、香港警务处副处长邓甘满、澳门警察总局局长白英伟分别率团参加会议。公安部刑侦局，中央人民政府驻香港、驻澳门联络办公室警联部，澳门特区政府保安司负责人应邀出席会议。会上，三地警方通报总结合作情况及经验，广东省公安厅通报正在开展的“三打两建”工作。三地警方一致认为：继续加强情报信息交流共享、反黑联合行动、大要案件侦破协作，继续加大联合打击跨境诈骗犯罪、外围赌博、经济犯罪、毒品犯罪及网络犯罪工作力度，为粤港澳三地经济社会发展创造更加良好的治安环境。

【粤港旅游业界交流会】 2012年7月4日，由广东省旅游局与香港旅游业议会举办的“粤港旅游业界庆回归合作交流会”在香港举行，广东省副省长招玉芳、香港特别行政区财政司司长曾俊华，香港中联办、香港旅游事务署、香港旅游发展局、亚洲旅游交流中心，广东省直有关部门和地市旅游局的负责人以及粤港旅游业界和新闻媒体代表300多人出席。广东省旅游局与香港旅游业协会、香港旅游发展局签署加强粤港旅游合作协议，粤港6家旅游企业签订加强业务合作协议，广东省旅游局对50多家开拓赴粤游业务显著的香港旅游企业授予广东旅游贡献奖。

【粤港经贸合作交流会】 2012年7月5日，2012粤港经济技术贸易合作交流会在香港开幕。广东省副省长招玉芳、香港特区政府财政司司长曾俊华出席开幕式并讲话。中央政府驻香港特区联络办公室副主任郭莉、外交部驻香港特区特派员公署副特派员李元明、香港中华总商会永远荣誉会长曾宪梓等出席开幕式。广东省21个地级以上市及佛山顺德区组团参加，粤港双方逾1500人出席大会开幕式。本届交流会上，广东省共推出涉及物流、基础设施、农业、轻工、机械、电子信息、化工医药、服务外包、旅游等行业的150个重点合作项目以及一批贸易货单，举办横琴、前海、南沙三大功能区及广东省产业转移园投资说明会和现代服务业、IT、食品三个行业的粤港企业对接会。有22个前期洽谈成熟的项目在大会上签约，签约外资总额达22.72亿美元，其中投资总额超过3000万美元的项目15个。

【第五届珠江论坛】 2012年7月18日，广东省粤港澳合作促进会第二届理事会就职典礼暨第五届珠江论坛在广州举行。中共广东省委书记汪洋、省长朱小丹、全国人大华侨委员会主任委员高祀仁出席论坛。澳门中联办副主任高燕以及国务院港澳办、香港中联办等部门代表出席会议。来自粤港澳三地政府代表、社会业界代表以及专家学者等约300人参加论坛。本届珠江论坛主题是“‘十二五’时期推进粤港澳服务贸易自由化”。论坛由广东省副省长招玉芳主持。论坛上，香港特区政府政务司司长林郑月娥、澳门特区政府经济财政司司长谭伯源分别致辞，中央财经领导小组办公室副主任杨伟民、商务部副部长蒋耀平、中国人民银行副行长潘功胜等发表主旨演讲。

【粤港澳闪电定位网完成】 2012年9月5日，由粤港澳三地气象部门合建的阳江闪电定位站落成，意味着粤港澳共建的闪电定位网络初步完成。新建成的该站点使原有的6个站点的监测范围扩大1倍。至2012年，该网络的定位站达7个，包括香港的3个站点和澳门的1个站点以及广东省惠东、三水和阳江的3个站点。该网络的建成能准确定位雷电并预测其移动，使预警预报更加准确。

【粤港澳服务贸易自由化行动计划获批实施】 2012年9月7日，中共广东省委召开常委会，审议并原则同意《推动率先基本实现粤港澳服务贸易自由化行动计划》。该计划围绕在2014年率先基本实现粤港澳服务贸易自由化的总体目标，结合各地各部门工作实际，提出95项具体行动内容。会议要求，各地、各部门贯彻《推动率先基本实现粤港澳服务贸易自由化行动计划》，推动金融服务贸易发展，深化商贸服务业合作，促进专业服务业合作，加强社会公共服务合作，提高科技文化服务合作水平，发挥重点合作平台和项目的示范作用，努力营造法治化、国际化的营商环境，促进广东经济社会平稳健康可持续发展和港澳长期繁荣稳定。

【粤港合作联席会议第十五次会议】 于2012年9月14日在广州举行。中共广东省委副书记、省长朱小丹与香港特别行政区行政长官梁振英分别率双方代表团出席。会议回顾总结2011年粤港合作进展情况，把握粤港合作新机遇，研究部署下一阶段推进落实《粤港合作框架协议》和促进率先基本实现粤港服务贸易自由化的有关工作。粤港双方签署《粤港共同推动率先基本实现服务贸易自由化合作协议》《数值天气预报技术长期合作协定》《粤港食品安全工作交流与合作框架协议》《香港数码港管理有限公司及广东软件行业协会合作意向书》《粤港推进在粤港资加工贸易企业加快转型升级的合作协议》《广东省佛山市人民政府、广东省铁路建设投资集团有限公司、香港铁路有限公司、招商局集团有限公司合作意向书》《佛山市南海区人民政府与香港科技园公司战略合作协议》7份合作协议。

【前海、南沙、横琴召开第二次联席会议】 2012年10月29日，深圳前海、广州南沙、珠海横琴召开三地友好合作第二次联席会议。会议提出，建议三地共同研究制定吸引服务业各类高层次人才的配套措施，引进港澳优秀专业和管理人才参与三地的开发管理，加强三地的信息交流和人才培训，探索粤港澳从业人员的资格互认等关键性人才政策新的突破，在“一国两制”框架下，推进粤港澳人才自由流动，为加强粤港澳产业互动和共同参与世界经济中高端竞争提供支撑。 (连　术)

【粤港澳物业管理交流合作】 2012年，广东省推进粤港澳物业服务企业的交流合作，以学习借鉴港澳先进的物业管理经验，提高全省物业服务水平。广东省物业管理行业协会、福建省物业管理协会、香港物业管理公司协会、澳门物业管理业商会、台湾物业管理经理人协会，于11月8日在厦门共同签署《闽粤港澳台物业管理行业交流合作框架协议》。该《协议》将密切闽粤港澳台“两岸五地”物业管理行业交流合作，搭建长期合作协作交流沟通平台，加大资源整合力度，促进两岸五地物业管理共同发展。是年，省住房和城乡建设厅印发《广东省住房和城乡建设厅关于推动港澳房地产开发及物业服务企业来粤开展业务的通知》，在企业资质核定中承认港澳企业在当地取得的业绩和专业人员资格，鼓励两地房地产开发、物业服务企业及专业人士来广东省开展相关业务。 (张志军)

·责任编辑　何文倩·

广州市

基本情况

【地理位置】 广州市是广东省省会，广东省政治、经济、科技、教育和文化的中心。广州市地处中国大陆南方、广东省的中南部、珠江三角洲的北缘，接近珠江流域下游入海口。其范围是东经112度57分至114度3分，北纬22度26分至23度56分。东连惠州市博罗、龙门两县，西邻佛山市的三水、南海和顺德区，北靠清远市的市区和佛冈县及韶关市的新丰县，南接东莞市和中山市，隔海与香港、澳门特别行政区相望。

由于珠江口岛屿众多，水道密布，有虎门、蕉门、洪奇沥等水道出海，使广州成为中国远洋航运的优良海港和珠江流域的进出口岸。广州又是京广、广深、广茂、广梅汕和武广铁路的交汇点及华南民用航空交通中心，与全国各地的联系极为密切。因此，广州有中国“南大门”之称。

【历史文化】 广州是国务院颁布的全国第一批历史文化名城之一。早在六七千年前的新石器时期，先民们就在广州这块土地上生息繁衍。秦始皇三十三年（公元前214年），秦平岭南，南海尉任嚣在此筑番禺城（俗称任嚣城），为广州信史记载的建城之始，到2012年已有2226年。秦末汉初，赵佗在岭南建南越国，定都番禺（今广州），奠定了广州在岭南的中心城市地位。南汉、南明两个封建王朝也在此建都。三国时期，番禺属东吴管辖。吴黄武五年（226），孙权为便于统治岭南，决定交广分治。由原交州分出南海、苍梧、郁林、高凉4个郡，设置广州。广州之名由此而来，但未成定制，一年左右又并入交州。吴永安七年（264），复置广州，始成定制。州治番禺，下辖南海、苍梧、郁林、高凉、桂林、高兴6个郡和合浦北部尉，计43个县。两晋南北朝时期，广州郡县多寡不一，但辖境逐步缩小。隋开皇九年（589）改置广州总管府，仁寿元年（601）改称番州，大业三年（607）改为南海郡。唐武德七年（624）设广州都督府，天宝元年（742）复改南海郡，乾元元年（758）复改广州都督府。南汉乾亨元年（917）易名兴王府。宋开宝四年（971）复称广州。元至元十六年（1297）置广州路。明洪武元年（1368）设广州府（1912年撤府）。1921年2月15日建广州市。

广州又称为羊城、穗城。传说古代有5位仙人，骑五色羊，羊衔谷穗，降临广州，把谷穗赠与百姓，祝愿这里“永无饥荒”。如今，越秀公园的五羊雕像已成为广州的象征。

广州自秦汉至明清2000多年间，一直是中国对外贸易的重要港口城市。汉武帝时期，中国船队从广州出发，远航至东南亚和南亚诸国通商贸易，东汉时期航线更远达波斯湾。唐代，广州已发展成为世界著名的东方大港，也是当时世界最长的海路航线“广州通海夷道”的起点，中央王朝首先委派专门管理对外贸易的官员市舶使到广州。宋代，在广州首设全国第一个管理外贸机构市舶司。明清时期，广州更是特殊开放的口岸，一段较长时间曾是全国唯一的对外贸易港口城市。

广州是具有光荣革命传统的英雄城市。在近代史上有三元里人民反抗帝国主义侵略的抗英斗争、孙中山领导的反对封建统治的“三二九”起义（又称黄花岗起义）、中国共产党领导的广州起义。所以，广州既是中国资产阶级民主革命的策源地，又是无产阶级政党领导人民群众进行革命斗争的英雄城市。

广州历代名人辈出。秦朝任嚣，汉朝赵佗，晋朝道教理论家葛洪，唐朝佛教创始人慧能，明朝哲学家湛若水，以及清朝学者屈大均、阮元，禁烟领袖林则徐，农民起义领袖洪秀全，洋务派代表人物张之洞，思想政治家康有为、梁启超，领导中国民主革命、推翻几千年封建统治的孙中山等，为广州名城的形成和发展作出了卓越的贡献。

【资源物产】 土地资源　广州市耕地面积为 8.59 万公顷，林业用地面积 25.61 万公顷。广州市土地类型多样，适宜性广，地形复杂。地势自北向南降低，最高峰为北部从化市与龙门县交界处的天堂顶，海拔为 1210 米；东北部为中低山区；中部为丘陵盆地；南部为沿海冲积平原，是珠江三角洲的组成部分。由于受各种自然因素的互相作用，形成多样的土地类型。根据土地垂直地带可划分为以下几种：（1）中低山地。是海拔 400 米～500 米以上的山地，主要分布在广州市的东北部，一般坡度在 20 度～25 度以上，成土母质以花岗岩和砂页岩为主。这类土地是重要的水源涵养林基地，宜发展生态林和水电。（2）丘陵地。是海拔 400 米～500 米以下垂直地带内的坡地，主要分布在山地、盆谷地和平原之间，在增城市、从化市、花都区以及市区东部、北部均有分布，成土母质主要由砂页岩、花岗岩和变质岩构成。这类土地可作为用材林和经济林生长基地。（3）岗台地。是相对高程 80 米以下、坡度小于 15 度的缓坡地或低平坡地，主要分布在增城市、从化市和白云、黄埔两区，番禺区、花都区、天河区亦有零星分布，成土母质以堆积红土、红色岩系和砂页岩为主。这类土地可开发利用为农用地，也很适宜种植水果、经济林或牧草。（4）冲积平原。主要有珠江三角洲平原，流溪河冲积的广花平原，番禺和南沙沿海地带的冲积、海积平原，土层深厚，土地肥沃，是广州市粮食、甘蔗、蔬菜的主要生产基地。（5）滩涂。主要分布在南沙区南沙、万顷沙、新垦镇沿海一带。

水资源　广州市地处南方丰水区，境内河流水系发达，大小河流（涌）众多，水域面积广阔，集雨面积在 100 平方千米以上的河流有 22 条，老八区主要河涌有 231 条，总长 913 千米，不仅构成独特的岭南水乡文化特色，也对改善城市景观、维持城市生态环境的稳定起到突出的作用。广州市水资源的主要特点是本地水资源较少，过境水资源相对丰富。全市水域面积 7.44 万公顷，占全市土地面积的 10%，主要河流有北江、东江北干流及增江、流溪河、白坭河、珠江广州河段、市桥水道、沙湾水道等，北江、东江流经广州市汇合珠江入海。本地平均水资源总量 79.79 亿立方米，其中地表水 78.81 亿立方米，地下水 14.87 亿立方米。以本地水资源量及 2010 年第六次人口普查统计的常住人口计算，每平方公里有 106.01 万立方米，人均 628 立方米，是全国人均水资源占有量的二分之一。过境客水资源量 1860.24 亿立方米，是本地水资源总量的 23 倍。客水资源主要集中在南部河网区和增城市，其中由西江、北江分流进入广州市区的客水资源量达 1591.5 亿立方米，由东江分流进入东江北干流的客水资源量为 142.03 亿立方米，增江上游来水量 28.28 亿立方米。南部河网区处于潮汐影响区域，径流量大，潮流作用也很强。珠江的虎门、蕉门、洪奇沥三大口门在广州市南部入伶仃洋出南海，年涨潮量2710亿立方米，年落潮量4088亿立方米，与三大口门的年径流量1377亿立方米比较，每年潮流可带来大量的水量，部分是可以被利用的淡水资源。

生物资源　广州市的自然条件为多种动物栖息繁衍和植物生长提供良好的生态环境。生物种类繁多，生长快速。地带性植被为南亚热带季风常绿阔叶林，但天然林已极少，山地丘陵的森林都是次生林和人工林。栽培作物具有热带向亚热带过渡的鲜明特征，是全国果树资源最丰富的地区之一，包括热带、亚热带和温带3大类、41科、82属、174种和变种，共500余个品种（其中荔枝就有55个主要品种），是荔枝、龙眼、乌（白）榄等起源和类型形成的中心地带。蔬菜向以优质、多品种著称，共有14类300多个品种。花卉包括鲜切花、盆栽植物（观叶植物、肉质植物、盆花、盆景）、绿化苗木、工业及其他用途花卉、草坪、种苗等六大类，传统品种和近年引进、开发利用的新品种3000多个。粮食、经济作物、畜禽、水产和野生动物种类也很多，且不乏名优特品种，其中增城丝苗米是广州市第一个获得地理标志的保护品种。

矿产资源　广州市的地质构造相当复杂，有较好的成矿条件。已发现矿产47种，矿产地820处，其中大、中型矿床22处。主要矿产有建筑用花岗岩、水泥用灰岩、陶瓷土、钾、钠长石、盐矿、芒硝、霞石正长岩、萤石、大理岩、矿泉水和热矿水等。区内能源矿产和有色金属矿产十分短缺，呈零星分布，规模较小，品位不稳定。

【面积与人口】　广州市总面积为7434.40平方千米，占全省陆地面积的4.21%。其中，市辖10区面积3843.43平方千米，占全市总面积的51.7%；2个县级市面积3590.97平方千米，占48.3%。

2012年末，广州市户籍总人口为822.30万人，比上年末增加7.72万人。其中市区人口677.97万人，县级市人口144.33万人，分别比上年增加6.65万人和1.07万人。

【行政区划】　中华人民共和国成立后，广州市的行政隶属关系和行政区划设置，有过几次较大的变动和调整。

1949年10月14日广州解放，广州市一度为中央直辖市。1950年改为中南军政委员会领导。1954年划归广东省领导，为省辖市。

解放初期，广州市划分为28个区，其中城区20个（逢源、黄沙、西禅、长寿、沙面、陈塘、太平、惠福、靖海、小北、德宣、西山、东堤、汉民、前鉴、大东、东山、洪德、蒙圣、海幢）、水上区1个（珠江区）、郊区7个（南岸、沙河、芳村、石牌、新洲、沥滘、三元里）。1950年调整行政区划设置，把28个区合并为16个区，其中城区8个（长寿、河南、惠福、永汉、太平、越秀、大东、荔湾）、水上区1个（珠江区）、郊区7个（南岸、沙河、芳村、石牌、新洲、沥滘、三元里）。1951年10月，把郊区7个调整为4个（白云、芳村、西村、新滘）。1952年9月，把原来8个城区合并为5个（东区、中区、西区、北区、河南区），仍保留珠江区。1953年5月，西村区撤销并入白云区。同年6月，黄埔区成立。1956年6月，黄埔、白云、新滘3个区合并为广州市郊区。1958年12月，撤销珠江区，同年撤销广州市郊区；原属郊区的人和、太和、竹料、钟落潭等4个公社与花县合并设立广北县，划归广州市；原广州市郊区的三元里、鹤洞、江村、石井、沙河、新滘、黄埔、萝岗8个公社设立广州市近郊区。1959年3月，撤销广北县，把花县划回佛山地区；恢复广州市郊区，原从广州市郊区划出的4个公社划回广州市郊区；同时，撤销广州市近郊区。1960年4月，从佛山地区划出花县、从化县归属广州市。同年8月，撤销中区、郊区，设立越秀区、东山区、海珠区、荔湾区4个城区和黄埔区、芳村区、江村区3个郊区。1961年，原属韶关地区的佛冈县划归广州市（1963年又划归韶关地区管辖）。1962年5月，把3个郊区合并为1个郊区。1973年，重新从郊区划出部分区域再设黄埔区。1975年，把原属佛山地区的番禺县、惠阳地区的增城县和龙门县、韶关地区的新丰县划归广州市。1983年，把韶关地区的清远县、佛冈县划归广州市。1985年1月，从广州市郊区划出部分区域，设置天河区、芳村区。1987年1月，把广州市郊区改称为白云区。1988年，广州市行政区划作出较大调整，1月7日，把龙门县划归惠州市管辖，新丰县划归韶关市管辖，清远县和佛冈县划归清远市管辖。1992年5月，撤销番禺县，设立番禺市（县级），隶属广东省人民政府，由广州市代管。1993年6月，撤销花县，设立花都市（县级），隶属广东省人民政府，由广州市代管。同年12月，撤销增城县，设立增城市（县级），隶属广东省人民政府，由广州市代管。1994年3月，撤销从化县，设立从化市（县级），隶属广东省人民政府，由广州市代管。2000年5月，撤销番禺市和花都市（县级），设立番禺区和花都区。2005年4月，广州市行政区划作出重大调整：撤销东山区，将其行政区域划归越秀区管辖；撤销芳村区，将其行政区域划归荔湾区管辖；设立南沙区和萝岗区。2012年9月，番禺区的东涌镇、大岗镇、榄核镇划归南沙区管辖。调整后的行政区划，广州市辖越秀区、海珠区、荔湾区、天河区、白云区、黄埔区、花都区、番禺区、南沙区、萝岗区10个区和从化市、增城市2个县级市。

（李永健　黄　滨）

【风俗民情】　广州是一个历史悠久的城市，其地理位置、气候条件和多元文化的交汇，形成具有鲜明岭南特色的传统民俗，包括岁时节庆、生活习惯、社会习俗、情感信仰、民间文艺等方面。

广州有延续100多年的春节逛花市的习俗。每年农历十二月二十八日至除夕深夜，全城长街如锦，百花争艳，游人如织，欢声笑语。家家必置鲜花装点，表达对美好生活的追求。波罗诞是广州地区最大的民间传统庙会之一，保留了中国南方海洋民俗文化演变的轨迹。每年农历的二月十一至十三日，南海神庙（波罗庙）方圆数十里，热闹非凡。逛庙会的游人，常购一种叫“波罗鸡”的工艺品留念。

饮食习俗是最能反映广州地方特色的习俗。广州人饮食支出的比重远高出全国大城市的平均水平。“食在广州”一语广为人知。其食肆营业时间之长，饮茶风气之盛，食谱之广泛，烹饪技巧之精湛，都使外来者留下深刻印象。

西关大屋是广州传统民居的代表。20世纪20~30年代，临街骑楼建筑十分兴盛，也出现了东山花园洋房式的西式民居。

名扬海内外的广州民间工艺和民间传统

艺术集中体现了广州人的审美情趣，是千百年来岭南人民智慧的结晶。其中，广绣为中国“四大名绣”之一；广彩从清代开始已行销国外，在国际上享有盛誉；广雕以象牙雕刻中的镂空、透深技法闻名；广东音乐、粤剧与岭南画派被誉为“岭南三大艺术瑰宝”。丰富的民间传统艺术有咸水歌、沙坑醒狮、黄阁麒麟舞、沙湾飘色、市桥水色、鳌鱼舞、麻车火狗、木鱼书说唱、八音锣鼓等。市井爱好戏曲者茶余饭后常三五成群，吹拉弹唱，自娱自乐，以曲会友。这种被称为“私伙局”的自发的群众娱乐组织形式，至今仍十分普及。

广州传统民俗正不断变化，逐渐淘汰陈旧的形式与内容，不断丰富生活内涵。它植根于民众，保持着与时代同步的生命力。

（郭　凡　温向月）

【风景名胜】　广州的文物古迹众多。截至2012年，已公布的国家、省、市三级文物保护单位共322处，其中，国家级文物保护单位24处，省级文物保护单位49处，市级文物保护单位249处。南越王墓有2000多年历史，光孝寺、六榕寺、怀圣寺等都有1000多年历史。此外，还有始建于隋朝的南海神庙，明朝的五仙观、镇海楼、莲花塔，清朝的陈家祠、余荫山房等。近代革命历史纪念地有毛泽东主办的农民运动讲习所旧址、广州起义烈士陵园、黄花岗七十二烈士墓、黄埔军校旧址、中山纪念堂、洪秀全故居等。广州还有众多的风景名胜，自古以来享有很高的声誉。宋、元、明、清历代都有评选“羊城八景”活动。中华人民共和国成立后，广州城市建设与发展日新月异。1963年、1986年，广州两次重新评选“羊城八景”。2001年8月，广州又举办“新世纪羊城八景”评选活动。2002年7月26日，评选结果揭晓，新八景为云山叠翠、越秀新晖、珠水夜韵、古祠留芳、黄花皓月、天河飘绢、莲峰观海、五环晨曦。2010年11月，羊城晚报报业集团组织“羊城新八景”评选活动。2011年5月18日，评选结果揭晓，新入选的“羊城新八景”为：塔耀新城、珠水流光、云山叠翠、越秀风华、古祠流芳、荔湾胜境、科城锦绣、湿地唱晚。

（李永健　黄　滨）

生态环境

【基本农田保护】　2012年，广州市落实基本农田保护补贴资金的发放工作。全年全市基本农田补偿面积11.47万公顷，广州市投入基本农田保护补贴4.91亿元，其中市财政承担0.99亿元，区、县级市财政承担3.91亿元。

是年，市国土房管局推进土地整治规划编制和高标准基本农田建设工作，会同市财政局、市农业局联合下发《广州市土地整治规划编制工作方案》，明确工作目标、工作任务、职责分工和完成时限。启动广州市级土地整治规划项目招投标工作。8月，分解下达“十二五”期间和2012年高标准基本农田建设任务，并与各区（县级市）政府签订《2012年度土地管理和住房保障工作目标责任书》，将2012年度高标准基本农田建设任务纳入年度耕地保护目标责任考核内容。

【建设用地管理】　2012年，广州市国土房管局制订《广州市农村村民住宅建设用地保障工作方案》，从盘活农村住宅建设用地资源、支持宅基地调剂使用、鼓励农村村民集中建房、探索利用宅基地开展城乡建设用地增减挂钩试点等方面，为广州市农村村民住宅建设用地保障工作提供政策支持，对美丽乡村建设具有推动和指导作用。制定《关于贯彻实施〈广东省征收农村集体土地留用地管理办法（试行）〉的通知》《广州征地补偿保护标准指导意见（试行）》等涵盖征地制度改革、留用地制度管理等土地管理政策法规。截至6月，890.73公顷历史留用地欠账全部落实兑现方式。至年底，已选址项目全部开展用地报批，切实维护被征地农民合法权益。

是年，市国土房管局制订《广州市轨道交通项目房屋和土地征收工作方案》，为加快办理轨道交通项目涉及的土地和房屋征收工作提供政策支持。起草《关于规范300亩（20公顷）及以上工业和公益事业供地项目用地审查工作的意见》《广州市集体建设用地使用权流转管理试行办法配套文件》《关于进一步规范前置审批用地公开出让及前期投入补偿有关问题的意见》，完善广州市土地供应政策。（何　欣）

【节能减排】 2012年，广州市增加天然气使用量，优化工业用能结构；强化对火电企业脱硫、脱硝设施的精细化管理，加强工业、电力、交通等重点领域节能减排。通过广东省节能目标和节能工作的考核，成功申报国家第二批低碳城市试点。完成化学需氧量、氨氮、二氧化硫、氮氧化物等主要污染物减排任务。（韩　涛）

【城乡生态环境建设】 2012年，广州市生态经济发展势头良好。努力转变发展方式，优化产业发展平台，绿色农业、生态工业和现代服务业加快发展，三次产业占比更趋合理，逐步形成符合生态要求、结构合理、优势互补、协调有序的现代产业体系。节能降耗取得新突破，产业体系逐步向低碳转型，清洁能源得到广泛运用。是年，广州市单位GDP（地区生产总值）能耗为0.606吨标准煤/万元（按2000年价计算），提前达到国家2020年全面建成小康社会统计监测的目标值；规模以上高新技术产品产值比上年增长12.8%，占工业总产值比重提高到42.2%；旅游业总收入1911亿元，增加值占全市GDP总量的6%，成为广州市国民经济的重要增长点和第三产业的支柱产业。土地利用效率大幅提升。探索节约集约用地新路子，优化土地利用布局和结构，规范市场配置土地资源，加大“三旧”改造，加强闲置土地处理。是年广州土地产出率（单位建设用地GDP产出）7.99亿元。大气、水环境持续改善。是年全市优良天数达98.36%。全市集中式饮用水源地水质达标率100%；城镇生活污水处理能力达470.18万吨/日，城镇、农村生活污水处理率分别达90.88%和41%。生态绿化景观建设成效明显。推进城市花景、绿道和景观林带建设。截至是年底，全市累计建成绿道2163千米，位居全省首位。加强森林资源保护，森林围城格局凸现，全市森林覆盖率达41.8%，是年广州市被广东省政府授予全省“林业生态市”称号。废弃物得到有效处置利用。全面推进城市固体废弃物分类处理工作，重点抓好生活垃圾分类处理。是年基本完成1925个社区回收站点的规范建设，回收废弃物245.7万吨，资源化回收率达35%，实现填埋、焚烧处理量比上年下降3.09%；处理生活垃圾498万吨，实现城镇生活垃圾无害化处理率91.02%。

（市城乡建委）

经济社会发展概况

【经济平稳较快增长】 2012年，广州市实现地区生产总值13551.21亿元，比上年增长10.5%。其中，第一产业增加值213.76亿元，比上年增长3.2%；第二产业增加值4720.65亿元，增长8.5%；第三产业增加值8616.80亿元，增长12.0%。全市地方财政一般预算收入1102.40亿元，比上年增长12.6%。城市居民人均可支配收入38054元，农村居民家庭人均纯收入16788元，分别比上年增长11.4%和13.3%。城市居民消费价格总水平上升3.0%。

【内需拉动力进一步增强】 2012年，广州市消费主导作用进一步增强，社会消费品零售总额5977.27亿元，比上年增长15.2%。旅游业总收入1911.09亿元，比上年增长17.2%。101个重点建设项目完成投资722亿元，超额完成年度计划，其中广州地铁六号线首期等14个项目完成投资超10亿元。全年完成固定资产投资3758.39亿元，比上年增长10.1%，达到全年预期目标。外需方面，全年商品进出口总额1171.67亿美元，比上年增长1%，其中，商品出口总额589.15亿美元，增长4.3%；实际使用外商直接投资金额45.75亿美元，增长7.1%；经核准境外投资协议金额7.12亿美元，境外投资领域进一步拓宽；对外承包工程和对外劳务合作完成营业额2.89亿美元，增长16.5%。

【产业结构继续优化】 2012年，广州市第三产业增加值占地区生产总值比重比上年提高2.1个百分点，达63.6%。金融业发展成效明显，举办首届中国（广州）国际金融交易·博览会，广州国际金融中心（西塔）建成开业，民间金融街（首期）入驻民间金融机构38个，农村金融街启动规划建设，广州股权交易中心、广州碳排放权交易所开业。商贸会展业持续活跃，全年批发零售业商品销售总额比上年增长26.6%；琶洲地区全年举办展会180场，展览面积761万平方米，分别比上年增长30%和12.9%。总部企业集聚发展，天河中央商务区累计引进260多家总部企业及60多家世界500强企业；全年首批认定的220家总部企业贡献地方税收101亿元，占全市地税收入总额的9.7%。文化旅游业保持兴旺，全年旅游业总收入1911.09亿元，比上年增长17.2%。服务业新业态不断涌现，电子商务企业达1800多家，唯品会、环球市场、欢聚时代等电子商务企业在境外上市。工业生产继续保持增长，工业增加值达4264.16亿元，比上年增长9.1%。高端工业项目建设取得新进展，东风日产乘用车60万辆扩建项目、南车城市轨道等项目建成投产，北汽集团（广州）有限公司首期10万辆技术改造项目开工建设。战略性新兴产业取得新进展，编制实施战略性新兴产业发展规划，认定广州科学城等24个战略性新兴产业基地。

【民生福利持续改善】 2012年，广州市十件民生实事全部兑现。文教体育事业取得新成效。一批文化重点项目加快推进，“团一大”纪念广场、农民工博物馆、广州新图书馆建成开放，广州电视台新址工程基本完工。全市规范化学校达931所，覆盖率92.5%，校园安全工程全部开工，竣工率超过85%。全年市财政资金投入学前教育超过

2012 年广州市国民经济发展情况

区、县级市	户籍人口（万人）	地区生产总值（亿元）	工业总产值（亿元）	农林牧渔业总产值（亿元）	全社会固定资产投资额（亿元）
全　市	822.30	13551.21	17090.18	366.79	3758.39
越秀区	117.21	2122.62	40.62	0.00	413.98
海珠区	97.74	1000.65	271.23	4.02	462.92
荔湾区	71.20	746.30	440.00	7.21	141.73
天河区	79.63	2403.53	1154.05	5.32	755.38
白云区	86.31	1186.36	846.51	53.53	359.02
黄埔区	20.42	639.47	1654.76	1.97	80.30
花都区	67.71	800.60	1681.31	49.48	194.42
番禺区	80.81	1164.30	1518.70	41.22	359.50
南沙区	36.74	808.69	2012.53	69.71	191.40
萝岗区	20.20	1683.37	4395.00	12.71	440.35
从化市	59.56	246.01	497.71	35.76	127.86
增城市	84.77	749.31	1369.02	85.86	231.53

（续表）

区、县级市	外贸出口总　额（亿美元）	实际使用外商直接投资金额（亿美元）	公共财政预算收入（亿元）	社会消费品零售总额（亿元）	城市居民人均可支配收入（元）	农村居民人均纯收入（元）
全　市	589.15	45.75	1102.40	5977.27	38054	16788
越秀区	86.17	3.58	43.26	1116.70	38722	
海珠区	17.05	1.65	39.99	637.82	35645	22395
荔湾区	16.39	2.02	37.80	536.10	37349	19607
天河区	28.76	5.15	49.16	1132.74	39068	27947
白云区	28.81	1.62	44.50	760.31	37028	16350
黄埔区	12.77	0.65	12.19	95.10	35273	21233
花都区	31.51	1.90	57.51	300.34	32112	15421
番禺区	118.45	4.47	79.96	771.85	35478	17905
南沙区	39.31	7.33	37.99	130.36	32090	18829
萝岗区	160.63	14.01	109.89	170.71	39044	19448
从化市	18.64	2.23	26.18	90.18	24099	11234
增城市	29.62	1.14	52.93	235.06	29907	14038

3 亿元，其中 1 亿元资助普惠性民办幼儿园。开展广州教育城选址和规划工作。启动大学城提升计划。举办广州国际马拉松比赛，推进亚（残）运会博物馆进一步开放，群众体育环境进一步改善。稳定就业成效明显。实施“2012 就业援助月”“就业携行计划”，全年新增就业 33 万人，城镇登记失业率为 2.4%，2012 届广州生源高校毕业生就业率达 93.1%，农村劳动力转移就业 7.2 万人，全市发放培训券完成全年任务的 200%，成功创业和创业带动就业人数均增长 30%以上，被国务院评为“全国创业先进城市”。社会保障水平进一步提升。五险参保人数比上年末增加 131 万人次；60 周岁以上农村居民养老保险参保率达 100%；企业离退休人员月人均养老金 2614 元，比上年增长 8.3%；农转居人员月人均基本养老金增加到 671 元，增长 10%；全市人均基本公共卫生服务标准提高到 40 元；新型农村合作医疗参合率继续保持 100%，新农合人均筹资标准和财政人均补助标准分别达到 320 元以上和 240 元以上；市、区（县级市）两级财政投入近 2 亿元，继续推进城市社区卫生服务中心和镇卫生院建设。

（韩　涛）

体制改革

【政府转型改革】 2012 年，广州市深化第五轮行政审批制度改革。印发《广州市政府第五轮行政审批制度改革工作方案》，明确清理行政审批、备案事项的任务要求、基本原则和工作方法，重点开展向区（县级市）放权、向社会组织转移权限、企业投资审批制度改革和商事登记制度改革等工作。进一步优化行政审批流程，开展跨部门事项和流程梳理。推进事业单位分类改革。完成 3306 个事业单位分类，完成率 71%；审核 100 多个事业单位分类改革方案，撤销、整合及转企改制事业单位 22 个，收回事业编制 1260 名；完善事业单位管理体制、人事制度、收入分配制度和社会保险制度等配套改革。深化财政管理体制改革，完善市与区（县级市）财政体制，制订《关于进一步完善市对区（县级市）财政管理体制的方案》；实施国库集中支付改革，建立以国库单一账户为基础、资金拨付以集中支付为主要形式的国库管理模式；健全对财政资金收纳、分配、存储、调度和支付各环节的风险控制机制，推进财政专项资金竞争性分配，探索政府性债务管理机制。全面推进国民经济和社会发展规划、城乡规划、土地利用总体规划的“三规合一”。

【经济体制改革】 2012 年，广州市深化国有企业改革。健全市属国有企业法人治理结构，推进董事会规范建设，完成第一批 5 家企业董事会建设的验收，第二批 6 家正在推进；推进企业建立完善考核激励机制，全面推行新的经营业绩考核与薪酬管理办法，4 家上市公司开展股权激励试点；推进国有资产资本化、国有资本证券化，珠江钢琴正式挂牌上市，推进广州港等 20 多家已股改大中型企业上市和意力电子、风行牛奶等企业股份制改造；推进企业创新体系建设，搭建产学研合作平台，支持企业自主品牌建设和保护。促进民营经济发展。研究制定民营资本进入市政公用事业领域、战略性新兴产业等领域的方式、方法和目录。

【要素市场改革】 2012年，广州市实施水价改革。实行城市自来水价格调整成本公开，提升水价改革透明度；简化水价分类，全面实行工商业用水同网同价；推进居民生活用水阶梯式水价，实施居民生活类污水处理费阶梯式收费。实施阶梯电价改革，居民家庭的用电量增幅比上年减少9个百分点。推进行政事业性收费改革。在3个国家级开发区停征村镇基础设施配套费、林权勘测费等13项收费，在中新广州知识城停征税务发票工本费等16项收费，全年减轻企业负担3587万元。实施公办幼儿园收费改革。

【农村综合改革】 2012年，广州市加强农村综合改革制度设计。出台推进城乡一体工程实施意见，研究制定农村综合改革实施方案。一是深化土地制度改革。推进土地确权发证，全市集体土地所有权登记发证率99.2%，集体建设用地使用权和宅基地使用权登记发证率分别为97.4%和98.7%；创新农村土地管理，在全国首创“只征不转”用地模式，加强万亩果园保护；因地制宜采取分散留地、集中留地、指标抵扣、货币补偿、指标调剂等方式，全面落实市辖区全部历史欠账留用地（面积890.73公顷）兑现方式；制定征地补偿保护标准指导意见，在省的基础上提高保护标准。二是推进农村集体资产产权与监管制度改革。完成农村集体经济组织颁证工作，共颁发证明书12248个，发证率达100%；将广州市建设工程交易平台延伸到镇、村，同时，全面启动镇（街）农村集体资产交易管理平台建设。三是全面完成林权制度改革。林权证发证率达95%以上。四是推进城乡公共服务一体化。启动122个美丽乡村建设试点，实施农村基础设施“五网七化”工程，全市建成农村公共服务站188个；农村基本公共卫生服务经费补助标准实现城乡统一，基本实现城乡社会养老保险制度并轨和对象全覆盖。

【社会管理体制改革】 2012年，广州市深化教育体制改革，推进“开展地方政府促进高等职业教育发展综合改革”“依托教育信息化促进区域教育均衡发展”国家教育体制改革试点项目。深化医药卫生体制改革，实施全民医保工程和基本药物制度，加快推进城乡居民基本医疗保障一体化，继续推进市属大型综合医院、区（县级市）综合医院、乡镇卫生院、社区卫生服务中心及行政村卫生站建设。推进社会管理综合改革试点，深化街道、社区服务管理体制改革，研究制定《进一步加强社区居民委员会建设的意见》及相关配套文件；加强社区居委会自治功能，推行社区居委会直选；加强农村社区建设，打造“便民服务直通车”工程，组织开展村务公开民主管理示范创建活动。

（市发改委）

基础设施建设

【交通基础设施建设】 2012年，广州市推进重点交通项目，构建与国家中心城市地位相称的现代综合运输体系。（1）港口航道建设。是年，全市港口完成固定资产投资近20亿元。其中，广州港出海航道三期工程于7月完成交工验收并试运行，南沙港区粮食及通用码头工程完工；南沙港区三期项目、珠江电厂煤码头扩建工程、南沙江海联运码头一期工程、广州港深水航道拓宽工程、沙仔岛码头二期和珠江三角洲高等级航道网加快建设。(2)机场建设。8月，白云国际机场扩建工程正式开工，白云机场第三跑道建设加快征地拆迁工作；广州新宇航G1机库开工建设；白云机场空港综合保税区一期围网建设、第二机场以及白云机场综合交通枢纽等项目前期工作推进。(3)铁路及城市轨道交通建设。广珠铁路开通运营，贵广和南广铁路广州段等重点项目进展顺利。广珠城际轨道全线开通，广清城际轨道项目（广州北至清远段）全面开工建设，穗莞深线（新塘至洪梅段）、广佛环线（佛山西站至广州火车南站）项目加强开工前期准备工作。至年底，全市共有11条地铁线路正在建设和推进前期工作；广州新一轮城市轨道交通近期建设规划获国家批复，规划全部实施后，广州城市轨道交通运营里程将超过500千米。(4)公路及城市道路建设。增从高速公路全线通车，新增高速公路67千米，广州高速公路建成里程685千米。开工大广高速从化至连平段项目，广明高速广州段、广清高速扩建项目正在建设。抓紧推进北三环二期、凤凰山隧道工程等重点项目。全年推进重大城市道路建设项目64个，完成投资33.7亿元。(5)运输站场及其他公交设施建设。建成公交站场4个，广州南站汽车客运站一期项目进入交工验收阶段。

（叶卓朗）

【电网建设】 2012年，广州电网建设完成固定资产投资68.61亿元，比上年增长9.8%。新建投产变电站16座，新增主变容量424万千伏安，投产线路长度360.1千米。出台广州市加快电网建设若干规定和落实方案，广州“十二五”电网规划被纳入城市总体发展规划。召开全市电网建设工作会议，明确市政道路同步建设电缆管沟、开发项目配套变电站建设、用地储备等一系列相关要求。500千伏粤东出线工程、中部电网改造工程、中电荔新送电线路工程等重点项目，以及按照最高三星标准建设的南方电网内首个3C绿色示范工程110千伏尖峰站投产。

（广州供电局）

【水环境治理】 2012年，广州市水环境治理主要包括城镇生活污水治理、农村生活污水治理、城区内涝治理、生态水城建设、河涌综合整治、水利基础设施建设和农村供水工程等7大类272个项目，截至年底，全市治水工程项目完工108个。

开展海珠生态城、石井河、猎德等片区截污工程，全市新增污水管道140千米，其中中心城区63千米。建设污水处理厂2座，全年全市城市生活污水处理率达89%。完成65个行政村污水设施建设，农村生活污水处理率达45%。完成云岭湖和金山湖建设，花都湖和中新广州知识城起步区人工湖全面动工，完成西郊沙滩泳场一期和南沙滨海公共沙滩主体工程，完成南沙区三姓涌至大角山公园段滨江景观工程建设，完成东濠涌二期小北路泵站至东风路段污水管工程、麓景路管线迁移工程、猎德涌黄埔大道以南段清淤工程及380米管网改造。

【农村水利】 2012年，广州市制订《广州市农田水利建设方案》。全年完成列入省农田水利万宗工程建设方案项目5个、列入中央财政小农水重点县的增城市和从化市的年度建设任务和番禺区杨家涌泵站等4项农村中型及重点小型排灌工程。组织实施“五小”水利工程整治，全年投资1.88亿元，其中市投资1.02亿元，区（县级市）自筹0.86亿元，整治项目55个，有效提高农村

2011~2012年广州市基础设施情况

项目	单位	2011年	2012年
铁路营业里程	千米	1652.97	1652.97
公路通车里程	千米	9052	8997
其中：高速公路	千米	654	806
港口泊位	个	837	845
其中：万吨级泊位	个	67	68
内河通航里程	千米	855	855
本地电话年末用户	万户	587.44	576.84
移动电话年末用户	万户	2566.93	3040.21
国际互联网用户	万户	621.4	645.2
商品房销售面积	万平方米	1194.08	1333.13
商品房销售合同金额	亿元	1445.25	1754.75

地区防洪排涝、灌溉保障能力。

开展全市水库和小水电安全隐患排查，完成审查水库和水电站安全鉴定报告及其批复7个。验收竣工小水电站；制订《广州市建立健全基层水利服务体系建设方案》，基本完成全市水利工程划界工作。

全年全市共审批生产建设项目水土保持方案165个，征收水土保持补偿费374.8万元，完成75个项目水土保持设施验收。组织开展水土保持监督检查406次，检查项目383个，监督检查流溪河"一河两岸"生产建设项目水土保持；查处广河高速（广州段）等水土流失案件；开展花都区全国第二批水土保持监督管理能力建设；推广增城派潭河小流域综合治理经验。东濠涌二期工程（水利部分）纳入省小流域综合治理计划。

【供水建设】 2012年，广州市（十区两县级市）有自来水厂60家，供水能力801.8万立方米/日，供水管道长19861千米。全年供水总量206187万立方米，售水量169219万立方米。

是年，广州市政府审议通过《广州市农村自来水改造工程建设方案》，力争在2014年6月底前完成全广州市农村自来水改造工程。全年安排5000万元用于山区镇农村通水改水工程建设，完成8个北部山区镇的农村改水工作。推进中新知识城外部供水管建设，结合天河北部柯木塱、渔沙坦地区供水改造，协调天河智慧城供水工作。组织编制《广州市给水系统设计施工验收规范》。6月26日，在从化市自来水公司第三水厂组织开展广州市供水行业液氯泄露应急抢险救援演练，检验供水企业应对供水突发事件的快速反应能力、协调能力和现场处置能力。

【污水处理】 2012年，广州市共有城镇污水处理厂47家、污水泵站103座，污水总处理能力达到470.18万吨/日，全年全市已运行的污水处理厂污水处理量739068.87万吨，运行负荷率80%以上，各厂均能保证水质的达标排放。全市有市政排水管道长9804千米（其中污水管道4358千米、合流管道1989千米、雨水管道3457千米），城镇生活污水处理率达90.88%。广州市1205个行政村中有389个可纳入城镇生活污水处理系统，有816个行政村需要建设分散式污水处理设施，已完成的有342个。基本实现珠江广州市区段、中心城区主要河涌的截污，主要污染源接入污水处理系统。

至年底，全市十区两县级市建成区及万人以上镇（30个）建成集中式污水处理系统，对白云、花都、番禺、南沙、萝岗区和从化、增城市等32个镇（街）所属的342个村的生活污水进行治理，采用生物生态组合处理技术等因地制宜的污水处理手段。农村生活污水处理率达40.8%。（黄舒炜）

【信息基础设施建设】 2012年，广州市参加巴塞罗那第二届智慧城市世界大会和博览会，获得城市和创新两项大会奖。率先实施TD-LTE第四代移动通信网络覆盖，建成开通广州市网上办事大厅，广州市政府门户网站获两项政府网站绩效评估第一名。颁布施行《广州市政府信息共享管理办法》《广州市“十二五”信息化发展规划》以及软件和信息服务业、电子信息、科技服务业、云计算、电子商务等专项规划。

是年，广州市获得“中国软件名城”称号，实施“天云计划”，云计算、移动互联网、电子商务等新业态取得快速发展。全年全市软件业务收入1355亿元，比上年增长30%。17家企业进入国家规划布局内重点软件企业，3家企业名列全国软件百强，41家企业入选省软件和集成电路设计100强培育计划。推进中国移动南方基地、中金数据云计算中心、中国电信广州互联网数据中心、中国联通亚太数据中心等重大项目建设。南沙粤港澳数据服务试验区获得工信部和广东省政府支持。广州超级计算中心获国家“863”计划高效能计算机重大项目立项，开通340万亿次超算先导系统，开展基因测序等50多项应用适配。移动互联网创新谷开局良好，组建1亿元的创业投资基金，入驻项目7个。五行广佛数字创意园成为国家级科技孵化器，累计建成科技企业孵化器59个，孵化面积近400万平方米，孵化科技型中小企业超过4500家。

是年，广州市获“智慧城市领军城市”称号。推进光纤到户工程，新增光纤到户覆盖用户220万户，累计用户达270万户。累计建成无线局域网（WLAN）热点14549个，市、区（县级市）两级完善1155个重要公共场所免费无线上网（WiFi）服务。推进TD-LTE规模试验网建设，建成基站1768个。公共物联网应用服务平台进入试商用阶段，为超过100万台（套）物联网设备提供服务。开展全市电子政务信息安全检查，启动电子政务信息安全应急响应管理平台。推广社会保障（市民）卡和市民网页应用，获批为国家金融IC卡多应用试点，新增市民卡申领人数341万人，累计达550万人，开通社保、民政、交通、金融等10个领域应用。市民网页开户量236万户次，实现八大类信息查询服务和全流程政府网办事项的接入。实施天河智慧城建设规划，建成智能交通诱导系统、智慧社区、4G无线网络等先行示范项目。广州市智能交通项目被纳入首批国家物联网应用示范工程，城市轨道列车在途监测与安全预警关键技术获国家“863”计划支持，无线射频识别（RFID）技术在广州南沙新沙港区应用。推广智慧医疗应用，建成1000万份居民电子健康档案。开展华新智慧社区等试点，越秀六榕街盘福社区管理网格化系统、番禺智慧社区电子巡更等投入试运行。开展高端芯片、物联网、移动互联网、云计算、智能数据处理等核心技术攻关。累计承担新一代宽带移动通信网、核高基等国家科技重大专项15个，获中央财政资金支持2.73亿元，市财政安排下达配套资金1.7亿元。全年获省高端电子信息专项、高端电子核心技术攻关专项扶持项目21个，省财政支持资金1.57亿元。

信息化和工业化融合进一步深化，广电运通、广州数控成为国家信息化和工业化深度融合示范项目，13户企业成为首批广东省电子商务示范企业。（林满山）

现代产业

【高技术制造业】 2012年，广州市规模以上工业高技术制造业完成总产值2136.95亿元，比上年增长21%，增幅高于规模以上工业平均水平9.5个百分点。五大高技术行业中，电子及通信设备制造业全年完成总产值1583.71亿元，比上年增长22.5%，占高技术制造业总产值的74.1%，比上年比重高0.9个百分点；医疗设备及仪器仪表制造业完成总产值56.57亿元，比上年增长24.6%。部分高技术产品产量增长较快。其中，液晶（LCD）电视机468.08万台，比上年增长58.2%；硬盘存储器2046.36万台，增长19.9%。

【先进制造业】 2012年，广州市大力发展先进制造业，重点打造汽车、石化、装备、数控、造船、精品钢铁等六大先进制造业基地。全年先进制造业完成总产值9076.31亿元，比上年增长10.2%。其中，装备制造业完成总产值6096.15亿元，比上年增长10.3%，占全市先进制造业总产值的67.2%；石油及化学制造业完成总产值2493.88亿元，增长13%。主要先进制造业产品产量：汽车产量138.50万辆，比上年下降6.6%；民用钢质船舶320.44万载重吨，下降61.4%；船舶修理397.56万载重吨，下降6.2%；煤油产量128.68万吨，增长8.8%。

（吴益峰）

【商贸业】 2012年，广州市实现社会消费品零售总额5977.27亿元，比上年增长15.2%；商品销售总额31800.33亿元，增长26.6%。

总量规模稳步增长。是年广州市商贸业实现增加值2274.38亿元，比上年增长12.1%，比全市地区生产总值增速高1.6个百分点，占全市地区生产总值的16.8%；比第三产业增加值增速高1个百分点，占第三产业增加值的26.4%。商贸业对国民经济增长的贡献率在第三产业中超过房地产业和金融业，居首位。商贸业实现税收总额360.00亿元，比上年增长7.1%。

营商环境不断优化。西城都荟、潮圣地商城、海印又一城奥特莱斯广场、广百尚宜国际保健精品城、太阳新天地购物中心、广州番禺奥园广场等开业运营，天河商圈集聚10多个购物中心，营业面积超过150万平方米，成为全国面积最大的商圈。是年，广州市连续三年被评为福布斯中国大陆最佳商业城市。（肖泽军）

【连锁商业】 2012年，广州市批发零售住宿餐饮业连锁经营销售总额3300多亿元，限额以上连锁企业门店数2.4万个。广百股份、友谊集团、广州屈臣氏、广东大参林连锁药店4家企业成为中国连锁百强。有4家连锁企业成为广东省流通龙头企业，占全省连锁流通龙头企业总数的三分之一，有18家连锁企业成为广东省连锁企业50强。是年，广百股份、广州卡奴迪路等连锁企业成功上市，广州酒家、摩登百货等连锁企业完成股份制改制。连锁企业通过参股、控股、并购、品牌输出、特许加盟方式实现跨区域发展。广东大参林连锁药店门店总数达1000家。绿茵阁、汇美舍、堡狮龙、联城中港、流行美、富隆酒窖酒业等企业进入全国特许经营120强。骏德酒业连锁专卖店超过100家，天创鞋业、友谊班尼路、国药医药等企业连锁加盟店分别达1000家、1100家和1300家。

【会展业】 2012年，广州市重点场馆单位共举办展览377场次，比上年增长0.5%。接待参展参观人员1236.20万人次，比上年增长4.6%。其中，接待境内参展参观人员1135.79万人次，比上年增长3.2%；接待境外参展参观人员100.41万人次，增长23.8%。举办各类会议6682场次，比上年下降11.0%，其中100人以上跨市会议909场次，下降4.0%。会议总计接待参会人员96.73万人次，比上年下降12.4%，其中，接待境内参会人员68.51万人次，下降12.0%；接待境外参会人员1.22万人次，下降29.1%。100人以上跨市会议合计接待参会人员36.09万人次，比上年下降3.8%，其中接待境内参会人员33.78万人次，下降3.1%；接待境外参会人员0.94万人次，下降24.6%。

全年全市会展活动经营收入超过75亿元，比上年增长30%，其中中国对外贸易中心（集团）营业收入49亿元；全市会展活动企业（单位）实现增加值41.16亿元，增长15.9%。全市会展业企业（不含非会展业企业单位）上缴各种税金8.59亿元，利润总额21.76亿元，劳动报酬总额5.24亿元，分别比上年增长12.0%、25.1%和12.5%。

全年全市接待会展活动人员达1700万人，会展业拉动旅游消费170.78亿元，比上年增长31.8%。其中，展览拉动旅游消费160.23亿元，会议拉动10.55亿元，分别比上年增长93.8%和6.2%。拉动旅游外汇收入15.08亿美元，比上年增长42.8%。

截至年底，全市会展业企业（单位）201家，从业人员5474人，其中民营企业和外资企业占90%。全市会展业企业（单位）期末资产总计248.70亿元，比上年增长31.3%。全市重点场馆举办展览累计面积达829万平方米，比上年增长12.9%，面积在2万平方米以上的品牌展览50个，面积10万平方米以上的特大型品牌展览13个。

会展国际化程度逐步提高。全年全市举办国际展70多个，面积达500万平方米，吸引国内（市外）参展商7.93万个，比上年增长9.2%；境外参展商1.01万个，增长41.1%。广州海关监管国际展览品金额1.2亿美元，比上年增长5.7倍。拥有外资会展企业20家。法兰克福展览有限公司与广州光亚展览贸易有限公司共同投资成立广州第一家中德合资展览企业，汉诺威展览（中国）有限公司承办广州国际旅游展销会，意大利制革工业联合会将皮革展览会移植广州，香港南丰集团、澳门越秀展览公司进驻琶洲商务会展区。

会展模式进一步创新。通过“线上＋线

下”，推动有形展会与无形展会相结合。组织“广货网上行”“广货全国行”，推动网络消费。联合阿里巴巴举办2012年度广州网货交易会，展会面积超过5万平方米，参展企业超过1500家，参展商超过25万人，其中来自广东的企业超过50%，涵盖服装鞋帽、工艺礼品等不同行业。通过“展览+组团”，推动展会与拓展内销市场和旅游、节庆相结合。组织广货北上西行活动，组织企业参加湖北及河南贸易洽谈会、中国·哈尔滨国际冰雪节、中国（贵州）国际装备制造业博览会、中国（重庆）国际投资暨全球采购会、海峡两岸经贸交易会、中国中部投资贸易博览会、中国新疆喀什·中亚南亚商品交易会、中国（沈阳）食品博览会、东北亚博览会、中国东盟博览会等国内外大型经贸活动。通过“展览+峰会”，推动展会与招商相结合。举办“广州国际设计周”“新广州·新商机”百家知名企业羊城行、广州企业与鞍钢集团合作对接暨产品推介会等会议（论坛）。

【物流业】 2012年，广州市社会货运量7.6亿吨，比上年增长17%。铁路货运量6049.1万吨，比上年下降6.09%；水路货运量16324.94万吨，增长34.34%；公路货运量52697.22万吨，增长15.95%；航空货运量99万吨，增长9.01%；管道货运量825.44万吨，增长3.58%。全市物流业增加值1019.86亿元，比上年增长10.31%，占全市地区生产总值的7.53%。广州市拥有物流企业5000多家，南方物流、宝供物流等7家物流企业进入中国物流企业50强，共有68家物流企业获得国家A级企业认证，其中5A级企业5家，4A级企业34家。

空港物流方面，全年广州市机场货邮吞吐量163.44万吨，比上年增长6.9%。联邦快递亚太转运中心完成货物吞吐量30.8万吨。推进白云机场综合保税区一期工程建设，规划建设广州空港经济区。

海港物流方面，全年港口货物吞吐量4.51亿吨，比上年增长0.72%；完成集装箱吞吐量1474.36万标准箱，增长2.2%。开通航线49条，其中国际班轮航线36条、国内班轮航线13条。

货运物流方面，全市共有货运及相关服务业务的经营业户7.5万户，普通货车15.6万辆；货运站场36个，占地面积3.7平方千米，货运站场内业户5000多户；危险品运输企业103户，危险品运输车辆2710辆。

保税物流方面，广州保税区物流园区与黄埔新港码头运行“区港联动”，实现“一次报关，直通世界各大港口”。南沙保税港区有注册企业125户，开展保税业务的企业30户，全年保税港区实际完成外资7600万美元，合同外资金额1亿美元。

产业物流集约发展。重点培育花都汽车、南沙汽车、南沙石化、萝岗钢铁、白云医药等与制造业结合的物流集聚区和林安物流园、广百骏盈物流园等为商贸业提供服务的城市配送物流集聚区。涌现出宝供物流、风神物流、原尚物流、广汽丰通、南方物流、嘉诚物流、广日物流等制造业第三方物流企业和华新商贸、商业储运、拜尔冷链、林安物流等城市配送第三方物流企业。推进林安现代智慧物流园、广东南物国际商贸城、广东塑料交易所二期仓储中心、天运南沙国际物流中心、增城阿里巴巴电子商务华南物流中心、南沙钢铁综合物流园项目建设。

物流行业信息化水平提升。国家发改委和财政部正式批复广州市成为“十二五”时期全国唯一基于物联网的城市智能交通应用示范城市。南方现代物流公共信息平台已纳入“智慧广州”总体规划中。广州物流公共信息平台为风神物流等 200 多家物流企业 5600 多辆物流车辆提供车辆监控、调度等信息服务，开发物流交易中心、资讯中心、增值中心、数据交换中心等综合服务功能。林安物流货运信息服务交易平台拥有会员 100 多万个，每天有近 10 万条诚信货源信息进行实时交易，编制并发布“广州物流价格指数”。广州市中小型物流企业有系统和数据库支持的企业占 80%以上，广州大型物流企业的信息化率达 100%。 （赵星亮）

【文化产业】 2012 年，广州市有动漫企业 180 家，实现产值 142.57 亿元；全市有网吧 925 个，总经营面积 580618 平方米，上网电脑 166373 台，从业人员 5642 人，年产值 24 亿元。

是年，广州市文化广电新闻出版局与市社科院联合开展文化产业政策制定及产业调研工作，完成广州市文化产业扶持政策起草。同时，组织相关企业开展国家级文化产业示范基地和文化产业示范园区的申报工作，举办 2012 广州市文化产业项目座谈暨推介会，组织文化企业参加厦门海峡两岸文博会等活动的项目推介。推进穗港澳文化产业合作和对接，为广州市文化产业走出去探索新路。广州文化假日酒店对外合作期满，如期收回运营。 （吴石坚）

转型升级

【城市建设管理转型】 2012 年，广州市按照“123”（一个都会区、两个新城区、三个副中心）的城市空间布局，初步完成新一轮城市总体规划编制，全面启动“三规合一”工作。加大新城新区建设力度，南沙新区获批为第六个国家级新区，中新广州知识城起步区全面建设。白云机场扩建工程、地铁六号线首期等 6 条轨道交通线路以及贵广、南广铁路广州段等项目加快建设，广珠铁路建成通车，新开通 50 条公交线路。建设海珠生态城一期等一批重大生态项目。召开弘扬岭南文化与发展绿色建筑动员大会，累计有 310 万平方米新建建筑按照绿色建筑标准设计建造，绿色建筑“双百”示范项目 10 个。

全面推进垃圾分类处理，城市生活垃圾无害化处理率达 92%。北江饮水工程、万绿湖直饮水工程取得重大进展，城市集中式饮用水水源地水质达标率稳定保持 100%。完成西郊沙滩泳场、南沙滨海公共沙滩和云岭湖、金山湖建设，挂绿湖扩湖工程启动。实施中小客车总量调控管理。开展空气污染综合整治十大行动，空气质量优良率达 98.4%，二氧化硫、二氧化氮和可吸入颗粒物平均浓度均优于国家二级标准，在全国率先将 $PM_{2.5}$ 纳入空气质量评价体系并向社会发布。

社会管理精细化水平不断提升。深化街道、社区服务管理体制改革，推动社会管理服务重心下移。全面启动“幸福社区”创建试点，推进社区设施配套化、社区服务多元化等 10 项重点工作。全市 134 个街道完成“一队三中心”建设。扎实开展“三打两建”工作。开展城市管理网格化试点工作。持续整治“六乱”，设立流动商贩疏导区 124 处，安置疏导流动商贩近 10 万人。严查严控违法用地和违法建设，国家环保模范城市、国家卫生城市通过国家复审。

【“三个重大突破”建设】 2012年，广州市推进在市第十次党代会提出的“三个重大突破”。一是战略性基础设施建设。机场扩建工程、7条地铁线路、3条城际轨道线路及一批高速公路项目获得批（核）准。广州超算中心先导系统投入运行，大广高速公路连平至从化段等项目加快推进。二是战略性主导产业。LGD8.5代液晶面板项目正式开工，广州南沙海洋工程装备制造项目建成投产，广州和谐型大功率机车检修基地首批检修机车下线，越秀区创意大道等8个项目完工。三是战略性发展平台建设。27个市级重大平台及海珠生态城加快建设，南沙新区发展规划、区划调整方案获国务院批准，中新广州知识城总体规划获省政府批准，以广州高新区和中新广州知识城为主体申报国家自主创新示范区建设方案已上报国务院，天河中央商务区申报国家级示范中央商务区。

【自主创新能力】 2012年，广州市发明专利申请量和发明专利授权量分别达9816件和4036件，分别比上年增长20.1%和28.3%。政府管理和公共服务基本实现网络化，电子商务交易额居全国城市前列。广州超算中心、广州中国移动南方基地等重大创新平台建设步伐加快，举办广州国际城市创新大会，创设“广州国际城市创新奖”，获2012年中国智慧城市推进十强城市第三名和“国家知识产权示范城市”称号。

（韩　涛）

【战略性新兴产业】 2012年，广州市在软件和信息服务业、高端电子信息产业、生物与健康产业、新能源与新材料等战略性新兴产业开展攻关研究，扩大产业规模，优化发展载体，提升创新能力。

电子信息产业方面，全市电子信息制造业产值超过1900亿元，比上年增长16%。成立创维广州研究院，自主研发AMOLED显示屏技术。新岸线公司研制开发CPU芯片、超高速无线局域网芯片以及通信计算一体化芯片。广州润芯信息技术有限公司开发的多模导航型射频芯片获得全国评测第一名。数字音频编解码技术标准获国家信息技术重大发明奖。

软件和信息服务业方面，全年全市软件业务收入1356亿元，比上年增长30%，软件出口产值6.93亿美元，增长32.9%。14家企业进入国家规划布局内重点软件企业，广州数控、海格通信、广电运通3家企业成为全国软件百强企业。41家企业入选广东省软件和集成电路设计100强培育计划。中国移动南方基地、中金数据云计算中心、中国电信广州互联网数据中心、中国联通亚太数据中心等重大项目进展顺利。推进南沙粤港澳数据服务试验区建设。11月，广州市获批为“中国软件名城”。

生物与健康产业方面，推动军事医学科学院华南干细胞与再生医学研究中心、华大基因等项目落户广州。华南新药创制中心平台新增新药合作项目15个，完成新药项目申报新药证书6个。国内首个治疗急性心肌梗死基因药物铭复乐通过国家新药评审。广州国际生物岛已集聚40多个生物科技项目。

新能源新材料产业方面，广州市获批为国家新能源汽车、半导体照明试点城市。鸿利光电、晶科电子等企业研发出LED驱动芯片、大功率LED芯片等高端核心产品。是年，广州市拥有半导体照明企业100多家，产业规模40亿元。

（贺璐璐）

【广州开发区】 广州开发区由广州经济技

术开发区、广州高新技术产业开发区、广州出口加工区、广州保税区4个国家级经济功能区及中新广州知识城组成。2012年，广州开发区实现地区生产总值（GDP）2008亿元，比上年增长13%；工业总产值5004亿元，增长12.3%；完成固定资产投资458亿元，增长25.3%；合同利用外资21亿美元，实际利用外资14亿美元，分别增长20%和26%；出口总值170亿美元，增长5.5%；实现财政收入504亿元，增长6.8%；税收收入402亿元，增长6.8%。财政收入连续9年居全国开发区第一位。GDP、工业总产值、财政收入三项指标总量分别首次超2000亿元、5000亿元、500亿元。是年，广州开发区万元GDP能耗下降4%，主要污染物排放进一步下降，化学需氧量减少19.06吨、二氧化硫减少4.03吨、氨氮减少0.85吨、氮氧化物减少21.33吨。

是年，广州高新区成为全国第二个生物材料检验检疫监督管理改革试点园区，广东软件园等4个基地获评为广州市第一批战略性新兴产业基地，39个项目获得国家和省市专项资助2.75亿元。中新广州知识城76个高端项目达成投资合作意向，22个项目落实用地，51个项目完成工商注册，宝洁知识城工厂、金发碳纤维等重点项目开工建设。新加坡南洋理工大学广州办事处揭牌成立。华南新药创制中心建成17个新药创制专业平台。生物岛标准产业单元二、三期建成，创新中心、启德国际酒店等项目动工建设，进驻企业41户，举办两届“中英生物科技之桥”项目对接会，50个项目达成合作意向。新引进总部项目5个；世界500强新设项目6个，新增500强企业2家，累计达到111家；新引进投资超过千万美元的外资项目26个；增资超千万美元的外资项目14个。全区共筹建企业232家，其中投产60家，LGD8.5代液晶面板项目正式开工。

是年，全区战略性主导产业和战略性基础设施项目完成投资68.06亿元，完成年度计划的106.5%；广州科学城、中新广州知识城、生物岛分别实现投资145亿元、40.7亿元、15亿元，合计实现投资201亿元，比上年增长22%，占全区固定资产投资总额的44%，实现工业总产值比上年增长21.75%，比全区工业总产值增速高出9.4个百分点，占全区工业总产值的9.6%。全年全区民间投资123亿元，占全区投资的26.8%。以光学、医疗仪器、集成电路等产品为主的高新技术产品实现产值2507亿元、出口84.8亿美元，分别比上年增长12.8%、9.4%，分别占全区工业总产值和出口总额的50.1%和50%，分别提高2.1个、2个百分点。高新技术企业实现产值1617亿元，占全区工业总产值的32%。

是年，广州开发区完成《广州国家自主创新示范区建设方案》，并上报国务院。广东省北斗卫星导航产业（广州）基地落户广州开发区。新引进科技和金融项目406个，专利申请和专利授权分别为4298件和2608件，分别比上年增长20%和35%。广州股权交易中心启动运营，全年累计挂牌交易企业135家。广州股权投资基地挂牌成立。区内共有金融新业态企业48家，总注册资本（资金）85.19亿元。新增上市企业2家。科技企业加速器三期投入使用。制定广州开发区《中长期人才发展规划（2012~2020年）》《关于建设人才特区的实施意见》。新增入选中央“千人计划”人才10人，入选广东省创新科研团队4个，入选广州市创新创业领军人才“百人计划”28人，新认定区科技领军人才11人，累计39人。（田　果）

【广州南沙开发区】 2012年，广州南沙开发区实现地区生产总值813.56亿元，比上年增长10.2%；工业总产值1627.82亿元，增长11.04%；地方财政一般预算收入44.78亿元，增长23.12%；完成固定资产投资191.4亿元，增长11.16%；税收总额251.07亿元（含关税），增长3.56%；实际利用外资9.14亿美元，增长8.03%。9月6日，国务院正式批复《广州南沙新区发展规划》，南沙新区的开发建设上升到国家战略，成为国家级新区。

是年，广州南沙开发区完成集装箱吞吐量961万标准箱；保税港区进出区货值389亿美元，比上年增长36%；保税业务货值37.8亿美元，增长30%。举办广州南沙湾国际游艇博览会、中国游艇文化论坛等旅游节庆活动。全年接待游客809万人次；实现旅游综合收入20.23亿元，比上年增长43.48%。

是年，全区引进项目32个，投资总额折合20.8亿美元。引进的项目涉及金融、总部、数据服务、医疗、商贸等服务业，以及电子、飞机配件和汽车配件制造等战略性新兴产业。其中，有中科院南海海洋研究所、中海集团全球散货总部、广东省电子信息产业集团、广东省航运集团物流总部、中铁港航局总部等战略性主导产业；分别与广东外语外贸大学和美国德州医学中心签订共建“广外—兰卡斯特大学”和国际合作医疗项目战略合作协议。全年全区合同利用外资15.01亿美元，比上年增长0.5%。服务外包合同额达3.70亿美元，比上年增长26%。

是年，该区推进广州港南沙港区三期、江海联运码头、凤凰大桥等交通设施项目建设，协调深中通道、疏港铁路、地铁四号线南延段、深茂铁路、地铁十八号线等项目前期工作。完成庆盛交通枢纽和万顷沙交通枢纽控制性详细规划。优化调整公交线路，增设7个公交站点，增开4条线路，实现百人以上符合通车条件的较大自然村通公交。推进农村供水管网、污水收集系统改造和农村生活污水治理等工程建设。创建国家生态工业示范园区报告获得国家相关部委批准。建成区绿化覆盖率达42.06%，人均公园绿地面积39.5平方米。（周元峥）

【增城经济技术开发区】 2012年，增城经济技术开发区完成工业总产值555.2亿元，比上年增长4.78%；全口径税收收入43.24亿元，增长2.69%；全社会固定资产投资43.65亿元，增长14.8%；合同利用外资1.27亿美元，实际利用外资1079万美元，增长482%；进口总额2.99亿美元；出口总额7.90亿美元，增长0.3%。截至年底，该区引进大型项目60个。

是年，该区编制增城开发区发展战略规划、城市设计和控制性详细规划、北区电力专项规划、开发区23宗土地储备与整理使用城乡规划、开发区白水村和塘美村东埔社土地开发城乡规划。

推进产业项目建设。广本增城工厂24万辆整车产能扩建完成并投产，广本研发中心一期建设完成，全年轿车产量13.8万辆、摩托车产量42万辆。北汽华南生产基地动工建设。日立汽车系统项目建设加快。广州电装、福耀玻璃等增资扩产项目顺利推进。江铜铜材、中益机械等高端装备制造项目建成投产，全年新建成投产项目15个。阿里巴巴华南物联网运营中心开工建设。

推进南香山产城新区、增江高新区、石滩创意区建设。是年，该区成为广州市推行电动汽车示范运营先行区和战略性新兴产业综合基地。新能源汽车应用示范基地与中国普天新能源、广汽集团、北汽集团、广汽客车、广州粤运公交公司等企业达成合作意向，与普天新能源共建国家级新能源汽车监控检测和数据采集平台。省市共建的LED产业园获省有关部门的资金支持。电子商务及物联网产业园、总部经济及生产性服务业示范园区、装备制造业产业园等正在完善配套服务设施和政策支持体系。

是年，该区赴日韩进行招商，参加中德经济论坛和“新广州·新商机”天津、乌鲁木齐推介会以及百家知名企业羊城行、绿色创新技术展等招商活动。新引进广州电装、北汽海纳川汽车零部件、普天新能源汽车工程中心南方总部、广州力能加电站公司等20多个先进制造业、高新技术产业生产力骨干项目和新能源汽车产业项目，投资总额95亿元。

推进创业大道、永宁大道、香山大道等道路建设，推进燃气管网设施资源整合和管道建设、荔新公路北侧排水排污工程和新誉南路污水管网工程建设前期工作，以及香山大道、永宁大道、创业大道、创强路等7个路网单元道路沿线的绿化美化工程，完成广惠高速公路沿线景观林带开发区段的建设。

（邱伟荣）

城乡发展

【城乡规划】 2012年，广州市规划局共开展163个规划项目编制工作，为历年之最。《广州市城市总体规划（2011~2020）》经过6年时间研究论证，完成各项审议程序。广州市城市功能布局规划编制完成。该规划明确广州市“12338”的战略部署和新型城市化的发展方向，开创国内城市功能布局研究的先河；提出“以人为本、创新驱动、协调发展、国际视野、低碳智慧、岭南特色”六大原则；深化“一个都会区、两个新城区、三个副中心”城市发展战略，整合优化全市域7434平方千米的空间资源，重组和优化新型城市化发展时期的广州城乡发展空间大格局；确定六大功能区的三种发展模式；量化确定12类165项基础民生设施，实现宜业又宜居的规划目标。

完成两个新城区和三个副中心的规划工作，以引领两个新城区的创新发展和三个副中心的扩容提质，并明确各功能区的实施目标和行动计划。广州国际金融城城市设计经市政府常务会议审议通过。广州国际科技合作产业园（创新城）启动区控制性详细规划完成公示。广州天河区智慧城概念规划通过市规划委员会主任会议审议。广州国际健康产业城概念规划及核心区城市设计编制完成。民营科技园控制性详细规划经市规划委员会审议通过。

完成广州国际金融城、天河智慧城、广州国际健康产业城、海珠生态城与万亩果园、黄埔滨江新城、空港经济区、广州北站商圈、广州花都汽车产业基地、广州南沙新区明珠湾区、东部山水新城、广州国际创新城、白鹅潭商圈、东园地区革命历史文化广场、广州民间金融街等重点功能区的规划编制工作。

在全市范围内选取26个不同类型、各具特色的示范村组织开展规划编制试点工作，并于是年11月30日前完成规划编制审批。

（董福强）

【城市建设管理】 2012年，广州市完成城建投资202.24亿元。其中，广州市城市建设投资集团投资62.68亿元（道路交通工程投资2.36亿元、绿化景观工程投资5.38亿元、路灯改造及光亮工程投资5.38亿元、环境整治工程投资6.94亿元、雨污分流改造工程投资0.94亿元、其他工程投资0.61亿元、经营性项目2.44亿元）。

创新国土资源管理。成立广州市土地管理委员会，新一轮土地利用总体规划获得国土资源部批复，广州成为全国城乡统筹土地管理制度创新试点城市，建成数字广州地理空间框架，万亩果园“只征不转”开创生态用地保护新模式，获得“全国数字城市示范市”称号。规范国有土地使用权协议出让程序，出台闲置土地处置办法。全力保障“三个重大突破”137个项目用地。

加快道路交通基础设施建设。启动64项路桥基础设施建设，同德围南北高架、金沙洲大桥拓宽工程开工建设，海珠桥危桥抢修工程取得阶段性成果。完成31条道路建设、10座天桥修建和BRT沿线22座人行天桥加建雨篷任务，新增停车泊位3301个。推进贵广、南广铁路广州段和珠江三角洲城际轨道交通项目建设，以及7条城市轨道交通工程建设、白云机场扩建工程和噪音区治理。

推进生态城市建设。制定《关于推进低碳发展建设生态城市的实施意见》和《关于加强规划引领节约集约用地的实施意见》。完成21个城市花景、300多千米绿道和158千米生态景观林带建设。全面启动美丽乡村试点建设工作。加快万绿湖、北江引水等饮用水源工程建设，实施江海堤防加固达标建设和水库除险加固工程，推进东濠涌、荔枝湾涌综合整治，启动城市深隧系统排水工程规划建设，海珠湿地一期、西郊沙滩泳场建成开放，南沙滨海公共沙滩改造升级，云岭湖、金山湖全面完工。试行中小客车总量调控，新增19个空气质量监测点，按新标准全面发布$PM_{2.5}$等监测数据。中山大道BRT获联合国2012年应对气候变化环保“灯塔奖”。全面推进城市固体废弃物分类处理工作，重点抓好生活垃圾分类处理工作，完成1925个社区回收站点的规范建设，回收废弃物245.7万吨，处理生活垃圾498万吨。

加快城乡建设步伐。完善“三旧”改造政策。成立同德围综合整治工作咨询监督委员会，同德围综合整治10项工程全面铺开。启动高快速路、省国道环境景观整治。推进珠江黄金岸线改造与建设。推进农村路灯二期建设，为花都区、白云区、增城市、从化市24个镇安装路灯61469盏。开展名镇、名村创建工作，在2011年试点基础上，2012年建成名镇3个和名村5个。国家环保模范城市、国家卫生城市通过国家复审。

（唐双荣）

【名镇名村创建】 2012年，广州市按照“一年见成效，两年实现目标”的原则，稳步推进第一批名镇名村创建工作。各镇村提出创建名镇名村具体建设项目，创建名镇名村资金以区（县级市）财政投入为主、市财政专项补助为辅（市财政2011~2015年每年安排不少于1600万元专项资金对市级各创建点进行补助）。年内，名镇名村市级创建点（番禺区沙湾镇、花都区梯面镇、增城市派潭镇和海珠区黄埔村、番禺区石楼镇大岭村、花都区炭步镇朗头村、从化市吕田镇狮象村）和区级创建点（南沙区东涌镇大稳村、番禺区南村镇坑头村）创建工作取得显著效果。

【美丽乡村建设】 2012年，广州市印发实施《广州市美丽乡村试点建设工作方案》，确定建设美丽乡村试点村122个，其中市级14个、区（县级市）级40个、镇（街）级68个，包括乡土生态型、都市农业型、村庄整理型、古村落保护开发型和改制社区环境优化型5种类型。建立健全市、区（县级市）、镇、村、帮扶单位美丽乡村试点建设工作机构，制定美丽乡村建设结对帮扶工作方案，122个结对帮扶单位与属地区（县级市）政府和被帮扶村“对接”，形成共建合力。建立市级美丽乡村第一批建设项目库，制定印发《广州市农村村民住宅规划建设工作指引》《广州市农村建设规划编制工作方案》和《广州市农村村民住宅规划审查细则》《广州市农村村民住宅建设用地保障工作方案》《广州市美丽乡村项目安排使用新增建设用地指标有关问题的通知》等美丽乡村建设系列文件。 （潘卓茵）

社会建设

【公共文化服务】 2012年，广州市继续打造“一区一品牌”活动。首届岭南民俗文化节、第八届广州民俗文化节暨黄埔波罗诞千年庙会、广府庙会、首届老广州民间艺术节、南沙妈祖诞文化旅游节等具有浓郁地方特色的文化节庆影响日益提高。广东省文化厅、广东省教育厅和广东省妇联共同主办的广东省首届青少年粤剧粤曲大汇演以及广东省文化厅组织的“开心广场·百姓舞台”系列活动先后在广州举办。全年全市广场演出活动1万余场次，羊城之夏系列广场活动、广州市第四届文化馆站调演、“夕阳别样红”广州市老年人文艺广场展演、“快乐阅读季”广州市青少年暑期阅读活动、“粤剧进校园”和私伙局等活动，丰富了群众文化生活。

公共文化服务体系进一步完善。组织文化基础设施建设调研，统筹安排建设项目，起草制订《关于加强广州市文化基础设施建设的工作意见》。推进广州新图书馆建设，并于是年12月28日实现部分向市民开放。南汉二陵博物馆于年底开工建设。11月，广州粤剧艺术博物馆奠基。加强群众文化基础建设，完成对全市公共文化均等化考评，推进“农家书屋”“绿色网园”更新。组织参评全省十佳文化馆、百佳文化站等活动，广州市的2个文化馆、18个文化站分别获评广东省十佳文化馆、百佳文化站；157个文化站被评为广东省一级以上文化站，占全市文化站总数的95%。 （吴石坚）

【就业】 2012年，广州市实施积极的就业政策，强化公共就业服务。被评为“全国创业先进城市”。截至是年底，广州市新增就业33.01万人，其中本市城镇新增就业21.82万人、新增非本市户籍劳动力11.19万人。本市城镇登记失业人数28.30万人（其中新增失业人员20.64万人），比上年减少3.32万人；失业人员实现再就业20.22万人，减少2.45万人，就业率71.47%，减少0.26个百分点。实现动态清零管理，全年登记“零就业家庭”11户，全部实现1人以上就业。本市农村劳动力登记求职11万人，成功转移就业7.17万人，新增转移就业率为65.17%，比上年增加12.57个百分点。期末尚有失业人员7.55万人，城镇登记失业率为2.41%，比上年增加0.06个百分点，控制在3.5%的目标以内。2012届广州生源高校毕业生51598人，已就业48038人，就业率为93.1%。全年全市共组织开展本市失业人员职业技能培训2.90万人次，本市农村劳动者职业技能培训2.93万人次。至年底，广州市纳入人力资源和社会保障行政部门登记就业的流动人员有414.20万人。

【社会保障】 2012年，广州市继续推进《关于解决离开机关事业单位人员养老保险有关问题的通知》《转发人力资源和社会保障部、财政部关于解决未参保集体企业退休人员基本养老保障等遗留问题意见的通知》《关于妥善解决企业未参保人员纳入企业职工基本养老保险问题的通知》和《关于切实解决早期下乡知青社会保障问题的通知》等文件的贯彻实施，解决特殊人群的养老保障问题。

从2012年1月起，广州市调整退休人员基本养老金，调整后全市70万名企业离退休人员月平均养老金达到2614元，比调整前人均增加201元，增长8.33%。从是年7月起，调整农转居人员基本养老金，调整后全市12.36万名农转居人员月平均养老金达到671元，平均每人每月加发61.04元，增长10%。至年底，全市建立企业年金制度的企事业单位达到472个（其中新增15个），参加职工近10万人（其中新增2480人）。

是年，广州市失业保险参保人数391.67万人，比上年增加29.18万人，增长8.05%。做好进一步扩大失业保险基金支出范围试点工作，重点推进失业保险基金用于高技能人才公共实训基地设备经费补助项目和信息化建设经费补助项目。

至2012年底，广州市参加工伤保险406.7万人，比上年底增加8.7万人，增长2.16%。其中，农民工212万人。是年，广州市积极推进工伤保险立法工作。印发实施《广州市职工伤病劳动能力鉴定办法》和《关于阶段性调整广州市工伤保险缴费比例的通知》。至年底，累计为34.29万个参保用人单位减负14956万元。印发实施《关于广州市事业单位、社会团体、民办非企业单位参加工伤保险的通知》，全面推进广州市事业单位参加工伤保险工作。至年底，事业单位、社会团体、民办非企业参保单位达2948个，参保人数99744人。

是年，广州市生育保险参保人数277万人，比上年底增加20万人，增长7.78%。调整提高生育保险待遇。广州市人均生育保险待遇达1.73万元，其中生育津贴占77%。调整提高生育医疗结算定额标准，综合调整提高幅度达45%。贯彻落实《女职工劳动保护特别规定》，生育保险产假假期提高至98天。

是年，广州市扩大参保覆盖面。将在校学生全部纳入城镇居民医保参保范围，印发《关于在校学生参保城镇居民基本医疗保险有关问题的通知》，确定统一由所在学校代收代缴居民医保费；明确各区（县级市）政府的主体责任，建立健全考核评估体系。截至是年底，广州市行政区域内基本医疗保险参保人数达到979.41万人。其中，参加城镇职工基本医疗保险人数507.86万人，城镇居民基本医疗保险人数260.36万人，新型农村合作医疗人数211.2万人。城镇职工、城镇居民基本医疗保险参保率均达95%。新型农村合作医疗参合率保持在99%以上。

推进医疗保险城乡统筹工作。印发《转发市人力资源和社会保障局关于广州市城乡医疗保障制度改革工作方案的通知》，并于

8月6日由市卫生局向市人社局办理新型农村合作医疗管理职能移交手续，统一城乡居民医疗保险管理主体。

提高医疗保险待遇水平。印发《广州市社会医疗保险就医及零星医疗费报销管理办法》《关于公布广州市社会医疗保险门诊特定项目、门诊指定慢性病药品目录范围的通知》《广州市基本医疗保险眼白内障摘除及人工晶体植入术医疗费用结算试行办法》《关于广州市基本医疗保险统筹基金支付尿毒症门诊透析治疗费用范围及标准的通知》《关于达到法定退休年龄有关人员参加广州市基本医疗保险有关问题的通知》。2012社保年度职工医保、居民医保、新农合对参保人员基本医疗费用的年度最高支付限额均达到本市职工年平均工资、居民年人均可支配收入的6倍以上，即40.5万元/人和20.7万元/人；新农合政策范围内统筹基金最高支付限额达到农民年人均纯收入的8倍以上，即15万元/人；住院政策范围内医疗费用报销总体平均水平为84.6%、70%和70%。

扩大医疗保险异地就医合作范围。推进与珠三角地区及泛珠三角区域部分省市医疗保险异地就医经办合作。印发《广州市基本医疗保险异地就医即时结算实施方案》。年内与海南省、江西南昌市、四川成都市以及省内佛山市、肇庆市、东莞市实现医疗保障即时结算。

是年，广州市出台《广州市城乡居民社会养老保险试行办法》，将全市户籍的城乡居民统一纳入该办法，实现社会养老保险的全覆盖。截至2012年底，全市共有166万名16岁以上的城乡居民参加社会养老保险。其中，16~44岁、45~54岁、55~59岁和60岁以上城乡居民参加社会养老保险的人数分别为76.2万人、33.3万人、16.1万人和40.4万人，社会养老保险覆盖率分别达到68%、100%、100%和100%。

是年，从化市农村社会养老保险管理中心获得国务院授予“全国新型农村和城镇居民社会养老保险工作先进单位”称号；增城、从化两市获得广东省新型农村和城镇居民社会养老保险试点工作领域小组授予“广东省城乡居民社会养老保险示范县区”称号。

（巢　堃）

【教育事业】　2012年，广州市印发《广州市教育事业发展第十二个五年规划》《广州市中长期教育改革和发展规划纲要（2010~2020年）任务分工方案》及《广州市学校安全管理规定》。全年全市教育部门预算总额112亿元，比上年增长33%。海珠区、荔湾区通过督导验收，截至年底，全市拥有“广东省推进教育现代化先进区”5个。越秀区申报全省首个“广东省教育综合改革实验区”，花都区梯面镇、番禺区榄核镇、白云区江高镇等8个镇通过教育强镇复评。全市新建复建公办幼儿园57所（含分园），认定普惠性民办幼儿园472所。完成公办幼儿园2012年秋季入园幼儿捐资助学款协商退款工作，退款总额4641.34万元，涉及幼儿3254人。投入1246万元完成“百校扶百校”行动计划首期帮扶工作，开始实施第二期帮扶行动。完成中小学校舍安全工程三年规划任务。启动普通高中特色课程建设，共有23所学校的24门课程通过首批立项。玉岩中学等4所学校获批广东省国家级示范性普通高中，广东华侨中学等6所学校通过终期督导验收。广铁一中亚运城校区正式启用。实施“广东省新建扩建100所中职学校”项目，投入8177万元，发展9所学校实训中心的14个专业。全市中职学校省重点专业达60个。在2012年全国职业院校技能大赛中，广州市共获一等奖2个、二等奖19个、三等奖13个。实施高水平大学建设工程，广州大学、广州医学院试点培育广州精益汽车空调有限公司等20个市属高校研究生培养创新基地；广州医学院更名为广州医科大学已获教育部专家表决通过；广州番禺职业技术学院通过广东省示范性高职院校建设项目验收。全年新增省重点学科18个、省部级人文社科重点研究基地1个。高校毕业生就业率达97.38%。举办2012年“智慧人生由我演绎”——广州市第九届中小学生书信节等德育主题活动。9所学校获“广东省德育示范学校”称号。广州市代表团获省第十届中学生运动会团体总分一等奖。开展学生体质健康监测。组建广州学生交响乐团。实施市青少年科技创新能力持续培养“2158英才翱翔”计划。在全年各类创新科技大赛中，共获全国级奖项57个，为历年之最。

组织教育科学“十二五”规划第一批课题的申报、评审和立项，资助课题共180个，下达当年度课题资助经费616万元。组织全市第八届教学成果奖评选。启动广州智慧教育体系研究和首批6所智慧校园试点建设。

年内区（县级市）属示范性高中全部纳入全市招生范畴。全年共组织各级各类考试33次、1000多场。实施广州市人才集聚工程、百千万人才培养工程和卓越中小学校长培养工程，构建教师培训体系。

（王同聚　郭海清）

【卫生事业】　2012年，广州地区有卫生机构3511个（含村卫生室1096个），其中医院224所（含公立医院153所）、卫生院35所、社区卫生服务中心（站）313个、妇幼保健院14所、疾病预防控制中心（预防保健中心）18个、卫生监督所15个；医疗机构床位7.06万张，其中医院床位6.22万张、卫生院床位0.21万张；卫生技术人员10.67万人，其中执业（助理）医师3.74万人、注册护士4.47万人。全市各类医疗卫生机构向社会提供门诊服务1.27亿人次，提供住院服务220.34万人次，分别比上年增长10.43%和12.11%。国家免疫规划疫苗继续保持高接种率，新型农村合作医疗参合率达100%。人均期望寿命80.1岁。孕产妇死亡率、婴儿死亡率按户籍人口计算分别为15.17/10万、3.46‰。

是年，广州市制定实施《广州市卫生事业发展第十二个五年计划（2011~2015）》《广州市区域卫生规划（2011~2020）》《广州市医疗卫生设施布局规划（2011~2020年）》，优化医疗卫生资源配置，促进广州市医疗卫生设施布局适应新型城市化发展，逐步建立覆盖城乡、布局合理、层级清晰、结构优化、功能齐全、分工协作的医疗卫生服务体系。制定实施《广州市村卫生站实施基本药物制度指导意见》《广州市关于社会力量举办社区卫生服务中心实施购买服务的指导意见》，在全市政府办基层医疗卫生机构全部实施国家基本药物制度的基础上，全力推进村卫生站和社会办基层医疗卫生机构实施基本药物制度，全市基层医疗卫生机构人均门诊药品费用比上年下降8.9%，每床住院日均药品费用下降12.8%。制定实施《关于进一步加快基层医疗卫生机构人事制度与收入分配制度改革的意见》，全市政府办基层医疗卫生机构按照公益一类事业单位核定人员编制，收支差额由财政兜底的多渠道补偿机制基本建立，基层医疗卫生机构公益性进一步回归。

新型农村合作医疗制度继续巩固和完善，保障水平持续提高。新农合参合率保持100%，人均筹资标准达320元以上，实际人均筹资额达390元。全市参合农民住院补偿平均封顶线达到15万元以上，超过全市农民人均年收入的10倍。

基层医疗卫生服务体系不断完善，城乡居民看病就医更加方便。全市已设置社区卫生服务中心138个、服务站152个，覆盖全市所有街道。农村共设置镇卫生院35所、村卫生站1096个，每个镇均设有1所镇卫生院或社区卫生服务中心，每个行政村设置1所村卫生站。城市15分钟、农村30分钟医疗卫生服务圈不断巩固和完善。基层医疗卫生机构诊疗人次占全市医疗机构总诊疗人次的38.5%。推进民生实事卫生项目，完成市委、市政府关于“提高公共卫生服务水平”卫生民生实事。免费向全市城乡居民提供基本公共卫生服务，服务项目从2011年9大项28小项增加到2012年11项37小项。全年基本公共卫生服务投入达40元/人，公共卫生服务城乡一体化逐步推进。

卫生信息化建设效果显著。广州市区域卫生信息平台初步建成，累计建立居民电子健康档案超过800万份。平台联网医疗机构发放全市统一的诊疗卡，市民可持卡在联网机构内挂号、就诊、付费、取药实现“一卡通”。全市统一的预约诊疗系统上线，通过电话、互联网、自助终端设备等多渠道为市民提供预约挂号服务。全市半数区（县级市）建立全区统一的基层卫生信息系统。大型医院在全面完成医院管理信息系统和临床应用系统的基础上，启动基于电子病历的医院信息平台试点建设。（赖玉红）

【科技】 2012年，广州市本级财政科技投入预算13.5亿元（含科技事业费），比上年增长13.4%。全市全社会科研与开发经费投入占全市国民生产总值的2.26%，增加0.01个百分点。推进广州超算中心、中科院广州生物医药与健康研究院、广州中科院工研院、中乌巴顿焊接研究院、军事医学科学院华南分院、华大基因等创新平台建设，成立全省首家科技银行。《广州市科技创新促进条例》通过审议，完善《广州市科学技术奖励办法》及实施细则，完成《广州市智能化城市管理与运行体系顶层设计方案》《广州市科研机构集聚区发展规划》编制。推进科技计划管理体制改革，探索建立财政科技经费有偿使用的政策性运作平台。修订《广州市科技计划与项目管理办法》，健全科技管理监督机制，启动网上评审，形成项目申报、立项、中期检查、验收和绩效评估全链条监管。建立政产学研用协同创新机制，推动组建广州地区校地协同创新联盟、广州市产学研合作促进会，成立广东轨道交通产学研技术创新联盟、广东前孵化器联盟。开展2012年广州科技活动周、珠江科学大讲堂、百名院士专家广州行等科普活动。

电子信息产业高端项目加快产业化。全年全市电子产品制造业产值比上年增长16.1%。8.5代液晶面板项目开工建设，集成电路芯片、LED、智能终端、新一代移动通信、CPU芯片、超高速无线局域网芯片和通信计算一体化芯片研发及产业化取得进展，AMOLED显示屏技术研发取得突破，北斗多模导航型射频芯片技术水平全国领先。

生物与健康产业集聚促成一批重大创新项目。推动军事医学科学院华南干细胞与再生医学研究中心、华大基因等项目落户，广州生物医药与健康研究院二期工程，成功转化4项千万元级重大成果。华南新药创制中心平台，新增新药合作项目15个，6个新药项目申报新药证书。广州铭康公司研发的国内首个治疗急性心肌梗死基因药物通过国家新药评审。广州国际生物岛集聚生物科技项目40多个。

新能源产业研发取得进展。推进国家新能源汽车、半导体照明试点城市建设，广州节能与新能源汽车示范推广试点城市通过验收，全年安装21万盏LED路灯和46万套景观照明灯具。研发出LED驱动芯片、大功率LED芯片等高端核心产品。全市拥有半导体照明企业100多户，产业规模达40亿元。

推进一批重大创新平台建设。广州超级计算中心获国家863计划高效能计算机重大项目立项，开通340万亿次超算先导系统，开展基因测序等50多项应用适配，土建和主机系统研制顺利推进。中乌巴顿焊接研究院开创国际科技合作新模式，构建5个国际一流研发平台。五行广佛数字创意园成为国家级科技孵化器，累计建成科技企业孵化器59家，孵化面积近400万平方米，孵化科技型中小企业超过4500家。落实企业研发费税前加计扣除政策，抵扣应纳税额26亿元，比上年增长7.3%。设立产学研重大专项，安排1940万元支持企业创新。争取国家、省科技创新重大项目计划支持，承担TD-LTE多频射频商用芯片等国家科技重大专项，162个创新项目获国家中小企业创新基金立项，国家资助金额1.18亿元，442个科技计划项目获省科技厅立项，资助经费5.13亿元。新增国家级企业工程中心2个、省级企业工程中心29个。经认定高新技术企业1389家、软件企业880家，分别占全省总数的26%和23.8%。新增国家和省级创新（试点）企业37家，新认定市级创新型企业20家、试点企业71家。

创新人才集聚效应突出。实施珠江新星计划，支持100名青年科技领军人才。组建

2011~2012年广州市社会事业情况

教育				医疗　文化　体育			
项目	单位	2011年	2012年	项目	单位	2011年	2012年
普通高校学校数	所	79	80	医院、卫生院数	个	256	259
普通高校在校学生数	万人	89.61	93.92	医院、卫生院床位数	张	59861	64244
中职和技校学校数	所	172	166	平均每万人口卫生机构床位数	张	51.70	55.03
中职和技校在校学生数	万人	51.78	52.94				
普通中学学校数	所	472	478	群众艺术、文化馆数	个	14	14
普通中学在校学生数	万人	56.16	55.07	博物馆、纪念馆及美术馆	个	31	32
小学学校数	所	961	941				
小学在校学生数	万人	81.98	82.26	档案馆数	个	31	30
学龄儿童入学率	%	100	100				
幼儿园数	所	1548	1601				
在园幼儿数	万人	35.89	38.34				

“千人计划”南方创业服务中心，引进省科研创新团队1个，新增院士1名。累计聚集国家“千人计划”80名，省科研创新团队20个、领军人才40名。全年公开征集科技项目2943个、立项1054个，安排经费5.28亿元。审计和验收金额达2.86亿元、重大科技项目84个。（刘时良）

【体育事业】 2012年，广州市加大体育惠民力度，群众体育活动品牌影响力不断提高，实现社区、行政村群众性体育组织全覆盖。广州籍运动员参加伦敦奥运会取得境外参赛最好成绩。举办各类国际国内大赛，职业体育发展良好，体教结合更加紧密。体育产业健康发展，经济总量持续提升，本体产业增量明显，体育市场管理进一步规范，有关产业发展顶层设计更加系统。全年有396个公共体育场地设施免费开放，新建健身路径288条，全市有8人获9项世界冠军、收获18项亚洲冠军、53人获5项全国冠军，全市体育产业实现增加值226.31亿元、体育新票销售额28.28亿元。

是年，广州市制订实施《广州市体育惠民总体方案》，并按照“一场一馆一方案”的要求，市级公共体育场馆以及越秀、海珠、天河、番禺等区（县级市）体育场馆，自5月1日起，每周安排不少于10小时免费开放和不少于10小时优惠开放，全年有450多万人次受惠。此外，全市历年由政府投入的街（镇）、社区（行政村）公共体育场地设施共4151个，其中3965个全天候免费开放；全市由政府投入的建有体育设施的学校共有622所向公众开放，其中508所免费开放，满足市民就近健身需求。

全年全市新建健身路径288条、篮球场127个、乡镇农民健身工程9项及一批小型全民健身广场和健身苑等公共体育设施，投入3162万元恢复或增设12个市属亚运场馆露天全民健身设施，免费向市民开放。启动社区文体活动室样板工程，成立专项基金更新和维护社区体育设施，为市民群众提供安全便民的健身设施。

推动“一区（县级市）一品牌”建设，增城市的橄榄球、荔湾区的沙滩水上运动、南沙区的女子龙舟以及白云区、萝岗区的区运会，“体育进社区”“体育三下乡”等活动各具特色。全年共开展市级全民健身活动318项次，参与群众达392.7万人次。以广州国际龙舟邀请赛和横渡珠江为平台，加强“穗港澳台”公务员体育交流和“广佛肇清”群体活动互动，提升广州体育影响力和辐射带动力。

强化街（镇）综合文化站公共体育服务职能，配备专（兼）职人员负责日常工作，将体育管理延伸到社区（行政村），至年底，全市全民健身点达1092个，社区（行政村）100%建立群众性体育组织。建立健全社会体育指导员培训、登记、上岗制度，全年新增社会体育指导员1000名，达到“一活动点一名社会体育指导员”的目标。

开展30场次“科学健身大讲堂”讲座，印发6万册全民健身宣传册，录制拍摄科学健身专题片并定期在广州电视台播出，在《广州日报》等报刊开设“科学健身”专栏，宣传科学健身知识和健康阳光生活方式。开展全市性公益国民体质检测20多次，免费进行市民体质检测达1万多人。（李 姝）

·责任编辑 刘燕玲 袁 菁 贺 坤·

深圳市

基本情况

【位置与面积】 深圳市位于祖国的南疆；陆域位置位于东经 113°46′~114°37′、北纬 22°27′~22°52′；东临大亚湾与惠州市相连，西濒珠江口伶仃洋与中山市、珠海市相望，南至深圳河与香港毗邻，北与东莞市、惠州市接壤。全境地势东南高、西北低，大部分为低丘陵地，间以平缓的台地，西部沿海一带为滨海平原，最高山峰为梧桐山，海拔 943.7 米。深圳经济特区总面积为 1991.64 平方千米。土地形态以低山、平缓台地和阶地丘陵为主，平原占陆地面积的 22.1%，森林覆盖率 44.6%。

【历史沿革】 深圳的历史源远流长，早在 6700 年前的新石器时代中期就有人类繁衍生息。距今四五千年的夏、商年代，在深圳沿海沙丘谷地，已聚居着与中原民族不同的部族，这些部族种类繁多，被称为“百越部族”。生活在深圳区域的百越部族称为“南越部族”。他们善于捕鱼、航海。深圳是古代百越部族远征海洋的一个驻足点，也是百越部族聚居繁衍的地方。公元前 214 年，秦始皇统一中国并在岭南设置了南海、桂林、象郡三郡，深圳隶属于南海郡。东晋咸和六年（331），朝廷设东官郡，辖宝安、海丰、兴宁等六县，其范围包括珠江三角洲及惠州、潮州一带。当时宝安县辖地涉及今天的东莞市、深圳市和香港特别行政区。东官郡的郡治所在地就设在宝安县内的南头。隋开皇十年（590），朝廷废东官郡，宝安县改属南海郡，县治仍在南头。唐至德二年（757），宝安县更名为东莞县，县治从南头迁往东莞，于南头设屯门军镇。明洪武二十七年（1394），在今深圳境内设立了东莞守御千户所及大鹏守御千户所；稍后，又在南山半岛设立了庞大的军事机构——南头寨，戍卫范围东至潮汕，西至上、下川，南至大洋，有“虎门之外卫，省会之屏藩”之说。明朝初年，中国出使南洋，舰队开航前必到深圳赤湾的天后庙祭祀祷告，方可成行。明万历元年（1573），朝廷取“革故鼎新，转危为安”之义，新设新安县，并建县治于南头。清道光二十二年（1842），中英签订不平等条约《南京条约》，新安县的香港岛被英国占领。清咸丰十年（1860），新安县的九龙半岛也因不平等条约《北京条约》而被迫割让给英国。清光绪二十四年（1898），清政府与英国签订《展拓香港界址专条》，又将新界租借给英国，为期 99 年。此后，新安县原有的 3076 平方千米土地中，有 1055.61 平方千米脱离其管辖，成为英国殖民地。民国三年（1913），因新安县与河南省的一个县同名，为免混淆，又复称宝安县，县治仍在南头。1949 年 10 月 15 日，宝安县解放。1953 年，因深圳联结广九铁路，交通便利，人口聚居较多，工商业较兴旺，便将宝安县治东迁至距南头 10 千米外的深圳墟。1979 年 3 月，宝安县改为深圳市，同年 11 月，深圳市改为地区一级的省辖市。1980 年 8 月，在深圳设置经济特区。1981 年 10 月，深圳市升格为副省级市。1983 年在经济特区外设置宝安县。1988 年 10 月，国务院批准深圳市在国家计划中实行单列，并赋予其相当于省一级的经济管理权限。1990 年 1 月，深圳经济特区内设立福田、罗湖、南山三区。1992 年 7 月，全国人大常委会授予深圳市人民代表大会及其常委会、深圳市人民政府制定地方法律和法规的权力，同年 11 月，撤销宝安县设立宝安和龙岗两区。1997 年 10 月，从罗湖区分出设立盐田区。2004 年深圳市成为无农村的城市。2007 年 5 月 31 日设立光明新区。2009 年 6 月 30 日设立坪山新区。2010 年 7 月 1 日，经国务院批准深圳特区范围扩大至深圳全市。2011 年 12 月 30 日设立龙华新区、大鹏新区。

【气候】 深圳市属亚热带海洋性气候。气候温和，年平均气温 22.4℃，最高气温 38.7℃（1980 年 7 月 10 日）、最低气温 0.2℃（1957 年 2 月 11 日）。雨量充沛，每年 4~9 月为雨季，年降雨量 1933.3 毫米，年降雨量最多纪录 2662 毫米（1957 年），年降雨量最少纪录 913 毫米（1963 年）。日照时间长，平均年日照时数 2120.5 小时，太阳年辐射量 5225 年兆焦耳 / 平方米。常年主导风向为东南偏东风，平均每年受热带气旋（台风）影响 4~5 次。

【水源特征】 深圳市依山临海，有大小河流 160 余条，分属东江、海湾和珠江口水系，但集雨面积和流量不大。流域面积大于 100 平方千米的河流有深圳河、茅洲河、龙岗河、观澜河和坪山河 5 条，主要河流深圳河全长 35 千米。深圳市现有水库 24 座，其中中型水库 9 座，总库容 5.25 亿立方米。位于市区东部的深圳水库，总库容 4000 多万立方米，是深圳与香港居民生活用水的主要来源。地下水资源总量 6.5 亿立方米 / 年，年可开采资源量 1 亿立方米。天然淡水资源总量 19.3 亿立方米，人均水资源拥有量仅 500 立方米，约为全国和广东省的 1/3 和 1/4。

【资源物产】 深圳市耕地总资源 3846.64 公顷，水果种植面积 3087.7 公顷，林业用地 7.22 万公顷。盛产龙岗“三黄鸡”、沙井蚝、南头荔枝、南山桃、石岩沙梨、金龟桔和龙华方柿等农副产品。栖息繁衍的国家级野生保护动物有虎纹蛙、蟒蛇、猕猴、大灵猫和穿山甲等；经济价值较大的两栖类动物 5 种、爬行类动物 23 种、鸟类 30 种、兽类 33 种。矿产资源已发现的有 23 种，部分已探明具有一定的工业储量。

深圳市西部和西南部是珠江口、伶仃洋，东部和东南部是大亚湾、大鹏湾，海洋水域总面积 800 平方千米，海岸线长 229.96 千米，海岸资源丰富。可建深水港的主要有盐田、妈湾、赤湾、大铲湾、大梅沙、土围、西涌等，可建中型港的主要有蛇口和塘仁涌、大鹏湾等，可建小型港的有 10 多处。海域辽阔，水产资源极为丰富，有蛇遛、兰圆鲹、金色小沙丁、金钱鱼、大眼鲷、带鱼、三刺鲷、盲曹和鲈鱼等 40 种名贵鱼种，还有虾、蟹、贝类和藻类。

深圳市是依山面海、风光秀丽的海滨城市。曲折蜿蜒的大鹏湾海岸线长 70 多千米，分布着大梅沙、小梅沙、溪涌、迭福、水沙头和西冲等水碧沙白的海滩。海滩宽 30~50 米，长 1000~3000 米，沙质柔软，海水清碧洁净，是迷人的海滨浴场；梧桐山雄伟险峻，山上溪涧纵横，有深不可测的梧岭天池；深圳湾畔 70 多公顷的红树林是候鸟迁徙的中途站，可观赏到品种诸多的候鸟。

【旅游景点】 深圳是著名的旅游城市，自然景观和人文景观较为丰富。经过多年发展，形成欢乐谷（深圳华侨城）、世界之窗（深圳华侨城）、锦绣中华·民俗文化村（深圳华侨城）、明斯克航母世界（盐田区沙头角）、仙湖植物园（罗湖区莲塘）、深圳野生动物园（南山区西丽湖）、西部海上田园（宝安区沙井街道）、客家围龙屋（龙岗区坪山街道大万世居、龙岗街道鹤湖新居）、大小梅沙（盐田区大小梅沙海滨）、大鹏所城（龙岗区大鹏街道）等十大旅游景点。较为知名的历史古迹景点有：大鹏所城（龙岗区大鹏街道）、新安故城（南山区南头天桥旁）、赤湾天后宫（南山区赤湾六路）、赤湾炮台（南山区赤湾）、东江纵队司令部旧址（龙岗区葵涌街道土洋村）、东纵军政干部学校旧址（龙岗区大鹏街道）。

"深圳八景"是2004年由100多万深圳市民评选出的代表深圳城市形象、反映深圳旅游特点的景区、景点或景观。"深圳八景"是：大鹏所城（大鹏守御千户所城，建于公元1394年）、深南溢彩（深南大道）、侨城锦绣（深圳华侨城）、莲山春早（福田区莲花山）、梧桐烟雨（罗湖区梧桐山）、梅沙踏浪（盐田区大小梅沙海滨）、一街两制（沙头角中英街）、羊台叠翠（宝安区羊台山）。

（叶博珂）

【人口】 2012年，深圳市常住人口总量持续增长，流动人口流动性趋缓。至2012年末，全市计划生育管理服务常住人口1300.18万人，比上年减少70.80万人；户籍人口304.94万人，增加29.59万人。流入居住一个月以上流动人口1259.60万人，其中居住半年以上人口有1007.16万人，占78%。户籍人口出生大幅增长，全市户籍人口共出生61390人，比上年增加13584人，增长28.41%。户籍、常住和流动出生人口性别比与上年基本持平，常住人口出生性别比为113.97，比上年减少0.06个比值。其中，户籍出生人口性别比为111.30，比上年增加0.23个比值；流入半年以上流动人口出生性别比为115.86，增加0.29个比值。

（李　创）

【语言】 深圳市的主要语言是普通话。深圳地方方言粤语和客家话虽然通行，但远没有普通话普及。全国各地的方言都可以在深圳找到生存的土壤，只是空间相对较小，仅在老乡圈子里通行。深圳市的公共服务机构、专业人士和工商业界都能用英语提供服务，大多数青少年能讲英语。

【民俗】 深圳原居民民风淳朴，保留较多的民间习俗。

渔民娶亲　是南澳最具特色的风俗之一。当渔村女子成亲之日，新娘被众多渔家姐妹簇拥前行，身后有锣鼓乐队和几组舞龙舞狮队载歌载舞，而他们身后，有着一名男扮女装的渔民带领着一群头戴渔帽、手操船桨的渔家妇女，列队而行，一路撑桨，迎亲到家。

女子哭嫁　是龙岗客家人很有特色的传统习俗。每个女子在出嫁前，有七天以上的"哭嫁期"。完婚之日，新娘娇婉缠绵地哭辞父母，轻移莲步，款款出门，频频回望，之后即登轿起行，陪嫁女亦随轿送行至夫家。随着时代的变迁，龙岗"女子哭嫁"习俗已不流行。

客家围龙屋　围龙屋是一种富有特色的典型客家民居建筑，与北京的"四合院"、陕西的"窑洞"、广西的"杆栏式"和云南的"一颗印"被中外建筑学界称为中国民居建筑的五大特色之一。龙岗罗瑞和村"鹤湖新居"的罗氏、龙岗坪山街道大万世居的曾氏、坑梓龙田世居的黄氏、茂盛世居的何氏，他们历经几代修建的大规模围龙屋，见证了这些家族的兴衰。客家人选择丘陵地带或斜坡地段建造围龙屋，主体结构为“一进三厅两厢一围”，建筑材料有沙、石、土、瓦等，砌墙用的粘合物大部分是石灰、桐油、红糖的混合土，粘性特别强。普通的围龙屋占地面积 0.54~0.67 公顷，大围龙屋的面积在 2 公顷以上，建好一座完整的围龙屋需要 5 ~ 10 年，甚至更长时间。一间围龙屋就是一座客家人的巨大堡垒，适合几十个人、百多人或数百人居住。

大盆菜　是深圳福田下沙一带的习俗。当地乡民，大凡遇到中国传统节日或嫁娶、祝寿、添丁、酬神、宗亲祭祖诸项活动，各方亲朋好友团聚乡间，围着大盆菜，数百、数千、数万人饮酒庆贺。大盆菜多数以牛腩炆萝卜角为菜底，往上铺叠的是菜胆、粉丝、猪肉、竹笋、腐竹、冬菇、卤鹅、烧鸭、炸鱼、白斩鸡等，一层一道菜，一菜一道味。百桌千筵，风味独特，老少皆宜，煞是热闹。

妈祖诞庆　是每年 3 月深圳沿海渔民和农民在天后庙举行的庆祝庙会，祭祀天后，求航海平安、渔业兴旺、五谷丰登。在祭祀后还举行文艺表演和贸易活动。

坪山打蘸　是坪山客家人独特的传统习俗。每八年一次的打醮（集体祭奠神灵），地点聚在关帝庙前的广场上，一片喧腾，热闹非凡，附近小贩也云集于此趁此机会大做买卖。祭典仪式由坪山圩的首脑主持，祭桌上摆满精美的果脯酒馔，大香炉里插满檀香，一片香雾缭绕。乡民们在广场上连续嬉戏七天八夜，尽情吃喝赌闹，通宵达旦，一片喧嚣气氛。由于打醮习俗劳民伤财，在 1943 年被废除。

凉帽遮羞　是大鹏妇女的习俗。其凉帽是用竹条和布料做成的，把竹条分成竹篾，织成圆圈，中间穿孔，竹篾周围用布条缝挂。其他客家妇女的凉帽是用黑布条缝挂，而大鹏妇女的凉帽用蓝士林布条，所以戴起来也显得更秀气、更妩媚，增添了一种朦胧的美感和风韵。同时，戴凉帽既轻便又凉爽，一直流行至今。

【深圳特产】　深圳有丰富的海产、果类、禽类等地方特产，比较著名的有沙井鲜蚝、南山荔枝、西丽芒果、大鹏云雾茶、公明烧鹅、西乡基围虾、石岩沙梨、南澳鲍鱼、南澳海胆、坪山金龟桔、福永乌头鱼、松岗腊鸭、龙岗三黄鸡、光明乳鸽、南山甜桃等，其中以沙井鲜蚝、南山荔枝、西丽芒果最具代表性。

【“市树”与“市花”】　1986 年，荔枝树和簕杜鹃分别被深圳市民评选为深圳市的“市树”与“市花”。2007 年，红树被评为深圳市第二“市树”。

荔枝树　深圳市栽培荔枝主要品种有糯米糍、桂味、黑叶、淮枝、妃子笑、桂绿等。深圳人不仅把荔枝作为会亲访友的佳礼，而且在每年六七月间荔枝成熟时，举办各种以荔枝为主题的经贸和文化联谊活动。

红树　深圳是世界上唯一红树生长在市区中心地带的城市。红树具有顽强生命力，象征兼蓄包容、团结互助的深圳精神。

簕杜鹃　具有花色艳丽、美观大方、适应性强、容易栽培、便于造型和花期较长等特点，体现出无限活力和丰姿，备受深圳市民的喜爱。

【口岸】　2012 年，深圳共有对外开放一类口岸 15 个，其中陆路口岸 6 个，分别是罗湖、文锦渡、皇岗、沙头角、深圳湾、福田口岸；海港口岸8个，分别是盐田港、大亚湾、梅沙、蛇口、赤湾、妈湾、东角头、大铲湾口岸；空港口岸1个，即宝安国际机场。同时，在原特区管理线上设立蛇口（码头）、南头、白芒、同乐、梅林、布吉、沙湾、盐田坳、溪冲、背仔角、清水河、盐排、南坪、福龙、新区、新城、南光共17个特区检查站。形成海、陆、空全方位、立体式的口岸开放格局。

【行政区划】 深圳市下辖6个行政区和光明新区、坪山新区、龙华新区、大鹏新区4个功能区，有街道办事处57个。

福田区　位于深圳市南部，是市委、市政府所在地。该区于1990年1月4日建制，区政府于同年10月7日成立。区政府驻沙头街道。该区总面积78.66平方千米；下辖园岭、南园、福田、沙头、香蜜湖、梅林、华富、莲花、华强北和福保10个街道；皇岗口岸、莲花山、特区纪念公园等在该辖区内；2012年末常住人口133.05万人，其中户籍人口73.02万人。

罗湖区　位于深圳市南部，是深圳市开发较早的商业中心区。该区于1990年1月4日建制，区政府于同年9月21日成立。区政府驻黄贝街道。该区总面积78.76平方千米；下辖黄贝、东门、南湖、桂园、笋岗、清水河、翠竹、东晓、东湖和莲塘10个街道；罗湖口岸、深圳火车站、国贸大厦在该辖区内；2012年末常住人口93.64万人，其中户籍人口50.62万人。

南山区　位于深圳市西南部。该区于1990年1月4日建制，区政府于同年9月24日成立。区政府驻南头街道。该区总面积185.49平方千米（包括内伶仃岛和大铲岛）；下辖南头、南山、招商、蛇口、粤海、沙河、西丽和桃源8个街道；世界之窗、锦绣中华、海上世界、大学城和科技园等在该辖区内；2012年末常住人口110.85万人，其中户籍人口61.60万人。

盐田区　位于深圳市东南部。该区于1997年10月建制，区政府于1998年3月成立。区政府驻海山街道。该区总面积74.64平方千米；下辖沙头角、海山、盐田和梅沙4个街道；盐田港、中英街和东部华侨城在该辖区内；2012年末常住人口21.26万人，其中户籍人口5.05万人。

宝安区　位于深圳市西北部。该区于1992年11月11日建制，区政府驻新安街道（原宝安县城）。该区总面积398.38平方千米；下辖新安、西乡、福永、沙井、松岗和6个街道；深圳宝安国际机场在该辖区内；2012年末常住人口268.44万人，其中户籍人口34.96万人。

龙岗区　位于深圳市东北部。该区于1992年11月11日建制，区政府驻龙岗街道。该区总面积387.82平方千米；下辖平湖、坂田、布吉、南湾、横岗、龙城、龙岗和坪地8个街道；大亚湾核电站在该辖区内；2012年末常住人口192.69万人，其中户籍人口35.61万人。

光明新区　位于深圳市西北部。光明新区于2007年5月31日设立，新区管委会驻光明街道。该辖区总面积155.45平方千米；下辖公明、光明2个街道；深圳市光明集团有限公司在该辖区内；2012年末常住人口49.18万人，其中户籍人口5.73万人。

坪山新区　位于深圳市东北部。坪山新区于2009年6月30日设立，新区管委会驻坪山街道。该辖区总面积167.01平方千米；下辖坪山、坑梓2个街道；广东深圳出口加工区在该辖区内；2012年末常住人口31.68

万人，其中户籍人口3.89万人。

龙华新区　位于深圳中北部，从宝安区划出，于2011年12月30日设立，新区管委会驻观澜街道。该辖区总面积175.58平方千米，下辖龙华、大浪、民治、观澜4个街道。该区于2011年12月30日正式挂牌成立。2012年末常住人口140.86万人，其中户籍人口13.08万人。

大鹏新区　位于深圳东南部，三面环海，东临大亚湾，西抱大鹏湾。该区从龙岗区划出，于2011年12月30日设立，新区管委会驻大鹏街道。辖区陆域面积295.06平方千米，海岸线长133.22千米，下辖大鹏、南澳、葵涌3个街道。2012年末常住人口13.09万人，其中户籍人口4.05万人。

（叶博珂）

生态环境

【低碳生态城市规划建设】　2012年，深圳市低碳生态示范市建设进入稳步发展阶段。全市在各项工作中不断强化树立低碳生态发展理念，围绕土地开发、空间优化、绿色交通、绿色市政等低碳生态城市建设领域开展多项基础研究和建设实践。在《深圳市城市规划标准与准则》修订工作中贯彻低碳生态理念与要求，以集约高效、特色质量、资源环境、精细管理为重点，新增“密度分区与容积率”“自然保育、文保和防灾”两章，集中体现低碳生态城市的具体要求，同时对土地混合利用、公共设施混合设置、资源和能源综合利用、城市绿化及景观、步行及自行车交通、自然保育等提出规划建设要求和量化指标。组织开展《深圳市规划国土低碳生态建设政策研究》《落实低碳生态目标——法定图则和城市更新单元规划编制技术指引》《深圳市低碳生态居住小区试点规划研究及实施方案》《深圳市低碳生态城市指标体系研究》《深圳低碳生态示范市建设评级指引》等项目，重点对规划标准与技术指引、各层次法定规划、行政审批管理提出一系列改进措施建议，并研究制定低碳生态规划建设的奖励性政策文件。

【建设用地供应】　2012年，深圳市加快推进全市建设项目的选址用地，促进重点片区建设和特区一体化发展，注重产业分区的均衡化布局。全年上报市政府审批建设项目用地共166项，用地面积481.4公顷，其中新增用地（农用地和未利用地）193.4公顷；完成招拍挂用地58项，用地面积153.5公顷，其中新增用地（农用地和未利用地）82.9公顷。在58项招拍挂用地中，工业用地42项，面积105.3公顷；商业用地6项，面积5.6公顷；居住及配套设施（幼儿园）用地9项，面积42.3公顷；经营性市政设施（停车场）1项，面积0.3公顷。在重大产业项目选址落地方面，协调近期建设2012年度实施计划及土地利用年度计划与重大项目计划对接，完成11个重大项目的土地出让工作，出让用地规模50.6公顷，占新增产业用地出让面积的50%；重点推进后海中心区、深圳湾高新区、宝安中心区等近期发展片区的建设实施，梳理龙华中心区、龙岗体育新城、光明门户地区等片区空间潜力及发展定位，构建次一级总部基地集聚发展区；完成华润深圳湾总部城市地标建筑和喜之郎、中建钢构等知名企业总部用地出让；启动海信集团南方总部用地招拍挂流程；落实创投、华商银行及工商银行、五矿集团、中投证券、黄金交易所6家金融企业总部用地安排；完成宝安中心区中小企业联合总部大厦用地出让；配合开展盐田综合保税区申报；及时保障投融资平台、地铁车辆段上盖、喜之郎、华测检测技术、三九医药、承远航空油料、农村商业银行、海普瑞药业、广东电网、西北工业技术研究院、深圳国家基因库等重大项目用地供应；推进解决深圳市与央企、世界500强及大型外资企业、知名民企、高校科研机构签约项目用地问题；梳理2011、2012两年服务企业收集到的119家企业空间需求，以及38家上市及拟上市企业空间需求问题，建立部门联动协调机制，采取有保有压、以房招商、分类解决等方式，联合开展企业空间需求项目的前置审查工作，统筹制定解决方案，取得实质性进展。

【土地整备】 2012年，深圳市土地整备工作进入整体推进阶段，土地整备工作取得历史性突破。全年完成土地整备20.11平方千米，实现任务目标。截至年底，累计获得由国家开发银行牵头的5家银行授信合计210亿元，累计向91个土地整备项目拨付资金69.69亿元；确权登记储备用地达3.33平方千米。

【耕地和基本农田保护】 2012年，深圳市首次开展对区级政府2011年度耕地保护责任目标考核工作，落实国家开展耕地保护政策执行情况检查工作的相关要求，强化区级政府的耕地保护责任意识。统筹协调基本农田改造过程中设计的征转地历史遗留问题，并开展清场补偿政策指导、基本农田改造项目管理相关规范的制定和政策指导、改造完成地块的基本农田调整划定等相关工作。制定印发《深圳市基本农田保护标志牌和界桩设立实施方案》，落实试点片区基本农田保护标志牌及界桩的经费，形成《深圳市基本农田调整划定工作报告》。

【矿产资源管理】 2012年，深圳市完成第二轮矿产资源总体规划环境影响报告的编制和评审，并会同相关有资质单位按程序对《深圳市矿产资源总体规划（2008~2015年）》进行环境影响评价。开展矿山汛前和汛期的多次安全检查工作，实现矿泉水厂的安全生产和规范经营，全年未发生食品安全和安全隐患事故。规范矿产资源管理，针对各个矿山地质灾害隐患治理工程到期及东部红花岭石场采矿许可证到期关闭等相关问题，及时安排进行验收，切实维护正常的矿业权开发秩序，杜绝滥采滥挖等非法采矿行为的发生。进一步加强采石场整治复绿工作，对禁采区内已关闭的60余处采石场，重点加强绿化生长情况和地质边坡灾害等隐患的巡查，及时掌握采石场动态情况和落实整改措施，确保矿山地质环境不断得到改善。

【海洋环境监测与保护】 2012年，深圳市组织开展全市海洋环境监视监测工作。严格审查海洋环境影响报告书，要求涉海工程项目严格按规定执行海洋环保措施；推进深圳湾综合治理策略研究工作以及各项海洋生态修复项目工作；推进珠江口深圳海域生态环保工作，开展海砂开采对深圳市西部海域影响研究。开展深圳市风暴潮与海浪、海啸灾害风险评估，及时向市政府应急管理部门提出海洋灾害风险评估报告。推动深圳市海平面变化对深圳市城市安全威胁研究，为深圳市未来应对气候变化与海洋灾害提供科学依据。组织实施3次近岸海域海水质量监测、

1 次近岸海域沉积物质量监测、8 次海水增养殖区监测、16 次赤潮监控区监测、3 次江河入海污染物总量监测、4 次陆源入海排污口监测工作及 8 起赤潮跟踪监测。全年共出海 150 航次，航行约 1700 海里，获取监测数据 25000 组，为《2012 年深圳市海洋环境质量公报》的科学编制提供翔实资料。海洋浮标自动监测系统实现业务化运行，根据 2011 年投放的 5 个浮标，发布 30 期海洋环境监测周报，为海水养殖区和赤潮多发区的环境监测、灾害预警提供数据支撑，在赤潮高发季节根据海域叶绿素水平首次准确预报赤潮发生，为养殖区鱼类大量死亡的突发事故确因提供有力科学证据。是年 9 月份新投放的海浪监测浮标提高了滨海浴场海洋环境预报的实用价值，为保障滨海活动安全提供指导性参考信息。（王　芳）

【环境质量】 2012 年，深圳市环境质量总体保持良好水平。空气质量达到国家环境空气质量二级标准，优良天数共计 365 天，占全年总天数的 99.7%，首要污染物为二氧化氮。二氧化硫年平均浓度 0.009 毫克 / 立方米，比上年下降 0.002 毫克 / 立方米；二氧化氮年平均浓度 0.042 毫克 / 立方米，下降 0.006 毫克 / 立方米；可吸入颗粒物年平均浓度 0.052 毫克 / 立方米，下降 0.005 毫克 / 立方米；年平均降尘量 3.70 吨 / 平方千米·月，下降 0.50 吨 / 平方千米·月，达到广东省推荐标准。降水年平均 pH 值为 4.94，比上年下降 0.08；酸雨频率 59.5%，增加 10.3 个百分点，酸雨污染较上年有所加重。主要饮用水源水质达到国家地表水Ⅲ类标准，饮用水源水质达标率为 100%，与上年持平。部分河流上游河段水质相对较好，主要河流中下游水质仍普遍受到污染，水质劣于国家地表水Ⅴ类标准，主要污染物为氨氮、总磷和生化需氧量。东部海域水质良好，达到国家海水水质第二类标准；西部海域水质超过第三类标准，主要污染物为无机氮、活性磷酸盐和大肠菌群；近岸海域环境功能区水质达标率为 81.82%。城市噪声环境质量基本稳定，区域环境噪声平均值 56.9 分贝，比上年增加 0.2 分贝；城市交通干线噪声平均值 68.9 分贝，下降 0.1 分贝。辐射环境处于安全状态，各项指标与上年同期相比无明显变化。（王裕东）

【国家环保模范城市复核】 2012 年，深圳市通过第三次国家环保模范城市复核。市委市政府成立迎检工作领导小组，市人居环境委员会成立迎检办公室，统筹协调全市迎检工作。制订复核迎检工作方案，对全市 200 多个迎检重点项目、2000 多家重点企业全面督查。编制完成 50 份迎检报告，收集整理万余份迎检支撑材料，组织开发国内首个环保模范城市复核管理系统，实现对全市环保模范城市考核指标、环境基础设施及重点企业的在线管理，顺利通过环保部对深圳市创建国家环保模范城市持续改进工作进行现场复核。（王建玲）

【人居环境规划】 2012 年，深圳市高标准完成人居环境“十二五”规划编制工作。人居环境保护与建设“十二五”规划是深圳市人居环境委员会成立后编制的第一个五年规划，被列为全市重点专项规划之一。规划编制历时三年，先后历经详细的前期研究、两轮部门意见征求、两次专家评审论证，数易其稿，反复完善，最终于是年 5 月 23 日经市政府常务会议审议通过，并于 11 月初由市政府批复实施。这是深圳市为数不多的由市政府批复实施的“十二五”专项规划。规划提出发展优化、环境提升、城市宜居三大方面20项指标，明确绿色发展、环境提升、风险防控、宜居城市、能力建设五大任务，提出水污染治理等六大重点工程65个项目，总投资200亿元，并进行配套制度设计，是深圳市推进生态文明建设的关键性文件和行动指导。（姜文清）

【环保法规政策】 2012年，深圳市完成《深圳经济特区建设项目环境保护条例》《深圳经济特区机动车排气污染防治条例》《深圳经济特区饮用水源保护条例》《大亚湾核电厂周围限制区安全保障与环境管理条例》4部环保法规的修改工作。完成固体废物污染环境防治条例和排污许可证管理办法修订的立法调研论证，制订《深圳经济特区固体废物污染环境防治条例（草案）》和《深圳经济特区排污许可证管理办法（草案）》。开展土壤污染防治相关法律制度研究和立法前期调研。组织开展环保法规、规章和规范性文件梳理，对市人居环境委员会负责实施的92部地方性法规、规章及规范性进行系统全面梳理，提出立改废意见。开展环境基础设施投融资政策研究，深入推进排污权交易和环境污染责任保险等环境经济政策制订和实施，进一步提高环境综合管理能力。（张晓波）

【环境监测】 2012年，深圳市共报出监测数据177.5万个，出具监测报告4.5万份。在全市726个环境质量监测点位定期开展空气、水、噪声、生物、降水、海洋、核与辐射等环境质量监测。按照新的《环境空气质量标准》，于3月8日正式向公众发布全市$PM_{2.5}$等6项污染物7个指标的实时监测数据。环境空气质量监测国控点位数增加到11个。开展废水、废气、噪声、核与辐射等污染源监督性监测，完成646家污染企业在线联网，其中260家实现视频监控。开展全市重金属污染、“菜篮子”基地、交界河等专项监测。完成重点源VOC、扬尘、臭气、危险废物填埋场地下水等20余项例行专项监测任务。对全市污水处理厂、市政污水排海工程等市政公用设施展开例行监测。针对群众关心的热点、难点问题，开展投诉监测700余宗。对近岸海域环境质量水质、环境功能区水质、沉积物、生物、海滨浴场水质等开展例行监测。监测能力建设取得较大进展，宝安区等5个区级监测站通过省环保厅组织的标准化验收，生态安全监测系统主体工程竣工，开展《深圳市土壤环境状况调查及污染防治规划》课题研究，《深圳市“十一五”环境质量报告书》获环保部一等奖。（余　良）

【生态建设】 2012年，深圳市组织编制《生态文明建设规划》，完善生态文明指标体系。持续推动国家生态建设示范区创建，罗湖区创建国家生态建设示范区完成公示，宝安区、龙岗区正在创建中，宝安区深开、先歌、华美、北大方正4个工业园区生态创建通过专家验收，开展“深圳市生态街道”复查。全力推进绿道网建设。印发《2012年深圳市绿道网建设实施方案》，批准实施首批绿道“兴奋点”建设实施计划和绿道网制度化主题活动实施方案。至年底，全市绿道总长度2210千米，实现平均每1平方千米面积有1千米绿道的目标，全面形成绿道网络体系。其中，省立绿道347千米，共配置40个驿站。城市绿道和社区绿道呈网络状贯穿十区，全长1863千米，联通山海，串联各大公园、景区及人文历史遗迹。发挥绿道网的综合功能和效益，制订绿道功能开发策划方案，精心设计14条绿道品牌旅游线路，高标准打造20个绿道“兴奋点”。宣传推广绿道，组织开展“凤凰山山地自行车（全国）挑战赛”等一系列活动。

（马　嵩　李　洁）

【污染减排】　2012年，深圳市出台《深圳市“十二五”主要污染物总量减排实施方案》和《深圳市“十二五”减排考核试行办法》。编制《深圳市“十二五”主要污染物总量减排规划》和《深圳市2012年污染减排计划》，下发《深圳市2012年污染减排任务》，明确减排任务和责任。建立实施季度核查、专项稽查、形势分析和通报制度，强化污染减排考核，将考核结果纳入市环保工作实绩考核和政府绩效考核。是年深圳市化学需氧量、氨氮、二氧化硫、氮氧化物4项主要污染物均超额完成年度减排任务，完成2012年度广东省下达深圳市的各项主要污染物总量控制目标。（彭胜巍）

【空气污染整治】　2012年，深圳市稳步推进电厂脱硝降氮工作，完成妈湾电厂3号和4号燃煤机组烟气脱硝改造。印发实施《深圳市$PM_{2.5}$污染防治专项行动方案》。出台《关于加强新建工商业锅炉、窑炉环评管理的有关通知》，严格控制新建工商业锅炉、窑炉，要求需配套建设的工商业锅炉、窑炉使用余热、太阳能、电、天然气等清洁能源。制定《关于禁止销售和使用建筑装饰装修用溶剂型涂料的通告》《深圳市木质家具环保等级标志管理办法》等法规、通告。继续加强锅炉清洁能源改造、挥发性有机物治理、电镀废气治理等各类废气治理工作，对工业锅炉和家具企业VOC治理工作进行全面检查，累计完成314家工业企业废气治理任务。

（张　琳）

【机动车排气管理】　2012年，深圳市全面推广使用国Ⅳ车用汽油，开展国Ⅳ车用柴油推广准备工作，轻型汽油车和重型燃气汽车注册登记（含异地转入）严格执行国Ⅳ排放标准。加强在用车监管，严格实施在用机动车简易工况法排气污染定期检测，开展路检、抽检、专项整治等执法行动，全年检测港口码头、货运物流、公交客运等各类污染物高排放车辆6.79万辆，受理并查处黑烟车举报投诉6653辆，要求不合格车辆维护并复检合格后方能上路行驶。加快淘汰黄标车，在全市范围内对黄标车采取“尾号限行”措施，实施黄标车淘汰经济鼓励政策；强化区域联防联治，定期开展深莞惠机动车污染专项整治行动。（许宏凡）

【跨界河流水质达标】　2012年，深圳市通过省人大跨界河流水质达标考核。完成龙华二期、观澜河二期、平湖二期污水处理厂建设，新增污水处理能力50.5万吨/日；按期完成新生污水管网完善工程、爱联污水管网完善工程、坪山河流域污水管网完善二期、田脚水流域污水管网完善二期等重点工程，新建管网185千米；开展坪山河排污口接驳工程、石溪河截污工程等23项污水接驳工程，上洋污水处理厂进水量由8万吨/日增至万16~17万吨/日。加大重污染企业关停力度，流域内共关闭93家重污染企业；投入7.4亿元完成龙岗河流域康达尔有限公司坑梓猪场（面积127万平方米）的收地和清拆工作。2.5万吨/日的横岗再生水厂二期工程建成投用，龙岗河生态补水能力增至

5 万吨 / 日。2008 年至 2012 年，龙岗河、坪山河、观澜河流域累计投入 88.2 亿元用于河流污染综合治理，新建 8 座污水处理厂，总处理能力达到 190.5 万吨 / 日，新建成污水管网 655 千米，关停重污染企业 283 家。

【河流环境污染治理】 2012 年，深圳市完成观澜二期、龙华二期、平湖二期、水头、葵涌等污水处理厂建设，新增污水处理能力 79.5 万吨 / 日，全面推进沙井、燕川、固戍、横岭等污水处理厂配套管网建设，新增管网 323 千米，加快开展龙岗河综合整治二期、观澜河干流综合整治工程、茅洲河中上游段综合整治工程建设，推进全流域综合整治。探索河流治理新模式，试点推行河长制，宝安区在全市率先实施河长制，全面推进茅洲河、西乡河等全区 66 条河流综合整治，坪山新区在坪山河干流及 7 条主要支流实施河长制，探索一河两岸流域综合开发与水污染治理新模式。 （杨凌云）

【饮用水源保护】 2012 年，深圳市开展为期 4 个月的“雨季行动”专项执法行动，出动执法人员 8745 人次，对深圳水库等 26 个重点水库流域进行专项检查，重点清理暴露垃圾，清查违章种养殖和乱搭建“回潮”现象，查处违法土地开发和毁林开荒等破坏生态环境行为，大幅削减雨季期间水库面源污染。加快推进全市主要水库一级水源保护区隔离围网管理和水源涵养林建设，完成石岩水库环库截污工程、西丽水库安全防护（一期）工程和长流陂水库截污工程，推进铁岗水库入库小流域河口治理工程等水源地污染防治工程建设。不断加强全市主要水库饮用水源水质监测工作，全市集中式饮用水源水质达标率为 100%。 （文　琛）

【核与辐射管理】 2012 年，深圳市组织制订《深圳市核技术利用辐射安全综合检查专项行动实施方案》，对全市登记在案的核技术利用单位进行拉网式检查，检查范围涵盖所有重点源使用单位及部分医疗、工业用Ⅲ类射线装置使用单位等，对存在安全隐患的单位进行重点检查。共检查核技术利用单位 383 个，辐射工作场所 1500 多个，累计出动执法人员 1170 人次，对 87 个存在安全隐患的单位下发限期整改通知书，并进行督办和后续回访。有 86 个单位落实整改要求、督促回收废旧放射源 9 枚，对 1 个逾期未改的单位报送行政处罚。严格辐射安全许可准入审查，全年对 66 个单位发放辐射安全许可证，对 56 个单位进行项目许可扩项；办理放射源转让初审 19 批次，转移备案 63 批次，督促回收废旧放射源 9 枚；建设项目环保竣工验收 108 个。 （林泽华）

【市容环境整治】 2012 年，深圳市在全市范围内持续组织开展清理整治非法养殖、私宰窝点、废品收购、地沟油、乱摆卖、余泥渣土、非法燃气、非法办学等一系列专项整治行动，进一步优化城市环境，维护良好的市场经济秩序和社会秩序。全年全市共出动执法人员 53344 人次，开展联合行动 1112 余次，查处及拆除非法养殖、私宰点 883 个，没收非法屠宰猪 3492 头，清走生猪 120.3 万头，清理拆除非法搭建窝棚 511.2 万平方米。清理乱摆卖 918258 宗，其中查处夜间烧烤档 7422 宗，清理广告牌 48705 宗，清理乱张贴 1786340 张。处理“三打两建”转办案件 70 件，处理信访及舆情监测 577 宗。 （程晓宇）

经济社会发展概况

【国民经济平稳发展】 2012年，深圳市完成地区生产总值12950.08亿元，比上年增长10.0%；规模以上工业增加值5091.42亿元，增长7.3%；固定资产投资额2314.43亿元，增长12.3%；社会消费品零售总额4008.78亿元，增长16.5%；外贸出口2713.70亿美元，增长10.5%；公共财政预算收入1482.08亿元，增长10.6%，居民消费价格指数102.8%。

2012年深圳市常住人口情况

地　区	常住人口（万人）			比上年末增长（%）		
		户籍人口	非户籍人口	常住人口	户籍人口	非户籍人口
全　市	1054.74	287.62	767.13	0.8	7.4	–1.5
福田区	133.05	73.02	60.03	0.4	9.5	–8.8
罗湖区	93.64	50.62	43.02	0.6	5.6	–4.7
南山区	110.85	61.60	49.25	0.8	12.2	–10.6
盐田区	21.26	5.05	16.21	0.8	7.5	–1.2
宝安区（不含光明、龙华新区）	268.44	34.96	233.49	0.6	1.9	0.4
龙岗区（不含坪山、大鹏新区）	192.69	35.61	157.07	0.8	4.2	0.1
光明新区	49.18	5.73	43.45	1.0	1.3	0.9
坪山新区	31.68	3.89	27.79	1.3	4.3	0.9
龙华新区	140.86	13.08	127.79	1.1	9.2	0.3
大鹏新区	13.09	4.05	9.04	2.3	7.1	0.3

2012年深圳市国民经济发展情况

市（区）	地区生产总值		第一产业		第二产业		第三产业		全社会固定资产投资额		社会消费品零售总额	
	实　绩（亿元）	比上年增　长（%）	实绩（亿元）	比上年增　长（%）	实　绩（亿元）	比上年增　长（%）	实　绩（亿元）	比上年增　长（%）	实　绩（亿元）	比上年增　长（%）	实　绩（亿元）	比上年增　长（%）
全　市	12950.08	10.0	5.56	–18.2	5737.64	7.3	7206.88	12.3	2314.43	12.3	4008.78	16.5
福田区	2374.24	9.0	0.79	50.8	186.49	4.8	2186.96	9.4	160.41	–7.7	1272.07	16.0
罗湖区	1359.05	8.6	0.10	–16.1	107.20	5.6	1251.75	8.9	86.08	13.9	835.03	16.2
盐田区	365.63	10.0	0.02	–53.2	74.98	2.7	290.62	12.4	90.09	5.9	48.46	16.3
南山区	2829.62	11.6	0.97	–27.5	1667.94	10.6	1160.71	13.1	312.04	9.1	542.28	17.0
宝安区	3499.62	8.3	1.98	–7.9	2034.07	4.3	1463.57	16.0	885.18	16.3	806.39	16.9
龙岗区	2521.92	11.4	1.69	–15.0	1666.97	11.5	853.26	11.3	780.63	14.9	504.55	16.9

【固定资产投资】 2012年，深圳市完成固定资产投资额2314.43亿元，比上年增长12.3%。其中，房地产开发项目投资736.84亿元，比上年增长43.1%；非房地产开发项目投资1577.59亿元，增长2.0%。

从三次产业看，第一产业投资3.85亿元；第二产业投资515.78亿元，比上年增长8.9%，其中工业投资514.96亿元，增长9.6%；第三产业投资1794.80亿元，增长13.1%。

【国内贸易】 2012年，深圳市社会消费品零售总额4008.78亿元，比上年增长16.5%。其中，批发和零售业零售额3526.29亿元，比上年增长16.6%；住宿和餐饮业零售额482.49亿元，增长15.4%。在批发和零售业零售额中，限额以上零售额2414.37亿元，比上年增长19.0%；限额以下零售额1111.92亿元，增长11.9%。

全年商品销售总额14657.78亿元，比上年增长22.1%。其中，批发销售总额11134.06亿元，比上年增长23.9%。全年限额以上批发零售贸易业商品销售中，十大类商品销售情况为：文化办公用品类比上年增长62.6%，日用品类增长39.4%，通讯器材类增长36.4%，金银珠宝类增长32.6%，食品饮料烟酒类增长15.9%，体育娱乐用品类增长7.5%，服装鞋帽针织类增长6.1%，家用电器和音响器材类下降1.7%，汽车类下降4.6%，书报杂志类下降7.1%。

【对外经济】 2012年，深圳市外贸进出口总额4667.85亿美元，比上年增长12.7%。其中，出口总额2713.70亿美元，比上年增长10.5%，占全国出口总额的13.2%，占全省出口总额的47.3%；进口总额1954.15亿美元，增长15.9%。外贸出口总额连续20年居内地城市首位。

全年新签外商直接投资合同项目2428个，合同外资金额62.62亿美元，分别比上年下降3.4%和18.0%。实际使用外商直接投资金额52.29亿美元，比上年增长13.7%。

(叶博柯)

体制改革

【重大改革项目】 2012年，深圳市根据《深圳市综合配套改革总体方案》的要求，制定2012年改革计划32项：进一步培育发展和规范管理社会组织，完善社会建设体制机制；深化公务员管理体制改革，建立完善的分类管理体制；推进商事登记制度改革，优化市场营商环境；创新户籍管理体制，逐步实现全市基本公共服务均等化；加快土地管理制度改革，探索高度城市化地区土地管理制度；创新公立医院管理体制，探索“医药分开”，完善医疗保障制度；创新政府行政审批方式，努力提升政府服务水平和工作效率；分类推进事业单位改革，加快事业单位体制机制创新；推进住房保障制度改革，创新住房保障管理模式；加快收入分配体制改革，提高全社会薪酬福利水平；加快前海管理体制机制创新，拓宽深港合作领域；创新深圳大学、南方科技大学自主办学机制，推动高等教育管理体制改革；研究探索公务员养老保障制度改革，建立科学的公务员养老保障体系；探索行政执法与刑事司法相衔接的工作机制，逐步建立信息共享平台；加大行政执法与刑事司法衔接力度，建立健全监督机制；探索政府工程管理体制改革，完善政府投资工程建设管理和运行机制；提升城市生态发展质量，推行排污权有偿使用和交易制度；创新深港合作办医体制机制，探索公益机构国际合作新路径；创新慈善管理体制，促进慈善事业健康发展；建立全市统一的信用信息平台，实现企业及个人的诚信信息共享；发挥舆论监督作用，提高公共事务的公众参与度；深化干部人事制度改革，激发干部队伍活力；加强和改进社会领域党的建设，充分发挥党代表作用。

【公务员分类管理改革】 2012年，深圳市出台《关于进一步深化公务员分类管理改革的意见》，继续推进行政执法和专业技术两类职位管理改革，实施与行政级别脱钩的独立的职务序列、薪酬制度和管理制度。至年底，全市行政机关共有近4000人套转为行政执法类公务员。

【行政审批制度改革】 2012年，深圳市强化行政审批项目管理，颁布《深圳市人民政府行政审批制度改革市级审批事项调整目录》，取消、调整市级行政审批事项113项，减幅达32.2%，行政审批事项网上办理率达97.1%。行政审批管理系统初步建成并运行，便于监督部门和社会公众进行监督，防止各部门擅自增设审批现象的发生。着手研究加强信息资源共享，优化审批服务的工作方案，为政务信息共享创造有利的条件。“深圳政府在线”连续3年获全国政府网站绩效评估副省级城市第一名；“法治政府建设指标体系”获中国法治政府奖。

【商事登记制度改革】 2012年，深圳市启动商事登记制度改革，采取免登记备案制度。3月，国家工商总局出台《国家工商行政管理总局关于支持广东加快转型升级、建设幸福广东的意见》，明确支持广东省在深圳经济特区和珠海经济特区横琴新区开展商事登记制度改革试点。5月，深圳市委市政府印发《关于加快推进商事登记制度改革的意见》。10月，深圳市人大通过《深圳经济特区商事登记若干规定》，为构建“宽进严管”的商事登记新模式提供法律保障。深圳商事登记制度改革在八个方面实施突破：一是改革以“营业执照”为中心的商事登记制度，建立商事主体资格与经营资格相分离、审批和监管相统一的登记制度；二是实行住所与经营场所各自独立的登记管理方式；三是改革有限责任公司注册资本实缴登记制度，实行注册资本认缴登记制度；四是改革个体工商户登记制度，逐步实现自然人经营豁免登记；五是改革企业登记年度检验制度，建立商事主体年报备案制度；六是改革企业退出机制，建立商事主体除名制度；七是改革商事登记公示制度，构建统一的商事主体登记许可及信用信息公示平台；八是全面推行网上登记，建立电子营业执照制度。通过推进商事登记制度改革，减低企业登记的门槛，政府工作重点从重事前审批转向重事后监管，进一步完善与国际接轨的现代化、国际化营商环境。

【土地制度改革】 2012年2月29日，《深圳市土地管理制度改革总体方案》获部省联合批复，要求深圳市按照“产权明晰、市场配置、节约集约、科学调控”的原则，在探索土地配置市场化、土地利用高效化和土地管理法制化等方面积累新经验，探索新路子。5月25日，国土资源部和广东省人民政府共同在深圳召开土地管理制度改革综合试点启动仪式，会上广东省人民政府颁发对深圳市土地管理的授权文件，赋予深圳市依据土地利用总体规划、自主编制功能片区土地利用规划、审批建设用地等权限。

【金融改革创新】 2012 年，深圳市以前海作为深圳金融业新一轮跨越式发展的引擎和载体，加快重大政策制定和申报工作进度。研究提出若干属于国家战略层面，可在一定区域内先行先试的重大政策项目，制订专项申报方案，其中包括跨境人民币贷款业务试点、消费金融公司试点、网络保险销售公司试点、离岸金融创新试点等多项政策。前海股权交易中心、前海金融资产交易所、前海人寿保险公司等创新型机构和要素平台陆续设立。推动产业金融共同发展，引导金融业更好地服务于实体经济。研究出台《关于加强和改善金融服务支持实体经济发展的若干意见》，引导金融行业重点加大对战略性新兴产业和自主创新产业的支持力度，探索推动“金融＋科技”“金融＋文化”等新模式，鼓励金融机构开展知识产权质押融资、融资租赁、科技保险等创新业务。重点加大对符合产业政策、有市场需求的中小微型企业的支持力度，探索放开民间资本进入金融领域的限制，进一步丰富中小微型企业金融服务主体，推动区域集优债、中小企业私募债等适应中小企业融资的创新模式。

【前海改革创新】 2012 年 6 月 27 日，国务院正式批准支持前海地区在金融创新、财税优惠、法制建设、人才特区以及教育、医疗、电信等六个方面实施 22 项先行先试政策，支持深圳市前海深港现代服务业合作区实行比经济特区更加特殊的先行先试政策，打造现代服务业体制机制创新区、现代服务业发展集聚区、香港与内地紧密合作的先导区、珠三角地区产业升级的引领区，形成全方面支持前海开发开放的政策框架体系，为前海开发开放和深港两地紧密合作、融合发展提供强大助推力。同时，为进一步加大改革力度，在前海的治理结构、行政管理、财政体制、人事薪酬、土地开发、廉政建设、法律体制、深港两地人才合作等方面进行探索创新。

【组织管理体制改革】 2012 年，深圳市出台《关于进一步推进社会组织改革发展的意见》。扩大社会组织直接登记范围，实现 8 类社会组织直接登记，推动社区社会组织实行登记和备案双轨制。推进政府职能向社会组织转移委托。进一步转变政府职能，开展政府职能与工作事项清理，将可转移的职能与工作事项移交给具备承接资质的社会组织，拓宽社会组织发展空间。建立政府职能转移的动态调整机制，进一步完善向社会组织转移职能的操作机制，确保衔接顺畅无阻。加大对社会组织的资金扶持力度。完善政府购买服务机制，设立社会组织扶持发展专项资金，出台《深圳市政府扶持社会组织发展实施方案》，鼓励和扶持社会组织可持续发展。

【公立医院体制改革】 2012 年，深圳市加大公立医院体制改革。制订《深圳市公立医院医药分开改革工作方案》，以取消公立医院药品加成政策为突破口，同步推进医疗服务支付制度改革，完善公立医院补偿机制，健全公立医院监管机制。出台《深圳市公立医院管理体制改革实施方案》，全面推进公立医院“管办分开”改革。按法定机构模式设立公立医院管理理事会和管理中心，代表市政府统一履行公立医院举办者和出资人职责，监管公立医院人、财、物的运行。卫生行政部门不再举办和具体管理公立医院，使政府卫生管理部门真正行使医药卫生全行业管理的职责。是年7月1日起，全市所有公立医院取消所有药品的加成费用，同时，出台完善公立医院补偿机制，推进医疗服务支付制度改革等六项配套措施。改革后，医院过度用药行为被有效遏制。与改革前相比，全市公立医院每门诊、住院人次药费分别比上年下降9.3%、13.8%；每百门诊人次静脉输液比例、抗菌药物处方比例大幅下降。

【户籍制度改革】 2012年，深圳市研究制订《深圳市户籍制度改革实施方案（送审稿）》，提出以居住证为载体，以入户积分参数为依据，建立非户籍人口向户籍人口转变的合理门槛和常态通道，畅通入户渠道，适度增辟“居住证+社保”新型入户渠道，优化学历型人才入户条件，适度提高户籍人口比重，逐步实现常住人口与户籍人口享受均等的医疗、住房、教育等公共服务和社会保障。以居住证为平台，集合社会保障、个人诚信及社会管理等信息，加强人口管理，增强服务功能，探索建立统一的人口管理政策和服务管理机制。（马晓军）

基础设施建设

【交通设施建设】 2012年，深圳市完成交通固定资产投资187.34亿元，其中市交通运输委员会直接管理的交通建设项目完成投资67.25亿元，行业管理项目完成投资68.59亿元。

深中通道前期工作取得重大进展，完成海上工程方案的比选论证工作，明确A3方案（即东隧西桥）为下一步工作的基础，深圳侧接线前期工作启动。广深沿江高速、博深高速、梅观高速扩建、清平高速二期等项目加快建设。

深汕公路二期、布龙路二期、龙华和平路、民治大道民清路改造工程等14条主干道建成通车。南坪二期、西部疏港路、彩田路北延段等25条道路有力推进。鹤洲立交、观光平安立交、核龙线迭福立交等20个项目如期开工。

制定实施《深圳市清除断头路三年行动计划》，打通高新中五道、深圳如意路—东莞龙凤大道连接线等断头路32条。公交客运量稳步增长，公交机动化分担率达54.5%，全市500米公交站点覆盖率达90%。以轨道交通为骨架、常规公交为网络、出租小汽车为补充的一体化公交体系初步建成，公共交通服务体系日趋完善。

【广深港客运专线】 广深港客运专线是国家《中长期铁路网规划》中“四纵四横”之一“北京—武汉—广州—深圳—香港”客运专线的重要组成部分。广深港客运专线北起广州南站，经东莞、深圳至香港西九龙站，全程分广深段（广州南站—深圳北站，102.45千米）、福田站及相关工程段（深圳北站—深圳河界，11.40千米），香港段（深圳河界—西九龙站，25.9千米），线路全长139.75千米。其中内地段113.85千米（深圳境内长47.8千米），共设广州南、庆盛、虎门、光明城站、深圳北和福田站6个车站，投资总概算为288.91亿元。广深港客运专线为双线电气化铁路客运专线，开行高速动车组列车，速度目标值为广深段350千米/小时，深圳北站以南段200千米/小时。

截至2012年底，广深港客运专线内地项目累计完成投资275.5亿元，完成总概算的95.4%。

【厦深铁路】 厦深铁路连接厦门市和深圳市，是中国东南沿海铁路重要的组成部分，是连接福建、广东及港澳地区的便捷铁路通道。厦深铁路北起厦门西站，南至深圳北站，国家Ⅰ级铁路，双线电气化，客货运列车共线，旅客列车速度目标值为200千米/小时，可开行双层集装箱货运列车，全长502千米，共设车站20个，投资估算总额为417亿元。该铁路在广东省境内共经过潮州、汕头、揭阳、汕尾、惠州和深圳6个城市，设有车站12个，线路长357千米（深圳境内46.5千米），占厦深铁路全长的71%，投资概算为316.74亿元。截至2012年底，厦深铁路广东段项目累计完成投资269.7亿元，完成总概算的85.15%。

【福田站枢纽】 福田站枢纽位于深圳市福田中心区，汇集广深港客运专线福田站以及深圳地铁1、2、3、4、11号线和地面交通系统，是集高速铁路、城市轨道交通、公交、出租等多种交通设施于一体的综合交通枢纽。至2012年底，福田综合交通枢纽完成投资3亿元，开工累计完成投资20亿元；福田枢纽南北市政配套工程常规设备完成80%，综合弱电完成40%，公共区装修完成30%；南北辅道道路恢复完成；民田路场地搬迁完毕，正在进行路面恢复施工准备。

【深圳东站枢纽】 深圳东站枢纽处于布吉片区的中心位置，新建的布吉铁路客运站、地铁3号线和5号线均在此设站，该枢纽还集常规公交、社会车辆、出租汽车等多种交通方式于一体，形成综合性的客运交通枢纽。至2012年底，深圳东站枢纽完成投资3.05亿元，开工累计完成投资9.03亿元。

【车公庙枢纽】 车公庙综合交通枢纽总体位于车公庙片区的中心地带，深南大道与香蜜湖路交叉口西南角，是以轨道交通为主，常规公交接驳为辅，少量兼顾出租，社会车辆和自行车接驳的客运交通综合枢纽。工程包括轨道交通、市政配套及交通接驳设施、地下空间开发、香蜜湖路改造（香蜜湖立交及以南段）等几个部分。至2012年底，车

2011~2012年深圳市基础设施情况

项目	单位	2011年	2012年
公路通车里程	千米	1617.65	1659.11
其中：高速公路	千米	340.15	389.7
港口泊位	个	172	172
其中：万吨级泊位	个	69	69
本地电话年末用户	万户	551.11	551.35
移动电话年末用户	万户	2313.2	2570.60
国际互联网用户	万户	280.52	304.35
电力消费量	万千瓦·时	6960200	7221000
商品房屋实际销售量	万平方米	367.59	525.83

公庙枢纽完成新建人行天桥60%，香蜜立交辅桥拆除0.6%；完成7、9号线车公庙站内场地硬化面积1180平方米。

【信息化建设】 2012年，深圳市信息化继续保持平稳健康发展。全年实现电信业务总量1183.8亿元，比上年增长9.4%，实现电信业务收入322.8亿元，增长8.5%。截至年底，全市互联网普及率82.8%，家庭宽带普及率82.3%，无线宽带覆盖率超过85%，局用交换机容量687.9万门，移动电话机交换容量3579.6万门。建成3000个TD-LTE基站，三网融合试点工作获得重大进展，有线电视网络运营商与电信运营商实现“双向进入”，IPTV正式进入商用阶段。制定并印发《智慧深圳规划纲要（2011~2020年）》，是未来十年智慧深圳建设和城市信息化发展的指导性纲领性文件。全年全市电子信息产业实现规模以上工业增加值2772.14亿元，占规模以上工业增加值的54.45%，比上年增长9.1%；软件业务收入2621.07亿元，增长21.2%，并获得工业和信息化部颁发的“中国软件名城”称号。电子商务快速发展，全市电子商务交易额5800亿元。根据国家政务信息资源目录体系和交换体系标准，依托全市统一的电子政务网络，按照市、区两级架构体系，建成全市统一的政务信息资源共享交换平台并正式运行。该平台覆盖全市各级党政机关，解决了政务信息资源共享中存在的标准规范不统一、接口众多和业务协同难等问题，为跨部门电子政务应用、优化整合业务流程、推动管理体制改革提供有力支撑。涉税信息共享、外贸信用体系、行政服务大厅业务协同和人口法人共享库等重要电子政务应用依托政务信息资源交换平台有效开展，提高了政府的管理、服务和决策水平。空间地理基础数据库建成并投入运行，为城市规划、建设、管理以及应急指挥、公众服务等提供统一的空间基础信息；人口和法人基础数据库建设工作也已启动。

（陈东阳）

现代产业

【工业】 2012年，深圳市实现规模以上工业增加值5091.4亿元，比上年增长7.3%，低于上年增速5.3个百分点；全市规模以上工业实现总产值20883.9亿元，增长7.8%。受外部需求疲软影响，外商及港澳台投资企业增速较低，外商及港澳台投资企业增加值2372.7亿元，比上年增长0.1%；股份制企业增加值2426.7亿元，增长15.7%；电子信息业比重进一步提高，通信设备、计算机及其他电子设备增加值2772.1亿元，增长9.1%，占规模以上工业增加值54.4%，增加0.5个百分点；工业产品内销份额扩大，工业产品内销9901亿元，内销率达48.1%，增加1.5个百分点。（胡小剑）

【房地产业】 2012年，深圳市房地产开发投资规模增速较上年小幅放缓，但仍保持较快增长。房地产开发投资仍以住宅为主，住宅所占份额略低于上年水平。全年全市共完成房地产开发投资736.84亿元，比上年增长24.8%。从投资结构来看，住宅完成投资474.60亿元，比上年增长20.7%。其中，90平方米以下住宅投资规模264.57亿元，比上年增长25.2%；办公楼投资规模26.99亿元，下降33.4%；商业用房投资规模90.11亿元，增长27.5%；其他用房投资规模

145.13 亿元，增长 69.5%。从投资计划来看，全年全市房地产计划总投资 3755.10 亿元，比上年增长 10.6%；实际完成房地产开发投资额 736.84 亿元，占年度计划总投资的 19.6%，增加 2.2 个百分点。从资金来源来看，全年全市商品房开发资金来源合计 1577.11 亿元，比上年增长 30.8%。其中，上年结余 386.14 亿元，占年度总资金来源的 24.5%；当年新增资金 1190.97 亿元，占 75.5%。在新增资金中，国内贷款 302.88 亿元，比上年增长 37.7%，占新增资金的 25.4%；2012 年无外资利用；其他资金来源 414.84 亿元，增长 27.2%；自筹资金 473.24 亿元，增长 38.1%。从施工情况来看，全市商品房施工面积 3216.69 万平方米，比上年增长 4.4%。其中，住宅 2107.59 万平方米，比上年增长 0.9%（90 平方米以下住宅 1223.29 万平方米，增长 3.4%）；办公楼 156.93 万平方米，下降 19.3%；商业用房 339.25 万平方米，增长 4.3%；其他用房 612.92 万平方米，增长 29.6%。从新开工情况来看，全市商品房新开工面积 905.24 万平方米，比上年增长 44.04%。其中，住宅 561.89 万平方米，比上年增长 34.6%（90 平方米以下住宅 337.77 万平方米，增长 52.3%）；办公楼 50.69 万平方米，增长 95.81%；商业用房 103.47 万平方米，增长 60.5%；其他用房 189.18 万平方米，增长 56.83%。从竣工情况来看，全市商品房竣工面积 425.75 万平方米，比上年增长 24.0%。按用途分，住宅 289.40 万平方米，比上年增长 17.0%（90 平方米以下 200.40 万平方米，增长 36.6%）；办公楼 12.30 万平方米，下降 41.4%；商业用房 39.75 万平方米，增长 9.3%；其他用房 84.31 万平方米，增长 1.18 倍。

（王　芳）

【文化产业】　2012 年，深圳市文化产业增加值达 945 亿元，占全市地区生产总值的 7.3%。全市共有市级文化创意产业园区 33 个、市级文化创意产业基地 20 个。深圳市灵狮文化产业投资有限公司被评为第五批国家文化产业示范基地。深圳文化产业发展的整体态势是增长点丰富、增速稳定、投资强劲、产出和效益实现同步增长，文化创意产业十大重点领域的主要企业同比平均增速达 25.8%。全市年营业收入超亿元的文化创意企业超过 100 家，年营业收入超 10 亿元的企业超过 20 家。文化产业作为深圳市四大支柱产业之一，纳税贡献连续 2 年超过物流业，产业产出效益稳步增长。重点行业保持快速增长。动漫游戏、文化软件、新媒体及文化信息服务业等以数字内容为核心的文化创意产业快速发展。腾讯、华强、环球数码、迅雷、中青宝、天威、第七大道、五巨等 10 家主要企业平均增速超过 30%。

【广电产业】　2012 年，深圳市广电、电信业务双向进入取得实质性进展，深圳电信开展 IPTV 传输业务获得批准，IPTV 用户超 16 万户，有线宽频用户超 30 万户。城市联合网络电视台覆盖 26 个省、市、自治区，创新发展的模式得到了广电总局肯定。第三届中国国际新媒体短片节“金鹏奖”参赛短片近 3 万部，第四届深圳动漫节参展企业达 270 家，国际影响力进一步提升。深圳广电集团、华强集团、方块动漫文化发展有限公司成为国家文化出口重点企业。电影放映市场更趋活跃，全年电影票房超过 7.43 亿元，比上年增长 27%，观影人数达 1700 万人次。

【旅游产业】　2012 年，深圳各项主要旅游经济指标继续保持快速恢复增长。全年新增旅行社63家，全市旅行社达391家。全年全市接待游客总人数9106.02万人次，比上年增长9.03%。其中，过夜游客4147.72万人次，比上年增长11.12%，居全国大中城市首位；过夜外国游客180.94万人次，增长12.51%。旅游总收入达839.76亿元，比上年增长13.91%，其中旅游外汇收入43.29亿美元，增长15.56%。

制定《关于促进旅游业更好更快发展的若干意见》，为深圳市旅游业转型升级提供政策支持。加快发展高端旅游，推动大鹏滨海生态旅游度假区建设，华侨城集团与大鹏新区签署战略合作框架协议，5座高端酒店建设正式启动，项目总投资达42.3亿元。23座古村落更新改造项目进入试点阶段，欢乐海岸和太子湾22万吨邮轮母港项目进展顺利。东部华侨城景区入选国家生态旅游示范区样板景区，并与仙湖植物园一起被评为广东省森林生态旅游示范区。深圳被列为广东先行先试港澳游艇单向通行试点城市。

实施文体旅游整体形象塑造和宣传推广计划，完善新形象LOGO及CI设计系列宣传产品，并在深圳市及重要客源地市场主要媒体投放推广。创新宣传推广手段，全年举办专项宣传推广活动30次。拓展与华视传媒、深圳广电集团、中央电视台等传媒的合作，联合香港、澳门旅游部门在海外投放宣传广告，扩大深圳知名度。借力央视外宣平台，全力协助央视4套《远方的家——沿海行》栏目的拍摄。该栏目命名为《不一样的精彩：深圳》和《行走深圳》两集，每集45分钟，宣传了深圳旅游产品，扩大了深圳影响力。组织深圳旅游卡通形象设计大赛，评出深圳旅游卡通形象。

加强对外宣传促销，组织参加美、英、法等欧美主要客源地国际旅游专业展会，接待美国、斯里兰卡、以色列、印度来访的考察团和买家团，宣传五大特色旅游产品。赴长沙、武汉举办“创意深圳，时尚之都”高铁旅游专题推广活动。推进区域旅游合作，与港澳珠签署四地旅游合作协议，拟定《深莞惠旅游发展规划》，广深珠联合参加上海国际旅交会、青岛国内旅交会、广州旅游展、珠海航展，深港联合赴美加、内蒙古开展联合促销，深澳联合赴印度促销，深莞惠联合组团参加中国（广东）旅游产业博览会、长沙高铁旅游促销。成功举办“5·19”中国旅游日、“中秋国庆黄金周旅游惠民欢乐月”、黄金海岸旅游节等系列宣传推广活动。其中，在开展主题为“欢乐祥和，便民惠民”2012中秋国庆旅游惠民欢乐月活动中，44家旅游企业以优惠套票、免费开放、节庆、义工活动等形式推出5大类近100项活动或增值服务。成功争取深圳成为台湾自由行第二批开放城市，进一步巩固深圳出境游集散地的地位。（熊德昌　周天龙）

【金融业】 2012年，深圳市金融业实现增加值1819.2亿元，比上年增长14.3%，占全市地区生产总值比重为14.0%，创历史新高；实现税收收入599.7亿元，占全市总体税收的16.13%，税收贡献继续稳居四大支柱产业之首。至是年底，深圳金融业总资产5.11万亿元，比上年增长18.6%，全年实现税前利润770亿元。新引进金融机构24个（其中法人机构8个、分行级机构16个），全市金融机构总数达278个，金融资源集聚和辐射效应不断增强。（胡　浩）

【高新技术产业】 2012年，深圳市实现高新技术产品产值12931.82亿元，比上年增长8.9%。其中，电子信息高新技术产品产值11360.2亿元，比上年增长8.7%；新材料及新能源高新技术产品产值722.5亿元，增长11%；光机电一体化高新技术产品产值625.7亿元，增长8.9%；生物技术高新技术产品产值134.1亿元，增长11.8%；环保高新技术产品产值89.3亿元，增长13%。

至是年底，全市从事高新技术产品研发和生产的企业超过3万家，累计认定国家级高新技术企业2867家，市级高新技术企业1338家。其中，876家企业高新技术产品产值超过1亿元，213家企业超过5亿元，100家企业超过10亿元，8家企业超过100亿元，2家企业超过1000亿元。

【深圳高新区】 2012年，深圳高新区通过自主创新、走内生式发展道路，继续保持快速健康发展势头，企业整体发展态势良好。深圳湾园区全年实现工业总产值4700.91亿元，比上年增长15.94%；总收入4589.90亿元，增长9.99%；工业增加值1370.81亿元，增长31%；出口创汇259.91亿美元，增长14.52%；税收总额286.81亿元，增长24.12%；净利润365.97亿元，增长22.16%。深圳高新区全年共审批外资项目15个，比上年下降21.05%，合同外资5.18亿美元，增长1.63倍；实际利用外资1.15亿美元，增长3.42%。深圳高新区单位面积产出继续位居全国108个国家高新区首位，并获“国家下一代互联网创新型产业集群”和“深圳国家级文化和科技融合示范基地”认定。

【深圳港】 2012年，深圳港完成货物吞吐量2.28亿吨，比上年增长2.16%，其中完成集装箱吞吐量2294万标准箱，增长1.64%，连续10年位居世界集装箱港口第四位，连续15年位居中国内地集装箱港口第二位。全年全港进出港旅客吞吐量432.57万人次，增长12.73%，其中国际航线完成旅客吞吐量250.78万人次，占总吞吐量的57.98%。

至是年底，深圳港共拥有各类泊位172个（160个生产泊位和12个非生产泊位），其中万吨级以上泊位69个（包括集装箱专业化泊位44个），码头岸线总长度30千米；港口综合吞吐能力2亿吨，其中集装箱吞吐能力1925万标准箱；有客运泊位18个，年设计吞吐能力550万人次。在深圳港挂靠的国际集装箱班轮航线有235条（包括同时挂靠东西港区航线），比上年减少4条。其中北美航线50条，南美12条，欧洲线50条，亚洲线80条，中东13条，非洲12条。挂靠盐田的国际航线有96条，与上年持平。赤湾集装箱码头有国际航线44条，比上年减少5条；蛇口集装箱码头有国际航线81条，增加2条；大铲湾码头有国际航线13条，与上年持平。内贸航线构成中，主要为中海和中远等公司在招商港务所开辟的7条沿海班轮干线，以及深圳机场港务公司和盐田国际所开辟的数条外贸内支线。航线数总体上跟上年变化不大。（黄文才）

【热电工业】 2012年，深圳市供电量713.19亿千瓦·时，比上年增长3.94%；全社会用电量722.10亿千瓦·时，增长3.75%。其中，第一产业用电2.21亿千瓦·时，比上年下降10.31%；第二产业用电429.47亿千瓦·时，增长1.08%；第三产业用电185.96亿千瓦·时，增长3.84%；城乡居民生活用电104.30亿千瓦·时，增长16.65%。截至年底，深圳电网安全运行366天，综合电压合格率99.94%，比上年提高0.24%，综合供电可靠率99.968%，提高0.009%。深圳电网最高负荷1384万千瓦，比上年增长3.95%，全年最高错峰负荷87万千瓦。全年全市发生盗窃和破坏电力设施案件2410件，比上年增长5.7%，直接经济损失1600.29万元，增长9.09%；查获窃电案件476件，增长1.25倍，涉案金额3275.71万元，增长6.09倍。全市（不含蛇口）完成电网投资40.76亿元，新建及扩建变电站3座，新增变电容量346.2万千伏安，新建线路135.7千米。截至年底，深圳电网共有110千伏及以上等级变电站214座，输电线路总长度4110千米。（肖永健）

【外贸进出口】 2012年，深圳市外贸进出口总值4667.9亿美元，比上年增长12.7%，比全国高6.5个百分点，跃居全国大中城市首位。其中，出口2713.7亿美元，实现全国大中城市“二十连冠”，比上年增长10.5%，高于全国2.6个百分点；进口1954.2亿美元，增长15.9%，高于全国11.6个百分点。深圳进出口、出口和进口规模分别占全国的12.1%、13.2%和10.8%。深圳市出口增长对全国出口增长的贡献率为17.2%，进口增长贡献率为35.8%。全市全年贸易顺差759.5亿美元，比上年下降1.5%。对中国香港地区出口1463.7亿美元，比上年增长29.8%，占全市全年出口总值的53.9%；对美国、欧盟分别出口309亿美元和253.6亿美元，分别下降4.3%和8.6%；其余三大出口市场为东盟、日本和印度，出口值分别为168.2亿美元、89.7亿美元、34.5亿美元。深圳从台湾省进口313.4亿美元，比上年增长26.5%，超过东盟成为最大进口来源地。从南非进口资源性产品大幅增加，进口值达到187.7亿美元，比上年增长1.07倍，成为深圳第三大进口来源地。深圳前十位贸易伙伴分别为：中国香港、东盟、美国、欧盟、中国台湾、日本、南非、韩国、瑞士、澳大利亚。有4种产品出口超过百亿美元，分别是：自动数据处理设备及其部件出口366.9亿美元，比上年增长13.2%；电话机出口233.5亿美元，下降13.5%；贵金属或包贵金属的首饰出口167.6亿美元，增长1.89倍；集成电路出口156.3亿美元，增长1.66倍。机电产品出口1987.3亿美元，比上年增长10%；高新技术产品出口1412.2亿美元，占全市出口的55.7%，所占比例比上年增加4.9个百分点，高于全国水平28.8个百分点。传统产业七大类商品（包括服装及衣着附件，家具及其零件，鞋类，纺织纱线、织物及制品，塑料制品，玩具，箱包及类似容器）合计出口258.8亿美元，比上年下降11.5%。（曾锦辉）

【省内产业转移工业园建设】 2012年，深圳市响应广东省“双转移”战略部署，以推进深汕特别合作区、深圳（潮州）产业转移工业园建设为重点，有序推进深圳产业转移和省内产业合作，带动广东省欠发达地区发展。截至2012年底，深圳市与汕尾、潮州、湛江、河源4个城市合作分别建立的7个省产业转移工业园，累计入园项目260个、投资额920亿元。其中，深圳（潮州）工业园引进企业101家，已建成投产项目52个，投资总额129亿元，园区实现工业增加值48.3亿，占潮州市的22.1%；深汕特别合作区引进项目62个，签约总额625亿元，已落户或确定落户的企业有33家，总投资额73.4亿元，带动了当地经济社会的发展。

【省外异地深圳工业园建设】 2012年，深圳市继续贯彻落实国家区域发展战略部署，深化深圳与国内省市的战略合作，推动湖南衡阳、江西吉安、云南昆明、重庆、湖北襄樊、湖北宜昌、吉林省吉林市、江苏连云港、四川广安、安徽宿州、陕西富平等 11 个异地深圳工业园建设，为深圳产业内移和深企向内地扩张提供发展平台。利用国内展会和经贸考察等平台，推进异地深圳工业园建设，帮助企业拓展国内市场空间。

（余丽娟）

【保税区】 2012 年，深圳市保税区调结构促转型保增长，为全市外向型经济的发展做出积极的贡献。全年园区实现工业增加值 122.2 亿元，比上年增长 6.2%，占全市规模以上工业增加值的 2.4%；实现工业总产值 996.5 亿元，增长 31.5%；进出口总额达到 1099.9 亿美元，创历史新高，增长 72.3%，居全国海关特殊监管区域首位，占全市总量的 23.6%，其中进口 540.6 亿美元，增长 64.8%；实现税收总额 132 亿元，增长 7%。全年新批准设立企业 235 家，比上年增长 34.3%；外资企业投资额 9794.5 万美元，增长 48%；实际利用外资 5615 万美元，增长 23.7%。其中，福田保税区实现工业增加值 72.7 亿元，实现工业总产值 430 亿元，比上年增长 1.7%；实现进出口总额 601.1 亿美元，增长 41.8%，实现税收 49.3 亿元。沙头角保税区因黄金珠宝加工业务大幅增长，全年累计完成工业产值 566.3 亿元，比上年增长 69%；实现工业增加值 49.6 亿元，增长 13.4%；实现进出口额 435.6 亿美元，增长 1.39 倍。盐田港保税物流园区北片区企业纷纷投入运作，全年实现进出口额 63.1 亿美元，比上年增长 99%，其中进口实现 15.8 亿美元，增长 3.12 倍；进出口额实现 218 亿美元，增长 33.3%，全年实现税收总收入 81.2 亿元，增长 13.1%。 （刘金华）

【信息产业】 2012 年，深圳市电子信息产业实现规模以上工业增加值 2772.14 亿元，占规模以上工业增加值的 54.45%，比上年增长 9.1%。软件业务收入 2621.07 亿元，增长 21.2%。电子商务快速发展，全市电子商务交易额约 5800 亿元。 （林　毅）

【现代物流业】 2012 年，深圳市社会物流总额为 32799.86 亿元，比上年增长 6.48%，社会物流需求规模持续扩大，社会物流总额增势稳步回升。各项物流业运行指标良好，物流业增加值为 1279.56 亿元，比上年增长 11.35%，高于地区生产总值增速 1.35 个百分点；物流业增加值占全市地区生产总值的比重为 9.88%，增加 0.12 个百分点。社会物流总费用为 1853.69 亿元，比上年增长 8.12%，占地区生产总值的比重为 14.31%，减少 0.6 个百分点。社会物流总产出为 3301.72 亿元，比上年增长 11.56%，增速比上年减少 5.96 个百分点。社会物流总额为 32799.86 亿元，比上年增长 6.48%，从其构成来看，工业产品、农产品、进口货物、邮政行业物流总额分别为 19674.21 亿元、66.62 亿元、12328.45 亿元、730.58 亿元，分别增长 2.24%、12%、13.24%和 18.59%。

（黄文才）

转型升级

【产业转型升级】 2012 年，深圳市质量提升引领经济发展新跨越。主要指标实现“三个突破”，全市生产总值突破 2000 亿美元，社会消费品零售总额突破 4000 亿元，人均可支配收入突破 4 万元。经济效益持续提高。人均GDP接近2万美元，每平方千米产出超过1亿美元，税收占财政收入比重达90%，均居内地大中城市前列。战略性新兴产业和现代服务业成为双引擎。六大战略性新兴产业总体增速为经济增速两倍以上，占全市生产总值比重超过25%，深圳市成为国内战略性新兴产业规模最大、集聚性最强的城市之一。服务业占全市生产总值比重提高到近56%，现代服务业占服务业比重达68%。自主创新成为经济增长内生动力。全社会研发投入占地区生产总值比重提高到3.81%，居全国领先水平，PCT国际专利申请量8024件，占全国的40.3%，连续9年居全国首位。高新技术产品产值1.29万亿元，其中具有自主知识产权的达61%。

先进制造业占规模以上工业增加值的比重近70%，服装、钟表、黄金珠宝等产业的品牌优势进一步显现。深圳市累计拥有"中国驰名商标"103件，成为国内首个突破百件的副省级城市。现代服务业快速发展。金融业总资产突破5万亿元，深交所全年新增上市企业129家，继续位居全球第一；港口集装箱吞吐量近2300万标准箱，连续10年居全球第四位。外贸结构优化。服务贸易出口增长37.6%，是出口整体增速的3.5倍，进料加工出口增速高于来料加工32个百分点，超过2000家来料加工企业实现不停产转型。（胡　琨）

【国家创新型城市建设】　2012年，深圳市自主创新能力不断增强，连续3年居福布斯中国大陆创新城市排行榜首位。出台实施《关于努力建设国家自主创新示范区实现创新驱动发展的决定》和10个配套政策文件，科技创新生态体系更加完善。全社会研究和发展经费支出占地区生产总值比重达3.81%，工业领域研发支出位居全国首位。PCT国际专利申请量占全国比重为40.3%，连续9年位居全国第一。重大创新基础设施发展加快，国家超级计算深圳中心投入运行，国家基因库正式开工建设。全年新增国家、省、市级重点实验室、工程实验室、工程（技术）研究中心、企业技术中心等创新载体180个，各类创新载体合计达到757个。创新水平显著提升，第四代移动通信、基因测序及分析、超材料等领域技术水平跻身世界前沿。组织实施重大技术攻关项目47个。深入实施"孔雀计划"和人才安居工程，引进16个海外高层次人才团队。

（叶博珂）

【宜居城市建设】　2012年，深圳市落实《深圳市创建宜居城市行动计划（2012~2013年）》，针对宜居城市阶段目标及各项重点工程，开展监督考核。编制《深圳市宜居城市建设评估》规范性文件，对全市教育、医疗、交通等重大宜居指标进行对比评价，委托第三方开展宜居城市民意调查，面访完成有效问卷4206份，网络收集问卷5428份。出台《深圳市创建宜居社区工作方案》，引导社区科学有序推进宜居创建。组织开展中国人居环境范例奖、广东省宜居环境范例培育申报，"深圳湾滨海休闲带生态保护及城市绿化建设项目"等4个项目获"2011年广东省宜居环境范例奖"。住宅产业化示范基地和项目初具规模，培育25个住宅产业化示范基地和项目。（钟穗萍）

【国际化城市建设】　2012年，深圳市以国际化城市建设为主线，推动《深圳市推进国际化城市建设行动纲要》落实，努力实现新时期外事工作的战略转型。在市直各部门、各区开展国际化城市建设的宣传发动工作，《深圳市推进国际化城市建设行动纲要》的各牵头单位都拟定国际化发展的五年目标和具体举措，各区党代会报告也加入国际化的内容。开展“市民讲外语”活动，组织12场大型活动，组织35场英语沙龙和培训，提升各级公务员和广大市民的国际化素质和对外交往能力；持续推进城市双语标识工作，优化城市国际语言环境。举办第二届“深圳国际化城市建设研讨会”，邀请26位国内外嘉宾为深圳国际化城市建设建言献策。（程宏璞）

【前海深港现代服务业合作区】 2012年，前海深港现代服务业合作区实现先行先试政策落地、规划建设重点项目落地、招商引资高端项目落地，进一步完善法定机构治理模式。经过3年的发展，取得六个方面的阶段性成效：一是战略定位和目标已经确立，将肩负起为新三十年改革开放探路的历史使命；二是制度创新框架体系初步搭建，在现代服务业体制机制创新和社会主义法治示范区建设方面进行有益探索；三是先行先试特殊政策正在落地，在促进现代服务业聚集发展上发挥重要的引领作用；四是规划建设全面展开，在现代城市发展模式、土地管理运营制度改革等方面取得重要进展；五是产业平台着手搭建，在推动产业转型升级、建立现代服务业体系方面取得初步成果；六是深港合作稳步推进，在推动双方融合发展、探索对外开放新路径等方面迈出新的步伐。

（吴亚辉）

城市发展

【宏观规划与计划】 2012年，深圳市完成《深圳市近期建设和土地利用规划(2011~2015年)》的各项修改工作，并补充完成基础资料汇编等成果。《深圳市近期建设和土地利用规划年度实施计划（2012)》通过市政府审批。

【交通规划】 2012年，深圳市开展《深圳市轨道交通规划（2012~2040年）》《穗莞深城际线深圳段交通详细规划（修编）和相关枢纽交通规划研究》《轨道三期工程8号线交通详细规划》《赣州至深圳客运专线深圳段交通详细规划》等规划编制。完成《深圳市干线道路网规划（修编)》的上报工作，同步推动项目规划环评工作。加快推进《大外环高速沿线市政设施协调及路网调整规划》《深圳市道路空间合理利用指南研究》等道路交通规划项目的编制工作，以及大型建筑附设式公交首末站设计指引、交通仿真系统二期工程等工作。

【市政规划】 2012年，深圳市组织开展《坪山新区低冲击开发试点规划研究及实施方案》和《坪山低冲击开发模式规划实施纲要》《深圳市初期雨水处理处置研究》《深圳湾国家红树林湿地公园系统规划》《宝安区珠江口水系防洪排涝规划》《茅洲河流域排水管网规划修编》等工作。完成《深圳市小型水库管理线划定及蓝线补充规划》。编制《深圳市电力设施及高压走廊专项规划修编》《深圳市加油（气）站系统布局规划(2006~2020年）》《深圳固废战略研究》《深圳市危险废弃物处理处置规划环境影响评价报告》《深圳市通信管道及机楼“十二五”发展规划》。完成《深圳市天然气高压管网规划》《深圳市瓶装燃气供应布局规划及选址研究》上报工作和东部垃圾焚烧发电厂（坂陂场址）规划选址研究。修编完善《深圳市余泥渣土受纳场专项规划》。推进《深圳市中小型环卫设施规划与设计标准》立法和发布工作，以及《深圳市蓝线管理规定》《深圳市黄线管理规定》《深圳市橙线管理规定》编制工作。基本完成《深圳市附设式垃圾转运站设计指引》的编制工作。配合推进前海、后海、大空港等填海工程，组织编制《后海片区市政管线详细规划及建设指引》《前海合作区市政工程详细规划》《前海交通枢纽站综合规划》《深圳市西部填海区填海综合规划研究》等。

【城市与建筑设计】 2012年，深圳市推进《前海深港现代服务业合作区综合规划》的编制工作，创新编制方式和内容，形成包含产业布局、综合市政、综合交通、城市设计、投入产出等多方面的综合性规划，并通过市政府和市委常务会议审议。同时，推动重点地区和项目的城市与建筑设计，全面推进后海中心区、深圳湾超级总部基地、留仙洞片区基地、龙华核心区等重点地区城市设计，为城市战略性空间发展及重大项目落地和实施提供空间保障和规划依据；重点开展推进水晶岛、华强北改造、华润后海总部、大冲村以及轨道三期综合上盖的城市设计实施工作；重点推进香港中文大学（深圳）项目的建筑设计，组织华润大冲旧改项目专家咨询会、华润后海项目专家工作坊，做好轨道交通项目的建筑设计审查指导工作。开展城市与建筑设计相关研究，完成《趣城·城市设计地图》，将深圳主要特色建筑、街区、景观和活动场所表现出来，方便市民和游客对深圳有更直观的感受和认识，形成包括近100个公共项目的实施项目库，并提出深圳未来5年内重点实施的12个重点公共项目；理顺城市设计控制体系，探索完善《建设用地规划许可证》，建立重点和一般地区、刚性和弹性指标不同的分类控制原则和标准；完成《无障碍管理深圳市无障碍设施建设与改造规划（2011~2015）》和《深圳市建设项目无障碍改造办法》《深圳市危房拆除重建管理办法（暂行）》《关于进一步加强建筑工程方案设计招标投标管理的指导意见》的编制工作；加快推进《深圳经济特区建筑条例》《深圳市建筑设计管理规定及指标修订》等项目。

【城市更新】 2012年，深圳市推动城市更新实施。组织开展旧工业区升级改造系列调研活动，加快完善制定城市更新促进转型升级政策；组织各区开展以旧住宅区为主的城市更新项目公开选择市场主体试点工作。出台《深圳市城市更新办法实施细则》，加强城市更新工作的规范性和操作性；出台《关于加强和改进城市更新实施工作的暂行措施》，调整市场评估地价评估机制及地价收缴方式，并建立更新项目优先集中审批机制，推动全市城市更新项目实施。全年形成5批城市更新计划，包含63个更新单元，涉及拆除用地面积4.7平方千米；审批通过38项城市更新单元规划（含产业升级类项目7个），涉及用地面积4.3平方千米，规划批准总建筑面积1530万平方米（其中产业用房279万平方米）；新增签订用地出让合同并开工60个，供应用地面积2.07平方千米。

（深圳年鉴社）

社会建设

【就业创业】 2012年，深圳市新增就业人数9.9万人，促进失业人员实现就业4.3万人，其中帮助就业困难人员实现就业2.5万人，扶持自主创业3.5万人，城镇登记失业率控制在2.42%的较低水平，“零就业家庭”实现动态归零。

出台《深圳市失业登记暂行办法》，拟订关于创业孵化基地（园区）补贴、扶持高校毕业生自主创业等政策，修改完善就业援助政策并拟订政策调整后的积极就业政策框架。

推进公共就业服务属地化改革，全市各类就业服务对象基本实现就近享受公共就业服务。升级改造全市公共就业服务信息管理系统，开发失业登记和失业保险金申领“一站式”服务管理信息系统，对高校毕业生群体开展实名制公共就业服务。以失业保险若干规定实施为契机，加强街道服务平台和服务能力建设。

组织开展“就业援助月”、户籍居民专场招聘会、高校毕业生就业创业双向选择大会、创业指导校园行等活动，举办全国第一个微博粉丝招聘会，促进各类人员就业。全年共举办面向异地务工人员的公益性招聘会540场，达成就业意向15万人次。

全市各区创新公共就业服务方式。福田区在全国首推“福田乐业”就业指标评价体系，实践公共就业服务平台ISO质量管理体系；罗湖区开展“启航计划”，通过职业技能培训鼓励和扶持原住民就业；盐田区开通“就业e通”信息服务平台，打造全天候就业服务窗口；坪山新区采取手机短信形式开展公共就业服务。

【社会保险】 2012年，深圳市修订《深圳经济特区社会养老保险条例》和《深圳经济特区失业保险若干规定》。制定发布《深圳市实施〈广东省城镇居民社会养老保险试点实施办法〉细则》。推进修订《深圳经济特区社会养老保险条例实施规定》《深圳市社会医疗保险办法》《深圳经济特区生育保险条例》。

是年，全市各险种参保总人数为3769.9万人次，其中养老、医疗、工伤、失业、生育保险参保人数分别为792.44万人、1138.74万人、991.53万人、340.59万人、506.61万人，分别比上年增长5.4%、5.6%、4.7%、13.5%、10.4%。全市各项社保基金总收入602.018亿元，完成年度预算收入的101.16%。

全市社保基金支出202.19亿元，比上年增长11.9%。其中，养老、医疗分别支付88.55亿元和76.66亿元，比上年增长14.5%和20.3%；工伤事故补偿支出7.19亿元，增长17.9%；失业保险金全年累计发放5226.32万元，共53598人次。及时上调17.29万名企业退休人员基本养老保险待遇，月人均增加271元。配合新医改提高医保待遇，社会基本医疗保险参保人群新增诊查费部分由医保支付，减轻参保人医药费用。提高城镇居民参加医疗保险的补助，扩大治疗报销范围。启用医保个人账户的“家庭统筹”，多渠道方便参保人。

修订完善定点医疗机构、定点零售药店服务协议书制度。做好社保基金会计核算和预决算管理，健全非现场监督工作体系，加大对社会保险违法行为查处力度，确保基金安全平稳运行。委托全国社保基金理事会投资运营企业养老保险基金，开辟保值增值新渠道。

在深圳市福田区启动社保服务延伸至街道公共服务平台试点改革，实现社保经办模式从集中办理转向分散就近办理。推行社保业务网上办理，完善自助式服务平台，建设个人服务网页，推动社保信息共享。社保卡加载金融功能工作稳步推进。完善劳动能力鉴定流程，鉴定时限缩短一半。全年全市劳动能力鉴定 25485 人次，再次鉴定维持率 90%。

【卫生医疗】 2012 年，深圳市推动公立医院改革，实施“两大提升工程”，推动特区卫生事业一体化发展，创新人口计生服务管理模式，在解决好市民群众看病就医问题和保持稳定的低生育水平方面取得显著成效。在全市所有公立医疗机构取消所有药品的加成费用政策，彻底破除“以药补医”机制；按照法定机构的运行模式，设立市公立医院管理中心，作为公立医院的出资人代表；成立市公立医院管理中心理事会，履行市政府举办公立医院的重大决策职能。通过深港合作，全面促进公立医院管理体制、运行机制、服务模式、补偿机制等方面的创新。市人民医院外科住院大楼、康宁医院综合楼、龙岗中医院、宝安慢性病防治院等一批卫生重大项目启用，新增病床约 3100 张。“一站式”服务等医疗服务模式、打包收费等收费模式、就医“一卡通”等流程改造得到实施，大医院排长队问题得到较好疏导。基层诊疗量达 67%。新增国家级医学重点学科 5 个、广东省医学重点专科 12 个。各医疗卫生单位采取整建制引进、学科植入和建设附属医院等方式，引进“国医大师工作室”等一批学科团队。“八项承诺”“五条禁令”等一批执业行为规范得到实施，门诊综合服务平台等医患沟通机制更加完善，医患关系悄然好转。中医药系列标准与规范建设填补了国家空白。一批城区被评为国家慢病综合防控示范区、国家卫生应急综合示范区、国家基本职业卫生服务试点区、全国社区中医药工作示范区；国家级或省级示范中心、心理卫生服务示范社康中心、中医示范社康中心、家庭医生责任制服务取得重大进展。基本公共卫生服务均等化水平、居民健康水平达到国内领先。颁布《深圳经济特区人口与计划生育条例》，实施人口计生“五联工程”创新发展模式，启动“十大优生健康惠民工程”，保持了稳定的低生育水平。

【住房保障】 2012 年，深圳市保障房建设提速提效，开工 3.8 万套，竣工 1.8 万套，在全省提前超额完成开工任务，年供应量创历史最高纪录，居全省、全国前列。

有符合廉租房条件家庭，继续实现“应保尽保”。深圳市户籍的低收入住房困难家庭问题基本解决。实物配置不足的，由各区全面启动货币补贴方案予以解决。针对户籍夹心层，先后推出中海“阅景花园”等多个安居型商品房以及公共租赁住房。全年共供应 2.39 万套保障性住房。

全面完成人才安居试点。至 2012 年底累计发放货币补贴资金总额 2.14 亿元。在全面完成试点基础上，启动实施扩大试点，安排资金 10 亿元为 20 万名人才提供租房补贴，配租公共租赁住房。

住房公积金各项业务稳步推进。新增个人开户数 155 万户，新增归集资金 245 亿元。个人开户总数稳居全国前三。缴存职工提取 73 亿元，比上年增长 2.81 倍。发放住房公积金贷款 8 亿元，为 1851 户家庭提供低息贷款。

【文化事业】 2012年，深圳市拥有公共图书馆639座，其中市级馆3座、区级馆8座、街道及基层图书馆628个（定级街道公共图书馆59座、达标社区图书馆504座）。全市公共图书馆馆舍总面积31.5万平方米，馆藏总量2695.7万册，其中电子文献823.8万册/种，全年新增馆藏203.7万册/种。全市共安装“城市街区24小时自助图书馆系统”自助机200台，并与172家公共图书馆实现统一服务。

全已登记在册的博物馆（含纪念馆）28个，文物藏品5万多件，其中确定为三级以上文物4835件。全年全市各博物馆共举办各类展览90场，接待观众达220万人次。有市级美术馆（院）4个（关山月美术馆、深圳美术馆、深圳画院、何香凝美术馆），是年举办美术展览102场。有演出经营剧场27个，总座位数2.56万个，全年共举办商业演出场次632场，观演人数115万人次。有群艺馆和文化馆（站）63个，其中市群艺馆和罗湖、福田、盐田、南山、宝安、龙岗6个行政区文化馆全部达到国家一级馆，达标率100%。55个基层文化站全部跻身省一级以上文化站行列，其中52个文化站（文体中心）被评为省特级文化站，3个被评为省一级文化站。馆站总面积296761平方米。全市共有文化广场381个，其中1000平方米以上的有244个。

【教育】 截至2012年底，深圳市共有各级各类学校（含幼儿园）1856所，在校学生总数151.84万人。其中，高等教育学校11所，在校学生9.78万人；普通中小学635所，在校学生104.27万人；中等职业学校（含技工学校）22所，在校生60147人；幼儿园1186所，在园儿童31.69万人。

高等教育　南方科技大学获批正式建立并完成招生任务，成为全国高考招生试点校。香港中文大学（深圳）获批筹建。特色学院建设取得阶段性进展，深圳先进技术学院、光启新材料学院、广州中医药大学深圳临床学院、中国资本市场学院等先后挂牌成立，引进列宾美术学院合作办学工作启动。深圳理工学院项目通过省论证。深圳职业技术学院挂靠深圳大学首次招收应用型本科生234名。深圳信息职业技术学院成为国家骨干高职校建设单位。深圳大学城在学科建设、师资队伍、重点实验室、后勤社会化等方面成绩突出。

高中教育　推动普通高中教育优质特色发展。深入开展素质教育特色学校创建活动，对首批61所创建学校进行专项督查，评审第二批36所创建学校，推动中小学特色发展。新改扩建全寄宿制普通高中3所，新增公办普高学位7750个。鼓励9所普通高中开展创新型人才培养试点，深圳首所“科学高中”正式挂牌招生。开展素质教育特色学校创建活动。至是年底，全市普通高中建成省一级学校49所，占高中总数的73.13%；建成国家级示范性普通高中28所，占高中总数的41.79%。

职业与成人教育　中职学校紧缺专业免费招生扩大到10个，受益学生2万多人。招收首批中职新疆班学生304人，中职在校学生突破6万人。成立2个职教集团，加强校企合作和产教对接。加强实训基地建设，有8个职业教育实训基地成为国家级实训基地，至年底共有中央财政支持的国家级实训基地30个。中职学校毕业生就业率达98%，参加全国技能大赛获奖项目和人数均超过往届。5所职校列入首批全国中职教育改革发展示范学校建设行列。试点建设26所社区学校，强化宝安、南山两个全国社区教育示范区和福田区作为全国社区教育试验区的作用，指导龙岗区创建全国社区教育实验区。开展学习型社区创建评估工作。成功举办2012年深圳市全民终身学习活动周，启动市一级教育培训机构专项督导评估，促进各级各类成人培训活动规范发展，全年参加各类教育培训活动达120万人次。制订《深圳市实施“全民素质提升计划”工作方案》，促进市民学历层次及综合素质的提高。

义务教育　新改扩建义务教育阶段学校12所，新增义务教育公办学位1.55万个。完善非深户籍学生就近入读义务教育公办学校办法，深圳市义务教育阶段70%以上、公办学校55%以上的学位提供给非深户籍子女，享受免费义务教育的非深户籍学生所占比重为60%，较好地解决了全国最大规模外来务工人员子女平等受教育问题。

民办教育　出台民办学校学位补贴、教师长期从教津贴、优质规范民办学校奖励等配套政策三大新政，扶持民办教育发展，减轻家长负担，稳定教师队伍，在惠学生、惠教师、惠学校上实现创新和突破。政策实施第一年，有5.1万名学生、1.4万名教师、193所学校获得5.3亿元的财政补贴和奖励。

学前教育　出台《深圳市学前教育发展行动计划（2011~2013年）》，明确学前教育公益、普惠、优质发展的新方向。推进普惠性幼儿园建设，70所民办幼儿园转型为普惠性幼儿园，普惠性幼儿园覆盖每一个街道。市区设立学前教育专项经费，普惠性幼儿园补贴和儿童健康成长补贴共3.5亿元，受益儿童达22万人次。提升幼儿园保教水平，92%的幼儿园通过规范化督导验收。

特殊教育　完善义务教育阶段残障学生随班就读制度，构建学校教育、医疗教育、职业训练相结合的特殊教育模式。

【社会管理综合治理】　2012年，深圳市社会管理综合治理工作以加强和创新社会管理为主线，着力完善综合治理工作体系，取得较好成效。

推进楼（栋）长制和视频门禁系统建设，基本实现全市“城中村”符合条件出租屋的楼长全覆盖。升级改造全市各级综治信访维稳信息系统，推动与各部门业务系统对接联通，建成覆盖全社会管理事项，连通市、区、街道、社区四级和各级职能部门的社会管理工作网。深化网格管理模式，在全市设立10043个工作网格，全面实行“一格多员”（如警员、管理员、协管员、督导员等）管理模式，着手推动相关职能部门专项工作网格与社会管理综合责任网格的对接。开展特殊人群服务管理专题调研，形成《关于特殊人群服务管理工作调研报告》。

继续发挥市、区、街道、社区四级综治信访维稳中心（工作站）平台化解矛盾纠纷和问题隐患的基础性作用。对2011年度创建的141个安全文明小区进行检查验收和公示，指导2012年新规划的126个小区开展小区创建，调整建设安全文明小区领导小组成员单位。做好见义勇为表彰奖励工作，全年共表彰先进群体1个、有功人员388名，慰问历年牺牲勇士家属及救助困难勇士共计242户275人次，办实事279件次。推进社会治安视频监控系统建设，草拟《深圳市视频监控系统三年实施方案》。调整充实综治机构和队伍，市社会治安综合治理委员会办公室更名为市社会管理综合治理委员会办公室。继续加强流动人口和出租屋信息采集，

2011~2012 年深圳市文教卫体事业情况

教育				医疗 文化 体育			
项目	单位	2011 年	2012 年	项目	单位	2011 年	2012 年
普通高校校数	所	9	10	幼儿园数	所	1093	1186
普通高校在校学生数	万人	7	7.56	在园幼儿数	万人	28.51	31.69
中职在校学生数	万人	2.93	3.21	医院、卫生院数	个	1854	2008
普通中学学校数	所	299	302	医院、卫生院床位数	张	24100	27984
普通中学在校学生数	万人	34.69	35.96	公共图书馆数	个	639	641
小学学校数	所	334	333	博物馆、纪念馆数	个	25	28
小学在校学生数	万人	65.13	68.31	国民体质合格率	%	91.9	89.9

全年共新采集人口信息 1315 万条，注销 1172 万条，整体变更率达 90%以上。开展流动人口和出租屋专项整治行动，全年全市累计采集通报各类隐患信息 174.6 万条，整改反馈率达 96.2%。成立市创建平安深圳工作领导小组及办公室，起草《行动方案》，提出构建平安深圳十大体系共 46 项工作，建立健全宣传责任制度。（周亚远）

·责任编辑 袁 菁·

南沙、前海、横琴新区

广州南沙、深圳前海、珠海横琴是粤港澳三地合作的重要平台，将引领和支撑服务业对港澳开放的先行先试，成为推动粤港澳三地服务贸易自由化的重要引擎，也是广东努力打造的推动粤港澳服务贸易自由化的示范区。

广州南沙新区

位于广州市，依托珠江三角洲地区。1990年6月，南沙确定为重点对外开放区域和经济开发区。1993年5月12日，国务院批准设立广州南沙经济技术开发区。2005年，南沙成为独立行政区。2012年9月6日，国务院正式批复《广州南沙新区发展规划》。2012年10月10日，国务院新闻办举行中外记者新闻发布会，介绍国务院新近批复的《广州南沙新区发展规划》。南沙新区成为继上海浦东新区、天津滨海新区、重庆两江新区、浙江舟山群岛新区和兰州新区之后的第六个国家级新区。

▲ 2012年9月6日，国务院正式批复《广州南沙新区发展规划》。图为10月10日《广州南沙新区发展规划》北京新闻发布会

▼ 2012年10月31日，国家开发银行对南沙新区提供600亿元金融支持。图为签约仪式

▲ 2012年11月30日，中共广州市委、市人民政府举办番禺区、南沙区行政区划调整交接仪式

▼ 2012年11月30日，南沙区大岗镇挂牌

▲ 2012年12月18日，广州南沙开发区和广州港务局举办广州航运交易所落户南沙新区庆典暨航运金融项目签约仪式

◀ 2012年11月7日，南沙新区被中央人才协调小组批准为“全国人才管理改革试验区”。图为2012年10月27日，中共中央组织部副部长李智勇(前左三)在南沙新区考察

▲ 2012年9月20日，广州南沙新区开发建设工作领导小组第二次会议召开

◀ 2012年11月5日，中国第29次南极科学考察队从南沙沙仔岛码头出发

▶ 2012年12月26日，“广州舰”欢迎仪式在南沙沙仔岛码头举行。图为广州市长陈建华(左)与“广州舰”王世臣少将互赠纪念品

深圳前海新区

全称是“前海深港现代服务业合作区”，位于《深圳城市总体规划(2008~2020)》中所确定的“前海中心”核心区域，总占地面积15平方千米。前海深港现代服务业合作区定位为未来整个珠江三角洲的“曼哈顿”，规划中的前海合作区将侧重区域合作，重点发展高端服务业和总部经济，打造区域中心，并作为深化深港合作以及推进国际合作的核心功能区。

◀ 2012年4月19日，前海合作区系列项目启动暨地铁11号线开工

▲ 2012年8月6日，深圳前海现代服务业合作区咨询委员会成立，并召开第一次会议

▲ 2012年12月7日，中共中央总书记习近平(中)视察深圳前海深港现代服务业合作区

(新华社 摄)

▲ 2012年5月19日，中共中央政治局常委李长春(前中)视察深圳前海

▲ 2012年12月25日，中共中央政治局委员、广东省委书记胡春华(中)视察深圳前海

▼ 2012年7月16日，深圳市举行深圳前海深港现代服务业合作区政策宣讲暨招商推介会

▲ 2012年6月27日，前海合作区规划和土地管理职能交接

▼ 2012年4月13日，深圳前海保税港区联席会议第一次会议召开，深圳出入境检验检疫局前海湾保税港区办事处揭牌

▲ 横琴澳门大学

珠海横琴新区

位于珠海市横琴岛所在区域，地处广东省珠海市南部，毗邻港澳，是东南亚和中国经济活跃地区的中心。2009年8月14日，国务院正式批准实施《横琴总体发展规划》，将横琴岛纳入珠海经济特区范围，要求逐步把横琴建设成为“一国两制”下探索“粤港澳”合作新模式的示范区。2009年12月16日，“横琴新区”管委会在珠海市横琴岛正式挂牌成立，为广东省人民政府派出机构并委托珠海市人民政府管理。

▼ 横琴新区一角

横琴新路

横琴新区回迁新居

▲ 位于横琴新区的澳门大学图书馆 （王红 摄）

▼ 位于横琴新区的澳门大学科技大楼 （王红 摄）

珠海市

基本情况

【地理位置】 珠海市位于广东省南部，珠江出海口西岸，“五门”（金星门、磨刀门、鸡啼门、虎跳门、崖门）之水汇流入海处。地处北纬21°48′~22°27′、东经113° 03′~114°19′之间。珠海市区东与深圳、中国香港隔海相望，距中国香港36海里，南与中国澳门陆地相连，西临江门新会区、台山市，北与中山市接壤，距广州市140千米。珠海市海陆域总面积7653平方千米，占广东省面积的3.4%，其中陆地面积1724.32平方千米。珠海市南北长77.3千米（从平洲岛到淇澳岛两岛末端止），东西宽123.4千米（从担杆岛到荷包岛两岛末端止）。珠海市是珠江三角洲中海洋面积最大、岛屿最多、海岸线最长的城市。珠海市的海岸线长224.5千米，有大小岛屿217个，其中面积大于500平方米的有147个，有常住居民的岛11个，素有“百岛之市”之称。

珠海市是中国重要的口岸城市，设有拱北、九洲港、珠海港、万山港、横琴、斗门港、湾仔港轮渡客运、珠澳跨境工业区等国家一类口岸8个、国家二类口岸6个。其中，高栏港是中国沿海主枢纽港，可建1万~25万吨的泊位100多个，是珠江三角洲地区珠江西岸唯一的深水港。九洲港、香洲港、斗门港每天有30多班快船直达中国香港、深圳。珠海市拱北口岸是中国第二大陆地进出境口岸，珠海九洲口岸是中国第一大海港进出境口岸。

【建置沿革】 据珠海发掘的文物考证，上溯至四五千年前的新石器时代，就有先民在这块土地上繁衍生息。在凤凰山脉珠江口一些海岛的沙丘、山冈、台地上，留有先民们的遗迹。

珠海县建制以前属中山县（原名香山县）辖地。1953年4月7日，经中华人民共和国政务院批准，成立珠海县，将中山县属的中山港乡、东莞县属的万顷沙，以及珠江口的三灶、大横琴、小横琴、南水、北水、高栏、荷包、淇澳、龙穴、内伶仃、外伶仃、三门列岛、万山群岛、担杆列岛、佳蓬列岛等100多个海岛划入珠海县，县政府设在唐家，隶属粤中行政区管辖。1955年，珠海划为边防区，设立上涌、下栅边防检查站。1956年底，撤区并大乡，将中山县的翠微、康济、造贝、下栅、官塘、东岸划入珠海县。1958年10月，全县成立珠海人民公社。1959年3月20日，珠海县撤销并入中山县。1961年4月17日恢复珠海县建制，县政府设在香洲。

1979年1月23日，珠海县改为珠海市，3月5日，国务院批准设立以珠海县的行政区域为珠海市的行政区域，市革命委员会（1980年改为市人民政府）设在香洲。同年11月，中共广东省委、省革命委员会决定：将珠海市由广东省和佛山地区双重领导的体制改为地区一级的省辖市，直属广东省领导。1980年8月26日，中华人民共和国第五届全国人民代表大会常务委员会第十五次会议批准，在珠海市内设立经济特区，面积为6.81平方千米。1983年6月29日，国务院批准调整珠海经济特区范围面积为15.16平方千米。1988年4月5日，经国务院批准，珠海经济特区面积扩大到121平方千米。2010年8月26日，经国务院批准，珠海经济特区范围扩大到全市，特区扩容从2010年10月1日起正式实施。

1983 年 5 月 5 日，斗门县划归珠海市管辖。1984 年 6 月，经国务院批准，设立香洲区，为县级行政区。2001 年 4 月 4 日，经国务院批准，设立金湾区，为县级行政区。12 月 29 日，斗门改为县级行政区。2009 年 11 月 24 日，中央和广东省机构编制委员会办公室批复设立珠海横琴新区管理委员会，为广东省政府派出机构，并委托珠海市政府管理，规格为副厅级。（刘利亚）

【历史文化】 珠海涌现出众多闻名中外的历史名人，有中华民国第一任内阁总理唐绍仪，兴中会第一批会员郑仲；有中共五届中央委员杨匏安，中华全国总工会第一任委员长林伟民，中共中央五届政治局委员苏兆征；有清华学校（清华大学前身）第一任校长唐国安，中国第一位在美国取得博士学位的留学生、担任过中国第一任驻美副公使的容闳，中国第一批赴日留学生、创办中国第一家水泥厂（唐山士敏土厂）的唐宝锷，以及中国近代著名实业家唐廷枢、徐润、蔡昌等人；中国第一位世界冠军——第 25 届乒乓球锦标赛男子单打冠军容国团；中国近代集画家、诗人、和尚、文学家、革命家于一身的苏曼殊。

珠海市先后获得“全国科技进步先进市”“国家园林绿化城市”“国家环境保护模范城市”“国家卫生城市”“国家级生态示范区”“全国双拥模范城”“全国精神文明十佳城市”等称号。2007 年，珠海市获“中国最具幸福感城市”“中国和谐名城”称号。2012 年获“中国特色魅力城市”称号，珠海市绿道网建设项目获住房和城乡建设部颁发“中国人民环境范例奖”。

珠海人文古迹丰富，拥有距今 3000 年左右新石器至青铜器时代的高栏岛宝镜湾摩崖石刻画、光绪皇帝赐首任清朝政府驻檀香山总领事陈芳的古建筑物梅溪牌坊以及中华民国第一位内阁总理唐绍仪在清宣统一年至民国 4 年建造的唐家共乐园。“宝镜湾摩崖石刻”和“陈芳家宅”于 1989 年成为广东省级文物保护单位，在国务院 2006 年公布的第六批全国重点文物保护单位名单中，珠海“宝镜湾遗址”和“陈芳家宅”名列其中。

【资源物产】 珠海市已发现矿种 25 种，其中金属矿产 15 种、非金属矿产 7 种、能源矿产（地下热水）1 种、液体矿产（地下水和矿泉水）2 种。

金属矿产主要矿种有铁和钨、铋、钼，少量铜、铅、锌和金、银。金属矿产中，早期主要开采的矿种有铁矿、钨矿、钾长石和绿柱石等，其中湾仔南山磁铁矿、金湾区红旗镇大林山铁矿、高栏南水多金属矿规模相对较大，开采时间相对较长，其余矿点、矿化点多因规模小、品位低未被开采或仅有小规模的民采。截至 2011 年底，珠海市所有金属矿山已经关停。

非金属矿产主要有钾长石、石英砂矿、建筑用花岗岩、砖瓦用黏土和泥炭等。

能源矿产仅有地下热水 1 种。地下热水矿产地共有 5 处，主要分布在斗门下洲、灯笼沙、银村和金湾平沙以及南屏等地，已开发利用的有平沙地下热水（海泉湾度假城）和斗门下洲地下热水（御温泉度假村）。

液体矿产有矿泉水和地下水。珠海市矿产资源主要特点是：矿产资源种类较少，大型矿床极少，金属矿产均为小型规模或为矿点、矿化点，优势矿产为滨海石英砂矿、建筑用花岗岩和地下热水、矿泉水。（袁旭锋）

【人口】 2012 年，珠海市年末户籍人口 106.55 万人，常住人口 158.26 万人，其中城镇人口 138.98 万人。总户数 29.71 万户，比上年增加 932 户。总人口中，男性 54.42 万人、女性 52.13 万人；年内出生人数 1.46 万人，出生率 13.74‰；年内死亡人数 3958 人，死亡率 3.72‰；人口自然增长率 10.02‰；年内迁入人数 1.65 万人，迁出人数 2.01 万人；流动渔民人口 8867 人。

【行政区划】 2012 年，珠海市设有香洲区、金湾区、斗门区 3 个行政区，下辖 15 个镇、9 个街道，并设立珠海市横琴新区、珠海（国家）高新技术产业开发区、珠海保税区、珠海高栏港经济区、珠海万山海洋开发试验区 5 个经济功能区。

【民俗风情】 2012 年，珠海市的民俗活动主要有两个，一是龙舟竞渡，二是裹粽子。

中华人民共和国成立后珠海首届龙舟竞赛 1955 年在金星门进行。此后，珠海的龙舟竞赛活动成为群众性一年一度的盛事。1961 年，县治迁至香洲，龙舟赛在香埠举行，竞赛地点设在野狸岛附近海面。是年，在海隅搭一间大棚放置龙船，由于常遭浪侵袭，县治集资兴建龙舟亭。每逢端午龙舟赛，124 艘渔船云集香洲湾海面，桅墙上挂满各种彩灯、彩条、讯号旗、风兜等。

香洲龙舟赛从农历五月初三至初五，分为初赛、复赛、决赛，冠军队可获一面绣有“赛龙夺锦”的锦旗、一只重 60 千克红烧猪和一埕烧酒，第二、第三名可获重 50 千克和 40 千克的红烧猪。时有香港、澳门、香洲、湾仔、桂山、万山、担杆、南水、东澳、庙湾、外伶仃等代表队参加，参赛人数 600 余人，龙舟 12 艘，每艘长 40 米，可乘载 50 多人，龙舟中间横贯一条绷紧用竹笏扎的“龙筋”，龙头衔一束青菜，意谓“采青”，船底抹上一层黄油或鸡蛋清等润滑剂，以增快航速，比赛分 6 条赛道，均以插竹作标志，越界犯规。

珠海金鼎镇上栅村端午节不划龙舟，端午日人们到海上洗“龙舟水”，在村里游神（当地称“耍菩萨”），把武侯公、华佗、天后娘娘、太保公、文昌帝君、十八奶娘、牛王公等诸神装扮一新，并配上龙椅座，村民们虔诚地立于门口。

珠海端午节粽子品种多，有裹蒸粽、咸肉粽、八宝粽、莲蓉粽、豆沙粽、碱水粽等。珠海地区由于缺乏包粽子的竹叶，人们多用“萝刀叶”包。“萝刀”生长于海边咸碱地带，其叶子如刀而齿边，去掉齿边，用来包粽子。珠海还流行一种“糯米鸡”的粽子，其特点是以糯米为主料，配以鸡翅膀，或加蛋，包以荷叶，个体大。珠海地区制作碱水粽其独特的方法，用花生藤晒干后烧成灰，盛于用稻草秆做成的巢状容器，然后用水冲漂之，用所流出的水和稻米做成的粽便是碱水粽。

端午节那一天，各家都在门口燃烧一种特制的粗香和悬挂菖蒲等物，在腰系挂上一个小香包，额头上涂点雄黄。此习俗历史悠久，传说菖蒲挂在门口驱邪。

【风景名胜】 珠海是一个花园式的海滨旅游城市，1999 年获联合国人居中心颁发“国际改善居住环境最佳范例奖”，成为中国唯一获此殊荣的城市，以整座城市作为景区入选“中国旅游胜地四十佳”。

珠海市旅游景点有：圆明新园、珠海渔女、澳门环岛游、农科奇观、三叠泉、白莲洞、御温泉、平沙温泉、烈士陵园、石景山、东澳岛铳城、梦幻水城、叠石、濂泉洞、海滨浴场、珍珠乐园、金海滩、中山亭、白藤湖、鳄鱼岛、珠海国际汽车赛。

珠海名胜古迹：苏兆征故居、梅溪牌坊、淇澳岛白石街、沙湾古遗址、愚园、杨氏大宗祠、解放万山群岛登陆点、前山寨城墙、草堂湾沙丘遗址、唐绍仪故居、唐家共乐园、摩崖石刻、拱北莲花亭、竹仙洞摩崖石刻群。

珠海离岛风光：淇澳岛、桂山岛、高栏岛、九洲岛、荷包岛、外伶仃岛、东澳岛、飞沙滩。（珠海年鉴社）

生态环境

【耕地保护】 2012年，珠海市实施《珠海市基本农田保护经济补偿办法（暂行）》。加大广东省下达珠海市2113.33公顷高标准基本农田建设力度。市国土资源局与市农业部门、财政部门制订实施方案、市政府补助标准、各区任务分配方案、建立月报进度制度。加快珠海市耕地质量等级成果补充完善与年度变更试点工作，已完成香洲、金湾、斗门3个行政区耕地质量等级成果补充完善文本、数据、图件成果和相关数据库的编制。落实耕地保护责任，加强已开发补充耕地管养，坚持“占一补一”，落实耕地占补平衡制度，通过省政府2011年耕地保护责任目标考核验收。2012年，珠海市耕地保有量3.37万公顷，基本农田实际划定面积2.58万公顷，全部高于《广东省土地利用总体规划（2006～2020年）》下达珠海市的2.76万公顷耕地保有量任务和2.44万公顷基本农田保护任务。（袁旭锋）

【城市环境综合整治】 2012年，珠海市推进重点工程建设和结构减排工作。农业源和机动车减排工作取得进展，划定畜禽禁养区、限养区，已实施“黄标车”限行，淘汰1997年以前“黄标车”。减排体系进一步完善，完成16套国控污染源出水氨氮在线监控设备建设，按要求完成年度环境统计工作。

实行建设项目行政许可“六公开”“三公示”，严格污染物排放总量前置审核，深化重污染行业规划统筹，促进企业转型升级。开展饮用水源地环境状况评估，制定《珠海市饮用水水源保护区区划》。前山河区域污染治理取得成效，油气回收工作基本完成，危废规范化建设工作全面铺开，率先尝试利用GPS对危废运输实行轨迹管理。完善“一企一档”管理，完成全市612家重点工业企业的环保档案建档工作。开展环境安全百日大检查、整治违法排污企业保障群众健康环保专项行动等专项执法行动，排查环境隐患，整治环境违法企业。强化应急值守，完善环境应急预案，开展珠中江环境应急联合演练、珠海市突发环境事件应急演练。

【生态环境保护】 2012年，珠海市提升环保管理水平，优化发展软环境。成立北大生态文明珠海研究院，借助北京大学环境科学的人才智力资源，开展生态文明等系列课题研究。精政简政，阳光审批，并将市一级环保审批权限全部下放到区一级，提高行政效能。依托信息化手段，完善污染源在线自动监控，减少上门执法。定期走访重点企业，建立重点企业和民营企业挂点联系服务机制，为企业解决实际困难。环境监察、监测先后通过省级标准化验收，全面启动河流水质安全预警二期、核应急、机动车尾气监控等项目建设，率先在全省发布 $PM_{2.5}$ 等新环境空气质量标准的指标项目。在污水处理厂和发电厂试点自动监控系统社会化运营，探索环境监测社会化，逐步引入社会资源参与环境监测工作。

全年全市有 20 所学校获第六批“珠海市绿色学校”称号，10 个社区获第四批“珠海市绿色社区”称号，2 个单位通过省级环境教育基地评审验收。截至年底，全市共创建各级“绿色学校”127 所，其中“国家级绿色学校”2 所、“省级绿色学校”38 所；各级“绿色社区”44 个，其中“国家级绿色社区”1 个、“省级绿色社区”11 个，有各级“环境教育基地”7 个，其中省“环境教育基地”3 个。

建立健全环境监测体系，制订全市重金属排放企业监测方案。每月对大镜山水库、杨寮水库、竹仙洞水库、乾务水库、广昌泵站、平岗泵站、黄杨河泵站、裕洲泵站、竹银水库和竹洲头泵站开展监测，全市主要集中式饮用水源地水质达标率为 100%，重点重金属污染物浓度全部达到功能区要求。

【生态文明建设】 2012 年，珠海市实施“蓝色珠海，科学崛起”战略。先后召开生态文明建设、城市规划、环境宜居建设等专家论证会，谋划“三高一特”现代产业体系。实施《中共珠海市委　珠海市人民政府关于创建全国生态文明示范市的决定》《珠海市生态文明建设规划（2010~2020 年）》。12 月举办中国生态文明研究与促进会第二届年会。

年会以“生态文明，重在践行”为主题。从生态文明与理念创新、生态文明与持续推进、生态文明与企业责任、生态文明与生态旅游 4 个方面诠释会议内容。会议讨论通过关于推进全国生态文明建设、建设美丽中国的《珠海宣言》。

全市推进生态文明细胞工程建设，创建各级生态示范区。其中，香洲区创建国家级生态区通过环保部现场核查验收；金湾区 4 个镇全部获国家级生态乡镇命名；斗门区有 4 个镇获省级生态乡镇命名；万山区的桂山镇获国家级生态乡镇命名，万山镇、担杆镇已成为省级生态乡镇。

与北京大学、中国生态文明研究与促进会、中国环境科学研究院建立战略合作关系，完成《珠海市建设生态文明示范市制度研究框架设计》《珠海市生态文明建设的若干探索》等研究报告。出台《关于创建全国生态文明示范市的决定》、创建“四年行动计划”、创建考核实施办法及指标体系、《珠海市创建国家生态市实施方案》等文件，明确生态文明建设工作目标、工作重点、重点工程及职责分工、实施进度和监督考核等内容。

（王　娜）

【重点生态工程建设】 2012 年，珠海市开展生态景观林带建设 57 千米，面积 920 公顷，完成投资 8987 万元。完成全市生态景观林带建设总体规划和 4、14 号生态景观林带勘察设计等项目前期工作。做好森林碳汇重点生态工程总体规划，落实斗门区竹银水库水源涵养林 226.67 公顷作为森林碳汇封育工程内容进行养护。开展森林进城森林围城工作。组织编制《森林珠海发展规划（2010 ~ 2020 年）》《珠海市湿地保护规划（2011 ~ 2020 年）》以及凤凰山、黑白面将军山、脑背山、赤花山、石花山、尖峰山、司马山、连湾山、金鼎乡土林森林公园总体规划。

（彭雅松）

【建筑节能】 2012年，珠海市结合全市建筑节能管理体系，出台《关于不采用太阳能热水系统的建筑审核认定办法》《关于空气能热水器与建筑一体化应用的通知》等文件。严格落实建筑节能标准，规范节能设计审查管理，加强建筑节能工程的施工监督，是年全市新建民用建筑节能设计标准执行率100%，建筑节能设计审查备案率100%，全市新建建筑施工阶段节能标准执行率达100%。通过广泛征集并组织专家评审、公示，将葵竹苑三期太阳能热水系统等4个建设工程项目作为全市可再生能源应用示范项目，并安排可再生能源专项资金进行补贴。新增国家级光电建筑应用示范项目1个和广东省光电建筑应用示范项目2个。完成“伟创力珠海工业园太阳能光伏发电项目”等5个公共建筑实施节能改造，以及东方墅示范区浅层地能与建筑一体化建设示范项目建设，并进行现场展示宣传活动。

印发《珠海市2012年建筑节能暨绿色低碳建筑目标责任实施方案》《关于进一步推进珠海市绿色建筑发展的通知》，组织编制《横琴生态岛绿色社区建设规划》《珠海市太阳能热水系统与建筑一体化技术指导》《珠海市绿色建筑设计导则》。建设“珠海市建筑节能示范项目能源监测管理和服务平台”，开展国家机关办公建筑和大型公共建筑的能耗统计、能源审计、能效公示和监测平台的建设。（王海忠）

经济社会发展概况

【经济形势企稳】 2012年，珠海市实现地区生产总值1503.76亿元，比上年增长7%。规模以上工业增加值644.84亿元，比上年增长6.3%。固定资产投资额787.62亿元，比上年增长23.6%。社会消费品零售总额635.2亿元，比上年增长12.7%。外贸进出口总额456.69亿美元，比上年下降11.6%；其中外贸出口额216.31亿美元，下降9.8%。实际吸收外商直接投资14.47亿美元，比上年增长8.2%；引进内资注册资本187.99亿元，增长37.3%。公共财政预算收入162.6亿元，比上年增长13.4%。

【固定资产投资保持较快增长】 2012年，珠海市十大重点项目完成投资380.46亿元，完成年度计划的145%。其中，纳入省重点项目建设计划的25个项目完成投资263.34亿元，完成年度计划的141.4%。政府投资项目计划完成投资104.31亿元，完成年度计划的101.5%。其中，项目建设计划完成投资73.81亿元，完成计划的102.2%。第三产业完成投资额599.29亿元，比上年增长23.7%，对全市投资增长的贡献率达77.2%。横琴新区完成固定资产投资166.8亿元，占全市投资的比重为21.2%，比上年增长38.9%，对全市投资增长的贡献率达31.1%。（陈华丽）

【横琴新区在全国率先开展商事登记改革】 2012年5月，珠海市横琴新区颁布实施国内第一个商事登记政府规章——《珠海经济特区横琴新区商事登记管理办法》，在“放宽准入”和“严格监管”两方面作出探索，将商事主体资格与经营资格相分离。横琴新区工商行政管理局挂牌成立。同煤秦发（珠海）控股有限公司法定代表人陈红政拿到横琴新区工商局发出的首张商事登记营业执照。

2012 年珠海市国民经济发展情况

市（区）	户籍人口（万人）	地区生产总值		人均地区生产总值		工业总产值		农林牧渔业总产值		全社会固定资产投资额	
		实　绩（亿元）	比上年增　长（%）	实　绩（万元）	比上年增　长（%）	实　绩（亿元）	比上年增　长（%）	实　绩（亿元）	比上年增　长（%）	实　绩（亿元）	比上年增　长（%）
全　市	106.55	1503.76	7.0	95471	6.3	3214.08	4.0	69.57	4.7	787.62	23.6
香洲区	59.03	970.24	10.2	107312	9.2	1540.64	7.6	7.98	15.6	450.55	21.2
金湾区	13.48	338.39	3.0	133494	2.6	1057.27	9.9	14.43	3.6	204.01	27.4
斗门区	34.04	195.13	-1.0	46736	-1.2	616.17	-13.6	47.16	5.1	124.03	20.4

（续上表）

市（区）	外贸出口总额		实际吸收外商直接投资额		公共财政预算收入		社会消费品零售总额		城镇居民人均可支配收入		农村居民人均纯收入	
	实　绩（亿美元）	比上年增　长（%）	实　绩（亿美元）	比上年增　长（%）	实　绩（亿元）	比上年增　长（%）	实　绩（亿元）	比上年增　长（%）	实　绩（元）	比上年增　长（%）	实　绩（元）	比上年增　长（%）
全　市	216.31	-9.8	14.47	8.2	162.60	13.4	635.20	12.7	32978	14.8	13399	13.0
香洲区	121.92	0.9	8.10	14.1	20.67	12.5	533.13	13.6	–	–	–	–
金湾区	45.83	-14.4	4.61	-1.7	13.67	13.8	29.03	1.2	–	–	–	–
斗门区	48.55	-25.9	1.78	11.4	17.64	13.0	73.04	11.5	–	–	–	–

【全国生态文明示范市创建“四年行动计划”制定】　2012 年 6 月 6 日，珠海市创建全国生态文明示范市动员大会召开，启动创建全国生态文明示范市工作。制订《关于率先创建全国生态文明示范市的决定》。编制珠海市创建全国生态文明示范市“四年行动计划”，分三个阶段进行创建工作。第一阶段，2012 年，促使全市生态环境质量持续改善，环境整治取得明显成效，环保标准化能力建设明显加强，环保模范城水平持续提升，创建全国生态文明示范市工作全面启动。第二阶段，到 2014 年，促使全市生态环境质量明显改善，市民幸福感普遍增强，全市每年用于生态环境保护资金占地区生产总值比例超过 3.5%，城市生态环境基础设施支撑能力大幅提升，建制镇污水处理设施实现全覆盖，国家级生态区（镇）覆盖率 80%以上，市级以上生态村覆盖率达 80%以上，建成国家生态市。第三阶段，到 2016 年，促使生态文明建设取得显著成效，城市生态文化、生态产业不断发展，自然、社会、经济、环境协调发展，基本形成资源节约型、环境友好型的产业结构、增长方式和消费模式，率先建成全国生态文明示范市。

【幸福村居创建工作全面启动】　2012 年，珠海市全面启动幸福村居创建工作，通过实施幸福村居六大工程（特色产业发展工程、环境宜居提升工程、民生改善保障工程、特色文化带动工程、社会治理建设工程、固本强基实施工程），实现产业发展有新突破、环境宜居有新改善、民生改善有新成就、村居文明有新面貌、社会治理有新探索、组织建设有新加强目标。斗门区发布《关于创建幸福村居的实施意见》，莲江村、南澳村、南门村、夏村和新堂村5个村被评为首批示范点。

【综合交通运输体系建设】 2012年，珠海市加快交通基础设施建设，完善现代综合交通运输体系，形成海陆空立体交通新格局。广珠铁路正式投入使用，北接京广大动脉，南连珠海高栏港深水港。广珠城际铁路全线开通，珠海段设有珠海北站、唐家湾站、明珠站、前山站和珠海站5个站点。港珠澳大桥人工岛成型、主桥桥梁段和珠海连接线项目开工。机场高速珠海机场至珠海大道段、珠海大道珠海大桥至金湾互通立交段、高栏港高速公路黄杨大道至南水桥段主线和右辅道、阳光咀隧道续建段、凤凰山隧道、金凤路一期工程路段六大交通工程项目通车。珠海机场年旅客吞吐量突破200万人次。高栏港10万吨级主航道、3个10万～15万吨级泊位等港口基础设施建成投产，全港吞吐能力达1.18亿吨。拱北口岸改扩建工程基本完工，启用后通关能力比启用前增加2倍多。

【“三高一特”产业布局获新进展】 2012年，珠海市构建“三高一特”（高端制造业、高端服务业、高新技术产业、特色海洋经济和生态农业）现代产业体系，加快产业结构调整升级。海洋工程装备制造、通用航空等新兴产业发展壮大，先进制造业、高技术制造业增加值分别占规模以上工业增加值的45%和24%。高栏港经济区升级为国家级经济技术开发区，海洋工程装备制造基地成为省级战略性新兴产业基地，中海油系列项目加快建设，华润聚酯、珠江钢管一期和神华煤炭储运中心等项目建成投产，三一海洋重工产业园、中国北车珠海制造基地、银通新能源汽车等项目开工，瓦锡兰玉柴船用中速机、惠普智慧城市等项目落户。珠海航空产业园成为全国首个“国家通用航空固定运营基地发展示范区”，建成通用航空飞行服务站，中航通飞西锐飞机总装生产线投产，首架珠海制造公务机“领航150”样机下线。保税区进口酒类交易中心和跨境工业区进口街建成运营。海洋经济和生态农业持续发展，海洋产业总产值比上年增长13.6%，斗门生态农业园挂牌运作。全市科技支出占财政支出4.2%，发明专利申请量和授权量分别比上年增长59%和70%。

【第九届中国国际航空航天博览会举办】 2012年11月13~18日，第九届中国国际航空航天博览会在珠海举行。来自39个国家和地区的近650家中外航空航天厂商参展，室内展览面积2.82万平方米，展出各种类型飞机113架，签约金额118亿美元。

（珠海年鉴社）

体制改革

【行政管理体制改革】 2012年，珠海市按照“放权、简政、服务”的要求，推进审批制度改革，减少并规范行政自由裁量权。启动第五轮行政审批制度改革，将行政审批事项的清理范围扩大至全市，着力解决政府经济调节越位、市场监督缺位、社会管理错位、公共服务不到位的问题。各职能单位在行政服务中心设立行政审批科，行使单位审批权，简化审批流程，规范行政审批程序，提高审批效率。加强制度建设，开展服务质量考核，推动行政审批质量目标化、行为规范化、方法程序化、监督经常化，实现审批流程、服务管理、审批质量、服务行为标准化。率先在全国进行商事登记制度改革，全面开展国家级行政服务标准化试点工作，建立124个镇（街）便民服务中心和村（居）代办点。加快建设网上办事大厅，市（区）98个部门、1267个事项完成网上注册，实现省、市、区三级联动。

【行政审批制度改革】 2012年，珠海市全面启动新一轮的行政审批制度改革，出台《珠海市第五轮行政审批事项调整目录》和《珠海市政府职能转移目录（第一批）》。本轮的行政审批制度改革，保留的市级行政审批事项218项，调整压缩比例达40%，提前两年实现省要求到2015年行政审批事项减少40%的改革目标。

在涉及经济领域的行政许可、非行政许可的审批以及各类登记、确认、备案、年检、注册等行政行为，以不突破上位法为前提条件，逐步将前置性的审批事项更多地在事中、事后监管中反映和体现。注重对社会组织的培育力度，将6项政府部门保留的行政审批事项转移给相关社会组织，梳理出42项政府职能明确交由社会组织承接。

【行政执法体系等专项改革】 2012年，珠海市作为全省行政执法体系改革试点市，率先构建“权责一致、行为规范、监督有效、保障有力”的行政执法体制。制订《珠海市交通运输行政管理体制改革创新的实施方案》，构建大交通监管体制；制订《珠海市城市管理体制改革创新的实施方案》，构建“市为统领、区为主体，以块为主、条块结合”的城市管理新体制。推动执法重心向区、镇两级下移，开展联合执法或派驻执法等方式，探索基层行政执法新模式。

【事业单位分类改革】 2012年，珠海市完成全市市属事业单位分类改革工作。列入此次分类改革的281个事业单位（其中市直各部门所属事业单位183个、横琴新区10个、高栏港区43个、高新区16个、万山区29个），通过整合、撤销、事业单位改成企业，分类改革后，事业单位为251个（市直各部门158个、横琴新区8个、高栏港区39个、高新区18个、万山区28个），减少30个，机构整合率为10.7%；共收回事业编制700多个，每年为市财政节约7500万元。251个事业单位中，公益一类事业单位191个、公益二类事业单位26个、公益三类事业单位18个，暂未分类的事业单位16个（主要是市政园林系统和城建、水务集团所属事业单位）。

同时开展事业单位法人治理结构试点，先期选择市疾病预防控制中心等4个单位，建立理事会等治理结构。积极探索法定机构改革，初步选定珠海市会议展览局等5个单位进行试点。

【简政强镇事权改革】 2012年，珠海市出台《关于加强和完善全市各镇街机构设置》，推动镇街职能转型，完成全市24个镇街的机构编制调整与改革任务，推动人、财、物等资源向镇街和村居倾斜，分配100名行政编制给基层。加大放权力度，对社会建设管理事项能下放的一律下放，逐步将涉及行业管理、社会管理、公共服务等政府相关职能转移给相关社会组织。研究制定《珠海市社会管理专员暂行管理办法》，组建社会管理专员队伍。

【社会管理体制改革】 2012年，珠海市社会治理工作位列“珠三角2012年竞争力排行榜”前三名，“两新”组织党建工作获“广东省2012年社会管理十大创新”奖。

健全社会管理工作机制。在市委社管部增设2个专司社会工作的内设机构，将市民政局民间组织管理科更名为市社会组织管理局（同步设立市民政局社会组织执法监察大队）。成立“社会创新专家咨询委员会”“社会管理民情观察员队伍”“社会创新研究基地”三大平台。举办系列高端专家论证会，与新加坡国立大学东亚研究所签署合作协议。

深化城乡社区民主自治。完善“议事—决策—执行—协助—监督”的社区民主自治体系，创造“社区五主新机制”“社区议事园”“楼长制”“十户联保”“睦邻节”“网上问政”等先进经验。搭建社区卫生服务中心、文体活动中心、康复中心、养老服务中心、就业服务中心、家庭服务中心“六位一体”的自助互助服务平台，引入港澳专业社会服务机构互访合作。率先启动幸福村居建设工作，举行“珠海幸福村居建设专家论证会”。探索建立“两代表一委员”镇街、村居工作站，完善领导干部接访、下访制度，推进固本强基工程。

培育社会组织。创新登记管理制度，3月实施对经济类、科技类、公益服务类、城乡社区服务类社会组织的直接登记。自7月1日起，除法律法规规定需前置审批以外，社会组织的业务主管单位均改为指导单位，由民政局直接审批登记。组建社会组织评估委员会和复核委员会。加大培育扶持力度。与专业社工机构合作成立社区社会组织孵化器，开展社区社会组织培育项目。构建枢纽型社会组织体系，发挥人民团体“聚拢效应”，引领其他社会组织参与社会建设。培育发展异地务工人员社会组织，成立全省首个工业园区异地务工青年综合服务中心。拓宽社会组织依法参政议政渠道，全年全市的社会组织中产生4名市党代表（1名为省党代表），市人大首次新增设社会组织代表类别，安排7名社会组织人大代表，市政协社会组织委员增加到6名。完善社会领域党建工作机制，在新经济组织和新社会组织中建立党支部。

加快社工和志愿服务体系建设。截至年底，全市通过社会工作师资格考试的有486人（助理社工师305人，中级社工师181人）。举办全国社会工作高级研修班和社会工作员、社会工作师、本土社会工作督导培训班，强化社工知识和技能培训。培育扶持民办社工服务机构发展。全市共注册民办社工服务机构9个，专职从事社会工作人员40余人。全年全市安排福彩公益金227.8万元用于政府购买社会工作服务，涉及社工服务项目13个，服务内容涵盖老年人、青少年、家庭综合服务、社区和企业等社会工作领域。出台并实施《珠海经济特区志愿服务条例》，组织和指导志愿者开展志愿服务。

（黄惠霞）

【文化体制改革】 2012年，珠海杂志社、珠海画报社、市粤剧团、市女子室内中乐团已完成改制并建立现代企业管理制度；新华

书店与省发行集团重组方案、珠海特区报业传媒集团、珠海广播影视传媒集团组建方案已提请市委、市政府审定。（珠海年鉴社）

基础设施建设

【交通基础设施建设】 2012年，广珠铁路、广珠城际轨道全线贯通运营。港珠澳大桥人工岛成型、主桥桥梁段和珠海连接线项目开工。高栏港10万吨级主航道、3个10万～15万吨级泊位等一批港口基础设施建成投产，全港吞吐能力达1.18亿吨。珠海机场年旅客吞吐量突破200万人次。（袁沅）

【市政建设】 2012年，珠海市市政工程项目121个，总投资89.26亿元，其中开展前期工作项目46个，总投资41.05亿元；竣工结算项目58个，总投资29.16亿元；在建项目17个，总投资19.06亿元；前期工作项目中含民生实事项目、前山河综合整治项目、人大议案项目、长隆配套项目、市政府重点工程项目、重大基础设施项目等。本年度有21项市政工程列入年度投资计划，其中人大议案项目1个，续建项目14个，新建项目6个，总投资21.6亿元，年度计划总投资10.4亿元。截至年底，已完成年度投资计划9.15亿元，完成比例89%。

推进明珠路港昌路改造、城轨周边及重要交通设施配套道路建设；推进格力、华发等企业重大建设项目配套道路建设；推进人行过街设施、公共自行车、西部公交候车亭、道路名牌等项目建设；推进创建环保模范城市、开展宜居城市、创建文明城市、配合长隆开业、迎接航展等相关配套项目建设。

截至年底，由市财政承担管养费用的有各类道路面积866.3万平方米，公交候车亭238座，桥梁82座16.1万平方米，地下人行通道39座，人行天桥3座，道路侧石110.76万米，海堤及护栏1.5米，道路护坡4处，广场25万平方米，路名牌3250个。已完成金唐D路、唐家站、前山河景观工程、前山大桥、中海环宇工程和南屏科技工业园、晨晖路和唐中路的验收工作；完成前山河西岸景观工程、华发世纪城工程、文园路、柠溪路、紫荆路、晨晖路和唐中路改造工程的移交工作，下发移交管养通知8份，移交管养道路长度9.5千米，面积23.35万平方米。完成前山大桥、前山立交改造维修，启动实施凤凰桥维修。全市各区管养单位完成桥梁年度普测工作。组织开展《珠海市城市管理质量标准作业规程及考核办法》编制工作并完成初稿。

【城市照明】 2012年，珠海市投入1.8亿元，新建、改造LED路灯3.35万盏。其中，横琴新区环岛东路及北路、三台石路北延段、机场高速隧道、凤凰山隧道、广珠城轨唐家湾站、珠海北站、大万山岛等道路或地域新建LED路灯3500盏；香洲主城区、西区主干道完成26950盏LED路灯灯具更换改造工程，明珠路、港昌路完成1900盏LED路灯改造工程；其他各区（功能区）完成1200余盏LED路灯改造工程。各路灯管养单位完成10万盏路灯、3万余盏景观灯设施的管理维护工作，全年排除城市照明各类故障680起，城市照明设施完好率、亮灯率达到国家规定标准。（彭雅松）

【公路建设】 2012年，珠海市干线公路建

2012 年珠海市基础设施情况

项目	单位	实绩	比上年增长（%）
铁路营业里程	千米	25	316.7
公路通车里程	千米	1448.42	3.7
其中：高速公路	千米	124.69	76.1
港口泊位	个	134	2.3
其中：万吨级泊位	个	18	5.9
内河通航里程	千米	–	–
本地电话年末用户	万户	82.94	–5.5
移动电话年末用户	万户	290.75	13.4
国际互联网用户	万户	24.84	12.9
电力消费量	亿千瓦·时	117.47	4.4
商品房屋实际销售量	万平方米	251.22	4.3
商品房屋实际销售额	亿元	268.48	–4.6

设方面完成省道 S366 线珠海大道（珠海大桥至金湾立交段）主线改建工程、凤凰山公路隧道与机场西路阳光咀隧道工程、珠海大桥维修加固工程，推进省道 S365 线中心涌至井岸二桥段工程、省道 S365 线西沥大桥工程、省道 S272 线湖心路段市政配套工程施工。

省道 S366 线珠海大道（珠海大桥至金湾立交段）主线改建工程起点位于珠海大桥西侧桥头，终点位于金湾互通立交，全长 4.6 千米，按双向八车道一级公路标准改建，主线设计速度 100 千米 / 小时，设计荷载公路—Ⅰ级，该工程于 7 月开工，11 月通车。

凤凰山公路隧道项目起点位于北师大珠海校区后山，终点位于珠海市植物院门口，全长 3.1 千米，整体采用双向分离式（双洞）六车道断面形式，按双向六车道高速公路标准建设。其中，左洞长 1672 米，右洞长 1649 米，洞内净宽 14 米，净高 5 米，工程建设内容包括路基、路面、隧道工程、通风、照明、消防、供配电、市政管线和监控用房等设施。该项目于 2007 年 10 月开始施工，2012 年 11 月通车。

机场西路阳光咀隧道续建工程的隧道左洞 1998 年已建成通车，隧道右洞完成洞门及部分工程于 2012 年重新启动隧道右洞工程建设，隧道洞身长 430 米，按城市Ⅰ级主干道建设，设计时速 60 千米 / 小时。该工程 8 月进场施工，11 月通车。

农村公路建设方面，完成 6 条农村公路及 3 座农村公路危桥改造，新建 10 条农村公路，全市 46 座危桥改造年底前进场施工。

（马沛臻）

【信息化建设】 智慧城市建设 2012 年，珠海市开展智慧城市建设。与新加坡 IDA 国际有限公司签署《智慧城市与电子政务战略合作协议》，在电子政务、网上办事大厅、智能交通、智慧物流、智能城管和智慧港口等重点工程领域开展交流与合作。是年珠海市成为国家第一批智慧城市试点。（崔玉霞）

电子政务建设 2012 年，珠海市建设

综合治税系统、联合征信系统、市场监管体系信息共享平台等跨部门应用系统。将政务外网延伸至珠海市260个镇（街）和村（居），镇村等基层部门可通过政务外网使用社保、计生等公共服务。建设珠海市移动政务安全通道，政府人员利用互联网经数字证书身份认证后，可安全访问需访问授权的应用系统。

无线城市建设　2012年，珠海市推进无线城市免费无线热点二期建设，在各行政区、功能区、人群密集的工业园区、偏远西部地区、广场、码头等场所新增无线热点60个。（刁凌云）

【港口建设】　2012年，珠海港累计完成投资41亿元，占全年计划的182.67%。鑫和15万吨级干散货码头第2个泊位、总投资46亿元的神华煤炭储运中心项目2个10万吨级泊位建成试运行。南水作业区弃土岸壁整治一期工程完工。10万吨级集装箱泊位、10万吨级秦发煤码头、广东LNG珠海接收站8万~27万立方米卸船码头等重点项目建设进展顺利。（戴振武）

【邮政服务设施建设】　2012年，珠海市邮政服务自办网点29个，代办点40个，邮政储蓄网点（含邮储银行）34个，报刊亭111个，信筒160个，投递站32个，邮路28条，实现行政村村村通邮。全年投入资金568万元，完成邮政大厦等4个代理金融网点改造；投入ATM、CRS21台，与社会公司合作，投入网点汇款机；投资100多万元，整治信息中心和吉大邮局大院，更新上冲货梯2台；推进信报箱补建项目，完成5500格口补建，购置报刊亭10个。投资160万元新增一批存验钞机、电子计算机与终端，更换一批邮资机、显示器、扫描枪、存折身份证鉴别仪等生产服务设备；更新生产用车8辆、押钞车1辆。（沈小婷）

【文化基础设施建设】　2012年，珠海市建设珠海歌剧院、博物馆、规划馆等重大文化工程。全年"一院两馆"项目累计完成投资1.76亿元，"一院两馆"项目主体地下室结构施工接近完成；十字门中央商务区音乐厅、西部城区文化艺术中心、香洲文体中心等重大文化工程项目全面启动。全年新增公共文化设施面积6000平方米，每万人拥有文化设施面积910平方米；珠海文化公园（圆明新园）免费开放两个月来，已接待市民和游客150万人次。（蔡振震）

现代产业

【软件业】　2012年，珠海市软件产品出口和集成电路设计产业产值288.33亿元，比上年增长24.95%，其中软件业务收入222.81亿元，增长20%。软件业务出口收入10.18亿美元，比上年增长13.01%。新认定软件企业21家，累计认定软件企业238家，新增软件产品241件，累计达1928件。IC设计、电力行业应用、通信行业应用、网络增值服务等领域业务快速增长，全市IC设计服务收入18.51亿元，比上年增长1.4倍；通信行业应用收入31.81亿元，增长42.35%；网络增值服务业收入30.99亿元，增长33.85%。软件行业全年研发经费支出26.42亿元，比上年增长24.27%，研发投入占全行业主营业务收入的比重为9.16%，软件研发人员21417人，增长12.85%。

远光软件、东信和平、世纪鼎利、炬力集成4家企业被认定为“国家规划布局内重点软件和集成电路企业”。金山软件、东信和平、远光软件列入“2012年中国软件业务收入百强企业”。金山软件列入“2012年中国自主品牌软件产品收入前十强企业”。全志科技、艾派克微电子两家企业获得工信部举办的“2012中国芯”评选活动“最佳市场表现奖”，珠海中慧微电子获“最具潜质奖”。（崔玉霞）

【交通装备产业】 2012年，珠海市交通运输设备制造业实现规模以上工业增加值27.06亿元，比上年增长25%。其中，汽车制造业实现工业增加值10亿元，比上年增长21.2%；铁路、船舶、航空航天和其他运输设备制造业实现工业增加值17.06亿元，增长30.4%。8月31日，北车（珠海）装备工程有限公司在富山工业园奠基。10月12日，中航工业通飞珠海基地生产的首批两架西锐SR20飞机和一架西锐SR22飞机试飞成功。11月12日，珠海保税区摩天宇航空发动机维修有限公司扩建的一号厂房正式启用，并与中国邮政航空公司、日本Solaseed航空公司分别签署CFM56-3、V2500发动机的修理协议。珠海保税区摩天宇航空发动机维修有限公司发动机修理量达190台，年产值30亿元。12月20日，珠海玉柴船舶动力股份有限公司与瓦锡兰（芬兰）技术有限公司在珠海签署船用中速机合资合作项目协议，该合资项目注册资本2.67亿元，生产瓦锡兰品牌W20、W26、W32和W46系列中速柴油机。珠海太阳鸟游艇股份有限公司完成对珠海雄达游船制造有限公司的收购。珠海江龙船舶制造有限公司销售额突破8亿元，全年产值4亿元，98艘船已经交付船东，并承接公安部、农业部等部门40多艘公务艇制造任务。

【石油化工产业】 2012年，珠海市石化产业实现规模以上工业总产值414.16亿元、增加值86.99亿元，分别比上年增长10.6%和10.0%。其中，化学原料及化学制品制造业完成增加值46.74亿元，比上年下降2.8%；橡胶和塑料制品业实现增加值15.03亿元，下降0.7%。化学纤维制造业实现增加值7.3亿元，比上年增长12.5%。

是年，中石化大型丙烷脱氢、丁苯橡胶等系列项目进入实质性快速推进阶段，华润聚酯、中海油精细化工园项目加快建设。碧辟化工三期项目列入广东省石油和化工产业“十二五”专项规划七大重点项目之一，获得国家发改委准许建设。路博润添加剂一期项目土建和设备安装已基本完成。（曹振飞）

【电力能源产业】 2012年，珠海市全社会用电量117.47亿千瓦·时，比上年增长4.37%。向中国澳门输送电量38.55亿千瓦·时，比上年增长21.82%。珠海市工业用电量72.58亿千瓦·时，比上年增长1.30%。第一产业用电量为5.72亿千瓦·时，比上年增长18.84%；第二产业用电量为75.60亿千瓦·时，增长1.89%；第三产业用电量为19.99亿千瓦·时，增长7.05%；居民生活用电量16.17亿千瓦·时，增长8.65%。

全年全市供购电量为117.02亿千瓦·时。其中，省网电供电量115.65亿千瓦·时，比上年增长4.5%；购地方电量1.37亿千瓦·时，增长71.31%。网电与地方电构成比例为98.82∶1.18。珠海市共有广东省粤电集团有限公司珠海发电厂、广东珠海金湾发电有限公司、珠海市深能洪湾电力有限公司3家火力发电厂，珠海国华汇达丰风能开发有限公司横琴发电项目、高栏港风电场工程2家风力发电厂和珠海市垃圾发电厂。全年6家电厂累计发电量153.47亿千瓦·时，发电设备年平均利用小时为5062.92小时。

是年，全市电网建设总投资5.89亿元，完成年度计划投资的99.46%。投运110千伏及以上输变电工程6项，投运线路64.04千米，新增变电容量8万千伏安。（邓 宇）

【生物医药产业】 2012年，珠海市生物医药产业规模以上企业工业总产值102.23亿元，比上年增长18.6%，比全市工业总产值增速高14.8个百分点；工业增加值28.38亿元，增长18.5%，比全市工业增加值增速高12.2个百分点。丽珠、联邦、亿胜生物、天年生物、汤臣倍健、宝莱特、和佳医疗7家生物医药及医疗器械生产企业已上市，是全市上市企业最多的行业之一。

是年，珠海市亿邦制药有限公司承担的“化学药专利到期药物大品种技术再创新”获得“国家新药创制科技重大专项十二五实施计划”重点支持，资助金额7453.82万元。健帆科技承担的“血液灌流系列产品（组合型人工肾、人工肝）关键技术攻关及产业化”项目获“广东省战略性新兴产业核心技术攻关计划”重点支持，资助金额800万元。丽珠医药集团股份有限公司承担的“I类治疗用人源化抗人肿瘤坏死因子α单克隆抗体新药的研制”等5个项目获珠海市战略性新兴产业（生物医药）专项资金重点支持，资助金额800万元。丽珠集团丽珠制药厂“注射用鼠神经生长因子”等32个新药产品、医疗器械产品获得研发经费补助，补助总额620万元。（姚 蔚）

【电子信息产业】 2012年，珠海市电子信息产业完成总产值634.89亿元，比上年下降3.2%，实现增加值104.8亿元，增长1.1%。电子信息产业规模以上工业企业有220家，其中软件产值288.33亿元，比上年增长24.95%，集成电路设计收入18.51亿元，增长1.4倍。

是年，珠海市全志科技、炬力集成、艾派克、欧比特、建荣科技、杰理科技6家集成电路设计企业收入超亿元。金山软件、东信和平、远光软件入选2012年中国软件业务收入百强。全志科技、鼎利通讯、金山办公获国家重大科技专项立项支持。

截至年底，全市已建成软件产品检测中心、集成电路设计服务中心、网络产品检测中心、数字娱乐公共服务中心等产业和科技服务平台。产业公共服务平台纳入战略性新兴产业重大项目扶持范围，珠海南方软件网络评测中心是首个获得该专项支持的公共服务平台。（崔玉霞）

【现代生态农业园建设】 2012年，珠海市斗门生态农业园获“国家农业产业化示范基地”“国家食品安全示范区”“都市型现代农业示范区”“中国海鲈之乡”等称号，白蕉镇、莲州镇获广东省科技厅颁发的“水产养殖专业镇”称号。截至年底，共引进园区内较大的签约项目14个，投资总额55.85亿元，已投入资金2.66亿元；中国科学院近代物理研究所合作开发的“太空种子”已对比种植；莲洲镇莲江村超级稻等一批示范基地投入使用，超级杂交稻在斗门示范种植，优质高产水稻品种普及率达98%；总投资2亿多元的国家级农业龙头企业海大集团进驻白蕉农产品加工区并投产。广东珠海金湾台湾农民创业园已累计完成投资3.2亿元，完成总投资的101.27%；园区引进永呈园艺、永宸食用菌、台湾特色珍珠芭乐、气雾培现代农业、台湾兰花种植基地等企业（项目）33家，投资总额8亿元，其中台资企业15家，台资总额5亿元；引进台湾珍珠芭乐、莲雾、杨桃、青枣等台湾优质农业品种80多个，带动周边农民种植台湾珍珠芭乐、莲雾等品种。（黎彩丽）

【现代物流业】 2012年，珠海市货运总量7582万吨，比上年增长10.1%。其中，公路货运量6418万吨，比上年增长9.9%；水运货运1163万吨，下降11.0%。货物周转量115.34亿吨千米，比上年增长14%。其中，公路周转量37.12亿吨千米，比上年增长11.3%；水运周转量78.05亿吨千米，下降15.3%。机场货邮吞吐量1.63万吨，比上年下降3.0%；港口货物吞吐量7737.72万吨，增长7.9%；港口集装箱吞吐量81.13万标准箱，下降0.4%；邮电业务总量49.09亿元，增长7.8%。（袁　沅）

【家政服务业】 2012年，珠海市被确定为全国第三批家政服务体系建设试点城市。新增珠海市家政服务有限公司为珠海市“家政服务工程”培训承办企业。截至年底，开设家政服务技能培训班13个班次，为3267名下岗失业人员和农民工提供免费的家政服务职业技能培训。

【文化产业】 2012年，珠海市重点规划打造南屏V12等文化产业项目。以金山软件与网游研发中心为抓手，加快建设数字内容产业基地；以珠海南方影视文化产业基地建设为重点，构建“影视休闲＋文化旅游”的生态型文化产业体系。全年全市文化产业增加值90多亿元，比上年增长12%，占全市地区生产总值6%。（郭建华）

转型升级

【珠海市横琴新区】 2012年，横琴新区实现地区生产总值19.48亿元，比上年增长1.25倍；完成固定资产投资166.8亿元，增长38.9%；实现公共预算收入4.26亿元，增长50%；实际利用内资31.08亿元，增长38.73%；实际利用外资1.06万美元，增长21.54%。

建立与横琴发展定位相匹配的四级政策框架体系。《横琴新区产业发展指导目录》经国家发改委完成签批程序，《横琴新区产业优惠目录》在财政部进行意见征求。海关总署出台支持横琴开发开放的24条意见，在全国率先实施选择性征税。广东省政府出台《关于加快横琴开发建设的若干意见》，与省建立直接请批关系，10年内产生的所有税费省留成部分全部用于支持横琴开发建设；下放或委托21项省级管理事项。珠海市全面落实《珠海经济特区横琴新区条例》，理清横琴新区行使的市一级行政审批管理事项，完善《横琴新区国有企业审计工作暂行办法》《横琴新区政府采购流程》等30个规范性文件，启动横琴新区决策、咨询机构筹备工作。制订《鼓励总部经济发展试行办法》《投资（用地）项目准入管理办法》《促进股权投资基金业发展的实施意见》等区级产业政策。

是年，横琴新区推进基础设施建设。环岛东路、长隆大道、环岛北路实现全线通车，环岛西路1#隧道、大横琴山隧道两座隧道顺利贯通，示范段海堤工程整体完成率超90%，编制完成《横琴新区综合管沟管理办法》。总投资380亿元的横琴新区综合开发项目（包括本岛及人工岛）已与中国交通集团签订合作开发协议。协调广珠城轨延长线规划用地、建设时序、技术衔接等具体问题，优化线位方案、技术方案。推进横琴二桥动工建设，启动建设横琴“第二通道”，推进金海大桥等大型对外交通基础设施的规划建设。促进与中国澳门基础设施无缝对接。稳步推进横琴口岸及综合交通枢纽项目前期工作，在珠澳轻轨无缝接驳技术方案中的站点、线位布设达成初步共识。横琴大桥二线通道主体动工建设。横琴新区环岛监控项目完成前期筹备工作，无线基站项目正式启动。横琴新区创建国家第一批国家级海洋生态文明示范区，并通过国家级海洋生态文明示范区建设考核评估。编制完成《横琴新区低碳发展规划（2010~2020）》。完成新区除山体以外土地总面积的94%，共45平方千米土地征收补偿工作。出台建设项目公共空间管理、建设用地建筑密度及绿地率计算、星级绿色建筑评价标识工作等规定。完成横琴“一张图”土地利用系统的验收工作，实现土地信息化管理。

是年，横琴新区推进总投资超过1750亿元的41个重点项目建设，初步形成以高端服务业为主的现代产业体系。长隆国际海洋度假区各建筑结构已全部封顶，大部分游乐设备、海洋动物已运抵现场。多联供燃气能源站区域供冷系统已完成初步设计。十字门中央商务区横琴片区主干路路基正逐步成型。金融产业服务基地一期项目顺利建成。口岸服务区5个现代服务业项目正加快推进基坑施工。全年共引进产业项目35个，总投资超过600亿元，其中引进神华集团、秦发集团、华彬集团、客商汇总部经济企业158家，总注册资金达51.2亿元。新增注册企业969家。横琴新区被列为资本项下可兑换的先行试验区，并成为CEPA降低银行准入门槛的内地唯一地区。引进各类金融企业102家。全年横琴新区办理跨境人民币结算业务60亿元，比上年增长1倍。香港工银国际在横琴成立17家股权投资合伙企业，募集资金超过100亿元。

是年，横琴新区加强与港澳紧密合作。在谈和在建港澳重大项目7个，投资总额476亿元。横琴岛澳门大学新校区外墙装饰基本完成，标志性建筑机电安装已接近尾声。粤澳中医药科技产业园吹沙工程全部完成。推进丽新星艺文创天地等项目前期工作。通过龙头企业“建”、中小企业“购”、微小企业“租”等三种渠道，为中国澳门中小企业进入横琴创造良好条件。研究建设中国澳门中小企业产业园，澳门商业街项目土地已完成土地招拍挂程序。与中国澳门贸易投资促进局合作，设立横琴驻澳门咨询联络点，已接待来访客商100批次，共计280人次。

是年，横琴新区开展4大领域13个方面的体制机制创新实验和实践，实施全国第一个商事登记管理办法，建立全国第一个民生“一号通”政府服务机制，被批准为全国第一批人才管理改革实验区，成立全国首个“廉政办公室”，出台全国第一个商事登记管理办法——《珠海经济特区横琴新区商事登记管理办法》。该管理办法于5月实施，已有9家企业在1天内完成登记注册手续，截至年底，共完成企业登记713家，其中港澳注册企业10家。建立民生“一号通”政府服务机制，推进“诚信岛”建设。打造“粤港澳人才合作示范区”。（张　瑞）

【珠海高新技术产业开发区】 2012年，珠海高新技术产业开发区完成生产总值88.6亿元，比上年增长9.2%。其中，第一产业增加值0.52亿元，比上年增长4.2%；第二产业增加值34.6亿元，增长9.7%；工业增加值41.5亿元，增长13.5%；第三产业增加值27.6亿元，增长8.5%。人均地区生产总值8万元，比上年增长14.4%。规模以上工业总产值157.6亿元，比上年增长8.5%。固定资产投资40亿元，比上年增长28.6%。社会消费品零售总额22.2亿元，比上年增长26.7%。外贸出口额95061万美元，比上年增长16.4%；实际利用外资12425万美元，增长11.9%。地方财政一般预算收入8.8亿元，比上年增长23.5%。参加城镇职工基本养老保险67950人；参加城镇职工基本医疗保险67790万人；参加城镇居民基本医疗保险6000人，覆盖率98.5%；参加新型农村社会养老保险3600人，覆盖率100%。

是年，高新区形成八个专题调研报告和《珠海高新区改革发展研究报告》；举行珠海高新区改革发展研究报告论证会；推进科技部火炬中心、广东省科技厅、珠海市签署《共同推动珠海高新区创新发展战略提升框架合作协议》；召开促进珠海高新区创新发展工作会议，出台促进珠海高新区创新发展的决定等重要文件。

引进格力地产、乐淘电商等总部企业及汇金科技、博观科技等高科技项目，全年实际利用内资项目101个，新引进外资项目19个，增资扩产项目22个。促成市政府与中国电子信息产业集团签署电子信息行业战略合作框架协议。强化项目跟踪服务，罗西尼表业生产基地建成启用，佳能新工厂、健帆生物等项目加快建设，香格里拉酒店、保时捷4S店等项目加快筹备。全区电子信息、智能电网、生物医药等先进制造业及软件和集成电路产业完成增加值63.6亿元，占地区生产总值的71.7%，比上年增加7.4个百分点。

全年区财政支持企业研发、扶持企业上市、公共平台建设和新兴产业配套等专项资金7352万元。加强博士后科研工作站、院士工作站、留学生创业园的建设，共引进16名博士后等科研人员在区内自主创业。举办“菁牛汇”精英企业家俱乐部活动。加强科技金融服务体系建设，加盟“成长之翼”债权融资平台机构增至21个，企业贷款累计2亿元。创立全市首家企业融资增信平台，实现政、银、企三方信息共享，促进政银企网络信息高效对接，推动科技、金融及产业融合发展。罗西尼表业入选首批国家工业企业品牌培育百家试点企业，远光软件连续十年入选国家规划建设重点软件企业。全年新增高新技术企业27家，新增各级工程技术中心4个，新通过CMMI-3认证软件企业6家；新获批各项发明专利260件、国家级科技项目5个、省级科技项目专项13个、省级产学研等其他项目30多个。

完成科技创新海岸南围及佳能迁建项目等共39.5万平方米场地平整工作。广珠城轨珠海北站周边市政改造升级，唐家湾站投入营运，凤凰山隧道、科技创新海岸南围西片二期市政道路建成通车。格力海岸、华发蔚蓝堡、远大美域等商业住宅项目全面开售。完成广东省生态景观林带14号线示范段及港湾大道节点绿化、京珠高速珠海段辅道美化等工程，协调推进格力海岸滨海公园、华发蔚蓝堡社区公园的建设，开展园区雨污分流、河涌水质治理、河渠清淤疏浚和养殖场所整治。区财政投资实施基础设施项

目全年累计 58 个，完成年度投资 2.5 亿元。（陈　虎）

【珠海万山海洋开发试验区】 2012 年，由国家发改委批准的《广东海洋经济发展试点工作方案》在珠海万山海洋开发试验区正式实施。该试验区辖桂山、担杆、万山 3 个镇 7 个行政村。年末户籍人口 0.29 万人，常住人口 0.49 万人。

全年实现地区生产总值 4.06 亿元，比上年增长 13.5%；完成全社会固定资产投资 3.93 亿元，增长 61%；渔业产值 2.56 亿元，增长 25.3%；海岛旅游人数 32.86 万人次，增长 18.9%；海岛旅游综合收入 1.36 亿元，增长 17%。（黄少川）

【珠海高栏港经济区】 2012 年，珠海高栏港经济区完成地区生产总值 195.2 亿元，比上年增长 10.2%；工业总产值 625.7 亿元，增长 7.5%；工业增加值 135.2 亿元，增长 6.7%；社会固定资产投资 129.5 亿元，增长 28.2%；实际利用外资 36779 万美元，增长 8.2%；实际利用内资 30 亿元，增长 42.9%；外贸进出口总额 69 亿美元，下降 20.1%；公共财政预算收入 15.8 亿元，增长 15.6%；全港货物吞吐量 7745 万吨，增长 8%。农渔民年人均纯收入 1.21 万元，比上年增长 11.6%。

是年，高栏港经济区海洋工程装备制造基地成为省级战略性新兴产业基地，华润聚酯一期、珠江钢管一期等 10 个项目建成投产，总投资 83 亿元；三一海洋重工产业园、海泉湾二期等 13 个项目动工建设，总投资 110 亿元；钰海电力天然气热电联供项目获得省发改委同意开展前期工作。引进中海油精细化工园、烟台万华华南产品及服务基地、广石化中冠安泰 C4 综合利用深加工项目、宝莫丙烯酰胺和聚丙烯酰胺、上海碧科 MTO、美国 MWV 活性炭等 9 个重大产业项目，投资总额 267 亿元。引进国家船舶及海洋工程装备材料质量监督检验中心、三一海洋重工研究院、壳牌（中国）润滑油服务中心、路博润添加剂技术服务中心和神华销售集团有限公司华南销售分公司、中海石油深海开发有限公司等。

全年该经济区完成政府投资 15.68 亿元。完成装备制造北区围海造地面积 3.08 平方千米，中海油南海天然气陆上终端平基工程完工并交付使用，2 个 15 万吨级矿石码头泊位和神华粤电珠海港煤炭储运中心项目一期建成试运行，4 个 10 万吨级集装箱码头、10 万吨级煤码头建设进展顺利，高栏港高速建成通车。完成汇华公司政府监管类平台退出工作，以 BT 模式融资 12.33 亿元，启动铁炉湾防波堤和 10 条园区道路建设，土地储备融资项目首期 3 亿元资金已到位。清理闲置用地、闲置厂房和不符合产业发展规划的企业，至年底，累计收回用地 36 宗，面积 5.9 平方千米，督促 6 个项目开工建设。

是年，高栏港经济区集体林权制度改革通过省级验收。完成大虎水闸等 5 项水利工程和南水村排水渠、南郊村围堤修复、飞沙水库安全围栏、沙白石海堤加固和高栏村排洪渠整治，启动先锋岭水库加固工作。完成 145 户农村住房困难户危房改造，完成南水镇镇村（居）道路硬底化工程和珠南线建设。完成平沙新城概念性规划，与珠海交通集团签订代建合同，首期总投资 2.32 亿元的“两横一纵”三条市政道路填土工程完成前期工作，核心区用地收地工作基本完成。推进循环产业链建设，加快以集中供热为主体的企业公用工程建设，支持企业开展技术更新改造，安排扶持资金1亿元，全年万元GDP能耗比上年下降10%。完成珠海电厂和金湾电厂4个机组脱硫工程，脱硫率达90%以上；完成粤裕丰钢铁烧结脱硫工程，脱硫率达60%；珠海电厂、金湾电厂4个机组脱硝工程开工建设。通过国家环保模范城复核，南水镇和平沙镇成功创建成为国家级生态镇。（于丛丛）

【珠海保税区】 2012年，珠海保税区实现地区生产总值25.1亿元，比上年增长8.9%；规模以上工业增加值20.4亿元，增长10.9%；固定资产投资4.92亿元，增长28%；外贸进出口19.35亿美元，增长4.7%；实际利用外资2901万美元，增长56.56%；引进内资注册资本金1.49亿元，增长16.02%；一般预算财政收入2.48亿元，增长19.45%。

是年，珠海保税区完成《珠海保税区（珠澳跨境工业区）发展战略规划研究报告》《珠海保税区调研报告》。启动珠澳跨境区转型升级的政策报批工作。推动规划、国土职能的下放工作，将市国土局与市住规建局对保税区（珠澳跨境区）的规划、国土管理职权交由横琴新区规划国土局行使，涉及工业、仓储用地转变功能、调整规划条件、闲置用地认定、延长开工时间等事宜须报市政府审批的，授权给保税区管委会审批。制定《关于鼓励企业开展进口酒类业务的八条优惠政策》《珠海保税区鼓励贸易业发展暂行办法》《珠海保税区鼓励总部企业发展暂行办法》《珠海保税区引进总部及贸易企业奖励办法》《珠澳跨境区扶持进口商品展销优惠政策》等7项产业优惠政策。

是年，该保税区建成进口酒类交易中心和珠澳跨境区进口街两个进口商品展销平台，进驻保税区交易中心经营进口酒类贸易企业达60多家，全年进口酒类金额超过1500万美元。珠澳跨境区进口街首家进驻的宇上品公司成功运作，第二家进驻的澳门洽群公司顺利开业。通过优惠政策吸引和展销平台搭建，引进和扶持总部及贸易型的企业进驻。已引进中油洁能、广东振戎等总部企业和宇上品、鼎利等贸易企业，全年全区新注册项目80个，其中进出口商贸企业52家，占新注册项目数的65%。完成实际利用外资2901万美元、引进内资注册资本金1.5亿元。利用现有工业厂房引进中轮纺织公司等一批企业入驻。

中港国际红酒展销展示交易中心开工建设。该项目总投资15.6亿元、占地面积3.4万平方米、主楼高248米、共59层。摩天宇公司投资6000万元的一号厂房扩建工程完工，年维修量能力由200台扩大到300台；总投资5亿美元的亚洲最大的40台飞机模拟机培训基地——翔翼航空技术有限公司正在加紧二期建设；珠澳跨境区天威二期、亚太物流等项目正在建设；帅福得、星汉智能等原有企业陆续增资扩产；利是达、哈希网络、侨光项目通过市政府批准改变功能和提高容积率。（覃文进）

城乡发展

【城乡建设】 2012年，珠海市新开工房屋建筑和市政工程497项，开工建筑面积664万平方米，合同造价170亿元。全年通过珠海市建设工程交易中心招标的建设工程641项，招标金额263.94亿元，成交金额

248.74亿元，节省资金15.19亿元，平均中标金额比上年下降5.76%，全年共组织15次建筑施工安全大检查。对违法违规的企业和人员进行扣分和处罚，共下发隐患整改通知书670份，暂停施工通知书57份，警示约谈施工、监理单位50次。下发安全动态扣分通知书1574份。全年全市共有14项房建工程被评为市优良样板工程，13项房建工程被评为省优良样板工程。

【重点工程建设】 2012年，珠海市政府投资项目中建设项目26个，总投资37.4亿元，建筑面积72.5万平方米。完成市委党校旧学员宿舍改造、市残疾人综合服务大楼修缮改建、市直属学校校安工程五所学校（紫荆中学、桃园中学、市二中、市三中、市四中）、文园中学分校区、第九届航展馆维修改造、市技工学校软基处理及场地回填、市体育运动学校二期、市政协办公大楼等12个项目建设并通过竣工验收交付使用。共完成项目投资6.18亿元，建筑面积13.68万平方米。

全年珠海市十大重点工程建设项目有珠海市人民医院北区、珠海市疾病预防控制中心异地新建、珠海市技工学校新校址及珠海城市职业技术学院扩建（行政楼、商贸实训楼、学生及单身教工宿舍楼）工程。

【城乡规划】 2012年，珠海市召开高端专家论证会，与高端规划设计机构签订战略合作协议。4月，珠海市城市总体规划修改工作申请获国务院批复同意，城市总体规划修改方案已完成阶段性成果。

珠海市住房和城乡规划建设局制定《2012年珠海市城乡规划编制计划》，保障环境宜居重点项目规划设计顺利推进。推进珠港澳、珠中江规划合作，加快推进《珠澳协同发展空间规划》《珠中江城市空间协调发展规划（2009~2020）》等的编制工作，实现区域规划无缝对接，促进区域合作发展。

完善《珠海经济特区城乡规划条例（修订)》，已经上报珠海市政府审定。制定突显城市特色的技术和管理规定，对城市风貌特色、艺术空间、建筑外立面等方面的规划控制和要求开展研究、梳理，并纳入相关条例和技术规范中。起草《珠海市住房和城乡规划建设局行政许可听证程序规定》《珠海市城乡规划实施过程批前公示程序规定》《珠海市建设项目规划执法监督管理办法》等政策法规，强化建设项目的批前、批后公示工作和宣传工作。

确立基于“四化工程”的规划信息化发展思路和建设框架，制定信息化工作十年总体规划及分步实施和年度建设计划。建立基本覆盖城市规划建设管理全过程的多个业务系统。建成住房和城乡规划建设管理信息系统、建设业务管理系统、商品房预售系统、城市规划管理空间信息数据库系统、招投标系统、电子报批系统、规划编制管理系统、规划方案动态支持系统等11个业务系统。其中，规划方案动态支持系统建设获2012年度中国地理信息科技进步奖三等奖。规划基础数据工程建设初具成效，中心城区“规划一张图”初步形成。制订包括控规成果、基础地形图、城市规划三维模型等数据建设的标准化体系，开展完成全市区域233平方千米控规成果、中心城区100平方千米现状及审批档案、47平方千米三维现状模型、100平方千米中心城区1：500基础地形、全市域陆地面积1550平方千米影像等数据的建库工作。

12月3日，广东省地级市住规建系统

第一支规划专业执法监察队伍——珠海市住房和城乡规划建设局执法监察支队在珠海市挂牌成立。主要负责珠海市从规划许可至规划核实阶段的规划执法监察工作，具体包括建设项目从规划许可至规划核实阶段执行规划许可情况的监督，违反规划许可行为的调查处理及行政处罚。执法监察支队主要工作目标是完善监督执法制度，建立监督执法体系，畅通监督执法信息，加大违法行为处罚力度，及时制止违反规划许可行为，切实保障城乡规划依法实施。

【村镇建设】 2012 年 8 月 16~18 日，珠海市政府组织召开《珠海幸福村居建设专家论证会》。协调引导全市 209 个村居的规划建设，避免村村配建、重复建设等问题，组织开展《珠海市幸福村居城乡统筹发展总体规划》编制工作。是年底，完成《珠海市幸福村居规划编制工作方案》《珠海市村居建设规划推进工作方案》《幸福村居农民建房标准图集》的编制，筛选出包含 13 款方案的标准图集供村民建房参考。公布珠海市第一批宜居示范城镇和宜居示范村庄名单，推广宜居示范城镇、宜居示范村庄的工作经验，通过样板示范，带动珠海市农村宜居建设。

12 月，珠海市制定并印发《关于规范珠海市村民建房管理的补充意见》，为珠海市农民建房提供可操作的政策性文件。制定《村民住宅建设指引》《珠海市村民住宅建设工作指南》，明确农民建房报建管理机构及村民住宅建设各环节的申请条件、程序、资料、审查内容等。 （王海忠）

社会建设

【失业就业】 2012 年，珠海市城镇新增就业人数 43815 人，城镇失业人员再就业 12867 人，就业困难人员实现就业 2022 人，农村劳动力转移就业 2501 人，培训本市农村劳动力 2030 人和省内在岗农村劳动力 2144 人，帮扶城乡劳动者成功创业 2507 人，带动就业 7529 人，城镇登记失业率为 2.34%，低于全省平均水平。出台《2012 年珠海市高校毕业生就业服务工作实施方案》，开展“六送”服务活动。印发《转发关于加强高校毕业生职业培训促进就业的通知》，扩大享受培训鉴定对象范围，加大促进高校毕业生就业力度。举办“创业专家校园行”活动和高校毕业生“真实职场”精英挑战赛，引导和帮助高校毕业生实现自主创业。完善创业扶持政策，制订《珠海市促进就业小额担保贷款管理办法（征求意见稿）》，鼓励创业带动就业。建立大学生创业孵化基地，首批 8 个大学生创业项目入驻孵化。完善积分入户政策，拓宽积分落户渠道。出台《转发广东省人力资源社会保障厅等十二部门关于进一步做好农民工积分制入户和融入城镇工作的意见》，将落户渠道扩大到亲友户口、社区居委会（村委会）集体户口，有 2800 名异地务工人员实现积分入户。

【社会保障】 2012 年，珠海市参加社会保障人数达 484 万人次，社会保障基金累计 235.1 亿元。解决新生儿和户籍迁入本市未满 5 年的居民参加医疗保险的问题，调整城乡居民基本医疗保险和未成年人医疗保险政策，居民医保住院费用平均支付提高至

2012年珠海市文教卫体事业情况

教育				医疗　文化　体育			
项　目	单位	实绩	比上年增长(%)	项　目	单位	实绩	比上年增长(%)
普通高校学校数	所	10	0.0	医院、卫生院数	个	49	-2.0
普通高校在校学生数	万人	12.32	5.3	医院、卫生院床位数	张	6878	9.9
中职和技校学校数	所	7	-12.5	平均每千人口医院、卫生院床位数	张	4.35	8.9
中职和技校在校学生数	万人	2.9	4.4				
普通中学学校数	所	63	6.8				
普通中学在校学生数	万人	9.5	-0.4	群众艺术、文化馆数	个	4	0.0
小学学校数	所	114	-4.2	公共图书馆数	个	3	0.0
小学在校学生数	万人	12.85	1.3	博物馆数	个	2	0.0
学龄儿童入学率	%	99.92	-0.1	档案馆数	个		
幼儿园数	所	232	8.9	国民体质合格率	%		
在园幼儿数	万人	5.04	6.1	人均公共体育场面积	平方米		

75%，支付限额提高到20万元。完成是年度离退休人员基本养老金调整工作，比上年增长10%。解决企业离退休人员历史遗留问题和养老金“倒挂”问题。城乡居民社会养老保险基础养老金为165元。建立健全预防、补偿、康复于一体的工伤保险制度体系，推进工伤预防工作开展，工伤事故率控制在0.08%低位。开展医疗保险、工伤保险先行支付工作，启动社会保险个人权益单寄送工作，扩大医疗保险异地联网结算范围。全市人力资源和社会保障“一站式”服务窗口投入使用，覆盖全市345个乡镇、街道、社区（村）的基层服务平台实现规范化和信息化建设。（陈丹涛）

【教育事业】 2012年，珠海市共有幼儿园232所，在园幼儿50427人，教职工6509人，其中专任教师3508人。共有小学114所，在校生128546人。学龄儿童净入学率99.92%；小学毕业生升学率95.31%。全市小学教职工6477人，其中专任教师5993人。共有普通中学63所，在校生94961人。其中，初中44所，在校生63276人；普通高中19所，在校生31685人。全市普通中学教职工7060人，专任教师6113人，其中初中专任教师3943人，普通高中专任教师2170人。初中毕业生升学率为97.96%，高中阶段毛入学率113.52%；普通高中与职业高中在校生比例为52.43：47.57。有特殊教育学校1所，在校生246人，教职工80人，其中专任教师63人。有中等职业学校7所，在校生28748人，教职工1428人，专任教师1057人。其中，技工学校1所，在校生6100人，教职工289人，专任教师153人。全年全市10所高校在校生人数12.3万人，其中本科生95104人、专科生28102人、留学生（包括国外籍、中国香港籍、中国澳门籍和中国台湾籍学生）2584人；教师5700多人，其中拥有副教授以上高级职称1800多人。

截至是年底，全市校安工程加固重建项目涉及98所学校220栋校舍，面积65.27万平方米，总投资8.65亿元，完成三年规划任务。

是年，出台《进一步推进学前教育三年行动计划的意见》。设立学前教育专项资金，主要用于改善农村幼儿园保教条件、奖励上等级幼儿园、培训园长及保教人员、补助家庭经济困难在园幼儿。全市规范化幼儿园达标率64%，省、市一级优质幼儿园占幼儿园总数的23%。

制订《珠海市开展义务教育规范管理年活动实施方案》，整理《珠海市义务教育学校管理规章汇编》。截至年底，全市义务教育公办学校规范化达标率为99.25%。全年共有14840名非本市户籍学生新入读义务教育公办学校，在公办学校就读的非本市户籍学生达54661人，占就读学生总数的67%。

北师大（珠海）附中通过国家级示范性普通高中督导验收。成立珠海市艺术高级中学，前山中学实现初、高中分离办学。是年，全市普通高考考生9872人，上线9136人，比上年增加1409人；上线率92.54%，增长18.23%。普通高考录取8975人，录取率90.9%；普通本科录取5085人（含新疆班175人），比上年增加197人，增长4.0%，本科录取率51.5%。

加强中职学校专业建设，5个省级重点专业获得广东省面向珠江三角洲地区中等职业学校竞争性分配资金800万元。市第一中等职业学校、市理工学校、市高级技工学校纳入国家中等职业教育改革发展示范学校建设工程。

起草《珠海市人民政府关于进一步促进基础教育阶段民办学校发展的实施意见》，继续做好对民办学校建设服务保障工作，容闳书院秋季已投入使用；壮志学校基建工程已基本完成，进入校区绿化阶段；珠海外国语实验学校12月底已动工建设。香洲区全面开展公办学校与民办学校结对帮扶工作，全区50所学校结成21个帮扶对子，签署结对帮扶协议书，并出台公办学校干部挂点民办学校副校长工作方案。教育部7月30日批复同意开办珠海国际学校，这是全市第二所国际学校。

珠海市政府与中山大学、联合国际学院签订战略合作协议，联合国际学院与横琴新区建立战略合作伙伴关系。北京理工大学珠海学院成立航空学院。推进高校产学研合作，高校与珠海150多家企业签订合作协议，《珠海创新型行政管理模式研究》等48项课题正式立项。全市各高校共有全日制硕士研究生600多人。北京师范大学研究生院珠海分院与珠海市一中等10所中小学签订共建协议，建立研究生实习基地。

积极发展特殊教育。市特殊教育学校扩招2个班，并在启智部和启聪部分别增设1个职业高中班，设置计算机应用、家政和客房服务三个专业。斗门区特殊教育学校于年底挂牌。

做好继续教育工作。统筹开发社区教育资源，开展社区教育实验区建设。通过购买服务的方式，委托市职成协会对市属55所非学历民办教育机构进行年检。在市职成协会设立市属非学历教育培训机构纠纷与投诉调解工作室，将部分行政调解工作职能转移到调解工作室。举办珠海市第二届全民终身学习周活动。

开展德育示范校评估活动、学雷锋活动、母亲节明信片感恩情怀传递活动、“朝阳读书”活动、“网上祭英烈”活动、中小学志愿者服务实践活动等。举办市班主任能力大赛、市心理健康公开课大赛，组织参加广东省中小学心理健康教育活动课展示和中小学“德育精品课程”“育人精彩瞬间”征集评选活动。全市有100所社区家长学校挂牌，有7所学校成为全国家长学校教育示范基地。组织开展市直属学校领导班子和成员考核工作。加强校长培训工作，将全市450多名中小学校长纳入全市干部网络自主选学培训范围，选派30名中小学校长参加各类省级培训。出台《关于严禁公办中小学在职教职工组织或参与对学生有偿补课活动的暂行规定》，开展“身边的师德楷模”巡回演讲活动。全年全市共有3人获“南粤优秀教育工作者”称号，21人获“南粤优秀教师”称号。规范市直学校教职员津补贴发放工作，完善义务教育学校绩效工资工作，将绩效工资实施范围扩大至高中阶段学校。

组织开展教育技术能力建设项目中级培训、乡镇教师教学技能培训、乡镇中学学科组长培训、乡镇小学校长高级研修班、幼儿园园长研修活动、新教师培训、骨干教师培训、保育培训、广东省高中教师职务培训、名特优教师讲座及示范教学、知名学者学术报告会、珠海市名教师专业成长报告会、全市学科课程研讨会等。出台《关于进一步加强珠海市教育科研工作的若干意见》。组织开展珠海市教育科研“十二五”规划第二批课题申报评审工作，全市共申报课题200项，共有59项课题立项。组织第三届珠海市教育科研成果奖评选工作，评出特等奖1名，一等奖3名，二等奖5名。

提高教育装备和信息化水平。斗门区成功创建为首批广东省“以信息化促进义务教育均衡发展实验区”。全市有3所国家级、37所省级现代教育技术实验学校。珠海市被纳入“粤教云”计划试验区，成为全省唯一的首批市级试点单位，将以教育云服务平台带动数字教育公共服务平台升级。

落实每天活动一小时，举行“珠海市学校阳光体育冬季长跑活动”起跑仪式，开展中小学生阳光体育比赛活动，举办中小学大课间体育活动评比。在广东省第十届中学生运动会上，获得团体总分三等奖和“体育道德风尚奖代表团”称号，体育教师基本功比赛获得团体一等奖。举办珠海市第二十四届青少儿艺术花会，组织参加广东省第四届中小学生艺术展演活动。推进省、市绿色学校创建工作，已创建各级绿色学校127所。参加广东省第27届青少年科技创新大赛，获得一等奖7项、二等奖12项、三等奖16项、专项奖2项、优秀科技教师奖1项、优秀组织奖2项。

组织召开首届珠中江三市教育合作联席会议，签署三市教研部门工作联盟合作协议和国家级示范性普通高中工作联盟备忘录。召开粤澳职业教育合作洽谈会，中英职业教育合作研讨会。

出台《珠海市预防青少年儿童溺水工作办法》《珠海市中小学幼儿园安全管理办法》，开展安全法制教育，健全学校突发事件预防和处置机制，制订《珠海市校车交通安全管理办法（试行）》，开展校车安全专项治理活动，为全市所有校车安装卫星定位汽车行驶记录仪，建立完整的车辆实时监管体系。

全年享受12年免费教育人数280259人次，财政补贴15598.6万元；资助高中及大中专特困生1333人次，补助104万元。对中职学生发放国家助学金1197.92万元，共计79862人次。对普通高中学生发放国家助学金343.6万元，共计4582人次。对民办中小学自主招收本市户籍学生人数给予财政补助3158万元。修订《珠海市资助困难家庭子女上大学的实施办法》。全年共有364名学生符合资助条件（本科201人、专科163人），资助经费331.4万元。在全市中小学校（幼儿园）开展“示范性食堂”创建工作。出台《珠海市实施农村义务教育学生营养改善计划的实施方案》，在斗门区、金湾区开展农村义务教育学生营养改善计划工作试点。（刘　笑）

【医疗卫生】　2012年，珠海市有各类医疗卫生机构638个，其中医院35个、卫生院14个、社区卫生服务中心（站）118个、村卫生室156个。全市医疗机构床位7439张。卫生技术人员1.29万人，其中执业（助理）医师4865人、注册护士5187人。每千常住人口拥有病床数4.70张、执业（助理）医师3.07人、注册护士3.28人。

全年全市医疗机构诊疗人次1465.98万人次，其中门、急诊1442.78万人次，入院20.42万人次，出院20.36万人次，住院手术8.76万人次。基层医疗机构诊疗868.70万人次，占全市门、急诊量的60.21%。

是年，全市无甲类传染病报告，乙类传染病发病率272.32/10万，控制在稳定水平；“六苗”接种率均达98%以上；无较大食物中毒事件和职业中毒事件发生。人均期望寿命81.37岁。常住人口住院分娩率99.98%，新生儿破伤风发病率为零，孕产妇死亡率为15.10/10万，婴儿死亡率为1.96‰，5岁以下儿童死亡率2.57‰。

【基层医疗卫生服务体系】　2012年，珠海市创建省级、国家级示范社区卫生服务中心。香湾社区卫生服务中心获得省级示范社区卫生服务中心和国家级社区卫生服务中心的称号。制订《关于发展城市社区卫生服务的实施意见》，出台《关于印发珠海市实施城市社区卫生服务机构“联建协管”工作方案的通知》，规定二级以上公立医院承担对社区卫生服务机构实行对口联建、业务指导和任务管理，协助区卫生行政部门对所辖社区卫生服务机构进行监管和考核。金湾区人民医院已开工建设，遵医五院异地新建，加快推进井岸镇、斗门镇、唐家湾镇3所卫生院的改造升级，金鼎、平沙医院改扩建工程进展顺利。

2012年，珠海市完善医药人才管理制度。制订《关于加强市直医疗卫生事业单位人事管理工作的通知》《珠海市直医疗卫生单位引进市外特需人才暂行规定》，规范市直卫生系统的人事工作。全年招聘卫生技术人才70人，其中引进学科带头人和急需人才13名。

是年，全市获卫生部医药卫生科技发展研究中心立项课题1项，获国家自然科学基金课题3项。举办中德关节外科学术交流研讨会，珠海、深圳、佛山三地脓毒血症论坛，首届珠中江皮肤性病学术交流会，珠中江病理学年会暨前列腺微小腺癌的病理诊断及鉴别诊断学术会议。加强中医院重点专科和特色专科建设，省中医院珠海医院肝病科、针灸科、眼科和外科成为广东省“十二五”中医重点专科建设项目，侨立中医院骨伤科成为广东省“十二五”中医特色专科建设项目。

【公共卫生服务】　截至2012年年底，珠海市建立居民电子健康档案累计114.28万人份，规范电子档案建档率74.1%。全市叶酸免费补服1.54万人。8月启动全市预防艾滋病、梅毒和乙肝母婴传播免费服务，免费筛查 9888 人，为 978 名乙肝病毒感染产妇所生的儿童提供免费乙肝免疫球蛋白，为 12 名梅毒感染孕产妇及所生婴儿提供治疗服务。开通“12320”卫生热线，向公众传播健康防病知识和公共卫生政策、法律和法规，解答公众健康问题，宣传预防保健技能，引导公众健康行为，接受公共卫生事件线索举报。

【疾病预防控制】 2012 年，珠海市开展流感、手足口病、登革热、霍乱等传染病监测与防控工作，每月发出预测预警信息。加强疾控体系能力建设，推动区级疾控工作绩效考核。开展健康教育、慢病管理、艾滋病防治、手足口病防控等各类培训班，迅速有效处置登革热疫情。印发《珠海市结核病防治规划（2011～2015 年）》《珠海市重点传染病防治工作规划（2012～2015 年）》《珠海市重点寄生虫病规划（2011～2015 年）》。市政府常务会议研究通过《珠海市精神卫生工作规划（2011～2015 年）》《珠海市全民健康促进行动工作规划（2011～2015 年）》《珠海市遏制与防治艾滋病工作十二五计划》。结核病防治完成广东省下达初治涂阳肺结核病人发现全年任务数的 100.5%。实施艾滋病“四免一关怀”（“四免”是指：为农村居民和城镇未参加基本医疗保险等保障制度的经济困难人员中的艾滋病病人免费提供抗病毒药物；在全国范围内为自愿接受艾滋病咨询检测的人员免费提供咨询和初筛检测；为感染艾滋病病毒的孕妇提供免费母婴阻断药物及婴儿检测试剂；对艾滋病病人的孤儿免收上学费用。“一关怀”是指：将生活困难的艾滋病病人纳入政府救助范围，按照国家有关规定给予必要的生活救济。积极扶持有生产能力的艾滋病病人。避免对艾滋病感染者和病人的歧视）政策，全年美沙酮药物维持治疗门诊累计入组治疗人数 1003 人，HIV 咨询检测人数完成省下达任务数的 118.8%。

【卫生法制监督】 2012 年，珠海市推动控烟立法工作。开展“六五”普法、饮用水卫生、职业病防治宣传周等活动。加强卫生执法培训和考核。出台行政处罚自由裁量权细化标准。正式启用“两法衔接”信息共享平台系统。开展生产或使用粘胶剂企业单位、打印耗材生产企业等职业病危害专项治理或检查工作，推进作业场所职业卫生监管职责移交。加强公共场所卫生、学校卫生、饮用水卫生、放射卫生、传染病防治等监督，探索实行集中消毒单位卫生信誉度分级评价管理。全年监督检查各类场所 17998 间次，处理投诉举报 133 宗，开展重大活动卫生监督保障 11 宗，开展卫生专项检查活动 65 项次，卫生行政处罚 361 宗。

【卫生应急】 2012 年，珠海市举办卫生系统应急管理、突发公共卫生事件应急处置技术、突发中毒事件卫生应急处置、院前急救培训班和突发急性传染病专业基本能力等培训班。完善应急协作，开展节前院前急救及突发事件卫生应急演练、高速公路空中应急救援联合演练、粤港澳三地海上联合搜救演练和第九届中国航展紧急医疗救援演练，组织参加珠海、中山、江门三市卫生部门和省职防院在江门市联合开展的“珠中江核与放射事故卫生应急演示”。完成第九届中国航展、珠海国际半程马拉松赛、涉日游行活动、重阳节登山、自行车绿道行等 21 个大型活动的卫生应急保障任务，派出医疗救护组 53 批次、医务人员 1037 人次，为参加活动的300万人提供医疗保障服务。处置突发公共卫生事件及相关事件506起，比上年增长1.03倍，达到突发公共卫生事件级别7起。

【妇幼保健】 2012年，珠海市实现妇幼保健服务的公益性和公平性，全面实施艾滋病、梅毒和乙肝母婴阻断项目。开展免费婚前医学保健服务、孕前优生健康检查和孕期医学保健服务。制订地中海贫血干预项目实施方案。出台《珠海市预防艾滋病梅毒和乙肝母婴传播工作实施方案（试行）》，从8月开始，全市设有产科以及提供产前医学检查服务的医疗保健机构100%开展预防艾滋病、梅毒和乙肝母婴传播工作。开展区级妇幼卫生工作绩效考核，考核结果与“降消”经费下拨挂钩。11月，组织开展市级妇幼卫生信息质控检查，确保妇幼卫生信息质量。12月，开展年度母婴保健技术服务专项检查，执行落实打击“两非”政策情况、落实重大妇幼卫生项目等方面进行督查。

【爱国卫生运动】 2012年，珠海市制定《珠海市爱国卫生工作制度》，顺利通过国家卫生城市复审。新增省卫生镇1个、省卫生村5个，至年底，全市有国家卫生镇2个、省卫生镇6个、省卫生村39个。开展第24个爱国卫生月活动，发动群众参与改善市容环境卫生。组织开展“世界卫生日”、爱国卫生60周年纪念系列活动。开展健康教育和促进工作。开展以除“四害”为重点的病媒生物防制工作，严防虫媒传染病发生流行，每季度进行一次全市除“四害”大行动。实现城乡供水一体化，城乡供水服务均等化，水质合格率达到98%以上。整合“全国亿万农民健康促进行动”“全民健康生活方式行动”，启动“珠海市全民健康促进行动”工作。安装200多个“政务信息发布电子显示屏”，每天定期播出健康素养核心信息和重大公共卫生信息。开展“我的戒烟故事”有奖征文活动，完成2012年“中国烟草控制流行病学和干预研究”项目效果评价调查工作。在野狸岛公园建成全市首条健身步道。印发《珠海市社区爱国卫生工作规范及考核办法》，开展3次社区爱国卫生专项督查。

【医政管理】 2012年，珠海市起草《珠海市医师多点执业试点工作方案（草稿）》《珠海市非政府办基层医疗机构实施基本药物制度工作方案（草稿）》《珠海市平价医院、平价诊室及平价药包建设方案（草稿）》《医疗服务第三方满意度调查方案（初稿）》《珠海市促进民营医疗机构发展的实施意见（草稿）》《珠海市推进中医药事业发展实施意见（讨论稿）》。开展“三好一满意”活动，组织开展临床路径、优质护理、预约诊疗、单病种质量控制、合理用药等专项行动，启动珠中江医学检验、影像检查结果互认工作。

是年，珠海市梳理医疗机构审批制度与流程。组织开展医疗美容、口腔诊疗服务专项检查，医务室（医务所）、卫生所等医疗机构专项执法检查及临床用血专项检查。加强医疗广告监管，处理监测到或投诉的违法医疗广告。开展第三方医疗服务满意度调查，委托有资质的第三方调查机构开展医疗卫生服务满意度评价工作。有9所医院开展“优质护理示范工程”活动，创建“示范病房”102个，全市三级医院优质护理服务覆盖病房达100%。推进合理用药和抗菌药物使用专项整治。印发《2012年珠海市临床合理用药暨抗菌药物临床应用专项整治活动工作方案》《珠海市医疗机构合理用药评估细则》。加强门诊部、卫生站（所）、诊所等医疗机构合理用药管理。开展二级以上医疗机构药物管理信息情况调查，建立信息通报制度。开展合理用药培训和公众宣传教育。建立医生、药师、用药者所构成的三位一体的用药系统。（李　雪）

【社会管理创新】 2012 年，珠海市制定出台《关于创新社会管理、加强社会建设的意见》，加强社会管理、改善公共服务，加大力度培育发展社会组织，搭建政社合作平台。加强社会管理工作机构建设，充实各级社会管理工作机构力量，发挥社区民主自治功能，完善社区民主自治体系，推动政府公共服务向基层延伸，搭建社区卫生服务、文体活动、康复、养老服务、就业服务和家庭服务等自助互助服务平台。推动政府职能转移，实行政府购买服务，创新社会组织登记管理制度，推进枢纽型社会组织建设。全年全市新登记社会组织 132 个，社会组织承接政府转移职能 50 项，确定政府购买服务五大类 283 项。加强社会工作专业人才队伍建设，新增持证社工 166 人。（张　苹）

·责任编辑　贺　坤·

佛山市

基本情况

【地理位置】　佛山市位于广东省中南部，珠江三角洲腹地。东倚广州，邻近深港澳。全境于北纬 22°38′~23°34′、东经 112°22′~113°23′之间。佛山市域东距西、南距北均为 103 千米，大致呈“人”字形，总面积为 3848.48 平方千米，辖禅城、南海、顺德、高明、三水五区。

佛山市东傍广州，西接肇庆，南邻江门、中山。陆运、水运、空运交通基础设施齐备，交通便捷。距广州新白云国际机场、广州南沙港、广州火车南站车程均在 1 小时之内。毗邻港澳，与香港、澳门特别行政区分别相距 231 千米和 143 千米，车程均在 2 小时左右。广湛铁路横穿全市东西，广珠铁路纵贯佛山市南海区，广佛肇城际铁路、贵广高铁、南广铁路均途经佛山市。沈海高速、广昆高速等主要公路干线穿越境内，广佛、佛开高速公路和广深珠高速公路等交通干线经佛山而过，佛山一环、珠二环等环城高速环绕穿越佛山市各区。广佛地铁建成开通，佛山机场开通民用航线，佛山市民出行更加便捷。珠江水系中的西江、北江贯穿全境。佛山市有通航河流 70 多条，可通航里程 1000 多千米，20 多个口岸使水上运输四通八达。（贝永辉）

【历史文化】　佛山原名季华乡，“肇迹于晋，得名于唐”，历史悠久，文化底蕴深厚，是国家历史文化名城。据考证，佛山的历史起源于现禅城区石湾镇街道区域，距今 4500 ~ 5500 年，百越先民沿西江、北江来此繁衍生息，以渔耕和制陶开创原始文明。唐贞观二年（公元 628 年），因在城内塔坡岗上挖掘出三尊佛像，认为此地是佛家之地，遂立石榜改季华乡为“佛山”。

唐宋年间，佛山的手工业、商业和文化已十分繁荣。明清时，更是发展成商贾云集、工商业发达的岭南重镇，与湖北的汉口镇、江西的景德镇、河南的朱仙镇并称全国“四大名镇”，与北京、汉口、苏州并称天下“四大聚”，陶瓷、纺织、铸造、医药四大行业鼎盛南国。清末，佛山得风气之先，成为中国近代民族工业的发源地之一，先后诞生了中国第一家新式缫丝厂和第一家火柴厂，并建立“南洋兄弟烟草公司竹嘴厂”。

悠久的历史，孕育了独具魅力的岭南传统文化。佛山素有陶艺之乡、粤剧之乡、武术之乡、广纱中心、岭南成药之乡、南方铸造中心、民间艺术之乡等美誉，形成了“秋色”“行通济”等佛山独特的民间风尚习俗。

佛山是“南国陶都”“中国陶瓷名都”，制陶工艺源远流长，有 700 多年历史，自古有“石湾瓦，甲天下”的美誉。建于明代正德年间的南风古灶，是世界现存最古老的柴烧龙窑，薪火相传至今 500 多年，被誉为“陶瓷活化石”。

佛山是“南国红豆”粤剧的发源地。诞生了粤剧艺人的代称——“红船子弟”和粤剧最早的戏行组织——琼花会馆。民间自发组织的粤剧演唱“私伙局”是佛山文化的一大特色，至今长盛不衰。每年一度举办的琼花粤剧艺术节，使佛山呈现“红船泊晚纱，万人看琼花”的盛况。

佛山是“岭南成药之乡”。古方正药的历史有 400 余年，其产品种类齐全，大约分为膏、丹、丸、散、茶、油、酒等七大类，是工匠、居家、旅行必备的中成药，涌现出

"黄祥华"如意油、"冯了性"药酒、"源吉林"甘和茶等一批老字号名药。

佛山是闻名的"武术之乡"，是中国南派武术的主要发源地。明初，佛山武术已相当普及。清末民初，佛山武术流派纷呈，涌现出一批有国际影响的武术名家和武术组织，并通过各种途径走向世界。现在世界上广泛流行的蔡李佛拳、洪拳、咏春拳等不少拳种和流派其根都在佛山。著名武术大师黄飞鸿，咏春宗师梁赞、叶问，影视武打明星李小龙等祖籍及师承亦在佛山。2004 年，佛山被授予"武术之城"称号。

佛山是"狮艺之乡"，是南狮的发源地，是首个"中国龙狮龙舟运动名城"。龙狮舞既是融武术、舞蹈、音乐等于一体的体育竞技活动，又是佛山武术重要项目之一。每年的"狮王争霸赛"吸引国内外广大武术爱好者参与。禅城区是"中国龙狮运动之乡"，南海区西樵镇是全国唯一的"中国龙狮名镇"。

佛山的铸造业始于 2000 多年前。宋代时期，佛山所铸鼎、锅、钟、塔等闻名全国。到明代，佛山的铸造技术已达相当高的水平，成为南中国冶炼中心。鸦片战争期间，佛山所铸大炮为抗击外来入侵者发挥了重要作用。

佛山是珠江三角洲民间艺术的摇篮，孕育并保留了秋色、醒狮、舞龙、龙舟说唱、龙舟竞渡等大量体现岭南文化精髓的民间艺术及民俗事象；秋色、剪纸、木刻年画、陶塑、灰塑、砖雕等手工传统技艺精湛、独树一帜。狮舞、粤剧、龙舟说唱、佛山木版年画、广东剪纸、石湾陶塑技艺、佛山狮头、香云纱染整技艺、祖庙庙会、佛山秋色、十番、人龙舞和佛山彩灯等 13 个项目入选国家级非物质文化遗产名录，8 人入选国家级非物质文化遗产代表性传承人。始于清初、盛于乾隆年间的正月十六"行通济"这一传统习俗延续至今，并逐渐被赋予现代色彩，日趋旺盛，每年都有数十万名群众参加。

佛山饮食文化源远流长，是珠江三角洲"美食之乡"。佛山是粤菜发源地之一，素有"食在广东，厨出凤城"的美誉。一直以来，佛山以其民间食谱丰富、茶楼食肆林立、烹饪技艺精良而蜚声海内外。2004 年，顺德区被中国烹饪协会命名为"中国厨师之乡"。每年"十一"期间举办的"佛山美食欢乐节"，已成为集美食、旅游、文化艺术于一体的盛大旅游节庆活动。

佛山自古人文荟萃、才俊辈出。唐宋以来，广东出过 9 个状元，佛山占有 5 个。明清时期，为"气标两广的人文之邦"。近代以来，孕育了维新运动领袖康有为，政治活动家张荫桓、戴鸿慈、谭平山、何香凝、罗登贤、邓培，民族实业家陈启沅、简照南、简玉阶，科学家詹天佑、邹伯奇，文学家吴趼人，粤剧名伶薛觉先、马师曾，武术名家梁赞、黄飞鸿、叶问、李小龙，名医李广海，能工巧匠黄炳、陈渭岩、刘传，第一位华人牧师梁发等杰出人物。 (佛山年鉴社)

【人口】 截至 2012 年底，佛山市总户数为 114.06 万户，比上年增加 0.7 万户，增长 0.61%；总人口为 377.65 万人（包括未落户常住人口），增长 0.77%。（注：根据公安部调整统计口径后的标准，全市常住人口均统计为非农业人口）。其中，禅城区总人口 60.76 万人，南海区总人口 122.51 万人，顺德区总人口 124.79 万人，高明区总人口 29.68 万人，三水区总人口 39.91 万人。全市总人口中，男性 187.88 万人，女性 189.77 万人。全年人口自然增长率为 5.98‰，比上年减少 0.09 个千分点；人口机械增长率为1.89‰。人口迁入24039人，迁出16913人。

截至是年底，全市共有外来人口299.25万人，比上年增长4.86%；禅城、南海、顺德、高明、三水五区的外来人口分别为50.64万人、100.81万人、121.72万人、12.38万人和13.71万人。 （温威威）

【行政区划】 佛山市下辖禅城、南海、顺德、高明、三水共5个区。截至2012年底，全市共有21个镇（361个行政村）、12个街道（389个社区）。其中，禅城区1个镇（54个行政村）、3个街道（89个社区），南海区6个镇（100个行政村）、2个街道（164个社区），顺德区6个镇（108个行政村）、4个街道（93个社区），高明区3个镇（51个行政村）、1个街道（21个社区），三水区5个镇（48个行政村）、2个街道（22个社区）。

2012年，开展"佛山—清远"线和"佛山—江门"线的行政区域界线联检工作，推进平安边界创建活动，及时调解边界纠纷。开展地名清理整顿，推进地名标准化建设。 （杨　俊）

【旅游资源】 佛山作为中国优秀旅游城市之一，历史文化底蕴深厚，旅游资源丰富。历史文化、南国武术、商务会展、产业观光、休闲度假、购物美食、美化家居等主题旅游颇具特色。

截至2012年底，佛山市发现并可开发的物质性旅游资源有6大类、110余处（包括组合性的旅游资源），其中：国家历史文化名城1座，全国重点文物保护单位4处；国家级风景名胜区、国家级森林公园、国家地质公园各1处；省级旅游度假区2处，动植物保护区1处，文物保护单位27处；市级旅游资源90多处。

全市现有对外开放的旅游景区（点）64个，其中国家AAAAA级景区1个、国家AAAA级景区10个、全国工农业旅游示范点7个。星级饭店96家，其中五星级酒店9家、四星级19家、三星级49家。旅行社94家，其中出境游组团社18家。

2003年，祖庙圣域（禅城佛山祖庙）、西樵叠翠（南海西樵山）、古灶薪传（禅城南风古灶）、清晖毓秀（顺德清晖园）、皂幕凌云（高明皂幕山）、南国桃源（南海南国桃园）、花海奇观（顺德陈村花卉世界）、云水荷香（三水荷花世界）被评为"佛山新八景"。 （饶锦涛）

生态环境

【环境质量状况】 水环境质量　2012年，佛山市饮用水源地水质达标率为100%，全市开展监测的27个饮用水源地均达到《地表水环境质量标准》（GB3838-2002）Ⅲ类水质标准。全市7条主要江河水质状况良好。

大气环境质量　城市空气质量总体良好，全年全市优良（API≤100）的天数占全年总天数的97.0%。二氧化硫、二氧化氮和可吸入颗粒物年平均浓度分别为0.029毫克/立方米、0.046毫克/立方米、0.069毫克/立方米，均达到《环境空气质量标准》（GB3095-1996）二级标准，比上年均有不同程度的下降。2012年是环境空气质量新标准实施的第一年。按照新标准评价，是年二氧化硫、PM10均值达标，二氧化氮均值超标。自5月25日开始，反映佛山市空气质量整体水平的8个国控测点正式按照新标准要求开展监测。

声环境质量 城市区域环境噪声平均等效声级为56.7dB（A），达到《声环境质量标准》（GB3096–2008），区域声环境质量等级为“一般”，声源构成以生活和交通类声源为主。道路交通噪声平均等效声级为67.6dB（A），达到《声环境质量标准》（GB3096–2008），道路交通噪声强度等级为“好”。

【生态市创建】 2012年，佛山市开展生态市创建工作。成立生态市建设暨农村环境综合整治工作领导小组。编制并印发《佛山生态市建设规划（2012～2020年）》，创建国家生态区的南海、顺德、高明和三水区的生态区建设规划均已通过专家论证。推进生态创建细胞工程建设，鼓励和支持实力强、条件好的镇（街道）开展创建国家级和省级生态乡镇工作。全市有13个镇（街道）建成国家生态乡镇（其中有2个待命名），有9个镇（街道）建成广东省生态乡镇；有国家级生态村1个，省级生态村33个，市级生态村400个。推动农村生活污水处理、畜禽养殖业污染治理工作，建立农村环境保护专项奖励资金，实施农村环境整治以奖促治工作。

【环境综合整治】 2012年，佛山市编制《佛山市“十二五”主要污染物总量控制规划》《佛山市“十二五”主要污染物总量减排考核办法和考核实施细则》，将任务和措施纳入到经济和社会发展规划中实施，实行减排完成情况问责制度。编制《佛山市重金属污染防治“十二五”规划》，建立重金属污染档案台账，启动重金属的减排工作。摸清全市污水收集管网建设现状及存在问题，优先解决已建污水处理设施而配套管网不足的问题，提高已建污水处理设施运行负荷，全年污水处理合计新增减排能力30万吨/日。

强化大气综合整治。加快推进电力行业降氮脱硝工程实施。全力推动南海发电一厂一期两台20万千瓦发电机组烟气脱硝改造升级，顺德五沙热电厂、南海发电一厂二期、南海江南发电厂和长海发电厂基本完成降氮脱硝工程改造，进一步降低氮氧化物的污染。加快燃煤、燃重油、燃木材小锅炉淘汰工作。完成高污染燃料限制区划定工作并向全市通告，在区域内限制使用煤、重油等高污染燃料，提倡使用天然气、液化石油气等清洁能源，进一步控制锅炉、窑炉的燃料类型，逐步改善能源结构。制订《佛山市燃煤、燃重油、燃木材小锅炉淘汰及清洁能源改造资金奖励方案》，通过以奖促治的方式，对在“十二五”期间内提前完成锅炉淘汰或清洁能源改造的企业，给予适当的奖励。全市有1245台锅炉完成治理（或淘汰）工作，完成率达53%。开展第二阶段工业挥发性有机物（VOCs）防治工作。全市334家重点监管企业中有225家按照进度完成治理任务。

强化黄标车、黑烟车整治。推进黄标车淘汰工作。市政府印发《关于加快淘汰黄标车工作的实施意见》，全面启动淘汰黄标车工作。全市黄标车保有量17.8万辆，比上年减少2.7万辆，淘汰率为13.2%。五区开展黄标车的淘汰奖励补贴受理业务，开展高污染（高排放）汽车限行工作，划定禅城、桂城、佛山新城片区第四、五阶段高污染（高排放）汽车限行区域。印发《佛山市开展整治黑烟车专项行动工作方案》，通过建立部门联合执法常态化机制和黑烟车有奖举报制度、车辆停放地抽查制度、月度黑烟车曝光制度、黑烟车黑名单数据库及追踪处理机制等措施，在全市范围内掀起黑烟车整治的专项行动。全年全市整治黑烟车专项行动累计检查车辆 1483 辆，其中尾气超标 384 辆，不达标率为 25.89%。

加大饮用水源保护力度。完成高明水厂二级保护区内 17 个排污口清理工作。开展对全市城镇饮用水源保护区划调整可行性研究工作，优化调整饮用水源保护格局，基本完成 9 个省级水源保护区的标准化建设工作。加强日常巡查力度，完成集中式饮用水源地评估工作，确保饮用水源保护安全。

推进清洁生产审核工作。年内有 9 家企业获得“省级清洁生产企业”称号，2 家企业获得“市级清洁生产企业”称号，65 家企业通过重点企业清洁生产审核评估。

严格环境执法。开展打击违法排污行为、环境安全百日大检查专项行动、全市安全生产月、医药制造企业及“两危”企业专项整治、治非打违等行动，完善对涉重金属排放企业的监管，加强对重点环境问题的挂牌督办。加强核与辐射项目的环境管理，全年共发放辐射安全许可证 162 份。完善市内各区跨界污染联合执法机制，对重点区域、交界片区开展联合执法行动，并对投诉反响较大的排污企业实施跨区交叉检查，规范企业排污行为。（邹维利）

【河涌综合整治】 2012 年，佛山市完成内河涌整治投资 21.19 亿元。其中，禅城区完成大基涌、西一涌、西四涌、车公涌、鸭利咀涌等 8 个活化水资源项目和 12 家企业整治，南海区完成乌隆涌改线工程、东一涌整治工程、九江沙头大涌整治工程、罗村涌整治工程、罗村芦塘截污工程、谢边涌清淤工程等 22 项内河涌整治和 33 项汾江河治理工程，高明区完成三洲主涌、三洲一涌清淤 2 项河涌整治工程，三水区完成岗涌、大棉涌引水工程、白鸽桥涌等 3 项河涌整治工程。经过整治，提高了河涌的过水能力，改善了周边水环境。做好广佛同城项目的组织实施工作，其中，广佛河江尾段堤防整治工程于是年上半年完成，牛肚湾涌整治工程完成 145 米主涌的箱涵改造。

启动农村水环境综合整治工作。设立农村环境保护专项奖励资金 1200 万元，奖励国家级生态乡镇和生态村、建成污染治理设施的规模化生猪养殖场和建成分散式农村生活污水治理设施的村。

推进汾江河综合整治。一是强化污水收集处理，污水处理率逐步提高。重点实施亚艺湖水质改善工程，完成湖景路污水干管建设及亚艺湖周边管网改造工程，日均减少约 1 万吨生活污水进入亚艺湖。二是加强汾江河沿岸城市管理工作。建立“周巡查”制度，对汾江河进行巡查。全年查处清拆违建 69 宗，总面积 69 万平方米。制定内河涌卫生管理制度，成立内河涌保洁队伍，购置清污船、打捞船，加固垃圾围栏，提升了河面保洁能力和清洁水平。三是完成对汾江河沿岸码头的清理整治，消除污染源，改善岸线景观。（刘　勇）

【耕地保护】 2012 年，佛山市颁布实施《佛山市土地利用总体规划（2006~2020 年）》，拟订《佛山市土地整治规划编制实施方案》，稳步推进整治规划编制及项目建设。签订耕地保护责任书，出台《佛山市区级人民政府耕地保护和节约集约用地履行情况考核评分细则》，细化各项考核批示。开展耕地质量等级成果补充完善与年度变更试点。审查验收各区耕地质量等级成果补充完善工作，做好2012年度土地变更调查与遥感监测工作。

【建设用地管理】 2012年，佛山市保障发展急需用地。一是制订“服务企业暖春活动”工作方案，深入企业进行座谈和调研，研究企业的用地困难，解决了南海一方药业公司等企业的用地问题。全年共办理涉及产业发展用地业务45宗，土地面积484公顷。二是全力做好用地报批工作。全年上报省厅审批的项目建设用地69宗，总面积851公顷，其中新增建设用地747公顷、农用地635公顷、耕地254公顷。国务院和省政府已批复的项目有58个，批准用地总面积为1644公顷，其中新增建设用地1306公顷、农用地1187公顷、耕地426公顷。已批准的建设用地中属于国家或省重点建设项目有国道主干线广州绕城公路九江至小塘段项目、广明高速公路陈村至西樵段项目、广三高速扩建工程等。三是保障重点建设项目和企业增资扩产用地指标。是年，上级共下达佛山市新增建设用地指标764.13公顷，其中重大项目专项指标新增建设用地404.87公顷。这些指标都优先用于重大建设项目、企业增资扩产、城市升级等项目，如一汽大众、三水海尔、西江新城等项目。四是重点保障安居工程用地。全年保障性安居工程用地计划供应量为15.92公顷（禅城、南海、高明、三水四区及佛山新城），根据省下达任务要求拟建设7500套保障性住房。截至11月30日，禅城、南海、高明、三水四区保障性安居工程用地已落实供应18.17公顷。

强化资源集约利用。出台并实施《印发佛山市2012年度国有建设用地供应计划的通知》，全年全市计划供应土地2221.65公顷（禅城、南海、高明、三水四区及佛山新城）。至年底，全市土地出让共218宗，面积937公顷（不含顺德区）。组织开展全市（除顺德区）范围的国有建设用地使用权批后监管专项检查。推进建设用地增减挂钩工作。截至年底，佛山市共向省申报增减挂钩项目6个，获批项目4个。同时加强闲置土地处置力度，逐宗核实房地产闲置土地情况，并研究处置方案。推进“三旧”改造。截至年底，已认定“三旧”改造项目394个，正在改造项目367个，已完成项目262个。

【矿产资源管理】 2012年，佛山市开展土地矿产资源卫片执法检查工作。全市确认有违法用地127宗，其中立案87宗（40宗非立案处理拆除复耕），查处87宗，结案87宗；已下达处罚决定书87宗，申请强制执行43宗，落实罚款876万元，没收违法建（构）筑物2.38万平方米，拆除违法建（构）筑物0.33万平方米；非立案处理拆除复耕40宗1.16公顷。开展2011年度土地动态巡查检查工作，制定执法监察动态巡查量化考核标准。

加强矿产资源监管。印发《关于进一步加强矿产资源日常监管和强化采矿权审批登记管理等有关工作的实施意见》《开展矿产资源勘查开采安全生产领域“打非治违”》《佛山市矿产资源领域安全生产“百日行动”工作方案》，开展多次专项行动，推进西樵山地质公园地质遗迹保护工作，开展禅城牛尾岗、王借岗地质公园建设及申报的可行性研究。

对重点地区、重点矿种进行“地毯式”

滚动排查，共查获10件涉嫌非法勘查开采矿产资源案件，取缔违法矿点10个，已复耕、复绿面积共2.18公顷，作出行政处罚决定书7份，罚款17.34万元，对涉嫌刑事犯罪的3件案件移交公安机关处理。

（许　伟）

【节能降耗】　2012年，佛山市制订并印发《佛山市“十二五”节能减排综合性工作方案》《佛山市“十二五”单位GDP能耗考核体系实施方案》和《佛山市2012年节能减排工作方案》，将全市节能目标责任评价考核任务分解落实到各区及有关部门。推进公共机构节能工作，出台《佛山市公共机构2012年节能目标实施方案》，建立全市公共机构能源资源消耗统计名录库。开展节能宣传月活动，推进民用领域节能降耗工作，对约500名企业能源管理负责人进行节能培训，对有关企业的200多人进行“清洁生产专员”培训。组织有关企业参加第二届中国国际循环经济成果交易博览会等。推广节能新机制，开展企业能源管理中心试点，推动循环经济发展。组织对35家企业进行省级清洁生产审核验收，全市共有广东省清洁生产企业168家，排名全省第一。（刘义超）

【园林绿化建设】　2012年5月3日，佛山市政府印发《佛山市“十二五”城乡园林绿化行动计划》，明确“十二五”期间佛山市园林绿化建设目标任务。全面完成第八届中国（重庆）国际园林博览会参展工作，由佛山市出资、市住建管理局负责建设的“佛山园”（即“有为园”）获得本届博览会的“室外展园综合金奖”“设计优秀奖”“施工优秀奖”“植物配置大奖”等奖项，市住建管理局获得住建部授予优秀组织奖、先进集体奖、优秀建设奖。全年佛山市城市人均公园绿地面积11.33平方米。

推进绿道网建设。全年城市绿道慢行道贯通736千米，各项配套服务设施基本完成，其中新增驿站15个，设置标识4433个，安全设施1122个，环卫设施1141个，停车场52个，自行车租赁点111个；新建绿道“兴奋点”9个。（黄丽英）

经济社会发展概况

【经济保持平稳增长】　2012年，佛山市完成地区生产总值6613.02亿元，比上年增长8.2%。三次产业增加值比例为1.9：62.5：35.6。全社会固定资产投资2128.33亿元，比上年增长10.1%；社会消费品零售总额2019.5亿元，增长11.6%；居民消费价格总指数上涨2.6%；进出口总值610.6亿美元，增长0.3%，（其中，出口401.5亿美元，增长2.7%；进口209.8亿美元，下降4.1%）；合同利用外资33.05亿美元，增长1.46%；实际利用外资21.54亿美元，增长9.1%；地方公共财政预算收入384.08亿元，增长12.39%；公共财政预算支出432.96亿元，增长11.39%；金融机构本外币存、贷款余额分别为10167.55亿元、6391.47亿元，分别比年初增长11.5%、13.8%。

【《规划纲要》“四年大发展”任务完成】
2012年，佛山市以实施《珠江三角洲地区改革发展规划纲要（2008~2020年）》（简称《规划纲要》）实现“四年大发展”为工作重心，加快推动广佛同城化、广佛肇经济圈建设，区域合作开创新局面。《规划纲

2012 年佛山市国民经济发展情况

区（市）	常住总人口（万人）	地区生产总值		人均地区生产总值		第一产业增加值		第二产业增加值	
		实绩（亿元）	比上年增长（%）	实绩（元）	比上年增长（%）	实绩（亿元）	比上年增长（%）	实绩（亿元）	比上年增长（%）
佛山市	726.18	6613.02	8.2	91259	7.7	130.53	2.3	4113.34	9.2
禅城区	110.47	1208.24	8.0	109373	7.9	0.57	–3.1	504.58	7.9
南海区	262.19	1966.18	8.0	75191	7.3	43.42	3.3	1043.43	8.0
顺德区	248.38	2317.33	8.0	93494	7.6	41.22	0.3	1246.47	4.5
高明区	42.31	499.37	11.0	118201	10.7	15.98	1.4	382.98	13.0
三水区	62.84	749.93	11.4	119626	10.9	28.22	3.8	564.71	10.6

(续上表)

区（市）	第三产业增加值		规模以上工业总产值		农林牧渔服务业总产值		全社会固定资产投资	
	实绩（亿元）	比上年增长（%）	实绩（亿元）	比上年增长（%）	实绩（亿元）	比上年增长（%）	实绩（亿元）	比上年增长（%）
佛山市	2369.16	6.6	14653.96	11.9	258.02	1.6	2128.33	10.1
禅城区	703.09	8.1	1940.38	12.5	1.25	–3.0	379.99	8.0
南海区	879.34	8.2	4014.94	11.8	79.91	3.5	631.11	8.0
顺德区	1029.64	13.6	4914.61	9.5	83.07	1.8	449.88	8.1
高明区	100.41	5.3	1778.47	16.0	32.11	1.4	253.39	14.7
三水区	157.01	15.7	2005.56	14.7	58.46	4.0	413.95	14.7

(续上表)

区（市）	外贸进口额		外贸出口额		实际利用外资		地方公共财政预算收入		地方公共财政预算支出	
	实绩（亿美元）	比上年增长（%）	实绩（亿美元）	比上年增长（%）	实绩（亿美元）	比上年增长（%）	实绩（亿元）	比上年增长（%）	实绩（亿元）	比上年增长（%）
佛山市	209.08	–4.1	401.50	2.7	21.54	9.1	384.08	12.39	432.96	11.39
禅城区	52.70	2.2	97.84	5.4	3.95	3.4	60.96	10.32	54.38	10.34
南海区	94.08	–7.7	103.72	1.2	7.06	0.2	119.20	12.11	129.77	11.80
顺德区	48.71	–5.5	171.47	1.3	6.50	11.2	136.52	11.85	147.26	12.84
高明区	3.57	14.4	16.46	7.0	0.66	157.3	17.99	16.25	21.41	17.48
三水区	10.02	1.5	12.00	9.8	3.36	1.0	24.63	14.53	29.77	15.45

（续上表）

区（市）	社会消费品零售总额		城镇居民可支配收入		农村居民人均纯收入		城乡居民储蓄存款余额	
	实绩（亿元）	比上年增长（%）	实绩（元）	比上年增长（%）	实绩（元）	比上年增长（%）	实绩（亿元）	比年初增长（%）
佛山市	2019.50	11.6	34580	12.6	15684	13.1	5215.16	10.8
禅城区	480.81	9.4	31504	—	16829	13.7	1141.70	9.1
南海区	653.71	12.2	36348	—	16673	12.6	1836.78	11.5
顺德区	652.01	13.2	38754	—	16062	13.5	1800.37	11.2
高明区	84.10	9.3	23710	—	10743	13.3	152.85	11.4
三水区	148.88	10.1	26236	—	13254	13.3	272.12	8.5

要》“四年大发展”37项重要指标和21个重大项目全部完成或超额完成。佛山大堤加固工程、南海发电二厂等3项工程全部完成，贵广、南广铁路、广东金融高新区、恒益电厂“上大压小”等18个项目完成年度任务。广佛同城化建设正在推进，召开广佛同城化第五次市长联席会议，53个合作项目已完成9个。金融同城取得阶段性成果，19家商业银行实现广佛间行内通存通兑免手续费。广佛肇经济圈建设进展顺利，召开广佛肇经济圈第三次市长联席会议，39个合作项目已完工3个，广佛肇通信资费一体化正式实现。佛港澳台合作深入开展，广东金融高新技术服务区被纳入“粤港澳服务贸易自由化”重点合作区域，在台北成功举办“佛山光电产业推介活动”。

【生态文明不断进步】 2012年，佛山市推进生态市创建和总量减排工作，强化环境综合整治，环境质量明显改善。锅炉治理淘汰工作完成率达53%，列入重点工业挥发性有机物（VOCs）治理任务完成率接近2/3。建成15个PM2.5监测站点，汾江河综合整治和内河涌整治分别完成年度投资目标6.17亿元和8.42亿元，南海垃圾焚烧发电厂及三水白泥坑生活垃圾填埋场正式投入运营。5个镇（街道）被命名为国家生态乡镇，创建“全国绿化模范城市”通过国家核查组检查验收。城市绿道慢行道已贯通736千米，生态景观林带建设累计完成142.6千米，营造主题林54个，完成造林更新0.35万公顷，完成林业生态文明示范村建设108个。

【社会民生和谐进步】 2012年，佛山市城镇新增就业人数91056人，城镇登记失业率2.42%，连续两年获得全省就业工作目标责任制考评“优秀”等次。全市参加城镇职工基本养老、城镇职工基本医疗、失业、工伤和生育保险的人数分别达到292.9万人、242.4万人、194.1万人、210.9万人和209.8万人。企业退休职工月人均养老金从1570元调整至1940元。完成开工建设保障性住房7694套，竣工3920套，分别达到省下达任务数量的102.5%、108%。教育事业持续发展，率先通过广东省推进教育现代化先进市督导验收。医疗卫生事业深入推进，与广州市12个定点医疗机构实现联网即时结算。新建115家平价商店，总数达217家。启动基本生活费用价格上涨与低收入居民临时生活补助联动机制，共发放补助626.04万元。文化体育事业异彩纷呈，“魅力佛山·四季情韵”艺术惠民工程持续开展，承办世界女排大奖赛（佛山站）、第十届粤桂港澳台狮王争霸赛、世界咏春拳邀请赛等赛事，佛山新城露天泳场全面对外开放。落实对口帮扶贫困村帮扶资金42774万元（含中央、省、市各项资金）、高明革命老区项目资金44369万元。（陈永婷）

体制改革

【经济体制改革】 2012年，佛山市推进财政绩效管理改革，扩大财政支出绩效评价范围，并根据资金属性和预算金额进行分类评审，提高绩效管理的覆盖面和评审质量。推进税收体制改革，开展佛山市交通运输业和部分现代服务业营业税改征增值税试点工作，全面推进市属国有企业整合与重组，完成市属93家国有企业的资产整合和重组工作。

【行政体制改革】 2012年，佛山市出台《佛山市深化行政管理体制改革工作方案》，在全省地级市率先启动以加快转变政府职能为核心的新一轮行政体制改革。一是以职能清理为龙头，理清政府职能清单和权责边界。截至年底，对37个政府机构、11个人民团体、30个参公事业单位和119个公益事业单位的行政审批、行政执法职权、公益服务、技术辅助和日常管理在内的13个类别职能进行全面清理。清理出各单位对外日常管理事项1266项、行政执法职权3046项、公益服务事项322项、技术性辅助事项245项。截至年底，第一、二批政府转变职能目录已向社会公布，涉及的事项有536项，其中行政许可事项有136项、其他审批事项67项、日常管理事项333项。二是以企业注册登记改革为先导，解决市场监管越位缺位问题。9月，佛山市企业注册登记改革全面铺开。9月28日，市政府公布《企业注册登记改革方案》和《佛山市企业登记管理改革实施办法》，并陆续推出企业登记、联合审批、年报备案、企业除名等综合性相关改革措施。三是以中德工业服务区改革为先行先试试点，推进佛山行政体制创新。

【事业单位分类改革】 2012年，佛山市作为广东省事业单位分类改革试点市，全市事业单位分类改革全面完成，累计减少机构87个，收回编制4791名。同时，佛山市将事业单位分类改革与行政管理体制改革、简政强镇事权改革、社会保障体制改革以及文化、卫生等领域行业体制改革结合起来，整体推进。在改革方式上，按照“分类定位、分开管理、分别改革”的思路，依据不同类别事业单位的特性，确定不同的改革方式。在改革策略上，注重从提高公共服务效率出发，将事业单位分类改革与清理规范统一部署，对工作任务相同、相近或在一个区域内重复设置的，打破条块、部门界限进行重组；对设置过于零散、规模过小、服务对象单一的，予以合并；对公益服务任务萎缩、工作量严重不饱满的，予以撤销。

【简政强镇事权改革】 2012年，佛山市率先在全省推行简政强镇事权改革。通过在机构设置、职能划转、权责分工等方面的尝试，推进区向镇（街）下放行政管理事权。

主要任务包括：科学定位政府职能，扩大镇级管理权限；推进行政体制创新，拓展经济发达镇试点；理顺纵向权责关系，加强镇级财力保障；完善公共管理和服务体系，创新运行机制和方式；规范机构设置，优化编制配备；改革事业站所，创新管理服务体制机制；创新用人制度，完善激励机制；完善决策和监督机制，实现民主决策和有效监督。全市五区共向镇（街）下放许可审批（管理）类事权4427项、行政执法权3700多项，在33个镇（街）建有40个行政服务中心，760个村（居）建有721个行政服务中心。简政强镇事权改革全面提升镇（街）服务和管理能力，形成发展在基层、服务在基层、管理在基层的格局。（市发改委）

【农村综合改革】 2012年，佛山市禅城区全面推进股权固化、“三旧”改造、集体资产产权登记等。南海区从“村改居”入手，实施“政经分离”、固化股权、建设服务型社区等改革措施，取得成效。顺德区探索农村发展共建共享的利益机制，从源头上化解农村深层次的矛盾和问题。高明区整合农地资源，整治村容村貌，规范农村集体经济组织管理。三水区新农村、农业园区和农村金融体系建设成效明显。（张伟）

基础设施建设

【交通基础设施建设】 2012年，佛山市完成交通固定资产投资50.7亿元，其中，公路桥梁建设投资49.6亿元，港航建设投资1.1亿元。（李丹心）

【供水基础设施建设】 2012年，佛山市有水厂52间，总设计供水规模558万吨/日。其中，是年扩建水厂1间，新增供水设计规模4.8万吨/日。全年实际供水量（售水量）约8.1亿吨，日均供水量230万吨。城镇居民自来水普及率100%，农村居民自来水普及率96%。（刘　勇）

【电网建设】 2012年，佛山市完成电网固定资产投资26.43亿元，新增主变容量81万千伏安，新增110千伏及以上输电线路86.25千米；建成全省首座110千伏预装式变电站，变电站总数达202座，运行变电站数量首次突破200座。完成《佛山市“十二五”配电网规划修编》和《佛山市电力专项规划修编》，基本确立佛山电网“7+6分区互联”大电网格局。全年全市供电量502.3亿千瓦·时，比上年增长4.17%，供电量首次突破500亿千瓦·时。是年全网最高负荷达890.4万千瓦，比上年增长0.16%。

（郑瑞观）

【信息化建设】 2012年，佛山市入选国家三网（广电、互联网、电信）融合第二阶段试点城市。佛山云联科技有限公司与电信、广电、移动等运营商合作打造三网融合增值服务平台，并成功研制出“云联棒”，实现广电、互联网和电信三类业务应用的融合，住户可通过电视上网、与手机固话通信、查询水电煤气费用和看高清电视等，为三网融合的推广应用打下基础。

是年，佛山市完成《佛山新城智慧城市规划》《智慧信息大厦规划设计》《大型公共建筑室内分布系统设计》编制，打造地下管线综合管廊运营模式，实现城市电力、通讯等各类管线集中管理和智能监测。千灯湖金融智慧新区引进太平洋保险华南后台运营中心、万达广场、骏辉租赁、私募创投机构及配套项目等，富士通数据中心、美国友邦保险项目一期等正式投运。华南智慧新城建设启动，世纪互联项目已取得相关规划建设许可证，中国电信数据中心大楼设备完成调试，格力电器、广东海西卓远投资有限公司已进驻。顺德德胜智慧商务区完成筹建，中国南方智谷建设总体实施方案正式出台，区市政工程和总部园区建设全面铺开，华南家电研究院、广东华南物联网研究院、顺德区物联网技术工程中心、顺德西安交通大学研究院建成。

是年，佛山市网上办事大厅改版，并接入广东省网上办事大厅，第一批可实现网上审批的事项共423个。完成通用审批系统、事项管理系统、综合管理平台和电子监察系统的升级改造和整合应用任务。出台《佛山市行政审批业务流程再造和运行模式创新实施方案》，启动工程报建和房地产登记联合审批优化提升工作。推出佛山市民融合服务平台，向市民提供政府公共和便民服务。完善佛山万事网，整合2000多项市、区部门公共服务资源和800多项市级行政审批事项，提供社区服务、行政办事、吃喝玩乐等服务信息，开发智能机器人“万博士”，打造24小时智能政府咨询服务平台。开通“佛山微博发布厅”和“佛山发布”政务微博平台，拓展政民互动渠道，完善投诉信息及时反馈机制。

加快推动两化（信息化和工业化）融合，推进73个两化融合重点项目。全面实施两化融合孵化工程，搭建“数字企业”信息化平台，鼓励企业从基础网络切入，逐步应用电子商务、物联网、云计算等适用信息技术，提高产品设计开发能力。年内确立首批20个“数字企业试点单位”。推动佛山电信公司为中小企业提供电子商务、“旺铺助手”等60多个行业信息化解决方案，已为超过7000家企业提供中国电信“数字企业”行业应用业务服务，帮助传统企业向“数字企业”转型升级。

推进实施“中小企业电子商务双推试点工程”，把广货网上促销作为促消费、扩内需、稳增长的重要举措，全市累计有105家电商企业参与“广货网上行”活动。鼓励和支持条件成熟的区域，依托现有产业园区资源，建设特色电子商务产业园。南海区和禅城区分别启动佛山市电子商务产业园和佛山市新媒体电子商务园建设。（刘义超）

2011~2012年佛山市基础设施情况

项　目	单位	2011年	2012年
公路通车里程	千米	4919.60	4902.97
其中:高速公路	千米	120.50	120.50
本地电话年末用户	万户	283.57	271.43
移动电话年末用户	万户	1188.70	1356.20
国际互联网用户	万户	167.89	218.74
电力消费量	万千瓦·时	4856165.31	5069528.77
商品房屋实际销售面积	万平方米	873.68	753.40
商品房屋实际销售额	亿元	702.37	615.13

现代产业

【商贸流通业】 2012年，佛山市出台加快推进现代流通业发展的意见，实施现代流通业加快发展10项工程，推进商贸流通业优化升级、降低流通成本，促进全市商贸流通业加快提升。全年全市实现社会消费品零售总额2019.50亿元，比上年增长11.6%。其中，食品、饮料、烟酒类及服装、鞋帽、针纺织品类零售额增长较快，分别比上年增长16.9%和16.8%；汽车类商品累计实现零售额260.76亿元，增长6.5%，占社会消费品零售总额的12.9%。

引导企业参与“广货网上行”活动，推进“中小企业电子商务双推试点工程”，举办“广货网上行网企对接会”，推动中小微企业牵手电子商务参与市场竞争。截至年底，佛山市累计有105家电商企业参与“广货网上行”活动。

结合智慧城市建设，实施具备溯源能力的智慧“菜篮子”工程，通过电子商务和社区智能提货柜形式，建立农副业生产基地与社区群众消费的对接平台，实现农副产品在社区直供，为市民提供平价菜。

发展本地市场，制定实施培育建设商品国际采购中心行动计划，加快建设建筑卫生陶瓷、家具、家具材料、纺织面料、家电等13个商品国际采购中心。佛山陶瓷市场集群被省政府认定为首批广东商品国际采购中心，顺德乐从家具市场集群被认定为首批重点培育对象。

是年，佛山市举办第六届中国（佛山）国际金属工业博览会，吸引首钢、太钢等行业龙头企业参与。组织举办第八届中国（佛山）机械装备展览会，吸引瑞士阿奇夏米尔、台湾协鸿、丰堡精机、大连机床、南通机床、中南机械等400多家企业参展。积极引导佛山企业参加国内重要专业展会，组织各行业企业参加15个国内专业展，并给予适当财政展位费补贴。佛山市参展企业在展会中现场成交总额5亿多元，签订意向购销合同200多个，合同金额40多亿元。

是年，佛山市实施智慧物流腾飞计划，组织发动智慧物流腾飞试点企业创建品牌。全市共有4家物流企业被认定为AAA级以上物流企业，其中，南储仓储管理有限公司被认定为AAAA级物流企业，佛山顺丰速运有限公司、佛山市运输有限公司、广东何氏水产有限公司被认定为AAA级物流企业，佛山市百安国际货运代理有限公司被认定为AA级物流企业。

【信息业】 2012年，佛山市完成电子信息产业总产值约1200亿元（不含家电）；通信业务总量126亿元，比上年增长15%。全市有软件企业236家，业务收入30亿元，比上年增长10%。佛山电信、移动、联通三大通信运营商加大资金投入，推进光网城市建设，100%行政村实现光纤到村工程，佛山市基本形成以光网为主的高速信息传输网络。佛山联通投资1500万元建设的IDC数据中心投入运营。

【现代制造业】 2012年，佛山市先进制造业完成工业总产值5293.90亿元，比上年增长14.0%，比工业平均增速高2.1个百分点；占规模以上工业总产值的36.1%，提高4.2个百分点。其中，装备制造业实现工业产值3857.41亿元，比上年增长14.8%；钢铁加工业实现工业产值520.40亿元，增长

26.1%。物联网产业快速发展，顺德区物联天下物联网产业园吸引国内外20多家物联网企业进驻。广东（佛山）物联网应用产业基地软环境不断优化，与国内著名金融机构及北京航空航天大学联合发起成立规模达5亿元的产业发展基金，与中科院成立公共标识平台南方解释中心。推动广东省无线视频识别产业（佛山）基地、广东省战略性新兴产业（云计算·物联网）基地物联网技术的应用开发与产业化。盛路通信新增RFID芯片外延片项目、广东翼卡车联网服务有限公司的北斗卫星导航与车联网产业基地项目落户佛山。世纪互联基础云服务项目、神州数码智能卡云服务项目、安讯智能物流云计算项目、佛山智力科技教育云服务项目、南海云计算中心项目、富士通（华南）数据中心项目等均取得重大进展。推进物联网、云计算等信息技术及先进装备在家电、纺织、陶瓷等行业中的应用。

【高新技术产业】 2012年，佛山市高技术产业完成工业总产值917.96亿元，比上年增长13.7%，占规模以上工业总产值的6.3%，提高0.3个百分点。其中，医药制造业完成工业产值61.88亿元，比上年增长15.9%；通信设备、计算机及其他电子设备制造业完成产值787.40亿元，增长14.3%。

（刘义超）

【文化产业】 2012年，佛山市优化文化产业发展环境，强化文化产业公共服务职能，重点开展文化产业项目招商工作，推动文化产业发展。一是加强对重点文化企业和园区的扶持。扶持佛山民间艺术研究社、佛山传媒集团、1506创意城、达力创意动漫有限公司等重点企业园区发展，为新媒体产业园、39°空间艺术创意社区、创越时代创意产业园、高明岭南民间艺术文化产业园、三水杜马禅园等新兴产业园区建设发展提供指导。二是培育文化产业新业态。对全市动漫等文化产业新业态进行调研摸底，组织企业申报性质认定、免税资格等优惠政策。佛山原创动力文化传播有限公司的剧目《喜羊羊与灰太狼之三个愿望》获省“五个一工程”奖。三是加大文化产业招商引资力度。成立全市文化产业项目招商工作领导小组及其办公室，面向全社会收集投资信息和项目资源，开通网上招商专栏，首批发布24个发展前景看好的文化产业投融资重点项目。四是利用专项资金引导激励文化产业发展。联合制定佛山市文化产业发展专项资金管理办法，开展文化产业发展专项资金申报评审工作，以奖励、补助等方式扶持重点项目。

发展文化创意产业，支持“岭南酒文化博物馆”“南国酒镇”等项目建设，提升传统产品的文化附加值。南海区制定文化产业融合系列活动计划，启动文化创意设计及技能大赛，联合佛山科学技术学院开展南海“老字号”调研等。佛山市民间艺术研究社等8家企业被认定为第一批“广东老字号”。

（佛山文广新局）

【现代农业】 2012年，佛山市建成现代农业园区28个，面积共1.90万公顷，占全市农用地总面积的24%；市级以上龙头企业46家（年内新增8家），农民专业合作社71个（年内新增26个）。培训职业农民1.1万人次。全年全市农业招商引资项目38个，合同投资额22亿元，实际投资额9.8亿元。花卉业、水产业逐渐成为佛山市农业的特色产业，蔬菜种植业逐步发展壮大。全市花卉种植面积0.84万公顷（含苗圃），水产养殖

面积3.81万公顷，蔬菜瓜果种植面积6.46万公顷。另外，还发展了一批外延种养基地。（张　伟）

转型升级

【实施城市升级工程】 2012年，国务院批准佛山市土地利用总体规划，明确中心城区规划控制土地总面积为361.66平方千米。实施城市升级三年行动计划，开工67个项目，建成15个项目。

落实"强中心"战略，"一老三新"（一老指禅城老城区，三新指佛山新城、桂城千灯湖片区、禅西新城）中心城区及其他组团城区升级步伐加快。禅城老城区改造提升成效明显。岭南天地二期基本建成，中山公园升级工程启动，升平路、永安路、南堤路商业街主体工程完工。佛山新城建设加速提质。佛山新地标苏宁广场等中央商务区8大项目同步奠基，滨江景观带初步建成。桂城千灯湖片区建设进展顺利。海八路金融隧道建成通车，平洲玉器城特色步行街区一期完工。禅西新区建设稳步推进。南庄岭南生态园中心湖河网工程全面完工，东片区主要道路工程基本建成。顺德新城43个重点项目全面铺开。西江新城完成5亿元建设量，君御温德姆至尊酒店如期封顶。三水新城规划编制基本完成，创建"全国绿化模范城市"通过国家核查组认定达标，生态景观林带建设取得阶段性成果。禅城区加大城市道路"五位一体"改造（指对城市重点路段的建筑立面、人行道、路面、路灯、绿化等五个方面进行统一规划和改造）力度，祖庙路、锦华路等道路改造完工，佛山大道改造工程进展顺利，佛山火车站区域提升成效明显，完成广佛轨道出入口绿化景观工程和南海区大沥镇广佛路改造、广佛新干线（一期）绿化工程、佛山水道沥桂新城区段滨河景观工程，里水河一河三岸景观塑造日见成效，华南电光源灯饰城外立面改造成为样板。顺德区对外主要道路衔接口、广珠西线及顺德站绿化景观工程完工，乐从新桂路及杏坛城市道路改造成效显现。高明区丽江水廊、秀丽河堤围景观综合整治初见成效，完成三水区广三高速城区段两旁美化亮化、西南城区重点地段亮化等工程，一环东路美化绿化成为样板工程。广三、佛开高速扩建完成，碧桂路改造、魁奇路东延线一期主线、一环南延线等建成通车，汾江路及岭南大道南延线、广佛轨道二期动工。大气和水环境治理力度加大，小燃煤锅炉、VOC（挥发性有机物）、黄标车、黑烟车进一步整治，节能降耗成效明显。佛山获全国城市供电可靠性A级金牌，三水区成功申报国家新能源示范城市。

出台《关于加快推进"三旧"改造促进城市升级工作的意见》，全市实施"三旧"改造启动项目737个，总用地面积0.51万公顷，投入资金1476.09亿元。广佛国际商贸城、国际家居博览城、高明三洲旧区等项目改造成效显著。（佛　府）

【工业结构调整】 2012年，佛山市通过开展产业链招商、改造提升优势传统产业、加快淘汰落后产能等措施，推动工业结构不断优化。结合佛山市产业基础和特点，围绕机械装备等优势行业，开展"建链""补链""强链"行动，在上海、深圳分别举办大型产业链对接合作洽谈会。全年全市共引进千万元以上项目393个，计划投资总额

1056.82亿元。制定实施机械装备、陶瓷、纺织服装、铝型材等4个行业“质量提升、效益提升”行动计划，支持和引导行业突破关键共性难点技术。一批重点项目稳步推进，如广东蒙娜丽莎集团公司与西安建筑科技大学徐德龙院士合作，探索将陶瓷行业的传统湿法原料加工方法改为干法连续式加工，达到节能20%以上目标。广东科达机电公司投入4.5亿元，用于5万套高压柱塞泵生产基地建设。“双提升”计划的实施助推了行业平稳发展，纺织服装、机械装备、建筑材料、金属制品行业增速比年初有所提高。加快推进产业载体和重点项目建设，高明新材料产业基地被认定为省市共建战略性新兴产业基地，南海生物医药产业基地被评为广东省生物医药产业化基地和广东省生物医药科技企业孵化器，广东新光源产业基地二期27万平方米载体基本完成。国星光电“高光效白光LED光转换膜及其器件”项目被列入国家战略性新兴产业发展专项资金计划，一汽大众主机厂建设基本完成。

是年，佛山市工业内部结构进一步优化。先进制造业和高技术产业发展较快，先进制造业完成工业总产值5293.90亿元，比上年增长14.0%，比工业平均增速高2.1个百分点；高技术产业完成工业总产值917.96亿元，增长13.7%，比工业平均增速高1.8个百分点；优势传统工业完成工业总产值5844.41亿元，增长12.3%，占规模以上工业总产值的39.8%。全市规模以上民营工业企业完成工业总产值9472.79亿元，比上年增长13.2%，占全市工业总产值的64.6%，比上年提高4.4个百分点。

【工业产业转移】 2012年，佛山市积极引导佛山企业向清远、云浮等地区转移。佛山（清远）产业转移工业园实现工业总产值169.49亿元、工业增加值31.58亿元，新增引进工业项目8个，计划总投资38.1亿元，初步形成机械装备制造、汽车零部件、电子信息、金属铝材等特色支柱产业。佛山（云浮）产业转移工业园新增引进项目13个，计划投资总额90.54亿元；累计入园项目87个，计划投资总额548亿元；在建重点项目22个，完成投资29.03亿元；新动工项目15个，计划总投资45.1亿元。

佛山市各区积极推进产业转移工业园建设。佛山禅城（清新）产业转移工业园累计入园企业63家，投资总额68.6亿元。佛山禅城（阳东万象）产业转移工业园引进企业58家，投资总额47.3亿元。顺德区政府出台《关于鼓励顺德企业到合作区投资的若干优惠措施》，通过信用担保贷款、“三旧”改造政策、总部经济政策及多层厂房建设奖励等措施，鼓励顺德企业到合作区投资。万家乐厨房科技产业园项目、红岛实业生产基地项目落户顺德清远（英德）经济合作区。

（刘义超）

【金融创新发展】 2012年，佛山市出台促进金融服务实体经济的若干意见，提出试点设立科技金融机构、推广“商圈”融资模式等创新举措，服务实体经济。全市新增上市公司5家，总数达37家；新增股权投资基金65个，总数达125个。外资银行在佛山设立分支机构11个。探索民间金融创新发展新路径，佛山市民营企业投资商会成立，佛商壹号投资基金启动。南海区成为全国首个通过知识产权质押融资验收的试点城区。佛山市成为全省首个实现行政村金融服务全覆盖的地级市。

（佛　府）

城乡发展

【城乡规划】 2012年，佛山市组织编制《佛山市城市总体规划编制体系研究》，已验收研究成果。开展新一轮《佛山市城市总体规划》编制工作，纲要成果已通过市政府审查和部省联合审查。《佛山市城市近期建设规划》待市政府审批。组织编制《佛山市城乡规划和土地规划“一张图”技术规范体系》，以建立基于可持续发展的城乡规划和土地利用规划共用的一体化数字化平台。完成《佛山市交通白皮书》5个专题、5个专项研究和3个咨询研究的编制工作，为政府的交通发展决策提供理论、技术和数据支撑。组织开展年度的交通模型维护与交通年报编制工作。组织编制《佛山市城市道路网规划》《大型居住区配建公交场站的政策研究》。统筹协调《佛山市电网近期建设规划》《佛山市地下管线勘测成果数据建设（佛山新城北片区）》。围绕城市升级三年行动计划，完成《城市中心区概念规划》《佛山市新城市中轴线规划研究》《佛山建设低碳城市规划》《佛山市中心区特色步行街区规划研究》《佛山市“2+5”组团产业空间演变研究》，加快规划建设核心区佛山城市中轴线，发挥组团中心的引领和带动作用。

加强控制性详细规划管理。印发实施《佛山市控制性详细规划管理工作规程》《佛山市控制性详细规划编制成果技术准则》《佛山市控制性详细规划电子数据成果标准》等管理文件，重点加强对控制性详细规划中基础设施、公共绿地、公共服务配套设施、文物紫线等公益性设施内容的审查。审查《南庄镇同济西路（规划）南侧地块规划条件》《佛山市张槎街道中心区东、西片控制性详细规划局部调整》等18个控规阶段成果，并按程序报批。

推进广佛同城化。与广州、肇庆等规划部门共同推进广佛同城化和广佛肇经济圈建设的相关规划工作。完成《广佛同城化规划机制研究》《跨界地区城市规划编制研究》《广佛同城花都空港地区整合规划》《广佛同城五沙地区整合规划》编制。《广州市、佛山市同城化城市规划合作协议》确定的相关工作基本完成。 （许　伟）

【城乡建设管理】 2012年5月，佛山市政府重新设立佛山市城市管理委员会（简称市城管委），将市住建管理、国土规划、交通运输等部门纳入成员单位，构建“大城管”格局；统一指挥、调配城市管理资源，统一协调、组织、开展城市管理工作。

2012年，佛山市在建监督工程6432个，建筑面积4533.41万平方米，工程合计总造价716.97亿元。佛山市禅城区、南海区、高明区、三水区新报建项目2135个，建筑面积2105.93万平方米，工程合计造价337.4亿元。新注册工程监督覆盖率、受监工程主体结构合格率、竣工验收工程一次验收合格率均达100%。全年创建绿色建筑7个，面积71.77万平方米。佛山新城被纳入省级绿色低碳新区建设示范区。

是年，佛山市禅城区、南海区、高明区、三水区共设建制镇15个、行政村290个，已编制村庄规划的行政村209个，占行政村总数的72%。建制镇镇域面积17.84万公顷，其中，建成区面积1.38万公顷。建制镇燃气普及率60.11%，人均道路面积16.52平方米，污水处理率53.64%，人均公园绿地面积2.74平方米，绿化覆盖率

10.45%。4个区共设中心镇7个，分别是南海区里水镇、西樵镇，高明区明城镇、更合镇、杨和镇，三水区乐平镇、芦苞镇。中心镇镇域总面积1648.21平方千米，其中建成区面积85.15平方千米。中心镇建成区公共绿地面积1173万平方米，公园绿地面积247万平方米，镇区道路长度689千米，镇域道路长度1890千米。

（司少峰　周炳明　关晔华　吴燕婷　伍佩玲）

社会建设

【社会工作机制建设】　2012年，佛山市成立社会建设专责机构。市、区两级社会工作委员会全面建立。禅城区、南海区、三水区成立镇一级社会工作委员会。成立佛山市社会建设工作咨询委员会和民情志愿服务队，为全市社会建设提供智力支持。

建立社会建设政策体系。在全省率先出台《佛山市社会建设“十二五”规划纲要》，并出台《关于加强社会建设的意见》及6个社会建设配套文件，构成佛山市社会建设政策体系。

【社会组织建设】　2012年，佛山市开展社会组织登记制度改革。全面实行直接登记制度，降低注册“门槛”，促进社会组织发展。至年底，全市共有注册登记备案的社会组织3549个，比上年增长52.2%；民办社工机构由上年的21个增加到32个。市、区建立社会组织孵化基地，佛山市、南海区和顺德区设立专项资金扶持社会组织发展。出台《关于加快培育行业协会商会发展促进产业升级的实施意见》，进一步发挥协会商会的重要作用。推动工青妇等群团组织工作转型，着力打造镇街总商会枢纽型社会组织。依托异地商会，成立江西、福建、山东、湖北、安徽5个异地务工人员服务中心。

【社会管理】　2012年，佛山市开展“平安佛山”创建活动。推进社会治安综合治理，实施重大事项社会稳定风险评估机制，建立动态、高效应急处置机制，健全大调解机制，防止重大安全事故和重大突发事件发生。

全面启动城市升级三年行动计划，出台加强城市管理的系列文件，进一步提升城市精细化管理水平。推进创文工作，佛山市全国城市文明程度指数测评排名居全省首位。取消流动人口治安联防费，规范居住证办理，探索建设南海狮山“产业社区”、顺德北滘异地务工人员服务中心、新三水人服务站等项目，在南海黄岐等地建立外国人管理服务工作站，进一步加强实有人口服务和管理。各区、各单位推出“创益中心”“社会创新中心”“家庭服务中心”等一批社会服务综合体。

【城乡社区建设】　2012年，佛山市增强村（居）委会自治功能。南海区实行农村“政经分离”改革，顺德区推行“政社分开”机制。进一步加强社区规范化和村（居）务公开民主管理的制度化建设，完善农村集体资产管理和财务网上监控两个平台的运作机制，在农村社区创新成立村务监督委员会，进一步健全基层民主管理制度。建立邻里中心、社区参理事会、“党代表工作室”等公众参与载体，初步构建起公众参与式的社区治理新格局，其中顺德区“两社三工”社区服务模式项目被确定为广东省首批社会创新

试点项目。（李清平）

【就业】 2012年，佛山市城镇新增就业人数91056人，失业人员实现再就业人数50133人，城镇登记失业率为2.42%，连续两年获得全省就业工作目标责任制考评“优秀”等次。

实施积极的就业政策。面对经济不景气对中小微企业的冲击，及时出台给予社保补贴、岗位补贴、培训补贴，结构性调低社保费率，免征劳动调配费等“暖企”优惠政策，累计为企业减轻负担6亿元，失业保险促进就业支出3.2亿元。出台《关于进一步落实普通高等学校毕业生就业扶持政策的通知》，推动高校毕业生实现就业。推动创业带动就业工作。全市共发放小额担保贷款3302万元，直接帮扶6309人成功创业，带动就业2.5万人。

统筹做好重点群体就业工作。开展南粤高校毕业生就业推进行动，加强与高校合作，把招聘会开进大学校园。高校毕业生就业率达91.06%，困难家庭高校毕业生就业率达100%。按照“帮扶到人、岗位到手、政策到位、服务到家”标准，为就业困难人员提供“一对一”个性化就业服务，就业困难人员实现就业14940人，“零就业家庭”保持动态归零。推进“春风行动”“南粤春暖行动”等异地务工人员就业服务行动，为异地务工人员提供招聘求职服务57.16万人次，帮助17.7万人达成就业意向。

强化基层公共就业服务。全市共建成公共服务机构836个，33个乡镇（街道）、767个村（居）全部实现社会公共服务均等化。开展创建充分就业社区工作，全市277个社区中有247个社区达到充分就业社区的标准，比上年增加11个，达标率为89.2%。在全省率先创新开展“充分就业村”创建工作，全市充分就业村达标率超过50%。

深化区域劳务合作。加强与省内各地区人力资源合作，先后41次组团赴云浮、清远等地参加招聘会，共输入省内农村劳动力33561人。同时，组织企业到湖南、湖北、广西等省（自治区）开展劳务招聘活动，解决企业“用工荒”问题。

【社会保障】 2012年，佛山市城镇基本养老、基本医疗、失业、工伤、生育五大保险参保人数分别达到336.2万人、445.1万人、194.1万人、210.9万人、209.8万人。全年全市社会保险基金收入199亿元，比上年增长13.5%；社会保险基金支出144亿元。全市参加新型农村社会养老保险人数72万人，全征地农村养老保险补贴参保人数12万人。

养老保障水平进一步提高。年内两次提高企业退休人员养老金标准，调整后佛山市企业职工退休人员月人均养老金从1570元调整至1940元。推进城乡居民养老保险全覆盖。在全省率先实现新农保与城镇居民社会养老保险制度的合并实施，提前实现新农保和城居保两项制度全覆盖。出台《佛山市新型农村和城镇居民社会养老保险补充意见》，增设城乡居保丧葬补助费项目，明确建立城乡居民一体化的社会养老保险制度，完善以新农保制度为基本制度框架的城乡居民社会养老保险制度。

医疗保障体系进一步完善。新增职工基本医疗保险血友病等3个门诊特定病种。扩大基本医疗保险基金支付范围，将门诊一般诊疗费纳入支付范围。出台《城镇职工基本医疗保险定点医疗机构医疗费用结算管理办法》，启动单病种付费试点工作，提高基金使用效率。出台《佛山市生育保险试行办法》，首次将生育津贴纳入社保范围，保障参保女职工生育期间的待遇发放。调整佛山市工伤伤残津贴标准。调整后，佛山市1～4级工伤职工月人均伤残津贴从1551.25元增至1912.3元。市外医保定点医疗机构达44个，与广州13家医院实现医保异地即时结算。全市五区全部实现居民门诊医保“一卡通”，参保人可任选区内定点医疗机构就医。（佛山人社局）

【企业科技创新】 2012年，佛山市组织企业申报各类科技项目共计1300多个，获得省、国家经费支持超过3亿元。其中，获得国家科技立项67个，立项经费2350万元；获得省级科技立项214个，立项经费28823万元；市级科技立项218个，立项经费6026.5万元；市发明专利资助项目728个，资助经费389.5万元。完成省级科技成果鉴定4项，市级科技成果鉴定70项，省级成果登记15项，市级成果登记88项。全年评审出2011年度科学技术奖励获奖项目109个，推荐省科学技术奖励39个。

【知识产权工作】 2012年，佛山市专利申请量22603件，比上年增长10.8%。其中，发明专利申请量3310件，比上年增长19.4%；专利授权17839件，增长9.1%，其中发明专利授权1161件，增长19.4%。全市国际专利申请121件。（郑岁华）

【教育事业】 2012年，佛山市拥有各类学校1458所，其中，普通高校3所，成人高校6所，中职学校（含省属中职学校和技工学校）51所，普通高中54所，初中135所，小学411所，幼儿园793所（含部分托儿所），特殊教育学校5所。各类学校在校学生116万人，其中基础教育学校在校学生99万人。学前教育毛入园率122.57%，小学毛入学率103.83%、升学率100%，初中毛入学率111.19%，高中毛入学率132.27%，普通高中毕业生升学率93.37%，三残儿童少年入学率98.05%，高等教育毛入学率58%。佛山市在全省率先通过广东省推进教育现代化先进市督导验收。

是年，佛山市实施学前教育三年行动计划。至年底，全市等级幼儿园达65.13%，100%幼儿园达到办园标准。出台《佛山市非户籍常住人口子女入读义务教育公办学校实施办法》，引入“积分入学”机制，同时完善普通借读生积分分值指标体系，保障更多非户籍学生入读公办学校。开展构建现代职业教育体系试点，全面启动职教“中高职衔接一体化培养模式”和“高技能人才专本衔接培养模式”探索，开展3+2中高职贯通大专层次高技能人才培养和2+2专本衔接“高级专业技能+本科综合素质”的本科层次应用型人才培养。扶持和规范民办教育发展，对禅城区教育局利用社会资源筹建佛山市外国语（国际）学校等项目进行引导，支持、指导佛山慧才教育投资有限公司选址西樵镇举办佛山市黄飞鸿（国际）武术学校。

解决教育民生问题。一是在省内率先建立以财政投入为主、覆盖全市户籍家庭经济困难学童及残疾儿童等对象的资助体系。将学前教育资助纳入各级政府工作中，按照每人每年3000元的标准对最低生活保障家庭幼儿实施资助；全市按照每人300元的标准全面实行幼儿园大班保教费补贴。全年全市财政共投入学前教育资助经费3099万元，受惠幼儿5.55万人，全市超过26%在园幼儿受惠。二是解决进城务工人员随迁子女入学问题。全市随迁子女义务教育在校生超过

30万人，其中21.8万人在公办学校就读，占比71.96%。三是在全省率先实施户籍残疾儿童少年15年免费教育，免费资金纳入财政预算予以保障。学前教育残疾学生按每人每年6000元的标准免保教费，义务教育残疾学生按现行义务教育免费政策免书杂费，普通高中和中职学校残疾学生分别按每人每年2470元和4000元的标准免学杂费。四是全面完善扶贫助学体系，形成以政府为主导、财政拨款为主、社会捐助为辅的扶贫助学机制，扶助覆盖学前教育、义务教育、高中教育、高等教育全过程。全市对各学段困难家庭学生每人每年补助标准为：学前三年3000元，小学1000元，初中1500元，高中1500元，大学新生一次性4500~6000元。此外，对低保临界学生和特殊困难家庭学生也给予补助。五是提前完成中小学校安工程。 （吴海桐）

【文化事业】 2012年，佛山市推进标志性文化设施建设。佛山市图书馆新馆正在装修，市文化馆新馆开挖基坑。改造提升现有文化场馆，佛山市文化馆、南海区文化馆、顺德区文化馆被评为“广东省十佳文化馆”。全市33个镇街文化站中，省特级文化站达到29个。社区（行政村）文化设施基本按照“五个有”标准实现全覆盖。

市文化馆、市图书馆等公共文化服务阵地开展“梦想舞台”“音乐之旅”“艺林墨香”等系列活动，全年共举办“梦想舞台”活动12场、“音乐之旅”9场、“艺林墨香”4场。举办2011年度佛山市群众文艺“百花奖”戏剧曲艺展演2场和颁奖典礼暨群众文艺精品汇演，举办佛山市粤曲私伙局大赛、“开心广场·百姓舞台”——2012佛山市群众广场排舞展演等活动。举办2012“寻梦佛山”异地务工人员子女夏令营，在五区开设7个分营，免费给530名异地务工人员子女学习舞蹈、美术、书法等课程和参观博物馆、科学馆及观摩电影、参加户外拓展等。 （佛山文广新局）

【体育事业】 2012年，佛山市本级投入体育彩票公益金100万元，推进农村（社区）公共体育设施建设。至年底，市本级共投入建设资金480万元，带动全市全民健身工程投入资金1.8亿元，实现禅城、南海、高明、三水4区258个行政村1个灯光篮球场和302个社区户外健身设施全覆盖。佛山新城露天泳场建成并免费开放。学校体育设施向社会开放工作逐步推进。政府购买服务体育场馆免费开放工作深入开展。佛山市有8个点被评为广东省全民健身示范点，1个镇被评为全国乡镇农民健身示范工程。佛山市体育局获“全国百城千村健身气功交流展示活动最佳展示奖”。佛山市获“全国网络象棋之乡”称号。群众体育取得新成绩。组队代表省参加全国第七届农民运动会女子篮球等4个大项的比赛，获得一等奖11个、二等奖2个、三等奖1个。

竞技体育可持续发展。优先发展游泳、田径、体操等基础大项，加快发展自行车、击剑、射击等优势项目，大力发展群众基础广的乒乓球、羽毛球、足球、篮球等集体项目和球类项目，增设皮划艇、赛艇项目，缩减投入大、效益差、群众参与度低的柔道、艺术体操、蹦床等项目。竞技体育参赛成绩优异，林福荣、林萍、曹远航分别获得伦敦残奥会2金、2银、2铜，并打破2项世界纪录，实现佛山历史上残奥会金牌零突破；周施雄等8人参加亚洲锦标赛获得5项冠军；梁嘉鸿参加奥运会、亚洲田径大奖赛

(泰国站、日本站)三破4×100米全国纪录;张家玮等28人参加全国赛获得22项冠军;佛山代表团参加省第十届中学生运动会,以全省第四名的成绩获得二等奖;参加19个项目广东省青少年锦标赛,取得团体总分第三名5个,单项23金、36银、39铜,总分1176分的好成绩。

编制出台《佛山市体育产业“十二五”发展规划》,推动体育产业与体育事业互动发展。亚洲龙舟联合会总部正式落户佛山,成为落户中国境内唯一一个国际体育组织;西樵山“梦工场”武术影视基地建设启动,黄飞鸿国际武术学校建成并招生,形成龙舟、武术、龙狮、篮球四大佛山传统优势项目齐头并发的发展局面。

佛山市体育场馆中心全年共承接各类比赛和活动54场,接待活动群众达70.5万人次;岭南明珠体育馆全年成功举办公益活动、体育赛事、文艺演出、会议展览、企事业活动等共计112场次,服务观众52万人次。

全市有体育彩票投注站点450间,禅城、南海、高明、三水4区销售体育彩票4.88亿元,比上年增长14.97%,为佛山市筹集公益金3409.84万元,代扣税783.22万元。

举办世界女排大奖赛(佛山站)、佛山国际龙舟邀请赛、中国五人制足球甲级联赛、全国羽毛球冠军赛、全国少年体操比赛总决赛等,并连续第三年举办中国男子篮球职业联赛。禅城区举办元宵节粤桂港澳台狮王争霸赛。南海区举办中华龙舟大赛总决赛、世界咏春邀请赛、西樵山南北狮王争霸赛等赛事和活动。三水区连续第二年举办云东海国际铁人三项赛。(胡建中)

【卫生事业】 2012年,佛山市制定《佛山市医疗卫生服务体系升级行动计划(2012~

2011~2012年佛山市社会事业情况

教育				医疗 文化 体育			
项目	单位	2011年	2012年	项目	单位	2011年	2012年
普通高校数	所	3	3	医院、卫生院数	个	107	108
普通高校在校学生数	万人	4.46	4.58	医院、卫生院床位数	张	24167	25338
中职和技校学校数	所	52	51	平均每千人口医院、卫生院床位数(常住人口)	张	3.34	3.49
中职和技校在校学生数	万人	10.64	10.83				
普通中学学校数	所	178	189				
普通中学在校学生数	万人	32.34	31.86	文化馆数	个	6	6
普通高中毛入学率	%	107.77	111.61	公共图书馆数	个	6	6
小学学校数	所	423	411	博物馆数	个	7	9
小学在校学生数	万人	44.55	45.28	人均体育运动面积	平方米/人	2.1	2.1
学前教育入园率	%	99.67	99.53				
幼儿园数	所	782	793				
在园幼儿数	万人	21.99	22.25				

2015年)》。着力推进组织实施医疗机构设置规划，重点做好佛山新城医疗机构设置规划的落实。推进民营医疗机构发展，制定《关于加快佛山市民营医院发展的实施意见》。落实基本公共卫生服务，加强社区卫生服务机构内涵和标准化建设，实施标准化改造的社区卫生服务中心7个。推进基本公共卫生服务均等化，人均基本公共卫生服务经费为30元。巩固基层医疗卫生单位综合改革成果，基本药物制度平稳实施，政府办的社区卫生服务中心（站）全部配备、使用国家基本药物、省增补药物，全部实行零差率销售并纳入医保报销范围。推进基层医疗机构化债工作。

佛山市智能卫生建设应用取得重大进展，被卫生部确定为居民健康卡建设试点城市，佛山市在全省率先实现居民健康卡全国首批城市发放，在全省率先构建佛山区域卫生信息平台，实现居民电子病历、健康档案、健康卡的融合、应用和共享，为佛山市民提供“六有一共享”的数字健康服务。全年全市共建立居民电子健康档案348万份，建档率为73.4%。

继续做好预防接种、传染病防治、慢性病管理、重性精神疾病管理、卫生监督协管等公共卫生服务工作。全市孕产妇死亡率、婴儿死亡率、5岁以下儿童死亡率分别是9.75/10万、3.46‰、4.34‰，均低于全国平均水平。加强艾滋病、结核病、梅毒等重点传染病防控工作。签订《广佛肇公共卫生信息共享协议书》，落实广佛肇重大传染病和突发公共卫生事件联防联控工作机制。加强职业病防治工作和卫生监督执法力度。

（潘思东）

·责任编辑　刘燕玲·

江门市

基本情况

【地理位置】 江门市位于广东省中南部，珠江三角洲西部，范围在东经111°59′~113°15′、北纬21°27′~22°51′之间。北自鹤山市古劳镇丽水，南至台山市下川镇围夹岛，相距142.2千米；东自新会区大鳌尾，西至恩平市那吉镇蛤坑尾，相距130.68千米。东部与佛山市顺德区、中山市、珠海市斗门区相邻；西部与阳江市阳东县、阳春市接壤；北部与云浮市新兴县，佛山市高明区、南海区相连；南部濒临南海。

（江门市国土资源局）

【资源物产】 水资源　江门地表水资源、地下水资源和水资源总量均高于全省、全国平均值，多年平均降雨量2078毫米，是全省平均值的1.18倍、全国平均值的3.2倍；年均河川径流量119亿立方米，占全省的6.62%、全国的0.44%。地下水的补给主要来源于大气降水，全市地下水资源总量25.93亿立方米，占全省的5.56%、全国的0.31%。水资源总量的主体是河川径流量，江门水资源总量120亿立方米，占全省的6.2%、全国的0.43%。至年末，全市有蓄水工程2349项，其中大（2）型水库4项、中型水库29项、小（1）型水库157项、小（2）型水库414项，总库容量24.62亿立方米，灌溉库容量15.92亿立方米。全市水力资源理论蕴藏量42.37万千瓦，可开发量15.56万千瓦。全市建成投产的小水电站255座，总装机容量13.18万千瓦。其中，单站装机容量1000千瓦以上的有26项，装机容量6.24万千瓦。全市小水电多年平均发电量3亿千瓦·时。全市有大中型水库33项，装机容量3.74千瓦。（江门市水务局）

土地资源　江门市土壤多为赤红壤。河谷、三角洲冲积平原，土质肥沃，垦耕历史悠久。2012年末，全市耕地面积21.19公顷，人均耕地面积0.05公顷。全市沿海滩涂（潮间区）面积34375公顷，0~1.5米浅海滩涂面积48599公顷，0~5米浅海滩涂面积121776公顷。水产养殖总面积67671公顷，其中海水养殖面积25050公顷、淡水养殖面积42621公顷。

海洋资源　江门市濒临南海，拥有丰富的岸线、海岛、浅海滩涂、港口和滨海旅游等资源。有居民海岛6个、无居民海岛265个。广海湾、上川岛大湾、下川岛王府洲和乌猪洲等具备建设深水港的条件；海岛和海湾众多，拥有奇石山林、渔港风情、文史古迹等旅游资源，形成亚热带风光的滨海旅游资源。滨海旅游区主要有上川岛飞沙滩、下川岛王府洲、黑沙滩、浪琴湾、崖门炮台等。

渔业资源　江门市海域水质好，海洋生物资源丰富，是多种经济鱼、虾、贝、藻类的繁育场，也是从事捕捞和养殖渔业生产的理想区域。浮游动物在春、秋两季出现，有11个类群72种；底栖生物有140科364种，其中软体动物52科129种、甲壳动物28科139种，是广东省软体动物和甲壳动物的主要分布区之一。软体动物的主要种类有：近江牡蛎、泥钳、毛钳、棒锥螺、光滑河蓝蛤、壳肌蛤、文蛤、巴非蛤、翡翠贻贝、泥东风螺、鲍等。甲壳动物的主要种类有：墨吉对虾、日本对虾、近缘新对虾、刀额新对虾、周氏对虾、锯缘青蟹、远海梭子蟹、锦绣龙虾和日本龙虾等；游泳生物主要以经济鱼类为主，有98种，分别隶属于10

目41科71属。经济价值较高或群体较大的鱼类有：红笛鲷、带鱼、鳓鱼、蓝点马鲛、银鲳、长尾大眼鲷、鲐鱼、蓝圆鲹、海鳗、青石斑鱼、梭鱼、金线鱼、黄鳍马面鲀、黄鲫、龙头鱼、黄斑蓝子鱼、斑鳐、灰星鲨、燕鳐鱼、四指马鲅、宝石石斑鱼、短尾大眼鲷、银方头鱼、黄鲷、六齿金线鱼、小公鱼等。（江门市海洋与渔业局）

矿产资源 江门市发现矿产51种，矿产地490处，其中地质工作程度较高、探明有一定储量的矿产有石灰石、硅砂、铌钽砂、钾长石、独居石、石英砂、稀土、水晶、绿柱石、煤、金、银、铜、铁、锡、钨等35种。恩平市的石灰石蕴藏量达10亿吨。矿区119处，其中大、中型规模的有39处。在已发现的矿产地中，能源矿产4种，矿产地45处；金属矿产19种，矿产地146处；非金属矿产25种，矿产地244处；水气矿产4种，矿产地55处。

（江门市国土资源局）

动植物资源 江门市野生动植物资源丰富，其中古兜山有野生植物161科494属924种，有国家重点保护植物紫荆木、白桂木、华南杉、吊皮锥、绣球茜草、海南石梓、粘木、巴戟、火力楠、藤槐等。在恩平市七星坑亚热带次生林区，有植物种类735种，其中刺木沙椤等12种属国家级和省级珍稀濒危保护植物。全市境内野生动物有兽类100余种、鸟类400余种、蛇类100多种、昆虫类200多种，其中山猪、小灵猫、山蛤、龟、鹧鸪、鳖、蛇、穿山甲等于西北部山地常见。（刘永忠）

森林资源 2012年，江门市林业用地44.41万公顷，占全市总面积47.8%，其中林地面积37.83万公顷。迹地更新率100%，森林覆盖率43.72%。生态公益林面积16.12万公顷，占林业用地36%；商品用材林面积28.29万公顷，占林业用地64%。全市活立木总蓄积量1831.7万立方米，森林蓄积量1731.6万立方米，林木年总生长量113.4万立方米，活立木总蓄积量年净增长率5%。

（杨圣权）

【面积与人口】 *面积* 江门市土地面积9505平方千米。领海基线以内的海域面积2886平方千米。海岸线长420千米，占全省的10%。海岛岸线长400千米，占全省的16.7%。共有大小海岛561个，海岛数量居全省第二位。海岛总面积249.97平方千米，其中面积大于500平方米的海岛有130个，面积大于1平方千米的海岛有9个。上川岛面积137.15平方千米，是全省第二大岛；下川岛面积81.07平方千米，是全省第六大岛。（江门市海洋与渔业局）

人口 至2012年末，全市总户数1196083户，比上年增加4759户；总人口数3917987人，减少19109人。总人口中，男性1974221人，女性1943766人。年内办理出生登记入户42636人，出生率1.09%；年内办理死亡注销42329人，死亡率1.08%。年内迁入41871人，其中省外迁入8567人、省内迁入33304人；迁出78616人，其中迁往省外13723人、迁往省内64893人。全市非农业人口人数2157047人，未落户常住户口人数3305人；暂住人口394592人，比上年增加21339人。（江门市公安局）

【行政区划】 至2012年末，江门市辖3个区，代管4个县级市。全市共有61个镇、17个街道办事处、1051个村民委员会、265个社区居民委员会。（江门市民政局）

【风俗民情】 江门市及所辖的台山、开平、鹤山、恩平五地，俗称“五邑”。五邑文化总体上属中国岭南文化的组成部分，由于五邑是侨乡，受外来文化影响比较早、比较深，其民情风俗文化又具有鲜明个性。

五邑建筑 五邑建筑具有中西合璧的风格，而最能表现这种风格的建筑是村落与民居、碉楼与骑楼。五邑民居与客家的土楼，分家不分户、合家而居的多庭院住宅、几个住宅组群形成村落的潮汕民居不同，也与珠江三角洲区内其他类型的民居有异。这种差异表现在村落的布局方式上。五邑村落的布局是村内道路纵横垂直交错，宅基面积大小基本相同，民居密集串联，村落首面建筑风格一致。

五邑碉楼的建筑和装饰千姿百态。结构上可分为泥楼、青砖楼、钢筋水泥楼三类，建筑形式有硬山顶式、中西合璧式、古罗马式、欧洲式、庄院式、别墅式等。不同的风格，从一定程度上反映华侨所在国家的建筑艺术风格。五邑骑楼既继承中国传统建筑的民族风格，又吸取国外建筑的艺术特色。其特点是通过柱、廊等不同建筑，在保持一定共性的同时，充分表现建筑的个性特点。女儿墙的建筑风格，正面墙的阳台、门窗的装饰等都表现出丰富的艺术性和文化特性。

2012年江门市行政区划情况

单位：个

市（区）	镇、办事处名称	镇数	街道办事处数	村委会数	社区居委会数
蓬江区	镇：荷塘、棠下、杜阮 街道：环市、仓后、堤东、北街、白沙、潮连	3	6	56	84
江海区	街道：外海、礼乐、江南、滘头、滘北	0	5	36	23
新会区	镇：大泽、司前、沙堆、古井、三江、崖门、双水、罗坑、大鳌、睦州 街道：会城	10	1	193	31
台山市	镇：大江、水步、白沙、冲蒌、端芬、都斛、斗山、三合、赤溪、北陡、川岛、海宴、四九、深井、汶村、广海 街道：台城	16	1	277	37
开平市	镇：水口、月山、沙塘、龙胜、马冈、塘口、蚬冈、百合、赤坎、金鸡、苍城、大沙、赤水 街道：长沙、三埠	13	2	226	41
鹤山市	镇：雅瑶、龙口、桃源、古劳、址山、宅梧、双合、鹤城、共和 街道：沙坪	9	1	112	26
恩平市	镇：大槐、良西、圣堂、君堂、东成、牛江、大田、沙湖、那吉、横陂 街道：恩城	10	1	151	23
合计		61	17	1051	265

（江门市民政局）

四邑方言　四邑方言属汉语粤方言中的四邑系，与广府（广州）话基本相通，但在声母、韵母、声调等方面与广州话有较大差异，具有明显地域或方言特征，是五邑地区事实上的通用语。四邑是一个历史概念，原指位于广东省西南部的台山、开平、新会、恩平4个县。1951年1月12日，划出新会县的江门镇成立江门市。1983年6月，江门市实行市领导县新体制，增辖台山、开平、新会、恩平、鹤山5个县后，将“四邑”改称为“五邑”。但四邑方言的通行范围并不完全与五邑地域重合，中山古镇话，珠海斗门话，佛山市南海桂城镇西约村岐阳里与健龙里、东二村的新村、叠南村的乐庆村，顺德龙江以及鹤山的多数粤语，均属四邑方言系统。

五邑习俗　五邑有独特的节日、婚嫁、丧葬、饮食、娱乐等习俗，体现五邑民众的生活习惯、情趣、爱好和性格。如婚俗中的“打阁”（抢新娘），参与者的性别、身份、使用物品等方面与东莞、增城等地有别；婚仪中的相亲、文定、出阁、踢轿、乱房也有独特之处。丧祭俗中的土葬，五邑地区习惯是先立长堆墓，两年后开坟“起身”置骨骸于“金埕”内，再立圆墓。清明的祭扫也有不同规定。西江流域在元宵节盛行花炮会，而五邑地区则在正月十五元宵节或二月十九观音诞举行，前者叫“花灯炮”，后者叫“观音炮”。这两日的“拥炮”和“供炮山”活动热闹非凡。中秋节的姑娘拜月门、端午节的打龙船、重阳节的打秦桧和结缘，以及食俗中的做狗社、生活中的用筷禁忌等等，都带有地方色彩。娱乐习俗多种多样，主要有龙舟比赛、舞狮舞龙、广东曲艺、民间舞蹈、民歌演唱，还有台山跳禾楼、摆色，新会鱼灯、大鳌咸水歌，开平泮村舞灯会、八音演奏、鹤山狮艺、恩平木鱼等。

（江门市地方志办公室）

【旅游资源】　至2012年末，江门市共有国家4A级旅游区8个（圭峰山、立园、金山温泉、古兜温泉、锦江温泉、川岛旅游区、富都温泉、康桥温泉），国家森林公园2个（圭峰山森林公园、北峰山森林公园），国家重点文物保护单位2个（梁启超故居、开平碉楼），国家地热地质公园1个（恩平温泉），全国工农业旅游示范点2个（新会现代农业基地、台山国华台电），省级旅游度假区2个（川岛旅游度假区、金山温泉度假区），省级森林公园2个（恩平河排森林公园、大雁山公园）。

（江门市旅游局）

生态环境

【土地管理】　2012年，江门市盘活存量土地面积1346.67公顷。全市出让工业用地面积806.07公顷、经营性房地产用地面积406.4公顷。全市共有60宗建设用地报件上报广东省国土资源厅，上报面积774.54公顷。完成康师傅控股有限公司、美的集团、海信二期、大长江研究中心、体育中心、三堡村安置地、江番高速及江珠北延线、江顺大桥、新会星辉造纸、糯扎渡电站送电广东±800千伏直流输电工程（江门换流站）、恩平产业转移园、开平产业转移园等用地征转用手续。是年，市本级落实土地储备贷款7.8亿元，市本级收储土地面积55.94公顷。加强保障性住房用地供地，全市完成8.87公顷保障性住房用地供地手续，保障省下达江门市保障性住房建设任务所需用地。推进土地使用权和矿业权网上交易，完成土地使用权和矿业权网上交易系统建设，将所有工业用地出让全部纳入网上进行。推进“三旧”改造，出台《关于“三旧”改造完善历史用地手续简化工作流程加快办理报批的通知》《关于印发江门市蓬江、江海区“三旧”改造建筑物重置建设成本价的通知》《江门市“三旧”办关于确定“三旧”改造旧厂房重置建设成本折旧率流程的通知》。全年完成“三旧”改造项目48个，面积112.6公顷；正在开展的“三旧”改造项目53个，面积267.07公顷。

开展全市土地整治规划修编和高标准基本农田建设工作。制订土地整治规划联席会议制度，将高标准基本农田建设任务分解到各市（区），并将高标准基本农田建设纳入各市（区）耕地保护责任目标考核内容；组织各市（区）对基本农田情况和各类土地整治项目建设情况进行摸底，编制市、县两级高标准基本农田年度实施方案。完成市、县两级土地整治规划编制和23100公顷的高标准基本农田建设任务。

严格执行建设用地占用耕地“占一补一”“先补后占”政策，加大土地开发整理力度。全市通过省级抽查验收耕地面积1360公顷，连续13年实现耕地占补平衡。

全年全市推进网上审批系统的推广与应用，核发《国有土地使用证》40170本、《土地他项权利证明书》2165本、《集体土地所有权证》60785本、《集体土地使用权证》8170本。协助法院办理查封、土地使用权过户等案件98件。完成2011年土地变更调查和沿海零米线数据库更新工作；开展宗地统一代码编制工作，已完成各市（区）宗地统一代码编制成果并上报省厅备案。搭建城乡一体化的地籍管理信息系统和数据平台，与“金土工程”系统相衔接，促进地籍管理信息化建设。

全年全市立案查处违法用地案件161件，立案查处率100%。行政处罚罚款金额790.6万元，拆除违法用地建筑面积12.22公顷，占地面积18.82公顷，复耕复绿面积30.08公顷。移送纪检部门追究党纪政纪责任11人。已结案150件，结案率93%。立案查处违法采矿案件1件，结案1件。收集“三打”案件线索82条，核实78条，正式立案查处63条（其中涉嫌刑事犯罪案件14件，立案查处行政案件49件），其余15条线索移送当地公安部侦查；取缔非法矿点31个，暂扣机械设备38台，没收非法所得175.10万元，罚款321.62万元。各市（区）国土资源管理部门通过督促动工、延长动竣工时间、收取闲置费、置换土地、收回土地使用权等方式完成土地处置153宗，其中收回土地使用权17宗，收取闲置费5188.4万元。组织开展“专项治理百日行动”和“百日防护期”维稳工作。全市受理群众来信146件，办结140件，办结率95.6%；受理群众来访58批202人次，办结55件，办结率95%；“12336”国土资源热线电话受理举报36件，办结36件；处理信访复查4件，复核8件。

全市开展农村集体土地所有权登记发证工作的村民小组（经济社）13092个，开展率100%；已完成界线核定13092个，完成率100%；完成村民小组（经济社）一级所有权登记发证12276个，完成率93.61%；完成集体建设用地使用权初始登记47552宗，占应完成初始登记宗数的96.9%，各市（区）发证率均在90%以上；完成宅基地使用权初始登记发证918485宗，占应完成初始登记宗数的95.28%，各市（区）发证率

均超过90%以上。（殷华清　黄海文）

【循环经济】　2012年，江门市银洲湖纸业基地循环经济示范工程被工信部列入工业循环经济重大示范工程。励福实业（江门）贵金属有限公司的工业危废（重）金属回收及循环利用技术研发及产业化项目、广东嘉俊陶瓷有限公司的陶瓷废水废渣和废砖坯循环利用项目列入广东省循环经济专项资金支持项目。（江门市经信局）

【节能减排】　2012年，江门市落实节能目标责任制，完成对145个重点用能单位的2011年度节能目标考核工作。出台《江门市2012年节能预警调控方案》《关于下达重点用能企业2012年综合能源消费总量控制目标的通知》，每月对重点用能企业能耗情况进行跟踪监控。制定《2012年江门市节能监察行动计划》，对94家企业开展现场监察和检查。组织实施节能改造项目，全市共20个项目获国家、省相关专项资金奖励2459万元。全年共完成重点减排项目66个，其中水污染物减排项目53个、气污染物减排项目13个。制定淘汰落后产能目标任务，全市实际淘汰落后水泥产能93万吨、粉磨产能65万吨、印染产能1432万米、平板玻璃3.5万吨、日用玻璃4.6万吨，涉及企业10家。全市新增城镇生活污水处理工程13项，新增处理能力28.75万吨/日，完成农业规模化养殖场减排项目29个。新建火电脱硝工程3项，新增脱硝机组180万千瓦。完成机动车排气污染检测监管系统建设，全市11家汽车检测站与监管系统联网，建设工况法检测线36条。

（林焕光　李金星）

【城乡生态环境建设】　2012年，江门市投入资金5000多万元，新建城市绿道88.4千米、绿道驿站8个、绿道“兴奋点”38个，完善绿道网建设、运营和管理维护制度。1月1日，正式实施《江门市鼓励和引导社会资本参与绿道网建设管理的意见》，建立多元化、多途径绿道投融资机制。8月，出台《江门市制度化开展绿道主题活动工作方案》《江门市绿道网功能开发策划方案》，开展绿道网旅游观光、乡村体验、文化展示、餐饮野炊、野营郊游、科普教育、体育健身、影视拍摄、侨乡文化旅游节、潮连环岛自行车全国赛、滨江半程马拉松等活动。9月，组织编制《江门市绿道“兴奋点”规划》《江门市2012年绿道“兴奋点”建设实施计划》，重点对城区及其周边人口密度较高、公共活动集聚或绿道使用率较高地点进行“兴奋点”补充建设；编制《江门市绿道规划建设管理规定》，将绿道网专项规划纳入城乡总体规划，与土地利用总体规划相衔接。（江门市住建局）

落实森林资源保护与发展目标责任制，推进生态景观林带、森林碳汇、森林进城围城三大林业重点生态工程建设，超额完成年度生态景观林带示范段建设任务，其中完成建设里程103.5千米、建设面积3262.67公顷；完成碳汇工程建设面积1866.67公顷，其中人工造林面积1146.67公顷、更新改造面积286.67公顷、封山育林面积433.33公顷。全市改造提升森林公园3个，新增城郊公园一批，新增城乡周边绿地、森林面积1166.67公顷。

实施《江门市开展“建设林业生态文明万村绿”大行动实施方案》，全面完成建设“林业生态文明村”140个，其中省级文明村6个、市级文明村8个、县级文明村126

个；种植树木 7 万余株。（张昌凤）

全市共有自然保护区 11 个，其中省级自然保护区 3 个，分别是古兜山自然保护区、上川岛猕猴保护区、七星坑自然保护区；市级自然保护区 1 个，为锦江源自然保护区；县级自然保护区 7 个，分别是台山红树林、台山赤溪曹峰山、恩平君子山、恩平镇海湾红树林、开平赤坎百足山、梁金山、狮山自然保护区。自然保护区总面积 53291.1 公顷，占全市国土总面积的 5.4%。（谈嘉辉）

是年，广东省住建厅将江门市确定为全省立体绿化试点城市。全年共投入资金 7 亿元，建成元宝山、丰乐山和石涧等公园，对篁庄、怡福、双龙、龙湾公园以及 10 多个社区进行升级改造；建成天沙河和西江等河岸景观带，对市区主要出入口绿化进行升级改造；在丰乐路、港口路等道路绿化带以及 35 个道路平交节点加种树木，推广立体绿化建设。建成区绿化覆盖总面积 6661.89 公顷，绿化覆盖率 42.5%；绿地总面积 6306.98 公顷，绿地率 40.20%；公园绿地总面积 1946.22 公顷，人均公园绿地面积 16.92 平方米。（赵真庆）

制定出台《关于加强“十二五”潭江流域水环境保护工作的意见》，开展“十二五”潭江流域综合整治技术研究。严格环保准入，重金属重点防控区域内禁止新建、改建、扩建涉重金属排放建设项目。推进电镀行业“统一规划统一定点”，建成新会区崖门电镀基地，38 家电镀企业涉及 171 条电镀生产线完成关停和搬迁工作。开展镇级饮用水源保护区划分工作，增加划定 56 个镇级饮用水源保护区。是年，全市饮用水源水质保持良好，西海水道和潭江干流保持Ⅲ类水质，江门河保持Ⅳ类水质，天沙河保持Ⅴ类水质，近岸海域各功能区水质达到功能区水质要求，未发生较大水环境污染事故。

建成高污染燃料禁燃区，开展电厂和燃煤工业锅炉整治，全市 12.5 万千瓦以下小火电机组全部淘汰，台山电厂 1~7 号机组全面完成脱硫工作，1、2、4、5、6、7 号机组完成脱硝治理工程，全市 300 多台小型燃煤锅炉完成淘汰或能源替代。开展挥发性有机物污染防治，全市加油站、油库和油罐车实现油气回收，鹤山雅图仕印刷有限公司等企业完成挥发性有机物治理项目。加大机动车排气污染防治力度，全市 11 个机动车检测机构建成 36 条工况法检测线并投入使用；全市共发放机动车环保标志 15 万个，淘汰“黄标车”2281 辆。（吕婉静）

经济社会发展概况

【经济社会平稳较快发展】 2012 年，江门市经济社会保持平稳较快发展。全市实现生产总值 1910.08 亿元，比上年增长 8.1%；农林牧渔业增加值 149.51 亿元，增长 4.2%；规模以上工业实现增加值 605.49 亿元，增长 9.7%；全市社会消费品零售总额 807.21 亿元，增长 10.0%；全市进出口总额 187.72 亿美元，增长 6.1%；全年合同利用外商直接投资 13.65 亿美元，增长 1.0%。先进制造业和高技术制造业发展加快，高技术制造业增加值比上年增长 22.0%，其中医药制造业增长 14.5%、电子及通信设备制造业增长 29.8%；先进制造业增加值增长 13.3%，其中装备制造业增加值增长 13.6%、汽车制造业增长 17.2%、船舶制造业增长 21.3%。全年完成重点项目投资 341.32 亿元，投资完成率 120.6%。海洋产业总产值 452 亿元，比上年增长 28%，争取省市合作推进江门市海洋经济强市建设，新会区成为广东省“海域使用直通车”试点，大广海湾临港产业集聚区成为省重点发展的七大临港产业集聚区之一。 （黎运美　张吉拉）

【珠江三角洲一体化建设】 2012 年，江门市推进“种树绿化、建桥修路、招大项目”和“三促一帮”（促进扩大内需、促进进出

2012 年江门市国民经济发展情况

市（区）	户籍人口	地区生产总值		人均地区生产总值		工业总产值		农林牧渔业总产值		全社会固定资产投资额	
	（万人）	实绩（亿元）	比上年增长（%）	实绩（元）	比上年增长（%）	实绩（亿元）	比上年增长（%）	实绩（亿元）	比上年增长（%）	实绩（亿元）	比上年增长（%）
全　市	391.80	1910.08	8.1	42692	7.7	2660.30	11.5	272.18	4.0	850.41	14.6
蓬江区	47.58	438.26	0.5	60492	0.1	541.90	-4.0	17.41	-0.2	136.33	20.6
江海区	16.02	121.99	9.0	47615	8.5	257.46	13.4	7.33	2.3	55.40	8.1
新会区	75.39	480.05	9.4	56186	9.0	701.32	13.8	59.41	3.8	181.93	13.3
台山市	98.29	308.70	10.0	32646	7.7	369.08	23.0	82.51	5.2	178.68	4.2
开平市	68.32	240.77	10.5	34364	9.9	291.14	21.8	45.81	5.3	117.80	20.6
鹤山市	36.39	198.49	8.3	39889	7.9	394.24	16.6	29.35	6.0	99.04	8.5
恩平市	49.82	122.08	9.0	24654	8.7	105.16	30.4	30.35	4.5	61.73	30.1

（续上表）

市（区）	外贸出口总额		实际利用外资		地方财政一般预算收入		社会消费品零售总额		城镇居民人均可支配收入		农村居民人均纯收入	
	实绩（亿美元）	比上年增长（%）	实绩（亿美元）	比上年增长（%）	实绩（亿元）	比上年增长（%）	实绩（亿元）	比上年增长（%）	实绩（元）	比上年增长（%）	实绩（元）	比上年增长（%）
全　市	129.71	5.9	8.70	10.2	135.03	13.3	807.21	10.0	27017	12.9	11345	13.5
蓬江区	32.80	5.6	1.49	-18.3	13.49	8.5	154.49	8.2	27673	-	15852	12.0
江海区	13.87	4.1	1.12	27.2	5.37	10.6	26.30	12.1	24614	-	13661	13.7
新会区	29.72	7.2	1.59	237.4	31.92	16.2	164.86	10.8		-	12893	13.2
台山市	12.93	3.7	1.50	-15.7	17.61	13.2	147.07	11.1		-	9899	13.0
开平市	16.38	6.0	0.48	-66.8	16.49	15.4	131.25	9.4		-	10326	12.1
鹤山市	21.03	5.3	1.30	24.1	15.95	13.3	118.36	11.7		-	10742	12.5
恩平市	2.98	17.8	0.59	28.5	7.05	18.2	64.88	10.8	14018	-	7115	15.7

口、促进转型升级和帮扶中小微企业发展)。继续推进广东南车、台山核电、康师傅、普利司通、星辉造纸、崖门环保电镀基地等产业重大项目建设以及广中江高速、江罗高速建设。江顺大桥完成投资5.35亿元，广珠铁路全线贯通，佛开高速扩建主线工程完工通行。与珠江三角洲其他城市实现车辆通行费年票互认。是年，江门市实施《珠江三角洲地区改革发展规划纲要》工作在全省2011年度考核中蝉联优秀等次。

(江门市方志办)

【农村经济】 2012年，江门市实现农业增加值149.51亿元，比上年增长4.2%。粮食产量96.92万吨，比上年增长5.6%；肉类产量29.22万吨，增长2.6%(其中猪肉产量18.92万吨，增长2.7%；禽肉产量10.03万吨，增长2.6%)。农业产业化步伐加快，全市新增省级重点农业龙头企业4家、市级重点农业龙头企业7家、农民专业合作社63个。至年末，全市拥有市级以上重点农业龙头企业54家、农民专业合作经济组织达309个，带动8.2万户非成员农户致富。全市建立水稻高产示范点77个，示范面积2.13万公顷。水稻生产综合机械化水平达70%，全市“三品一标”农产品(有机农产品、绿色食品、无公害农产品和农产品地理标志)总数居全省第三，建立新会陈皮产业园。成功申报广东省农业科技园区，与中国热带农业科学院共建江门热带亚热带农业综合试验站。举办第三届江门市农业博览会和第二届中国(江门)锦鲤博览会。农村居民人均纯收入11345元，比上年增长13.5%；全市各级财政“三农”投入57.9亿元，增长20.35%；投入民生水利建设7.2亿元，“农田水利万宗工程”和“双千”工程(千里河堤加固工程和千宗治洪治涝工程)建设扎实推进。开展正面袭击全市特大台风“韦森特”的防御和救灾复产工作，防台风取得“零伤亡”成绩。江新联围干堤加固工程被评为“2012年度中国水利工程优质(大禹)奖”。全面实现“三个100%”(即镇镇100%有站、达到安全通行条件的行政村100%有亭、100%通车)农村客运均等化目标，新(扩)建农村公路230千米，新(改)建农村户厕1.1万个，农村自来水普及率、生活饮用水水质合格率得到提高。城乡电力基础设施完成投资19.4亿元。全市共投入1.83亿元对629个行政村进行村庄整治，建成宜居城镇7个、宜居村庄14个、名镇2个、市县两级名村44个，台山市斗山镇成为全省首批名镇示范点，鹤山市共和镇、蓬江区荷塘镇通过省名镇试点考核验收，蓬江区周郡村、新会区南合村等13个村成为市级名村示范村。全市建成农村社区服务中心92个。

(江门市发改局)

【固定资产投资和房地产开发】 2012年，江门市全社会固定资产投资850.41亿元，比上年增长14.6%。按经济类型分，国有经济投资259.36亿元，比上年增长30.1%；基础设施建设投资完成274.38亿元，增长46.3%；城市建设投资完成61.12亿元，增长200.8%；三资经济投资156.46亿元，增长11.0%；民营经济投资434.59亿元，增长10.3%。按产业分，第一产业投资5.86亿元，比上年增长27.0%；第二产业投资507.44亿元，增长11.3%，其中工业投资506.57亿元，增长11.3%，制造业投资342.37亿元，增长7%；第三产业投资337.11亿元，增长19.9%。按城乡划分，城镇投资完成620.13亿元，比上年增长

10.3%；农村投资完成230.28亿元，增长28.1%。是年省重点项目完成率121.7%，居全省第4位；全市重点项目完成率120.6%；重点项目对全市固定资产投资贡献率为37%。全市房地产开发投资144.49亿元，比上年下降1.7%；商品房施工面积1461.58万平方米，增长3.0%；竣工面积351.64万平方米，增长11.6%；商品房销售面积351.12万平方米，增长9.2%。（林焕光　李全星）

【地方财政收支】 2012年，江门市地方公共财政预算收入135.03亿元，比上年增加15.86亿元，增长13.3%。市本级地方公共财政预算收入27.15亿元，比上年增加2.65亿元，增长10.81%，其中恩平市地方公共财政预算收入增长18.20%，新会区增长16.16%，开平市增长15.35%，鹤山市增长13.28%，台山市增长13.19%，江海区增长10.62%。全市税收收入占地方公共财政预算收入的78.17%，在珠江三角洲九市中排第4位。全市地方公共财政预算支出188亿元，比上年增加22.62亿元，增长13.68%；市本级地方公共财政预算支出33.2亿元，比上年增加3.08亿元，增长11.84%。（吴华清）

【社会事业】 2012年，江门市各项社会事业加快发展。完成10个市区农贸市场改造升级，新增市区公交车250辆，新建和改建农村户厕1.1万个。推进教育现代化建设，蓬江区成功创建广东省推进教育现代化先进区。全市学前三年入园率达93.23%，在全省率先实现残疾儿童学前三年免费教育。义务教育阶段规范化学校建设达标率96%。成功创建1所国家中等职业教育改革发展示范学校、1所省示范性中等职业学校。全市高中阶段毛入学率达96.15%。全市省级以上重点建设专业（点）19个。全面完成三年校舍安全工程任务。成功举办第二届江门侨乡动漫节和第三届世界江门青年大会。全市建成文化室438间，新建农家书屋190家。新会葵艺、台山音乐入选第一批广东省非物质文化遗产传承基地。获评全国百姓健康舞文化惠民示范城市。新增三级甲等综合医院2个。创建省卫生镇4个、省卫生村34个、市卫生村51个。在伦敦残奥会上江门籍运动员获金牌2枚，银牌1枚，铜牌1枚。是年，江门市成为全国未成年人思想道德建设工作先进城市。顺利通过国家卫生城市复审，连续第五次获“全国双拥模范城”称号。

【人民生活】 2012年，江门市各级财政民生投入84.9亿元，比上年增长18.49%。城镇居民人均可支配收入27154元，比上年增长13.5%；农村居民人均纯收入11325元，增长13.3%。全市城镇新增就业人数4.77万人，失业人员再就业人数3.47万人，就业困难人员再就业人数2671人，城镇登记失业率2.35%。开展农村劳动力技能培训4万人，新增转移农村劳动力2.2万人，新增高技能人才1.27万人。全市城镇职工基本养老、基本医疗、失业、工伤、生育保险参保人数分别比上年增长9.29%、9.1%、3.27%、7%、3.63%；城乡居民社会养老保险参保率96.46%；人均养老金增加143元；年人均收入低于2500元的城乡居民全部纳入低保救助范围，五保户供养标准不低于农村居民人均纯收入的60%。推进社会保障“一卡通”，发放社会保障卡160万张。建立城乡一体化的居民社会养老保险制度，实现保险制度和参保人数全覆盖。新开工建设保障性住房4971套，建成3725套。全年物价指数涨幅控制在2.7%，低于预期控制目标1.3个百分点。新建平价商店85家，发放临时价格补贴3000多万元。降低路桥车辆通行费（年票）价格，取消公交车、出租车和校车年票，减轻企业和群众负担2300多万元。

（江门市发改局）

体制改革

【行政管理体制改革】 2012年，江门市印发《江门市进一步深化简政强镇事权改革工作方案》《江门市进一步深化简政强镇事权改革实施意见》，明确镇（街）主体功能定位、优化镇级机构设置、开展特大镇和中心镇行政体制改革试点、职能和事权下放、推行权责法定化和推进相关领域配套改革。12月10日，成立江门市推进事业单位综合改革工作领导小组，重点对职能相同或相近的事业单位进行整合归并，对市场化程度较高的事业单位进行转企改制；19日，市编办印发《江门市直事业单位法人治理结构建设试点工作实施方案》，成立事业单位法人治理结构建设工作小组，选取市第三人民医院和市老干部大学为市直第一批试点单位，探索建立事业单位法人治理结构。

（江门市编办）

【农村经济体制改革】 2012年，江门市出台实施《关于深化农村综合改革的实施意见》《关于全面推进农村集体资金资产资源规范管理的意见》《江门市进一步深化简政强镇事权改革实施意见》等文件。全市确定蓬江区潮连街道、江海区礼乐街道、新会区大鳌镇、台山市大江镇、开平市水口镇、鹤山市共和镇、恩平市东成镇7个镇（街）农村综合改革试点。在深化“三资”管理和集体产权制度改革方面，江门市形成“江门经验”，全市按照“九个有”（有牌子、有班子、有印章、有场所、有队伍、有制度、有平台、有对接、有统一）要求，建立健全农村集体“三资”规范管理新模式。至年末，全市73个涉农镇（街）建立农村“三资”服务中心；建有农村土地承（发）包经营纠纷调解仲裁室46个、村级工作站956个；全市73个涉农镇（街）全面实施农村集体财务“村账镇管”“组账镇管”；1051个行政村建立村务监督委员会；全市1863宗农村集体资产资源进入农村“三资”服务中心交易，交易总额40238万元，比原承包增加16655万元。

（江门市农业局）

【财政管理体制改革】 2012年，江门市推动和完善财政管理体制改革，研究制定蓬江区、江海区大部门体制改革行政管理职责调整相关的财政收支划转方案，加强江门市与区行政管理职责调整后财政收支划转有关事项管理。支持市高新区发展，加大支持返还税收留成、贷款贴息，推动产业调整升级，研究高新区一级财政管理权限方案。推进“镇财县管”和县（区）、镇财政体制机制调整工作；完善“镇财县（区）管”改革，推进市“镇财县（区）管”改革试点工作；建立乡镇财政工作联系点，规范乡镇财政管理。

（苏女好）

【国有企业改革】 2012年，江门市分类推进国有企业改革，推动国有资本向关键领域集中。在市区公用事业方面，做好培育江门融浩水业股份有限公司上市工作。江门市污泥处理处置项目（首期）完成可行性研究报告和项目立项，环评报告初稿通过专家评审；棠下污水处理厂于12月底完成主体工程并试通水；杜阮、高新区污水处理厂按计划进展。在重点改革项目方面，市滨江建设投资有限公司获国家发改委发行的城投债审批；初步同意选定新会区经济开发区精细化工园作为市广悦电化公司搬迁扩产新址；做好省七建集团破产清算工作，召开南建管机公司股东大会，完成股东变更；完成能华混凝土公司股权转让；理顺房地产公司转制遗留的东华大厦物业管理纠纷；促成睦洲镇11.73公顷土地在新会区国土局挂牌。

（江门市国资委）

【医疗卫生体制改革】 2012年，江门市推进公立医院改革试点工作，恩平市成为广东省16个县级公立医院综合改革试点之一。江门市人民医院、开平市中心医院创建为三甲医院；台山市人民医院、开平市中心医院入选中国县级医院竞争力排行榜百强医院。鼓励民营资本开办医疗机构，滨江新区医院建设完成建设可行性研究报告。全市医疗机构通过全省药品集中采购平台采购基本药物。启动事业单位法人治理结构建设试点工作，选取市第三人民医院等4个医疗卫生机构作为试点单位。开展基层医疗机构债务清理化解工作，完善绩效工资机制。

（江门市卫生局）

【文化体制改革】 2012年，江门市深化公益性文化事业单位内部管理机制改革，完成市直文化系统事业单位岗位设置工作。江门市国有电影公司、台山市粤剧团、恩平市粤剧团转企改制工作完成；江门市粤剧团完成资产评估、章程制定、职工动员等工作。

（黄建勇）

基础设施建设

【交通基础设施建设】 2012年，江门市交通基础设施建设（含轨道交通）共完成投资45.5亿元。其中，轨道交通完成5.3亿元，高速公路完成16.4亿元，省养公路完成2.2亿元，地养公路完成11.2亿元，市区重点工程及站场项目完成8.6亿元，港口航道完成1.8亿元。

交通工程建设安全监督　对全市在建公路、水路、农村公路建设项目进行质量监督综合评比和突出问题专项治理监督，共检查全市15个在建公路项目22个施工标段、5个水运项目3912个检测点（组）、27个农村公路项目；对公路水运工程项目的原材料进行专项抽检，合格率97.9%；组织开展全市干线公路、农村公路养护管理规范化工作。

（叶昕昕）

交通一体化建设　编制完成《珠中江交通基础设施一体化规划》。完成清理收费站工作，国道G325线鹤山收费站和潮连大桥收费站分别于1月8日零时和2月1日零时停止收费；推进全省公交一卡通，“岭南通—五邑通”公交IC卡在全省18个地级市互用；全市二级以上客运站实行异地购票，乘客可查询全省客运班车出行信息；加入全省维修救援“一号通”，80%以上符合资质的企业加入省机动车维修救援网。

高速公路建设　全年全市高速公路建设共完成投资16.4亿元，高速公路通车里程达378千米。佛开高速谢边至三堡段扩建工程完成投资1.5亿元，主线工程于12月26日建成通车，由双向四车道改扩建为双向八车道；江罗高速完成投资2.1亿元，成功争

2011~2012 年江门市基础设施情况

项　目	单　位	2011 年	2012 年
公路通车里程	千米	10006	10010
其中：高速公路	千米	378	378
港口泊位	个	299	
其中：万吨级泊位	个	2	
内河通航里程	千米	961	
本地电话年末用户	万户	112	116
移动电话年末用户	万户	390.23	497.29
国际互联网用户	万户	103	116.53
电力消费量	亿千瓦·小时	187.68	196.14
商品房屋实际销售量	万平方米	321.30	351.12
商品房屋实际销售额	亿元	171.35	193.65

取将佛开 6.3 千米共线段纳入项目一并实施；广中江高速江门段完成投资 12.8 亿元，用地报批和征地拆迁工作基本完成，3 座跨西江特大桥工程开工建设；江鹤高速龙湾收费站扩建工程完成投资 1800 万元，于 10 月 1 日正式投入使用；中开高速列入省高速公路网规划，并作为经营性收费项目建设，已开展土地预审和环评等前期工作；新台高速公路南延伸线立项申请获省发改委审批。

港口航道建设　全市港口航道完成投资 1.8 亿元。崖门 5000 吨级出海航道整治工程强台风回淤疏浚工程完工，崖门 3 万吨级航道整治工程、广海湾作业区防波堤及进港航道工程预可报告已完成并通过省交通运输厅审查；高新区公用码头工程可行性研究报告通过专家评审。　(余敬华)

国省县道及农村公路建设　全市国省道大中修完成投资 2.17 亿元，省道 S272 肇珠线江门市区复线东华大桥、省道 S274 稔广线东乐至义祠段路面大修改善等工程竣工；县、乡、村道完成投资 11.17 亿元，其中农村公路完成投资 9486 万元建设公路 201.38 千米，县道 X546 斗海线改造、乡道 Y754 交四线改建等工程竣工。　(林沃培)

市区重点交通工程建设　市区重点工程项目完成投资 7.92 亿元。广佛江快速通道江顺大桥于 1 月 6 日开钻，主桥两主塔墩桩基础、承台、塔座施工全部完成，全年完成投资 5.43 亿元；广佛江快速通道江门段（江门大道）土地预审、环评、规划选址等各专项研究完成；西环路隧道工程完成投资 6300 万元；胜利南路于 12 月 26 日完成麻园河中桥预制梁吊装工程，全年完成投资 2500 万元；胜利大桥北岸右侧辅道通车，全年完成投资 1.18 亿元；东华大桥实现贯通，共完成投资 9200 万元。　(严建联)

【能源基础设施建设】　2012 年，江门市加强能源供应基础设施建设，推进能源结构调整，提升能源技术应用水平。全市能源基础设施完成投资 152.66 亿元。至年末，全市电源装机容量 587.1 万千瓦，拥有大型燃煤火力发电企业国华台山电厂和新会双水发电厂，总装机容量530万千瓦；建成风电项目7个，共有发电机组370台，总装机容量33万千瓦。台山核电一期工程在建核电装机容量350万千瓦，全年完成投资122.11亿元。全市已建成以500千伏江门站为负荷中心、220千伏为主骨干网架、110千伏为区域网架的高、中、低压电网覆盖全市城乡的电力供应体系。 （黎远征　陈振中）

【水利基础设施建设】 2012年，江门市完成水利投资7亿元。完成土方350万立方米，石方28.3万立方米，砼方2万立方米，改善灌溉面积11.6千公顷，改善治洪（涝）面积9.84千公顷，江海堤围维修加固45.4千米，渠道维修177千米。全面完成市级代收水资源费660.07万元。

“双千工程”建设　全市列入“双千工程”建设项目海堤加固达标工程7项，中小河流治理工程11项，病险水库除险加固工程45项，病险水闸除险加固工程7项。7项海堤加固达标工程均完成初步设计，其中6项市水务局完成初审，1项正在初审；1项中小河流治理工程完工，2项正在建设(其中主体工程完成)，5项初步设计完成(其中3项批复初步设计)，其余正在进行前期工作；45项病险水库完成初步设计，其中1项中型水库待省批复，8项小型病险水库除险加固工程正在建设（其中主体工程完成)，14项准备开工，22项上报省待审查；7项病险水闸除险加固工程全部完成初步设计并上报待批。

农村饮水安全和村村通自来水工程　全年各市（区）利用自筹资金2727万元，实施农村自来水工程65项，受益人口7.61万人，农村行政村通自来水覆盖率比上年增加2.78个百分点，农村自来水普及率增加0.92个百分点。新增江门市1.9万人的农村饮水安全工程。台山市、鹤山市、恩平市已完成村村通自来水工程总体规划编制，其中鹤山市完成村村通自来水工程建设示范县竞争性评审材料编制工作。

中小型灌区改造　开平市镇海灌区改造工程项目和台山市深井灌区节水配套改造工程纳入省农田水利万宗工程的中型灌区续建配套与节水改造工程项目计划，其中镇海灌区改造工程开工建设，批复概算投资6110.16万元，完成投资2065万元，占总投资33.8%；深井灌区节水配套改造工程批复概算投资13585.98万元，已完成施工图设计。

小型农田水利工程　年内完成开平中央财政小型农田水利重点县2011年度建设任务，工程实际完成投资2180万元；鹤山市通过竞争性评审被列入第四批中央财政小型农田水利重点县名单，鹤山重点县3个年度建设方案计划总投资6748.58万元，争取省级以上资金补助4800万元，其中已批复2012年度项目初步设计，批复概算投资1897.11万元。全市6个镇开展小型农田水利示范镇建设，分别为蓬江区荷塘镇、新会区双水镇、台山市水步镇、开平市赤水镇、鹤山市共和镇、恩平市良西镇，计划投资7633.56万元，争取省级资金补助4800万元，至年末完成投资7277.98万元，占总投资的95%。

机电排灌建设和小水电管理　鹤山市沙坪联围大型泵站更新改造工程完成全部工程量99%，坦尾泵站投入运行，沙坪泵站完成主体工程，初步具备防洪排涝功能，解决沙坪河流域5镇（街）25万人排涝防洪、农业用水、改善水环境等问题。蓬江区东厢工程完成全部工程量，投资1161万元，工程有效保卫围内面积3.45平方千米。落实新一轮小水电上网电价政策，市物价局、市水务局、市供电局联合将全市小水电上网电价从39.54分/千瓦时提高至42.82分/千瓦时，增加收入600万元。是年，全市共有小水电263个，总装机容量144140千瓦，新增装机容量5885千瓦，全年发电量34902.9万千瓦。

水库移民后期扶持计划　是年，广东省下达江门市水库移民专项资金8879.31万元，其中2011年第四季度至2013年第一季度（第一批）大中型水库移民后期扶持资金3617.52万元。是年，新增三峡移民人口后期扶持资金3.78万元。全年全市完成改造大中型水库移民住屋2357户、面积16.4万平方米。（江门市水务局）

【信息化建设】　2012年，江门市建成全市公共视频会议系统、市涉税信息共享交换系统。开展市政务数据交换中心三期、地理信息共享平台三期、电子政务云计算中心二期等电子政务重点工程。启用广东省网上办事大厅江门分厅、政企通信息服务平台等项目。至年末，全市有固话用户130万户，手机用户593万户，互联网出口带宽达240千兆比特，互联网普及率达70.9%，家庭宽带普及率达70.9%，无线宽带网络覆盖率达75.8%。

信息化基础设施建设　全市信息通信基础设施建设稳步发展，电信网、互联网和广电网实现全覆盖。通信网络方面，形成覆盖全市的光纤高速传输系统，3G网络100%覆盖全市及沿海60千米海域；全市通信光缆达62万纤芯千米，电话交换机容量178万门；全市共有11个数字移动交换局，3000多个移动通信基站，网络容量近800万户。广播电视网络方面，五邑有线电视网络光纤干线总长4.30万纤芯千米，各镇已开通双向光纤网，实现有线电视“村村通”目标，有线电视覆盖率达100%。

信息化和工业化融合　全市推进信息化和工业化融合。加快电子商务发展，开设“广货网上行·江门站”官方网站，近500家企业参加广货网上行；印发《关于加快推进物联网发展建设智慧江门的实施方案》，推进市物联网建设。实施“物联网”工程，建立RFID（无线射频识别）技术应用推广中心，建成无线配电房监控系统、RFID禽产品生产溯源管理系统、校园管理系统等信息系统。开展两化融合示范工程认定工作，省、市共认定30家两化融合示范企业，其中维达纸业（江门）有限公司被认定为省清洁生产信息技术应用标杆示范企业。

信息资源共享　全市推进政务信息资源整合共享，探索大数据管理应用。制订《关于整合我市电子政务资源促进互联互通的实施方案》；完善电子政务云计算中心，提供海量数据存储、高速信息处理、数据级容灾备份等高性能电子政务基础服务。市网上办事大厅、市食品药监局餐饮行政审批系统、市地税数据交换系统、绿色光源网等40多个系统已在电子政务云计算中心部署；初步建成涉税信息共享交换系统，编制32个部门涉税信息资源目录，实现数据报送、数据管理、信息编目、目录注册等功能以及实现32个部门704个涉税信息指标的交换与共享。

农村信息化建设　是年，江门市五邑图书馆实施的《江门市共享工程农业信息资源建设及服务项目》入选2012年广东省农村信息化优秀成果。全市实现100%行政村覆盖有线电视、宽带及移动通信，全市20户以上自然村开通电话、1318个行政村与社区开通宽带。

网上办事大厅　江门市是全省网上办事大厅建设的2个试点城市之一。12月5日，广东省网上办事大厅江门分厅开通运行，辖区内的4个市、3个区也相继开通。全市共有2230项服务事项进驻市网上办事大厅，其中1767项提供全程在线申办服务。市网上办事大厅设置“政务公开”“投资审批”“网上办事”“政民互动”和“效能监察”五大栏目，还设置“市民网页”，网页围绕市民工作和生活，以市民需求为中心，提供各种民生服务，同时可进行个性化定制；市民通过网络享受养老保险、医疗保险、工伤保险、生育保险、失业保险、公积金、医保卡消费、参保情况、水费账单查询等28项便民服务，全市已登记申领社保卡的160万名市民都可享用该服务。（江门市经信局）

现代产业

【物流业】　2012年，江门市万里达物流有限公司被认定为国家3A级物流企业，成为全市首家A级物流企业。10月30日，粤澳物流合作洽谈会在江门市举行。全年物流业完成货运量8996万吨（公路货运量5760万吨、水路货运量3236万吨），比上年增长10%；货物周转量1152885万吨千米（公路货运周转量622407万吨千米、水路货运周转量530478万吨千米），增长7.6%；港口货物吞吐量6204.01万吨，增长4.9%；港口集装箱吞吐量832816.25个标准箱，货重6622625吨。公路集装箱运输量353700个标准箱，货运量2852063吨；水路集装箱运输量383042个标准箱，货运量3221423吨；邮政业务总量2.67亿元，比上年增长2.1%。（江门市经信局）

【旅游业】　2012年，江门市接待游客3017.13万人次，比上年增长13.48%。其中，过夜游客1284.65万人次，比上年增长10.58%；一日游游客1732.48万人次，增长15.03%。全市旅游收入185.28亿元，比上年增长19.98%。其中，国内旅游收入141.12亿元，比上年增长22.36%；外汇旅游收入69917.18万美元，增长16.21%。2月，市旅游局与香港亚洲电视台《漫游岭南绿道》摄制组合作拍摄市滨江绿道、华侨博物馆、星光公园，开平马降龙、自力村碉楼群以及新会葵博园、圭峰山、小鸟天堂等景区。4月14～15日，市旅游局联合澳门旅游局举办“广东澳门周（江门）”活动，签订《旅游合作备忘录》。4月，开展“随手摄影大赛”活动。5月25～27日，市旅游局参加在成都举行的江门名优商品展销会，与成都市旅游局联合召开成都市、江门市旅游合作交流座谈会。6月1～3日，市旅游局参加第三届世界江门青年大会，与马来西亚沙巴州签订旅游合作与交流框架协议，市大方旅游等3家旅行社与马来西亚旅行社签订旅游合作意向书。7月7日，举办江门市金牌导游暨旅游形象大使决赛。10月28～30日，承办“第七届广东（江门）国际温泉旅游节”。11月20日，中山市、珠海市、江门市整合旅游产品和自驾车线路，到江西省南昌市举办“最美珠江西岸游”旅游推介会。11月，邀请东北地区40家旅行社到江门市考察旅游线路，合作开发东北游客游览澳门—珠海—江门的旅游线路。12月上旬，举办江门旅游文化招商推介会和“大美江门”摄影展。完成《江门市旅游发展总体规划》，规划确立江门品牌形象为“中国第一侨乡”。举办江门旅游形象广告语征集活动，确立“江通四海，门迎天下——江门·中国第一侨乡”宣传语；在佛开等高速公路段设立大型广告牌，树立“碉楼、海岛、温泉、生态”四大品牌；重新制作江门旅游宣传册，以品牌分类介绍江门；与《旅客报》《江门日报》等媒体合作，以访谈或专题介绍形式力推江门旅游四大品牌。

（江门市旅游局）

【金融服务业】 2012年，江门市年末金融机构人民币存款余额2803.61亿元，比上年末增长12.6%。其中，城乡居民储蓄存款余额1853.10亿元，比上年增长12.6%；企业存款余额858.11亿元，增长12.1%；财政性存款余额44.96亿元，下降13.4%。金融机构人民币贷款余额1331.19亿元，比上年增长17.4%。其中，短期贷款余额515.86亿元，比上年增长27.5%；中长期贷款余额768.81亿元，增长10.6%。年末各类保险公司39家，保险中介机构10个。全年保费收入57.83亿元，比上年下降4.2%，其中寿险业务保费收入41.46亿元，下降9.5%，财产险业务保费收入16.37亿元，增长12.5%。支付各项赔款17.95亿元，比上年增长20.2%，其中寿险业务给付8.23亿元，增长8.1%，财产险业务赔款9.72亿元，增长32.8%。是年，招商银行江门分行、光大银行江门分行、汇丰银行江门支行、恒生银行江门支行相继落户江门。年末，全市共有各类银行业金融分支机构24个，法人机构7个；机构网点和从业人员数分别为859个和13183人，比年初分别增加26个和711人；银行业金融机构总资产3178.06亿元，比年初增长14.68%。人民银行江门市中心支行指导招商银行江门分行、兴业银行江门新会支行等17个新设银行业机构加入人民银行金融服务系统。

（江门市统计局　人行江门市中心支行）

【先进制造业】 2012年，江门市先进制造业工业增加值达199.21亿元，比上年增长13.3%，占全市工业增加值比重达32.9%，其中装备制造业增加值增长13.6%、汽车制造业增长17.2%、船舶制造业增长21.3%。12月7日，广东省经信委与江门市签订《省市共建广东（江门）汽车零部件产业专业园框架协议》，共同推动江门市汽车零部件产业基地发展。以生产数控机床为主的科杰集团是全国雕铣机行业骨干，已成功研制全自动LED焊线机，是国内首家可实现“18K全自动LED焊线机”产业化生产企业。南洋船舶成为全省最大民营造船企业。

【战略性新兴产业】 2012年，江门市发展高端电子信息、高端装备制造业、新能源、新光源、新材料产业。全市LED产业工业总产值192亿元，比上年增长18%。全市从事LED生产的企业329家。新材料产业实现工业总产值410亿元（以产值超过500万元企业统计），比上年增长11%。电子信息材料产业实现规模以上工业总产值215亿元，比上年增长16.2%。高端装备制造业方面，广东南车项目累计完成投资26亿元，推进南车配套基地建设，达成意向和签约落户基地的配套企业已有17家，总投资50多亿元。组建广东省轨道交通产业联盟，成为省市共建轨道交通产业基地。高端电子信息方面，海信一期平板电视项目于8月投产，整机月产量达10万台。　（江门市经信局）

【高新技术产业】 2012年，江门市申报认定国家级和市级高新技术企业59家，其中国家级37家、市级22家。全市累计共有高新技术企业234家，其中国家级137家、市级97家。是年，高新技术企业年产值629亿元。技工贸总收入超亿元高新技术企业71家，技工贸总收入超10亿元高新技术企业12家，技工贸总收入超50亿元高新技术企业2家。落实高新技术企业所得税减免5.5亿元，企业研发加计扣除所得税0.21亿元，合计减免税额5.71亿元。

全市高新技术产业逐步涵盖机电、纺织服装、食品、电子信息、建材、造纸等传统产业以及新光源、新能源、先进制造等新兴产业。推进中国（江门）绿色光源博览交易中心、国家半导体光电产品检测重点实验室等公共服务平台建设，加快建设江门高新区绿色光源（LED）产业基地核心园区，实现绿色照明产业集群横向一体化和产业聚集。加速发展高端装备制造业，以富华重工为依托，打造台山市汽车零部件生产基地；发展轨道交通装备制造业，深化与南车集团合作，打造城轨车辆修造基地和城轨车辆制造基地，培育轨道交通装备工程技术研究开发中心。推动电动汽车电池产业化发展，发展清洁能源（核电）装备制造业，打造台山清洁能源（核电）装备产业园。在江门高新区建设方面，组织高新区实施“一区多园”管理模式和以“三资融合”模式建设总部科技园调研工作。是年，高新区完成工业总产值353.6亿元，获省级高新区发展专项扶持资金700万元。

全市有“科技企业孵化器”6家，已建成投入使用孵化面积6万多平方米，在孵企业200多家；在建或扩建孵化器4家，在建孵化面积4万多平方米。是年，实现在孵企业总收入3亿元，加上已毕业企业技工贸总收入超过10亿元，累计毕业企业90家。蓬江火炬高新技术创业园被认定为国家级科技企业孵化器。

全市有3个国家级产业基地，分别为国家火炬计划江门半导体照明特色产业基地、国家火炬计划江门新材料产业基地、国家火炬计划江门纺织化纤产业基地；3个省级产业基地，分别为广东省火炬计划纺织新材料特色产业基地、广东省火炬计划麦克风特色产业基地（江门）、广东省火炬计划光机电特色产业基地（江门）。是年，火炬计划特色产业基地工业总产值752亿元。

（江门市科技局）

【现代农业】 2012年，江门市推动全市农业生产持续发展。全年全市实现农业总产值272.18亿元、农业增加值148.19亿元，分别比上年增长4%和3.6%。全市粮食播种面积19.50万公顷，比上年增长1.0%；粮食产量96.92万吨，增长5.6%；蔬菜种植面积5.71万公顷，产量124.43万吨；水果种植面积1.97万公顷，产量23.97万吨；甘蔗种植面积3733.33公顷，产量32.51万吨；花生种植面积1.21万公顷，产量2.91万吨；茶叶种植面积289.2公顷，产量237吨；肉类产量29.22万吨，增长2.6%，其中猪肉产量18.92万吨，增长2.7%。

农村耕地流转　全市各级政府及农业部门鼓励农民以转包、出租、互换、转让、股份合作等形式流转土地。全市农村耕地承包面积11.10万公顷，农村耕地流转面积3.34万公顷，占承包土地面积的30.11%，其中6.67公顷以上连片向产业化组织（龙头企业、合作社、专业大户）流转6686宗。共签订耕地流转合同6.08万份，涉及农户

15.76万户，涉及流转面积2.47万公顷。

农业产业化经营 全市有市级以上重点农业龙头企业54家，其中国家级1家、省级17家；农民专业合作社251个，比上年增加63个，其中省级以上示范合作社21个、省级示范冷库3个；恩平市绿田蔬菜水稻专业合作社成为国家级示范社。实施名牌战略，改造提升新会陈皮、台山黑皮冬瓜、开平马岗鹅、金山火蒜、恩平簕菜、杜阮凉瓜等地方特色产业。加快培育农业战略性新兴产业，重点抓好虫草孢子实体、灵芝和其他珍稀食用菌等新兴生物产业，扶持以杰士农科产品为代表的新兴肥料以及生物农药、生物育种、休闲观光农业、保健功能农业、文化科普农业等新兴产业发展。

农业科技发展 深化与中国农业科学院、中国水产科学研究院、中国热带农业科学院等科研院所的科技合作交流，举办第一届中国农用生物刺激物产业国际高峰论坛，成立中国农用生物刺激物产业联盟，建立中国农业科学院新肥料研究中心广东分中心、中国科学院烟台海岸带研究所海洋生物技术研究中心产学研基地、农业部环境保护科研监测所暨农业部产地环境质量重点实验室（广东）工作站等研发中心。江门市农业科学研究所依托国家水稻综合试验站和省级特色蔬菜创新基层站，与华南农业大学共建江门水稻农科教合作人才培养基地；在11月举行的蔬菜品鉴会上，参展种子企业60多家，展示优良品种638个。全年全市举行科技大集42场次，组建科技小分队184个次，到村、田头指导986场次，共组织农业科技人员送科技下乡7536人次，推广农业新品种100个次、新技术69项次，发放书籍52430册、资料32万份，免费向农民赠送抛秧盘、新农药、新种子、种苗和肥料等农用物资折合人民币140万元；举办实用技术培训1039期（班），培训农民94670人次；举办绿色证书培训29期（班），培训农民1989人，获证人数1989人；成人学历教育取得新进展，在读中专和中技班7个、学员200人，年内中专、中技毕业人数55人。

现代标准农田建设 全市主要完成基本农田整治、农田水利基本建设、市县级基本农田保护示范区和改造中低产田等现代标准农田建设项目，各级财政投入资金3058万元，整治农田面积1180公顷。是年，完成恩平市那吉镇黄角村中、低产田改造项目1个，投资40万元，改造面积26.67公顷。

无公害农产品基地建设 1月1日，江门市正式实施《江门市农产品“三品一标”认证奖励办法》，加大对无公害农产品基地建设力度。至年底，全市无公害农产品认证197个、产地认证170个，无公害农产品生产基地面积4.47万公顷，覆盖率达34%，无公害农产品年产值超过20亿元。

农业信息网建设 农村信息直通车和江门农业信息网全年共更新发布信息217.5万条，其中江门市农村信息直通车发布215.9万条（其中手机短信214.0万条）、江门农业信息网发布1.6万条（本地新闻818条、省农业信息联播765条、农产品价格信息1.5万条）。

农产品质量安全监测 全市各级农业部门对辖区内的畜禽生产单位、生猪定点屠宰场、蔬菜种植基地以及兽药、饲料、农药、化肥等农业投入品生产加工经营场所进行监管巡查，规范农产品生产经营行为。是年，全市抽检蔬果样本27879份，蔬果农药残留合格率99.37%；畜产品样本107864份，畜产品盐酸克伦特罗残留检测合格率100%。

（江门市农业局）

农产品市场建设　全年全市完成10个农贸市场改造升级工作。其中，蓬江区6个，分别为群星市场、联合市场、篁庄市场、荷塘中心市场、棠下中心综合市场和木朗综合市场；江海区4个，分别为麻一市场、中路市场、礼东市场和海恒水产品交易市场。改造升级的10个市场总面积46097平方米，改造总投资2500多万元。

（江门市经信局）

转型升级

【经济发展方式转变】　2012年，江门市落实“三促一帮”措施，市本级统筹安排扶持经济发展专项资金8356万元，推进增资扩产及民营企业、中小企业转型升级，设立中小企业发展专项资金，按照“一企一策”研究和落实奖补措施。促进企业自主创新能力建设，市本级拨付科技资金15107万元，鼓励企业参与技术标准制定，支持高新技术成果产业化。打造招商选资平台，市本级安排120万元资金，举办2012年江门市招商推介会。推进个体工商户转型升级，出台促进市区个体工商户转型升级财政奖励措施。加大支持国家高新区、江沙先进制造业示范园区、省级产业转移工业园、银洲湖纸业基地等园区发展力度，市本级拨付资金39404万元，从税收留成、贷款贴息、基础设施建设、融资担保等方面支持核心园区发展。开展总部经济税收筹划，制定江门地区的总部企业及分支机构的扶持措施。创新整合投融资平台，推进全市首次发行城投债工作，加大基础设施建设投入。（马跃敏）

【传统产业优化升级】　2012年，江门市优势传统产业包括纺织服装、食品饮料、家具制造、建筑材料、金属制品、家用电力器具制造业六大产业。六大优势传统产业实现规模以上工业增加值410.05亿元，比上年增长11.3%，增长贡献率62.1%，拉动全市工业增长7.5个百分点。实现规模以上工业总产值1774.26亿元，比上年增长9.3%，占全市规模以上工业总产值78.50%。

【产业园区建设】　2012年，江门市推进产业园区建设，基本形成“一市（区）一核心园区、一园区一核心主业”格局。江门国家级高新技术产业园区正式授牌、挂牌，台山清洁能源（核电）装备产业园纳入省产业转移工业园。江门高新区累计引进项目506个，实现工业总产值368.27亿元，税收7.17亿元；江沙示范园区累计引进海信、康师傅、天地壹号饮料、华电能源等优质项目18个；崖门环保电镀基地已投产，总投资30亿元；广东轨道交通产业园区总装车间和调试车间已交付使用，年底已试产，园区已动工的企业有格兰达、广州中车、广东南奥等。江门产业转移工业园在全省产业转移目标责任考核中获优秀，名列全省第三，园区累计引入项目215个，总投资391.59亿元，其中超亿元项目77个。园区实现工业总产值89亿元，完成税收4.6亿元。

（江门市经信局）

【江门高新技术产业开发区】　2012年，江门高新区实现工业总产值353.6亿元，比上年增长12.2%；完成国地两税收入9亿元，增长18%。完成固定资产投资28亿元；吸引外来投资20亿元；新增建筑面积130万平方米。新增各类高新技术企业10家，其中国家级6家，各类高新技术企业总数达84家；高新技术产品增加值占工业增加值比重首次超过35%。新引进华电、中远铝业等6家主导产业领域的重点企业，总投资额超33亿元。省市共建广东（江门）汽车零部件产业专业园获省经信委授牌，并引进首家企业——科世得润汽车部件有限公司的德国汽车线束制造项目。正式启动公共码头、科技创新创业园、总部科技园、火炬大厦、南湖、综合污水处理厂、西江新城等项目。园区内企业地尔汉宇通过审核，等待挂牌上市。引进第一只立足本土的产业投资基金（江门申夏公司）。争取各大商业银行共770亿元优惠信贷。完成基础设施建设投入2.02亿元。江睦路、南山路、科苑路等主次道路先后建成通车，完成绿化工程投入1000万元，改善园区投资和发展环境。

（江门高新区管委会）

城乡发展

【城乡规划】 规划编制 2012年，江门市围绕促进城乡统筹，建设幸福侨乡，创建生态宜居城市目标，开展规划编制工作。与珠海市、中山市共同完成《珠中江城市空间协调发展规划》论证工作，加快三地一体化进程。完成《江门市区山体保护和利用规划》《江门市区山体保护和利用管理规定》《江门市主城区水域保护和利用规划》《江门市主城区水域保护和利用管理规定》《江门市天沙河沿岸景观改造规划》《江门市主城区社区绿地系统规划及社区绿道规划》；组织编制《长堤历史街区保护规划》《江门市甘化厂及周边地段概念城市设计》《江门市中心城区工业遗产保护规划》《滨江新区体育中心设计》《北新区体育公园规划设计》。完成大西坑风景区和席帽山风景区概念规划，组织开展北新区商业中心规划咨询、甘化厂片区规划咨询活动。推进控制性详细规划修编，完成双龙地段、耙冲地段、群星地段和先进制造业江沙示范园区控制性详细规划调整，组织编制滨江新区启动区体育中心、观澜河地段、石头地段、罗江地段、新昌地段、北环路北侧地段、潮连北区地段、潮连中心区地段、礼乐武东地段、礼乐上堡地段、礼乐乌纱地段、杜阮中心区等12项规划，面积32平方千米。加强村庄规划修编工作，保护村镇特色风貌，累计完成734个行政村整治规划编制，累计完成率70%。完成江海新城片区“三旧”改造规划，完善西江新城重点区域规划控制工作。

城乡规划管理 江门市规划局开发完成控制性详细规划电子报批系统，并获2012中国地理信息产业优秀工程银奖。该系统对公共设施的配置、土地利用开发强度、电子制图标准、指标统计标准等进行规范，可以提高全市控规编制质量，提升城乡规划管理效率。开发江门市地下管网信息系统，为各类管线事故提供快速定位和应急方案制定依据，为城市应急、救灾提供支持；为供水、供电、电信、燃气等管线部门专业管线系统的开发提供接口和数据基础。补充容积率规范，完善技术管理规定。制定《江门市城乡规划局关于建筑工程建筑面积及容积率的计算办法》《关于地下空间设计和容积率计算办法补充规定》，加强地下空间设计和容积率规划管理。是年，完成城市地下管网信息管理系统综合管线外业探测、内业成图、成果验收和资料入库，配合启动江门低空通用机场前期研究工作，完成江顺大桥、江门大道、新南路、东华桥、胜利桥及胜利南路、里村大道、金瓯路、江睦路、文昌沙污水处理厂、江海污水处理厂、棠下污水处理厂、杜阮污水处理厂、旗杆石垃圾场、南沙铁路以及深茂铁路等重点市政项目规划协调工作。完成滨江新区示范性小学、滨江新区医院、滨江新区体育中心、北新区体育公园、第二工人文化宫、妇女儿童活动中心、市地税局办税业务用房、市国安局技术大楼、联通通信大楼、原行政中心地块、美的、海信、康师傅等市政府重点项目规划选址和方案工作。核发“规划选址意见书”项目21个，核发“建设用地规划许可证”项目45个，总用地面积360.67万平方米。核准市翠林村南地块、凯城一品小区、华浩国际城、骏景湾品峰小区、宜盛轩等重点项目修建性详细规划，办理修建性详细规划方案及调整164项，用地面积774.37万平方米。审查建设工程项目设计方案232个，核发“建设工程规划许可证”项目151个，建筑面积190万平方米。

城乡规划监察　落实住房和城乡建设部派城乡规划督察员制度。11月，住房和城乡建设部派城乡规划督察员正式进驻江门市，参加市规委会、局内审批会、日常规划管理会议。是年，省住房和城乡建设厅派城乡规划督察组4次到江门市开展城乡规划督察工作，研究规划管理和违章查处相关问题及体制建设等情况。（江门市城乡规划局）

【城市建设与管理】　市区重点工程项目建设　2012年，江门市区共安排城市重点工程项目62个，其中道路工程项目21个、桥梁工程3个、防洪排涝工程12个、宜居生态工程16个、社会事业工程10个，年度计划总投资26.87亿元，实际完成投资19.5亿元。滨江新区新南路（江沙路—天沙河路）、滨江新区规划二路（江沙路—滨江大道）、东华大桥、胜利大桥、里村大道及迎宾路里村段、胜利路人行天桥、市棠下污水处理厂首期工程、潮连污水处理厂污水管网（二期）、大推车山垃圾场封场、江睦路（金瓯路—中江高速）、北新区体育公园、兰石公园、潮连公园等25项城市公共基础设施全部完成；滨江新区丰乐路北延线（新南路—北环路）、滨江体育中心、迎宾广场（新市民广场）及建设路—迎宾路立交工程、金瓯路（江门水道—港澳码头）改造工程、杜阮南路建设工程、胜利南路（新中大道—金瓯路）、鸡爪山公园、丰乐山公园、石涧郊野公园等14个项目正在建设中，江睦路（江海路—金瓯路）、市杜阮污水处理厂首期工程、江海生活污水处理厂配套截污管网工程（二期）、礼乐片区污水管网、市区泵房改造、东炮台桥扩建、育德街（星河路—胜利北路）工程、北环路（江沙路—港口三路）扩建等22项工程开展项目前期工作，未完成建设项目全部结转2013年实施。是年，江门市区安排公共建筑项目50个，至年底，完工19个，实现投资2.95亿元；动工11个，总投资11.06亿元；开展前期工作20个，总投资4.84亿元；未完成建设项目全部结转2013年实施。（江门市住建局）

市区市政公用设施管理　全年维修砼路面5499平方米，沥青路面11458平方米，人行道砖4690平方米，导盲带1515米，侧石1203平方米，挡车柱74条，河堤栏杆117米，清理小斜坡207个，清理淤泥挖渣等障碍物2039立方米；完成江礼大桥、蓬江大桥、江门大桥等加固维修，启动江门大桥安装超重车辆动态监控系统工程；投入44万元用于市政消火栓维护，确保市政消火栓完好率100%。推进全市LED路灯改造示范工程，投入330万元对残旧照明设施进行维修。

给水排水管理　全年水厂运行正常，水质达标。蓬江、江海区共供水1.52亿立方米，水质综合达标率100%。执行《江门市市区生活饮用水二次供水管理办法》，共发出二次供水水池清洗通知46份，收回反馈结果46份，清洗合格率100%。推进城镇供水水质管理工作，全市每半年进行一次供水水质抽检监测工作，抽样检查范围包括设有二次供水设施单位。新会区、台山市、开平市、鹤山市、恩平市开展辖区内水质检测工作，水质达到《国家生活饮用水卫生标准(新标准)》。全年共清疏下水道360千米，检查和维护市区主要道路井盖导轨装置5300个。完成790个四防装置补装，维修下水道250米，更换480套检查井井套。加强市区泵房设备养护，确保市区泵房顺利渡过2012年汛期。

燃气管理　全市有液化石油气企业24家，储配站25座（另有2座停产），供应站280个，全市液化石油气年供气量14万吨，其中市区液化石油气供气量7万吨；全年新铺设市政燃气管线长度68千米，完成新装管道燃气用户8600户，天然气供气量3700万立方米；蓬江区、新会区、台山市新建汽车加气站各1座，加气站数量达5座，用气车辆861辆（349辆公交车、512辆出租车）；出动执法人员460人次，查处“黑点”“小卡片供气”29件，暂扣气瓶600个，收缴过气胶管16条。

城市生活垃圾和污水治理　召开全市村镇生活垃圾处理工作专题现场会，印发《进一步加强江门市城乡生活垃圾处理工作实施方案》《江门市村镇生活垃圾治理工作方案》，推广“户集、村收、镇运、县（市）处理”模式，实施村镇生活垃圾治理专项整治。签订《城乡生活垃圾治理责任书》，统筹做好规划编制、提高垃圾无害化处理率、加强转运站和收集点建设、净化城镇、清洁乡村等工作。制订出台《江门市区城市生活垃圾分类工作实施方案（2012～2015)》，举办垃圾分类宣传推广活动，采用试点方式开展垃圾分类工作。制订《江门市区建筑垃圾处置管理实施方案》，明确蓬江、江海、新会三区分别建设一个建筑垃圾临时消纳场的要求，规范建筑垃圾处置行为。先后完成大推车山生活垃圾处理场封场首期工程、开平市梁金山生活垃圾卫生填埋场无害化改造工程、恩平市樟木坑生活垃圾卫生填埋场改造及扩容工程（一期)，完成36座镇级垃圾转运站建设，各自然村设有1个以上生活垃圾收集点。市区旗杆石生活垃圾卫生填埋场和鹤山市马山生活垃圾卫生填埋场获评“广东省第一批无害化填埋场”“Ⅰ级无害化填埋场”。开平梁金山生活垃圾卫生填埋场、恩平樟木坑生活垃圾卫生填埋场的投入使用。全年全市城镇垃圾无害化处理率达95.56%。加强对江海污水处理厂、市文昌沙水质净化厂、市丰乐污水处理厂和潮连污水处理厂运营的监督管理，实施江海污水处理厂“五扩八”工程，协助开展滨江新区启动区雨水泵房、棠下污水处理厂等项目建设工作。全年处理污水21312.78万立方米，污水处理率86.08%。

市容环境卫生管理　编制《江门市公共区域环境卫生质量和管理规范》，合理增设垃圾桶，定时收集店铺垃圾。组织开展清理城市“牛皮癣”和清理城区卫生死角专项行动，出动16921人次、车辆59辆次开展大扫除行动，共清理卫生死角1900处27930

平方米，清理天福路、胜利北路、金瓯路等20个路段余泥渣土800立方米。开展“三边”（即沿江边、沿路边、沿海边）整治工作，全市召开市、县、镇、村四级动员会960场，出动47312人次，清理路边、河边1396千米，清理卫生死角和“四害”孳生地3622处，清理垃圾、废弃杂物等7558吨。

户外广告和景观设置管理　编制完成《江门市蓬江、江海区户外广告设置专项规划》，组织举办户外广告使用权公开拍卖会，成交价388.2万元。对市区设置的户外广告定时巡查和检查。完善审批、监督、安全等管理环节，坚决禁止私设、乱设活动广告行为，全年共受理户外广告设置申请73宗，全部在规定时间内办结。完成东华路、丰乐路及院士路景观照明工程，在东华路安装“中华白海豚”造型灯饰，在丰乐路和院士路安装江门市花“簕杜鹃”灯饰。分阶段进行市区主要道路建筑景观照明设置工作，市区共45栋建筑完成景观照明设置。

城市综合管理行政执法　开展占道经营专项整治工作，对超门槛经营的商铺进行教育规劝、督促整改。各市（区）城管部门联合工商、公安、经贸等部门开展占道经营、公共场所乱丢乱吐乱抛、违章搭建等专项执法整治行动。全年共组织执法整治行动64次，出动817人次，查处店外占道经营26763宗，劝导教育占道商铺1万多宗，清理小贩摆摊57653档，完成拆除违法搭建256宗，面积39909平方米。接收市住建局等部门移交涉及5个工程项目施工招标中弄虚作假行政处罚案件13件，立案处理26件（其中处罚法人单位13个、个人13人）。

（江门市城管局）

【宜居城乡建设】　2012年，江门市开展“森林围城、树林进城”绿色行动，加强生态保护，全市共投入绿化建设资金1.78亿元，种植树木（苗）817万棵。完成天沙河两岸9.6千米绿化美化景观建设，蓬江篁庄、怡福、双龙、龙湾公园及新会圭峰山绿护屏、台山通济公园、开平人民公园、恩平鳌峰山公园完成升级改造，鹤山沙坪河南岸综合整治工程完工，完成市区35个平交节点、主要道路中间绿化带、高速公路出入口的绿化升级。新建城市绿道57千米、城市绿道驿站8个。完成生态景观林带建设里程104千米，造林面积1026.67公顷。建设“林业生态文明村”140个。全市新增污水截污管网30千米，在建污水处理厂3座，新增污水处理能力8万吨/日，新建生活垃圾转运站24座，推进潭江流域保护工作。全年环境空气质量符合国家二级标准，空气质量日报优良率99.5%。是年，江门市通过全国文明城市、国家环保模范城市和国家卫生城市的复检复审。开展宜居城乡试点创建工作，蓬江区棠下镇等7个镇、蓬江区荷塘镇吕步村等14个村和蓬江区堤东街道办江华社区等25个社区分别获“2012年江门市宜居城镇”“2012年江门市宜居村庄”“2012年江门市宜居社区”称号；新会区双水镇等4个镇和鹤山市共和镇来苏村等13个村分别获“2012年广东省宜居示范城镇”“2012年广东省宜居示范村庄”称号。

（江门市住建局）

【滨江新区建设】　2012年，江门市滨江新区推进市政基础设施建设。完成江门体育中心板块概念设计方案，签订《江门市滨江体育中心特许经营项目特许权协议》，由保利华南公司（联合体）以DBO（设计、建造和运营）模式中标负责滨江体育中心板块开发，总投资30亿元，是全市首个采用DBO模式开发建设、投资额最大的城市基础建设项目，于12月7日动工建设。启动区内道路、桥梁、人工水系、排水泵房等城市基础设施基本完成年度计划，天沙河路、新昌路（均为暂定名）和天沙河景观带等市政设施的管理和维护已经移交和接管。至年底，启动区基础设施项目建设（含江门体育中心项目）完成投资11.53亿元，其中天沙河路项目获"广东省2012年度市政优良样板工程"称号，人工水系景观工程项目获"首都第十八届城市规划建筑设计方案汇报展优秀方案奖"；启动区二期基础设施建设项目启动，建设范围为天沙河以东、滨江大道以西、丰盛大道以南、新南路以北，内容包括完善路网规划和设计要点、管线规划、竖向设计规划以及土地规划调整。城市配套设施相继落户，由保利华南公司投资建设包括商业中心、五星级酒店、高品质房地产等项目的城市综合体，总投资75亿元，其中滨江新区商业中心项目占地72860平方米，计划建设22万平方米大型综合商场，项目总投资15亿元；五星级酒店项目占地9万平方米，计划建设面积40万平方米，并配套商业办公楼、酒店公寓及住宅等大型商场和超市，项目总投资25亿元；房地产开发项目占地28万平方米，计划开发商住面积70万平方米，项目总投资35亿元；国际性综合医院、范罗冈小学已办理供地手续，将启动建设；实现土地收益14.49亿元，超额完成市政府下达14.4亿元土地收益任务。至年底，第一批土地征收工作已全部完成，全年支付征地拆迁补偿2.36亿元（其中BT项目7160万元）；全年共完成建设用地报批46.96公顷，其中基础设施项目使用建设用地36.5公顷，农民自留地安排建设用地10.43公顷。至年底，广佛江快速通道项目、江顺大桥工程项目、西环路隧道工程项目均超额完成年度投资计划，江门段辅道工程项目建设完成前期可研工作。

（叶詠君）

【社会主义新农村建设】 2012年，江门市投入资金7567.64万元，创建市、县两级示范村79个，其中市级示范村10个、宜居村庄14个。改善农村生产生活环境，建立"户集、村收、镇运、县（市）处理"农村生活垃圾处理机制，实现全市垃圾收集体系全覆盖、生活垃圾无害化处理率达95%以上。开展"建设林业生态文明万村绿"工作，共建设"林业生态文明村"示范点140个，其中省级6个、市级8个、县级126个，分布于全市60个镇（街）。

（江门市农业局）

【城乡基本公共服务】 2012年，江门市开展基本公共服务均等化综合改革试点工作，印发实施《深入推进基本公共服务均等化综合改革工作方案（2012～2014年）》。市本级拨付教育资金35715万元，巩固创建教育强市成果，推进义务教育均衡发展，巩固完善城乡免费义务教育经费保障机制，加大财政支持学前教育发展力度，促进公共教育均等化。健全社会保障体系，市本级拨付社会保障和就业资金34769万元，实现城乡居民社会养老保险制度全覆盖。推进医疗卫生改革，市本级拨付资金18292万元，落实市区人均基本公共卫生服务经费标准不低于30元，落实基层医疗卫生机构经常性收支差补助资金，提高城乡医保各级政府补助水平至每人每年240元。开展价格惠民工程，市本级累计拨付资金1640万元，发放临时价格补贴，落实对困难群众"两节"（中秋节、国庆节）生活补贴发放工作；落实对农民农资综合直补、成品油价格、农作物良种等补贴，拨付农资综合直补资金20769万元，补贴面积18.71万公顷；加快平价商店进社区进乡镇，市本级拨付资金735万元，推动全市新增建立平价商店31家，初步形成平价商店进社区和覆盖城乡网络。推进住房保障工作，市本级拨付住房保障资金10581万元，解决市区低收入困难群众住房问题。推动文化惠民工程，市本级拨付文化体育资金5758万元，落实图书馆、文化馆等文化场馆免费开放服务，基本实现农家书屋行政村全覆盖。（马跃敏）

社会建设

【科学技术】 2012年，江门市共有国家级高新技术企业137家、市级高新技术企业97家、民营科技企业523家；高新技术产品975个，高新技术产品产值700亿元，占规模以上工业总产值比重26%。专利申请8163件，其中发明专利1257件；专利授权5283件，其中发明专利366件。全市有广东省创新型试点企业12家；省级企业工程技术研究开发中心22个、市级企业工程技术研究开发中心153个；科技孵化器6家；国家火炬计划产业基地3家、省级火炬计划产业基地4家；省级专业镇20个、市级专业镇12个。成立江门市科技创业风险投资基金暨广东粤科润华创业投资有限公司。该基金是江门市首个由政府引导的创业风险投资基金。成立专业镇专家顾问团，每个专业镇由五邑大学配备一名教授担任专家顾问联络员，实施“一镇一策”工程。开展产学研合作，江门市被批准为省部院产学研结合示范市，构建科技合作平台，引进100多所高校148名省部科技特派员入驻市企业。组建广东LED（江门）产业技术创新战略联盟及江门汽车摩托车零部件产业技术创新战略联盟。

技术创新平台建设　全年新批准组建市

2011~2012年江门市文教卫体事业情况

教育				医疗　文化　体育			
项　目	单位	2011年	2012年	项　目	单位	2011年	2012年
普通高校学校数	所	4	4	医院、卫生院数	个	116	113
普通高校在校学生数	万人	4.60	4.45	医院、卫生院床位数	张	13931	15127
中职和技校学校数	所	25	27	平均每千人口医院、卫生院床位数	张	3.2	3.4
中职和技校在校学生数	万人	6.49	7.25				
普通中学学校数	所	182	180	群众艺术、文化馆数	个	8	8
普通中学在校学生数	万人	25.31	24.19	公共图书馆数	个	7	7
小学学校数	所	317	306	博物馆数	个	9	9
小学在校学生数	万人	29.47	29.13	档案馆数	个	12	
学龄儿童入学率	%	100	100	国民体质合格率	%	84.2	
幼儿园数	所	462	470	人均公共体育场面积	平方米	2.66	
在园幼儿数	万人	12.08	12.21				

（江门市统计局）

级工程中心16个。广东广天机电工业研究院和华南精细化工研究院运行良好。广东道氏技术股份有限公司和广东彼迪药业有限公司已组建省级工程中心。至年底，全市有省级工业研究院2所、省工程技术研究开发中心22个、市级工程中心156个。

全市专业镇共有科技服务机构52个，建立创新平台33个，基本覆盖全市主要优势和特色产业，其中蓬江区国家摩托车及配件质量监督检验中心（广东）设有整车检验、发动机检验、电器检验、灯光检验和零部件检验5个检验室，为全市摩托车整车、发动机和20多种零部件的大量强制检验和委托检验业务提供支撑。广东广天机电研究院与江门大长江集团、江门轻骑华南摩托车等50多家企业开展技术改造、新产品和新工艺研发，提供技术转让、技术培训、对外交流与合作等技术服务。开平水口水暖卫浴技术创新中心已形成产品研发、质量检测、人才培训、产品展示、电子商务平台、知识产权应用与保护六大板块服务体系，服务区域辐射至蓬江杜阮、鹤山址山及周边区域水暖卫浴产业。组织实施多个市级专业镇重点计划，包括广东省专业镇技术创新支援中心江门分中心建设、江门蓬江区摩托车专业镇转型升级创新平台建设、新会司前专业镇转型升级创新服务平台、开平水口水暖卫浴产业技术路线图、五邑大学江门市专业镇转型升级特派员计划以及五邑大学址山五金卫浴产业集群一站式电子商务外包服务平台建设等，推动专业镇转型升级和产业生态规划、产业技术路线图制订；实施“一校（院）一镇”工程，吸引国内外创新资源落户专业镇。

科技成果鉴定　全市有61项科技成果通过市级以上鉴定，其中江门四方威凯精细化工有限公司“有机硅耐高温防腐涂料技术研发与应用”、中国移动通信集团广东有限公司江门公司“GSM网络设备自动检测系统”、江门新会区人民医院“交通伤脾破裂微创保脾救治技术的研究与临床应用”、江门市大光明电力设备厂有限公司“电力智能封印技术及产业化”、江门市强建新型建材研发中心有限公司“高强混凝土多组分水泥在管桩生产中的混掺工艺技术研发”、江门市城市地理信息中心“基于GIS的控规综合管理系统的研究”、江门市五邑中医院“医院静脉输液仪及监控管理系统”、江门市瑞荣泵业有限公司“环保型高效节能高推力充水式潜水电机的生产应用”、广东新会中集特种运输设备有限公司“高效高强度轻量化53英尺新型多式联运特种装备的关键技术及产业化”和“轻质重载折叠式特种货物运输装备的开发及产业化”共10个项目通过省级鉴定，李锦记（新会）食品有限公司“酱油酿造菌种的酶系分析与菌种选育、改造和应用研究”等51个项目通过市级鉴定。

科技重点项目　全年组织申报省市级科技计划项目800多个，获国家、省立项101个，扶持资金10559.3万元，比上年增长1倍多。是年度江门市产业技术研究与开发资金项目预算1750万元，分两批实施。第一批产业技术研究与开发资金计划项目21个、810万元，项目重点推进科技金融工作、推动科技创新平台建设和提升科技服务能力，兼顾五邑大学和江门职业技术学院的基础与理论科学研究工作；第二批产业技术研究与开发资金计划项目73个、940万元，项目落实重点民生工程建设专项资金，突出专业镇技术创新试点建设、院企校企产学研合作和战略性新兴产业引导扶持工作，兼顾农业科技创新和企业工程技术研究开发中心建设工作。

科技合作与交流　4月17日，珠海市、

中山市、江门市科技部门在珠中江第五次党政联席会议上签署《珠中江区域产学研合作框架协议》，加强珠中江区域产学研合作，推进三地专业镇转型升级、战略性新兴产业创新平台建设；鼓励和支持企业跨地域合作，提出在打印机设备及耗材研发、集成电路封装基板、风电装备、新能源电机驱动系统、LED 照明、化工涂料等领域技术交流与合作的可行性评估。与广东省粤科风险集团开展战略合作，成立江门市科技创业风险投资基金，总规模 10 亿元，首期出资 2 亿元；市科技局下属单位市生产力促进中心代表市政府出资 1000 万元，与基金托管银行达成 1：1 授信贷款额度；该基金采取“政府引导、多元出资、专业化管理、市场化运作”模式，引导银行和民间资本投入科技创新创业，吸引优质创业资本、项目、技术和人才聚集，实现科技资源与金融资本多层次、多形式合作，促进全市中小微企业快速发展；积极探索开展知识产权融资质押、科技型中小企业贷款贴息工作。组织硕普科技、制漆厂等企业参加省科技厅组织的赴北京科技大学、北京理工大学、北京航空航天大学、哈尔滨工业大学、吉林大学、长春光电研究所等高校及科研院所，进行科技交流与合作活动；邀请哈尔滨工业大学航空学院材料所 3 位教授到江门市进行产学研交流与对接，共同研商 LED 蓝宝石衬底等科研成果转化与产业化。（江门市科技局）

【教育事业】 2012 年，江门市预算内教育经费投入 45.59 亿元，比上年增加 6.22 亿元，增长 15.82%。是年，蓬江区通过“广东省推进教育现代化先进区”督导验收；台山市北陡镇、海宴镇、三合镇，开平市龙胜镇、大沙镇，恩平市良西镇、东成镇共 7 个镇建成“广东省教育强镇”；蓬江区杜阮镇、棠下镇，江海区礼乐街道、外海街道，新会区沙堆镇、大鳌镇、罗坑镇、三江镇、睦洲镇、崖门镇，台山市台城街道，开平市长沙街道，鹤山市沙坪街道、古劳镇、共和镇、桃源镇、鹤城镇、址山镇共 18 个镇（街）完成“广东省教育强镇（街）”复评。至年底，全市有 6 个市（区）建成“广东省教育强县”；69 个镇建成“广东省教育强镇”，其中蓬江区、江海区、新会区、台山市、开平市和鹤山市实现教育强镇全覆盖。全市教育强镇（街）总数居全省各地级市首位。是年，开平市向阳花第六幼儿园成功创建“广东省一级幼儿园”；江门市第一幼儿园、棠下镇英才成长幼儿园、台山市马兰芳幼儿园通过“广东省一级幼儿园”复评；蓬江区嘉福幼儿园等 14 所幼儿园、江海区机关幼儿园、新会区大鳌中心幼儿园等 5 所幼儿园、台山市六福山庄幼儿园等 4 所幼儿园、开平市向阳花第三幼儿园等 3 所幼儿园、鹤山市桃源镇中心幼儿园等 4 所幼儿园，以及恩平市东成镇中心幼儿园等 2 所幼儿园建成“江门市一级幼儿园”。新会区古井镇中心小学，台山市大江镇公益小学、深井中心小学，开平市赤水镇中心小学、赤坎镇五龙小学、江南小学，鹤山市双合镇双合小学、址山镇廓村小学、龙山小学，恩平市圣堂镇中心小学 10 所小学建成“江门市一级学校”。新会区古井镇官冲小学、岭东北小学，台山市大江镇大巷小学、白沙镇谢天锡小学，恩平市良西中学、良西中心小学、东成中学、东成中心小学 8 所学校通过“江门市一级学校”评估，其中恩平市良西中学、东成中学获“江门市初级中学教学水平优秀学校”称号。江海区外海中学通过“广东省高中教学水平评估”，并获“优秀”等次。至年底，全市省市县一级学校达437所，占中小学校总数87.8%，其中省一级学校76所（小学31所、初中14所、高中31所）占15.3%；地市一级学校332所（小学192所、初中98所、高中42所）占66.9%；县一级学校105所（小学83所、初中22所）占20.9%。全市省市县一级优质学位比例达93.6%，其中高中优质学位比例达100%、初中优质学位比例达91.8%、小学优质学位比例达92.8%。

全市义务教育阶段中小学校拥有校园网462个，计算机室883间，多媒体教学平台9133个，电子阅览室283间，生均图书43册，可利用计算机80433台，学生与计算机比为11∶1。蓬江区成为全省首批25个广东省“以信息化促进义务教育均衡发展实验区”之一。江门市第一中学景贤学校被教育部确定为全国教育信息化试点学校。

组织区域内中小学校与境外名校结成姐妹学校，定期组织教师与学生双向交流，以及组织考察境外学校教育教学管理、校园文化建设、学校内涵发展等相关内容。组织区域内学生参加国际性比赛，在本区域中学内设置国际课程，建立相关课程模块，小学在校本课程设置中增加国际理解教育的相关内容。实施教育国际化“五个一”工程，即每一所学校与境外一所学校建立姊妹学校，每一所学校至少有一个国际交流合作项目，引进或自主开发一门国际理解课程，建立一个以区域为中心的国际化教师培训平台，制定一个国际化学生评价指标体系，推进全市教育国际化进程。

建立健全全市扶困助学体系，确保贫困家庭学生不因贫失学。落实对农村人均年纯收入低于1500元以下贫困家庭子女义务教育阶段学生给予生活费补助制度；全市共有18660名（小学生13063人、初中生5597人）学生列入省“一补”（补助生活费）对象，补助资金共513万元。落实中等职业学校免学费和国家助学金政策，2011～2012学年对中等职业学校涉农专业和家庭经济困难学生免学费，全市共有3011名学生受惠，免学费金额986万元；2012年春季资助中职学校学生2.65万人，发放国家助学金1988万元。落实普通高中家庭经济困难学生和高中阶段困难转复退军人子女资助政策，2012～2013学年共资助高中阶段家庭困难学生1522人，补助资金121.59万元。落实普通高中国家助学金政策，2011～2012学年资助全市普通高中在校生中家庭经济困难学生共8081人，发放助学金1212.15万元。建立学前教育资助制度，从2011年秋季学期开始对在经教育局审批设立公办幼儿园（含幼儿班，不含托儿所、托儿班）、普惠性民办幼儿园（含幼儿班，不含托儿所、托儿班）就读的符合国家相关政策的广东省3～6岁常住人口家庭经济困难学前儿童、孤儿和残疾儿童给予资助，至是年底，2011年秋季学期、2012年春季、秋季学期资助家庭经济困难学前儿童、孤儿和残疾儿童共4420人次，发放资助资金共66.3万元。引导和鼓励企业、个人、社会团体等面向各级各类学校依法设立奖学金、助学金，资助家庭经济困难学生完成学业，叶氏化工高考助学奖学金、五邑慈善会奖助学金、昌兴关爱基金助学金及朱汉辉助学金等捐资205万元，资助中小学生1388人；全市各类社会捐资助学共资助学生6570人，其中小学2835人、初中1115人、高中2620人，捐赠资金493.79万元。

江门幼儿师范学校是广东省唯一一所承办内地西藏中职学前教育班的中职学校，是年，该校内地西藏中职班在校学生数达241

人，其中女生 183 名、男生 59 名；藏族学生 234 名、汉族学生 7 名。分别来自喀则、昌都、山南、拉萨、林芝、那曲、阿里 7 个地区，3 个年级共分为 6 个教学班进行学前教育专业学习。是年，学校组织 9 名藏族学生参加“全国民族地区职业院校教学成果展示”，获铜奖 1 枚，其余 12 幅美术作品获优秀奖；组织学生参加 3 次大型国家级和省级作文比赛，获奖率达 90%以上。是年，江门市培英高级中学承接来自新疆各地市（州）的第 8 批 3 个内地新疆高中班学生；有内地新疆高中班 10 个，在校学生 358 人；2012 年第四届内地新疆高中班毕业生参加高考，本科入围率 100%。（江门市教育局）

【文化事业】 2012 年，新会葵艺、台山广东音乐入选第一批广东省非物质文化遗产传承基地；陈梦吉故事、恩平民歌、腐乳制作技艺（广合腐乳制作技艺）、东艺宫灯、东古牌系列酱料制作技艺等入选广东省第四批省级非物质文化遗产名录；李柏良—龙舞·荷塘纱龙、郑沃波—恩平民歌、刘英翘—广东音乐、李泽添—新会古典家具、陈柏忠—新会陈皮制作技艺、胡沃镒—金声狮鼓制作技艺、李仰东—宫灯制作技艺·江门东艺宫灯制作技艺入选第三批省级非物质文化遗产项目代表性传承人名单。公布 5 名非遗项目传承人为江门市第二批非物质文化遗产项目代表性传承人。至年底，全市共有国家级非遗项目 7 个，省级非遗项目 20 个；国家级非遗传承人 2 人，省级非遗传承人 20 人。“新会葵艺”代表性传承人廖惠林、“白沙茅龙笔制作技艺”代表性传承人张瑞亨分别获“广东省非物质文化遗产代表性项目优秀传承人”称号；国家级非遗项目“荷塘纱龙”参加“龙舞盛世”——2012 年广东龙舞网上大汇演，夺“金龙奖”。江门市文化馆、新会区文化馆分别被评为全省地级市、县级市“十佳”文化馆，3 个镇（街）文化站被评为全省“百佳”文化站；1 个农家书屋入选“全国示范农家书屋”，6 个入选全省“百佳农家书屋”。新会林氏家庙、恩平冯如故居、县公立图书馆旧址 3 处文物点入选第七批升级文物保护单位；江门市博物馆以及新会、台山、鹤山、恩平等市（区）博物馆被评为省达标博物馆。是年，市文广新局组织举办纪念陈白沙诞辰 584 周年——白沙文化节系列活动，进一步打响“岭南儒城”文化品牌；组织开展第七个文化遗产日宣传活动；组织国家级非遗项目“新会葵艺”代表广东省参加在山东举办的第二届中国非物质文化遗产博览会。（温泉　黄建勇）

是年，全市继续实施农村电影放映、农家书屋、文化信息资源共享等文化惠民工程。做好农村电影放映工作，保证全市 1045 个行政村每月每村放映一场农村电影。全市共建成农家书屋 1154 个，其中新会区崖门镇龙旺旺冲村农家书屋被评为“全国示范农家书屋”，开平市大沙镇夹水村农家书屋管理员梁文平被评为“全国优秀农家书屋管理员”。“全国文化信息资源共享工程”地市级支中心（五邑图书馆）新增网络资源总量 48GB，新增电子图书 6 万种，完成地方文献全文数字化 1000 多种，完成民国报刊数字化 1000 多张，“五邑数字文化网”平均每天点击率达 1.7 万次以上。“五邑华侨华人多媒体资源库”作为广东省“岭南文化数据库”中的子项目通过国家文化部立项。至年底，全市已建成电子阅览室 105 个，其中文化站 5 个、文化室 100 个。

（梁淑英　吴丽有　苏慧敏）

全市文化基础设施建设取得新突破。新

会林缉光艺术博物馆、开平谭逢敬艺术院完成建设并投入使用；新会景堂图书馆、开平市图书馆和开平文化馆完成扩建和改造工程，并已对外开放。全市公共文化设施面积59万平方米，每万人拥有公共文化设施面积1322平方米；拥有文化馆8间，其中国家一级馆5间、国家三级馆2间，总面积3.3万平方米；乡镇（街道）文化站80个，其中特级站10个、一级站10个、二级站40个、三级站18个，总面积11.3万平方米；农村社区文化室1528个，总面积34.6万平方米，已实现“五有”文化室776个；公共图书馆6间，其中国家一级馆4间、二级馆2间，总藏数量141万册；博物馆6间，收藏品近6万件；文化广场113个，总面积100多万平方米。是年，江门市文化馆、新会区文化馆分别被评为全省地级市、县级市“十佳”文化馆；蓬江区环市街道办文化站、新会区双水镇文化站和崖门镇文化站、开平市三埠镇街道文化站分别被评为全省“百佳”文化站。

举办庆“五一”全市优秀文艺节目展演晚会、第三届江门市农业博览会“农村文化大舞台”文艺展演和“南粤幸福活动周”，承办第三届“珠中江民歌大赛”总决赛。全市开展文化体育活动项目540个。组织《欢乐广东—全省优秀舞台艺术作品—大型话剧〈青春作伴〉》在全市巡演。（梁文杰）

是年，市文广新局和市画院、市美术馆联合举办“香港、清远、江门美术作品展暨江门市画院首届美术作品巡回展”，加强与中国香港美术界交流合作。年内，市粤剧团赴中国香港、新会区青年粤剧团赴中国澳门进行文化交流演出活动，促进江港澳三地文化交流。邀请意大利米兰交响乐团到江门市东湖影剧院演出新年音乐会。加快推进星光公园建设，确定新增赖水清、黄秋生2人的人物圆雕像入驻星光公园，伍锦霞、李凌、陈非侬、唐季礼4人的人物雕像由浮雕像升格为圆雕像。（汪雨红）

【文化市场综合执法】 2012年，全市文化执法队伍出动执法人员29807人次，检查各类文化市场经营单位8732个次，办理举报83宗；全年开展7次专项执法行动、30多次联合执法行动，对108个违规经营单位作出行政处罚，配合相关部门查处取缔非法地摊游商48个、无证照网吧6个和无证照歌舞娱乐场所12个，收缴各类非法出版物10.8万件，全年无“扫黄打非”重大案件、无文化市场安全生产重大责任事故。

（石　岩）

【医疗卫生】 2012年，江门市共有医疗卫生机构1677个，其中医院36个、专科防治所（站）10个、疾控中心6个、卫生监督所6个、卫生院68个、社区卫生服务机构59个；门诊部、诊所、医疗室、卫生站等其他机构1492个。全市拥有病床数15627张，每千常住人口拥有病床数3.49张；卫生工作人员25623人、卫生技术人员21886人，每千常住人口拥有卫技人员4.88人；三级甲等医院3个、三级甲等中医院1个、二级甲等医院16个。全市医疗卫生固定资产总值38.72亿元。全市共有乙类大型医用设备51台，其中数字减影血管造影X线机（DSA）7台、核磁共振仪（MRI）8台、全身CT　29台、医用电子直线加速器（LA）6台、单光子发射型电子计算机断层扫描仪（PET-CT）1台。全市医疗机构完成门诊量3113万人次，出院病人58.2万人。居民期望寿命79.16岁，婴儿死亡率4.39‰、孕产妇死亡率5.49/10万。

“市民一卡通”正式投入使用，市五邑中医院、市人民医院成为第一批社保卡发行医疗结算试点单位；制订《江门市基于居民健康档案的区域卫生平台第一期工程建设方案》；结合“市民一卡通”和网上办事大厅项目，推进预约诊疗平台建设以解决医院“三长一短（挂号排长队、就诊排长队、缴费排长队、看病时间短）”现象；落实爱国卫生网站、食品安全网站、《江门卫生通讯》改版工作；市中心医院获中国卫生信息学会2012年卫生信息化推进优秀奖；市妇幼保健院成为市卫生信息化试点示范医院。

农村卫生　全市构建起农村医疗卫生服务网三级服务体系，基本实现每个行政村有1个村卫生站，并配备必需的医疗器械设备和消毒设施，开展医疗、公共卫生服务和健康教育工作。实施2012年度广东省万名医师支援农村卫生工程和县级医院骨干医师培训项目。做好农村已离岗接生员和赤脚医生生活困难补助发放工作。

社区卫生　推进社区卫生服务机构“两个机制、三个体系”（即健全社区卫生服务机构运行补偿机制、健全社区卫生服务机构扶持机制、建立社区卫生服务机构监督管理体系、建立社区卫生服务机构考核体系、建立社区卫生服务机构评价体系）建设，启动市属三级甲等医院对蓬江区、江海区6个社区卫生服务机构对口支援工作，投入266万元完善社区卫生服务机构的公共卫生服务和基础设施及信息化建设。蓬江区北街社区卫生服务中心成功创建省示范社区卫生服务中心。

中医工作　推进中医药服务体系建设，制定社区卫生服务中心和乡镇卫生院中医科、中药房标准化，大部分基层医疗卫生机构能够提供中医药服务，新会区中医院结合“双挂一培训”工作，对口帮扶大鳌镇卫生院和大泽镇卫生院。加大支援和帮扶力度，不定期派医疗技术骨干到社区服务中心或卫生院开展坐诊，开展中医药知识培训讲座、技术会诊指导。市五邑中医院顺利通过三级甲等中医医院评审，新会区中医院顺利通过二级甲等中医医院试评。市五邑中医院院长李宇明获“广东省中医药强省建设先进个人”称号，主任中医师余伯亮成为全国第五批老中医药专家学术经验继承工作指导老师。

医政工作　开展“三好一满意（服务好、质量好、医德好、群众满意）”活动、“医疗质量万里行”活动以及平安医院创建活动，组织开展医院感染管理、医疗废物管理、临床用血安全专项检查及抗菌药物临床应用专项整治工作。江门市中心医院呼吸科、泌尿外科、神经内科及市人民医院内分泌科4个专科被评定为省级临床重点专科。开展优质护理服务工程，市直3个省级重点联系医院的优质护理服务病房覆盖率达100%，二级以上医院全部开展优质护理服务。珠海市、中山市、江门市三地医疗机构签订医学检验和医学影像检查结果互认协议。全市第一个医院警务室——市公安局蓬江区分局北街派出所驻江门市中心医院警务室成立。

医学教育与科研　加强基层卫生人才队伍建设，组织住院医师规范化培训考核，做好卫生技术人员全科医学教育培训；举办卫生管理干部培训班，加强卫生管理干部能力建设。全年全市卫生系统医学科研项目立项160个，江门市卫生系统医学新技术新项目60个。

【卫生应急】　2012年，江门市完善卫生应急管理体系，制订《江门市突发公共卫生事件应急预案操作手册》《江门市核与放射卫生应急预案》。开展卫生应急培训演练，组建12支市级卫生核应急队伍和3个救治基地，组织3次核应急业务知识培训班；举办“珠中江核与放射事故卫生应急演示”活动。年内成功处置26起传染病疫情。组织开展对蓬江区荷塘镇荷塘海洋模特厂卸货树脂塑料爆炸事故等5起突发公共事件的医疗救治工作。开展应对季节性强降雨、防御“杜苏芮”“韦森特”“启德”台风等自然灾害的医疗救援工作。配合做好珠中江进出口商品展销会等大型活动的卫生应急医疗保障工作。组织专家定期进行季度疫情分析评估预测和编制《江门卫生舆情监测信息》。

【疾病预防与控制】 2012年，江门市加强对重大传染病监测和防控，推进重点疾病防控工作。开展艾滋病防治工作，艾滋病疫情报告质量等多项艾滋病防治主要措施落实质量考评指标值均达国家考核指标要求。推进第五轮全球基金耐多药和流动人口结核病防治项目，规范结核病信息管理和抗结核药品管理。加强性病、麻风病防治工作，完成中国政府和澳大利亚政府合作开展“通过提供梅毒筛查与治疗服务加强艾滋病的检测、监测和干预”项目。江门市“政府主导、多部门参与，各级医疗部门支持配合”的性病综合防治模式得到国际评审专家肯定。开展脊灰疫苗应急免疫和麻疹疫苗强化免疫活动。精神卫生网络建设取得实效，新会区被评为“广东省重性精神疾病管理工作先进县（区）”。

【妇幼保健】 2012年，江门市代表中国东部地区消除新生儿破伤风现场认证城市，通过世界卫生组织“消破”现场认证。县级妇幼卫生工作经省卫生厅复核，江门各市区全部取得“良好”以上成绩，其中蓬江区、江海区、新会区、台山市、鹤山市取得“优秀”成绩。开展出生缺陷干预和免费婚前孕前检查工作，婚检率达38.2%。新会区完成全省地中海贫血基线调查。江门市妇幼保健院挂“妇女儿童医院”牌子，北新区新院基本建成。编制《江门市妇女儿童发展规划（2011～2020年）》。市妇女儿童医院获“江门市实施妇女儿童发展规划先进集体”称号。

【卫生监督】 2012年，江门市健全卫生监督体系，建立以日常监督执法为核心，以开展专项整治、打击非法行医活动为重点，以做好公共场所、生活饮用水、职业卫生、放射卫生、学校卫生、医疗机构、传染病防治和消毒产品监管为要务的卫生监督管理模式。全市卫生监督机构对各类公共场所卫生监督检查2万多户次，对医疗机构等监督检查1000多户次，全年审批发放公共场所、医疗机构等卫生许可证3000多个。建立公共场所卫生监督长效机制和卫生管理信用体系，全年江门市公共场所卫生监督量化分级A级企业33家。推进卫生监督协管工作，各地初步建立卫生监督基层协管网络。组织开展全市“打非治违”职业病防治工作专项督查。

【食品安全】 2012年，江门市推进食品安全监管机制建设，组织协调各市（区）政府、各部门落实食品安全工作责任，加强考核实行“一票否决”制，畅通投诉举报渠道，出台《江门市食品安全举报奖励办法》。强化学校周边食品安全整治工作，重点做好“瘦肉精”“地沟油”“问题冻肉”“问题鱼翅”“问题咸蛋”、餐饮具集中消毒单位和酒类安全等突出问题专项整治工作。举办是年度江门市重大食品安全事故Ⅲ级应急演练活动，超额完成在全市评选设立524家食品企业和256个市场、大中型超市食品安全示范点（店）等民生实事工作，开展各项食品安全宣传培训。全市未发生重大食品安全事故。

【爱国卫生】 2012年，江门市开展第24个爱国卫生月活动，组织清洁卫生行动日、行动周和群众性病媒生物防制活动，推进城乡环境卫生整洁行动，洁净城乡环境，有效控制流感等传播疾病的发生和流行。开展病媒生物防治工作，巩固灭鼠、灭蚊蝇达标成果。全市完成新建改建农村户厕11000个，完成全年任务量的110%。开展亿万农民健康促进行动，台山市水步镇创建省级“行动示范镇”工作顺利通过省考核验收。新会区双水镇启动创建省“行动示范镇”工作。江门市2010~2012年城乡环境卫生整洁行动工作获省考核组好评。

【国家卫生城市创建成果巩固】 2012年，江门市推进国家卫生城市迎复检工作。市政府投入100多万元对市区“四防”（防鼠、防蚊、防蟑螂、防臭气）装置进行更新维护，共更换“四防装置”1万多个，改善市区卫生环境；新会区投入10多万元在主城区安装灭鼠屋7000个。印发10万份倡议书和1万份宣传海报，开展广泛的宣传教育。是年，顺利通过省级复查和全国爱卫会暗访，江门市再次被确认命名为“国家卫生城市”。

【卫生村镇创建】 2012年，鹤山市和恩平市顺利通过省卫生城市复审，获省爱卫会重新确认并命名为“广东省卫生城市”。蓬江区潮连街道顺利通过省卫生镇复审。全市共创建省卫生镇4个、市卫生镇1个；省卫生村34个、市卫生村51个。（江门市卫生局）

【体育事业】 2012年，江门市实施“健康江门”体育行动计划和“体育惠民服务”战略。完成元宝山体育公园一期项目建设。制订印发《江门市加快转变体育发展方式实施方案》。滨江体育中心于12月7日动工兴建，计划3年内竣工。11月底向省体育局提交承办广东省第十五届运动会申请书。全市建设完成镇（街）全民健身广场15个，总面积9万平方米，举办各类体育活动280多次，参与人数超250.4万人次，全市体育人口率46.6%，平均每万人拥有16.6名社会体育指导员。江门市运动员刘辅梁、李汉华分别参加第14届伦敦残奥会田径和游泳项目比赛，共获金牌2枚、银牌1枚、铜牌1枚，破1项世界纪录和1项残奥会纪录，创造江门市参加残奥会以来的最好成绩。体育产业发展构建新框架，全年体育彩票总销量达2.5亿元，比上年增加1421万元，增长6%，总销量居全省第十，上缴税款794万元，筹集公益金1814万元。全市游泳场（沙滩泳）、漂流、潜水等高危项目经营场所实现重大安全事故“零”发生。

（江门市体育局）

【住房保障】 2012年，江门市扩大住房保障受惠面，保障范围由城镇低收入家庭扩展到城市中等偏下收入家庭、新就业职工和外来务工人员。保障性住房申请条件也作调整，人均月收入1595元以下、人均住房建筑面积13平方米以下（市区为人均住房建筑面积14平方米以下），未享受过住房货币补贴和房改购房优惠，符合保障范围的家庭可申请公共租赁住房，其中人均月收入630

元以下的可申请廉租住房。是年，全市共筹集保障性住房建设资金6.72亿元，其中获中央公共租赁住房补助资金1.18亿元、省级公共租赁住房以奖代补资金2537万元、地方债券资金3540万元、利用住房公积金贷款3.3亿元，由企业、个人等社会力量投资1.63亿元。保障性住房项目共完成投资4.42亿元，新开工保障性住房4971套，竣工保障性住房3725套，对459户家庭发放住房补贴，超额完成广东省政府下达的目标任务。全市共分配保障性住房1183户，其中政府投资建设保障性住房474户、企业投资建设709户。是年3月19日，出台《江门市社会力量投资建设公共租赁住房管理暂行办法》，对社会力量投资建设保障性住房的建设模式、建设标准、优惠政策、租金定价、管理办法等进行规定，为民间资本参与保障性住房投资、建设、运营和管理提供指引，调动社会力量投资建设公共租赁住房的积极性。4月11日，出台《江门市区人才公寓管理试行办法》，提出按照"政府主导、只租不售、周转使用、动态管理"原则，将"为高层次人才提供周转性住房"纳入本市公共租赁住房发展规划，解决紧缺人才引进后的过渡性住房问题。6月27日，出台《江门市住房保障制度改革创新实施方案》，建立以公共租赁住房为主要保障方式的新型住房保障制度，逐步将已有的廉租住房、直管公房和公共租赁住房等保障性住房合并管理，统一归类为公共租赁住房，只租不售；对公共租赁住房的建设模式、建设标准、资金和用地保障、申请程序、审核分配制度、退出机制等作出规定。

【住房公积金】 2012年，江门市住房公积金缴存新开户47472人，至年底累计开户职工人数351001人，全年归集住房公积金29.38亿元，比上年增长15.16%；发放住房公积金个人住房贷款9.7亿元，下降3.83%；实现住房公积金增值收益1.39亿元，增长1.87倍。是年，江门市开展利用住房公积金贷款支持保障性住房建设试点工作，成为广东省首批获批"利用住房公积金贷款支持保障性住房建设贷款"的国家试点城市之一，获准发放保障性住房贷款3.3亿元。经市住房公积金管理委员会批准，提高首套房个人住房公积金贷款最高限额，其中江门市区、鹤山市、开平市首套房贷款最高限额从原来一个人20万元提高至25万元，两个人或以上提高至50万元；台山市首套房贷款最高限额从原来一个人15万元提高至20万元，两个人或以上提高至40万元。

（江门市住建局）

【劳动就业】 2012年，江门市城镇新增就业人员47671人，下岗失业人员再就业34705人，就业困难人员再就业2671人，农村劳动力转移就业21869人，实现创业人数4449人；全市城镇登记失业率2.35%，比既定目标3.2%低0.85个百分点。

全市组织开展城乡各类劳动者职业技能培训，培训各类职业人员267969人，其中组织农村劳动力转移就业培训47653人、城镇失业人员再就业培训1784人、农民工技能提升培训15027人、创业培训591人。全市开展高技能人才培养，培养人才12735人，其中高级工10983人、技师1496人、高级技师256人。

全市共建立和谐劳动关系示范点36个，涉及企业747家、职工109049人；全市各类企业劳动合同签订率90.37%，工资集体协商率45.03%，已建工会企业集体合同建制率 82.03%；发布 2012 年人力资源市场部分职位工资指导价位和部分重点产业（行业）技能工种工资指导价位，开展江门市人力资源市场供求状况分析工作，每季度向全社会发布《江门市人力资源市场供求状况分析报告》。5 月 1 日起，取消市直劳动合同鉴证业务，市直用人单位和劳动者直接凭《劳动合同》《就业失业登记证》（《广东省就业失业手册》）、《江门市直用人单位签订（终止 / 解除）劳动合同备案登记表》等资料办理资质登记注册、子女入学、出入境等事项。

全市共受理来信来访案件 7073 件，接访群众 14633 人次，共处理劳动监察案件 3846 件，其中拖欠工资案件 1587 件，追回被拖欠工资 5155.7 万元。市人力资源社会保障局与市中级人民法院、市检察院、市公安局共同制订《拒不支付劳动报酬案件移送工作细则》，加强对欠薪逃匿案件打击力度。是年，全市劳动人事争议仲裁机构受理案件 5776 件，涉及劳动者 5707 人，涉案金额 20638.79 万元，办结案件 5822 件（包括 2011 年余案 303 件），累计结案率 95.55%，调解和撤诉 2990 件，调解撤诉率 51.77%。在全市范围内推行基层劳动争议义务调解员制度，全市 81 个镇（街）、开发区全部设立劳动争议调解室，聘请义务调解员 653 名；全市劳动争议调解室受理劳动争议 816 件，涉及人数 1000 多人，成功调解 725 件。

出台《江门市促进就业创业扶持政策实施意见（试行）》《江门市关于进一步做好高等学校毕业生就业工作的意见》《关于印发江门市农村劳动力转移就业专项资金补助实施意见的通知》《关于下达我市 2012 年农村劳动力转移到市重点企业对接任务的通知》《关于下达 2012 年江门市就业创业和农村劳动力技能培训转移就业工作目标任务的通知》《关于进一步做好异地务工人员 积分制入户城镇工作的意见》等文件。建立完善“一对一”就业帮扶工作机制，制订实施《江门市“一对一”就业帮扶工作方案》《江门市“一对一”帮扶离校未就业高校毕业生就业工作方案》，针对全市离校未就业高校毕业生、大龄就业困难人员、涉军人员、刑释解教人员、零就业家庭人员、被征地农民及其他需要就业帮扶的就业困难人员不同特性，提供专业化“一对一”就业帮扶服务。

【社会保障】 2012 年，江门市企业职工养老、城（乡）镇基本医疗、失业、工伤、生育保险参保人数分别为 144.14 万人、379.86 万人、66.19 万人、67.09 万人、64.69 万人，基金征缴收入分别为 52.23 亿元、29.61 亿元、3.5 亿元、1.33 亿元、0.61 亿元；全市城乡居民社会养老、医疗保险参保人数分别为 154.45 万人和 276.27 万人。全市企业退休人员社会化管理服务率 82.9%。全市发放社会保障卡 160 万张。印发《关于 2012 年度江门市社会保险费征收有关问题的通知》，将职工基本医疗保险用人单位缴费费率由 6.5%降低为 5.5%，将工伤保险费率由 1%降低为 0.9%缴纳。暂缓调整工伤、失业保险缴费基数，按照 2010 年全市企业在岗职工月平均工资 2291 元标准执行，即缴费上限为 6873 元，下限为 1375 元；暂缓调整企业职工养老保险缴费基数下限，是年全市企业职工养老保险缴费基数下限仍按全省上年度在岗职工月平均工资 51%（按省、市三年调整到 60%的要求，原计划 2012 年 7 月起调整为 60%）执行，城镇个体工商户和灵活就业人员养老保险缴费基数下限按不低于全省上年度企业在岗职工月平均工资 59%（按省、市三年调整到7%的要求，原计划2012年7月起调整为70%）执行。

城镇职工基本养老保险　调整企业退休人员基本养老金，每人每月平均增加143.48元，至年底，全市月人均养老金水平达1282元，全市企业离退休20.65万人，基金支出34.51亿元。落实各项养老保险补缴政策，当期一次性补缴企业养老保险的缴费人数3.14万人，增加补缴收入10.68亿元。

城乡居民社会养老保险　全市推进城乡居民社会养老保险工作，经国务院批准，蓬江区和江海区被列入国家第四批新型农村和城镇居民社会养老保险试点县（区）。各市（区）全面纳入国家试点县（区）范围实施新型农村社会养老保险工作，并启动城镇居民社会养老保险工作，填补城镇非从业居民社会养老保险制度空白。至年底，全市45周岁以上城乡居民社会养老保险参保人数92.87万人，参保率100%；60周岁以上城乡居民社会养老保险参保人数43.52万人，参保率100%，全市实现城乡居民社会养老保险制度和参保人数全覆盖。

医疗保险　全市城乡医疗保障覆盖面不断扩大，基本医疗保障水平稳步提高。城乡基本医疗保险参保人住院基金最高支付限额达10万元，特定病种门诊范围由12种扩大到23种，恶性肿瘤（放疗、化疗）等3个病种基金支付年使用定额提高到2万元，职工医保普通门诊累计最高支付限额提高到每人每月50元，城乡医保普通门诊累计最高支付限额提高到每人每年100元。是年，全市医疗保险基金支出26.05亿元。

失业保险　全市每人每月平均失业保险金为760元；全市年末领取失业金5696人，基金支出7699万元。

工伤保险　自3月起，将全市公务员和参照公务员法管理单位人员纳入工伤保险参保范围，实现工伤保险制度全覆盖。制订《江门市人力资源和社会保障局关于江门市工伤保险费率浮动管理办法的通知》；推进预防、救治、补偿、康复“四位一体”现代工伤保险制度，建立“早治疗、早介入、早康复”工伤探访制度；全市处理工伤认定案件6052件、工伤劳动能力鉴定（确认）案件3282件，享受工伤保险待遇4799人；为2425名从事特殊工种岗位的职工进行预防性职业健康体检；安排188名工伤职工进行工伤康复；基金共支出7568万元。

生育保险　全市享受生育保险待遇人数10291人，基金支出2223万元。

（江门市人社局）

【社会管理工作创新】　2012年，江门市新增社会组织230个，其中新评估4A级社会组织2个。社工、义工服务队伍不断壮大，在全省率先创建社会工作专业人才孵化培育基地，登记成立江门市社会工作协会和10个民办社工机构。在全国首创劳资纠纷义务调解员制度。鹤山“大调解”格局成为省第一批社会创新观察试点项目。加快“平安江门”建设，新安装治安视频监控摄像头2331个、治安视频卡口106个，市公安智能交通控制中心项目完成建设。全市共查处“三打”案件14556件，查处“保护伞”185个，抓获犯罪嫌疑人10208人；“两建”试点工作扎实推进。是年，江门市被评为“广东省首批法治先进城市”。没有发生重大恶性事故，消防领域实现“零伤亡”。

（摘自《政府工作报告》）

·责任编辑　贺　坤·

东莞市

基本情况

【地理位置】 东莞市位于广东省中南部，珠江口东岸，东江下游的珠江三角洲。因地处广州之东，境内盛产莞草而得名。介于东经 113°31′~114°15′，北纬 22°39′~23°09′。最东是清溪镇的银瓶嘴山，与惠州市惠阳区接壤；最北是中堂镇大坦乡，与广州市区和增城市、惠州市博罗县隔江为邻；最西是沙田镇西大坦西北的狮子洋中心航线，与广州市番禺区隔海交界；最南是凤岗镇雁田水库，与深圳市宝安区相连。毗邻港澳，处于广州至深圳经济走廊中间。西北距广州 59 千米，东南距深圳 99 千米，距香港 140 千米。东西长 70.45 千米，南北宽 46.8 千米，全市陆地面积 2465 平方千米，海域面积 97 平方千米。

【建置沿革】 东莞于东晋咸和六年（331）立县，初名宝安，隶属东官郡。唐至德二年（757）更名东莞，县治从芜城（今宝安南头）移至到涌（今莞城）。南宋绍兴二十二年（1152）分东莞的香山镇立香山县（今中山市）；明万历元年（1573）将东莞守御千户所、编户五十六里立新安县（今深圳市宝安区），东莞地域随之缩小。清沿明制。民国期间，先后隶广东省粤海道、粤中行政区、第一行政区和第四行政区。1949 年 10 月 17 日，东莞全境解放。初期属东江行政区管辖。1950 年 3 月，东莞县隶珠江专区。1952 年，撤销珠江专区，东莞县隶粤中行政区。1956 年 2 月，撤销粤中行政区，东莞县隶惠阳专区。1958 年 11 月，东莞县曾短期隶广州市。1959 年 1 月，撤销惠阳专区，东莞县划归佛山专区。1963 年 6 月，复置惠阳专区，东莞县又隶惠阳专区。1985 年 9 月，国务院批准撤销东莞县，设立东莞市（县级），仍属惠阳地区管辖。1988 年 1 月 7 日，国务院批复将东莞市升格为地级市，直属广东省管辖。

【行政区划】 2000~2011 年，东莞市行政区划主要变更有：2000 年 1 月，附城区街道办事处更名为东城街道办事处；2001 年 11 月，篁村区街道办事处更名为南城街道办事处；2002 年 11 月，万江区街道办事处更名为万江街道办事处；2002 年 12 月，撤销城区人民政府筹备组，改设莞城街道办事处。

【资源物产】 渔业资源　东莞市水域总面积 34062 公顷，其中海域面积 10288 公顷，江河水域面积 13867 公顷，海水养殖面积 678 公顷，淡水养殖面积 9229 公顷。有鱼类 200 多种，分别隶属于 2 纲 15 目 38 科。鱼类中包括淡水鱼类 110 多种，海水鱼类 90 多种。另外还有各种淡水观赏鱼，包括金鱼的龙种、文种、蛋种、丹凤四大系列，日本锦鲤御三家的红白、大正三色、昭和三色三大系列和热带观赏鱼的脂鲤科、花鳉科、攀鲈科、慈鲷科等系列品种不下 150 种。（叶普仁）

动植物资源　东莞市野生动物种类繁多，主要分布于山区和丘陵地带，体形较大的野兽多栖息在东南山区，一般兽类出没于平川、丘陵。主要野生动物有：哺乳类、鸟类、鱼类（134 种）、甲壳类和多种贝类、两栖、爬行类、昆虫类等。主要野生植物有：维管束植物 1630 种，隶属 210 科、805 属，其中蕨类植物 125 种、37 科、66 属；

裸子植物7种，5科、5属；被子植物1498种，168科、734属（其中双子叶植物143科，556属、1135种；单子叶植物25科，178属、363种）。内陆水域中常见的浮游生物共8门110属。

矿产资源 东莞市境内已知矿产有7类19种，矿床点66处。其中，金属矿产3类8种，矿床点34处：黑色金属矿产10处（铁矿点9处、钛铁矿1处），有色金属矿产23处（铜矿点4处、铅锌矿点4处、钨矿点10处、锡矿点4处、钛矿点1处），贵金属黄金矿化点1处。非金属矿产6类11种32处：冶金辅助原料矿产9处（耐火黏土4处、泥炭土4处、石油1处），化工原料矿产14处（黄铁矿点6处、重晶石矿点3处、钾长石矿点4处、石盐矿点1处），建材非金属矿点3处（水泥灰岩2处、水泥黏土1处）。主要分布在东莞中部、南部和东部的山地、丘陵地带。矿产分布分散，无规律。

【人口】 2012年，东莞市常住人口829.23万人，其中户籍人口187.02万人；城镇常住人口735.28万人，人口城镇化率为88.67%，是广东省第三大人口城市。全年出生人口2.47万人，出生率13.3‰；死亡人口9684人，死亡率5.2‰；人口自然增长率8.1‰。人口密度为每平方千米3364人，在广东省各市居第一位。

【语言】 东莞市境内流行粤方言和客家方言。粤语区面积、人口均占全市的绝大部分，客家方言主要通行在东南部与惠州、深圳相邻的丘陵地带，约占全市面积的18%。在32个镇街中，纯粤语镇街有石龙、长安、沙田、洪梅、道滘、麻涌、万江、中堂、望牛墩、石碣、高埗、大朗、寮步、茶山、企石、石排、常平、横沥、东坑、桥头20个。兼有2种方言的镇街中，莞城、东城、南城、厚街、虎门、大岭山、塘厦、黄江、谢岗9个镇街大部分甚至绝大部分讲粤方言；清溪、凤岗2个镇大部分讲客家方言。全市仅樟木头是纯客家方言镇。

【地方风俗】 东莞市历史源远流长，民俗文化积淀深厚，西部的水乡风情与东部的山区特色构成别具一格的莞邑民俗文化。东莞有着丰富的传统民间艺术活动，譬如：东坑二月初二“卖身节”。“卖身节”是东莞最具乡土特色的民俗活动，起源于明朝万历年间该镇塘唇村出现的“卖身”现象（即出卖劳动力），随着时代的变迁，“卖身节”渐渐失去原有的意义，但人们依然保留这天前往镇上赶集的传统。中华人民共和国成立初期，人们又称“卖身节”为“翻身节”，到20世纪90年代初，“卖身节”演变成“射水节”和“欢乐节”。端午节的赛龙舟和吃粽子。端午的龙舟盛景，是东莞民间相传近300年的习俗。这里每年的农历五月初一至初五（端午节），水乡各镇在举行传统赛龙舟时，都细选当地的鱼虾、精粮，煮好香甜的“龙船饭”和“端午粽”，相邀周边百乡的人前来闹游龙，万人淋泼吉祥的龙舟水。东莞水乡各镇街连续举行一系列龙舟比赛，持续近1个月，成为东莞一景。其中沙田镇被国家体育总局命名为“龙舟之乡”。七月七风情节。农历七月初七，东莞人称之为“七姐诞”，又称“拜七姐”，其意即思念敬仰牛郎织女坚贞的爱情，通过虔诚拜祭、花车巡游等活动祈祷平安，寄福未来，主要活动地点在望牛墩镇。除此之外，还有大朗荔枝节、桥头荷花艺术节、谢岗登山节等众多现代与传统相融合的民俗文化活动。

【风景名胜】 东莞市拥有滨海秀色、稻海蕉林、荔红荷香、旗峰胜迹等自然风景和丰富的人文景观，是广东省历史文化名城、中国近代史开篇地、东江人民抗日根据地、改革开放的先行地。2004 年，东莞市评出新八景："松湖烟雨"（松山湖高新技术产业开发区）、"大道朝晖"（东莞大道）、"广场挹萃"（市中心广场）、"古塞飞虹"（虎门大桥）、"虎英叠翠"（虎英郊野公园及御景湾周边景观）、"板岭凝芳"（绿色世界、水濂山森林公园及周边景观）、"莲峰赏鹭"（长安莲花山风景区）、"金沙漾月"（石龙金沙湾）。同年，东莞市获评"中国优秀旅游城市"。2011 年 4 月，又被亚太旅游联合会、国际度假联盟组织与中华生态旅游促进会、中国人民对外友好协会、中国国际友好城市联合会授予"中国最具投资价值旅游城市"称号；同年 11 月，获评"中国十大特色休闲城市"称号。

截至 2012 年，东莞市境内有鸦片战争博物馆、广东观音山国家森林公园、松山湖景区、新华南 MALL·欢笑天地、东莞市科学技术博物馆 5 个国家 AAAA 级旅游景区，有林则徐销烟池、威远炮台、沙角炮台、鸦片战争博物馆、可园等国家级重点文物保护单位、爱国主义教育基地，有村头村遗址、金鳌洲塔等省级文物保护单位。

（潘朝明　刘念宇　胡晓静　苏淑娴）

生态环境

【耕地保护】 2012 年，广东省下达东莞市耕地保有量任务不得少于 3.17 万公顷，基本农田任务数为 2.79 万公顷。至年底，全市耕地保有量为 3.75 公顷，划定基本农田面积 2.83 万公顷，均超额完成省下达的指标任务。全市上报建设项目占用耕地 163 公顷，批准建设项目占用耕地 254 公顷，全部采取有偿受让补充耕地形式进行补充，实现年度耕地占补平衡。

【环境质量】 2012 年，东莞市环境质量稳中好转。按照《环境空气质量标准》（GB3095–2012），空气环境优良天数 270 天。城市集中式饮用水源达标率 100%；东江东莞段水质达到国家地表水Ⅱ类水质标准；东莞运河达到国家地表水Ⅴ类水质标准，消除黑臭现象，水质改善。市区声环境质量保持良好。

【污染减排】 2012 年，东莞市制订实施《东莞市"十二五"主要污染物总量减排工作方案》，市政府与各镇街、相关职能部门签订减排目标责任书。建立完善减排企业台账管理、台账代理、信用管理、任务分工、年度考核、工作问责等制度，健全减排体系。完成广东省下达的 102 个重点减排项目，完成率 98.08%，其中包括 9 个污水处理工程项目，42 个降氮脱硝项目和 5 个取消脱硫旁路项目。

【清洁空气行动】 2012 年，东莞市实施《东莞市清洁空气行动计划》，累计淘汰小功率燃煤锅炉 1148 台，整治大型锅炉 347 台，治理 VOC（挥发性有机化合物）排放企业 349 家。实施第三阶段环保区域限行，限行范围扩大到 150 平方千米，基本建成 23 套黄标车限行电子抓拍系统。制订实施《东莞市黄标车淘汰实施方案》及《东莞市黄标车淘汰更新奖励补贴实施方案》，提前淘汰黄标营运车。

【水环境治理】 重点流域（石马河）整治 2012年，东莞市实施《东莞市石马河污染综合整治工作方案》，完成阶段性整治，并于10月31日通过广东省人民代表大会验收。

重金属污染整治 2012年，东莞市实施《东莞市重金属污染综合防治“十二五”规划》及《东莞市环保局重金属污染源综合防治工作落实方案》。执行《电镀污染物排放标准》的水污染物特别排放限值要求，整治146家重金属排放企业；整治8家铅蓄电池企业，其中3家通过验收、3家搬迁、2家停产整治。

【生态创建】 2012年，东莞市横沥镇创建为国家级生态镇，黄江、厚街和桥头镇创建为广东省生态镇，163个村（社区）创建为东莞市生态村（社区），32所学校创建为广东省绿色学校、26所创建为东莞市绿色学校；36个社区创建为广东省绿色社区、17个创建为东莞市绿色社区。15家企业创建为第五批环境友好企业。

【渔业资源与海洋环境】 2012年，东莞市发动各镇街和社会各界参与渔业资源增殖放流，全市开展6次渔业资源增殖放流活动，投放鱼苗、虾苗2418万尾。围绕“简政强镇”的推进，规范水生野生动物特许证的办理程序，办理水生野生动物年审180多份，征收资源保护款12万多元。做好黄唇鱼保护区管理工作，编制《东莞市黄唇鱼自然保护区发展规划》，宣传黄唇鱼保护和救护知识。做好海岸带修复整治工作，开展海域环境质量现状与近岸趋势性、江河入海污染物总量、海洋垃圾等监测，编制并发布《东莞市2011年海洋环境质量公报》。

（潘朝明 刘念宇 胡晓静 苏淑娴）

经济社会发展概况

【经济平稳增长】 2012年，东莞市围绕“加快转型升级、建设幸福东莞、实现高水平崛起”的战略决策，加快重大项目、重大产业集聚区、重大科技专项“三重”建设，规划打造粤海高端装备产业园、松山湖大学创新城、水乡特色发展经济区“三个增长极”，推进科技金融产业“三融合”，开展“三打两建”，建设“六个东莞”，营造法治化国际化营商环境，创建全省创新社会管理引领区，提升开放型经济水平，实现高水平崛起的良好开局，初步走出一条具有东莞特色的科学发展、转型升级的道路。全年全市实现生产总值5010亿元，比上年增长6.1%；人均生产总值6万元，增长4.9%；来源于东莞的财政收入845.6亿元，其中市公共财政预算收入356.3亿元，增长13.8%；进出口总额1444.2亿美元，增长6.8%，其中出口850.7亿美元，增长8.6%。城市居民人均可支配收入42872元，农民人均纯收入24898元，分别比上年增长8.5%和9%。

【产业转型升级加快】 2012年，东莞市实施百亿元企业、千亿元产业培育工程和战略性新兴产业倍增计划，出台“1+5”招商政策，举办世界莞商大会，引进粤海高端装备产业园、中以国际科技合作产业园、两岸生物技术产业合作基地等重大合作平台，全年新签总投资达1972亿元的重大项目81个。

突出存量优化，在全国率先制定出台全面提高开放型经济水平政策体系，抓好加工贸易转型升级，建立外经贸、海关、检验检疫与加工贸易企业“四方联网”的管理服务平台，“外博会”升格为国家级“加博会”，全市六成多的来料加工企业实现形态转变。强化创新驱动，实施科技东莞工程和人才东莞战略，促进科技金融与产业融合，组织市党政代表团拜访有关部委和高校科研机构，引进北京大学光电研究院、华南协同创新研究院等一批重大创新平台，建设松山湖大学创新城，市财政出资1.5亿元与深创投共同组建5亿元的政府创新引导基金，组建总规模20亿元的产业转型升级及创业投资引导基金。截至年底，全市拥有15个处于国内乃至世界先进水平的省级创新科研团队，拥有15个公共创新平台、12个专业镇技术创新平台和12个行业性技术创新平台，专利申请量、授权量均居全省前三位。

【营商环境优化】 2012年，东莞市出台“1+6+X”营商环境政策体系，着力营造法治化国际化营商环境。开展“三打两建”行动，加快形成风清气正的政务环境、公平诚信的市场秩序，“三打”工作综合排名位居全省前列，成为全省唯一受到中央综治办表

2012年东莞市国民经济发展情况

指标名称	单位	实绩	比上年增长(%)
地区生产总值	亿元	5010.14	6.1
第一产业增加值	亿元	19.19	1.2
第二产业增加值	亿元	2351.78	5.6
规模以上工业增加值	亿元	1733.12	5.6
第三产业增加值	亿元	2639.17	6.7
人均地区生产总值	元	60556	5.7
规模以上工业总产值	亿元		
农林牧渔业总产值	亿元	32.01	0.6
固定资产投资	亿元	1180.35	9.4
社会消费品零售总额	亿元	1354.58	9.3
外贸进口总额	亿美元	593.50	4.2
外贸出口总额	亿美元	850.66	8.6
实际利用外资	亿美元	33.69	10.5
地方公共财政预算收入	亿元	356.32	13.8
地方公共财政预算支出	亿元	385.58	9.6
城市居民人均可支配收入	元	42944	8.7
农村居民人均纯收入	元	24944	9.2
城乡居民储蓄存款余额	亿元	4204.20	13.3

扬的地级市。开展“中小企业服务年”系列活动，组织市镇领导“访企业、送服务、促转型”，制定扶持中小微企业发展“48条”政策，实施新10亿元融资支持计划，出台减轻企业负担“50条”政策，取消减免42项行政事业性收费，推动中介机构降低服务收费，打破垄断增加企业再生资源收益，预计为企业减负40.5亿元。推进依法治市，开展“市民评机关”活动，对服务窗口进行明察暗访，在全省率先实行行政审批绩效电子监察结果向社会公布，着力解决推诿扯皮、办事拖拉、效率低下等问题，增创政府服务“加一”和综合成本“减一”优势。

【改革创新深化】 2012年，东莞市加快行政审批制度改革，出台第一批审改目录，压减行政审批事项296项，其中取消239项，减幅达41.3%。遵循“宽进严管”“积极稳妥”的总体思路，在试点的基础上全面铺开商事登记制度改革。加快建设网上办事大厅、政务信息资源共享平台，完善行政审批电子监察系统建设，建成全市电子政务云平台，提高行政效率。深化农村综合改革，出台“1+5”系列政策文件，破解部分镇村支出较大、债务较重、转型乏力等难题。推进社会体制改革，制定社会建设“1+7”政策文件，与省社工委共建全省创新社会管理引领区，组建社会建设研究院，建设社会组织孵化基地，出台政府向社会组织放权目录和购买服务目录，推动社会管理创新试点项目，发展行业协会商会、异地务工人员服务组织和枢纽型社会组织，完善异地务工人员融入东莞的制度设计，成功承办省首届社会建设创新年会，社会建设和管理不断加强。

【区域协调发展】 2012年，东莞市谋划打造东中西三个新的增长极，增强经济社会发展的均衡性、协调性、可持续性。东部的粤海高端装备产业园占地17平方千米，计划投资600亿元，形成汽车零部件、工程机械、数控装备等关键技术龙头带动、产业集聚、用地集约的示范效应，带动东莞市东部地区发展；中部的松山湖大学创新城通过加强与国内外一流高校的交流合作，集聚一批重大科技创新平台，开展装备制造、生物医药与器械、高端电子信息、新材料等方面的协同创新，增强对全市发展的引领带动作用；西部的水乡特色发展经济区上升为省级战略“经济区”，着力在幸福导向型产业发展、粤港澳优质生活圈建设、穗莞合作、新型城镇化等方面先行先试、探索创新，打造东莞发展新的“兴奋点”。创新利益平衡机制，落实财政超收分成、公共管理支出补助、生态补偿、市内“双到”扶贫等政策措施，推进市镇主导开发、兼顾村组利益的统筹发展模式。探索欠发达镇村以土地、资金等形式入股大型基础设施建设、园区开发、“三旧”改造等，带动后进镇村协调发展。实施《珠江三角洲地区改革发展规划纲要(2008~2020年)》，推进深莞惠一体化和穗莞战略合作。

（潘朝明　刘念宇　胡晓静　苏淑娴）

体制改革

【简政强镇事权改革】 2012年，东莞市简政强镇工作领导小组在13个中心镇和3个市属园区，继续开展简政强镇事权改革实践。督促落实机构改革。根据“三定”方案关于机构设置有关规定，通过实地检查、会议协调、发文督促，落实13个中心镇机构设置调整和人员配备工作，其中党政机构一般设“3办7局”，事业单位一般整合为6个。支持试点镇机构改革实施，调整和优化石龙镇机构设置。开展事权行使实践。继续推进500多项事权下放给13个中心镇和3个园区，开展用权实践，建立健全下放事权有效行使工作机制，解决事权行使过程中存在的问题，提高下放事权使用率。开展事权梳理工作。根据《广东省县镇事权改革若干规定（试行）》精神，对下放575项事权行使情况，进行系统总结和梳理，并结合行政审批制度改革工作，提出调整放权初步意见。

【事业单位分类改革】 2012年，东莞市继续推进全市1237个事业单位实施分类改革，共精简事业单位137个，印发1100个事业单位机构编制方案，完成率达100%。科学划分类别。经报省编办批复，认定东莞市4个事业单位为行政类事业单位；将1079个事业单位划为公益类事业单位，其中公益一类985个、公益二类72个、公益三类22个；将17个事业单位划为经营服务类事业单位。合理调整任务。按照政事分开、事企分开要求，合理界定和调整事业单位工作任务，其中强化公益服务工作任务36项，涉及92个事业单位；划归机关行使行政职能9项，涉及6个事业单位；移交社会或取消经营服务工作任务11项，涉及14个事业单位。优化机构设置。按照精简效能原则，共精简事业单位137个，其中将20个事业单位整合为9个，撤销事业单位31个，通过合并精简事业单位有104个。从严核定编制。通过收回撤销机构编制、核减闲置盈余编制等办法，重新核定全市1100个事业单位的事业编制，总量比改革前减少669名。

【行政审批制度改革】 2012年9月，东莞市成立东莞市转变政府职能决策咨询委员会，制订《东莞市加快转变政府职能深化行政审批制度改革实施方案》，推进深化行政审批制度改革工作。根据《国务院关于第六批取消和调整行政审批项目的决定》《国务院关于同意广东省“十二五”时期深化行政审批制度改革先行先试的批复》和广东省人民政府第169号和172号令，对国务院、省政府决定取消的事项，东莞市对应事项予以取消；对国务院、省政府决定转移的事项，东莞推进市相应事项转移；对下放给东莞市行使的事项，东莞抓好承接工作，纳入全市事项清理范畴。对全市行政机关、事业单位、群团组织、驻莞单位共75个部门的行政审批事项和日常管理事项进行清理，初步清理出各类事项1236项，其中行政审批事项716项、日常管理事项520项。对清理出的行政审批事项和日常管理事项，经反复协调和征求意见，提出改革意见。其中，可由市政府决定调整实施的事项，形成并出台东莞市第一批行政审批制度改革事项目录，决定取消239项行政审批事项、55项日常管理事项，决定转移57项行政审批事项、22项日常管理事项，决定委托管理170项行政审批事项，其中压减行政审批事项296项，减幅达41.3%。

【重点领域改革】 2012年，东莞市深化重点领域和关键环节改革，参与营造法治化国际化营商环境，牵头制定建设“信用东莞”及“活力东莞”行动计划。推动成立东莞市社会信用体系建设统筹协调小组并承担办公室职责，拟订《东莞市社会信用体系建设工作方案》和《东莞市社会信用体系建设试点工作方案》，协调推进石龙镇社会信用体系建设试点和全市信贷行业试点工作。深化医药卫生体制改革，推进公立医院改革，出台公立医院改革试点实施意见和市属公立医院管理中心组建方案，基层综改成果不断巩固。开展简政强镇下放事权运行情况检查，强化下放事权运行管理和服务，提高下放事权运行效率。

（潘朝明　刘念宇　胡晓静　苏淑娴）

基础设施建设

【交通基础设施建设】 2012年，东莞市推进两个重点项目——省道256、358路面大修工程和市主干公路交通堵塞点改造工程建设，两项工程全年完成投资5.23亿元，超额完成年度工程建设任务。省道256、358路面大修工程，投资概算为24.26亿元，分13个施工标段，截至年底，已完工8个标段，其余5个标段和由沿线镇负责建设的人行道、景观照明、部分人行天桥等市政工程正在组织实施。在抓好大修工程建设同时，投入专项资金、安排专人督办，开展迎接全省加工贸易转型升级工作现场会和第一届“加博会”、世界莞商大会有关省道256的综合整治保畅通工作。市主干公路交通堵塞点改造工程涉及国道107、省道357、省道255三条主干公路11个施工标段，投资概算为6.6亿元。除委托铁路部门代建的省道357樟木头路段的1座铁路通道改造工程尚未开工外，其余标段已动工建设。省道357寮步金富路口跨线桥、京都路口跨线桥、樟木头石新路口跨线桥主车道相继开通。其他标段正在进行主体桩基工程施工，其中107国道东城水濂路口跨线桥完成合龙。

加强对路面、桥梁、高边坡的巡查监测，消除各类安全隐患，使管养的国省道公路年度优良路率达97.5%，做好雨季汛期、重大活动和重大节假日的公路安全保畅通工作。落实值班制度和“每日一报”制度，完善应急预案，加强公路养护管理和对重要桥梁、隧道巡查监测，加强与交通、交警等有关部门沟通协作，确保管养的国省道公路路况良好、整洁美观、安全有序、交通顺畅。

【运输服务能力提升】 截至2012年底，东莞市公交运营车辆5721辆，运营线路516条，日均客运量148万人次，全市公交线路长度16417.83千米，公交专用道15.5千米；市区建成公交首末站25个、公交候车亭871个、站牌993个，站点覆盖环城路内的全部区域，主干道路300~500米内就有1个公交站点，28个镇建成公交候车亭1480个、站牌2942个，莞龙、莞长、莞樟、东深四条主干公路及省道120线、359线建成公交候车亭320个；基本实现“村村通公汽、路路有公汽”的目标，公交覆盖率达100%。

是年，东莞市推进发展新能源道路运输车辆。全市7691辆出租车中，有7198辆更新或改装为双燃料（汽油-CNG）车型，并基本使用压缩天然气（CNG）作为主要燃料。更新公交车848辆，其中300辆是LNG（液化天然气）车型。全市投放34辆天然气（LNG）重型货车。

【轨道交通工程建设】 2012年，东莞市完成年度投资28.75亿元，为年度计划的101.6%。至年底，R2线有5个车站完成主体结构封顶，7个车站进行土方开挖和主体结构施工；除2309标外的全部标段均已开始区间盾构掘进，天东区间盾构贯通；展虎区间高架段进行桩基、承台、桥墩、节段梁拼装架设施工；车辆段完成先填区填砂/土和搅拌桩施工。线网控制中心初步设计深化通过专家评审，正在开展施工招标。

【路桥建设】 2012年，东莞市S120石排至桥头段路面大修工程完工通车，虎岗高速虎门港支线一期、莞深高速黄江服务区加油站等项目基本完工，从莞高速东莞段（含清溪支线）、石大公路路面大修、东莞大道延长线、东江梨川大桥、东平东江大桥、东部快速路企石至桥头段改造等工程扎实推进，9个市重大项目全年完成投资45.6904亿元，完成年度计划的103.4%。推进全市统筹水乡发展配套的粤晖大桥、横海大桥，粤海产业园配套的镇街联网29号路以及其他路桥建设项目的前期工作。

【水利设施建设】 2012年，东莞市深化水务体制改革，组建东莞市水务工程建设运营中心、市运河治理中心、江库联网中心，重组市水务监测中心，挂牌成立东莞市水投集团。制订《东莞市应急备用水源保障规划》，完成编制《东莞市全国重要饮用水水源地安全保障达标建设规划》。推进水资源配置工程建设，敷设江库联网工程输水管线25千米，占总工程量的84%，建成配套取水泵站、加压泵站和管理楼；开展广东省“西水东调”工程研究；协调跟进惠州观洞水库应急供水扩容工程、深圳清林径水库扩容工程预留东莞取水口项目相关设计。建立对江河、水库水质定期监督以及水库饮用水源保护制度，推进27个重点饮用水水源地保护区划分以及联网水库（松木山、同沙、横岗、水濂山）饮用水水源保护区围网隔离工程前期工作。完成划分江库联网工程9个水库饮用水水源保护区。完成编制《东莞市水利防灾减灾“十二五”规划》。制订《东莞市水利工程管理年度考核方案》《东莞市水利工程管理单位考评标准》和《东莞市水务工程优质奖评审管理办法》。

【城市供水设施建设】 2012年，东莞市作出构建供水安全保障体系决策，明确要加快建设以石马河河口水源保护工程为主的水源保护工程、以江库联网工程为主的应急储备工程、以“西水东调”工程为主的境外拓源工程，以实施“放心水”工程为主的水质提升工程，以创新融资模式为主的多元融资工程。规范供水管理，修订和制订《东莞市城市供水管理办法》《东莞市生活饮用水二次供水管理办法》《东莞市供水企业监督管理办法》等文件，完成编制《市区供水规划及管网改造规划》和《各镇街供水管网联通项目可行性研究报告》。实施城市供水水质公报制度，制订《东莞市2012年供水行业水质监测方案》，规范不达标水厂处置程序，成功整合关停7家不合格村级水厂。推进供水工程建设，其中通过构建大市区供水一张网整合东城和万江村级水厂19间，新增改造城乡老化管网650千米，累计完成水库移民安置区管网改造42.2千米，建成在线水质监测点41个，包括出厂水31个、水源水6个和管网水4个。全市有供水企业95家，水厂113间。其中，市级供水企业1家，水厂5间；镇级供水企业31家，水厂45间；村级水厂63间。全年供水量16.4亿立方米，日平均供水量约449万立方米；用水量20.99亿立方米（含微咸水），万元GDP用水量39.8立方米。

【城市排水设施建设】 2012年，东莞市出台《城市排水管理办法》《排水设施维护管理质量标准及考核办法》《城市排水管道检测管理规定》，编制《东莞市水务局市区排涝应急预案》，启动编制《市区排水专项规划》及各镇街（园区）的排水专项规划。完成市区内涝整治二期工程，鸿福河清淤及市桥河工程竣工验收，以及鸿福河系统、四环路宏远路段内涝整治，实施市区内涝整治三期（新开河系统）北侧分流工程。推进市区"八路一广场"排水设施维修工程。全年新建、更换各类排水管道约3000米，新建、更换道路各类雨水口400个，更换雨水盖板约1500米。

【电网建设】 2012年，东莞供电局完成主网、配网规划滚动修编，建立向市镇两级政府报送电网规划建设信息简报和供电形势分析工作机制。全面启动110千伏及以上输变电工程规划建设，加快电网工程前期及建设进度。全年完成12项输变电工程上报核准。配合市政府做好14项市政重点工程电力设施迁改，计划总投资9.2亿元（含东莞供电局投资4.9亿元），其中13项动工。

【燃气工程建设】 2012年，东莞市推进天然气高压管网二期工程建设。明确市城市综合管理局为东莞市天然气管道保护主管部门；依法受理燃气汽车加气站办理燃气经营许可证业务。全年建成天然气管线30千米、天然气门站1座、调压站3座。西气东输二线气源于7月正式进入东莞市，提供充足气源保障。

【信息化建设】 2012年，东莞市制订《东莞市信息化与工业化融合牵手工程实施方案（2012~2013年）》，组织"广东省信息化与工业化融合牵手工程'百场千企'巡回交流系列活动（东莞站）暨广东省云计算产业联盟成立大会"，针对制造业信息化、五金模具、服装纺织等支柱和特色行业举办多场牵手工程巡回交流活动，建立信息技术服务企业与制造业企业的对接机制，推动两化深度融合，带动软件和现代信息服务业发展。

【港口航道设施建设】 2012年，东莞市结合全市水乡地区统筹大发展趋势以及港口建设实际，编制完成《东莞市内河航道调整技术等级论证报告》，对全市101条内河航道的技术等级进行重新调整。港口设施建设加速，完成码头工程投资额8.1亿元，海昌煤码头二期、东莞钢材城件杂货码头、金鲤水泥厂码头、富之源散杂货码头4个码头8个泊位建成投入试运行，新增吞吐能力1522万吨。阳鸿化工码头、新港建材码头建成，准备试运行前期手续，联兴化工码头、国丰粮食码头基本建成，麻涌港区新沙南作业区4#~5#泊位的工程量已过半。省储粮库码头准备动工，沙田港区综合客运码头、宏业货柜码头搬迁工程进入招投标。同舟石化码头扩建工程使用岸线获交通运输部批复同意，东莞市获批的3万吨级及以上泊位增至26个。码头结构加固改造工作稳步推进，沙角C电厂码头改造方案已经交通运输部组织评审，飞虎、金明、沙角A电厂等码头改造方案获得省交通运输厅批复同意，海腾码头改造方案正在审查中。全年新投运船舶18艘，淘汰报废老旧船舶1艘，全市船舶运力增至127.55万吨，单船平均载重吨增至3853吨，东莞籍船队规模进一步扩大。

（潘朝明　刘念宇　胡晓静　苏淑娴）

现代产业

【工业】 2012年，东莞市完成地区生产总值5010.14亿元，比上年增长6.1%；规模以上工业增加值1733.12亿元，增长5.6%；全社会消费品零售总额1354.58亿元，增长9.3%；固定资产投资1180.35亿元，增长9.4%。五大支柱产业完成规模以上工业增加值1173.41亿元，比上年增长7.8%，比全市平均水平快2.2个百分点，拉动全市规模以上工业增加值增长5.2个百分点，对规模以上工业增长的贡献率高达92.2%，占全市规模以上工业比重为67.7%，比上年增加1.5个百分点。

【电子信息制造业】 2012年，东莞市电子信息产业实现主营业务收入3118.09亿元，占全市规模以上工业主营业务收入的34.9%；完成工业增加值517.06亿元，占全市规模以上工业增加值的29.8%。电子信息产业以电脑产品及配件最为突出，电脑整机的配套率达到95%以上。电子信息产业遍布全市32个镇（街），其中以石龙、石碣、长安、寮步、塘厦、清溪、黄江等镇较为集中。

【电气机械及设备制造业】 2012年，东莞市电气机械及设备制造业实现主营业务收入1476.13亿元，占全市规模以上工业主营业务收入的16.5%；完成工业增加值278.12亿元，占全市规模以上工业增加值的16%。该产业形成长安五金模具、虎门电子线缆、寮步汽车、横沥模具等多个产业集群。

【食品饮料加工制造业】 2012年，东莞市食品饮料加工制造业实现主营业务收入597.56亿元，占全市规模以上工业主营业务收入的6.7%；完成工业增加值77.98亿元，占全市规模以上工业增加值的4.5%。东莞集聚一大批国内外行业知名企业，形成粮油食品、烘焙食品、糖果食品、饮料、啤酒、饮用水等多个富有市场竞争力的产业集群；形成以麻涌镇为中心的粮油食品，以茶山镇、南城街道为中心的烘焙食品，以道滘镇为中心的特色食品，以南城街道为中心的饮料制造等产业集聚区，以及石龙、厚街等食品产业集聚区。

【造纸及纸制品业】 2012年，东莞市造纸及纸制品业实现主营业务收入469.97亿元，占全市规模以上工业主营业务收入的5.3%；完成工业增加值70.49亿元，占全市规模以上工业增加值的4.1%。东莞市已成为中国最大的造纸及纸制品生产基地，形成包装用纸（纸板）、生活用纸、包装、印刷、造纸机械、化工等工业相互配合、协调发展的产业链和产业集群。中堂镇作为省产业集群升级示范区，专门规划建设造纸产业园，实行集中生产、集中排污。

【商贸业】 2012年，东莞市商贸业平稳增长，布局不断优化。全年社会消费品零售总额1354.79亿元，比上年增长9.3%，增速回落5.76个百分点。其中，批发零售贸易业1234.09亿元，比上年增长9.5%；住宿餐饮业120.49亿元，增长6.7%。全市商品供应充足，消费品市场基本畅旺。物价调控政策成效显著，全年CPI低位运行，物价整体涨幅收窄，居民生活综合成本仍较高。市场整顿监控力度加大，生猪屠宰、拍卖、二手车、报废车、盐业市场、酒类市场秩序日趋规范。

限额以上批发零售贸易企业中，中西药品类比上年增长 13%，食品、饮料、烟酒类增长 12.8%，服装、鞋帽、针纺织品类增长 11.9%，汽车类增长 10%，日用品类增长 8.2%，机电产品及设备类销售额增长 7.4%，石油及制品类增长 3.7%。此外，家用电器类和五金电料类销售额分别比上年下降 1.4%和 6.1%。

石油及制品类、五金电料类和机电产品设备类生产资料实现销售额 165.38 亿元，比上年增长 3.7%，增速下降 14.61 个百分点。

【肉食品商业】 2012 年，东莞市开展生猪定点屠宰资格审核清理工作，屠宰企业硬件设施及经营管理水平提高，生猪屠宰量明显上升，其中生猪定点屠宰量 330.38 万头，比上年增长 10.9%，其中 95%以上生猪来自认定的生猪供莞定点基地猪场。生猪平均收购、批发价格均比上年有所下降。其中，生猪收购均价为 15.9 元 / 公斤，比上年下降 7.7%；总肉批发价为 16.3 元 / 公斤，下降 12.9%；生猪上肉、瘦肉、排骨零售价分别为 29 元 / 公斤、36 元 / 公斤、42 元 / 公斤。总体来看，生猪及其肉品供应量与肉品需求量基本保持平衡，生猪供应来源比较稳定及充足，价格相对稳定，没有出现异常情况，屠宰场定点屠宰生猪经营稳定。加强对私屠滥宰不法行为的打击，对群众的私宰生猪等违法行为举报投诉，做好处理工作。全年经信系统共出动生猪屠宰执法人员 3 万多人（次），查获私宰猪、牛、羊肉（含病死猪、牛、羊）53.05 吨。

【蔬菜商业】 2012 年，东莞市年均蔬菜交易量 250 万吨，消费量 150 万吨。其中，虎门富民农批市场、石碣润丰国际蔬菜交易中心为主要蔬菜交易市场，全年交易量占全市交易量的 60%~70%，其余基本分布在中堂江南农批市场、虎门果利来果蔬批发市场、虎门北栅蔬菜批发市场，东城润民农副产品市场、常平木伦农批市场等市场。除以上批发市场外，大部分镇街的中心农贸市场也以天光市的形式承担蔬菜批发的功能。农超对接呈现出加快发展、加速推进的态势。随着商业超市的发展，农产品在超市的销售额每年以 10%以上速度递增。

【粮油商业】 2012 年，东莞市粮食消费量为 130 万 ~ 140 万吨，市场供应量 220 万 ~ 240 万吨，均比上年下降 8%~10%。其中，常平粮食批发市场、樟木头粮油批发市场、“信立农批”等主要粮食批发市场的交易量占全市交易量的 80%~90%。

【物流业】 2012 年，东莞市发展“多式联运”，初步构建海、陆、空共同发展，高效便捷、有机衔接的立体化、系统化的综合交通运输体系，为城市共同配送提供运输网络，提高资源使用效率和物流运行效率。公路方面。截至年底，东莞市公路通车里程达 4969 千米，其中高速公路里程 251.4 千米，一级公路里程 2420.2 千米，公路网密度为 201.98 千米 / 百平方千米。根据物资集散的需求，形成“百茂”“龙骏”“华博”“国通”“荣兴”等一批货运物流中心。全年全市公路货物运输量 8421 万吨，货物周转量 54.36 亿吨千米。铁路方面，东莞境内共有广深准高速铁路、广梅汕铁路、京九铁路等铁路线路 3 条，总长度 79 千米。广深线有常平、茶山两个货运站场，京九线有塘头厦、东莞东站、谢岗、樟木头4个货运站场。经铁路集散的主要是粮食、饲料、食用油、盐、钢铁、玻璃等农副产品和建筑材料。依托铁路优势，樟木头粮食批发市场和常平粮油饲料批发市场已发展成为珠江三角洲地区最大的粮食批发集散地之一，约占全省的40%。水运方面，东莞位于珠江出海口，拥有长达115.9千米（含内航道）的海岸线，内河通航里程798千米。全年全市水路货物运输量1955万吨，货物周转量134.35亿吨千米；港口货物吞吐量9228万吨，比上年增长34.8%。空运方面，东莞周边100千米内有广州、深圳、香港、澳门、珠海等机场。随着香港机场“超级中国干线·东莞线”在虎门镇开通、广州白云机场首个异地货站——白云国际机场东莞货站在寮步镇设立、深圳机场首个异地国际航空货站——深圳机场东莞国际货站在长安镇设立，各大空港货物收发点直接延伸至东莞、陆空资源实现高度整合，东莞市“无跑道机场”格局逐步形成。

【会展业】 2012年，东莞市拥有广东现代国际展览中心、东莞国际会展中心、常平会展中心3个大型专业展馆，占地总面积55.2万平方米，室外展览面积（含停车位）15万平方米，室内展览总面积13.3万平方米，室内可设标准展位7000多个。举办展览规模在5000平方米以上的展览会共40个，总展出面积达150万平方米，总参展商1.5万家，共吸引采购商和观众超过200万人次，参展产品涉及电子机械、纺织服装、家具、造纸印刷、五金模具、食品饮料、动漫、汽车等多个行业。其中，“加博会”（中国加工贸易产品博览会）升格为国家级展会，由商务部、人力资源和社会保障部、环境保护部、海关总署、国家质检总局、国家知识产权局和广东省人民政府联合主办，首届展览面积达7.6万平方米，集中全国1300多家优秀加工贸易企业，进馆参展、观展、采购人数达7.2万人次，达成意向成交687.3亿元；与“漫博会”并肩成为继“广交会”“高交会”“中博会”后在省内举办的国家级名牌展会。

经过多年的培育和发展，东莞展览业差异化特征凸显，一些知名工业类展会纷纷落户东莞，如“广印展”，东莞国际模具及金属加工展暨东莞国际橡塑胶、包装、压铸及铸造展（简称“DMP”），中国东莞国际鞋展·鞋机展（简称“鞋机展”），国际线路板及电子组装展等。与此同时，吸引“香港讯通”“雅式”“迪亿”“星球”“浩瀚”和香港线路板协会等知名办展机构到莞办展。中印协国际展览有限公司、香港讯通公司、星球国际资讯（香港）有限公司等知名会展企业在东莞注册，成为本土会展企业。

【软件业和信息服务业】 2012年，东莞市软件业务收入37.07亿元，比上年增长35.53%；软件产品收入和嵌入式系统软件收入占总收入的80%以上，尤其是嵌入式系统软件业务收入占总收入的50%以上，成为东莞市软件产业发展的重要方向，主要覆盖手机、电池、激光制造、智能制造等高端电子信息产业。新增14家“双软”认定企业，经认定的软件企业总有91家；新增131件软件产品；1家企业入选第二批广东省软件和集成电路设计产业百强培育企业计划。

扶持促进创意产业园区建设，推动产业结构转型升级，东莞市创意产业发展领导小组相继认定莞城、大朗、常平、艺展中心、高盛科技园、石龙6个东莞市创意产业园区。此外，南城、厚街、虎门等镇街、园区也结合自身产业优势，推进创意产业园区建设，初步形成加快创意产业发展的良好氛围。

是年3月31日，东莞市向省申报的省市共建战略性新兴产业基地（东莞云计算应用产业）获省经信委认定通过。随后，东莞市组织协助企业申报第三批省战略性新兴产业发展专项资金项目，云计算基地及云联盟项目6个项目获得省战略性新兴产业发展专项资金4000万资助。9月17日至25日，举办“东莞市云计算科普展”，组织宣传东莞市云计算产业发展情况，介绍东莞市重点项目和公共服务平台。云计算科普展共吸引7万多人次前来参观交流，并有60多家主流新闻媒体进行相关报道。

制订《东莞市信息化与工业化融合牵手工程实施方案（2012–2013年）》，组织“广东省信息化与工业化融合牵手工程‘百场千企’巡回交流系列活动（东莞站）暨广东省云计算产业联盟成立大会”，针对制造业信息化、五金模具、服装纺织等支柱和特色行业举办多场牵手工程巡回交流活动，建立信息技术服务企业与制造业企业的对接机制，推动两化深度融合，带动软件和现代信息服务业发展。

推动建设软件和集成电路设计公共服务平台东莞分平台项目建设。指导软件测试平台、软件服务平台等公共服务平台开展服务，促进行业发展。指导东莞市软件行业协会、东莞市现代信息服务协会发挥机构作用，紧密联系企业，做好公共服务工作。

【旅游业】 2012年，东莞旅游业稳步发展，全年接待人数2743.8万人次，比上年增长4.9%；旅游总收入306.4亿元，增长22.8%。全市有星级饭店90家，其中五星级饭店21家、四星级饭店25家。全市有国家A级景区12家，其中4A景区7家、3A景区4家、2A景区1家。审批设立东莞市飞扬旅行社、广东国旅（东莞）旅行社、东莞市猎狐旅行社和东莞市中港旅行社。全市有旅行社61家，其中9家为出境游组团社。东莞的导游员队伍逐步扩大，持证导游员人数有1179人，其中中级33人、初级1146人。（潘朝明　刘念宇　胡晓静　苏淑娴）

转型升级

【现代产业体系构建】 2012年，东莞市继续实施“科技东莞”工程，专项资金额度由每年10亿元提升到20亿元。

重点扶持一批战略性新兴产业项目。省财政6174万元对19个战略性新兴产业项目给予资助或贷款贴息。8个市级高端新型电子信息及太阳能光伏产业基地建设，云计算应用产业入选省市共建战略性新兴产业基地。筹建国家软件与集成电路公共服务平台东莞分平台。认定石龙现代信息服务园区为市级创意产业园区。

出台五大优势传统产业转型升级实施方案。11个技术进步项目获国家、省专项资金扶持共7644万元。全市经核准、备案的企业技术改造投资项目140个，备案项目数量位居全省第三，预算总投资33亿元。全市拥有国家、省、市级企业技术中心分别达1个、56个和70个。修订创建名牌奖励办法，2家企业成为全国工业企业品牌培育试点企业。新增各类名牌名标93个，拥有省级以上名牌名标588个。大力发展工业设计服务，组织参加省市工业设计大赛，获奖数量和级别创历年新高。

制订《关于明确东莞市重大产业集聚区（产业集群）目标管理责任制的意见》《关于进一步推进12个重大产业集聚区建设的工作意见》，提出两化融合、融资解难、自主创新、品牌战略、市场提升、关爱企业、大企业培育、节能降耗等八大行动计划。9月，东莞市举行“三重”项目签约仪式暨建设工作推进会，共签约项目72个，投资总额1025亿元，涉及29个镇街（园区）。

出台并落实市经信局统筹水乡地区发展工作方案，开展培育幸福导向型产业、淘汰落后产能、推动节能降耗、联合招商、发展特色产业集群和电子商务等工作。水乡特色发展经济区规划建设幸福导向型产业示范区被纳入省培育幸福导向型产业体系行动计划。

制订《东莞市电子商务发展规划》《关于加快推动我市电子商务发展的实施意见》。企业应用电子商务转型升级的势头突显，涌现一批本土电子商务网站，涵盖B2C（即企业通过互联网为消费者提供一个新型的购物环境——网上商店）、B2B（Business To Business，简写为B2B）、C2C（即消费者间，是个人与个人之间的电子商务）、O2O（即Online To Offline，也即将线下商务的机会与互联网结合在一起，让互联网成为线下交易的前台）等多种电子商务模式。以虎门、厚街、大朗、樟木头等镇为代表的区域特色行业电子商务初具规模。

出台《关于加强我市社会建设信息化的实施意见》《东莞市信息化与工业化融合牵手工程实施方案》。13个项目入选2011年省两化融合“4个100”示范工程（一是工业生产数字化改造示范工程；二是实施装备制造数字化示范工程；三是清洁生产信息技术应用项目示范工程，开展专题清洁生产信息技术应用试点示范，积极推广企业清洁生产信息技术应用；四是节能减排信息技术应用项目示范工程。旨在推动高耗能高污染行业重点企业普遍应用数字化、智能化生产设备，建立生产过程信息化管理系统、环境监测和污染源监控信息系统）。举办“东莞市云计算科普展”。评定23家2012年“两化融合”标杆企业。

开展“三打两建”，铺开打击制假售假酒类产品专项行动，全市经信系统出动执法人员4万人次，检查各类酒类经营场所2万多家，捣毁制假售假窝点45个，价值合计277万元。开展清理整顿大型零售企业向供应商违规收费专项工作。抓好生猪屠宰、典当、拍卖、二手车、再生资源回收特种行业管理。

【扩内销促消费】 2012年，东莞市组织召开全市流通工作会议，抓好城市商业网点规划修编，推荐10个项目获国家、省专项资金扶持共1160万元。协助东莞市各大品牌展会及潜力展会做好筹备工作。推进“广货网上行（东莞）”活动，4个平台、3个商城、25家网店和302家莞货企业入选2012年“广货网上行”活动名单。提请设立“东莞市建设珠三角新兴物流城市工作联席会议”。指导协助厚街家具获认定为广东省首批国际采购中心，虎门服装和长安五金模具被认定为重点培育对象。举办“莞货全国行”之青岛国际机床模具展和中国食品博览会暨交易会东莞专场活动。推进“万村千乡市场工程”，开展“家电下乡”、消费促进月等活动。推广食品安全样板市场创建经验，累计完成升级改造农贸市场超过150个。

（潘朝明　刘念宇　胡晓静　苏淑娴）

城乡发展

【城乡规划编制】 2012年，东莞市完成编制《东莞市城市总体规划（2000~2015年）实施评估》《东莞市城市总体规划（2000~2015年）充实完善》和《东莞市中心城区近期建设规划》。组织编制大朗、望牛墩等15项镇总体规划，其中塘厦镇和虎门镇总体规划修改通过审议。全年审查控制性详细规划方案46个，调整178个，实现市区控制性详细规划全覆盖。完成《东莞水乡片统筹发展概念规划》《高水平崛起战略下的东莞城市化思路》《水乡片区资源调查与现状分析报告》《东莞市地下空间利用规划研究》《东莞市中心区交通综合改善规划》《东莞市交通模型研究》《望洪枢纽站站点地区规划研究》《东莞市水乡地区近期建设策划》《东莞火车站铁路配套工程》《鸿福路至八一立交段绿化升级》等20余项规划研究。其中，《基于遥感和GIS的东莞市生态资源核算研究》获得住房和城乡建设部颁发华夏建设科学技术奖三等奖;《东莞市城市扩张与生态环境遥感变化监测研究》获得广东省科技厅颁发广东省科学技术奖三等奖;《东莞市沿海沿江沿线综合开发利用研究报告》被列为东莞市2012年社科立项课题。

开展南城国际商务区景观方案设计国际招标等城市设计工作；规范地块包装审查工作制度、明晰地块包装审查组织工作的程序和审查重点。全年审查《茶山镇沙墩公寓地块包装规划研究》和《虎门港中心服务区E街坊包装研究》等6个项目。

【绿道建设】 2012年，东莞市新建成绿道187.5千米，累计建成923.5千米，其中区域绿道225千米、城市及社区绿道698.5千米。开展“兴奋点”规划，组织编制《东莞市绿道“兴奋点”建设专项规划》。围绕黄旗山公园、同沙水库环湖环、万江滨水、佛灵湖、黄牛埔水库、大岭山森林公园、生态园、松山湖等兴奋点，东莞绿道形成香飘四季、都市亲水、滨水湿地、松湖花海、湖光山色、森林野趣6条游览线路，并整合现有资源，完善已有兴奋点和挖掘新兴奋点。启动《东莞市绿道网中期评估》和《东莞市绿道网总体规划修编》，对已建绿道的使用效率、社会效益、管理成本等进行评估。开展近40场绿道活动，吸引超过500万人次参与绿道活动，提升绿道综合效率。

【“三旧”改造】 2012年，东莞市出台《完善政策加快办理“三旧”改造手续的若干意见》，制定《关于整合改造旧厂房用地推动产业升级的若干政策》，完成编修“三旧”改造专项规划及年度实施计划。全年审查《南城宏远新城片区“三旧”改造单元规划》等16份单元规划编制计划及《南城宏远电厂片区“三旧”改造单元规划》等24份单元规划方案，其中5份通过审批。

【宜居城乡建设】 2012年，东莞市编制《关于统筹东莞市社区（村）基础设施建设及其财政补助政策的调研报告》，综合分析市内社区（村）基础设施建设问题，提出统筹社区（村）基础设施建设新机制。组织7期宜居社区（村）成果展示宣传活动以及2期导赏活动，推广市内80个宜居社区（村）建设成果。开展创建名镇工作，出台《东莞市创建名镇工作实施方案》，初步拟定长安、石龙和虎门3个镇作为第一批创建名镇试点并组织其编制规划。落实水乡片宜居社区建设，选定22个启动点。督促城中村改造，22个项目完成投资25.9亿元。

【园林绿化】 2012年，东莞市城市人均公园绿地面积16.53平方米，绿化覆盖率45%，有公园广场1057个、面积121平方千米。

是年，东莞市完善绿化养护细则，提高绿化养护单价，落实绿化选苗、植物修剪和病虫害防治，确保市直管道路整体景观效果。加强对镇街园林绿化工作业务指导，提升全市园林绿化管理质量。加强园林企业资质管理，核准、延续园林企业一级资质4家、二级资质10家、三级资质19家。开展“东莞乡土地被植物的选育与应用”“东莞市园林有害生物预警检测与防控技术”等科研项目。完善《东莞市屋顶绿化技术指引》和《东莞市行道树绿化建设和管理指引》，提高园林绿化管理水平。组织市区节日摆花和6期渠化岛时花种养。完成东莞大道、东江大道、松山湖大道、港口大道等路段绿化升级改造。凤岗、黄江和道滘等镇创建为“广东省园林城镇”，全省9个省级园林城镇有8个落户东莞市。

【环境卫生】 2012年，东莞市全年城镇生活垃圾无害化处理率85.2%，试点小区住户对垃圾分类知晓率和支持率达90%以上。全国爱卫会授予东莞市城市综合管理局“全国爱国卫生先进集体”称号。

垃圾分类试点 在全市铺开42个垃圾分类试点的基础上，通过编印工作简报、制作公益广告、悬挂宣传标语、开展调研活动、举办演讲比赛等措施，使垃圾分类理念深入人心。做好餐厨垃圾收运处置，颁布实施《东莞市餐厨垃圾管理暂行办法》。推广寮步镇康达新能源科技有限公司在餐厨垃圾处理方面的成功经验。推进“东莞市生态循环试验示范点”建设，为东莞市园林废弃物和餐厨垃圾的科学化处理提供科研环境和技术支撑。

存量垃圾治理 推动塘厦、虎门和樟木头镇3座填埋场的综合整治。3月，塘厦石潭埔生活垃圾填埋场通过广东省专家组评定，达到《生活垃圾填埋场无害化评价标准》（CJJ/T107–2005）Ⅰ级标准，是全市首个生活垃圾卫生填埋场。评估现存生活垃圾简易填埋场，推进凤岗中心区和常平桥沥填埋场的综合整治。

垃圾处理厂建设 推进新建垃圾处理厂项目环评工作，向市民群众宣传普及生活垃圾无害化处理知识。完成编制麻涌垃圾处理厂环评报告书和虎门垃圾处理厂环评报告书简本。组织编制清溪垃圾处理厂环评报告书。推进市区垃圾处理厂技改增容工程建设，至年底，累计投入3.58亿元，完成工程建设的71.88%。横沥垃圾处理厂二期被广东省住房和城乡建设厅评定为AA级无害化垃圾处理厂。

垃圾处理厂监管 建成首个在线监管垃圾处理厂监控平台。平台具备焚烧炉炉温、烟气排放指标、渗沥液处理、固废计量等监控功能，可以实现垃圾处理厂24小时监管，改变以往单靠人手监管的情况。颁布实施《东莞市生活垃圾处理厂运营监督管理暂行办法》。

（潘朝明　刘念宇　胡晓静　苏淑娴）

社会建设

【学前教育】 2012年，东莞市有幼儿园797所，其中公办、集体办园180所，民办园617所，基本满足常住人口适龄幼儿入园需求。3至6周岁在园幼儿25.57万人，入园率达97%，比上年提高1.6%。全市幼儿园教职工28.1万人，其中园长、教师17.8万人。教师学历达标率97.4%，大专以上学历占43.3%。全市有省、市一级幼儿园115所，其中省一级幼儿园14所、市一级幼儿园101所。

是年，东莞市将“全年新增公办（集体办）幼儿园15所，增加6000个公办幼儿园学位”和“对全市各类幼儿园进行财政补助”列入2012年市政府十件实事。各相关镇（街）加大财政投入，收归7所集体办幼儿园为镇公办幼儿园，8所新建公办园工程如期推进，为广大人民群众提供更多的普惠性优质公办幼儿园学位。从2012年起，连续3年，市政府每年投入约1亿元，对符合条件的各类幼儿园按一定标准实行财政补助。2012年共拨付8328万元补助资金，促进各类幼儿园改善办园条件、提高师资待遇、规范办园行为，起到引导推动作用。

2011~2012年东莞市社会事业情况

项　　目	单　位	2011年	2012年
普通高校	所	6	6
普通高校在校学生	万人	4.51	5.24
高等教育毛入学率	%		
中职和技校	所	26	24
中职和技校在校学生	万人	4.82	5.01
普通中学	所	199	203
普通中学在校学生	万人	26.30	26.8
高中阶段教育毛入学率	%		
小学	所	324	322
小学在校学生	万人	57.83	60.81
九年义务教育巩固率	%		
医院、卫生院	个	2249	2218
医院、卫生院床位	张	22800	24600
群众艺术馆、文化站	个	34	34
公共图书馆	个	622	649
博物馆	个	31	31
档案馆	个	3	3
体育场馆	个		

【义务教育】 2012年，东莞市有小学322所，比上年减少2所。小学在校生60.81万人，比上年增加2.9万人，适龄儿童入学率100%，东莞户籍毕业生升学率100%。全市有初中183所，其中初级中学47所、九年一贯制学校116所、完全中学初中部9所、多层次学校初中部11所。初中在校生19.21万人，比上年增加2635人，东莞户籍适龄少年入学率100%，辍学率0.22%。东莞户籍初中毕业生3.12万人，升入各类高中阶段学校就读学生3.05万人，升学率97.84%。

【新莞人子女义务教育】 2012年，东莞市义务教育学校非东莞户籍学生60.91万人，比上年增加4万人。其中，非东莞户籍小学生49.57万人，比上年增加3.04万人（在公办小学就读的非东莞户籍小学生11.49万人）；非东莞户籍初中生11.34万人，增加0.44万人（在公办初中就读的非东莞户籍初中生2.72万人）。

通过简化新莞人子女积分入学办理程序、增强服务意识、提高服务质量和效率，提升社会对积分入学政策的满意度。全年全市通过积分制入读义务教育阶段公办学校新莞人子女共2.05万人，比上年增加4224人。安排华侨华人和台胞子女共309人在东莞市就读。

【普通高中教育】 2012年，东莞市有普通高中（含完中和多层次学校高中部）40所，比上年增加2所，在校生7.59万人，增加2207人。在民族教育方面，东莞市加快东莞高级中学新疆校区的扩建工程，完善学生信息监管和出入管理，建立民族教育工作信息定时上报机制，及时研究和解决新疆班教育发展遇到的问题和难题，为599名在校新疆学生提供安全舒适的学习环境。

【中等职业教育】 2012年，东莞市有中等职业学校24所（含技工学校3所），其中公办15所、民办11所；有省级以上重点中职学校11所，其中国家级重点10所、省级重点1所、省级示范性中职学校3所。中职学校招生人数2.11万人，比上年增加499人，增长2.4%；在校生5.67万人，其中省级以上重点中职学校在校生3.88万人，占整个中职学校在校生人数的68.5%；接收本省东西两翼和粤北山区的“双转移”学生8786人，增加299人，增长3.5%。全市中职学校共有教职工3790人，其中专任教师3095人；共有“双师型”教师1147人，占专业教师的67.7%。中职学生升学就业率99%。

是年，东莞市制订《东莞市中职教育资源整合实施方案》。将威远职业高级中学与大朗职业中学合并，命名为“东莞市纺织服装学校”；对原镇办职业学校校名进行更改，并结合东莞市支柱产业和学校骨干专业建设情况，统一以“东莞市＋行业（或专业）＋学校”格式进行命名。制订《东莞市开展“中高职连贯培养实验班”实施方案》。从2012年开始，东莞理工学校与东莞职业技术学院联合开展“中高职连贯培养实验班”试点工作。实验班开设数控技术和软件信息与服务专业，共招收学生400名。

加强校企合作，督促指导各中职学校就专业建设、课程设置、人才培养模式等要围绕企业岗位要求加强与行业企业合作，取得较好成效。市机电工程学校与钜升塑胶电子制品有限公司合作，开创“企业课堂·岗位学制”，即该公司每年从学校模具专业三年级学生中选拔部分优秀学生，由钜升公司提供师资、学习及实训场地，并由公司组织教学，实行师傅即是老师、学生即是员工，师傅带徒弟的形式，共同培养模具专业学生。

对2.93万名符合发放助学金条件的中职学生进行资格审核，发放国家助学金3321.82万元；为227名中职学生落实中等职业学校家庭经济困难学生免学费政策，免学费28.375万元；对1.26万名广东省东西两翼和粤北山区“双转移”学生进行资格审核，发放补助资金3593.1万元。

【特殊教育】 2012年，东莞市加强特殊教育现状调研，抓好特殊教育学校建设规划和管理工作，推进特殊教育事业发展。全市残疾儿童在校生421人，东莞市户籍“三残”儿童少年小学入学率98.8%，初中入学率98.2%。

【成人教育】 2012年，东莞市有5个成人高等教育机构、32所乡镇成人文化技术学校、302个民办成人教育培训机构。寮步镇成校、石碣镇成校被评为省级示范性乡镇成人文化技术学校，使全市省级示范成校达到12所。成人高等学历教育办学规模不断扩大，在校生人数达到6.16万人，比上年增加1.39万人，增长22.5%。各类成人教育培训机构积极开展社会培训，年培训量达52.46万人次。社区教育健康发展，逐步建立市、镇、村三级教育服务平台，各镇（街）利用社区内学校、公园、广场等教育基地，举办各式各样的教育文化活动，为群众提供多形式多层次的成人教育服务，有效提高全市人口的文化素质，为东莞市创建广东省教育现代化先进市建设营造良好氛围。

【非物质文化遗产】 2012年，东莞市初步形成国家级、省级、市级、镇（街）级的非物质文化遗产名录体系，有国家级名录5项、省级名录30项、市级名录72项，还有各镇（街）建立的保护名录。

【新闻出版】 2012年，东莞市把握新闻出版正确导向，加快推动新闻出版产业发展，取得较好的工作实效。全市有印刷企业3092家，总产值311亿元，从业人员16.7万人，投资总额达到285亿元，出口总值101亿元。有书报刊、电子出版物发行单位1302个。审批加工贸易项下光盘进出口业务341宗，审批内部资料性出版物127宗。组织全市相关报刊、记者站完成年检工作，完成全市56个连续性内部资料性出版物出版单位的年检工作，成功承办“珠三角连续性内部资料性出版物年度核验工作交流会”。

【广播电视电影】 2012年，东莞市广播电视产业稳步发展。东莞广播电视台广告经营收入达2.6亿元。东莞广电网络覆盖全市33个镇（街），光缆8793千米，光节点1.7万个，电视节目从30多套发展到139套，其中基本频道超过55套、专业频道超过50套、广播频道10套，全市有线数字电视用户153万户，其中高清电视用户达22万户，全年广电网络经营收入达5.9亿元。落实广播电视渔船通工程，市财政安排40.1万元资金，为辖区内39条24米长度以上的渔船安装广播电视，实现全市“广播电视渔船通”，解决渔船渔民听不到广播、看不到电视的问题，保障渔民群众的基本文化权益。电影产业稳步增长。全市有影视制作机构25个，全年制作影视（动漫）作品13部，年销售收入1619万元，其中2012年东莞市生产原创电视动画片15214分钟，产量位居全国第三。

【文化管理】　2012年，东莞市推进文化名城建设。以创建国家公共文化服务体系示范区为目标，组织实施“提升公共文化服务水平”工程，聘用文化管理员558人，招募文化志愿者1200多人，建立专兼结合的村（社区）公共文化管理服务队伍；建成26个镇（街）和366个村（社区）公共电子阅览室，实现全市公共电子阅览室全覆盖；推出东莞文化网，建设东莞学习中心，完善数字公共文化服务载体；新增藏书56.57万册，人均藏书达到1册以上。开展“百场培训、千场演出、万场电影”进基层活动，举办“我们的节日”、第八届读书节等品牌文化活动30多场，举办各类文体和纪念活动超过200场，丰富群众的文化生活。创作并演出的音乐剧《三毛流浪记》等4部作品获省“五个一工程”奖，取得历届最好成绩；25件作品获得2011年度全省群众文艺作品评选奖项，名列全省第一；3部作品获第九届广东省鲁迅文学艺术奖；参加省第七届群众戏剧曲艺花会获4金1银，位居地级市第一；《驯虎》等多部作品获境内外多个重要文学奖项；《剪花花》、石排醒狮分别参加2013年央视一套、四套春节联欢晚会。东莞保利文化艺术制作基地落户东城，东莞歌舞剧团正式挂牌成立，中堂、沙田、凤岗等镇获国家级特色文化称号。举办全国首届打工歌曲创作、演唱大赛，东莞打工文化品牌效应初步彰显。提请市政府印发《东莞市文化精品专项资金管理暂行办法》。全市新增印刷企业110家，新增出版物发行单位57个、歌舞娱乐场所40家、游艺娱乐场所37家；新增影视制作机构7个、多厅数字影院7家，3部莞产影视剧亮相央视；全年电影票房收入超1.7亿元，位居全省第三；莞产原创动画片8部，产量位居全国第三。举办第四届中国国际影视动漫版权保护和贸易博览会和东莞市第四届收藏文化联展，加强文化遗产保护。公布不可移动文物名录459处、文物保护单位22处；蚝岗贝丘遗址等2处进入国保公示名单；松岗遗址等8处被公布为第七批省级文物保护单位。组织万江下坝等6个村成功申报“广东省历史文化名村”，石龙中山路成功申报“广东省历史文化街区”。成立东莞市非物质文化遗产专家委员会，千角灯等2处传承基地入选第一批省非遗传承基地；莞香制作技艺等9个项目入选省第四批非遗名录；黄鹤林等6人被评为第三批省非遗项目代表性传承人；李仲球被评为省优秀传承人。开展文化市场“三打两建”工作。制订《关于加强东莞市文化行业协会建设的意见》，印发《商事登记制度改革文化市场综合执法“宽进严管”工作制度汇编》，构建文化市场监管长效机制。深化文化体制改革，推进商事登记制度和行政审批制度改革，组织召开改革动员大会，出台改革实施方案。

【科技创新载体建设】　2012年，东莞市加强东莞华中科技大学制造工程研究院、电子科技大学电子信息工程研究院等已建公共创新平台的管理建设，其中中科院系统八大院所的400多名技术专家和骨干以及相关科研资源已进驻东莞中科院云计算产业技术创新与育成中心。推动北京大学、华南理工大学与东莞市合作建设北京大学东莞光电研究院和华南协同创新研究院，全市公共创新平台总数达到13个，其中华南协同创新研究院是全国首家协同创新研究院，北京大学东莞光电研究院是北京大学与地方政府合作组建的唯一一个创新平台。加强行业技术创新平台管理，对东莞志成冠军绿色电源技术研究院等6个行业技术平台开展中期检查和专项审计。

【科技项目实施】 2012年，东莞市精简市级科技项目类别，项目设置更加集中资源和突出重点。组织实施市创新资金项目、企业工程中心和重点实验室资助项目等科技项目，鼓励企业申报承担国家863科技计划、国际科技合作计划项目以及省部产学研项目、省重大科技专项、工业高新技术攻关项目等上级科技项目，企业创新水平和承担国家、省科研项目的能力得到提升。全年共获得科技部创新基金项目36个、国际创新园项目1个、科技惠民计划项目1个、中欧中小企业节能减排科研合作资金项目1个、农业科技成果转化资金项目1个、金太阳示范项目3个以及省科技厅重大科技专项8个、战略新兴产业核心技术攻关项目7个、战略新兴产业发展专项资金（LED产业）计划项目6个、创新基金项目19个、工业高新技术攻关项目13个，获得省级以上科研经费约4亿元，居全省前列。

【自主创新能力提升】 2012年，东莞市专利申请量达到29199件，比上年增长19.53%。其中，发明专利5568件，比上年增长32.16%。专利授权量20900件，比上年增长8.00%。其中，发明专利授权量1381件，比上年增长82.19%；PCT国际专利申请量235件。专利申请量、授权量及PCT国际专利申请量继续位居全省前三位。全市企事业单位共获得省级以上科研项目经费资助4亿元，比上年增长22%。2项科研成果获得国家外观设计优秀奖，9项科研成果获得省科学技术奖，99项科研成果获得市科技奖。

【卫生事业】 2012年，东莞市有医疗机构2656个，其中公立医院40个、民营及社会办医院32个、其他医院6个、社区卫生服务中心（站）387个、农村卫生站1360个、其他医疗机构743个。有卫生人员4.94万人，其中卫生技术人员4.06万人（含执业医师及助理医师1.4万人、注册护士1.7万人）。有床位30012张，实际开放床位24617张，其中公立医院17972张、民营及社会办医院6142张。全市医疗机构总门诊量为7061万人次，其中基层医疗机构门诊量占84.4%。全市出院人数为83.6万人次，出院者平均住院日为8.1天，病床使用率79.6%。市中医院新院、东莞卫校新校建成投入使用。

【体育事业】 2012年是东莞市加快转变体育发展方式的第一年。市体育局加大群众体育工作力度，实施“十分钟文化体育圈”计划，投入130万元购置30套体育健身路径；投入270万元补助镇、村（社区）购置体育设施。完成从3岁到69岁的4000名样本量的国民体质素质测定和收集。在全市设置108个社会体育义务培训点，全年义务培训8800多人次。东莞代表队参加省第十届中学生运动会获得15枚金牌、24枚银牌、17枚铜牌。参加省青少年锦标赛获得金牌64枚。东莞输送运动员李佩璟参加2012年伦敦奥运会，在射击女子50米步枪三姿比赛上获得第九名。

【劳动就业】 2012年，东莞市全面落实积极就业政策，实施就业优先战略，把促进就业作为保障和改善民生的头等大事抓落实。

着力加大就业帮扶力度，推动1.05万名登记失业人员就业，帮扶7442名就业困难人员实现再就业，196 名东莞生源家庭困难高校毕业生全部实现就业，完成市政府“十件实事”任务要求。全年城镇登记失业率为 2.3%，完成实施《珠江三角洲地区改革发展规划纲要（2008~2020 年）》实现“四年大发展”目标要求。

全年发放各项就业补贴 3.29 亿元，惠及城乡劳动力 64 万人次。组建村民车间（班组）558 个，安置属地劳动力 2.05 万人。开展“就业服务日”“就业援助月”活动，向 8 万多人次城乡劳动力提供就业援助服务。推动 800 多人参与“青年就业见习训练”和“青年就业培训计划”，促进新成长劳动力就业。促进高校毕业生就业，向 1.59 万名大中专毕业生发放企业岗位津贴 9126 万元。发放创业资金小额贷款 1380 万元，认定 2 个创业孵化服务社会合作机构、1 个市级创业带动就业孵化基地。

制定《东莞市困难中小微企业认定办法》，使困难中小微企业可享受暂免征收调配费、社保补贴优惠等政策。发展家庭服务业，推动 6500 多人参加家庭服务业相关行业工种项目培训，帮助家庭服务业从业人员实现稳定就业。

举办“春风行动”等各类招聘会 400 多场，为 1 万多家企业和 20 多万名求职者提供现场招聘服务；组织 700 多家企业，赴省内外各地举办劳务对接招聘会、洽谈会 200 多场次，输入劳动力 16.5 万人。成功举办第三届“东莞市校企合作洽谈会暨‘南粤春暖’就业服务活动”，建立定向式（订单式）培训 777 宗，建立实习（见习）基地 713 个，帮助企业引进技能型毕业生 3.1 万人。

举办就业指导培训活动、创业培训活动、就业指导座谈会等共 86 期次，培训 1.46 万人次。举办广东省促进高校毕业生就业系列活动东莞招聘会、2012 年春季全国高校毕业生（东莞）供需见面会、“一企一岗·互济共赢”等大型公益性招聘活动，举办公益性毕业生供需见面会 45 场，参会企业单位 2981 个，提供就业岗位 4.33 万个。应届东莞生源普通高校毕业生报到总人数 14323 人，已就业 14036 人，就业率达 98%。

【医疗保险】 2012 年，东莞市医保工作重点转向政策的补充性调整和管理的规范性调整。出台儿童先天性心脏病和急性白血病普查及早期治疗社保支付政策。市社保局与市卫生局、太平人民医院合作，在全市 449 所小学对 58 万人次学龄儿童进行先心病筛查，初步掌握全市先心病儿童发病情况，将在莞就读的先心病和急性白血病患儿纳入医保范围，对筛查出的患儿进行临床治疗补助。开展非莞籍职工子女参保。出台《关于开展非本市户籍职工在莞就读子女参加社会基本医疗保险试点有关问题的通知》，9 月 1 日起在各镇（街）、松山湖管委会辖区内选择一所学校开展试点，其中参保方式以家长自愿，由学校统一办理，缴费和财政补贴参照东莞城乡居民标准执行，待遇标准按东莞社会基本医疗保险有关规定执行。启动社保基金先行支付业务。对于由第三人侵权行为造成伤病、但第三人不支付或无法确定第三人，以及未参保而发生工伤等情况，在全省率先启动医疗工伤基金先行支付业务，全年共按规定为 381 人先行支付社保基金 552 万元。扩大社区门诊用药社保报销范围。在门诊报销待遇全国最高基础上，协调理顺社区慢性病用药采购渠道，将多种医院治疗高血压病、糖尿病等慢性病常用药物纳入社区门诊用药报销范围，把社区门诊社保用药从

554种上调至622种。

【养老保险】 2012年1月1日起，东莞市对全市离退休人员的基本养老金进行调整。调整后，6.74万名企业退休人员月人均基本养老金水平达1895元，人均增加169元；16.01万农（居）民退休人员月人均基本养老金达563元，人均增加106元。同时，贯彻执行省人社厅有关早期下乡知青一次性缴费、企业职工继续缴费等政策，研究制定东莞达到及超过60周岁仍没有养老待遇人员的“老有所养”办法。

【工伤保险】 2012年，东莞市社保局规范工伤补偿工作，拓展工伤预防和工伤康复的内容和形式，使“三位一体”的工伤保险体系逐步实现“三足鼎立”。在工伤预防上，对1.08万名职业危害高风险企业在岗职工进行职业健康体检；对全市2800多家安全事故多发企业共7640名安全生产负责人、社保协管员进行工伤预防知识培训；面向全市群众举办工伤预防知识竞赛，超过5400人参与。在工伤补偿上，完成新修订《广东省工伤保险条例》实施与过渡的政策指引，明确建筑工地、交通事故等工伤认定指引，在下调建筑工程项目工伤保险费率的同时提高建筑工程参保人员工伤待遇。在工伤康复上，加强工伤康复协议机构考评管理，完善费用结算标准管理制度，改进工伤康复业务操作管理，全年共完成工伤康复1722人次，支付各类康复费用4166万元。

【社会救助】 2012年，东莞市颁布出台《东莞市最低生活保障实施办法》，把低保审批权限下放到镇（街）一级，进一步明晰镇（街）民政部门属地救助职责。新增特定家庭成员部分收入豁免条例，实行低保延伸救助，增加赡养（抚养、扶养）给付比例标准条款，加大处罚力度等规定。是年，东莞市最低生活保障标准440元/人·月，全市有低保对象10448户、24021人，年发保障金5111.66万元，低保对象年人均补差233元/月，基本实现“应保尽保”、“超标退保”。

在实施低保（困难）群众救助方面，一是开展低保医疗救助。全年全市支出低保医疗救助金1408.44万元，其中为全市低保对象购买社会医疗保险个人缴费部分696.98万元，为1143人次低保对象就医发生住院或特定门诊医疗费个人负担部分报销支出711.46万元。出台《东莞市最低生活保障对象基本医疗救助实施办法》。二是推进低保教育救助。全市有低保（含低保边缘）家庭在读子女23945人次，全年发放助学金5985.67万元。三是开展春节送温暖活动。春节前夕，市五套班子领导分别组成32个春节慰问团分赴全市各镇街慰问低保户、老党员（困难党员）、困难新莞人和敬老院老人，共向全市35351户困难群众发放春节慰问金2388.48万元。此外，向低保对象、五保对象、优抚对象、建国前老党员共29504人，发放中央、省政府一次性生活补贴共1158.02万元。

在实施临时救助方面：一是发放临时救助金。东莞市于5月29日颁布实施《东莞市困难家庭临时救助暂行办法》。全年全市向689户长期患病和出现临时生活困难的群众发放临时救助金173.39万元。在做好对户籍群众救助同时，注重加强对外来务工人员的救助。从福彩公益金中划拨1000万元设立“福彩关爱基金”，重点对在莞居住且工作满1年以上的非户籍人员、驻莞部队现役军人及随军家属等实施救助。全年为139

名困难群众发放救助金166.4万元。市医疗救济基金会也加大对外来务工人员救助力度，全年为543名外来务工人员发放医疗救助金229万元。二是发放临时价格补贴。全年全市向50978名困难对象累计发放10个月（每人每月44元）物价补贴，共计发放资金2207.37万元，缓解物价上涨对困难群众基本生活影响。此外，东莞市开展禁渔、休渔期困难渔民救助。全年全市向1478名困难渔民发放休渔期、禁渔期困难补助金159.72万元。三是发放食品、燃气、用水补助。从2012年10月开始，东莞市向户籍低保、五保群众发放食品、燃气及用水补助，标准为食品补助每人每月30元，燃气补助每人每月20元，用水补助每人每月10元。全年向25121名低保、五保对象发放补助452.17万元。

【福利事业】 2012年，东莞市提高居家养老政府补助标准，全年市财政下拨居家养老工作专项经费906万元，在全市17个镇街80个社区（村）开展居家养老服务工作，享受居家养老服务政府补助的老人达3418人，为1003名符合政府补助条件的老人安装“平安铃”，安排1025万元资助16个（村）社区建设“星光老年人活动中心”，争取省财政资金200万元资助万江、寮步新建2个省级居家养老服务中心示范点，将市金菊福利院182名老人全部纳入低保对象范围。启动市社会福利中心改扩建工程建设，完成项目立项、环评、设计方案招标等工作。制定出台《东莞市社会福利中心成年孤儿安置办法》。开展“明天计划”手术及康复工作，分批对28名残疾儿童实施手术康复治疗。

【住房保障】 2012年，东莞市实施《东莞市经济适用住房管理办法》和《东莞市廉租住房保障办法》，提高保障标准，让更多低收入住房困难家庭得到保障。颁布《东莞市住房保障制度改革创新实施方案》，对公租房建设实行土地、资金、税费优惠政策。开展公租房需求调查。完成广东省下达的年度公租房建设任务，新开工7787套，续建项目竣工4775套。完成对1187户城乡低收入困难家庭住房保障。

（潘朝明　刘念宇　胡晓静　苏淑娴）

·责任编辑　袁　菁·

中山市

基本情况

【地理位置】 中山市位于广东省中南部，珠江三角洲中部偏南的西、北江下游出海处，北接广州市番禺区和佛山市顺德区，西邻江门市区、新会区和珠海市斗门区，东南连珠海市，东隔珠江口伶仃洋与深圳市和香港特别行政区相望。全境位于北纬22°11′~22°47′，东经113°09′~113°46′之间。行政管辖面积1783.67平方千米。市中心陆路北距广州市区86千米，东南至澳门特别行政区65千米，由中山港水路到香港特别行政区52海里。

【建置沿革】 中山市，1925年前称“香山”。据宋朝《太平环宇记》记载：东莞县香山在“县南隔海三百里，地多神仙花卉，故曰：香山”。古代香山，是孤悬于珠江口外伶仃洋上的岛屿，境域仅为现时的五桂山和凤凰山周围的山地和丘陵区，即石岐城区至澳门一带地域。考古表明，在距今5000多年前的新石器时代，已有土著古越族人在香山岛屿捕鱼打猎和半定居。香山在汉代属番禺县地域，晋代以后属东官郡地域，唐代属东莞县地域。南宋绍兴二十二年（1152）设香山县，并割入南海、番禺、新会等三县的滨海地域，隶属广州。民国时期，直属广东省。香山县翠亨村是孙中山的故乡。1925年3月12日，孙中山逝世。同年4月15日，广州中华民国陆海军大元帅府决定，将香山县更名为中山县，以示纪念孙中山。1949年，中华人民共和国成立后，仍为中山县，属佛山地区管辖。1983年12月，经国务院批准中山县改为中山市（县级），属佛山市管辖。1988年1月，经国务院批复，中山市升格为地级市，直属广东省管辖。

【地形地貌】 中山市地质构造体系属于华南褶皱束的粤中凹陷，中山位于北段。地形以平原为主，地势中部高亢，四周平坦，平原地区自西北向东南倾斜。五桂山、竹嵩岭等山脉凸屹于市中南部，五桂山主峰海拔531米，为全市最高峰。地貌由大陆架隆起的低山、丘陵、台地和珠江口的冲积平原、海滩组成。其中，低山、丘陵、台地占全境面积的24%，一般海拔为10~200米，土壤类型为赤红壤。平原和滩涂占全境面积的68%，一般海拔为-0.5~1米，其中平原土壤类型为水稻土和基水地，滩涂广泛分布有滨海盐渍沼泽土及滨海沙土。河流面积占全境的8%，西江下游的西海水道、磨刀门水道自北向南流经市西部边界，由磨刀门出南海；北江下游的洪奇沥水道自西北向东南经过市东北边界由洪奇门出珠江口。其间汊道纵横交错，其中小榄水道、鸡鸦水道横贯市境北半部，汇入横门水道由横门出珠江口。水系分为平原河网和低山丘陵河网两个部分，平原地区河网受南海海洋潮汐的影响，具有典型河口区特色。

【资源物产】 太阳能资源 中山市历年平均太阳总辐射量达445155.4焦耳/平方厘米，是广东省内太阳辐射资源比较丰富的地区之一。

水资源 中山市属丰水地区，年降水量共29.18亿立方米，西江和北江流经中山市的磨刀门、横门、洪奇沥，多年平均径流总量2241亿立方米，占珠江平均径流总量3290亿立方米的68.1%。此外，中山市地处滨海，可利用潮差进行排灌。

矿产资源 中山市的地质发展历史悠久，地壳变动频繁，但地层分布比较简单，富矿地层缺乏，矿产种类不多，金属矿产十分短缺，优势矿产主要有建筑用花岗岩、矿泉水、地下热水、砂料和耐火黏土。现已探明并开发利用的矿产有花岗岩石料、砂料、耐火黏土和矿泉水、地下热水。其中，石料主要是黑云母花岗岩、黑云母二长花岗岩和花岗闪长岩，广泛分布于市内的低山、丘陵和台地，以五桂山和竹嵩岭储量最为丰富；地下热水含氟、氡，适用于医疗，可作为温泉浴使用，主要分布在三乡、坦洲等地；矿泉水是20世纪80年代后期兴起的矿产资源开发产业，属花岗岩裂隙水，为偏硅酸低矿化度饮用天然矿泉水，主要分布于五桂山至神湾一带的山区；砂料以中粗粒石英砂为主，主要分布于市内东部龙穴、下沙一带沿海地区；耐火黏土主要分布于火炬开发区濠头村附近。

动植物资源 中山市大中型兽类的主要活动场所分布于五桂山低山丘陵和白水林山高丘陵地区，现存的经济动物有小灵猫、食蟹獴、豹猫、南狐、穿山甲、板齿鼠和各种鸟类、蛇类等；平原地区以爬行类、两栖类、鸟类和鼠类为主；水生动物有鱼类、甲壳类和多种贝壳。植被代表类型为热带季雨林型的常绿季雨林。据2007年调查，全市有维管植物217科912属1771种，其中野生维管植物186科646属1235种，种类占广东省总数的六分之一。2012年，全市森林覆盖率为19.42%。

旅游资源 市内主要旅游景点有：孙中山故居、孙中山纪念馆、孙文纪念公园、中央电视台中山拍摄基地——中山影视城、孙文西路文化旅游步行街、中山温泉、长江水库旅游区、詹园、泉林山庄、岭南水乡、紫马岭公园、五桂山逍遥谷、翠竹园漂流乐园及革命历史根据地、逸仙湖公园、大涌卓旗山公园及烟墩山古塔、西山禅寺、南山古香林、宋帝遗迹、罗三妹山、桥头小琅环等。

土特产 主要有三月红荔枝、神湾菠萝、小榄菊花肉、中山杏仁饼、石岐乳鸽、东升脆肉鲩、荼薇花制品、三乡濑粉、黄圃腊味等。

【人口】 2012年末，中山市常住人口315.5万人，户籍人口152.01万人。其中，男性75.55万人，女性76.46万人，人口性别比（以女性为100，男性对女性的比例）为98.82%。

【语言】 中山市的语言状况较为复杂，主要使用汉语方言，包括粤方言、闽方言及客家方言。其中，使用粤方言的人数最多，占总人口数的84%，主要分布在北部冲积平原区和中部的石岐地区。粤方言分为4种：(1) 石岐话，主要分布在石岐地区、南区和南朗镇。(2) 沙田话（近顺德话），主要分布在南头镇、黄圃镇、东凤镇、小榄镇、阜沙镇、东升镇、横栏镇、港口镇、民众镇、坦洲镇、板芙镇及西区的沙朗、南朗镇的横门等地。(3) 三角话（近东莞话），主要分布在三角镇。(4) 古镇话（近新会话），主要分布在古镇镇。闽方言主要分布在沙溪镇、大涌镇、三乡镇及火炬开发区的张家边等地。客家方言主要分布在五桂山、神湾镇及坦洲镇的南部。

【民风民俗】 中山市民爱国爱乡，勤劳敦厚，富于进取，勇于创新，灵活求实，较少保守思想。民风平和有礼，与人为善，团结互助，崇尚正义。市委、市政府在2004年重新确定“博爱、创新、包容、和谐”为中山人精神。中山民间艺术丰富，其中有中山民歌、舞龙狮鹤凤、崖口飘色等。中山是民歌之乡，民间流行的民歌有咸水歌、高棠歌、大缯歌、客家山歌、鹤歌、姑妹歌、渔鼓、龙舟、小调儿歌等，其中以咸水歌和高棠歌最有特色，这两种民歌已有300多年的历史，流行于坦洲镇等大沙田区。中山舞龙分为木龙、火龙、金龙、沙龙、草龙、游龙、板龙、云龙8个种类。坦洲咸水歌、小榄菊花会、沙溪凉茶、西区长洲醉龙、南朗崖口飘色、古镇六坊云龙舞被纳入国家级非物质文化遗产，五桂山白口莲山歌、沙溪鹤舞、黄圃麒麟舞、黄圃飘色、沙溪四月八、咀香园杏仁饼传统制作工艺、黄圃腊味传统制作工艺、三角麒麟舞、石岐赛龙舟、小榄赛龙艇、东凤五人飞艇赛、南头五人飞艇赛、大涌红木家具雕刻艺术等13项民间艺术形式被纳入广东省非物质文化遗产代表作名录。1988年起，每年都在农历正月初七(2001年后改为正月十五）举办慈善万人行活动，为社会公益事业筹集善款，民间艺术也在此间展演，成为中山独特的新民俗。

【行政区划】 中华人民共和国成立以后，中山县从1949年冬起，建立新的区乡体制。到1951年1月，全县设置1个区级镇（石岐镇)、11个区。1952年7月，由于珠江区专员公署海岛管理处撤销，中山县从该处接管原属中山、宝安的48个岛屿和渔港，包括唐家、湾仔、香洲、南水、涌口门、担杆列岛、蜘蛛群岛、外伶仃岛、佳蓬列岛、万山群岛等地。同年12月，中山县设立渔民区人民政府（驻唐家)，管理上述地方。1953年3月，设立石岐市（省辖市)，以中山县石岐镇行政区域为其行政区域，归粤中行署领导，中山县划出长洲、后山、柏山、张溪、基边、员峰6个小乡，归入石岐市郊区。1953年4月，设立珠海县，以中山、东莞、宝安三县所属海岛为其行政区域。中山县划出渔民区和前山、关闸、吉大、南屏、北山等地与淇澳、三灶、高栏、荷包、大小霖、大小横琴等海岛，归珠海县管辖。1953年6月，中山县调整行政区划设置，设3个区级镇（小榄镇、黄圃镇、大岗镇)、15个区。1957年2月，中山、珠海两县调换相邻的部分乡村，中山县坦洲区的康济、翠微、造贝乡，翠亨区的下栅、东岸、官塘乡，乾雾区白蕉乡的白藤村，划归珠海县管辖。珠海县的万顷沙区划归中山县管辖。同年2月，中山撤区并乡，全县15个区改划为34个大乡，原来的3个区级镇不变。1958年8月，各大乡普遍建立人民公社，公社取代大乡。同年10月，实行政社合一体制，全县34个公社（大乡）合并为7个大公社。同年10月，原属黄圃公社的小黄圃、高黎等两个小乡，划归顺德县管辖。1959年3月，撤销石岐市、珠海县，将原石岐市、珠海县的行政区域全部划归中山县。同年7月，大岗、万顷沙两个公社和大岗镇，划归番禺县管辖。1961年8月，恢复区的建制，设置1个县级镇、2个区级镇、13个区。1961年10月，恢复珠海县，以合并于中山县的原珠海县行政区域为珠海县的行政区域，中山县划出6个公社和两个小乡，归珠海县管辖。1963年，撤销区的建制，全县改设18个公社、3个镇。1964年5月，原属横栏公社的特沙大队，划归新会县管辖。1965年7月，设立斗门县。中山县划出斗门、乾务、白蕉3个公社与平沙农场，归斗门县管辖。1967年12月，改公社建制，设置1个县级镇、2个区级镇、20

个公社。1969年1月，石岐镇归并中山县，撤销石岐镇建制。1971年8月，恢复石岐镇建制（公社级）。1976年12月，全县有3个区级镇、25个公社。1983年12月，中山县改为中山市（县级）。1984年2月，撤销石岐镇，改为市区，设置中区、西区、岐江区、莲峰区、烟墩区5个办事处；市郊设置25个区和2个区级镇，另设1个管理区。1985年11月，张家边区改为张家边镇。1986年7月，南蓢区分出翠亨村镇。1986年12月，撤区建镇，扩大市区范围，全市改为：市区设8个街道，市郊设24个镇。1988年1月，中山市升格为地级市。同年8月，从环城区、郊区分出东区。1990年11月，由张家边区分出中山港区。1990年12月，中山市区设9个街道，市郊设24个镇。1993年，沙蓢镇更名为沙朗镇。同年1月，张家边区、中山港区、中山火炬高技术产业开发区三区合并为中山港区，1995年1月改为中山火炬高技术产业开发区。1996年10月，中区、岐江区、莲峰区、烟墩区4个街道合并，称中区。同年12月，郊区更名为北区。1997年12月，环城区更名为南区。中山市设1个开发区、5个街道、24个镇，另设长江管理区。1998年9月，撤销翠亨村镇、横门镇，并入南朗镇管辖。全市设1个开发区、5个街道、22个镇。1999年7月，撤销沙朗镇、坦背镇，将两镇分别并入西区街道办事处和东升镇管辖。全市设1个开发区、5个街道、20个镇。2000年5月，撤销中区和北区，组成石岐区。撤销浪网镇，并入民众镇。全市设1个开发区、4个街道、19个镇。2001年8月，原黄圃镇的新二村、阜沙镇的新团结村划入三角镇，原三角镇的新联村、新群村划入民众镇。从2001年开始，全市开展行政村（村委会）和社区（居委会）调整合并，并逐步将村委会改制为社区居委会。2005年9月，五桂山镇撤镇设街道办事处。全市设1个开发区、5个街道、18个镇。全市各镇（区）共辖110个社区和165个行政村，下设110个社区居委会和165个村委会。2011年3月，三乡镇成立南龙社区（居民委员会），南头镇合并南头和南城2个社区为南城社区（居民委员会）。火炬开发区、石岐区、东区、西区、南区、小榄镇、南头镇7个镇区完成“村改居”工作。至2012年底，全市设开发区1个、街道5个、镇18个，共辖社区（居民委员会）126个和行政村（村民委员会）153个。（中山市方志办）

生态环境

【土地资源管理】 2012年，中山市保障安居工程、基础设施和重点项目，优化项目筛选程序，建立台账管理制度，实行土地利用计划动态管理。是年，广东省下达中山市年度用地计划418.33公顷，其中农用地328.47公顷，中山市共上报省国土资源厅建设用地82批次、面积816.12公顷，已获批准（含往年报批）58批次、面积660.53公顷；全年供应新增建设用地190宗、总面积645.43公顷。盘活存量建设用地，处置闲置土地，清理全市批准而未供应出去的用地。建立全市疑似闲置土地数据库，修订《中山市闲置土地处置实施办法》。

【耕地保护】 2012年，中山市完成广东省下达中山市基本农田保护区面积不少于4.39万公顷和耕地保有量面积不少于4.96万公顷总体要求。全年建成民众镇群安533.33公顷省级高标准基本农田示范区和黄圃镇三乡围、三角镇西丫尾围、大涌镇木围等农田整治，新设置63个基本农田保护牌和270个基本农田界桩。组织研究编写《中山市统筹城乡土地综合整治试点方案》，探索城乡土地统筹利用的规划制度、产权制度、市场制度、监管制度等，已上报省政府审核；建立耕地保护经济补偿机制，实施《中山市基本农田保护补贴实施办法（试行）》，明确在省的补贴基金基础上，由市财政补充资金，对承担基本农田保护任务的农村集体经济组织、农户或其他责任单位进行经济补偿。

【水资源管理】 2012年，中山市编制实施《中山市最严格水资源管理制度实施方案》《中山市2015年水资源开发利用总量控制方案》。落实水资源开发利用控制，用水效率控制和水功能区限制纳污“三条红线”管理，优化取水管理，严格取水总结与计划工作，推开企业水量平衡测试工作。全市保有取水许可证203套，全年办理10家企业的入河排污口设置申请。组织编制《中山市水功能区纳污总量核定》，开展镇区重点水功能区水质监测及水质达标率考核，推进水功能区限制纳污总量工作。全市有49个主要江河水质监测断面和14个咸潮常规监测点。编制《中山市南部镇区防咸应急供水水库调水方案》，将龙潭水库升级为蓄淡抗咸水库，并加大其补水措施，提高储水能力，确保南部镇区在连续30天的咸潮期实现达标供水。开展中山市抗咸总体方案论证的前期工作、分质供水课题研究以及中山市抗咸总体方案论证及近期实施方案的编制。推进三乡应急抗咸工程建设。

【生态景观林带】 2012年，中山市依照《广东省生态景观林带、森林碳汇、森林进城围城工程建设目标责任书》要求，全年完成京珠高速中山段41千米示范段，面积733.33公顷，其中封育管护面积466.67公顷。项目覆盖三角、民众、港口、火炬区、南朗等镇区，总投资1.03亿元，主体工程于6月完成。

【全民修身绿化月】 2012年，中山市委、市政府将3月8日至4月20日确定为“全民修身绿化月”，以“主题林”为载体，宣传发动机关、企事业单位、群众参与义务植树。3月12日，中山市委、市人大、市政府、市政协领导参加在京珠高速城区出口地段举办的“修身林”植树活动，拉开“全民修身绿化月”序幕。全市各机关、企事业单位组织开展各类“主题林”植树活动，种植“爱民林”“清风林”“代表林”“民主团结林”“人才林”“十杰市民林”“同心林”“翠亨林”“雷锋林”“巾帼林”等主题林近30处。全年全市开展各类主题片林建设300处，参加义务植树活动120万人次，种下各类大小苗木500万株。

【主要污染物减排计划实施】 2012年，中山市总量减排考核排名广东省第一。城镇生活污水集中处理率为90.5%。东凤镇污水处理厂和民众镇污水处理厂运行稳定，三乡、坦洲、港口、黄圃四个污水厂处理二期工程运行稳定，共计新增污水处理能力11万吨/日。强化燃煤锅炉脱硫设施升级改造，中山联合鸿兴造纸有限公司、中山永发纸业有限公司脱硫设施按照国家要求完善中控系统建设、拆除脱硫系统旁路，脱硫设施高效稳定运行。全市严格执行总量前置审核制度，引导环境容量投向符合市产业升级的重点项目，对136个项目进行总量前置审批。加强工业污染物减排工作，全市完成纺织印染、电池制造、建材制造、玻璃加工等行业废水主要污染物结构减排项目7个、废气主要污染物结构减排项目4个。全年共有142家企业通过清洁生产验收。

【水环境综合整治】 2012年，中山市水环境综合整治工作重点有前山河流域综合整治，河流两岸生态景观整治，工业污染防治和治污减排等。全年多次对前山河流域内污染源企业开展环保专项检查、夜间突击检查，保障流域环境质量；完成东灌渠截污工程；强力清理非法养殖场点、违章建筑、违规堆放和处理垃圾行为；推行内河涌常年保洁，科学调度加快流域内河涌水体置换，保障流域内水体水质。7月20日，2012年珠海—中山前山河流域跨界污染第一次联席会议在坦洲镇召开，中山市与珠海市共同对流域内污染企业展开跨界联合执法行动，初步构建形成跨界水体综合防治体系。

【水生态文化体系建设】 2012年，中山市推进水文化景观工程建设，岐江河滨水景观工程二期（中山三桥至安堂涌河口段）完成城市设计编制和测量；东凤镇莺哥咀水文化公园完成防浪墙建设，进行设计、征地等前期工作；岐江夜游、小榄镇水色匝、民众岭南水乡等水文化水景观项目初步成型；投资3亿元的东升十里堤岸、投资5亿元的磨刀门水文化旅游项目、投资3亿元的南朗海滨养生体育度假区和翠亨国际旅游小镇等项目加快推进实施。翠亨新区的智慧用海完成概念规划，获省政府批复《珠江河口滩涂保护与开发利用规划》，将翠亨新区东六围、西五围以南的滩涂作为开发利用区。

【环保专项行动】 2012年，中山市组织开展重点行业重金属排放企业专项整治、岐江河流域排污企业专项检查、市控以上重点污染企业等10项专项整治工作，完成禽畜养殖污染专项整治验收、沙溪镇无证照经营洗水厂专项整治、阜沙镇和黄圃镇鸡鸦水道沿岸废品收购企业专项整治。对被处罚企业的整改措施落实情况进行跟踪落实，整治期间共查处无证照违法排污的洗水企业4家，处罚金额24万元，自行搬迁6000平方米的洗水车间，清拆洗水机141台，清拆500平方米厂房；阜沙镇堤外40家废旧品经营企业全部完成清拆，拆除违章建筑10万多平方米，清理占用水利地、农保地10公顷；黄圃镇拆迁鸡鸦水道沿岸废品收购企业22家，清拆土地面积1.85公顷。

【危货防污管理】 2012年，中山海事局推进水上防污应急设备库建设方案，黄圃分库进入初步规划阶段，水上防污应急设备库和清污船日常维护管理费用纳入市财政预算，实行“政府领导、部门监督、企业运作、中心调配”的社会化管理模式。组织编写《中山市“十二五”防治船舶及其有关作业活动污染水域环境应急能力建设规划》《防治船舶及相关作业活动污染水域环境应急预案》，作为保护中山水域清洁科学指导和应急指南。中山海事局与检验检疫部门加强船舶载运固体散装货物检测、包装和散装液体危险货物检测及集装箱联合开箱检查等合作。辖区装载危险品进出港船舶4110艘次，船载包装危险品6326个标准箱、287万吨，开箱检查210个标准箱，危险货物集装箱现场抽查率为3.3%。（中山市方志办）

经济社会发展概况

【经济总量】 2012年，中山市地区生产总值2441.04亿元，比上年增长11%。其中，第一产业增加值62.17亿元，比上年增长2.6%；第二产业增加值1353.6亿元，增长14.1%；第三产业增加值1025.24亿元，增长7.1%。三次产业增加值比重为2.5∶55.5∶42；现代服务业增加值占服务业增加值比重为61.5%；先进制造业增加值占规模以上工业增加值比重为33%，高技术制造业增加值占规模以上工业增加值比重为14.7%。农业总产值105.8亿元，比上年增长2%。

【投资融资】 2012年，中山市全社会固定资产投资893.44亿元，比上年增长16.5%。其中，第一产业投资0.15亿元，比上年下降17.4%；第二产业投资307.38亿元，增长16.3%；第三产业投资585.91亿元，增长16.6%。全年民间投资完成599.81亿元，比上年增长21.2%，占全社会固定资产投资的67.1%。招商选资成效显著，与中央企业、外资企业签订优质项目，投资额超1000亿元。新增创业投资基金6个，上市企业3家；市交通发展集团有限公司、中山兴中集团有限公司发行企业债券，通过资本市场直接融资40.6亿元。中山市南部组团垃圾综合处理基地推行“建设—经营—转让”（BOT）融资模式，向社会融资6亿元；中山市岐江河水环境综合整治工程（雨污分流）项目推行“建设—移交”（BT）、“建设—拥有（营运）”（BO）融资模式，向社会融资24亿元。

【市场消费】 2012年，中山市社会消费品零售总额809.33亿元，比上年增长10.3%。年内利和广场、麦德龙商场、红星美凯龙家

2012年中山市国民经济发展情况

项目	常住人口（万人）	地区生产总值		人均地区生产总值		工业增加值		农林牧渔业总产值		全社会固定资产投资额	
		实绩（亿元）	比上年增长（%）	实绩（元）	比上年增长（%）	实绩（亿元）	比上年增长（%）	实绩（亿元）	比上年增长（%）	实绩（亿元）	比上年增长（%）
全市	315.5	2441.04	11	77527	10.5	1291.41	14.5	105.8	2	893.43	16.5

（续上表）

项目	外贸出口总额		实际利用外资		地方财政一般预算收入		社会消费品零售总额		城镇居民人均可支配收入		农村居民人均纯收入	
	实绩（亿美元）	比上年增长（%）	实绩（亿美元）	比上年增长（%）	实绩（亿元）	比上年增长（%）	实绩（亿元）	比上年增长（%）	实绩（元）	比上年增长（%）	实绩（元）	比上年增长（%）
全市	335.18	-2	8.04	10.1	201.9	10.2	809.33	10.3	31130	12.4	19347	12.6

居建材超市等大型商业购物中心开业。举办小榄菊花会、东升脆肉鲩文化美食嘉年华、坦洲水果节等特色活动，其中2012年中山市工业名优产品展销会销售额2000多万元。全年销售家电下乡产品29221台，销售额7399万元。全年旅游总收入180.7亿元，比上年增长19.3%；接待过夜游客800.25万人次，增长20.3%。全年商品房销售面积654.16万平方米，比上年增长4.1%；销售额359.81亿元，下降3.7%。物价总水平逐步回落，居民消费价格总指数比上年上涨2.3%。

【工业效益与科技创新】 2012年，中山市实现工业增加值1291.41亿元，比上年增长14.5%。全市3170家规模以上工业企业完成增加值1232.09亿元，增长15.5%。工业结构重型化趋势明显，规模以上轻工业增加值708.04亿元，比上年增长12.9%；规模以上重工业增加值524.05亿元，增长19.6%，轻重工业比调整为57.5：42.5。先进制造业和高技术产业增加值增速高于全市工业增加值增长水平，全市规模以上先进制造业增加值406.9亿元，比上年增长23.0%；高技术制造业增加值180.62亿元，增长21.6%。经济效益综合指数178.63%，全员劳动生产率11.82万元/人·年。专利授权量10878件，比上年增长8.5%，其中发明专利授权量465件，增长31.0%。全年新增省级工程中心4个、市级工程中心24个、高新技术企业5家，全市市级以上工程中心增至318个，高新技术企业增至241家。首次引进省级创新科研团队2个，累计引进创新科研团队4个(其中省级2个、市级2个)；新引进院士工作站1个，累计引进院士工作站2个。新增国家重点实验室分支机构4个，全市国家重点实验室分支机构增至6个。

【服务业发展】 2012年，中山市服务业增加值1025.24亿元，比上年增长7.1%，成为广东省内第五个服务业增加值超千亿元城市。服务业增加值占全市地区生产总值42%，为历年最高，其中现代服务业占服务业增加值61.5%。服务业实现国地两税收入158.37亿元，比上年增长2.6%；服务业固定资产投资585.91亿元，增长16.6%，占全社会固定资产投资65.6%。服务业集聚区集聚效应显著，东区中心商务区、西区服务业综合改革实验区、中山科技创业园、古镇灯饰产业综合性生产服务业集聚区、小榄文化创意产业园区5个首批省级现代服务业集聚区全年完成投资177亿元，年营业收入347.6亿元，入驻企业2702家；东区中环广场、小榄金融商务集聚区获省发展和改革委员会认定为第二批省级现代服务业集聚区，全市省级现代服务业集聚区增至7个，数量居全省第三；东区中心商务区、石岐区“三旧”改造综合试验区、西区服务业综合改革试验区、南头镇华南家电产业服务创新区、三角镇广东（中山）数字家庭产业孵化基地5个市镇（区）共建服务业集聚区完成投资120亿元，入驻企业964家。纳入2012年度市重点项目计划的服务业项目25个，实际完成投资97亿元。“3·28”中山招商经贸洽谈会现场签约现代服务业项目30个，签约投资额200.3亿元，其中与汇力基金签订中山总部经济集聚区建设合作协议，签约金额达200亿元。推进制造业服务环节分离发展服务业，新认定第二批、第三批制造业服务业环节分离发展生产性服务业企业22家，注册资本合计3900万元。优化服务业市场主体，认定第一批总部企业33家；全年个体工商户转型登记为服务业企业3781家，比上年增加1608家，增长74%。至年底，全市从事服务业的企业有16.2万家，占全市市场主体比重的72.2%。

【对外贸易发展】 2012年，中山市完成进出口总值335.18亿美元，比上年下降2.0%。其中，出口246.41亿美元，比上年增长0.4%；进口88.77亿美元，下降8.0%。一般贸易出口101.34亿美元，比上年增长5.3%；加工贸易出口143.29亿美元，下降2.7%。机电产品出口169.15亿美元，比上年下降0.5%；高新技术产品出口57.37亿美元，下降13.4%；服装及衣着附件出口21.89亿美元，增长0.7%。拓展内销市场，产品内外销比例调整为66.3：33.7，内销份额比上年增加0.6个百分点。全年实际利用外资金额8.04亿美元，比上年增长10.1%，其中制造业实际利用外资金额5.56亿美元。

【财税金融】 2012年，中山市公共财政预算收入201.89亿元，比上年增长10.2%；公共财政预算支出215.25亿元，增长11.7%。完成国地两税收入440.33亿元，比上年增长5%。其中，国税收入266.67亿元，比上年增长6%；地税收入173.66亿元，增长3.5%；工业税收221.89亿元，增长10.4%；第三产业税收158.37亿元，增长2.6%。年末全市金融机构本外币存款余额3469.71亿元，比年初增长16%。企业单位人民币存款和居民储蓄人民币存款分别为875.89亿元和1753.58亿元，分别比年初增长3.9%和10.6%。全市金融机构本外币各项贷款余额1969.07亿元，比年初增长21.0%。年末全市有证券营业部23个，年内新增5个；期货营业部6个，新增1个。全年证券交易额3056.6亿元，比上年下降13%，其中股票基金成交额1934.07亿元，下降29.1%；期货成交额3392.67亿元，下降10%。年末全市有各类保险公司47家，年内新增7家。全年商业保险保费收入75.48亿元，比上年增长9.3%；商业保险各类赔款和给付17.17亿元，增长18.2%。

【交通运输业和邮电业】 2012年，中山市交通运输、仓储和邮政业增加值45.20亿元，比上年增长17.4%。全市年末公路通车里程2070千米，公路桥梁1117座。全市机动车拥有量80.61万辆，比上年增长6.6%，其中汽车拥有量48.26万辆，增长13.2%。全年货物周转量122.05亿吨千米，比上年增长29.5%；旅客周转量216.61亿人千米，增长39.0%；港口货物吞吐量5153.47万吨，下降6%。全年邮电通信业务总量80.24亿元（按2010年不变价计算），比上年增长12.2%。

【社会事业发展】 2012年，中山市学前教育、基础教育、职业教育、高等教育均衡协调发展，小学适龄儿童、初中毛入学率分别为100%和113%，高中升学率97%，普通高考录取率96.7%，高等教育毛入学率58.5%。与澳门科技大学签订合作办学框架协议，共建“政产学研”合作平台。全市施行全程信息化监管校车安全。每千人口拥有医疗机构床位数3.58张、执业（助理）医师数1.74人。落实医药卫生体制五项重点改革任务，公办基层医疗机构全面实施国家基本药物制度和零差率销售。年末全市有文化事业机构29个、营业性文艺表演团体7个、文化艺术馆1个、镇级及以上公共图书馆25个、博物馆5个、镇区文化站24个、村文化室

279 个。开展体育惠民活动，承办 2012 年阳光体育全国体育传统项目学校羽毛球比赛及广东省青少年摔跤、体操、击剑、柔道、跆拳道等赛事。

【民生工程建设】 2012 年，中山市公共财政预算支出增加额 90%以上用于改善民生。新建改建公交枢纽站 5 个，新投放新能源公交车和出租车 192 辆，实现中山通 IC 卡乘车市域全覆盖，15 条跨市公交线路有效对接，中心城区公交出行分担率提高到 23%。建设绿道 280 千米，新投放公共自行车 3080 辆。施行价格惠民措施，新建平价商店 93 家，实施临时价格补贴与价格指数挂钩制度，发放临时价格补贴 795 万元。超额完成省下达保障性住房建设任务，开工建设 8 个项目 4333 套，竣工 3589 套，新增发放租赁住房补贴 275 户。建成社会救助网上协同平台，新增“重度残疾人”“单亲家庭”等救助项目。推进国家级养老服务业标准化试点工作，新安装老人应急呼叫装置 3 万户。城乡最低生活保障标准由每月每人 350 元提高至 430 元，完成低保低收入家庭危房改造 405 户。

【居民收入提高】 2012 年，中山市城镇居民人均可支配收入 31130 元，比上年增长 12.4%，城镇居民家庭恩格尔系数 38.5%；农村居民人均纯收入 19347 元，增长 12.6%，农村居民家庭恩格尔系数 40.4%。城镇居民人均消费性支出 22288 元，比上年增长 8.6%。年末全市新增就业 5 万人，城镇登记失业 0.98 万人，城镇登记失业率 2.3%。开展创建国家级创业型城市工作，建成创业孵化基地 11 个。城镇职工社保总参保 728.5 万人次；参加城镇基本养老保险 211.89 万人，比上年增长 1.4%；参加城镇基本医疗保险 250.68 万人，增长 2.4%；参加城镇医疗保险的农民工 96.65 万人，增长 3.5%；参加失业保险 145.07 万人，增长 3.7%；参加工伤保险 146.69 万人，增长 3.7%。

【社会管理创新】 2012 年，中山市成立市镇两级社会工作委员会，建立社会发展监测预警机制。实施户籍登记管理制度改革，城乡户籍统一登记为居民户口。基本公共服务向异地务工人员延伸，公办中小学校招收非户籍学生 16005 人，住房保障纳入外来人口入户积分制管理，全年获积分入户资格的流动人员 2540 名。农村社区建设“2+8+N”模式（“2”指各社区组建一个农村社区建设协调委员会，搭建一个社区服务中心；“8”指各社区服务中心内设“四站”和“四室”，即社区公益事业服务站、社区环境卫生监督站、社区志愿者服务站、社区农技服务站和社区文体活动室、社区计划生育卫生室、社区治安警务室、社区法律服务室；“N”指根据农村社区和村民生产生活需要增加若干服务项目）、小榄商会发展模式、流动人口前沿信息工作模式获广东省社会工作委员会选为省社会创新观察项目。完善基层自治体制，279 个村（居）全部组建村（居）务监督委员会，并吸纳优秀异地务工人员作为村委会特别委员。开展行业协会商会“去行政化”专项治理，推进省共青团枢纽型社会组织综合改革试验区（中山）建设工作。加快发展社会工作，实现专业社工服务中心全覆盖，全年社会工作服务投入 2500 多万元，比上年增长 1 倍。（中山市方志办）

体制改革

【简政强镇事权改革】 2012年，中山市继续实施简政强镇事权改革，2月，市司法局、市人力资源和社会保障局、市环境保护局、市交通运输局、市安全生产监督管理局、市城市管理行政执法局6个部门完成派驻镇区机构人员划转工作。市机构编制委员会办公室、市法制局与市中级人民法院理顺事权调整后行政诉讼案件应诉及司法衔接机制。4月，全市24个镇区机构设置全部完成，石岐区、东区、西区、南区、五桂山5个街道办事处获准行使镇级人民政府行政管理权限。7月1日，全市各市属部门与镇区签订事权调整协议。11月，由市法制局联合市机构编制委员会办公室、市发展和改革局、市交通运输局、市城市管理行政执法局、市食品药品监督管理局等单位组成4个调研小组，分赴各镇区就事权下放行政执法职权出现的疑难问题开展专项调研。

【城乡户籍登记管理制度改革】 2012年，中山市启动城乡户籍登记管理制度改革，缩小城乡差别，逐步实现全市社会福利公平公正。6月，中山市政府制订《关于实施户籍登记管理制度改革的意见》，确定将本市户籍人口统一登记为居民户口，逐步统一全市城乡居民福利待遇和基本公共服务。8月15日，户籍登记管理制度改革正式启动，全市开展统一换发《居民户口簿》工作，63.7%的农业户籍人口需要转化，总人数接近100万，更换户口簿工作于年底完成。改革体现“一变三不变”“一个逐步统一”的特点。“一变”是指取消户籍类别，自2012年7月1日起，凡中山市户籍居民及其新出生或收养子女、市外新迁入户人员，按实际居住地统一登记或改登为中山市居民户口，取消原有的农业户口、非农业户口、自理口粮户口、地方城镇居民户口和区镇包销户口的户籍类别。“三不变”即实施户籍登记管理制度改革后，原属农村集体经济组织成员的，不改变其农村集体经济组织成员身份，不改变农村集体经济组织明确的权利和义务；标注农业人口的户籍居民，继续适用农村居民生育政策。“一个逐步统一”即实现原农业户口人员的民政、计划生育、教育等福利待遇和城镇居民统一。

【行政审批制度改革】 2012年9月26日，中共中山市委、市政府制订《中山市加快转变政府职能深化行政审批制度改革实施方案》，对全市59个政府组成部门和群团组织的职能事项按照行政许可、非行政许可的行政审批、除行政许可行政审批外的其他行政执法、日常管理、公共服务和技术性辅助事项的分类进行清理，调整市直部门行政审批事项300项，调整比例超50%。

【营业税改征增值税】 2012年11月1日起，中山市按照国务院关于营业税改征增值税试点工作的部署，从事交通运输业和部分现代服务业的单位和个人按规定缴纳增值税，不再缴纳营业税。其中，交通运输业包括陆路运输服务、水路运输服务、航空运输服务和管道运输服务；部分现代服务业包括研发和技术服务、信息技术服务、文化创意服务、物流辅助服务、有形动产租赁服务、鉴证咨询服务。8月起，中山市国税局启动营业税改征增值税（简称“营改增”）试点准备工作，做好试点纳税人数据接收清分和下发、试点纳税人业户确认、内部政策业务培训、纳税人培训辅导、税收征管系统调整测试等工作，11月实现“营改增”的转换。截至年底，全市有6553户纳税人纳入“营改增”试点范围，占全市增值税纳税人的4.58%，其中一般纳税人790户、小规模纳税人5763户。全市非试点一般纳税人申报抵扣“营改增”项目进项税额3492.04万元，减少税款4973.14万元。

【同城办税改革】 2012年9月，中山市在直属、火炬开发区、南区3个税务分局试点实行纳税申报征收、发票发售及核销、代开发票、报税及认证等涉税业务的同城通办，12月18日起在全市范围内推行。实行同城办税后，纳税人在办理有关涉税事项时，可自由选择到全市任何一个办税服务厅办理相关业务，打破传统办税受属地管理的地域限制，方便纳税人办税并降低办税成本。截至年底，全市异地办理涉税业务998笔，涉及代开增值税专用发票、发票发售、发票验旧、发票认证、纳税申报、扣缴税款等业务。

【医药卫生体制改革】 2012年，中山市继续落实医药卫生制度改革。完善基本药物采购机制，实现基本药物全省统一招标采购和配送。基本药物制度实现基层（社区）卫生站（室）全覆盖，执行“零差率”销售，全年销售金额1.4亿元。完善基层医疗卫生服务体系，健全农村基层社区医疗卫生服务机构。全市建有社区卫生服务站272个，城乡居民20分钟内能够到达最近的医疗机构。全年基层医疗卫生机构（不含小榄镇人民医院）总诊疗量占全市总诊疗量的73.8%。截至年底，全市有250.67万人参加基本医疗保险，其中门诊医疗保险参保单位5751个，参保人数116.55万人。低保户、城镇“三无人员”、农村五保户、丧失劳动能力的残疾人等困难群体，参加基本医疗保险费个人缴费部分由城乡基本医疗救助金或镇区财政支付；纳入扶贫助学范围内的大中专学生参加基本医疗保险，由市扶贫助学基金对个人缴费部分补助50%，参加门诊基本医疗保险由市扶贫助学基金对个人缴费部分全额补助。全年全市基本医疗保险、补充医疗保险累计支付限额35万多元。

【校长职级制改革】 2012年7月，中山市启动新一轮校长职级制改革工作。制定实施《关于深化中小学校长职级制改革的意见》《中山市中小学校长职级制改革实施办法（试行）》《中山市中小学校长聘任与交流办法》《中山市中小学校长职级评定办法》《中山市中小学校长绩效考核办法》《中山市中小学校长职级津贴实施办法》《中山市中小学校长培养培训管理办法》政策，并将中等职业技术学校校长和幼儿园园长纳入职级制改革范畴，建立市、镇（区）两级管理、市级统筹的校长管理体制和运行机制，设立校长职级津贴，形成校长职级晋升的长效机制，对校长的任职资格、产生程序、任期目标管理、轮岗交流等作出新的要求和规定，完善职级评价指标体系及校长职级评定程序等。市教育局组建市中小学校长职级评定委员会，负责全市中小学校长职级的评定工作，校长职级证书由市教育局统一发放。校长职级分为3个独立的序列：小学（幼儿园）校长职级序列、初级中学（特殊教育学校）校长职级序列和普通高中（中等职业技术学校）校长职级序列。每一序列设置四级七等，从低到高依次为初级校长、中级二等校长、中级一等校长、高级三等校长、高级二等校长、高级一等校长和特级校长。截至年底，全市中小学校长职级评定工作结束，共有233位中小学校长（幼儿园园长）获评不同职级。

【林权制度改革】 2012年，中山市对2.95万公顷生态公益林发放效益补偿金（含省市级补偿资金）1564万元，其中省级生态公益林效益补偿资金899万元，市级生态公益林效益补偿资金665万元。加大资金监管力度，70%以上补偿资金按股发放给集体经济组织的内部成员。

【社会组织登记和管理改革】 2012年3月，中山市开展全市63个行业协会商会“去行政化”专项整治。通过自查自纠和重点督促检查，所有行业协会在财务和办公场所方面与政府机构完全分离，12名在协会兼职的党政机关、事业单位人员辞去所兼职务。培养发展和规范管理社会组织，7月1日起，除法律法规规定需要前置审批外，社会组织的业务主管单位改为业务指导单位，实现社会对组织自愿发起、自选会长、自筹经费、自聘人员、自主会务和无行政级别、无行政事业编制、无行政业务主管部门、无现职国家机关工作人员兼职的管理要求，推进社会组织民间化、自治化、市场化改革进程。放宽社会组织准入门槛，简化登记程序，申请成立社会组织只需要由民政部门直接审查登记。 （中山市方志办）

基础设施建设

【翠亨新区建设】 2012年9月27日，中山市人民政府与广东省住房和城乡建设厅在中山组织召开《中山翠亨新区总体规划（2012~2030）》专家评审会，邀请7名国内知名专家学者组成专家评审组，与省直部门代表研讨论证翠亨新区发展思路。《中山翠亨新区总体规划（2012~2030）》提出翠亨新区七大发展战略：区域融合，协同打造世界级城市群；产业转型，发展文化引领的现代产业；空间优化，引领中山向滨海城市发展；民生改善，增强城市民生服务功能；设施高效，完善智能城市公用设施；生态优先，构建与水共生的城市格局；特色打造，展现岭南文化精髓。在功能布局上，翠亨新区以“一湾、两带、三轴、多组团”的空间发展格局，塑造中央智慧心、文化交流区、英才培育区、总部商务区、国际旅游区、产业配套区、转型示范区、先进智造区八大功能板块。12月，发展总体规划获省政府常务会议审议通过。

【重大项目建设】 2012年，中山市安排重点建设项目126个，其中年度建设项目83个，前期预备项目43个，年度计划投资210.2亿元，全年完成投资228亿元，完成年度计划108.5%。列入省年度建设重点项目15个，年度计划投资66.2亿元，全年完成投资77.5亿元，完成年度计划117.1%。现代服务业、先进制造业等重点产业项目分别完成年度投资计划111.6%和128.2%。兴中广场、新能源汽车电驱动系统产业化、中铁南方工程装备生产等项目超额完成年度投资计划。翠亨新区进入实质建设阶段，动工建设翠亨国际旅游小镇兰溪河恢复改造工程，推进起步区基础设施、三帆港红树林湿地旅游区等项目建设。落实深中通道、深茂高速铁路中山段等规划选线。动工建设古神

2012年中山市基础设施情况

项目	单位	实绩	比上年增长（%）
公路通车里程	千米	2070	5.2
其中：高速公路	千米	117.4	0
港口泊位	个	122	0.82
其中：万吨级泊位	个		
内河航运通航里程	千米	861	0
本地电话年末用户	万户	115.93	-4.7
移动电话年末用户	万户	547.55	12.1
国际互联网用户	万户	87.08	9.5
电力消费量	亿千瓦·小时	206.49	4
商品房屋实际销售量	万平方米	654.16	4.1
商品房屋实际销售额	亿元	359.81	-3.7

公路二期工程南段、中山港大桥扩建、东阜公路阜沙段等项目，推进十水线、东部快线、G105国道改造等工程建设，建成广珠西线高速公路三期工程、福源路。完成59座危桥涵洞改造项目。开工建设嘉明电厂三期工程、国电民众、黄圃火电等热电联产清洁电源项目。实施雨污分流工程，启动建设城区安栏路污水主管等12项工程，镇区新增污水收集主干管网23.4千米、支管网38.9千米。全市投入2.85亿元整治内河涌210千米，推进岐江河中山三桥至安堂涌河口段疏浚工程。推进南部组团垃圾综合处理基地建设，城镇生活垃圾无害化处理率达85.8%。旧城镇、旧厂房、旧村庄的“三旧”改造面积1969.4公顷。

【公路建设】 2012年，中山市推进公路建设。《中山市干线公路网规划修编（2012~2030年）》经广东省交通运输厅与中山市政府联合评审通过，规划全市高速公路从4条增加至11条。《中山市综合交通规划》完成现状分析和规划大纲；《中山市农村公路网规划》完成初步成果；深中通道项目在珠江西岸采用双登陆方案获省政府同意，主登陆点设在中山市马鞍岛；中山市政府正式提出“改建一环、建设二环、规划三环”的思路，推进环市快速路建设计划。年末，全市公路总里程2070千米，其中高速公路117.44千米、一级公路372.43千米、二级公路538.81千米、三级公路367.51千米、四级公路628.96千米、等外路44.6千米，公路密度为每百平方千米115千米，比上年增长5.22%。

干线公路建设　干线公路建设全年计划完成投资14.38亿元，实际完成投资15.05亿元，年度计划投资完成率为105%。全市干线公路在建项目12个，福源路建成通车；国道G105线中山细滘大桥至沙朗改建工程三座跨线桥通车；省道S364十水线（三座大桥标段）累计完成投资5.92亿元，开工累计完成32.8%；广珠中线二期工程，开工累计完成54.78%；小榄快线完成投资1.63

亿元，开工累计完成7.24%；中环路累计完成投资4.16亿元，开工累计完成55.37%；东部快线累计完成投资10.17亿元，开工累计完成44.82%。新开工的8个项目中，古神公路二期工程共有6个标段，其中3个标段已进场，3个标段正在招标。中山港大桥改建工程施工、监理进场开展临建设施工作；横二线东段准备动工建设。纵四线完成第Ⅰ、Ⅱ、Ⅲ、Ⅳ标施工标及监理标的招标工作。高速公路全年累计完成投资21.72亿元，广珠西线三期工程完工。

【公共交通】 2012年，中山市完成《北部组团常规公共交通近期改善规划》《中心城区公交专用道规划研究》《中心城区公交站点近期建设规划》编制、评审工作和《中心城区常规公交近期改善规划》《南部组团常规公交近期改善规划》初稿。新投放100辆CNG（压缩天然气）出租车及92辆LNG（液化天然气）公交车。新增公交线路7条，优化调整线路9条。推进实施“公交一盘棋”工作，小榄公共汽车公司纳入全市“公交一盘棋”管理。三乡公共汽车有限公司完成资产重组，由市公交集团出资收购原三乡平安公司股权。小榄公共汽车公司在5月1日起实行刷卡乘车优惠，优惠程度与市公共交通有限公司一致，至此，中山通IC卡实现全市公交车全覆盖。加快推进“全省一卡通”工作，从6月30日起，岭南通可以在2路、10路公交线路的39辆公交车上试用。发放中央财政油价补贴2.3亿元，市财政局全年投入市镇两级公交优惠补贴1.66亿元。

【农业基础设施建设】 2012年，中山市建设硬底化主干农路198.5千米，建设农路40千米、农桥1座、涵桥1座。全市投入8000万元实施高标准基本农田建设、基本农田整治和改造中低产田项目，整治基本农田面积4220公顷。

【水利工程建设】 2012年，中山市推进堤围工程达标加固建设。中珠联围达标加固项目完成可研报告编制、水土保持方案编制、环评报告编制等前期工作，可行性研究报告、水土保持方案通过广东省水利厅审批，环评报告获中山市环保局批复同意，进行立项等前期工作。神湾镇大芒刀联围芒涌堤段达标加固工程（Ⅰ期）竣工验收；南朗镇虎池围海堤达标加固和椏洲围海堤加固等工程正在实施建设。投资9000万元建设的三角镇福隆泵站完成总体工程量的90%以上。投资1.8亿元的张家边泵站及水闸工程已完成合同总工程造价80%左右。投资6500万元的民众镇三宝水闸、船闸重建工程，完成总工程量的95%以上。总投资1363.4万元的港口镇石特涌泵站工程完成，有效改善石特涌的臭水问题和周边居住生活环境。港口镇含珠滘东闸工程、南八涌水闸工程以及全禄水厂蓄淡抗咸水库工程完工验收；民众镇三宝水闸重建工程水下部分工程完成水下阶段验收。开展口门整治清障工程，整治珠江河口涉及中山市的河障11宗，主要分布在洪奇沥水道、西江磨刀门水道和西江古镇水道。选定位于西江磨刀门水道中顺大围板芙堤段十三顷水闸上游堤段外滩的磨障3为清理试点，启动河障清理工作。推动内河涌综合整治，投入2.85亿元整治内河涌210千米，小榄镇投入6000万元对永宁大道边围脚河、北部排水渠、龙母庙涌等11条河涌进行整治；三乡镇加快茅湾涌整治，完成文阁河泵站技改和鸦岗运河节制闸等工程建设以及第三期蓄洪湖建设工程的设计方案；南朗镇投入1382万元对中心一河、中心二河、大溪排洪渠等河涌实施整治工程。白石涌泵闸工程完成泵站主体工程建设，正在开展水闸工程建设；发疯涌、崩山涌等泵闸工程开展征地等前期工作。对城区主要排水渠进行整治、清淤，对水浸路段进行改造，全面提升城区防洪排涝能力。

【无线城市建设】 2012年，中山市有公众移动基站3253个，移动电话用户547.22万户（含3G用户100万户），WiFi（即无线宽带）和WLAN（即无线局域网）热点1400个，用户10.5万户，无线市话基站2000个，无线市话用户12.5万户。各类固定无线电台站6347个（不含移动电话），其中广播电视台（含差转台）17个，微波站228套，超短波电台2438部，业余电台388部，卫星地球站2座。

【重点文化设施建设】 2012年，中山市开展新一轮的文化设施建设，建设139文化街区（博物馆群）、新图书馆、漫画馆、非物质文化遗产展览馆等重点文化硬件设施。非物质文化遗产展览馆一期和二期工程完工并开放接待游客；中山漫画馆改造施工建设完成；139文化街区（博物馆群）一期工程落实房屋征收补贴；博物馆群通史馆、华侨馆、收音机馆陈列大纲完成编制初步评审等前期工作。新图书馆项目正式定名为中山纪念图书馆，完成社会公示、图书馆专家评审、上报市规划局等程序，开展方案设计等前期工作；开放华凯图书馆分馆日常借阅服务，确保新馆建设期间的图书服务。

（中山市方志办）

现代产业

【物流业】 2012年，中山市加强与中国东方红卫星股份公司等企业合作，推进在南区建设中国航天物联网北斗产业基地。与电子科技大学、中山达华智能科技股份有限公司等单位合作，建设智能药品生产与仓储管理的物联网关键技术开发及集成示范应用项目。开展中山货网上行活动，搭建线上线下结合的产业平台。制订信息化园区建设工作方案，推荐小榄镇工业基地北部物流中心等5个园区参加广东省2012年信息化园区评级认定。推进重点商贸流通项目建设，中山雨润国际农副产品物流中心、北大荒（中山）农产品仓储物流基地等项目落户中山市。是年，中山保税进口酒类食品展示交易中心、天润进口商品交易中心、中山市木材交易中心、中山市乳制品原料交易中心等纳入广东省进口商品交易中心重点项目；天润物流园、宏昌物流中心获省发展和改革委员会选为首批广东省重点培育示范物流园区；广东九州通医药有限公司、广东益华百货有限公司、中山北大荒物流有限公司、中山市壹加壹商业连锁有限公司、中山市苏宁物流有限公司获中山市经济和信息化局认定为全市首批总部企业。至年末，全市有物流企业1807家，其中AAAA级国家物流企业7家，AAA级国家物流企业2家；全市有物流师资格人员1893人。

【会展业】 2012年，中山市主办或承办2012年中山招商经贸洽谈会暨招才引智合作交流会、第七届中国（中山）装备制造业博览会暨首届节能环保与新能源产业博览会、第二届中国（中山）淋浴房展览会、第十一届中国古镇国际灯饰博览会暨LED应用展、第八届中国（中山·小榄）轻工机械展、第五届中国（中山）国际游戏游艺博览交易会、第八届中国（中山·黄圃）国际食品博览会暨经贸洽谈会等重点经贸会展活动12场，参展企业近1000家，到会洽谈采购的采购商、专业观众50万人。组织企业参加2012中国国际高新技术成果交易会以色列及匈牙利分会、2012年粤澳名优商品展销会、第十六届中国国际投资贸易洽谈会、2012年广东产品（泰国）展览会、广东（约翰内斯堡）商品展览会等国际展会。组团参加广东省政府组织的2012年广东产品湖北行启动暨粤鄂经贸合作项目洽谈会、2012广东产品河南行启动暨粤豫经贸合作对接洽谈会等各类经贸交流活动。其间，中山市与湖北省签订合作项目36个，总金额5.89亿元；与河南省签订合作项目31个，总金额2.92亿元。先后在湖北、河南、吉林等省及乌鲁木齐、南宁等市举办中山名优产品供需对接会。

【旅游业】 2012年，中山市推进旅游重点项目建设，完善自驾游基地服务体系，建立旅游节庆品牌，营造良好的旅游经营环境。在旅游宣传促销、质量监管、行业培训等方面与珠江三角洲其他城市合作。首次印发《中山旅游护照》并免费向游客及市民发放4万本。全年新增南粤石文化博览园、新月城少儿教育体验基地等旅游景点。中山市参加各类旅游展览会6次，组织旅游推介会3次，推介中山旅游资源。全年旅游业总收入180.7亿元，比上年增长19.34%，其中旅游外汇收入2.2亿美元，下降11.08%。

【现代农业】 2012年，中山市实施农业标准化生产，发展无公害农产品、绿色食品、有机农产品和农产品地理标志。全年申报无公害认证农产品16个，其中坦洲金果农场的火龙果申报国家绿色食品认证。坦洲良胜菜场的生菜、通心菜和港口港南水产养殖场的草鱼3个产品通过国家绿色食品认证。神湾菠萝标准化生产示范园被定为农业部第三批热带作物标准化生产示范园。坦洲镇获“广东省特色水果之乡”称号，成为全省首个特色水果之乡；神湾镇获“神湾菠萝之乡”称号。全市建有市级以上农业标准化示范基地55个，中国农业名牌产品2个，农业类广东省名牌产品33个。推进现代农业园区建设，全市建成连片整合开发规模33.33公顷以上的农业现代园区28个，总面积6000公顷，其中市级以上现代农业园区16个（含国家级2个、省级5个），建设面积3446.67公顷，园区年产值8.68亿元，平均土地每公顷产值25.2万元。发展农产品流通加工业，建设农产品流通加工强镇，培育流通专业协作组织，建设农产品市场体系，加强建设农业信息化。全市农产品流通总金额71.55亿元，农产品加工金额16.47亿元，形成水产、花卉等六大类主要流通农产品及腊味、水产品等六大类加工行业。全市有市级以上农业龙头企业31家，其中国家级2家、省级5家、市级24家，各类产业化组织自有及带动的基地面积7.11万公顷，带动农户6.18万户，年销售收入72.9亿元，出口创汇1.24亿美元。发展农民专业合作经济组织，全市成立农民专业合作经济组织55个，带动建设农作物、水产养殖基地1.33万公顷，带动省内外农户近1万户。

【水产品养殖业】 2012年，中山市池塘养殖面积2.4万公顷，其中名特优水产品养殖面积1.73万公顷，占全市池塘养殖面积的76.5%。扶持发展名特优品种养殖，其中南美白对虾、罗氏沼虾、脆肉鲩、桂花鱼等大宗优质水产品养殖面积1.34万公顷，占全市池塘养殖面积的56.6%。建设12个大型优势水产品养殖基地，并在南朗镇沿海滩涂建立浅海增殖护养白蚬基地666.67公顷及虾蟹混养基地1093.33公顷。提升观赏鱼产业发展水平，以古镇镇南方绿博园为平台，打造将产销、科研、观赏鱼（重点是锦鲤）文化相结合的特色产业链。推广新品种水产品养殖工作，开展亚洲巨龟品种特性和驯化养殖试验，养殖从中国台湾地区引进的黄金石斑，尝试混养第三代缩骨大头鱼与南美白对虾，引进及推广养殖锦鲤新变异物种珍珠锦鲤。依据各镇区资源环境承载能力和发展潜力，发展“一镇一品、一镇多品”特色高效现代渔业，形成水产优势产业带。截至年底，全市6家企业生产的10个产品获“广东省名牌农产品”称号，2家企业生产的2个产品获“中国名牌农产品”称号。

【金融业】 2012年，中山市实现金融业增加值92.72亿元，比上年增长13.4%，占第三产业增加值9.04%。全年新增村镇银行、小额贷款公司等地方法人金融机构4个，新增保险、证券等金融机构13个，新增上市公司2家，资本市场直接融资40亿元。截至年末，全市银行业金融机构增至22个，营业网点606个，从业人员1.06万人，实现账面利润65.02亿元。

建立健全农村金融服务体系，推动17个镇109个行政村（社区）建立村居金融服务站，并依托服务站办理小额农户借款、政策性农业保险，宣传金融知识，扩大农村金融服务覆盖面。截至年底，全市17个镇区建成村居金融服务站41个，累计授信3.56亿元，发放贷款432万元。支持实体经济发展，设立中小企业专营机构，推出综合授信业务，创新营销和风险管控模式，简化审批流程，为中小企业量身定做融资新产品。开展集体用地抵押融资业务，解决中小企业抵押物不足的问题，全年办理集体出让用地抵押登记27宗，抵押面积38.8万平方米，抵押金额2.5亿元。设立知识产权质押贷款专项扶持资金，采取贷款贴息等方式支持火炬开发区开展知识产权质押贷款试点工作，成功推动全市首笔知识产权质押贷款业务。全年银行新增贷款中制造业净投放资金597.69亿元，比上年增长41.66%，增速比贷款整体增速高20.62个百分点，增量占全行业贷款增量的76.08%。依托产业链、产业基地、专门市场，通过个人经营信用贷款等方式加大对小微企业贷款投放力度，小微企业贷款余额比年初新增131.01亿元。安排产业专项扶持资金800万元，对年度为中小企业贷款提供融资担保达到一定额度且年平均融资担保费率不高于一年期贷款基准利率50%的公司给予相应的风险准备金补助，鼓励融资担保业做大做强。（中山市方志办）

转型升级

【加工贸易转型升级】 2012年，中山市推进剩余非法人来料加工企业原地不停产转型，提出解决办法，制定“一企一策”，督促企业办理转型手续，设定完成转型时间，全部问题企业于7月底完成转型所需办理的手续，在全省率先提前完成非法人来料加工企业转型工作。引导加工贸易企业利用已有的技术和生产能力，开拓国内市场，创立内销自主品牌，建立国内营销网络和物流配送中心，形成出口和内贸并重的发展能力。继续资助和奖励非法人来料加工企业转型为法人企业，全市85家转型企业和经营单位获资助和奖励。全市共有13家企业获省外经贸厅认定为“广东省加工贸易转型升级示范企业”，27家企业获省加工贸易转型升级专项资金资助102万元。

【产业结构优化】 2012年，中山市重工业实现增加值524.05亿元，比上年增长19.6%，分别高于全市工业平均增长速度和轻工业增长速度4.1和6.7个百分点。轻重工业比例为57.47：42.53。先进制造业增加值406.59亿元，比上年增长23%，高于全市工业平均增长速度7.5个百分点。先进制造业增加值占规模以上工业增加值比重为33%，高于年度预期目标0.7个百分点。全市民营企业发展良好，实现工业增加值564.73亿元，比上年增长15.7%，高于全市工业增加值平均增速0.2个百分点。工业品内外销比例为66.35：33.65，内销对工业增长起主要拉动作用。全市有风电、新能源、光电装备与产品制造等省市共建战略性新兴产业基地3个，其中广东明阳风电产业集团有限公司等6家企业获省经济和信息化委员会认定为“广东省战略性新兴产业骨干企业或培育企业”。中山市获省经济和信息化委员会授予“广东北斗卫星导航（中山）产业化基地”称号，承担全省“北斗城市”试点工作。全年投资5亿元的北斗卫星物联网产业化项目和投资4亿元的北斗城市应用项目落户中山。全市有市级以上企业技术中心346个，其中省级58个、国家级1个。中山高端光刻设备创新科研团队和海上风电技术创新团队首次入选广东省引进第三批创新科研团队，获省级5000万元专项工作经费支持。截至年底，全市有265家企业获省级以上名牌名标444个（件），其中中国驰名商标44个、中国名牌产品13个。

【产业转移】 2012年，中山市中顺洁柔纸业股份有限公司投资14.5亿元在罗定市建立生产基地，小榄商会组织50位企业家赴湖北咸宁开展招商洽谈，开辟新的产业转移路径。截至年底，全市参与共建的产业转移园4个，已开发园区面积3006.67公顷，签订正式协议项目463个，总投资额1285.1亿元。园区已开工建设项目400个，投资额918.3亿元，其中建成项目321个，投资额616.2亿元。实现工业总产值925亿元，解决就业人数16.64万人，其中本地就业10.91万人。

【增强企业竞争力】 2012年，中山市实施《关于促进民营企业重组的实施意见》，统筹安排市工业发展专项资金1000万元，用于培育壮大竞争力强的大型民营企业集团及产业组织联盟。扶持中山达华智能科技股份有限公司、广东三和管桩有限公司和广东长青（集团）股份有限公司3家企业兼并重组项目，资助扶持资金401万元。制定促进企业节员增效实施意见，发挥产业扶持资金的导向作用，鼓励企业运用信息化、自动化和数字化实用技术，改造和再造生产设备和生产流程。全年规模以上工业用工人数比上年减少7万人，全员劳动生产率增长19.89%。

【淘汰落后产能】 2012年，中山市开展水泥、平板玻璃和印染行业落后产能淘汰工作，全年完成水泥10万吨、平板玻璃190万重量箱、印染1500万米落后产能淘汰任务。制订《中山市推进漂染行业转型升级工作实施方案（2012~2015年）》，利用差别电价和差别水价的经济调节手段，建立差别电价和水价基金，调整和优化漂染行业结构。全年转移或关停企业3500家，其平均投资强度只有44.7万元，新增企业1400家，平均投资强度5400万元。

【节能降耗】 2012年，中山市规模以上工业综合能源消费量332.72万吨标准煤，比上年下降9.7%；单位GDP能耗下降3.9%；单位GDP电耗下降10.9%，其中重工业综合能源消费量195.02万吨标准煤，下降14.4%；轻工业综合能源消费量137.70万吨标准煤，下降2.1%。制订实施《中山市重点用能单位节能管理办法》及有关考核、奖励方案。对全市31家重点用能企业进行日常节能监察，开展能耗限额、淘汰落后设备和工艺、公共机构、商贸酒店领域专项节能监察。组织企业参加2012年广东省节能宣传月暨第二届国际（广东）节能展，开展以“节能低碳，绿色发展”为主题的节能宣传周活动，开展中山市低碳体验日活动。发动企业参加自愿性清洁生产，全年通过省市两级验收企业31家。动员70家企业自愿开展清洁生产审核备案，2家企业获广东省清洁生产技术服务单位资质，5家企业获广东省节能服务单位资质。推动粤港清洁生产伙伴计划，全年新增4家“粤港清洁生产伙伴”标志企业。

【工业化和信息化融合】 2012年，中山市完善《电子政务项目建设管理办法》相关实施细则，做好电子政务项目建设的管理和资金安排，全年完成技术评审项目44个，验收项目23个。与中国电子科技集团公司合作推进电子政务云服务平台项目建设。开展全市机关单位和镇区的信息化现状调查工作，完成电子政务云服务平台建设的现状调研、可行性研究、规划方案和管理办法。推进建设基于第二代北斗卫星导航系统的公共技术支持平台和公共运营服务支持平台，武汉大学北斗产业研究院，北斗导航产业孵化基地及东方红卫星北斗卫星导航产业基地等重点项目建设。推广农村综合信息服务体系，其中中山市放心农产品电子商务平台建设与推广项目获广东省30万元专项扶持资金，中山市食品进出口有限公司等6家企业的产品在省特色产品信息化溯源公共服务平台发布，中山市家庭网放心农家超市和中山市横栏镇三沙花木信息化项目成为省农村信息化建设试点项目。

【企业改制上市】 2012年，中山市推进企业改制上市，支持符合融资条件的企业通过资本市场融资或再融资。4月，广东奥马电器股份有限公司在深圳证券交易所中小企业板上市；10月，中山市普纳度风尚家居有限公司进入香港联合交易所上市企业“宝源控股”，成为中山地区首家在香港主板上市的家居企业。至年底，全市境内外上市或通过发行审核的公司增至21家，获中国证监会或香港联合交易所受理发行上市申报材料企业4家，进入上市辅导备案后备企业4家，全市企业在资本市场累计融资40.55亿元。推进“新三板”试点园区工作，全年完成股份制改造企业18家，准备改制企业16家，基本形成梯队推进的工作格局。全市创业投资基金增至25个，创业投资基金管理机构8个，注册资本金51亿元，投资项目

累计70个，投资金额27亿多元，投资项目包括中山部分上市后备企业及科技创新型企业。（中山市方志办）

城乡发展

【规划编制与研究】 2012年，中山市完成《中山市城市总体规划（2010~2020）》上报审查；完成《中山市近期建设规划（2010~2015）》专家评审、公示和规划委员会审议工作。完成市领导重点项目调研课题《创新我市房地产开发项目公建配套政策研究》，完成《中山岭南城市特色塑造研究》初步成果和《中山市提升主城区首位度的对策研究》的成果整合，《中山市“三规合一”专项规划研究》成果上报市政府审批，《中山市城镇空间布局规划研究》完成初步成果。全面启动岐江新城总部经济区概念规划的编制工作。在中山市总体规划的基础上，结合岐江新城已有的相关规划，深化和完善总部经济发展的相关概念，开展规划编制前期调研。

【中山市获评最具中华价值城市】 2012年10月18日，中山市获“2012年最具中华价值城市”称号。该评选活动由中国城市规划学会与香港凤凰周刊有限公司主办，以中国传统文化中的“仁、义、礼、智、信”为评价标准，评价指标体系包括公共交通发展指数、保障性住房发展指数、社会志愿服务参与度、外来人员融合指数等。中山在参评城市中亮点突出，首创全民修身活动，切实为民生办实事；农村养老保险参保实现全覆盖；城乡居民收入差距1.77∶1，为全省最小的差距比；城市功能布局注重保护历史文化名城，注重保护和传承传统文化。

【中心城区雨污分流工程启动】 2012年，中山市将雨污分流工程列为十大民生实事之首，投入30亿元推进中心城区雨污分流工作，计划建设主干管道91.5千米和污水提升泵站9座，建设市政污水管道503千米，完成支管到户工程实施面积131平方千米，完成11条内河涌整治，范围覆盖石岐区、东区、南区、西区和五桂山，涵盖43个村（居），根据行政界线、河涌、道路、山体等分界线划分为51个排水片区。工程于4月启动，6月28日动工部分主干管工程，10月31日工程全面动工，库充至南三泵站污水主干管全面动工；起湾道污水主干管等其他工程陆续开工。10月，由中汇投资集团有限公司、中山公用工程有限公司作为“建设—移交”（BT）、“建设—拥有”（BO）主体，签订BO、BT协议书。至年底，工程第一批全面动工项目的前期工作（包括可研、环评、测量、钻探、设计等）基本完成，其中42项主干管及泵站工程完成施工图24项，51项片区市政主干管工程完成施工图设计21项，片区支管到户工程完成施工图设计6项，6条河涌水循环工程完成施工图设计2项，管道摸查工作基本完成，其余工程按计划分阶段完成。2012年前期工作累计完成投资6000万元。

【岐江河环境整治二期工程】 2012年，中山市开展岐江河环境整治二期工程建设。岐江河环境整治工程位于岐江河城区段，工程范围由员峰桥至长江北路桥段，全长5.8千米，设计总面积63.3公顷，共分17段，包括北岸人文滨水景观带、南岸人文滨水景观带、张溪河道景观带、滨水绿坡景观带、悠闲人居景观带、游艇会码头景观带、滨江漫步景观带和都市生态滨水景观带共8条景观带，张溪河口公园、沙咀湿地公园、龙舟文化主题公园、东明桥休闲健身公园、花尾渡船文化公园、生态绿洲主题公园共6个公园以及华韵广场、员峰山入口广场、市民广场共3个广场。其中，慢行系统、绿化和亮化照明工程造价4亿元。至年底，工程完成初步设计，首期示范段完成施工图设计。

【绿道网工程】 2012年，中山市开展中心城区绿道二期工程建设。二期工程建设在城区一期绿道工程基本建设完成的条件下，选取道路条件较好、不需改造或少量改造工程即可供自行车通行的道路，以中心城区一期绿道为骨干网络，考虑中心城区主要居民小区、学校、商场、医院等处的人员出行方便，补充完善中心城区的绿道网络，工程建设里程66.5千米，工程投资2000万元，年底全线贯通。镇区绿道5月动工建设，总规划里程838千米，途经小榄、古镇、坦洲、港口、大涌、沙溪、东升、火炬区、三角等21个镇区。截至年底，全市累计完成镇区绿道293千米，新建驿站13个，标识1180个，停车场11个，自行车租赁点3个。

【南部组团垃圾综合处理基地】 2012年，中山市南部组团垃圾综合处理基地选址在神湾镇外沙村黄牛山南侧，规划总占地面积84.27公顷，服务范围包括中山市南部的神湾、板芙、三乡、坦洲、大涌、沙溪、横栏7个镇。南部基地近期建设项目包括垃圾焚烧发电厂（处理能力1040吨/日）、卫生填埋场一区（库容110万立方米）、渗滤液处理厂（处理能力450吨/日）以及公用工程。总投资10.14亿元，其中焚烧发电厂和渗滤液处理厂采用特许权经营方式兴建，已于9月28日动工建设。其余项目均为市财政投资，其中管理中心土建已完成，准备进行装修；卫生填埋场一区工程施工完成招标，其他公用工程项目均在推进中。

【“三旧”改造】 2012年，中山市坚持“盘活总量，集约高效”的原则，重点加强对城镇土地资源的统一规划、统一开发、统一管理，提高全市土地的使用效率。截至年底，全市累计“三旧”改造项目2926个、面积2990.93公顷，其中2012年认定全市“三旧”改造项目1362个、面积1021.53公顷。

【城市管理数字化建设】 2012年3月12日，中山市数字化城市管理指挥中心项目建设启动。中山市数字城管信息系统综合利用GPS卫星定位、基站定位、室内WIFI定位和城管通智能手机终端、指挥中心视频监控等多项数字城市技术，建立完整闭合的城市综合管理平台，中山市拥有完全自主知识产权。系统能实现多渠道（主动、被动）发现受理城市管理中的各种问题，动态监测城市管理质量，综合评价各镇区、相关部门城市管理绩效，满足应用信息技术对城市进行常态化管理的需要。6月4日，中山市数字城管信息系统上线试运行；9月30日，完成与27个城市管理责任单位及各镇区城管指挥分中心的对接，统一接受市城管指挥中心任务派遣；12月底，完成24个镇区城管指挥分中心建设并延伸到村居，数字城管系统覆盖全市。数字化城管指挥中心按照住建部标准重新设计城市管理工作程序，包括受理、立案、派遣、复核、结案、评价6个环节。城管监督员使用“城管通”智能手机对城市管理发生的问题进行拍照、录音，在第一时间、第一现场将城市管理的各类信息发送至城市管理指挥中心，指挥中心接到报告后立即甄别、立案，并根据问题归属派遣至相关部门或镇区进行处理，处理完毕后，指挥中心再派出城管监督员到现场复核。在处理过程中分工明确，形成闭合循环的流水线作业。创设城市管理案件简易流程新模式，即城管监督员在巡查中发现的城市管理问题较简单且可现场处理的，城管监督员向城管指挥中心报告后即可现场处理，再把处理结果上报城管指挥中心，节省城市管理时效。至年底，市城管指挥中心受理各类城市管理案件1.2万件，其中一般流程案件6224件、简易流程案件5728件。镇区二级指挥分中心自行处理辖区各类案件7764件。10月27~28日，住房和城乡建设部干部学院在中山市举办数字城管技术应用培训班，向全国推广中山数字城管建设的成功经验。

【农村客运服务均等化】 2012年，中山市加强推进交通运输基本公共服务均等化，行政村客运通达率100%；已建客运站的乡镇18个，乡镇客运站覆盖率100%；农村候车亭覆盖率100%；行政村水泥路通达率100%；秀美村庄建设完成4个市级示范点共9个新改建农村公路建设项目的前期工作，地方公路年平均好路率提升至91%。

【秀美村庄工程建设】 2012年，中山市投入500万元开展23个村庄绿化美化建设，选出五桂山桂南村、沙溪镇元亨里村、东升镇东升社区、三乡镇古鹤村4个村庄（社区）为秀美村庄市级示范点。市级示范点建设采用公园、广场、林带等建设模式，展示中山市的村庄容貌特点和自然特色，其中古鹤村选用山村水库林带与生态公园绿化建设模式，桂南村选用以樟树群为主体的樟树公园与溪流景观绿化建设模式，元亨里村选择自然休闲公园与湖水景观绿化建设模式，东升社区选择绿色广场与河涌网络绿化景观建设模式。

【村庄社区建设】 2012年，中山市各村（居）民委员会开展社区共驻共建活动，279个村（居）与驻社区单位、厂企签署共驻共建协议405份。9月，开展村（居）务公开民主管理示范单位创建活动，有64个村（居）开展创建活动，被评为广东省村（居）务公开民主管理示范村（社区）。至年底，火炬开发区、石岐区、东区、西区、南区、小榄、南头7个镇区全部完成“村改居”工作。全市累计有133个村（居）获广东省命名表彰，全市设1个开发区、5个街道、18个镇，共辖126个社区（又称居民委员会）和153个行政村（又称村民委员会）。

（中山市方志办）

社会建设

【科技创新平台建设】 2012年，中山市技术创新平台建设取得进展，提升集聚国内外创新资源的能力。全年有电子薄膜与集成器件国家重点实验室、电动车辆国家工程实验室、食品科学与技术国家重点实验室、材料成形与模具技术国家重点实验室4个实验室进驻中山市建立分支机构。至年底，全市共有国家重点实验室等创新平台11个。市装备制造业科技研究中心发挥大平台作用，“1+4”市校共建产学研创新平台高效运行，中山北京理工大学研究院开展企业科技特派员计划，助推中小微企业创新发展，为中山市新能源电动汽车、游戏游艺等产业发展提供技术支撑；中山市武汉大学技术转移中心发挥大地测量与卫星导航学科优势，进军北斗卫星导航和位置服务产业；中山市武汉理工大学现代工程技术研究院牵头组建先进水泥基础材料省部产学研创新联盟，带动水泥基础材料产业与海洋工程战略相结合，发展海洋经济产业；中山市华南理工大学现代产业技术研究院为中山市数控一代机械产品、LED、生物医药等产业升级发挥骨干支撑作用。广东通宇通讯股份有限公司、广东美味鲜调味食品有限公司、中山市太力家庭用品制造有限公司、中山四海家具制造有限公司4家企业组建广东省工程技术研究开发中心。全年批准新组建市级工程技术研究开发中心24个。至年底，中山市各级技术研究开发中心累计达318个，其中省级34个、市级284个。

【产学研结合】 2012年，中山市产学研合作向纵深发展，市科技局组织镇区、企业代表赴北京、武汉等地高校及科研院所开展10多场产学研对接活动，达成80个项目合作意向。新引进省部企业科技特派员28名，全市共有科技特派员369名，入驻263家企业，围绕区域支柱产业及战略性新兴产业的发展需求，组织研发团队开展技术攻关，新组建现代照明灯饰、先进水泥基材料2个省级产业技术创新联盟，带动企业、行业发展。市科技局建立产学研合作信息库，分别编印2期《高校科技成果汇编》和《国家重点实验室汇编》供相关单位和企业查询。4月，由中山市科技局牵头制订的《珠中江区域产学研合作框架协议》，在珠中江第五次党政领导联席会议上签署，推动珠中江区域产学研合作。

【现代农业科技推广应用】 2012年，中山市实施农业科技项目10个，引进农业新品种250个，确立科技示范户10户。番石榴优质早结丰产配套栽培技术研究获中山市科技进步二等奖。全市广粉一号粉蕉、粉杂一号粉蕉推广种植面积66.67公顷；红肉火龙果、珍珠番石榴、优质番木瓜等推广种植面积1333.33公顷，每公顷产值达15万多元。发展农业机械化，全市建有水稻、水产、水果、蔬菜、花卉、畜牧及农副产品加工共七大类农机化生产示范基地。全市农机公顷均动力达19.5千瓦，在粮食生产的耕、种、收环节实现机械化，农作物机械化综合水平达56.38%。普及应用节水灌溉设施，全市采用节水灌溉和水肥一体设施面积达7333.33公顷。通过教育培训、职称评定、送科技下乡等形式，培养有文化、懂技术、会经营的新型农民，全年培训农民近4万人次，评定农民技术员53名。10月12日，广东省园艺学会（中山市）科技服务站在市农业局挂牌成立，为中山市园艺产业提供技术指导，帮助基层解决技术难题，推动园艺产业健康发展。

【高考总录取率居全省第一】 2012年，中山市普通高考专科以上共录取14222人，总录取率达96.6%，创历史新高，高出全省19个百分点，连续7年居全省第一。其中，普通高考重点本科录取2039人（含国外及港澳台地区联考），录取率达12.6%，高出全省6.6个百分点；本科以上录取8254人，本科录取率55.7%，高出全省21.6个百分点。重点、本科录取率均排名全省第三。

2012 年中山市社会事业情况

教育				医疗　文化　体育			
项　目	单位	实绩	比上年增长（%）	项　目	单位	实绩	比上年增长（%）
普通高校学校数	所	5	–	医院、卫生院数（含民营）	个	48	14.3
普通高校在校学生数	万人	3.63	–	医院、卫生院床位数	万张	1.2	6.0
普通中学学校数	所	101	2	平均每千人口医院、卫生院、社区服务中心床位数（常住人口）	张	3.8	11.4
普通中学在校学生数	万人	15.69	–				
中职和技校学校数	所	10	–14				
中职和技校在校学生数	万人	3.17	0.2	艺术馆、文化馆数	个	1	–
小学学校数	所	207	–0.9	市级公共图书馆数	个	1	–
小学在校学生数	万人	24.6	2.61	博物馆数	个	5	–
学龄儿童入学率	%	100	–	档案馆数（含镇区档案馆）	个	23	21
幼儿园数	所	454	1.3	人均公共体育场面积	平方米	2.44	35.6
在园幼儿数	万人	11.12	5.95				

【德育教育成效显著】 2012 年，中山市开展教育系统管理的修身砺志年活动。全年市教育局策划并组织实施“学雷锋再出发——做修身励志好少年”全民修身行动，《营造和谐人文环境，合力联动教化育人》获评全国中小学德育工作优秀案例。西区文体教育局等 4 个单位获第三届广东省中小学德育创新成果一等奖。石岐区体育路学校等 10 所中小学校被评为广东省德育示范学校。坦洲镇合胜小学教师朱夏丽执教的德育课《尊重隐私》获第五届全国中小学主题班会课大赛小学组现场比赛一等奖，这是中山市的教师连续 5 届获得全国中小学主题班会课大赛现场比赛一等奖。《中国德育》杂志在 2012 年第 6 期用 24 个版面专题报道中山市镇区和学校的德育工作和成效。

【数字化教育工程】 2012 年，中山市实施数字化教育工程，引入云计算技术，实现中山教育城域网向云计算数据中心转型升级。第一期工程建立 200T 优质教学资源群集，为全市中小学校教师提供每人 500G 的资源存储空间，初步形成具有本土特色的中山“教育云”。落实“春风行动计划”教育信息化系列示范工程，该项目和中山市三维学区查询系统项目在第二届全国中小学和中职学校数字化校园创意与实践大赛中分别获三等奖和优秀奖。中山教育信息港连续 7 年在市政府组织的年度政务网站评选活动中以总分第一夺冠。在第十三届全国（省）中小学电脑制作活动中，中山市共获 114 个省级各类奖项，其中获全国一等奖 1 项、二等奖 3 项、三等奖 3 项。东区、西区和沙溪镇 3 个镇区被批准成为广东省首批以信息化促进义务教育均衡发展实验区，石岐中心小学和中山市中等专业学校被教育部批准为全国第一批教育信息化试点学校，中山市实验小学成为中央电教馆首批百所数字校园示范学校，东区雍景园小学等 9 所学校通过省教育厅组织的省现代教育技术学校评估。

【中小学校舍安全工程】　2009~2012年，中山市启动中小学校舍安全工程。投入1353万元于2009年11月30日前完成对全市327所中小学校、1424栋建筑物、建筑面积425万平方米的校舍开展排查鉴定，确定安全的建筑物有872栋、建筑面积300万平方米。排查学校数占学校总数的比例、排查建筑物面积占保有建筑物面积的比例均为100%，鉴定建筑物面积占保有建筑物面积的比例为70%。各镇区编制中小学校舍安全工程三年规划（2009~2011）。项目涉及24个镇区119所学校，其中公办学校104所、民办学校15所，总建筑面积为79.74万平方米；重建新建49.62万平方米，加固30.13万平方米，总投入13.53亿元。主要有中山中专、桂山中学和港口镇中心小学迁建工程，中山纪念中学、中山市实验高中和小榄建斌中等职业技术学校扩建工程等。所有项目工程于2011年底全部开工，竣工率70.4%。至2012年11月底，所有规划项目基本完成。

【异地务工人员子弟艺术普及教育】　2012年，中山市将异地务工人员纳入公共文化教育服务的范畴，推进公共文化教育均等化，启动中山市异地务工人员子女公益培训工程。9月，《珠三角新花——广东省中山市异地务工人员子弟书画展》分别在广州市的省立中山图书馆和北京市的北京工人劳动文化宫展出，而在中山市异地务工人员子弟学校中征集的由18周岁以下、非中山户籍学生创作的书画作品138幅，涵盖书法、国画、篆刻等艺术门类。9月，广东省文化馆与中山市文广新局签署合作协议，推进异地务工人员子弟文化艺术培训工作，在异地务工人员子弟集中的镇区建立艺术培训示范基地，组织文化艺术交流，开展优秀文化成果进校园等活动。12月，《共同长大——中山市异地务工人员子弟专场文艺演出》在广州上演。

【公共文化服务】　2012年，中山市24个镇区文化站在全省文化站复评定级中全部达到省特级文化站标准。全年全市创建中山火炬开发区综合文化站等4个示范特级文化站，建成农家书屋308间、农村（社区）文化室279间，在全省率先实现农家书屋和农村文化室区域全覆盖。中山市农村文化室高标准全覆盖工程被文化部列入创建国家公共文化服务体系示范项目。完成宫花文化大院等10间示范特级文化室建设。全市共建成7家镇区图书分馆，中山市汽车流动图书馆定期定点为各服务点提供服务，全年共出车562小时，办理借阅1.67万人次。全年中山市图书馆总馆、分馆及流动服务点共接待读者87万人次，比上年增加10.4万人次，借阅图书68万册/件次。孙中山故居全年接待游客155万人次，举办各类展览10次。市博物馆举办展览23次，接待观众游客76万人次，开展送展下乡15场次。市文化馆举办免费公益培训、公益展览、广场舞会等群众文化活动96次，进馆受益人数达15万人次，并将演出、培训送到镇村基层，受益人数17万人次。市文化艺术中心共举办各类演出活动197场次，接待观众及演职人员15万人次。

【文化惠民工程】　2012年，中山市开展全民修身活动普及年活动。8月，与中国合唱协会举办第十一届中国合唱节，接待全国各地40个合唱团共2300名合唱队员在中山表演。举办历时4个月的第五届中山市社区文化节，开展八大板块全市性大型文化活动，直接参与人数6000人次，受惠人群覆盖全市24个镇区。举办绿色暑期文化活动、香山讲坛、全民修身文艺课堂、群众广场歌咏活动、活力修身周末广场舞会和全民修身·共享文化送戏下乡活动等公益文化艺术活动。全年共开展公益展览、送戏下乡等活动100场次，受惠人群20万人次。实施并完善《资助业余文化团体开展公益文化活动试验性计划》，实行中山市业余文艺团队评级制度，扶持资助26个业余文化团体，面向农村社区、特殊群体开展公益文化活动。

【历史文化保护】 2012年，中山市有国家级文物保护单位1个、省级文物保护单位21个（当年新增3个）、市级文物保护单位55个。非物质文化遗产展览馆一期和二期建成并开放接待游客；中山漫画馆改造完工；139文化街区（博物馆群）一期工程房屋征收工作有序推进。至年底，中山市有国家级非物质文化遗产（简称“非遗”）项目6个、省级非遗项目13个（当年新增5个）、市级非遗项目11个（当年新增6个）；国家级非遗项目代表性传承人4名（当年新增2名）、省级非遗项目代表性传承人13名（当年新增3名）、市级非遗项目代表性传承人9名。6月，中山市文广新局在第五届薪火相传——中国文化遗产保护年度杰出人物评选活动中获得年度中国文化遗产保护杰出团队奖。加强孙中山研究及其资源开发利用，建设孙中山研究信息中心，成立专家委员会，收藏纸质图书、期刊及音像资料10万多册（件），电子图书100万多册，数字文献、图片及音像资源1.5万GB。承办2012广东（中山）文化消费节全省非物质文化遗产展览及2012年广东省非物质文化遗产生产性保护论坛，参与第八届中国（深圳）国际文化产业博览交易会、2012年珠中江民歌大赛等活动。

【中山市创建全国社会主义新农村建设档案工作示范市】 2012年10月17日，中山市通过全国社会主义新农村建设档案工作示范市国家验收组的评审验收，成为广东省内第三个全国社会主义新农村建设档案工作示范市。从2011年起，中山市各级部门共投入专项经费1700万元，档案部门联合涉农部门深入基层监督指导档案工作，收集并规范管理土地经营承包及流转、集体林权制度改革、最低生活保障、农村医保、敬老助残、计划生育、村务公开、换届选举、综治信访、人民调解、户籍人口、退休人员管理等民生档案，建设农村、农业、农民的“三农”档案信息资源共享平台，方便广大农民查阅和利用，服务社会主义新农村建设和社会经济发展，维护社会稳定和农民权益。

【公共卫生】 2012年，中山市提升公共卫生服务和卫生应急保障能力。防控重大疾病，控制登革热、手足口病、风疹、流行性腮腺炎、肾综合征出血热等急性传染病疫情。开展免疫规划，推进艾滋病、结核病、精神病及肿瘤等重大疾病防控工作。艾滋病防控工作成效连续3年位居全省地级市前列，社区药物维持治疗人数达500人。落实国家免疫规划，第一类疫苗保持95%以上的高接种率，脊灰疫苗应急免疫和麻疹疫苗查漏补种专项工作达到预期目标。全年全市无甲类传染病报告，甲乙类传染病发病率比上年下降。是年，中山市按进度推进重大公共卫生基建项目，市第二人民医院二期工程动工，市第三人民医院扩建工程土地问题落实，中山市心理卫生中心进入装修阶段。120指挥中心平均调度受理时间为50秒，全市平均出车反应时间165秒，抢救成功率98%。全年全市共受理卫生案件402件，罚没金额87.34万元。开展卫生系统“三打”行动，全市共出动卫生执法人员29952人次，检查相关单位12853个次，被检查单位涵盖餐饮具集中清洗消毒单位、消毒产品生产经营使用企业、公共场所、涉水产品生产销售使用企业、医疗机构、各类非法行医场所等，共立案查处案件141件，其中大案要案16件。中山市卫生监督所获“2012年度全国卫生工作先进集体”称号和“广东省群众满意的医疗卫生单位”称号。

【群众体育】 2012年，中山市投入1000万元推进市全民健身广场篮球场、全民健身广场足球场、兴中体育场副场跑道、紫马岭游泳馆、市体育学校田径场和游泳池及跳水馆等设施的建设和改造工程。投入700万元推动“农民体育健身工程”向自然村延伸覆盖，为80个全民健身广场（苑、点）安装健身器材，扩大全民健身设施的覆盖面，全市人均体育场地面积达2.44平方米。开展为期6个月的市第十三届体育节活动，全市共举办40项市级活动、182项镇（区）级活动、400项基层活动，170万人次参与活动。组队参加全国、全省比赛，毽球、拔河及乒乓球队代表广东参加全国第七届农民运动会，共获得一等奖11项、二等奖3项和三等奖6项；参加全省轮滑比赛获15个冠军；参加“黄飞鸿杯”第六届全国南北狮王争霸赛夺得冠军；参加省组织的百县（区）足球赛、健身气功大赛等均获奖项。

【就业创业】 2012年，中山市城镇新增就业5.07万人，城镇登记失业人员再就业8412人，就业困难人员实现就业1321人，成功创业6557人，培训农村劳动力1.15万人，转移就业1.05万人。制订困难中小微企业认定办法和扶持政策实施办法，评审认定2家企业为困难中小微企业，向其支付社保补贴、岗位补贴和培训补贴，允许缓缴最长不超过6个月的基本养老保险。调整新设肇庆市怀集县、云浮市、阳江市3个驻外劳务工作站，至年底中山市共有7个驻外劳务站，引进劳动力5100人。建立并完善500家重点企业用工需求和行业工资信息收集分析制度。召开全市创业培训工作会议和大学生自主创业座谈会，宣传创业带动就业。中山职业技术学院等5个培训机构被确定为省创业培训定点机构。举办1期创业培训（SYB）师资班，25名学员取得人力资源和社会保障部颁发的创业培训师证书。全市开展自主创业培训2221人。创业孵化基地增至11个，为780名创业人员提供“一条龙”快速便捷服务。

【社会保险】 2012年，中山市城镇职工社会保险参保728.44万人次，其中养老保险186万人、基本医疗保险250.67万人，工伤保险146.69万人、失业保险145.07万人。门诊医疗保险参保单位5751个、参保人116.55万人。工伤认定1.95万宗，劳动能力鉴定6017宗。社会保障卡累计发放363.54万张。社保基金历年积累达180亿元。解决早期下乡知识青年和早期离开机关人员养老问题，核实84名下乡知青身份并出具证明。调整企业退休人员基本养老金，惠及25万名退休人员。调整医疗生育保险待遇，提高社会医疗保险年度累计支付限额，基本医疗保险、补充医疗保险年度累计支付限额共计35万多元。推进珠中江三市就医监管和及时结算，实现三市城乡居民医保关系顺畅转移。制订个人医疗账户投保商业健康保险管理办法和操作细则。制定一级至四级工伤职工参加社会医疗保险办法，落实工伤保险先行支付制度。

【住房保障】 2012年，中山市的住房保障工作任务为建设保障房4500套，其中新增发放租赁住房补贴250户，新增公共租赁住房4250套，完成竣工验收450套。至年底，全市开工建设项目8个，共建设4333套保障房，占全年目标任务的102%；新增发放租赁住房补贴275户，占全年目标任务110%；已竣工3589套，占全年目标任务797.5%，提前并超额完成省下达的全年工作目标任务。实施《中山市住房保障管理暂行办法》《中山市住房保障准入标准及轮候规则》《中山市社会力量投资建设的公租房管理暂行规定》，以及公租房租金和物业服务收费标准、保障性住房租赁补贴发放、城区政府公租房减免条件等相关政策。

【全国双拥模范城】 2012年，中山市连续第三次获“全国双拥模范城”称号。开展重点优抚对象危房改造、“关爱功臣，送医送药”“拥军优属送光明”等活动，解决优抚对象的实际困难。中山双拥工作实现5个100%的目标，即军队转业干部100%按政策规定落实，城镇退役士兵当年100%妥善安置，重点优抚对象优待抚恤补助项目和标准100%落实，批准随军的家属当年100%安置，军警部队干部子女入学入幼100%安排进入当地的中小学校和幼儿园。

【放心菜工程】 2012年，中山市推行放心菜工程，合理规划蔬菜种植整体布局，以“优质量+稳价格+强安全”为目标，探索创新放心菜的生产、销售、监管模式，推动蔬菜种植规模化、基地化、标准化、产业化发展。全市蔬菜常年种植面积6000公顷，复种面积2万多公顷，年总产量50.1万吨。其中，15公顷以上的蔬菜基地12个，总种植面积200多公顷。建成民众镇安康农场、沙溪镇水生蔬菜示范基地等蔬菜生产基地。全市有32个产品获得国家绿色食品A级认证，有136个产品通过国家无公害农产品认证，82个村的生产基地通过无公害农产品产地认定，产地认定面积2.87万公顷，年产量86万多吨。主要农产品中无公害、绿色、有机产品种植（养殖）面积的比重为65.2%。8月，成立中山市蔬菜协会，规范管理全市蔬菜种植、加工、销售等环节。举办放心菜消费者活动日、十大放心菜生产可耕地评选等活动，邀请市民现场体验蔬菜生产、加工、检验和销售全过程，宣传放心菜生产标准和食品安全政策。

（中山市方志办）

·责任编辑　贺　坤·

惠州市

基本情况

【地理位置】 惠州市位于广东省东南部、珠江三角洲东北部，东接汕尾市，南临南海大亚湾，西邻广州、深圳和东莞，北靠韶关、河源。辖惠城区、惠阳区、惠东县、博罗县、龙门县，设有国家级大亚湾经济技术开发区和仲恺高新技术产业开发区。

【面积与人口】 2012年，惠州市行政区域面积1.12万平方千米。年末户籍人口341.91万人，常住人口467.4万人。

【资源物产】 惠州市有丰富的自然资源。土地类型多种多样，耕地、林地、草地、水面、滩涂样样齐全，利于农、林、牧、副、渔各业全面发展。水力资源丰富。境内有集雨面积100平方千米以上的河流34条，总长约1500千米。广东三大水系之一的东江、西枝江横贯其中。浅层地下水量33亿立方米，水质良好。是供给中国香港、深圳、广州等地的重要水源。水力资源理论蕴藏量60.32万千瓦。海域中有浅海面积560.4平方千米，可供开发养殖面积137.33平方千米。海区内有鱼类400多种，贝类200多种，甲类100多种，刺皮类60多种，藻类30多种，具有较大的经济和捕捞价值。适宜建设海港码头的海岸线长28.4千米，可建泊位126个，其中万吨以上深水泊位76个。惠州港为华南地区的天然优良深水港。

已探明储量的矿产有40多种，主要有无烟煤、铁矿石，锡矿、钨矿、钾长石、高岭土、铅十锌、萤虫石、石灰石等。铌钽、石灰石、水晶、汞等矿产储量居广东省前列。全市森林覆盖率60.4%。

惠州市是广东的一个主要产粮区。全市耕地面积15.16万公顷，粮食播种面积12.09万公顷。粮食作物主要有水稻、番薯、玉米等。经济作物以甘蔗、花生、大豆为主。蔬菜有130多个品种。水果有20多个种类、数百个品种，是广东“四大名果”即荔枝、香蕉、柑橙、菠萝的主要产区之一。

惠州梅菜，东江糯米酒、甜玉米，博罗杨村橙、柑橘、酥糖、福田菜心，罗浮山百草油、酥醪菜，龙门三黄鸡、小桂鱿鱼、年橘，惠东仙人菜、高潭明姜等是惠州市驰名的土特产。

【旅游景点】 惠州市旅游资源丰富，景点类型多，密集程度高，容量大，山、林、海、岛、湖、温泉、瀑布等自然景观品位高，文物古迹众多，现代旅游设施比较完善。至2012年底，全市建成景区60余处，有国家和省级风景名胜区及自然保护区19处。其中，国家AAAA级景区9处（惠州西湖、南昆山生态旅游区、南昆山温泉大观园、龙门铁泉、尚天然·国际温泉小镇、罗浮山风景名胜区、惠州海滨温泉旅游度假区、永记生态园、巽寮滨海旅游区）；AAA景区2处（香溪堡旅游区、冠和博物馆）；国家级重点风景名胜区2处（惠东港口海龟国家级自然保护区、象头山国家级自然保护区）；国家森林公园2处（南昆山、广东御景峰）；国家生态风景区1处（白盆湖国家生态风景区）；国家生态农业示范点1处（永记生态园）；省级自然保护区4处（罗浮山、南昆山、惠东古田自然保护区、惠东莲花山自然保护区）；省历史文化名城2处（惠州城、惠东县平海古城）。爱国主义教育基地——邓演达纪念园和叶挺纪念园建成开放。

【历史文化】 惠州是东江中下游的中心城市，处在客家文化、广府文化和潮汕文化的交汇地带，各种文化相互交融、兼收并蓄，广东汉剧、渔歌、山歌、舞龙、舞狮、舞春牛、瑶族的舞火狗等各种文化活动盛行，民间文化多姿多彩。惠州的“李家拳”是中国武术中南拳的五大拳种之一，惠东的“平海渔歌”名扬神州，龙门的“农民画”被誉为中国三大民间画之一，是“中国现代民间绘画的一朵奇葩”。历代的许多名人对惠州情有独钟，其中东晋道教理论家、化学家、药物学家和医学家葛洪，来到惠州罗浮山修道炼丹、采药济世，把罗浮山开创为岭南道教发祥地；北宋杰出文学家苏轼寓居惠州三年，留下“不辞长作岭南人”的佳话；明代本地曾有“三尚书（叶梦熊、杨起元、韩日缵）”；清末、民国时期，孙中山、周恩来等在惠州开展过革命活动；近代史上涌现出廖仲恺、邓演达、叶挺等一批民主志士和革命家。

【城市荣誉】 2012年，惠州市先后获得“全国双拥模范城”“全国未成年人思想道德建设工作先进市”“中国最具幸福感城市”“中国十佳宜居城市”“中国最具特色文化竞争力十佳城市”“全国文明城市”称号。（张世开　钟景业　刘惠慧　邹莹莹）

生态环境

【耕地保护】 2012年，广东省下达惠州市高标准基本农田建设任务1.67万公顷。惠州市国土资源部门协调农业、水务、财政等部门，整合各种涉农地资源，制订《惠州市高标准基本农田建设实施方案》，将高标准基本农田建设任务分解落实到镇（办），全部确定项目选址，基本完成测绘工作，部分完成项目初步设计和预算编制。惠州市承担的9个国家、省级投资土地开发整理项目全部完成。全市新增耕地指标675公顷（含外市购进266.67公顷），至年底全市有耕地面积15.16万公顷，其中基本农田面积13.12万公顷。

【环境质量】 2012年，惠州市环境质量保持稳定优良。城镇空气优良天数比例100%，东江干流惠州段水质符合国家Ⅱ类标准，饮用水源水质达标率100%，14个主要湖库水质有所改善，市区环境噪声得到有效控制。

【生态示范创建】 2012年，惠州市成立国家生态市创建工作领导小组，制订《惠州市创建国家生态市工作方案》。至年底，创建省级生态镇7个，创建市级生态示范村270个，建成一批农村污水处理示范工程。创建绿色学校7所、绿色社区12个和广东省环境教育基地3个。

【重点流域综合整治】 2012年，惠州市完成淡水河和潼湖流域“两河”流域污染整治阶段性任务。完成省下达惠州市的污水处理设施建设、重污染行业清退、畜禽养殖业清理和插花地整治等工作任务，淡水河紫溪断面综合污染指数、氨氮、总磷浓度分别比西湖村断面低32.7%、23.1%、52.8%，其他指标达到五类水质标准，河水黑臭现象完全消除，通过省人大考核验收。年内，流域内新建污水处理厂11座、集污主管网65千米，新增污水处理能力20.5万吨/日，实现“一镇一厂”；清理养猪场212个，清理存栏生猪 4.3 万头，完成畜禽养殖清理整治任务；关停重污染企业 34 家，淘汰率达 30%；拆除全部 52 家砖厂。

【宜居城乡创建】 2012 年，惠州市惠城区三栋镇、马安镇，惠阳区新圩镇，惠东县铁涌镇，博罗县罗阳镇 5 个镇被命名为第二批“广东省宜居示范城镇”，惠城区三栋镇鹿颈村、小金口街道白石村、江南街道下角村、水口街道联和村，惠阳区良井镇霞角村、平潭镇阳光村、永湖镇麻溪村，博罗县罗阳镇田牌村，惠东县平山街道碧山村背子头村小组，龙门县龙田镇邬村村，大亚湾开发区澳头街道岩前村，仲恺高新区陈江街道社溪村陈屋小组 12 个村被授予“广东省宜居示范村庄”称号。

是年，惠城区马安镇、惠阳区新圩镇、惠东县铁涌镇、博罗县罗阳镇、龙门县龙华镇 5 个城镇被命名为“惠州市宜居示范城镇”；惠城区三栋镇鹿颈村、汝湖镇南新村、小金口街道白石村、江南街道下角村、水口街道联和村，惠阳区良井镇霞角村、平潭镇阳光村、永湖镇麻溪村、新圩镇长布村，惠东县稔山镇新村村、白花镇莆田村、多祝镇三胜村、港口滨海旅游度假区港尾村、巽寮管委会渔业村，博罗县罗阳镇田排村、石湾镇铁场村、柏塘镇旱田村、横河镇嶂背村，龙门县平陵镇竹龙村、麻榨镇北隅村、龙田镇邬村、蓝田乡社前村，大亚湾开发区澳头街道岩前村、霞涌街道新村，仲恺高新区潼湖镇琥珀村、陈江街道青春村等 26 个村庄为“惠州市宜居示范村庄”。

（张世开　钟景业　刘惠慧　邹莹莹）

经济社会发展概况

【国民经济平稳增长】 2012 年，惠州市实现地区生产总值 2368 亿元，比上年增长 12.6%。其中，第一产业增加值 127.6 亿元，比上年增长 4.3%；第二产业增加值 1375.4 亿元，增长 15.15%；第三产业增加值 865.1 亿元，增长 9%。人均地区生产总值 50884 元，比上年增长 11.7%。规模以上工业增加值 1159.6 亿元，比上年增长 18.6%；农林牧渔业总产值 201.80 亿元，增长 2.9%。固定资产投资 1208.7 亿元，比上年增长 18%。社会消费品零售总额 754.2 亿元，比上年增长 15.5%。外贸出口总额 292 亿美元，比上年增长 26.3%。实际吸收外商直接投资 17.3 亿美元，比上年增长 10.2%。地方公共财政预算收入 200.9 亿元，比上年增长 23.4%。城镇居民人均可支配收入 29965 元，比上年增长 12.6%；农村居民人均纯收入 12415 元，增长 13.5%。

【广河高速公路惠州段竣工通车】 2012 年 1 月 10 日，广河高速公路惠州段竣工暨通车仪式在广河惠州段博罗县石坝主线收费站举行，标志着广河高速公路全线贯通。广河高速全长 156 千米，横跨广州、惠州、河源 3 市，设计公路等级为双向 6 车道，时速 120 千米。其中，惠州段全长 75.34 千米，起点位于龙门县永汉镇南部，沿线设有 6 处互通式立交出口，分别位于龙门县永汉、龙华、龙江镇和博罗县公庄、杨村、石坝镇，在石坝路段互通立交与长深（原惠河）高速公路相接后，进入河源市源城区埔前镇路段。

【惠州市企业信息资源共享平台开通】 2012年4月16日，惠州市企业信息资源共享平台开通。该平台建设的主要目标是完善企业基础信息共享，强化社会管理及工程建设领域信息的共享，推动全市范围内的政务信息资源共享，提高政府公共服务水平和效率。至年底，完成企业信息资源共享系统和信息资源共享目录系统建设，其中企业信息资源共享系统完成首批8个主要单位提供的共8600多万条企业基础信息的录入和整理工作，涉及企业数量104585家。

【广东（惠州）文化创意园奠基】 2012年5月15日，广东（惠州）文化创意园项目举行奠基仪式。该项目位于惠州市惠阳区秋长街道，是集科技研发、文化创意、旅游休闲、低碳居住、商务度假等功能于一体的新型园区。创意园包括工业设计园、影视摄影园、动漫游戏园等，将主要以TCL的"4+6"产业架构为依据，引入TCL关联的上下游创意型企业，同时吸纳珠三角范围内的优秀创意企业加入，形成一个创意产业集群。

【惠州卫生职业技术学院挂牌】 2012年6月28日，惠州卫生职业技术学院在惠州市中职新城挂牌成立，成为广东省首个卫生职业技术学院。是年秋，惠州卫生职业技术学院向全省招收650名第三批专科A线的上线考生和150名"3+证书"考生，其中文科考生455人、理科考生195人，除助产专业外，男、女生均可报名。

【惠州市公共资源交易中心挂牌】 2012年6月28日，惠州市公共资源交易中心挂牌成立。该中心由原来的市建设工程交易中心、土地与矿业权交易中心、政府采购中心与产权交易所4个中心（所）合并组建而成。该中心成立后，市级土地与矿产出让、工程交易、政府采购、产权交易等公共资源必须进入中心统一集中交易。标志着惠州市公共资源交易改革取得重大突破。

【惠州农村商业银行创立】 2012年9月15日，惠州市农村商业银行股份有限公司创立大会暨股东大会第一次会议召开，标志着惠州市惠城区农村信用合作联社和惠阳区农村信用合作联社合并组建农村商业银行工作取得阶段性成果。惠州农村商业银行作为全省第一家由两家城区联社合并改制成立的农商行，是惠州市唯一的市一级法人总行机构，该银行的成立是惠州市优化区域金融资源配置，推进金融体制改革的创新之举，有效增强地方法人金融机构的综合实力。

【举办首届"云博会"】 2012年11月初，惠州市政府和广东省经信委、省科技厅联合举办"2012中国惠州物联网·云计算技术应用博览会"（下称"云博会"），展示国内外物联网和云计算技术的发展成就，加快市民享用智慧生活的步调，打响"惠州智造"品牌。云博会有微软、腾讯、阿里巴巴·万网、思科、中兴、联想、爱立信、华为、TCL、德赛等359家国内外企业和单位参展，吸引近12万人次进场参观，参展商新增合作伙伴468家。签订项目合作协议876宗，金额310.9亿元。

【南昆山获评最佳原生态旅游景区】 2012年11月29日，在北京举行的第十八届亚洲旅游业金旅奖盛典暨2012大中华区旅游文化榜颁奖仪式上，凭借优美的生态环境、丰富的旅游资源、完善的产业体系和突出的区位优势，惠州市龙门县南昆山风景区获授2012年亚洲旅游业金旅奖“最佳自然原生态旅游景区”称号。“亚洲旅游业金旅奖”评选，是亚洲旅游业界的一项重要活动。参加本届活动评选的有120个知名旅游品牌，活动围绕区位环境、特色文化、休闲风尚等10个方面的评审标准进行网络投票和媒体测评。

【惠民自行车公共服务系统建成使用】 2012年，惠州市在市区投放1万辆惠民自行车，方便市民出行。只要办理一张惠民卡，便可在惠州市中心城区100个惠民自行车租赁点免费借车4个小时。惠民自行车公共服务系统建设，是惠州市落实《珠江三角洲地区改革发展规划纲要（2008~2020年)》、发挥城市绿道功能、倡导低碳出行的重要举措之一，也是惠州市2012年的十大民生实事之一，是进一步拓展城市公交服务功能，缓解交通压力的一项投资小、效益大的民生工程。

惠民自行车公共服务系统项目建设采用政府主导、企业出资、市场运作的模式，由企业投资、运营，项目整体不依赖政府财政补贴，通过企业自身造血功能来维持和保证

2012年惠州市国民经济发展情况

项　目	单位	实绩	比上年增长（%）
地区生产总值	亿元	2368.03	12.6
第一产业增加值	亿元	127.57	4.3
第二产业增加值	亿元	1375.40	15.5
工业增加值	亿元	1294.58	16.2
第三产业增加值	亿元	865.06	9.0
人均地区生产总值	元	50884	11.7
规模以上工业总产值	亿元	5495.1	19.6
农林牧渔业总产值	亿元	201.80	2.9
固定资产投资	亿元	1208.7	18.0
社会消费品零售总额	亿元	754.15	15.5
外贸进口总额	亿美元	202.96	29.3
外贸出口总额	亿美元	292.05	26.3
实际利用外资	亿美元	17.28	10.2
地方财政一般预算收入	亿元	200.88	23.4
地方财政一般预算支出	亿元	2074.07	20.6
城镇居民人均可支配收入	元	29965	12.6
农村居民人均纯收入	元	12415	13.5
城乡居民储蓄存款余额	亿元	1351.45	15.1

其正向健康良性循环，同时让老百姓得到实惠。项目由惠州百信佳集团有限公司出资3000万元，在惠州市区建设100个服务网点，投入1万辆自行车，并负责项目建成后的运营管理。

惠民自行车公共服务系统采用先进的智能化中央集成式管理，全区管理站网络由中央管理中心统一监控运营状况，并负责对日常自行车调度及软、硬件设备维护。当一个服务点的车辆不足25%或超过75%时，后台自动调度系统会发出提醒，调度中心视情况安排人员现场调度。除在上下班高峰前配足车辆外，还在每个区设置片区调度人员，由专人负责该区域站点的调度工作，缩短调度时间，满足群众需求。同时，采用住建部密钥系统，大幅提高安全性和通用性，服务站点刷卡便捷、租还车操作方便，并适应于未来全国各地自行车租赁服务的互联互通。

（张世开　钟景业　刘惠慧　邹莹莹）

体制改革

【行政审批制度改革】　2012年，惠州市成立惠州市转变政府职能决策咨询委员会，安排专家学者、人大代表、政协委员担任委员会委员，提高市委、市政府改革决策的民主化、科学化水平，保证改革工作推进。11月7日，市委办、市政府办印发《惠州市加快转变政府职能深化行政审批制度改革工作方案》并组织实施。9月20日，市政府出台《惠州市第五轮行政审批制度改革调整事项目录（2012年第一批）》，取消行政许可事项27项，下放县（区）实施行政许可事项146项，转为一般日常业务管理事项69项，省委托事项21项，保留市级实施的行政许可事项70项［含市、县（区）分级实施事项25项］，与上次行政审批制度改革相比，减幅达67%以上，体现行政许可事项精简和管理重心下移的改革方向，达到市级自行设置“零许可”和“零审批”的改革目标。

【事业单位分类改革】　2012年，惠州市市直426个事业单位的分类改革方案出台，其中：行政类10个，公益一类182个，公益二类48个，公益三类72个，经营服务类25个，撤销、整合减少机构60个，暂不分类9个，待后分类20个。经过市、县（区）两级编委研究，全市确定分类方案的单位3613个，占97.6%。其中：行政类单位26个，公益一类2531个，公益二类408个，公益三类261个，经营服务类78个，撤销、整合等减少机构309个。在实际工作中，主要做到“三个创新”：创新理念，从以前以减人减负为目标转变到强化公共服务上来；创新措施，从简单分类转变到规范管理事业单位；创新机制体制，加快事业单位转型升级。

【提高行政效能】　2012年，惠州市推进“网上注册易服务平台”及网上办事大厅建设，利用科技手段，提高行政效能。7月，配合惠州市商事登记制度改革建成的“网上注册易服务平台”投入运行，企业名称核准校验、企业经营变更科技类及互联网经营类企业设立登记等18项工商登记注册业务均可通过“网上注册易服务平台”进行网上申报。9月，建成集政务公开、投资审批、网上办事、政民互动、效能监察于一体的网上办事大厅，与“网上注册易服务平台”实现对接，对外提供近3000项网上办理服务，其中市直提供756项网上办理服务。惠州市在行政服务中心设立“企业登记注册综合服务处”，按照《惠州市企业登记注册并联审批管理办法（试行）》，统一为申请人提供集咨询、协调、受理、送交材料等“一条龙”服务，按照“一家受理、抄告相关、并联审批、限时办结”的模式实行并联审批，最大限度减少企业跑部门、磨材料的时间，基本实现“一个入口、一个出口”的“一站式”审批模式，让企业和市民以尽可能少的时间、尽可能简单的手续办成事。至年底，每天前来企业登记注册综合服务处窗口登记、咨询的企业（公司）达20多宗（人次），企业登记注册综合服务处窗口共受理业务、咨询业务量达1368宗。

【社会保障体制改革】 2012年，惠州市将农村独生子女纯生二女结扎夫妇和被征地农民养老保险整合并入城乡居民社会养老保险，实现城镇、农村居民养老保险之间的制度衔接。率先在市中小学、幼儿园就读的异地务工人员子女纳入居民医保范围，扩大医疗保险覆盖范围。

【事业单位人事制度改革】 2012年，惠州市完成人员聘用的事业单位1127个，占全市应聘单位总数的44%，其中市直348个，占市直应聘单位的98%；签订聘用合同33600人，占应签订聘用合同人数的38%，其中市直16800人，占市直应签人数的97%，聘用制度初步建立。全年全市有429个事业单位进行公开招聘，招聘人员2605人，制度透明，程序规范，公开招聘实现全覆盖，初步转换事业单位用人机制。

【劣势企业退市】 2012年，惠州市完成退市企业安置7家，安置职工127人，总安置费用443.84万元。至11月，经市退市办批准实施退市企业累计达312家，其中破产99家，关闭213家；共安置职工5336人，总安置费用14488.97万元。

【社会体制改革】 2012年，惠州市贯彻落实《惠州市关于加快推进社会体制改革建设服务型政府的实施意见》，强化社会建设职能。研究制定惠州市《政府向社会组织转变职能工作方案》，逐步将行业管理与服务、社会事务管理与服务、专业技术管理与服务等性质的职能向社会转移。协助做好政府向社会组织购买服务工作。7月，市政府出台多个政府向社会组织购买服务的相关文件，包括《政府向社会组织购买服务工作方案》《政府向社会组织购买服务目录（第一批）》《2012年度政府向社会组织购买服务项目实施计划》等。第一批购买服务目录中具体涉及教育、医疗、住房、社会保障、公共就业、人才服务等262项内容。年内，市直部门向社会组织购买服务30项，金额2162万元，向企业购买服务涉及金额12798万元。

（张世开　钟景业　刘惠慧　邹莹莹）

基础设施建设

【交通基础设施建设】 2012年，惠州市完成交通固定资产投资111.8亿元，比上年增长20%。其中，高速公路建设完成投资43.2亿元；普通公路建设完成投资23.3亿元（其中农村公路建设完成6.9亿元）；港口航道建设完成投资20.8亿元，比上年增长1.24倍；铁路及轨道建设完成投资20.8亿元，增长66%；站场等其他交通设施建设完成投资3.7亿元，是上年同期的4倍。年内，全市完成公路客运量16013万人、旅客周转量1163292万人千米，公路货运量8680万吨、货物周转量1026485万吨千米，水路货运量9248万吨、货物周转量1992569万吨千米。

普通公路建设　是年，惠州市博罗中部通道、惠州大道西扩工程、国道324线吉隆至陈塘段及龙溪至福田段路面改造工程及路面大修工程等完工通车。省道356线惠阳环城路改建工程完成投资4.5亿元，占总投资的80%。省道356线多祝至平山段改建工程完成投资3.7亿元，占总投资的75%。惠州大道东段主体工程完成。江南至潼湖公路博罗段开工，仲恺高新区梁三径垭口至琥珀村段于10月底动工建设。县道255线惠阳秋湖路口至深圳坑梓段路基工程完成投资2.3亿元，占总投资的71%。惠州龙江东江大桥完成投资1.5亿元，占总投资的54%。

高速公路建设　年内，广河高速公路建成通车，惠州市提前4年实现“县县通高速”目标，全市高速公路通车里程达454.3千米，居全省第二。仁深高速公路博深段主体工程完工。从莞高速惠州段完成投资21.2亿元，占总投资的47%。惠深高速公路改扩建项目累计完成投资6.6亿元，占总投资的34%。惠大高速公路完成投资19.7亿元，占总投资的37%。广惠高速公路东延线完成投资11.3亿元，占总投资的43%。汕湛高速石坝段、大广高速公路分别于5月底和9月动工建设。惠阳沙田至东莞清溪高速路线完成踏勘报告的修编工作。

惠州机场建设　是年，惠州市按照军民合用4D级标准继续推进惠州机场复航工作，完成投资2.2亿元，占年度总投资的54.2%。其中，道路工程完成61.7%，供电、供水工程完工，通信工程完成49.2%，排涝工程完成29%。

客运枢纽站建设　2012年2月，惠州市汽车客运南站动工建设，至年末，完成投资1.3亿元，占项目总投资的20%。大亚湾霞涌汽车客运站完成投资1396万元，占项目总投资的70%。启动市客运中心站建设主体招标工作，完成客运三栋站和客运东站工可报告的编制工作。推进大亚湾开发区、龙门县和博罗县客运中心站项目的前期工作。

国省道建设　2012年，惠州市做好境内2条国道、13条省道和1条惠澳专用公路共976千米国省干线的管养工作，完成广河高速公路惠州段、国道324线惠东白云仔至陈塘及博罗云步桥至老围段路面大修工程、省道340线博罗秀埔至石坝段路面改造工程、国道205线改造示范工程惠州段、省道244线龙门板岭至县城及博罗杨村至青塘段路面大修工程、省道357线惠阳段路面改造工程建设。

港口规划建设　2012年，惠州市荃湾港区国际集装箱码头等7项港口重点建设项目总投资96.30亿元，其中2012年度投资计划为20.89亿元，至年底完成投资20.9亿元。惠州港荃湾港区国际集装箱码头工程1号泊位按计划建成投产，对外开放。大亚湾石化工业区公用货运码头（中海油惠州物流基地码头一期工程）基本建设完成，于8月30日举行启用仪式。荃湾港区进港主航道工程项目作业区段疏浚任务基本完成，实现5万吨级集装箱船舶全潮进出荃湾港区。

公交客运服务　2012年，惠州市完成客运量1974.08万人次，客运周转量203969.47万人千米，分别比上年增长1.09%和1.72%。春运期间，市汽运集团投入营运客车692辆，共2.86万个座位，运送旅客130.11万人次。全年向市交通局申请并被受理的线路有7条：水口镇三联村至河南岸汽客运站、惠东平海至惠东港口海龟湾、洲际度假酒店至惠州汽车客运站、横沥至河南岸、龙门汽车客运站至铁岗停靠站、龙门汽车客运站至麻榨客运站、龙门汽车客运站至地派停靠站；经市交通主管部门批复同意开通运营博罗县城B1、B2、B3三条公交线路。

【地方公路管养】 2012年，惠州市地方公路管理总站管养全市农村公路里程9511千米，其中县道934千米、乡道5388千米、村道3196千米、桥梁1667座42221延米，公路经常性养护率县道100%、乡道67.8%、村道51.1%，平均好路率县道为86.6%，硬底化乡村公路为76.5%。1041个行政村全部实现通行政村公路硬底化目标，实现100%镇有客运站，100%符合通客车条件的行政村通客车和100%有候车亭。

【管道燃气建设】 2012年，惠州市铺设城市地下供气管网858.4千米，基本覆盖市区各大片区，管道燃气报装用户22.3万户，投入使用12.1万户；瓶装燃气用户7.4万户。全年生产供应燃气销售26788.2吨。其中，液化石油气22504.8吨，液化天然气4283.5吨。拓展新用户36448户，新增点火12956户。全年新增工程建设投入7271.1万元，完成地下供气管网施工94.9千米，安装户内管26934户。

【水利工程建设】 2012年，惠州市有4项水利工程被列入市重点项目，完成年度投资71000万元。其中，金山河小流域和水环境综合整治工程完成投资55000万元；马安围平马围合围安全加固工程完成投资11000万元；东江高新科技开发区防洪排涝整治澳背主排渠工程完成投资2000万元；潼湖东岸泵站更新改造工程完成投资3000万元。

民生水利建设　是年，惠州市出台《惠州市民生水利六项工作方案》，加快民生水利建设。以龙门县龙平渠灌区续建配套与节水改造工程和惠城区庙滩灌区改造工程为重点的中小型灌区改造全面推进；纳入全国小（2）型病险水库除险加固规划的5项工程开工，完成投资278万元；防洪排涝基础设施建设及堤防加固进展顺利，机场应急防洪排涝工程完成投资2500万元，红楼水闸迁建工程和连通闸工程完工，累计完成投资4500万元；永汉河，沙河、公庄河等中小河流治理全面铺开。

防汛减灾工程建设　2012年，惠州市累计降雨量1768.4毫米，与多年同期平均降雨量相比下降6%。至年底，全市水库蓄水总量为8.779亿立方米，比多年同期增长4%。由于降雨时空分布不均匀，全市出现4次洪涝灾害，龙门、惠东、博罗、惠阳、惠城、仲恺等6县（区）35个乡镇61882人受灾，倒塌房屋62间，转移群众3884人，农作物受灾6355.33公顷。落实以行政首长责任制为核心的各项防汛责任制，全市签订防洪责任书492份，大、中、小型水库和主要堤围均落实防汛责任人并组织防汛培训班；执行汛期“月检查”制度，完善“四级预案台账”，加强对小型水库、小水电站和山塘的检查和管理，市、县两级的防汛物资按要求100%配置完备；修订并上报《惠州市防汛防旱防风防冻应急预案》及相关预案；龙门、博罗县的山洪地质灾害非工程措施建设项目完成初步验收。

2011~2012 年惠州市基础设施情况

项目	单位	2011 年	2012 年
铁路营业里程	千米	149.42	149.42
公路通车里程	千米	10892	10933
其中：高速公路	千米	454	492
港口泊位	个	66	71
其中：万吨级泊位		17	18
内河通航里程	千米	433	433
本地电话年末用户	万户	135.2	130.1
移动电话年末用户	万户	419.9	501.2
国际互联网用户	万户	81.8	104.2
电力消费量	万千瓦·小时	2096597	2273557
商品房屋实际销售量	万平方米	796.3	826.7
商品房屋实际销售额	亿元	440.9	478.4

注：年末固定电话、移动电话、国际互联网用户统计口径有调整

【信息资源共享与交换平台建设】 2012年，惠州市启动“惠州市信息资源共享与交换平台”建设工作，于4月16日初步建成平台并举行开通仪式，6月30日完成平台所有功能开发。12月，平台实现45个政府部门的共享目录对接，合计交换数据2.13亿条，提供37个数据主题，整合形成182471家企业档案信息，库存数据达2亿条，实现全市范围内企业基础信息共享和交换。

【网上办事大厅开通】 2012年10月18日，惠州市网上办事大厅与省网上办事大厅同时开通运行，“政务公开”“投资审批”“网上办事”“政民互动”“效能监察”五个功能模块全面完成开发并投入应用，在各地级市中率先实现“四个率先”“三个覆盖”：率先实现与广东省网上办事大厅无缝对接；率先在全省建成市、县两级网上办事大厅；率先建成手机、平板电脑等移动终端版网上办事大厅，率先具备效能监察功能；实现横向与纵向三个层次的深度覆盖，即服务部门的深度覆盖、服务事项的全覆盖和服务对象的深度覆盖。惠州网上办事大厅与省网上办事大厅同步正式开通运行。12月，市直部门服务事项中共1321项进驻惠州网上办事大厅，全部事项实现办事指南、表格下载、网上咨询，其中1210项服务事项达到网上办事深度2级标准，58项服务事项达到网上办事深度3级标准。

【“村村通光纤”惠民工程】 2012年，惠州市“村村通光纤”惠民工程完成全年项目投资1.2亿元（占比100%），完成2073个村（占比100%）光纤网络建设，为5.5万户农户（占比110%）装通宽带和互联网电视。至年底，全市累计完成项目投资2.1亿元，完成3907个村光纤网络建设，为10.5

万户农户装通宽带和互联网电视。

（张世开　钟景业　刘惠慧　邹莹莹）

现代产业

【旅游业】　2012年，惠州市以打造粤港澳地区旅游休闲度假基地为目标，加大罗浮山、惠州西湖创建国家5A级景区，以及环南昆山旅游产业园、环大亚湾旅游经济带滨海旅游品牌建设和以巽寮为核心的滨海旅游区建设步伐，推进惠州“三宜”城市建设。全年新增五星级饭店1家、三星级饭店4家，全市星级饭店总数达63家。全年全市累计接待游客3152.99万人次，比上年增长11.77%。其中，宾馆、酒店接待过夜游客1312.84万人次（包括其他住宿设施接待过夜游客），景区（点）接待一日游游客1840.15万人次，分别比上年增长10.45%和12.73%。全年旅游业总收入184.16亿元，比上年增长14.25%。

【惠城区纺织服装业】　2012年，惠州市重点推进丝光棉技术产业基地建设，推动该项目成为2012年省、市重点预备推进项目，形成以纺纱、织布、染整、服装生产于一体的现代服装产业体系，有中国驰名商标2个、广东省名牌产品1个，富绅集团的“富绅”牌衬衫、世纪海洋制衣有限公司的“琪比小美屋”商标获“中国驰名商标”，惠州市小当唛服饰有限公司的“小当唛”获“广东省著名商标”称号；发动纺织服装企业参加“惠货全国行”活动，组织富绅、真维斯、小当唛、金童子等企业参加惠州产品展销会。

是年，全市有纺织服装企业2300多家，主要分布在水口、河南岸、桥东、江北、马安等地，以“三资”“三来一补”企业居多，其中规模以上企业26家，主要生产西服、衬衫、丝光棉T恤、休闲服、牛仔服、毛织衫及童装等产品，产品远销美国、日本、加拿大及欧盟等市场。全年纺织服装行业规模以上工业完成总产值23.4亿元，比上年增长11.3%，占区本级规模以上工业总产值的6.58%；实现增加值3.8亿元，增长4.8%；实现税金2296万元，下降25%。

【惠东县制鞋业】　2012年，惠州市惠东县制鞋业加快转型升级，“香恋”被认定为惠东制鞋业首个中国驰名商标。全年产鞋8亿双，产值240亿元，分别比上年增长14.3%和19%。11月23～25日，中国·惠东第六届鞋文化节在惠州会展中心举办。节会期间，设立鞋类展位250个，展出时尚女鞋款式6000多个；参展企业与客商、外商签订订单合同73个，合同金额88.36亿元，其中现场成交金额637.97万元；签订意向协议62个，协议金额28.86亿元。

【先进制造业】　2012年，惠州市规模以上先进制造业实现增加值773.3亿元，比上年增长23.3%，占全市规模以上工业增加值的比重为66.7%；全市规模以上高技术制造业实现增加值449.7亿元，增长28%，占全市规模以上工业增加值的比重为38.8%；全市规模以上优势传统产业实现增加值119亿元，增长15.3%，占规模以上工业增加值比重的10.3%。

【电子工业和石化工业】　2012年，惠州市规模以上电子工业完成总产值2336.6亿元，比上年增长25.8%，成为惠州首个超过2000亿产值的行业；实现增加值440.4亿元，增长27.8%。全市规模以上石化工业完成总产值1416.8亿元，比上年增长16.6%；实现增加值311.5亿元，增长16.2%。全市规模以上电子工业与石化工业共实现增加值751.9亿元，比上年增长22.7%，总量占全市规模以上工业增加值的64.8%，增加2.9个百分点，支柱作用显著增强。

【民营经济】 2012年，惠州市民营经济实现增加值887.15亿元，比上年增长12.8%。全市有民营企业24.68万家，比上年增长10.9%，其中私营企业4.66万家，增长15.1%。全市民营经济实现税收292.34亿元，比上年增长22.9%，其中地税118.5亿元，增长33.7%，民营经济地税占全市地税收入的68%。全市民营经济户数吸纳就业人数达122.62万人。

【现代农业】 2012年，惠州市粮食作物播种面积12.09万公顷，总产62.66万吨，累计发放种粮补贴1.58亿元，补贴种粮面积10.61万公顷，惠及农户22万户；完成各级农机购置补贴资金2261万元，补贴购置各类农机具8575台（套）。

高标准农田建设　是年，惠州市投入各级财政资金1.16亿元，整治改造农田5513.33公顷，建成现代农业示范基地28个。全市累计改造中低产田4.07万公顷，建成种植业示范基地119个，其中连片0.067万公顷以上的11个、0.033万～0.067万公顷的30个，带动示范区54万农民新增农业产值6.2亿元，新增收入540元/人。

农业科技　是年，惠州市新建省级“农业院士工作站”1个，引进、试验、示范、推广农作物新品种新技术600多项，完成国家、省、市科研试验项目66个；获省农业技术推广奖4项、市科学技术奖16项、市农业技术推广奖8项；开展农业送科技下乡900多场次，参加咨询群众28万多人次，发放宣传资料36万份；开展农民科技培训近3万人次；推广应用测土配方施肥技术18.8万公顷次，推广施用农家肥和有机肥56万吨、24万公顷次，推广稻草覆盖和秸秆还田7.67万公顷次，指导全市农作物病虫害防治184.73万公顷次，挽回农作物产量损失63.3万吨；与惠州学院签订全面合作协议，挂牌成立“惠州市现代农业人才培训基地”。全市主要农作物良种覆盖率99%，农业科技贡献率达58%，比上年增加2个百分点。

特色效益农业　是年，惠州市十二大特色农作物（甜玉米、马铃薯、梅菜、荔枝、韭黄、龙门年橘、特色蔬菜、花卉、淮山粉葛、优质甘薯、大顶苦瓜、优质紫红茄）复种面积14.52万公顷，比上年增加0.61万公顷，总产值68.89亿元，增加12.1亿元，带动农民人均增收3704元。冬种农作物6.04万公顷，比上年增加0.05万公顷，总产值16亿元，带动农民人均增收近千元。

农业产业化　是年，惠州市新增省级重点农业龙头企业4家、市级农业龙头企业17家、农民专业合作社215家、合作社联社1家。至年底，全市有各级农业龙头企业220家，总销售收入75亿元，带动农户23万多户，户均增收4500元；有农民专业合作社692家，成员12774户，带动农户11.9万户，户均增收3680元。有2家合作社获得“全国农民专业合作社示范社先进单位”称号，有3家合作社获得“全省先进示范社”称号。

农业机械化　是年，惠州市农机总动力131万千瓦，比上年增加4万千瓦；农业机械原值9.68亿元，增加0.5亿元；拖拉机拥有量14551台。机插水平16.9%，机收水平81%，水稻耕种收综合机械化水平67.8%；扶持现代设施农业示范点22个，辐射带动面积近1333.33公顷；创建农机安全示范村4个。

农业信息化　是年，惠州市农业信息网发布信息1.2万条，网站访问量700多万人次，访问总量2300万人次，被省经信委评为"2012年广东省农村信息化优秀成果"，连续两年被中国农业网站发展论坛组委会评为"市级卓越农业政府网站"；《惠州农业信息》杂志全年发行6期28800册，刊登各类稿件700多篇；"12316"三农热线全年服务量12万多人次，热线接听来电及网上回复咨询2300余人次。

农业标准化和品牌化　是年，惠州市审定市级农业地方标准8项，新增省、市级农业标准化示范区项目6个，新增"三品"（无公害农产品、绿色食品、有机农产品）认证企业9家、基地9个、产品36个。累计制定农业地方标准47项，建立农业标准化示范区35个，有"三品"认证企业109家、基地115个、产品241个。实施名牌带动战略，新增省名牌产品（农业类）13个，累计有省、市名牌（优）农产品100个。

【会展业】　2012年，惠州会展中心举办展览、活动、会议共70场次（展览活动45场、会议25场），全年场馆使用率为21.3%，展览活动达到平均每周一场。全年累计直接交易金额近5亿元，观展人数接近百万人次。举办的各类展会覆盖电子信息、汽车、旅游、房产、科技、餐饮等多个领域，带动全市旅游、交通、服务、房地产、汽车贸易等相关产业的有力发展，拉动经济效益近百亿元。会展业逐步发展成为带动全市第三产业发展新的经济增长点。在江苏无锡举行的2012中国会展财富论坛上，惠州会展中心获"优秀展览馆创新奖"。

（张世开　钟景业　刘惠慧　邹莹莹）

转型升级

【重污染企业减排】　2012年，惠州市开展污染物总量减排工作，制订并印发《惠州市2012年主要污染物总量减排工作计划》《惠州市"十二五"主要污染物总量减排实施方案》和《惠州市"十二五"主要污染物总量控制规划》。市政府与各县（区）政府签订"十二五"主要污染物总量减排责任书，将减排目标任务分解落实到各县（区）和各有关部门。全市125家企业安装污染因子自动监测设备，173家企业安装视频监控设备，并与环保部门联网。全年否决不符合环保要求的项目236个，环保否决率11.9%。建成21座生活污水处理设施，完成江北B线、三栋、潼侨截污管网建设，新增污水处理能力36万吨/日。年处理能力10万吨的城市生活污泥无害化处理项目建成投产。日产熟料2000吨以上的7条新型干法水泥生产线脱硝设施建设基本完成，其中4条生产线提前超额完成水泥厂脱硝任务。投放LNG公交车204辆，淘汰老旧公交车105辆。强制拆除1330个非法养猪场，清理存栏生猪10多万头。全市全年主要污染物新增削减量为化学需氧量（COD）7000吨，氨氮900吨，二氧化硫8000吨，氮氧化物

6000吨。

【无线电产业建设】 “无线城市”建设 2012年，惠州市建设3G基站4020个、3G移动用户达122.3万户，WLAN热点4871个，用户64万户，累计完成3G网络及配套投入13.46亿元，无线宽带网络覆盖率达72%，基本实现“四个100%”；城市有效面积覆盖率100%，高速公路、国道、铁路覆盖率100%，主要商业大楼（大厦、小区）覆盖率100%，实现星级以上宾馆酒店、重要政企楼宇及热点地区的WLAN网络覆盖率100%。

“三网融合”工作 是年，惠州市推动广电网络2012～2015网络升级改造方案的实施，推进光进铜退和接入网光纤化转型升级，使有线电视网逐步从同轴电缆网向全光网过渡，实现光纤到户，支持“三网融合”业务的部署，为全面推进数字电视、互动电视、高清电视、高清互动电视、宽带上网、数据专线业务等三网融合新业务提供可靠保障。

“智慧惠州”建设 10月10日，“智慧惠州”建设工作交流会召开，推动“智慧技术”在建设智能化惠民便民服务设施中的应用，推介全市“智慧城市”建设和“智慧技术”应用的最新成果，宣传“智慧城市”建设的理念，把握“智慧城市”技术的发展方向和趋势，共同推动“智慧惠州”建设。11月2日，惠州市人民政府与广东省三大通信运营商签订共建“智慧惠州”战略合作框架协议。未来5年内，省三大通信运营商计划在惠州投入“智慧惠州”建设资金138亿元，重点发展云计算、物联网、三网融合等新型业态行业，加快惠州“公共云、政府云、企业云”等基础服务设施建设。

【新建建筑节能】 2012年，惠州市强化新建建筑从规划、设计、审查、施工验收等环节的监管，加大太阳能热水系统与建筑工程建设一体化的应用力度。全市新建建筑设计阶段执行建筑节能标准和施工图节能审查备案比例均达100%，新建建筑施工阶段建筑节能强制性标准执行率达98%以上。全年全市太阳能应用面积514618平方米，占新建建筑面积比例为23.9%，比上年增长5%。完成74栋国家机关办公建筑和大型公共建筑的能耗调查、统计和有效数字汇总，并进行公示。选定东湖小区1～3期为试点，开展居住建筑能耗统计。

（张世开　钟景业　刘惠慧　邹莹莹）

城乡发展

【城乡规划】 2012年1月12日，《惠州市城市总体规划（2006~2020年）》获国务院批准。城市规划区为惠城区、惠阳区、大亚湾经济技术开发区和仲恺高新技术产业开发区范围，总面积为2672.3平方千米。根据生态保护、基础设施共建共享等需要，将规划区分为四个次区域：惠城次区域、陈江—仲恺次区域、惠阳—大亚湾次区域、北部山区次区域。规划期限为2006～2020年，远景是2020年以后。城市性质为珠江三角洲地区性中心城市之一。

【城镇规划】 2012年，惠州市编制完成各类城市规划29项，在编11项。编制完成白石地区、江南（下角、梅湖）地区、白石西区、小金口金源片区、火车西站、惠城区高新科技产业园和惠南大道两侧等地区控制性详细规划。完善南部新城东区、火车站地区、金鸡地区、惠州北动车运用所等地区控制性详细规划。专项规划编制方面，完成金山河水清岸绿工程规划、惠州市历史文化保护规划、一级空间管治区规划、水东街交通专题研究等专项规划成果或草案4项。编制完成莞惠城际轨道“西湖站”修建性详细规划及城市设计，三环路绿化规划设计。环大亚湾经济区空间发展战略规划、潼湖湿地地区总体规划、潼湖湿地公园总体规划、江北核心区城市轴线规划及城市设计、惠州市轨道网络规划修编、惠州市金山湖公园修建性详细规划等专项规划进展顺利。草拟惠州市历史文化名城、历史文化街区和古村保护利用暂行办法，加强历史文化资源的保护。

【名镇名村规划】 2012年，惠州市组织开展名镇名村示范村建设规划编制，博罗县长宁镇、横河镇等7个镇和博罗县横河镇璋背村、西群村等42个村庄完成名镇名村建设规划编制。重点指导博罗县编制完成名镇名村示范县发展规划（总体发展规划和试点建设规划）。组织各县（区）开展传统村落调查，全面掌握全市传统村落的数量、种类、分布、价值及其生存状态。年内，博罗县龙华镇五村，龙门县永汉镇鹤湖围村、龙华镇功武村被评为第三批广东省历史文化名村。博罗县龙华镇旭日村、惠城区横沥镇墨园村2个村被住房城乡建设部、文化部、财政部列入中国传统村落名录。完成《惠阳区客家围屋保护与旅游开发研究》成果，会同意大利米兰理工大学建筑学院举办惠阳客家围屋保护规划国际研讨会。

【城市重点项目建设】 2012年，惠州市推进金山河小流域综合整治，全面推进城乡生活垃圾治理。建成望江公园、金山湖公园一期，开工建设金山湖公园（二期）、文星公园、江北新湖公园。建成三环路演达立交桥等一批民生工程和重大市政建设项目。推动云山东江大桥、四环路南段、金恺大道、中职新城市政基础设施等一批市政道路改造建设工程。实施惠宏人行天桥建设。推进莞惠城际轨道西湖站和客运南站建设。改造水东街，建成水东西路传统风貌街区A4、A5地块。

【市政道路桥梁设施维护】 2012年，惠州市惠城中心区建成使用的市政道路、桥梁总长225.1千米，总面积742万平方米，桥梁、隧道总数46座。市政道路桥梁设施管养维护累计投入资金1800万元，维修路面6.3万平方米、人行道8万平方米。通过全面维护，市政道路桥梁设施完好率达96%以上。全年办理市政公用设施移交15宗、市政工程施工许可14宗、监理报建备案8宗、城市排水许可30宗、临时占道许可13宗、破挖城市道路许可21宗，查处私自破、挖、改市政设施行为13宗，各类档案归档1600多卷。“数字市政”建设和市政联合巡查机制逐步完善，城市桥梁检测监控等系统充分发挥作用，市政公用设施实现精准管理；全年通过市政联合巡查上报并及时处理问题820宗。

【城市照明】 2012年，惠州市组织实施演达立交桥路灯工程、文明二路北段照明工程、眉山路路灯工程和南山大道路灯工程4项照明工程，安装完成8条城市主干道2000多套“中国结”装饰灯。合计安装路灯200座339盏，铺设线路8000米，安装变压器4台，配电器5台。全年维修更换各种灯泡1.2万盏，维修及更换电线2.6万米，维修电表箱47个，维修更换镇流器2652个、触发器2885个。至年底，城市照明线路总长973千米，灯具总量66954盏，城市照明设施完好率、亮灯率达98.1%，均优于95%的国家标准。“数字市政”子系统之一的城市照明监控中心基本完成建设并投入使用，市区244个城市照明节能控制箱接入城市照明自动化监控管理系统。城市照明监控中心建成10个高空视频监控点，可对东江两岸、环城西、花边岭广场、火车北站、金山大桥、惠博路等市区主要路段进行实时视频监控，直观掌握市内主要路段路灯、景观灯的亮灯情况，对全市路灯及景观灯的故障提供及时快速解决方案。

【城市排水】 2012年，惠州市公用事业局管辖的下水道总长778千米，有泵站15座，市区排水设施完好率达98.5%。全年累计清疏排水管道23400米，清疏检查沙井、集水井29048座。更换破损管道749米，更换修复井盖1097套，安装侧向排水阀417座，出动清疏车364辆班，污水收集输送总量11000万立方米，月均输送量917万立方米。全年累计组织应急抢险排涝Ⅰ级以上11次，出动应急排涝人员436人次，排除内涝积水46处。年内，接管江北东区、三栋一号和二号泵站，完成东湖北路、东平下沉通道、惠博沿江路、惠泽大道、火车西站、金山大桥等11条道路排水设施移交工作。完成市政排水设施巡查PDA管理系统升级工作，增设6个易积水点排涝视频监控点，建立气象暴雨临近预测系统。

【城市供水】 2012年，惠州市实现售水量12112万吨，总产值23325万元；铺设及改造管径100毫米以上管道48.8千米；完成市区中心区“一户一表”改造工程，共计13.66万户，总投资额1.84亿元。市级水质检测能力达125项，水质综合合格率为99.76%，优于《城市供水水质标准》95%的国家标准。推进潼湖水厂首期20万吨/日建设，至年底累计投入资金1.4亿元；整合惠城区、惠阳区、大亚湾开发区、仲恺高新区的供水资源，为全市水务一体化奠定基础。

【城市园林绿化】 2012年，惠州市区城市园林绿地7256.89万平方米，绿化覆盖率40.09%，绿地率36.6%，人均公园绿地面积14.91平方米。其中，惠城中心区园林绿地面积3695.08万平方米，绿化覆盖率42.14%，绿地率38.65%，人均公园绿地面积16.14平方米。惠城中心区市场化养护绿地面积3933万平方米，新增养护绿地面积39.523万平方米；改造公共绿地7968平方米；补植乔木1571株，新植乔木1290株，迁移乔木1300株。民生实事6个休闲公园中，望江公园、金山湖公园（一期）和龙丰公园建成开放，新湖公园、文星公园和惠州森林公园（一期林相改造）相继动工建设。西湖和红花湖景区共接待游人646万人次，合江楼景点接待游人2万人次，下埔滨江公园文化广场举办各类文娱活动47场。

【城市绿道建设】 2012年，惠州市园林局组织实施4条市域绿道建设项目，分别为城市绿道启动段（南山公园—福长岭）、朝京门至体育南路绿道（文星公园—惠南大道路口）、桥东片区绿道（合江楼—水门桥底）、环西湖绿道（菱湖路—朝京门）。4条市域绿道总长47.6千米，总面积58.5万平方米，10月全部建成并投入使用。

【市容市貌执法管理】 2012年，惠州市针对城市牛皮癣、城市路面污染、黑燃气投诉、夜间管理等热点难点问题，开展联合整治行动，坚持“疏、管、教”并举，注意疏导结合，市容市貌管理取得成效。全年全市开展各类集中整治行动3702次，清理牛皮癣83753处（张），拆除横幅标语17443条，教育规劝乱摆卖、流动摊档、占道经营等222369人次。

【房地产市场】 2012年，惠州市房地产市场总体运行情况良好，“量升价稳”的特点较为突出，全年走势较为平稳。全年全市完成房地产开发投资482.2亿元，占全市固定资产投资的39.84%，比上年增长28.1%。商品房新开工面积1096.77万平方米，比上年下降18.2%；商品房新增上市面积940.95万平方米，下降28.5%。至年底，全市商品房累计可售面积为888.81万平方米，比上年增长1.62%，市场供应相对充足。全市全年新建商品房成交面积为826.7万平方米，比上年增长3.8%；成交金额478.4亿元，增长8.5%。新建商品房成交均价5576元/平方米，比上年下降4.97%，其中商品住房均价5353元/平方米，下降5.22%。

【城乡交通统筹建设】 2012年，惠州市交通运输部门制定《公共交通服务均等化综合改革专题实施细则》，提前实现城市公交县城至周边乡村50%覆盖。全市有12条客运班线改为公交线路，有53个乡镇客运站、1313个农村客运候车亭管理和养护一并纳入财政补助范围，完成200个农村客运候车亭的升级改造任务。投入4.2亿元，完成50千米县道改造；投入3亿元，完成800千米新农村公路，其中392千米省级贫困村通自然村公路全部完成。落实开展省农村公路“养护年”活动，实现农村公路100%养护。

（张世开　钟景业　刘惠慧　邹莹莹）

社会建设

【概况】 2012年，惠州市公共财政民生支出达170亿元，比上年增长17.1%，占财政预算支出的65.4%。实现“镇镇都是教育强镇”“县县都有示范性高中”的目标。推进市技师学院二期建设。市商业学校、贸易学校、旅游学校合并为商贸旅游学校，卫生学校升格为高职院校。建成市中医院新院、中大惠亚医院，完成市中心医院一期改扩建、市第三人民医院综合大楼及329间基层医疗卫生机构标准化建设任务。60周岁以上居民每人每月基础养老金70元，高于广东省定的标准15元。居民医保财政补助每人每月252元，高于省定标准12元。医保参保人数达387.9万人。异地务工人员子女纳入医保范围，真正实现“全民医保”。全市新增城镇就业岗位6.8万个，解决下岗失业人员再就业2.1万人，城镇登记失业率为2.5%，控制在计划目标2.6%的范围内。建成保障性住房5400套。完成4372户农村低收入住房困难户住房改造。

【科技事业】 2012年，惠州市在广东省率先出台《贯彻落实〈中共广东省委、广东省人民政府关于加快建设知识产权强省的决定〉的实施意见》，提出建设知识产权强市的总体要求和发展目标，规定经费保障，将全市知识产权专项资金提升至2000万元。出台《关于依靠科技创新推进专业镇转型升级的实施意见》，从2013年到2015年，惠州市财政将加大对专业镇建设的投入，每年安排1000万元专业镇发展专项资金。出台《关于推进我市LED产业发展的实施意见》《惠州市LED产业发展规划》等一批规范性文件。年内，贯彻落实企业研发费用税前加计扣除、高新技术企业税收优惠政策，为企业减免研发资金近3亿元。加大科技投入，提升企业自主创新能力。全市R&D占GDP的比重从2010年的1.1%，提升至2.0%。

高新技术产业　是年，惠州市高新技术产品产值2780亿元，占规模以上工业总产值比重达48.5%；高新技术产品出口178.9亿美元，比上年增长49.5%，占出口总额比重达61.2%，增加8.8个百分点。年内，全市新认定高新技术企业28家，认定高新技术企业132家；有国家创新型企业1家、试点企业1家，有省创新型企业20家、省创新型试点企业6家；共有88家企业168种产品获得省高新技术产品认定。

科技研究与开发　2012年，惠州市组建省级工程中心3个、市级工程中心13个。至年底，全市企业创新平台达150个；重点推进中山大学在大亚湾建立惠州研究院，武汉大学在华阳组建国家工程中心惠州分中心。全市获国家、省科技项目149个，共获扶持资金达2.2亿元。全市有17个项目获国家科技部科技型中小企业创新基金立项，共获3165万元资金支持。其中，TCL恺创公司获得国家创业投资引导基金阶段参股项目立项，立项金额2000万元，实现该基金阶段参股项目零的突破。全市新增3个镇纳入广东省专业镇管理范围。至年底，全市有14个省级专业镇。组织申报专业镇中小微企业服务平台建设专项资金项目21项，获得立项8个，共获扶持资金550万元。牵头组建车载电子、云计算、LED产业3个省部产学研创新联盟，组织实施一批核心关键技术攻关项目。TCL集团、德赛集团、华阳集团三大集团分别获得产学研粤港招标重大科技专项的立项，全市获省部产学研扶持资金3248万元。

科技成果与专利　是年，惠州市专利申请量9894件，比上年增长64.09%。其中，发明专利申请1676件。专利授权量4096件，比上年增长40.42%。PCT专利申请134件。全市完成成果鉴定26项。其中，省级会议鉴定1项，市级会议鉴定7项，市级函审鉴定18项；完成成果登记19项。组织申报省级科技奖励11项，共7项获省级奖，其中6项获三等奖，1项为惠州市企业参与项目获奖。签订技术合同14份，合同交易额8700多万元。

云计算智能终端产业集群　是年，惠州市作为全国唯一一家以云计算产业为基础的创新型产业集群，全市重点产业项目达70多个，总投资近200亿元，云计算智能终端产业产值突破1000亿元，产业高端化、集聚化发展态势明显，云计算智能终端产业集群初步形成。全市规模以上电子工业增加值440.4亿元，占全市规模以上工业的比重为38%。

【教育事业】　2012年，惠州市有各级各类学校（不含技工学校）1155所，在校生932983人，比上年增加21046人。全市基础教育阶段教职工总数63946人，其中专任教师51496人。职业学校有教职工4473人，其中专任教师3366人。年内，省教育强镇100%覆盖；乡镇规范化中心幼儿园100%覆盖；网络问政100%回复办结；37个基本公共教育服务均等化项目100%完成；全市高中阶段学校招生任务100%完成；高考本科上线人数突破1.1万人。“惠州市人民教育家培养计划”入选全省首届人才工作“十大精品”。教育部网站刊登《广东省惠州市走内涵推进义务教育均衡发展之路》，介绍惠州推进义务教育均衡发展的经验做法；省教育厅专题向省委、省政府报送《惠州市力推城乡义务教育均衡发展，努力让每一位学生依法平等享受优质教育》的工作简报；中国教育报刊发《公平的阳光洒满每个角落——透视广东惠州推进基本公共教育服务均等化的探索》的通讯报道。

学前教育　是年，惠州市有幼儿园436所，在园幼儿144664人，全市幼儿毛入园率达到90%以上，实现基本普及目标。全面完成省民生实事和市民心工程建设项目，完成新建、改扩建乡镇中心幼儿园12所，提前一年完成“学前教育三年行动计划”中关于乡镇中心幼儿园建设的任务。实现全市乡镇规范化中心幼儿园覆盖率100%。推进小区配套幼儿园建设，惠城区惠州中信水岸城、惠州白鹭湖山水休闲度假村等6个新建小区的配套幼儿园办成公办性质幼儿园，建设龙门县星晖南湾和半岛明珠配套公办幼儿园。完成12所村级幼儿园建设，加快村级幼儿园建设，完成列入省民生实事的12所村级幼儿园新建、扩建建设任务，并投入使用。完善学前教育资助体系，出台《惠州市学前教育资助制度实施方案》，制订《惠州市困难家庭儿童入读幼儿园资助工作方案》《惠州市入读普惠性规范化民办幼儿园补助工作方案》。从是年秋季起，对入读符合普惠性收费标准的民办规范化幼儿园的儿童，给予每生每年400元的资助，减轻群众经济负担。

特殊教育　2012年，惠州市有特殊学校6所，在校生790人，专任教师227人。全市实施特殊教育“一盘棋”和“一体化”发展战略，惠阳、惠东、博罗、龙门4个县（区）的特殊学校均于9月投入使用，在全省第一个完成30万以上户籍人口的县（区）全部建成1所标准化特殊教育学校任务，填补各县（区）无特殊学校的空白。市特殊学校2012年首设的启明部正式开学，为惠州市的视障少儿提供九年制义务教育。

普通教育　全年全市有中小学校686所，在校生717635人。全市坚持义务教育均衡发展，以“三对等一保障”（城乡义务教育学校管理水平基本对等、教学水平基本对等、学生成长指导水平基本对等，学校办学条件基本保障）为目标，以政府统筹为主导，以硬件均衡为基础，以软件建设为关键，以资源优化为引领，在实践中构筑一条政府主导、资源均衡、城乡联动、造峰扬谷、提升内涵的推进义务教育高位均衡发展之路。

中等职业技术教育　是年，惠州市有中职学校27所；在校生69894人，比上年减少1412人；毕业生19804人；市技工学校在校生27958人，比上年增加2133人；毕业生4637人。全市中职学校招生23059人，技工学校招生11766人，合计招生34825人。推进全市职业教育“二次创业”，提升职业教育办学水平。完成惠州卫生职业技术学院和惠州商贸旅游高级职业技术学校东校区建设，分别于9月搬入“中职新城”。惠州卫生学校升格为惠州卫生职业技术学院，成为惠州第一所公办高职院校，也是广东省唯一的卫生类高职院校。惠州工业科技学校和惠州农业学校整合为惠州工程技术学校，提升职业教育办学层次，加快惠州市职业教育集团化发展步伐。组织全市中职学校学前教育、英语、汽修专业教师培训及学生管理信息系统升级应用培训。选拔或直接推荐147名优秀选手参加全省中职学校技能大赛，惠州农业学校在插花、种子质量检测、动物外手术，惠州科技学校在广告设计与制作等项目中获得省一等奖。2012年广东省中等职业学校农业类专业种子质量检测和动物外手术项目技能大赛在惠州农业学校举行，惠州农业学校获得这两个项目的第一名，并代表广东省参加全国中等职业学校学生技能竞赛。

【卫生事业】 2012年，惠州市抓好国家卫生城市的巩固提高工作，建立完善规范化、无害化、人性化为标准的城市卫生长效管理机制，普及社会卫生行为观念，实现人、社会与环境的和谐统一，赋予国家卫生城市金牌新的内涵。开展创建省卫生镇、村工作，全年创建省卫生县城1个、省卫生村54个、市卫生村99个，并通过省城乡环境卫生整洁行动终期考评。

疾病防控 是年，惠州市网络直报法定报告的甲乙丙类传染病24种，报告病例数41404例（按审核日期统计），死亡42例。报告病例数居前5位的有手足口病、乙肝、肺结核、流行性腮腺炎、梅毒。报告死亡数按病种依次为：艾滋病、狂犬病、肺结核、乙肝、梅毒和新生儿破伤风、手足口病和丙肝。做好霍乱等感染性腹泻的监测、流感监测、不明原因肺炎监测、狂犬病监测、手足口病监测等。全年报告AFP病例19例，报告发病率为2.1/10万。病例分布于全市3县3区；报告麻疹病例21例，均为实验室确诊病例，比上年增长23.53%；报告新生儿破伤风病例22例，下降4.35%，报告死亡病例2例；报告乙脑病例4例；全市AEFI网络报告系统收到AEFI个案报告90例，增长1.57倍。无死亡、接种事故、疫苗质量事故和心因性反应报告。

3月13～19日，惠州市在全市范围内对2005年1月1日以后出生的适龄儿童开展脊灰疫苗应急免疫和麻疹疫苗查漏补种活动，在惠城区（含仲恺高新区）开展麻疹疫苗强化免疫活动。

6月，惠州市儿童预防接种管理系统信息平台与省疾控中心信息平台对接，实现在全省范围内“一地建卡，异地接种”的目标。10月，按省统一部署全面使用条形码。全年系统录入儿童个案资料588781例。

是年，全市建立居民健康档案3637662份，其中1456684份为动态记录的健康档案，居民健康档案建档覆盖率为79.1%。全市65岁及以上老年人为319808人，其中有227924名老年人接受健康管理，接受免费体检人数为198667人，免费测血糖人数为142347人，接受老年人保健指导249045次，至年底，老年人健康管理率为71.3%。

是年，惠州医疗机构通过网络报告3399例死亡个案，审核3399例，审核率100%。终审死亡个案3447例。没有鼠疫、霍乱、传染性非典型肺炎、不明原因肺炎、脊灰、人禽流感等病例的报告。全市监测检测包括吸毒者、性病门诊就诊者、HIV阳性者配偶等高危人群以及孕产妇、无偿献血员、术前检测、监管场所体检及自愿检测咨询等各类样本292182人次。完成孕产妇、性病门诊男性就诊者、吸毒者及暗娼等4类高危人群哨点监测点检测809人次；完成强戒所吸毒人员、劳教所劳教人员及看守所羁押人员等重点人群筛查3420人次。

公共场所卫生监督 全年全市检查住宿场所930间次、沐浴场所278间次、游泳场

馆68间次、集中式空调通风系统单位40间次、医疗机构1365间次、学校538间次、放射诊疗机构224间次。

农村改水改厕　2012年，惠州市重点推进改水改厕示范点建设工作，除国家、省的资金投入外，惠州市财政投入160万元用于本市的改水改厕工作。年内完成省下达惠州市改厕工作任务9000户，使农民直接受益。全年市政投入47万元，按每户补助200元进行农村改水，受益总人口达1.2万人。

【社会保险】　2012年，惠州市城乡居民医疗保险参保人数为253万人，参保率100%；城镇职工医疗保险参保人数139万人，参保率98%；本省户籍二、三产业从业人员养老保险参保人数183.5万人，参保率96.2%；城乡居民社会养老保险参保人数达到99.6万人，领取待遇人数28.4万人，45岁以上参保率100%，60岁以上领取待遇100%，于6月实现全覆盖。全市有企业退休人员80854人，纳入社区管理服务64683人，社区管理服务率80%。发放社会保障卡104.8万张，实现全市“一卡通”。提高医疗保障水平，城乡居民医保政策内平均报销比例达到60%~95%，最高支付限额达30万元，职工医保政策内报销比例统一达到95%，不设年度最高支付限额。各级财政医保补助标准从210元提高至252元，高于省规定的12元。为全市8万多名企业退休人员增加基本养老金，人均增资146.44元，增加后人均基本养老金1445.35元。全市城乡居民社会养老保险基础养老金标准由60元提高至70元，比国家和省规定的标准高出15元。失业保险金提高到每人每月760元。全年全市职工养老、医疗、失业和工伤保险共征缴社保基金56.13亿元，支付待遇32.08亿元，累计结存148.61亿元。实践“制度+科技”的新型监督方法，把已亡人员信息、工伤认定信息、地税社保征缴信息、企业法人工商注册信息前推到核发前台，有效防止骗取社会保险基金问题。全年发出预警信息2025条，涉及资金103.7万元，追回49.2万元。

【文化事业】　2012年，惠州市有文化馆6家、乡镇（街道）综合文化站73个、县级以上公共图书馆5家、博物馆（纪念馆）6家。全市文化、文物事业机构101个，从业人员1090人。其中：艺术事业机构2个，从业人员25人；群众文化事业机构79个，从业人员493人；公共图书馆事业机构5个，从业人员146人；文物事业机构6个，从业人员163人。全年全市文化、文物事业费总支出17053.6万元，比上年增加2615.6万元。实施文化下乡进社区服务工程，开展文化下乡进社区活动，全市文化工作者送戏下乡进社区100场，送电影下乡进社区12895场，送书下乡进社区94000册次。

文学艺术活动　是年，惠州市加强基层各类艺术培训，开展第六届全国“三名”笔会、第三届全国毛体书法创作交流研讨会、《颍川诗草——陈文玲诗词选》新书发布暨中华诗词高端研讨会、秦咢生四代书法作品巡回展、“画说惠州、书写未来”书画展、中国书画名家精品展、艺润万家送春联、“百姓艺术健康舞”展演、道德故事汇巡演活动、青少年钢琴艺术大赛、岭南罗浮山诗会、第四届赏石文化节、申平动物小小说在京研讨会、惠州画院画家赴桂林采风交流、省市文艺家志愿服务延安行、第三届东坡文化节四地书法联展等文艺活动。

文艺作品　全年全市文艺工作者创作和演出，部分作品在全国和全省获奖。歌曲

《白丝丝》获广东省岭南百花开“岭南音乐新作品评选”金奖、广东省委宣传部第八届“五个一工程奖”，《东江号子》获中国第二届客家文化节客家文艺精品汇演金奖，客家山歌《明朝日一定会到山顶》获广东省客家山歌擂台赛暨第三届八省客家山歌（东莞·凤岗）邀请赛金奖，歌曲《九条鲤鱼头戴金》获2012年度广东省咸水歌（渔歌）大赛金奖。广播剧《“硬颈”知县叶春及》获广东省第八届精神文明建设“五个一工程奖”，小品《这个包》和《撞击》分别获广东省第七届戏剧曲艺花会金奖和银奖。舞蹈《客家人系有料》获2012年广东省百姓艺术健康舞展演编创奖，舞蹈《咏西湖》获2012广东省百姓艺术健康舞展演最佳编创奖，《高桩舞狮》获2012广东醒狮网上争霸赛高桩狮组比赛铜奖。粤曲表演《上街》获2012年广东省首届粤剧粤曲大汇演银奖，粤曲表演《残夜泣笺》获“开心广场、百姓舞台”首届广东省粤曲私伙局大赛铜奖。

群众文化活动　2012年，惠州市组织开展“开心广场、百姓舞台”全市群众性文化活动，参与组织庆祝“两会”胜利召开专题音乐会《红歌飞过90年》、“携手助残、爱满鹅城”惠州市第二十二次全国助残日文艺演出、“幸福我来秀”全省首届“南粤幸福活动周”启动仪式暨2012年惠州市国庆专题文艺晚会等活动，组织举行2012“欢

2011～2012年惠州市社会事业情况

项　目	单位	2011年	2012年
普通高校	所	2	3
普通高校在校学生	万人	20.20	2.43
高等教育毛入学率	%		
中职和技校	所	39	39
中职和技校在校学生	万人	9.71	9.79
普通中学	所	211	214
普通中学在校学生	万人	30.77	29.65
高中阶段教育毛入学率	%		
小学	所	518	472
小学在校学生	万人	40.4	42.11
九年义务教育巩固率	%		
医院、卫生院	个	131	137
医院、卫生院床位	张	11662	14485
群众艺术馆、文化馆	个	6	6
公共图书馆	个	5	5
博物馆	个	6	6
档案馆	个	7	7
体育场馆	个		

乐新春·文化惠民”文艺演出等系列活动，举办“惠州籍书画家作品展”“惠州市首届‘家庭文化节’书法作品展”“秦咢生四代书法作品巡回展”“世界环境保护及珍稀动物图片展”“省调拨海关罚没文物展”等10多场展览。市委、市政府文化惠民的“购买服务”持续发挥功效，送戏下乡、送书下乡、送展览下基层等流动文化服务渐次成为常态。探索设立流动文化服务点的新路子，在外来务工人员较集中之处，设立以送演出、送电影、送图书、送展览、送培训为主要内容的固定服务点9个。全年全市流动演出290场，公益培训3000多人次，流动图书借阅94000册次。县（区）镇文化活动蓬勃开展，惠城区举办“社区文化推进年”活动；博罗县举办“博罗大舞台”系列文艺活动，打造“幸福时光”、“挑战麦克风”等群众文化活动品牌；仲恺高新区举办“欢乐仲恺行”文艺走基层活动和沥林第五届自行车暨鹅文化节；惠阳、惠东“卡拉OK大家唱”等社区文化活动深入开展。

文物保护　2012年，惠州市召开创建国家级历史文化名城动员大会，全面启动申报国家级历史文化名城工作。组织完成第七批广东省文物保护单位申报工作，惠东县多祝镇皇思扬村介寿诒谋牌坊、惠东县港口滨海旅游度假区大星山炮台旧址、龙门县龙城街道三洞社稷坛4处文物古迹被列为第七批广东省文物保护单位。做好对西湖景区内的历史古迹和白鹤峰东坡故居情况的调研。加强对修复宾兴馆、重修东坡祠可行性研究和全市各县（区）古村落（包括围屋）维修资金的补助研究。年内，惠州慈云图书馆完成276种3702册古籍普查。做好第三次全国文物普查的各项后续工作，完成文物点摄像的光盘资料编辑和全市文物摄像点的汇总和上报，以及不可移动文物名录的初选工作。利用文物征集专款对外征集陶瓷、石器、青铜共156件。开展文物调查和考古发掘，完成明代“陈九成”墓实地校对坐标工作；开展恐龙蛋化石出土现场调查，从大亚湾开发区征集并收藏8枚恐龙蛋化石。

【广播影视事业】　2012年，惠州市广播电视网络有线数字电视整体转换由市区向城郊和乡镇推进。落实广电民生工程建设的各项任务。组织开展惠州市20户以下已通电自然村广播电视“村村通”和农村未通有线电视地区广播电视“户户通”建设的有关数据调查和核报工作，全面完成广播电视“村村通”工程收尾建设。与物价部门和省广电网络惠州分公司对接，落实困难群体有线（模拟）电视收视服务费减免政策。推进惠州市广播电影电视协会筹建工作。农村公益电影放映服务工程扎实有效，逐步建立和完善工作责任制度、考核制度、放映公示公告制度、场次审核制度。争取并落实省对惠州市17套新数字电影放映设备的扶持措施。全年全市完成农村公益电影放映12895场。开展2011年度惠州市广播电视节目奖（“政府奖”）评选工作，评出144件获奖作品，推荐37件作品参评2011年度广东省广播电视节目奖，惠州市18件作品获奖。年内，合理进行影院规划布局，引导民营企业开发县镇影院市场，批准惠城区、惠东县、博罗县、仲恺高新区共4家多厅数字影院建设、开业，全年全市多厅数字影院由9家增加到14家，荧幕由49块增加到67块，影院总座位数达到9000个。

（张世开　钟景业　刘惠慧　邹莹莹）

·责任编辑　袁　菁·

肇庆市

基本情况

【地理位置】 肇庆市位于广东省中西部、西江干流中下游，在东经 111°21′~112°52′和北纬 22°47′~24°24′之间。北回归线横贯封开县、德庆县、广宁县、四会市境域。肇庆市东和东南部与佛山市、江门市接壤，西南部与云浮市相连，西和西北部与广西壮族自治区的梧州、贺州等市交界，北和东北部与清远市毗邻。全市土地面积 1.49 万平方千米，占全省土地总面积的 8.31%。

【历史文化】 肇庆市历史悠久，文化底蕴深厚。1994 年 1 月被国务院公布为第三批国家历史文化名城。14 万年前境域就有人类生息繁衍，有文字记载的历史达 2200 多年。春秋战国时期为百越地；秦始皇三十三年（公元前 214 年）所设的四会县是广东省 4 个最早建制县之一；西汉元鼎六年（公元前 111 年）设高要县；隋朝开皇九年（589）置端州；宋重和八年（1118）设肇庆府，意为“开始带来吉庆”；明嘉靖四十三年（1564）至清乾隆十一年（1746），是两广总督府驻地。曾是西江流域政治中心和军事重镇；既是岭南土著文化和广府文化的发祥地，也是中原文化与岭南文化、西方文明与中国传统文明最早的交汇处之一。

肇庆市人杰地灵，著名历史人物有：经学家陈钦和陈元，禅宗一代宗师石头和尚陈希迁，广东历史上第一个状元莫宣卿，宋翰林直学士李积中，刑部尚书李质，江南提督张国梁，书法家、诗人彭泰来，东河总督苏廷魁，陕西巡抚、晚清著名书画家冯誉骥，翰林院编修吴桂丹，黄花岗七十二烈士李炳辉，中国同盟会早期会员黎仲实，中共中央候补委员薛六，广东四大农民运动领袖之一周其鉴，中共广西特委书记邓拔奇，肇庆第一位留学博士、孔学大师陈焕章，中共粤桂湘边工委副书记钱兴，华侨领袖彭泽民，中国第一个共产国际代表刘泽荣，国民党中央常委梁寒操，岭南书画、篆刻大师吴子复，美籍华裔科学家李敏求，国民党陆军一级上将余汉谋，第一个率国民党海军起义的原重庆舰舰长、政协全国委员会副主席邓兆祥，教育家、物理学家吴大猷，昆虫学家赵善欢，岭南画派大师黎雄才，承包经营代表陈志雄，南拳王邱建国，省名老中医梁剑波等。古往今来，唐代书法家李邕、日本留学唐朝僧人荣睿、佛教禅宗六祖惠能、北宋名臣包拯、意大利天主教传教士利玛窦、革命先行者孙中山等均在肇庆留下遗迹。

全市有文物古迹 300 多处，其中梅庵、德庆学宫、肇庆古城墙、七星岩摩崖石刻、悦城龙母祖庙 5 处是全国重点文物保护单位，省级文物保护单位 29 处，县（市）级文物保护单位 211 处。鼎湖山庆云寺建于明朝，是“广东四大名刹”之一。地方特色文化有：包公文化、宋文化、端砚文化、龙母文化、六祖文化、山水生态文化、红色文化、古建筑文化、摩崖石刻文化、广信文化、民俗文化等，其中“封开人”与“广信文化”（封开县）、端砚文化（肇庆市）、端州文化（端州区）、“地下森林之都”（四会市）、“燕都文化”（怀集县）和“广竹文化”（广宁县）入选广东省首批“珠江文化星座”。端砚入选“岭南文化十大名片”。

入选广东省非物质文化遗产代表作名录的有：端州的端砚制作技艺、肇庆裹蒸制作技艺和疍家糕制作工艺，四会的玉雕、贞仙诞，高要的金渡花席编织技艺，广宁的玉雕，德庆的悦城“龙母诞”庙会、雄鸡舞及德庆学宫祭孔活动，封开的五马巡城和麒麟白马舞，怀集的龙鱼舞、贵儿戏及春牛舞。其中端砚制作技艺和悦城“龙母诞”庙会入选国家级非物质文化遗产名录。

【资源物产】 *土地资源* 2012年，肇庆市耕地面积14.94万公顷，园地面积7.61万公顷，林地面积104.52万公顷，草地面积1.76万公顷，水域及水利设施用地面积9.88万公顷，其他土地面积（含设施农用地、田坎、盐碱地、沼泽地、沙地、裸地）1.68万公顷。有省级以上自然保护区5个，总面积2.38万公顷。其中，鼎湖山（面积1155公顷）是国家级自然保护区，封开黑石顶、怀集大稠顶和三岳、高要烂柯山（又称斧柯山）是省级自然保护区。有国家湿地公园1个，面积998公顷。

水资源 肇庆市境内有西江和北江，属珠江水系，集水面积超1000平方千米的河流有西江、新兴江、北江、绥江等7条。西江干流水量在全国各大河流中仅次于长江，高要水文站测得西江多年年均径流量2241.3亿立方米，多年平均流量每秒7107立方米。水能资源理论蕴藏量2943万千瓦，可开发装机容量2160万千瓦。辖区内多年平均地表水和地下水资源量分别为136.2亿立方米和49.1亿立方米。本市水资源人均占有量为3550立方米，加上入境水资源量，人均拥有量为59610立方米。主要江河湖库水环境质量保持优良，河流各断面均达到各功能区水质要求，全市12个集中式饮用水源地水质均达到Ⅱ类，星湖水质达到《地表水环境质量标准》Ⅳ类标准，跨市河流交接断面水质达标率100%。

生物资源 肇庆市是广东省主要林区之一。植物类型大部分属南亚热带常绿季雨林。全市天然生长和人工栽培的植物近300科、1200多属、2500多种，其中国家一级重点保护植物51种、国家二级重点保护植物203种。国家一级重点保护野生动物8种、国家二级重点保护野生动物30种，省重点保护野生动物54种。2012年，全市林地面积105.56万公顷，森林覆盖率68.39%；活立木蓄积量4899.19万立方米。

矿产资源 截至2012年底，肇庆市已发现矿产61种，其中探明有储量矿产34种。重要矿产资源有金、铁、稀土、石膏、水泥用灰岩、陶瓷土、花岗岩、砚石等。主要矿种保有资源储量：金矿65吨，铁矿3919万吨，水泥用灰岩7.97亿吨，石膏3796万吨。其中石膏的储存量和品位居全省首位；砚石是肇庆特有工艺观赏石矿产，储量约100万吨。“端砚”为中国四大名砚之首。广宁县出产的“广绿玉”是“中国五大佳石”之一。

肇庆特产 肇庆市土特产主要有端砚、广绿玉、裹蒸、肇实、紫背天葵、七星剑花、竹笋、何首乌、巴戟天、封开油栗、茶秆竹、杏花鸡、文岗鲤、麦溪鲤、燕窝、茶油鸡、疍家糕、竹篙粉、大船糕等。

【荣誉称号】 肇庆市是国家历史文化名城、中国优秀旅游城市、全国创建文明城市工作先进城市、国家园林城市、国家卫生城市、中国砚都、国家环境保护模范城市、中国投资环境百佳城市、中国最休闲旅游城市，是广东省文明城市，是广东省最大的柑橘种植基地、主要淡水养殖基地、蔬菜生产基地、重要林业产业基地。辖下的四会市是中国柑橘之乡和中国玉器之乡，高要市是中国肉桂之乡、中国罗非鱼之乡、中国罗氏沼虾之乡、广东黄金之乡，广宁县是中国竹子之乡、中国武术之乡和中国砂糖桔之乡，德庆县是中国贡柑之乡和中国柑橘之乡，封开县是中国松脂之乡，怀集县是中国竹子之乡、中国攀岩之乡。

【面积与人口】 肇庆市行政区域面积 1.49 万平方千米。东西宽 156.50 千米，南北长 175.38 千米。肇庆城区（含端州、鼎湖 2 区）辖 9 个街道和 4 个镇，总面积 706 平方千米，占全市总面积的 4.74%。

2012 年末，全市户籍总人口为 427.59 万人，其中非农业人口 119.63 万人。常住人口 398.23 万人，其中城镇人口 169.74 万人，占常住人口的 42.62%。城区（含端州区和鼎湖区）户籍人口 51.83 万人，常住人口 65.14 万人。全年出生人口 6.77 万人，出生率 17.07‰；死亡人口 2.53 万人，死亡率 6.38‰；人口自然增加 4.24 万人，人口自然增长率 10.69‰。

【行政区划】 1949 年 10 月 18 日，肇庆解放。同年 11 月，广东省人民政府设西江行政督察专员公署，专署机关驻肇庆镇（11 月 20 日改为肇庆市），辖高要、四会、广宁、封川、开建、德庆、郁南、罗定、云浮、新兴、高明（1950 年 1 月划归珠江专区）11 个县及肇庆市。1950 年 3 月，西江行政督察专员公署改称广东省西江区行政督察专员公署，肇庆市并入高要县改称城关区。同年 9 月，广东省西江区行政督察专员公署改称广东省人民政府西江区专员公署，辖区不变；城关区改称肇庆镇。1951 年 5 月，政务院批准广西省怀集县委托广东省西江专区代管。1952 年 3 月，政务院批准怀集县由广西平乐专区划归广东省粤中行政区。

1952 年撤销西江专区，所属县并入粤中行政区，粤中行政区行政专员公署驻江门市（1955 年 9 月迁至佛山市）。粤中行政区辖南海、番禺、顺德、中山、三水、新会、鹤山、高明、增城、龙门、博罗、东莞、宝安、高要、广宁、四会、新兴、罗定、云浮、郁南、德庆、封川、开建、怀集、渔民 25 个县及三埠镇。同年 5 月，封川、开建合并为封川开建县，治封川城；广宁、四会合并为广四县，治会城镇。1954 年 7 月，撤销广四县，恢复广宁县、四会县建制。

1956 年 1 月，撤销粤中行政区，成立高要专区，辖高要、四会、云浮、广宁、新兴、罗定、德庆、郁南、怀集、封川开建 10 个县。高要专区行政专员公署驻高要县肇庆镇。1957 年 4 月，撤销封川开建县，恢复封川县、开建县建制。

1958 年 4 月，肇庆镇改为肇庆市（县级）。同年 5 月，封川县、开建县再度合并为封川开建县。同年 10 月，广宁、四会两县合并称广四县。同年 11 月，德庆和封川两县合并为德封县，初治江口镇，后迁德城镇；怀集与开建合并称怀建县，未几复称怀集县，治怀城镇。同年 12 月，肇庆市并入高要县，复称肇庆镇。1958 年 12 月，高要专区更名为江门专区。江门专区除辖原高要专区所属的高要、广四、云新、罗南、德封、怀建 6 个县外，增辖从佛山专区划入的新会、台山、开恩、高鹤 4 个县及江门市（县级）。江门专区行政专员公署驻高要县肇庆镇。

1961 年 4 月，恢复肇庆市（县级）。同年 10 月，撤销广四县，恢复四会、广宁两县；撤销德封县，恢复德庆县，设立封开县；江门专区更名为肇庆专区。肇庆专区辖高要、四会、广宁、怀集、封开、德庆、郁南、罗定、云浮、新兴、高鹤、新会、开平、恩平、台山15个县和江门、肇庆2个市（县级）。肇庆专区行政专员公署驻肇庆市（县级）。1963年6月，江门市和新会、台山、开平、恩平、高鹤县划归佛山专区。

1968年3月，成立肇庆专区革命委员会，取代肇庆专区行政专员公署职能。1970年10月，肇庆专区更名为肇庆地区，辖肇庆市（县级）和高要、四会、广宁、怀集、德庆、封开、郁南、罗定、云浮、新兴10个县。1979年4月，撤销肇庆地区革命委员会，设立肇庆地区行政公署，肇庆地区所辖县、市不变。

1988年1月，国务院批准撤销肇庆地区，将肇庆市升格为地级市，设立肇庆市端州、鼎湖2个市辖区，将原肇庆地区的高要、四会、广宁、怀集、封开、德庆、罗定、云浮、郁南、新兴10个县划归肇庆市管辖。肇庆市人民政府驻端州区。

1992年9月至1993年11月，云浮、罗定、高要、四会4个县先后撤县设市（县级），由肇庆市代管。

1994年4月，罗定市、云浮市、郁南县、新兴县划归新成立的地级市云浮市；肇庆市辖端州、鼎湖2个区和广宁、德庆、封开、怀集4个县，代管四会、高要2个市（县级）。

1998年4月，设肇庆高新技术产业开发区（省级）。2010年9月26日，肇庆高新技术产业开发区升级为国家高新技术产业开发区。

2008年12月，国务院批准《珠江三角洲地区改革发展规划纲要（2008~2020年）》，肇庆市被划入珠江三角洲地区。

2012年10月27日，肇庆新区挂牌成立。2012年末，肇庆市辖端州区、鼎湖区、广宁县、德庆县、封开县、怀集县，代管四会市、高要市，另设肇庆高新技术产业开发区和肇庆新区。

【风俗民情】 肇庆市的风俗源于传统礼法，各地大同小异，形成各具特色的风俗民情。

岁时节俗　春节，俗称“过年”，是农历一年中最为隆重的节日，时间由当年农历十二月二十三“送灶君上天”开始，至次年元宵节第二天“落灯”止，有“年卅晚，逛花市”的习惯。过年糕点类食品，高要市称“茶果”，其他各县（市、区）称“整糕”“做糍”，最有代表性的是端州、鼎湖2区及高要市的“裹蒸”，还有广宁县的“打白糍”。元宵节，怀集县的下帅乡有对山歌、表演“采茶舞”等传统，德庆县有“炮竹攻狮子”节目。清明节，主要活动是扫墓，俗称“拜山”“拜清”“行清”。端午节，俗称“五月节”，大都吃粽子，在门上挂艾叶或菖蒲；端午赛龙舟是高要市金利镇的民间传统体育活动。中元节，民间称“鬼仔节”，入夜以香烛、水饭、花生和冥纸在门前或路旁作祭，称“烧衣”“撒水饭”。中秋节，城乡盛行从农历八月初开始向亲友送月饼及糖果等礼物，农历八月十五当晚为家人团聚，围坐赏月、饮茶、尝月饼，怀集县桥头、下帅等乡镇中秋之夜有摆歌堂、唱夜歌的特色风情。重阳节，民间有登高、迎出嫁女归宁、扫墓（秋祭）等习俗，其中登高最为盛行。冬至，俗称“过冬”，有“冬至大过年”之说，当天杀鸡宰鸭，备酒水奉神，款待各方亲友。

特色习俗　有端州区伍丁宝诞（四月初八）、鼎湖区包公诞（二月十四）和鼎湖区苏真人诞（四月二十）、四会市贞仙诞（九月初九）、高要市茶果节（正月，二月，八月的初五、初八、初十、十二）和高要市河台镇的开耕节（二月初二）、德庆县悦城镇的龙母诞（正诞五月初八，润诞八月十五）、怀集县下帅乡的牛王诞（四月初八）和桥头镇的燕子节（六月初六）等20多种。

民间表演艺术　包括德庆县的德庆学宫祭孔活动、“雄鸡舞”（又称凤鸡舞）、“蝴蝶舞”（又称“舞蝴蝶”），封开县的“五马巡城”“麒麟白马舞”，怀集县的“春牛舞”“壮狮舞”“龙鱼舞”，还有流传各地的“舞龙”“舞狮”等；民间戏曲以怀集县的“贵儿戏”最具特色，被列入中国的稀有地方剧种。

传统手工技艺　有端砚制作、草席编织、玉雕、花灯扎制、古法造纸等，裹蒸、疍家糕、竹篙粉、大船糕等农产品加工技艺远近闻名。

【民族】　2012年，肇庆市有壮、瑶、回、土家、苗、满、维吾尔、乌孜别克、锡伯、蒙古、塔塔尔等少数民族类别46个，人口20695人，占全市总人口的0.48%。下帅壮族瑶族乡是全市唯一的民族乡，是广东省7个民族乡之一。全乡有1万多人，70%以上是壮族和瑶族。有近400年历史的世居回族穆斯林生活在端州城区，有600人左右。在肇经商、务工、读书的外来少数民族约3000人，其中肇庆学院、肇庆工贸学校、肇庆中学新疆班有学生近700名，分别来自维吾尔族、回族、乌孜别克族、锡伯族、蒙古族、塔塔尔族等13个民族。

【宗教】　2012年，肇庆市有佛教、基督教、天主教和伊斯兰教四大宗教；有16个宗教团体，其中市级5个（市佛教协会、市基督教“三自”爱国会、市基督教协会、市天主教爱国会、市天主教教务委员会）、县（市、区）级11个；寺观教堂28处和固定处所11处，其中佛教10处、基督教9处、天主教7处、伊斯兰教2处；教徒村2个（高要市的上清湾村、黄洞村）。全市有教职人员130多人，佛教和尚和尼姑共80多人，基督教牧师1人、传道10人，天主教神父1人、修女3人，伊斯兰教阿訇1人。信徒约3万人，其中佛教2万多人、基督教3200人、天主教2300人、伊斯兰教近600人。

【语言】　肇庆市主要流行粤方言和客家方言。粤方言，又称广州方言、广府话（俗称白话），分为两部分：第一部分是广府片，分布端州区、鼎湖区、高要市；第二部分是罗广片（又称勾漏片），分布四会市、德庆县、广宁县、怀集县、封开县和肇庆高新区。全市总人口90%以上使用粤方言，但各地又有地方色彩，在语意、词汇等方面存在差异，如怀集县就有“上坊话”与“下坊话”之分。全市约有30万人使用客家方言，以四会市最多，约有12万人。怀集、封开2县部分人使用少数民族语言壮语和标语。使用壮语的主要居住在怀集县西北部的下帅壮族瑶族乡和中洲镇的部分村庄，大约有7000人。全市操标语的约20万人，分布在怀集县的永固、诗洞、桥头、大岗、梁村等镇和封开县的河儿口镇、金装镇、长安镇的一些村寨。改革开放以来，随着外来人口的增多，肇庆语言也发生变化，学校普遍使用普通话教学，普通话逐渐成为公务活动的主要用语，本地百姓可用普通话与非粤方言民众交流。

【风景名胜】　肇庆市山峦秀丽，风景名胜众多。星湖风景名胜区（含七星岩、鼎湖山）为第一批国家重点风景名胜区，怀集县燕岩、封开县龙山是省级风景名胜区。鼎湖山是“广东四大名山”之一，有“北回归线上的绿洲”之称，是中国第一个自然保护区，被联合国教科文组织列入国际生物圈保护区。著名的溶洞胜景是由“五湖六岗七岩八洞”组成的七星岩景区，湖面530公顷，集“桂林山、杭州水”于一体，被誉为“岭南第一奇观”。“西江小三峡（三榕峡、大鼎峡、羚羊峡）”和四会市奇石河景色如画。温泉有怀集县蓝钟镇双兴温泉和凤岗镇燕峰峡温泉。

1998年12月，肇庆市获评为“中国首批优秀旅游城市”。全市有地方特色的旅游资源单体95个，其中属自然的资源58个，主要有：以鼎湖山（风景区）、七星岩、大斑石（封开县）为代表的山岳与地质景观资源，以星湖、西江、贺江为代表的水景观资源，以鼎湖山、黑石顶为代表的森林生态资源，以肇庆古城墙、阅江楼、端砚为代表的历史文化资源，以德庆悦城龙母祖庙、梅庵为代表的民俗与宗教资源，以肇庆高尔夫度假村、广新农业生态园为代表的休闲度假资源等。开发利用的景区景点50多个，如城区的肇庆古城墙、“千年古寺”梅庵、“古端州名郡”丽谯楼、包公祠、沿江三峡四塔；与城区紧连的是星湖风景名胜区；西线有德庆学宫、悦城龙母祖庙、金林水乡、三元塔、盘龙峡、花世界，封开龙山、黄岩洞遗址、杨池古村；北线有广宁竹海、宝锭山，怀集燕岩、燕峰峡、世外桃源；东线有九龙湖、奇石河、四会贞山、邓村造纸等。形成以七星岩和鼎湖山为中心，连接四会贞山、广宁竹海大观、怀集燕岩和世外桃源、封开龙山和天下第一石、鼎湖葫芦山和九龙湖、德庆盘龙峡和龙母祖庙、高要广新生态园及砚坑紫云谷的“肇庆千里旅游画廊”。其中星湖风景名胜区、德庆悦城龙母祖庙景区、德庆学宫景区、德庆盘龙峡生态旅游区和广宁宝锭山景区为AAAA级景区。

（叶可道　韦相伍）

生态环境

【耕地保护】　2012年，肇庆市完成市、县两级基本农田保护示范区建设，通过广东省耕地保护责任考核。高要市成为广东省基本农田保护示范区项目建设县。年内，肇庆市实行耕地保护考核问责制和一票否决制，建立县、镇、村三级基本农田保护区监察网络。在省的考核中，“三旧”（旧城镇、旧厂房、旧村庄）改造项目获单项三等奖。全市经省国土资源厅组织省直有关部门联合抽查的补充耕地559.36公顷，根据省的抽查反馈意见，分别出具验收确认函。全市共申报城乡建设用地增减挂钩项目7个，申请调整增减挂钩项目3个，争取周转指标205.68公顷；“先拆后建”项目3个，涉及拆旧面积215.5公顷；除怀集县闸岗项目区外，其他指标按期归还。

【建设用地管理】　2012年，肇庆市实行建设用地集体会审制度，完善工业用地和经营性用地“招拍挂”（招标、拍卖或挂牌等方式）制度，国有建设用地使用权试行网上交易。全市新增建设用地1860.01公顷。全市供应土地897宗，面积2142.38公顷，土地价款37.25亿元。其中，划拨土地74宗，面积1439.19公顷；“招拍挂”出让用地

213宗，面积644.52公顷，成交价款34.77亿元；出让工业用地17宗，面积15.54公顷，成交价款3866.20万元；出让商业服务业用地21宗，面积4.13公顷，成交价款4281.96万元；出让住宅用地567宗，面积14.78公顷，成交价款9544.97万元；出让其他用地5宗，面积24.24公顷，成交价款7091.73万元。土地卫片执法检查与土地变更调查相衔接，国土资源部下发的土地卫片执法检查图斑857宗，总面积1005.8公顷（其中耕地201公顷）。经外业核查和内业详审，最后确定违法图斑225宗，面积89.7公顷（其中耕地17公顷），比上年下降64.1%，除作非立案处理的71宗外，应立案查处154宗全部立案查处，立案率、查处率均为100%。国土资源部下发的矿产卫片执法检查图斑12宗，涉及鼎湖区、四会市、高要市和怀集县。经核查，鼎湖区合法开采1宗，高要市违法开采1宗，已处罚结案；实地伪变化10宗，其中，四会市2宗已复绿，怀集县8宗因崩山等地质灾害影响，出现疑似开采迹象，已作复绿。日常动态巡查发现的违法用地案件73件，已制止71件，共挽回经济损失204.5万元。（冯永成）

【节能减排】 2012年，肇庆市能源消费量为885.82万吨标准煤，比上年增长5.52%；综合能源消费量在1万吨标准煤以上的工业企业74家；单位GDP（地区生产总值）能耗下降4.94%；单位工业增加值能耗下降9.04%；单位GDP电耗下降3.31%。有308家企业开展清洁生产，280家企业通过清洁生产审核评估或验收，其中有98家企业获“广东省清洁生产企业”称号，50家企业获“肇庆市清洁生产企业”称号。

全年全市对39个建设项目进行主要污染物排放总量前置审核，对6个无总量来源证明的项目实行暂缓审批。关停并拆除所有立窑水泥厂生产线，纳入省减排计划的小纸厂、皮革厂等落后产能企业全部关停拆除，结构减排项目完成率100%。对4蒸吨/小时以下和使用8年以上的10蒸吨/小时以下燃煤、燃油锅炉限期淘汰或改生物质燃料。完成省下达的减排任务：化学需氧量排放量下降3%，排放总量控制在8.09万吨内；氨氮排放量下降2.2%，排放总量控制在0.87万吨内；二氧化硫排放量下降1.5%，排放总量控制在2.70万吨内；氮氧化物排放量控制上升6.0%以内，排放总量控制在4.80万吨内。完成85个废水减排项目和52个大气减排项目任务。全年平均灰霾天气日数89.5天，比上年减少13天。城镇污水处理率80.27%，城市生活垃圾无害化处理率70.1%。制定《肇庆市2012年总量减排监测体系计划》，每季度对全市84家国控企业实施监督性监测，除关闭或停产企业外，其余全部完成监测；对所有安装并通过验收的重点污染源在线监控系统，每季度进行一次比对监测，有效性审核率90.2%；对重点污染源实行24小时实时在线监控，企业的排放情况上传至广东省监控中心，全年数据完整率达90%以上。（黎　柱　彭丽丽）

【城乡生态环境建设】 2012年，肇庆市加快“绿色肇庆”建设。建成生态景观林带1826.67公顷，落实封育管护林面积3200公顷，完成义务植树660.73万株，森林覆盖率68.39%，活立木蓄积量4899.19万立方米。城区新种植公共绿化面积1.4万平方米，园林绿地面积2212公顷，人均公园绿地面积16.96平方米。著名的生态景区有高要市的广新农业生态园和德庆县的盘龙峡生态旅游区。以“肇庆新区”推动新型城市化建设，以“国家低碳绿色发展示范区”“珠三角健康宜居理想城市”等为定位，发展“节能环保、休闲养生”生态型新城市。全市新建绿道169千米、城市绿道慢行道152千米。完成污染减排项目，大气、水体等环境质量稳定达标，城市绿化建设、环星湖绿道等项目获广东省“宜居环境范例奖”。全市新创建生态文明村335个，创建广东省卫生镇15个、省卫生村257个。肇庆市通过“国家环境保护模范城市”复核，获“中国最具幸福感城市”称号。四会市获“全国十佳金融生态示范市”称号，德庆县“金林水乡生态保护”和“城市绿化建设”项目被广东省住房和城乡建设厅授予“2011年广东省宜居环境范例奖”，怀集县“全国绿化模范县”创建工作通过省检查验收，肇庆龟顶新城“三旧”改造项目获2012年“广东省宜居环境范例奖”，四会市贞山街道大坑一村等19个村庄获“广东省宜居示范村庄”称号。高要市组建全省首个县级城乡垃圾处理网络，建成大井村、坑尾村、揽塘新村、水边村等一批“幸福美丽文明村居”；高要市回龙镇黎槎村、白土镇坑尾村分获“广东十大最美古村落”和“广东十大特色古村落”称号，蛟塘镇等10个镇（街道）获广东省住房和城乡建设厅授予第二批“广东省宜居示范城镇”称号；12月6日，广东省乡村文明行动工作现场会在高要市召开。

（韦相伍）

经济社会发展概况

【经济持续平稳增长】 2012年，肇庆市经济继续保持平稳发展态势，实现地区生产总值1453.84亿元，比上年增长11.0%。其中，第一产业增加值242.69亿元，比上年增长5.8%；第二产业增加值657.30亿元，增长17.2%；第三产业增加值553.85亿元，增长6.1%。三大产业比例由上年的17.09：44.34：38.56调整为16.69：45.21：38.10。人均地区生产总值36650元，比上年增长10.1%。城镇居民人均可支配收入21754元，农村居民人均纯收入10366元，分别比上年增长14.3%和15.0%。全年新增就业94737人，年末城镇登记失业率2.42%。

【“两区引领两化”战略取得成效】 2012年，肇庆市实施以肇庆高新区引领新型工业化、以肇庆新区引领新型城市化的“两区引领两化”战略。制定《五年行动计划》，把发展战略项目化、指标化，明确责任单位、时间要求，全力推动落实，并取得初步成效。全年全市实现地区生产总值1453.84亿元，比上年增长11.0%，其中第二产业增加值657.30亿元，占全市地区生产总值的45.21%。工业固定资产投资422.50亿元，比上年增长33.80%；实现规模以上工业增加值674.63亿元，增长20.2%；先进制造业增加值和高技术制造业增加值分别占规模以上工业增加值的31.2%和10.4%；工业经济效益综合指数为290.15%。

新型工业化加快推进。2012年，肇庆高新区以建设现代科技工业城为目标，推进“一区多园”模式，引领全市新型工业化。该区全年引进恒讯蓝光盘研发生产、三才医药食品产业等一批优质科技型项目，加快推进国电热电联产等省级或国家级的重点项目，新增高新技术企业占全市的43.75%，成为“国家知识产权试点园区”；肇庆高新区四会产业园揭牌，并与高要市、德庆县、怀集县签订共建产业园协议，促进新型工业化发展。全年高新区实现工业增加值131.45亿元，比上年增长18.7%。全市各县（市、区）产业园、产业集聚基地加快发展，粤桂合作特别试验区由粤桂两省（区）政府共同签署《指导意见》，广佛肇经济合作区启动园区建设和项目引进。

新型城市化取得突破。是年，肇庆市出台《关于加快推进新型城市化的实施意见》，启动肇庆新区规划建设，实施新型城市化战略。10月，《广东肇庆新区发展总体规划（2012~2030年）》获广东省政府常务会议审议通过，肇庆新区正式挂牌成立。年内，肇庆新区举办金融合作交流会，与中国华融集团、国家开发证券、国家开发银行等签订战略合作框架协议；引进北京师范大学附属学校、中山大学肇庆医院、保利集团肇庆新区现代生产性产业服务中心和中颐创意园等项目13个，合同投资总额309.5亿元，总统御山庄、砚阳湖等重点基础设施项目启动建设。各县（市、区）推进新型城市化建设项目，四会市“两城三基地”、高要市江滨新城、广宁县“再造一城”、德庆县西区宜居新城、封开县“广信新城”、怀集县三江新城加快建设。全市续建和新增动工“三旧”改造项目88个，完成西江路扩建改造、端州四路过街隧道等重点市政工程，珠三角环线高速公路江门至肇庆段二期建成通车，广佛肇高速公路奠基，阅江大桥等一批城市基础设施重点项目加快建设。“新区引领、中心组团一体互动、山区腹地集约发展”的新型城市化格局逐步显现。

【农业生产稳步发展】 2012年，肇庆市完成农林牧渔业总产值364.06亿元，比上年增长4.0%，其中，农业增长5.4%，林业增长11.0%，牧业增长4.0%，渔业增长5.1%。粮食产量115.11万吨，比上年增长1.1%；肉类总产量43.54万吨，增长2.5%；水产品产量35.86万吨，增长3.8%。年末生猪存栏239.58万头，比上年下降1.3%；生猪出栏410.53万头，增长2.9%。

【工业增长迅猛】 2012年，肇庆市规模以上工业实现增加值674.63亿元，比上年增长20.2%，其中民营企业完成工业增加值390.63亿元，增长23.6%，对规模以上工业的贡献率达66%，拉动工业增长13.3个百分点。工业经济效益综合指数290.15%，资产贡献率24.86%，资本保值增值率102.80%，资产负债率51.29%，流动资产周转率5.52%，成本费用利润率5.97%，全员劳动生产率21.06万元/人·年，产品销售率98.17%。

【投资实现较快增长】 2012年，肇庆市完成固定资产投资852.60亿元，比上年增长20.1%。其中，第一产业完成投资50.04亿元，比上年下降7.5%；第二产业完成投资422.99亿元，增长33.7%；第三产业完成投资379.58亿元，增长11.8%。

【内需稳步增长】 2012年，肇庆市实现社会消费品零售总额433.39亿元，比上年增长15.1%，其中，批发零售业增长14.9%，住宿餐饮业增长17.1%。城市接待旅游者人数2453.95万人次，比上年增长14.8%；旅游总收入180.37亿元，增长26.7%。商品房销售面积373.60万平方米，比上年增长13.5%；商品房销售额175.82亿元，增长12.6%。

【财税收入实现两位数增长】 2012年，肇庆市完成地方公共财政预算收入103.81亿元，比上年增长12.6%。其中，税收收入65.57亿元，比上年增长16.2%，占地方公共财政预算收入的63.16%，提高1.95个百分点。国税系统税收收入78.65亿元，比上年增长12.0%；地税系统税收收入87.69亿元，增长14.6%。

【对外贸易持续回升】 2012年，肇庆市完成外贸进出口总额63.51亿美元，比上年增长11.2%，其中出口总额37.81亿美元，增长14.3%。实际吸收外资金额11.52亿美元，比上年增长11.9%。

【金融机构运行平稳】 2012年末，肇庆市金融机构人民币存款余额1324.64亿元，比上年增长10.7%，其中城乡居民储蓄存款余额854.43亿元，增长14.6%；贷款余额876.27亿元，增长16.2%。贷款余额中，短期贷款144.66亿元，比上年增长45.4%；中长期贷款707.64亿元，增长12.2%。

【居民消费价格实现年度控制目标】 2012年，肇庆市居民消费价格比上年上涨2.8%，比年初目标低1.7个百分点。固定资产投资价格上涨1.5%。工业生产者出厂价格比上年下降1.6%，其中，轻工业上涨1.0%，重工业下降2.6%。农产品生产者价格比上年上涨3.4%。

【社会事业全面发展】 2012年末，肇庆市

2012年肇庆市国民经济发展情况

区市县	户籍人口（万人）	常住人口（万人）	地区生产总值（当年价、亿元）		人均地区生产总值（元）		规模以上工业总产值（当年价、亿元）		规模以上工业增加值（当年价、亿元）	
			实绩	比上年增长（%）	实绩	比上年增长（%）	实绩	比上年增长（%）	实绩	比上年增长（%）
全　市	427.59	398.23	1453.84	11.0	36650	10.1	2861.81	20.3	674.63	20.2
端州城区	36.43	48.44	288.11	4.9	59534	4.4	375.99	10.8	84.13	9.7
#端州区			141.52	10.6	73108	10.0	226.44	20.9	49.51	19.4
鼎湖区	15.40	16.70	70.81	13.7	42511	13.0	166.00	21.0	38.56	21.2
四会市	41.91	47.85	242.56	14.5	50850	13.7	495.84	23.5	110.81	22.5
高新区	3.07	7.72	149.25	16.5	200593	11.8	569.49	19.4	131.45	18.7
高要市	78.73	76.55	301.97	11.6	39600	10.8	734.24	21.5	175.75	21.5
广宁县	56.92	43.06	98.24	11.2	22890	10.4	118.47	21.0	28.53	22.2
德庆县	38.41	34.68	91.71	9.1	26542	8.3	170.21	24.4	40.13	24.2
封开县	50.63	40.43	98.38	11.6	24413	10.8	92.93	25.1	21.35	24.1
怀集县	106.08	82.79	169.90	11.9	20602	11.0	138.64	24.9	43.92	23.5

（续上表）

区市县	农林牧渔业总产值（当年价、亿元）		固定资产投资（亿元）		外贸出口总额（亿美元）		实际利用外资（亿美元）	
	实绩	比上年增长（%）	实绩	比上年增长（%）	实绩	比上年增长（%）	实绩	比上年增长（%）
全　市	364.06	4.0	852.60	20.1	37.81	14.3	11.52	11.9
端州城区	—	—	143.62	6.7	16.67	18.4	1.41	22.26
#端州区	1.16	–6.9	95.92	18.1	7.30	10.0	1.31	13.5
鼎湖区	23.10	3.1	56.66	20.9	2.01	18.7	0.73	12.9
四会市	63.32	3.5	177.58	25.1	4.68	11.5	1.60	13.7
高新区	1.78	–16.4	91.38	15.1	5.99	9.7	3.56	5.1
高要市	89.66	2.7	172.00	25.3	5.76	11.3	2.27	14.3
广宁县	33.70	6.2	38.03	25.2	0.43	10.4	0.58	12.9
德庆县	33.30	5.6	62.50	26.5	1.33	7.8	0.42	9.8
封开县	46.87	5.8	55.28	21.0	0.52	11.9	0.67	21.1
怀集县	71.17	6.0	55.56	25.0	0.41	8.4	0.28	15.3

（续上表）

区市县	地方公共财政预算收入（亿元）		社会消费品零售总额（亿元）		城镇居民人均可支配收入（元）		农民人均纯收入（元）	
	实绩	比上年增长（%）	实绩	比上年增长（%）	实绩	比上年增长（%）	实绩	比上年增长（%）
全　市	103.81	12.6	433.39	15.1	21754	14.3	10366	15.0
端州城区	26.52	13.1	139.09	14.9	—	—	—	—
#端州区	10.24	13.1	108.66	17.0	21754	14.3	17068	16.6
鼎湖区	4.25	24.4	16.85	20.1	17236	10.0	11439	15.0
四会市	17.30	20.4	79.78	19.2	—	—	12135	16.0
高新区	9.60	–9.5	6.13	10.3	—	—	19588	15.50
高要市	19.22	16.2	67.63	9.3	20488	14.3	12975	15.1
广宁县	5.84	4.4	30.21	14.8	18171	16	7898	11.7
德庆县	6.44	19.0	28.14	17.5	19865	13.7	12665	15.0
封开县	5.63	12.4	23.18	15.3	—	—	8434	15.0
怀集县	9.01	14.9	42.39	15.5	12659	12.9	8510	15.6

注：1. 端州城区＝市直＋端州

2. 人均地区生产总值按常住人口计算

3. 以上指标数据为快报数，准确数据以《肇庆统计年鉴·2013》为准有群众艺术馆1个，文化馆8个，文化中心1个，县级及以上公共图书馆9个，博物馆7个，陈列馆1个，纪念馆1个，广播电视台10座，有线广播电视用户54.74万户(不含端州区)，有线数字电视用户18.81万户（不含端州区)，出版报纸4842万份，档案馆11个、馆藏78.25万卷。有各类卫生机构726个；各类卫生技术人员16544人，比上年增长4.9%；拥有医院、卫生院床位1.09万张，增长9.9%。法定报告甲、乙类传染病发病总数12537例，死亡63人；发病率36.21/10万，死亡率1.59/10万。肇庆籍运动员在国内外重大体育比赛中，共获全国冠军25项、世界冠军1项。（蔡喜玲）

体制改革

【经济体制改革】 2012年，肇庆市颁布《关于推进农村综合改革的实施意见》，推进农村综合改革，农村集体“三资”清理监管工作成效明显。肇庆市成为广东省社会创新实验基地，端州区社区服务管理是广东省社会创新试点项目。肇庆市直部门与端州区、肇庆高新区财政管理体制得到理顺，营业税改征增值税试点工作进展顺利，全市预算单位全部纳入国库集中统一支付，完成市本级公务卡使用改革，建立企业融资服务中心，引进3个银行业机构和4个保险业机构。

【行政体制改革】 2012年，肇庆市实施市级转变政府职能、深化行政审批制度改革方案，编制市政府向社会组织购买服务目录和市政府决定取消、转移、下放、委托管理的行政审批事项目录。开展企业登记相关领域审批制度改革，实施许可经营项目与主体资格相对分离、“零首期”注册等10项改革措施。赋予肇庆高新区和肇庆新区一批市级经济管理和相关行政管理权限，赋予四会市大沙镇、高要市金利镇深化简政强镇事权改革县级经济社会管理权限，端州城区城市管理事权下放改革初见成效。市直部门实现行政审批“两集中两到位”（审批事项向一个处室集中、行政审批处室向行政审批服务中心集中，保障进驻行政审批服务中心的审批事项到位、审批权限到位)，办事效率普遍提速30%～60%。肇庆高新区和肇庆新区试点实行行政审批“零收费”。开通全国首创的行政审批“阳光通”短信服务系统，广东省网上办事大厅肇庆分厅基本建成，肇庆市公共资源交易中心加快组建，县、镇、村三级行政服务中心加快建设。四会市开展行政体制综合改革先行先试试点，端州区、鼎湖区和四会市制定大部门体制改革方案。

（黎卓伟）

【城市管理体制创新】 2012年10月，肇庆市探索城市管理体制改革。将原由肇庆市城市综合管理局及其下属事业单位承担的市政管理事权及相关的行政许可、行政审批、行政执法等事项整体下放给端州区政府承担，完善城区城市管理体制机制。将肇庆市城市综合管理局更名为肇庆市城市管理综合行政执法局，调整相关职能，分别成立肇庆市城市管理综合行政执法局端州分局、市城市管理综合行政执法局鼎湖分局和市城市管理综合行政执法局高新区分局。

【事业单位分类改革】 2012年，肇庆市按照“政事分开、事企分开、管办分离”原则，完成全市事业单位分类改革任务。全市有事业单位3007个，其中划分为行政类的33个、公益一类的2378个、公益二类的289个、公益三类的165个、经营服务类的44个、暂不定类的98个。减少事业单位483个，收回事业编制4604名。开展事业单位法人治理结构建设试点工作，确定肇庆市中医院和市工业贸易学校为市直首批试点单位，已进入实施阶段。

【简政强镇事权改革】 2012年，肇庆市把深化简政强镇事权与农村综合改革相结合，选择四会市大沙镇和高要市金利镇为全市进一步深化简政强镇事权改革和中心镇行政体制改革重点支持联系点，配套探索县级权限镇改革，在经济发展、市场监管、社会管理、公共服务、民生事业等方面赋予试点镇县级经济社会管理权限。四会市第二批向东城街道和大沙镇下放事权45项。四会市调整大沙镇为"特大镇"工作方案通过省编办备案审查和市委、市政府的审批。（张苑浩）

【社会事业体制改革】 2012年，肇庆市完成市、县两级文化体制改革任务，撤销肇庆市歌舞团、肇庆市粤剧团，成立肇庆市歌舞团有限公司、肇庆市粤剧团有限公司，注销肇庆市话居团；高要、广宁、怀集、封开、德庆等5个有粤剧团的县（市）完成改制工作；完成肇庆市艺术研究室、市文化馆、市图书馆、市博物馆等公益性文化事业单位内部机制改革，被评为"全国文化体制改革先进地区"。医药卫生体制改革不断深化，基本实现城乡医疗覆盖全市人民，推进村卫生站实施基本药物制度，推进平价医院、平价门诊、平价药包的"三个平价"建设。

（黎卓伟）

基础设施建设

【交通基础设施建设】 2012年，肇庆市完成交通固定资产投资77亿元，其中，铁路轻轨建设投资41.39亿元，公路建设投资34.02亿元，港口、航道建设投资1.13亿元，公路运输站场建设投资0.24亿元。全年完成农村公路硬底化建设370.35千米，新建公路77.37千米，动工改造县道295.97千米/18条，动工改造危桥（含水毁桥）21座/1046延米。建成乡镇客运站94个、候车亭1258个。10月27日，广佛肇高速公路举行奠基仪式。12月29日，珠外环江肇高速公路二期建成通车。年内新增道路15条，道路总长19.2千米；改造城市道路4条，总长2千米；维护城市道路84条，总长23千米。（贺广玲）

【信息化建设】 至2012年末，肇庆市通信网络出口带宽180G，实现光纤覆盖95%以上城市小区和商业楼寓，光纤100%到行政村，全市20户以上自然村全部实现通电视、电话，基本实现通宽带。家庭宽带平均接入能力超过10Mbps；建成WLAN无线热点909个、3G基站1975个，3G网络覆盖各县城、工业园区和行政村。固定电话用户70.65万户，手机用户334.20万户，有线宽带端口46万个。互联网普及率64.5%，家庭宽带普及率64.1%。9月24日，广州、佛山、肇庆三市政府在广州举行"广佛肇通信一体化"启动仪式。通过对涵盖广州、佛山、肇庆4300多万用户的通信网络等进行升级和改造，从网络、服务、资费三个方面推进三市通信一体化。其中，广佛肇通信资

2011～2012年肇庆市基础设施情况

项　目	单　位	2011年	2012年
铁路营业里程	千米	81.5	81.5
公路通车里程	千米	11457	12576
其中：高速公路	千米	190	221.10
港口泊位	个	196	189
其中：万吨级泊位	个	0	0
内河通航里程	千米	544	544
本地电话年末用户	万户	77.31	70.65
移动电话年末用户	万户	296.39	334.20
国际互联网用户	万户	244.99	258.64
电力消费量	万千瓦·时	1220914	1310349
商品房屋实际销售量	万平方米	349.67	373.60
商品房屋实际销售额	亿元	165.99	175.82

费一体化采取5元“资费叠加包”为主的模式实现，于10月1日正式实施。（黎　柱）

【港口建设】 2012年，肇庆市建成港口码头189个，主要港口有肇庆新港、三榕港、高要港、马房港、大旺港、封开港、德庆港、金利港、怀集港等。其中，千吨级以上的泊位47个，最大靠泊能力达5000吨级。三榕港二期工程建设完成投资5946万元，占总投资额的63%，新增2000吨级泊位2个，主体工程基本完成。完成西江（界首—肇庆）2000吨级航道整治工程投资2655万元。（贺广玲）

现代产业

【商贸业】 2012年，肇庆市实现社会消费品零售总额433.39亿元，比上年增长15.1%。其中，城镇实现社会消费品零售总额286.20亿元，比上年增长15.4%；农村实现社会消费品零售总额147.19亿元，增长14.5%。沃尔玛、大润发、苏宁电器、国美电器等国内外大型商业零售企业在肇庆市增设大型商业网点。全市申报国家级提升配送中心项目1个、新建乡镇商贸中心项目2个、建设农家店项目142个（镇级农家店38家，村级农家店104家）。至年底，全市建立“万村千乡市场工程”配送中心20个；建立农家店1260家，其中镇级农家店305家、村级农家店955家。镇级和村级农家店覆盖率分别为100%和72%。（黎　柱）

【物流业】 2012年，肇庆市完成货物运输总量3681万吨，比上年增长10.1%。其中，公路货运量2783万吨，比上年增长10.5%；水路货运量898万吨，增长8.9%。货物运输周转量50.73亿吨千米，比上年增长11.8%。其中，公路货运周转量34.85亿吨千米，比上年增长12.3%；水路货运周转量15.88亿吨千米，增长10.7%。旅客运输总量 7569 万人，比上年增长 3.4%；旅客运输周转量 41.85 亿人千米，增长 5.9%。港口完成货物吞吐量 2754.29 万吨，比上年增长 10.7%；港口集装箱吞吐量 70.79 万标准箱，增长 15.7%。 （蔡喜玲）

【房地产业】 2012 年，肇庆市有房地产企业 379 家，其中城区（端州、鼎湖、高新区）186 家、高要市 50 家、四会市 44 家、德庆县 23 家、封开县 33 家、怀集县 18 家、广宁县 25 家。有二级房地产开发资质企业 7 家，三级房地产开发资质企业 61 家。全年全市完成房地产开发投资 145.45 亿元，比上年增长 1.6%；商品房施工面积 1573.41 万平方米，增长 11.7%；商品房销售面积 373.60 万平方米，增长 13.5%；商品房销售总额 175.82 亿元，增长 12.6%。商品房销售均价 4706 元 / 平方米，商品住宅销售均价 4479 元 / 平方米。 （黄彩霞）

【旅游业】 2012 年末，肇庆市有开发利用的旅游景区（点）50 多个，其中 4A 级景区 5 个；拥有宾馆、酒店和旅馆 747 家，其中星级酒店 26 家；旅行社 45 家，其中可经营出境旅游业务 3 家。主要景区（点）接待游客人数 2654.32 万人次，比上年增长 10.43%。口岸入境旅游人数 302.59 万人次，比上年增长 11.7%。其中，外国人 29.59 万人次，比上年增长 6.3%；香港、澳门和台湾同胞 273 万人次，增长 12.3%。城市接待旅游者人数 2453.95 万人，比上年增长 14.8%。其中过夜旅游者 1392.22 万人次，比上年增长 10.2%；过夜旅游者中国内游客 1220.54 万人次，增长 10.6%。旅游总收入 180.37 亿元，比上年增长 26.7%，其中旅游外汇收入 4.87 亿美元，增长 48.76%。8 月，星湖大酒店通过广东省旅游星级饭店评定委员会五星饭店的初评。年内，全市通过评定性复核饭店 8 家，通过年度复核饭店 16 家。国际市民体育联盟授予肇庆市“国际最佳休闲旅游基地”称号，肇庆市以 86.71 分获“2012 中国十佳宜游城市”第三名，广宁县宝锭山景区被评为 4A 级旅游景区，德庆县被授予“中国最佳休闲度假旅游目的地”称号。 （孙秀丽）

【金融业】 2012 年，肇庆市金融业固定资产投资 1.03 亿元，比上年增长 1.58 倍。年末，全市有金融机构 21 个、保险机构 26 个、证券营业部 3 个、期货营业部 2 个、融资性担保公司 6 家（含 2 个分支机构）、小额贷款公司 10 家、创业投资基金公司 1 家。本外币各项存款余额 1355.59 亿元，比上年增长 11.97%；本外币各项贷款余额 893.63 亿元，增长 16.59%。全年实现保费收入 23.51 亿元，比上年增长 11.90%。有上市公司 5 家，市场总值 100.02 亿元；证券开户数达 41.48 万户，股票成交金额 749 亿元。代理期货交易量 94.21 万手，代理交易额 2087.39 亿元，分别比上年增长 66.5% 和 33.0%；营业收入 1214.75 万元，下降 8.2%；利润总额 554.42 万元，下降 25.2%。年内引进的金融机构有交通银行肇庆分行、香港汇丰银行肇庆支行和中信银行肇庆分行。

（彭　青）

【制造业】 2012 年，肇庆市制造业投资 384.84 亿元，比上年增长 30.3%。电子信息、汽车零部件、金属加工、食品饮料、生物制药、林产化工等六大支柱产业实现工业增加值 296.17 亿元，占规模以上工业增加值的 43.9%，比上年增长 22.9%，比规模以上工业增加值增速高出 2.7 个百分点。装备制造业增加值比上年增长 26.3%，钢铁冶炼及加工业增加值增长 36.5%，石油及化学工业增加值增长 30.5%。（黎 柱）

【高新技术产业】 至 2012 年末，肇庆市有高新技术企业 91 家（其中年内新认定 22 家），省级以上企业技术中心 16 个。是年，新认定国家火炬计划重点高新技术企业 2 家。国家发改委批准广东风华高新科技股份有限公司组建电子新型功能材料国家地方联合工程实验室（广东），广东同步化工股份有限公司和广东科茂林产化工股份有限公司 2 家企业组建省级工程技术研究开发中心，广东风华邦科电子有限公司、肇庆市创威发展有限公司及肇庆亚洲铝厂有限公司等 17 家企业组建市级工程技术研究开发中心。全年实现高新技术产品产值 695.4 亿元，比上年增长 34.6%，占规模以上工业总产值的 24.3%。成立肇庆市促进高新技术产业和战略性新兴产业发展领导小组，出台《肇庆市高新技术产业和战略性新兴产业发展专项资金管理办法》。成立 LED 照明技术及产品推广应用联席会议，制订《肇庆市推广使用 LED 照明产品实施方案》。全市实施省部产学研合作项目 10 个、省院合作项目 3 个。广东风华高新科技股份有限公司与华南理工大学、中国科学院自动化研究所合作，共同承担 2 项国家 863 计划项目。广东鸿图科技股份有限公司、广东肇庆星湖生物科技股份有限公司、肇庆千江高新材料科技有限公司与清华大学等分别在精密铸造、生物制药、新材料等领域共同推进关键技术的研发攻关及其产业化。肇庆学院获国家级科研项目 10 个、市厅级以上项目 146 个，科研经费 1000 万元。（麦伟男）

【肇庆高新技术产业开发区】 2012 年，肇庆高新技术产业开发区实现地区生产总值 149.25 亿元，比上年增长 16.5%；人均地区生产总值 20.06 万元。完成规模以上工业总产值 569.49 亿元，比上年增长 19.4%；农林牧渔业总产值 1.78 亿元，下降 16.4%。固定资产投资 91.38 亿元，比上年增长 15.1%；社会消费品零售总额 6.13 亿元，增长 10.3%；外贸出口额 5.99 亿美元，增长 9.7%；实际利用外资 3.56 亿美元，增长 5.1%；地方公共财政预算收入 9.60 亿元，下降 9.5%；农村居民人均纯收入 19588 元，增长 15.50%。

是年，该区举办 2012“创新大旺”经贸洽谈会暨扩园迁址十周年庆祝大会，签约、奠基、剪彩共 58 个项目，总投资额 368 亿元。引进了三才集团、皇威集团、华润集团等企业，这些企业投资建设的一批科技型、创税型、生态型项目。修编完善《总体规划》《产业发展规划》，明确金属新材料、先进装备制造、电子信息、生物医药等四大主导产业，确定中心服务区、金属新材料产业区、先进装备制造产业区、电子信息产业区、生物医药产业区、物流及综合保税区、产学研配套区等“一中心六区域”布局。建成“七纵七横”主干路网、50 年一遇防洪标准的大旺围、10 年一遇 24 小时暴雨一天排干标准的城市排涝系统以及行政服务中心、创业服务中心、科技企业孵化器、科技企业加速器、人力资源市场、高等职业学院、新水厂、污水处理厂、管道燃气、物流园、进口保税仓等配套设施，获得 ISO14000 环境管理体系国内、国外双认证，被认定为广东省第一批循环经济工业园区。

筛选确定“六个一批”（争取一批项目列入国家或省重点项目笼子，落实一批企业增资扩产，加快一批重点项目落地动工，组织一批“三旧”改造项目招商，引进一批幸福导向型产业项目落户，启动一批城乡建设包括名镇名村项目建设）项目58个，总投资额670.8亿元。全年新增高新技术企业7家，其中大华农公司被评为国家火炬计划重点高新技术企业，科茂公司获批组建省级工程中心，亚洲铝厂等5家企业获批组建市级工程中心，肇庆亚洲铝厂有限公司检测中心通过中国合格评定国家委员会实验室认可。19个科技立项共获经费1349万元。全年全区专利申请量458件，专利授权量227件。该区被认定为国家知识产权试点园区。

（张　逊）

【现代农业】　2012年，肇庆市实现农业总产值315.75亿元，比上年增长5.4%；农业增加值200.16亿元。至年末，全市有省级现代农业园区14个，其中年内新增3个，现代农业园区面积1066.67公顷；重点农业龙头企业118家，农民专业合作社619家，农村经纪人、专业大户等共203个，专业市场5个。建成国家标准化示范区1个、国家级标准化示范县1个、全国绿色食品原料（贡柑）标准化示范县1个，建有省级水果标准化示范区8个、省级蔬菜标准化示范区4个、省级肉鸡标准化示范区2个、省级肉鸽标准化示范区1个。全市有效期内无公害认证农产品94个，绿色食品9个，地理标志1个。全市累计有省级农业名牌产品21个。是年，全市围绕粮食、生猪、柑橘、蔬菜、家禽、花卉六大产业，开展技术创新和技术攻关，初步建立覆盖全市的现代农业产业技术体系。肇庆市农业局与肇庆学院合作，对柑橘黄龙病防控技术进行攻关，摸索、总结出一套综合防控技术并在全市各产区推广，缓解柑桔黄龙病蔓延势头；肇庆市农科所通过现代农业国家水稻产业技术肇庆综合试验站等平台，开展水稻新品种、新技术的引进、示范与推广，带动全市种植水稻优良品种面积3.33万公顷以上。年内，全市建立农业科技示范基地29个、科技示范户4927户，农业领域科技计划项目立项51个，其中国家级1个、省级17个、市级33个，立项经费1182万元。肇庆市农信社（农商行）实施“富民惠农金融创新工程”。是年5月，德庆县获评为“全国国际现代农业科技博览园科技创新示范基地”；12月15日，肇庆市18家涉农企业参加第四届广东现代农业博览会，签约24个合作项目，投资金额超31亿元。

（白炜杰）

转型升级

【城市建设模式】　2012年，肇庆市通过实行代建制模式，基本完成肇庆市中医院新住院大楼、端州城区廉租住房、肇庆中学高中部第三期工程（教学楼及学生宿舍项目）、肇庆医学高等专科学校校舍安全工程、市委机要保密设备档案用房、市农业学校教学实训楼、市第一人民医院新院、市图书馆新馆、市工贸学校扩建（二期）工程、端州路人行隧道（牌坊隧道、文明路隧道）、端州四路路面维修等项目建设。通过财政拨款完成市垃圾处理场渗滤液处理厂改造、垃圾场扩容（一期）等市政工程建设；以BT（Build—Transfer）融资模式实施西江路拓宽改造工程；通过多渠道招商引资，推进“三旧”改造，全市完成审核、审批的历史用地面积591.2公顷，控制性详细规划覆盖率60%。

是年，肇庆市以肇庆新区引领新型城市化建设，构建城市发展新模式，提升城市品位。出台《关于加快推进新型城市化的实施意见》，启动肇庆新区建设。肇庆新区以“国家低碳绿色发展示范区”为定位，推动城市转型升级。该区位于肇庆市鼎湖区的东面，规划面积 115 平方千米，规划总人口 60 万人。（廖成涛）

【经济发展方式转变】 2012 年，肇庆市加快转变经济发展方式，推动经济集约发展、绿色发展和低碳发展。全市实施重点技术改造项目 55 个，总投资额 26.44 亿元。出台《肇庆高新区“一区多园”实施办法（试行)》，肇庆高新区四会产业园挂牌成立。全市新增工程技术研究开发中心或重点实验室等创新平台国家级 2 个、省级 2 个、市级 17 个，新加入省级创新联盟 1 个，新认定国家火炬计划重点高新技术企业 2 家、省级技术创新专业镇 2 个。全市高新技术企业增加到 91 家。广东风华高科电子新型功能材料工程实验室获国家发改委认定为国家级重点工程实验室。在第八届深圳文博会签约项目 12 个，签约金额 14.3 亿元。新引进 7 个银行保险业机构。全市新增市级以上重点农业龙头企业 6 家，有 29 个农民专业合作社被列为省级示范社培育对象。（黎卓伟）

城乡发展

【城乡规划】 2012 年，肇庆市开展现行城市总体规划评估与充实完善，编制完成《肇庆市城市总体规划（2010~2020)》实施评估报告及完善成果，启动《肇庆市城市总体规划（2012~2020)》编制。加快城市各类专项规划与控制性详细规划的编制进度，完成《肇庆市近期建设规划（2011~2015)》《肇庆市城市环卫设施规划（2011~2020)》《肇庆市城市夜景规划（2011~2020)》《肇庆市（中心区域）区域绿地规划》《肇庆市鼎湖城区户外广告规划》《肇庆市下湾城市湿地公园规划设计》《肇庆市端州城区旧城控制性详细规划》《肇庆市鼎湖区桂城片区控制性详细规划》等编制，并经市政府批复实施；《星湖风景名胜区总体规划（2011~2030)》《西江北岸江滨西堤示范段与江滨片区城市设计及“三旧”改造单元规划》等通过市城乡规划委员会审议，正修改完善和报批；推进《肇庆市中心区域消防规划》《肇庆市城市绿地系统规划》《肇庆市城区综合交通规划》《肇庆市中心城区路名规划》《肇庆市羚山生态公园规划》《肇庆大道、星湖大道、砚都大道、信安路户外广告详细规划》《梅庵、阅江楼、崇禧塔历史文化街区修建性详细规划》《肇庆市“一江两岸”修建性详细规划》《肇庆市鼎湖山风景区新入口及周边地段控制性详细规划》《肇庆市端州区北岭片区控制性详细规划》等项目编制。制定《肇庆市城区“三旧”改造项目开发强度核准办法（试行)》，编制《府城—阅江楼片区城市设计及“三旧”改造单元规划》《星荷—康乐片区城市设计及“三旧”改造单元规划》等 12 项“三旧”改造单元规划。

是年，《高要市白土镇总体规划(2010~2020)》和《四会市江谷镇总体规划（2010~2020)》修编成果经市政府批复实施，怀集县中洲镇、冷坑镇、蓝钟镇等编制完成总体规划纲要成果并通过专家审查，四会市和封开县完成列入 2011 年省级试点的 120 个村庄规划编制任务，高要市编制完成回龙镇

“名镇建设”规划纲要成果，德庆县悦城镇和鼎湖区永安镇启动“名镇建设”规划编制。确定鼎湖区永安镇等8个镇为肇庆市2012年“宜居城镇”、鼎湖区莲花镇莲塘大寨村等65个村为全市“宜居村庄”。

（区惠怡）

【“三旧”改造】 2012年，肇庆市完成审核、审批的历史用地面积591.2公顷，控制性详细规划覆盖率60%；动工“三旧”改造项目109个，规划总用地面积1100.67公顷，完成改造面积127.27公顷，新建建筑面积140万平方米，累计投资超153亿元。投资60.11亿元，用于在建项目88个，改造用地面积435.26公顷。9月16日，举办肇庆市“三旧”改造项目招商洽谈会，吸引210多名中外客商、央企、省属大企业代表参加，共签约项目16个，端州区仕贤村（海逸半岛）片区改造等18个项目动工，推介项目36个。（张　允）

【市政基础设施建设】 2012年，肇庆市投资2.18亿元，完成西江路拓宽改造工程。端州城区完成维修路面1.82万平方米、行人道面积5121平方米、侧石1967米，新铺沥青路面6793.1平方米、人行道面积1470平方米，新建侧石1942米，安装大理石圆柱13条、柱墩54条，安装花基砖505米、护栏7082米、路牌灯箱175座，保洁路牌2.41万座次。城区新种植公共绿化面积1.4万平方米，增植和补植一批档次较高、搭配更优的绿化植物。投入180万元，更新儿童公园的残旧游乐项目及基础设施。改造城东公园游乐场面积6000平方米，淘汰残旧游乐项目9个，新增摩天轮等项目13个。

（罗　欢）

【社会主义新农村建设】 2012年，肇庆市以宜居城乡建设为重点，开展创建省市“宜居城镇、宜居村庄”活动，完成创建宜居城乡等重点规划编制，村庄规划覆盖率提高至56.6%。上年启动建设的首批17个名村、42个示范村通过考核，基本“实现一年初见成效”目标。是年，41个名村建设项目基本建成，创建示范村89个。高要市回龙镇黎槎村获“广东省最美古村落”称号，白土镇坑尾村获“广东省最具特色古村落”称号。

新创省卫生镇15个、省卫生村257个。鼎湖区永安镇等8个镇被评为肇庆市第三批“宜居城镇”，鼎湖区莲花镇莲塘大寨村等65个村庄被评为肇庆市第三批“宜居村庄”。高要市蛟塘镇等10个镇（街道）获省住房和城乡建设厅授予第二批“广东省宜居示范城镇”称号，四会市贞山街道大坑一村等19个村庄获“广东省宜居示范村庄”称号。实现新型农村社会养老保险全覆盖，城乡居民参保人数135.49万人。（白炜杰）

【城乡公共服务】 义务教育　2012年，肇庆市有小学292所，比上年减少272所；在校学生334632人，减少11397人；初级中学139所，在校学生213776人，减少16211人。小学适龄人口入学率100%，辍学率0.02%；初中阶段入学率99.93%，辍学率0.63%。全市以实施义务教育学校“三室一场五有”工程为重点，改善中小学校的办学条件。全市投资4.54亿元建设义务教育规范化学校，有63所独立建制学校建成“广东省义务教育规范化学校”，规范化学校占义务教育阶段学校的84.22%。（王巨华）

公共卫生　2012年末，肇庆市有各类卫生机构726个，其中医院、卫生院143个，妇幼保健机构7个，专科疾病防治机构

8个，疾病预防控制中心7个，卫生监督机构7个，门诊及其他医疗机构521个；有村卫生室2483个。拥有医疗床位11869张，每千人拥有医疗床位2.98张。专业卫生技术人员16544人，执业医师和执业助理医师5176人，注册护士6036人；每千人拥有卫生技术人员4.19人。有社区卫生服务机构33个（含服务站19个）、乡镇卫生院96个，乡镇卫生院床位0.24万张，乡镇卫生院卫生技术人员3741人。（彭金良）

体育设施　2012年，肇庆市有体育场馆33个，60%的县（市、区）建有体育馆、体育场、游泳池和全民健身广场（1万平方米以上），64%的街道建有1500平方米的健身小广场，100%的社区和行政村建有体育健身点。年内，市体育部门将296张室外乒乓球台、9套健身路径、15副篮球架、10张室内乒乓球台安装到各县（市、区）的街道和行政村，1330个行政村全部配备篮球场。启动24个乡镇农民体育健身工程建设。（傅金明）

供电　2012年，肇庆市全社会用电量131.03亿千瓦·时，比上年增长7.33%。城乡居民用电量14.68亿千瓦·时，比上年增长11.3%。新增用电容量61.8万千伏安，比上年增长28.8%。（黎柱）

供水　2012年，肇庆市城区供水能力54万立方米/日。售水量8913万立方米，比上年增长0.1%。最高日供水量33.4万立方米。水质综合合格率100%。是年，全市新增供水面积20平方千米。（赵海燕）

乡村交通　2012年，肇庆市完成农村公路硬底化370千米，动工改造县道19条232千米，新建、改建农村公路桥梁24座(1332延米)。建成乡镇客运站94个、候车亭1258个，开通客运班车通行行政村1135个。（贺广玲）

城镇垃圾处理　2012年，肇庆市总投资6202万元的生活垃圾无害化处理场扩容工程（一期）和渗滤液处理厂改造工程通过环保验收，新增垃圾填埋库容80万立方米、日处理渗滤液规模250立方米。端州区生活垃圾产生量11.8万吨，比上年增加0.65万吨；端州区无害化处理量11.8万吨，生活垃圾无害化处理率100%。（罗　欢）

【城乡一体化建设】　绿道建设　至2012年末，肇庆市建成绿道1182.3千米，其中，省立绿道105千米，沿线驿站19个；城市绿道1032.3千米，沿线驿站23个。编制完成《肇庆市绿道网建设总体规划（2011~2015)》。明确各段绿道的管护部门，加强常态管理维护。依托绿道资源开展环星湖绿道徒步活动、自行车邀请赛等主题活动。

广佛肇经济圈规划建设　2012年，肇庆市在组织编制城市总体规划过程中，注重加强与广佛地区在基础设施、生态环保等方面的规划协调，配合开展《广佛肇（怀集）经济合作区总体发展规划》等编制工作；配合推进南广铁路、贵广铁路、广佛肇城际轨道交通佛山到肇庆段、广佛肇高速公路等重大交通项目的规划选址和建设，为肇庆加快融入“广佛肇经济圈”和“珠三角一体化”发展创造条件。（区惠怡）

社会建设

【公共文化服务】　2012年，肇庆市有各类专业艺术表演团体6个，文化馆8个，文化中心1个，群众艺术馆1个，公共图书馆9

个，博物馆7个，陈列馆1个，纪念馆1个，档案馆11个。肇庆市图书馆新馆建成。建有文化广场1040个、乡镇（街道）文化站108个、村（社区）文化室1465个、农家书屋1506个。端砚文化村、肇庆市文化创意大厦、华南智慧城“广府文化园”等市级重点文化产业项目建设进展顺利。年底前，全市公共文化场馆全部实现免费对外开放。有广播电视台10座，广播综合人口覆盖率为99.62%，电视综合人口覆盖率99.57%。有线广播电视用户54.74万户（不含端州区），有线数字电视用户18.81万户（不含端州区），分别比上年末增长4.73%和19.81%。省、市财政分别投入470.25万元和47.03万元支持肇庆市20户以下已通电自然村583个盲点村共9405户农户安装广播电视，提前3年完成“广播电视村村通工程”建设任务。全市有9家电影院；有22家国内统一刊号的报刊，出版发行报纸4842万份。举办“红色影片南粤行，百部万场下基层”送电影下乡、“开心广场，百姓舞台”、肇庆市粤曲和“私伙局”大赛、“书香砚都”全民读书活动、涞馨之夜——肇庆市送戏下基层文艺演出、“南粤幸福周（肇庆）之幸福我来秀”庆国庆文化活动、第七届肇庆读书节、“幸福启航，喜迎十八大”文艺晚会、“百歌颂党恩”群众歌会、《飘扬的旗帜》——肇庆市宣传贯彻十八大精神专题文艺晚会、首届“浩致文化节”等系列主题文化活动。（吴　源）

【就业】　2012年，肇庆市新增就业94737人，其中，城镇新增就业46487人，农村培训转移就业42630人，大学生就业5620人。全市高校毕业生就业率为95%。年末城镇单位从业人员30.80万人，城镇登记失业率为2.42%。举办各类招聘会441场，提供岗位18.41万个，进场求职人员13.73万人次，成功推荐就业3.57万人。全市建立起省、市、县级高校毕业生见习基地共50家。参加农村劳动力技能培训37975人。开展创业培训6478人，成功创业4048人，带动就业21410人。“创建创业型城市”工作通过国家人力资源和社会保障部的评估。筹集就业专项资金4647.4万元，支出2463.92万元。

【社会保障】　2012年，肇庆市城镇职工基本养老保险、失业保险、城乡基本医疗保险、工伤保险和生育保险参保人数分别为67.78万人、38.77万人、394.63万人、40.79万人和36.64万人。基本实现城乡医疗全覆盖目标，参保率稳定在95%以上。实现新型农村社会养老保险和城镇居民社会养老保险制度全覆盖，城乡居民社会养老参保人数135.5万人。四会市民政局和德庆县社会保险基金管理局获国务院授予“全国新型农村和城镇居民社会养老保险工作先进单位”称号，德庆县被评为“全省城乡居民养老保险工作示范县”，广宁县、封开县、怀集县被评为“全省城乡居民养老保险全覆盖达标单位”。城镇居民医保和新型农村合作医疗制度实行并轨管理，统一纳入城乡居民基本医疗保险，实现城乡居民医疗待遇均等化；推动基本医疗保险门诊医疗费用统筹和支付制度改革，加快城乡医疗保险均等化和一体化建设；推进城乡居民医疗保险引入市场机制扩大试点工作，探索建立大病保障机制；完善全市基本医疗保险结算办法，深化广佛肇定点医疗机构互认和异地就医即时结算合作。企业退休人员月人均增加基本养老金154元；失业保险金和工伤保险伤残津贴标准分别提高到人均每月680元和1315.46

元；城镇职工和城乡居民基本医保年度最高支付限额分别提高到16万元和11万元，参加大额补充医疗保险的年度最高支付限额合计达48万元和31万元；各级财政对城乡居民医保的补助标准增至每人每年240元。企业职工基本养老保险缴费基数下限由全省上年度在岗职工月平均工资的50%调整为55%，企业职工基本养老保险单位缴费比例由16%下调为15%。企业退休人员社区管理率84.34%。（黄　妍）

【教育事业】 2012年，肇庆市完成19个“广东省教育强镇”创建工作任务；德庆县和封开县创建成为“广东省教育强县”。全市8个县（市、区）中有6个创建成为“广东省教育强县（市、区）”，全市104个乡镇（街道）有87个创建成为“广东省教育强镇”。12月，肇庆市通过“广东省教育强市”督导验收。

全年全市新建市一级幼儿园18所、省一级幼儿园3所，新增优质学前教育学位4000多个。建立健全学前教育经费保障机制和学前教育助学体系，理顺市属公办幼儿园的管理体制。肇庆市工业贸易学校、肇庆市农业学校创建成为“国家级改革示范学校”，怀集县职业技术学校通过省重点职校评估小组评估。广东信息工程学院正式获批设立，肇庆高职院校由4所上升为5所。基本完成“校安工程”三年规划目标任务，全市1012个项目全部竣工。肇庆市被教育部确认为“国家数字教育资源公共服务平台规模化应用专项试点”区域。开发云计算平台，搭建区域教育云，成为全省第一个实现“区域教育云”地区。（姚灵娟）

【卫生事业】 疾病预防控制　2012年，肇庆市结核病防控各项指标达到省的要求；连续第19年未发现野病毒株引起的脊灰病例，连续20年无白喉病例报告，未发生流感和手足口病爆发疫情；麻风病患病降低到0.38/10万，有效巩固“基本消灭麻风病”达标成果；推进精神病医院—社区一体化防治工作，重性精神病人全部纳入医学管理。

妇幼保健和健康教育　2012年，肇庆市实施规范化儿童保健服务工程和妇幼安康工程，建成74间规范化儿童保健门诊。孕产妇住院分娩率99.44%；孕产妇死亡率、婴儿死亡率分别为3.43/10万、3.96‰，均优于全省平均水平。全市有5个“全国亿万农民健康促进行动广东示范区”。

公共卫生服务　2012年，肇庆市实施17个公共卫生服务项目。城市、农村居民健康档案建档率分别为73.5%和70.1%。高血压病、糖尿病管理完成率分别为99.2%和108%；重性精神病人管理完成率99.7%。农村孕产妇住院分娩补助完成率30.88%，农村妇女补服叶酸完成率100.3%。贫困白内障患者免费手术量完成率100%。农村改厕任务完成率100%。

实施国家基本药物制度　2012年，肇庆市公立基层医疗卫生机构全部实行基本药物零差率销售，村卫生站推广实施国家基本药物，增加40种药物作为基本药物补充用药，并纳入医保报销范围，平均配备基本药物品种近300种，药物价格平均下降15%以上，门诊次均费用、住院次均费用均低于全省平均水平。全市推广平价医院、平价诊室、平价药包服务，减轻群众负担。

（彭金良）

【体育事业】 2012年，肇庆籍运动员在国内外重大比赛中，获全国冠军25项、世界

2011~2012年肇庆市社会事业情况

教育				医疗 文化 体育			
项目	单位	2011年	2012年	项目	单位	2011年	2012年
普通高校学校数	所	4	5	医院和卫生院数	个	139	143
普通高校在校学生数	万人	5.87	6.37	医院与卫生院床位数	张	10105	10978
中职和技校学校数	所	35	31	平均每千人口医院和卫生院床位数	张	2.37	2.57
中职和技校在校学生数	万人	10.45	9.92				
普通中学学校数	所	170	170	群众艺术和文化馆数	个	9	9
普通中学在校学生数	万人	31.80	30.26	公共图书馆数	个	9	9
小学学校数	所	564	292	博物馆数	个	7	7
小学在校学生数	万人	34.60	33.46	档案馆数	个	11	11
学龄儿童入学数	万人	33.68	31.23	国民体质合格率	%	86	86
学龄儿童入学率	%	100	100	人均公共体育场地面积	平方米	1.37	1.38
幼儿园数	所	546	488				
在园幼儿数	万人	13.33	12.83				

冠军1项。肇庆市体育中心举办活动80多场次，每天有1.3万人次开展健身运动。高要市城区园林公园、鼎湖区文化广场等14个健身点创建为“广东省全民健身活动示范点”，鼎湖区实验中学和鼎湖广利高级中学成为省级青少年体育俱乐部。年内组建足球、瑜伽、游泳等6个单项体育协会。

（傅金明）

【社会管理创新】 2012年7月，肇庆市印发《关于进一步培育发展和规范管理社会组织的实施方案》。全年新成立社会组织151个，比上年增长65%；全市登记在册社会组织增至1136个，肇庆市成为广东省社会创新实验基地，端州社区服务管理项目成为广东省社会创新试点项目。12月，肇庆市出台政府职能转移和购买服务目录，15个社会组织开展等级评估，开始承接购买服务项目。首批38个城乡幸福社区试点全部建成“幸福社区”。9月，肇庆市民政局被民政部评为“全国社会组织创先争优活动优秀指导单位”。建立联席会议制度和社会工作通联站，成立肇庆市社会工作协会和肇庆市首个专业社工机构——肇庆市大同社会工作服务中心；启动8个社工人才队伍建设试点，设置社会工作岗位18个，全市有社工48人。

（陈林茂）

·责任编辑 刘燕玲·

珠江三角洲地区九市风采

珠江三角洲地区包括广州、深圳、珠海、佛山、江门、东莞、中山、惠州、肇庆9个城市。珠江三角洲地区是有全球影响力的先进制造业基地和现代服务业基地，中国南方地区对外开放的门户，中国参与经济全球化的主体区域，全国科技创新与技术研发基地，全国经济发展的重要引擎，辐射带动华南、华中和西南地区发展的龙头，中国人口集聚最多、创新能力和综合实力最强的三大区域之一，有“南海明珠”之称。

广州市

简称穗，中国第三大城市，地处广东中南部，珠江三角洲中北缘，是中国的南大门，中国国家中心城市，国际大都市，国家三大综合性门户城市之一，世界著名的港口城市，国家的经济、金融、贸易、航运和会展中心，中国南方的政治、军事、文化、科教中心，国家综合交通枢纽，社会经济文化辐射力直指东南亚。

广州有着2000多年的历史，是中国历史文化名城，历史最悠久的对外通商口岸，海上丝绸之路的起点之一，有“千年商都”之称。

广州是岭南文化的代表、广府文化的兴盛之地。作为中国对外贸易的窗口，广州外国人士众多，被称为“第三世界首都”，是全国华侨最多的大城市，与北京、上海并称“北上广”。

广州珠江夜景　　（梁建华 摄）

广州越秀新姿　　（陈碧信 摄）

番禺沙湾古镇

蓝天白云下的广州　　（广州年鉴社资料图）

（市旅游局供稿）

沙面欧陆风情建筑　　（荔湾区供稿）

广州南站主体站场　　（番禺区供稿）

深圳市

华南第二大城市，中国国家区域中心城市，副省级城市，计划单列市，全国文明城市，国家创新型城市，国际花园城市，中国四大一线城市之一，国际重要的空海枢纽和外贸口岸。

深圳是中国改革开放以来第一个经济特区，是中国改革开放的窗口，已发展为有一定影响力的国际化城市，创造了举世瞩目的“深圳速度”，是华南重要的高新技术研发和制造基地。

深圳是中国南部美丽的滨海城市，因毗邻香港，市域边界设有全国最多的出入境口岸。深圳是中国经济最发达的城市之一。

坪山新区

帆船比赛

滨海公园

小梅沙海滨公园

七夕节放河灯

2012年10月27日竣工的肇庆市图书馆新馆　　(肇庆市地方志办供稿)

(江先梅 摄)

肇庆市广宁竹乡水韵　　(江先梅 摄)

肇庆市封开县的“莲都十里画廊” (谢京中 摄)

2012年4月28日，肇庆端州区举行伍丁宝诞拜师节暨肇庆文化之旅启动仪式 (端州区史志办供稿)

肇庆市获“2012中国十佳宜游城市”称号 (肇庆市旅游发展局供稿)

统计资料

珠江三角洲主要经济指标

表一

年份	年末常住人口（万人）	#城镇人口	年末户籍总人口（万人）	年末从业人员（万人）	#城镇单位从业人员
1990	2369.93	1696.63	2371.57		
1995	3292.03		2372.76		
2000	4289.78	2981.23	2563.60	1902.93	495.46
2001	4376.10		2595.24	1947.10	480.97
2002	4414.68		2595.24	2034.09	498.78
2003	4463.55		2660.46	2250.43	523.34
2004	4516.50		2714.08	2492.27	570.64
2005	4547.14	3516.06	2763.32	2822.60	636.10
2006	4735.47	3771.33	2821.27	2963.93	675.38
2007	4930.68	3919.89	2872.47	3107.38	718.88
2008	5138.48	4119.52	2920.82	3232.88	724.38
2009	5361.72	4375.17	2967.02	3412.10	767.05
2010	5616.39	4645.88	3024.57	3572.01	823.67
2011	5646.51	4687.17	3073.87	3630.21	927.40
2012	5689.64	4770.19	3105.01	3638.83	969.59

注：2006~2009 年年末常住人口根据 2010 年第六次全国人口普查快速汇总数进行平滑调整，城镇人口也作了相应的调整

表二

年份	地区生产总值（亿元）	第一产业	第二产业	#工业	第三产业
1990	1006.88	153.78	441.65	388.89	411.45
1995	4076.16	346.42	1983.39	1710.30	1746.35
2000	8422.24	458.30	4009.14	3618.01	3954.80
2001	9560.64	475.94	4500.11	4094.73	4584.59
2002	10956.75	496.63	5133.78	4705.82	5326.34
2003	12960.09	511.32	6263.90	5758.61	6184.87
2004	15488.13	556.37	7650.42	7080.88	7281.34
2005	18279.63	557.96	9266.58	8664.74	8455.09
2006	21686.34	561.77	11137.08	10481.75	9987.49
2007	25759.83	624.99	13015.56	12301.40	12119.28
2008	29945.66	722.86	14932.71	14123.72	14290.09
2009	32147.00	723.62	15427.46	14518.51	15995.92
2010	37673.26	809.78	18313.49	17223.20	18549.99
2011	43720.86	924.09	20952.91	19674.73	21843.86
2012	47779.56	983.24	22084.62	20731.70	24711.70

注：本表 1990 年数据按第四次人口普查统计口径计算；2000、2005 年数据按国家统计局 1999 年发布的《关于统计上划分城乡的规定（试行）》计算；2006 年起数据按国家统计局 2006 年颁布的《关于统计上划分城乡的暂行规定》计算

表三

年份	人均生产总值（元）	地区生产总值指数（上年 =100）	第一产业	第二产业	#工业	第三产业
1990	4295	117.5	107.2	119.9	121.5	119.0
1995	12676	120.4	108.2	122.4	124.6	120.0
2000	20280	113.7	104.3	114.4	115.1	113.9
2001	22065	113.3	104.9	113.6	114.5	114.0
2002	24928	114.4	105.9	115.5	116.5	114.1
2003	29195	116.9	101.7	122.0	122.7	113.3
2004	34495	116.8	102.6	120.1	121.4	114.4
2005	40336	115.7	103.5	118.2	119.0	113.7
2006	46725	116.8	98.8	118.8	119.6	115.7
2007	53299	116.3	101.6	116.0	116.7	117.5
2008	59480	112.8	103.8	111.8	112.4	114.3
2009	61231	109.4	103.9	108.6	108.4	110.5
2010	68633	112.2	104.2	114.1	114.2	110.4
2011	77637	109.9	103.5	110.4	110.5	109.7
2012	84355	108.1	103.3	106.7	107.0	109.7

表四

年份	人均生产总值指数（上年 =100）	公路通车里程（千米）	邮电业务总量（亿元）	本地电话年末用户（万户）	移动电话年末用户（万户）	固定资产投资额（亿元）
1990	115.2					264.34
1995	112.9	20323	152.60			1515.82
2000	107.2	29029	587.64			2364.71
2001	108.6	29792	614.33	1069.79	1867.67	2612.88
2002	112.7	30354	728.24	1253.95	2508.32	2945.74
2003	115.8	30919	967.45	1663.32	3118.25	3749.51
2004	115.5	31582	1446.30	1915.25	4502.45	4515.27
2005	114.6	32312	1738.94	2355.10	5317.71	5328.37
2006	114.0	52139	2068.19	2559.62	5497.75	5964.60
2007	111.7	53106	2348.22	2651.33	6075.36	6909.74
2008	108.3	53418	2754.77	2529.77	6463.22	7829.03
2009	104.9	54261	2983.47	2400.25	6867.61	9603.55
2010	107.3	55848	3949.45	2269.84	7457.64	11355.80
2011	107.1	56380	1544.39	2284.31	8285.85	12366.76
2012	107.5	58590	1730.31	2295.29	9573.16	13974.24

注：1. 2006 年起，公路通车里程含村道

2. 邮电业务总量 2000 年以前按 1990 年不变价计算，2000 年至 2010 年按 2000 年不变价计算，2011 年起按 2010 年不变价计算

3. 2010 年邮政业务总量为全部国家邮政及年收入 200 万元以上的快递企业

4. 2011 年起国家资产投资项目统计起点由 50 万元提高至 500 万元，且不包含农村农户投资；2010 年以前为全社会固定资产投资

表五

年份				社会消费品零售总额（亿元）	出口总额（亿美元）	进口总额（亿美元）
	城镇	#房地产开发投资	农村			
1990				424.35	222.21	196.77
1995				1694.60	513.31	429.29
2000				3204.99	847.77	743.15
2001				3581.35	908.29	776.32
2002				3996.23	1126.08	992.57
2003				4497.21	1450.56	1262.47
2004				5106.86	1824.44	1596.44
2005				5878.70	2273.18	1837.58
2006				6810.19	2887.45	2181.97
2007				7919.89	3540.85	2560.28
2008				9539.76	3872.08	2697.61
2009	7783.61	2583.17	1819.95	10834.73	3417.77	2430.46
2010	9452.12	3118.66	1903.68	12613.24	4318.02	3195.01
2011	10509.63	4022.87	1857.13	14575.57	5064.89	3678.00
2012	11708.00	4483.67	2266.25	16552.69	5477.09	3956.56

表六

年份	实际外商直接投资额（亿美元）	地方公共财政预算收入（亿元）	地方公共财政预算支出（亿元）	城乡居民储蓄存款余额（亿元）	中外资金融机构本外币存款（亿元）	中外资金融机构本外币贷款（亿元）
1990	12.36	97.98	80.03			
1995	79.47	275.26	322.81			
2000	103.87	599.06	690.64	6699.12	16118.10	11061.27
2001	114.96	749.65	832.94	7733.33	18562.11	12447.65
2002	116.17	772.97	976.78	9309.45	21881.50	14689.30
2003	137.41	867.88	1113.18	11146.36	25574.00	17772.73
2004	90.16	930.99	1234.13	12860.44	28704.24	19642.60
2005	113.34	1218.48	1567.23	15257.09	32962.25	21073.93
2006	130.86	1460.77	1714.73	17287.90	37367.68	23613.32
2007	151.88	1882.01	2145.82	17738.02	42555.31	27982.87
2008	169.21	2248.16	2550.77	21991.67	48512.14	31044.80
2009	175.08	2522.29	2882.33	25168.89	60618.78	40608.44
2010	183.47	3139.58	3654.91	29064.60	71294.51	47159.74
2011	195.29	3674.70	4444.97	31725.18	79575.13	53133.57
2012	215.53	4129.09	4798.40	35646.70	91585.24	60568.45

注：1. 珠江三角洲包括广州、深圳、珠海、佛山、江门、东莞、中山、惠州、肇庆九市

2. 本表地区生产总值绝对数按当年价格计算，增长速度按可比价格计算

珠江三角洲主要经济指标占全省比重

指　标	单位	2011年	2011年占全省比重（%）	2012年	2012年占全省比重（%）
土地面积	平方千米	54733	30.5	54733	30.5
年末常住人口	万人	5646.51	53.7	5689.64	53.7
#城镇人口	万人	4687.17	67.1	4770.19	66.8
年末从业人员	万人	3630.21	60.9	3638.83	61.0
地区生产总值	亿元	43720.86	79.2	47779.56	79.1
第一产业	亿元	924.09	34.5	983.24	34.0
第二产业	亿元	20952.91	79.7	22084.62	79.3
第三产业	亿元	21843.86	83.2	24711.70	83.3
规模以上工业增加值	亿元	17976.18	83.0	18639.71	82.0
固定资产投资总额	亿元	12366.76	73.4	13974.24	72.4
社会消费品零售总额	亿元	14575.57	72.0	16552.69	73.0
出口总额	亿美元	5064.89	95.2	5477.09	95.4
进口总额	亿美元	3678.00	96.4	3956.56	96.5
实际外商直接投资	亿美元	195.29	89.6	215.53	91.4
地方公共财政预算收入	亿元	3674.70	66.6	4129.09	66.3
中外资金融机构本外币储蓄存款	亿元	33015.57	80.4	37059.20	80.1

注：地区生产总值在计算分区域占全省比重时，分母为21个市相加的合计数

珠江三角洲工业

项　　目	企业单位数（个）	# 亏损企业	工业总（当年
总　计	**29130**	**4446**	**79954.**
按经济类型分			
在总计中：国有控股经济	693	141	11843.
国有经济	207	39	4309.
集体经济	254	54	307.
股份合作经济	67	8	98.
股份制经济	13618	1478	28791.
外商投资经济	4175	890	23940.
港澳台投资经济	8246	1751	19798.
按轻重工业分			
轻工业	14828	2170	28706.
重工业	14302	2276	51248.
按企业规模分			
大型企业	1208	119	38917.
中型企业	7373	1110	21511.
小微型企业	20549	3217	19526.
按行业分			
煤炭开采和洗选业			
石油和天然气开采业	2		373.6
黑色金属矿采选业	20		74.1
有色金属矿采选业	4	1	54.3
非金属矿采选业	67		85.3
开采辅助活动	4		22.8
其他采矿业			
农副食品加工业	371	52	1404.1
食品制造业	325	41	1113.2
酒、饮料和精制茶制造业	124	28	740.6
烟草制品业	2		231.8

要指标（2012 年）

单位：亿元

增加值（产法）	年末资产总计	#产成品	流动资产合计	固定资产合计	年末负债合计
539.71	**60659.64**	**3092.27**	**36250.44**	**16730.95**	**35607.52**
230.94	13672.14	317.93	5451.58	5473.39	7772.45
016.77	3924.44	33.00	835.20	2588.48	2308.43
98.77	204.64	5.20	89.53	80.40	134.54
24.10	62.44	2.51	38.92	13.18	33.95
983.92	24187.00	1303.78	14767.27	5163.86	14561.35
054.66	15474.74	803.00	9810.72	4287.08	8819.23
842.36	15572.70	866.33	9986.00	4286.39	8981.50
057.87	20678.72	1370.14	13753.54	4668.38	12014.44
581.84	39980.92	1722.13	22496.90	12062.57	23593.08
456.39	29926.91	1293.36	17630.47	8220.04	17730.76
091.98	17568.48	974.80	10318.51	5068.62	9923.13
091.34	13164.25	824.12	8301.46	3442.29	7953.62
323.15	340.02	4.16	23.04	271.73	319.62
22.89	24.08	0.48	17.29	5.50	5.28
2.46	7.20	2.36	4.33	0.48	4.41
22.93	22.67	3.03	10.88	8.86	9.68
5.25	16.38	0.10	13.90	2.14	4.68
210.52	708.40	46.89	513.59	126.67	469.96
393.18	813.01	43.36	553.92	180.19	385.62
181.42	545.46	16.36	300.22	177.10	291.87
182.70	218.54	6.66	156.06	42.12	31.61

（续上表）

项　　目	企业单位数（个）		工业总…（当年…
		#亏损企业	
纺织业	1209	168	1474
纺织服装、服饰业	1984	262	2070.
皮革、毛皮、羽毛及其制品和制鞋业	1104	160	1312.
木材加工和木、竹、藤、棕、草制品业	254	32	309.
家具制造业	974	137	1033.
造纸和纸制品业	909	116	1372.
印刷和记录媒介复制业	567	83	628.
文教、工美、体育和娱乐用品制造业	936	166	2640.
石油加工、炼焦和核燃料加工业	56	13	2113.9
化学原料和化学制品制造业	1578	179	4023.
医药制造业	231	29	749.
化学纤维制造业	46	8	104.
橡胶和塑料制品业	2431	379	2859.0
非金属矿物制品业	1186	162	2169.0
黑色金属冶炼和压延加工业	353	73	1381.5
有色金属冶炼和压延加工业	536	81	1988.3
金属制品业	2415	334	3298.8
通用设备制造业	1184	164	2760.0
专用设备制造业	1030	154	1454.2
汽车制造业	515	73	3751.9
铁路、船舶、航空航天和其他运输设备制造业	372	82	1138.8
电气机械和器材制造业	3570	528	9051.3
计算机、通信和其他电子设备制造业	3763	766	22149.5
仪器仪表制造业	368	66	593.0
其他制造业	182	25	176.7
废弃资源综合利用业	102	15	504.3
金属制品、机械和设备修理业	33	4	75.5
电力、热力生产和供应业	119	20	3947.9
燃气生产和供应业	38	6	472.81
水的生产和供应业	166	39	247.94

增加值(产法)	年末资产总计	#产成品	流动资产合计	固定资产合计	年末负债合计
43.11	973.33	65.51	542.94	333.02	546.44
02.95	1124.37	102.91	818.77	223.41	656.68
02.89	764.07	51.08	566.63	135.38	400.34
67.57	242.01	14.33	142.51	54.63	146.53
253.25	697.48	47.25	428.86	164.13	396.74
279.91	1370.60	56.69	697.21	534.67	809.65
177.83	615.22	23.93	379.99	168.86	316.92
438.75	1339.23	249.26	1081.64	165.33	850.06
411.00	814.23	36.66	379.33	356.62	589.13
056.25	2813.71	159.10	1648.47	824.89	1424.51
254.80	888.63	48.43	550.32	174.10	358.69
23.52	99.21	5.22	48.87	41.46	50.20
651.18	2168.98	124.04	1319.51	552.28	1194.86
548.81	1758.67	108.48	862.26	701.96	1075.57
189.88	1031.67	57.70	506.62	427.99	754.36
361.58	1188.03	79.13	615.73	426.60	786.22
770.18	2089.84	120.54	1284.66	562.11	1148.38
545.32	1953.86	152.79	1395.64	355.69	1103.60
411.93	1452.31	73.73	912.32	350.53	762.43
058.96	2658.69	102.42	1583.47	784.80	1352.54
238.11	1232.33	29.79	726.62	256.77	814.07
979.95	7029.49	444.41	4990.87	1291.48	4443.75
674.09	15041.69	739.77	10926.68	2748.85	9493.34
180.51	540.49	36.97	382.15	96.59	256.87
44.47	120.45	6.37	77.77	29.97	69.32
105.64	219.44	18.66	167.63	41.96	163.46
14.95	96.93	2.68	58.02	29.37	56.50
018.96	6153.07	4.42	1137.54	3406.51	3174.76
95.72	460.05	5.27	149.70	214.32	265.71
93.16	1025.81	1.31	274.49	461.87	623.17

（续上表）

项　　目	年末所有者权益合计	主营业务收入	主营业务税金及
总　计	**24861.49**	**78563.14**	**738.0**
按经济类型分			
在总计中：国有控股经济	5895.63	11938.98	402.6
国有经济	1615.51	4320.93	119.0
集体经济	69.52	294.23	1.0
股份合作经济	28.41	94.28	0.4
股份制经济	9497.18	28377.99	309.5
外商投资经济	6621.76	23610.15	186.1
港澳台投资经济	6567.12	19262.85	110.0
按轻重工业分			
轻工业	8539.96	28486.11	254.1
重工业	16321.53	50077.03	483.9
按企业规模分			
大型企业	12067.85	38404.01	450.74
中型企业	7619.38	20921.98	208.98
小微型企业	5174.25	19237.15	78.36
按行业分			
煤炭开采和洗选业			
石油和天然气开采业	20.40	356.74	30.24
黑色金属矿采选业	18.80	73.25	0.87
有色金属矿采选业	2.79	54.66	0.05
非金属矿采选业	11.98	80.81	0.81
开采辅助活动	11.70	22.80	0.46
其他采矿业			
农副食品加工业	238.06	1370.08	1.72
食品制造业	425.53	1131.13	9.17
酒、饮料和精制茶制造业	253.37	750.33	18.30
烟草制品业	186.93	226.61	113.03
纺织业	422.95	1427.75	5.27
纺织服装、服饰业	463.62	1986.26	8.66

利润总额		利税总额	本年应交增值税	全部从业人员年平均人数（万人）
	#亏损总额			
4381.23	**382.77**	**7442.24**	**2310.16**	**1221.24**
601.66	82.37	1623.51	611.64	62.63
147.19	10.88	522.94	249.58	16.17
10.38	2.23	15.89	4.40	19.08
11.00	0.17	13.75	2.31	1.74
1718.88	105.41	2930.25	899.38	393.75
1296.69	126.23	2099.57	615.05	293.89
1028.23	134.27	1611.97	472.46	454.34
1657.95	130.75	2770.23	855.67	596.27
2723.28	252.03	4672.01	1454.49	624.97
2225.45	132.03	3946.25	1261.55	466.47
1191.85	137.64	2018.60	615.50	481.66
963.94	113.10	1477.39	433.11	273.10
161.94		214.49	22.27	0.11
14.07		19.36	4.42	0.29
1.08	0.02	1.22	0.10	0.10
7.21		10.61	2.51	0.66
5.39		5.86	0.01	0.06
62.52	2.05	81.60	17.27	6.11
179.85	2.81	261.86	72.82	12.95
29.95	25.77	85.81	37.27	6.61
27.67		168.44	27.75	0.35
75.40	4.60	115.33	34.57	30.11
82.53	6.98	141.22	49.99	76.31

（续上表）

项　　目	年末所有者 权益合计	主营业务 收入	主营业 税金及
皮革、毛皮、羽毛及其制品和制鞋业	362.11	1292.52	6.3
木材加工和木、竹、藤、棕、草制品业	94.39	296.91	1.7
家具制造业	297.94	1029.35	4.9
造纸和纸制品业	556.96	1331.44	4.5
印刷和记录媒介复制业	295.90	612.12	2.8
文教、工美、体育和娱乐用品制造业	488.56	2682.83	5.7
石油加工、炼焦和核燃料加工业	225.05	2141.11	175.9
化学原料和化学制品制造业	1392.83	3915.28	21.1
医药制造业	527.92	697.79	5.6
化学纤维制造业	48.97	99.11	0.2
橡胶和塑料制品业	968.89	2827.24	11.2
非金属矿物制品业	673.30	2057.74	10.2
黑色金属冶炼和压延加工业	276.15	1334.27	4.41
有色金属冶炼和压延加工业	399.62	1956.14	4.83
金属制品业	935.78	3175.17	15.0
通用设备制造业	848.81	2660.64	11.44
专用设备制造业	686.23	1406.18	8.34
汽车制造业	1289.80	3782.89	100.45
铁路、船舶、航空航天和其他运输设备制造业	420.67	1078.15	8.37
电气机械和器材制造业	2481.31	9129.01	34.48
计算机、通信和其他电子设备制造业	5528.96	21607.44	89.99
仪器仪表制造业	283.20	578.57	3.02
其他制造业	50.98	172.46	0.64
废弃资源综合利用业	55.64	497.38	1.37
金属制品、机械和设备修理业	40.60	76.18	0.38
电力、热力生产和供应业	2981.39	3940.10	12.08
燃气生产和供应业	191.05	463.41	1.71
水的生产和供应业	402.33	241.28	2.27

注：本表统计范围为年主营业务收入 2000 万元及以上的工业法人企业

利润总额	#亏损总额	利税总额	本年应交增值税	全部从业人员年平均人数（万人）
55.24	5.40	90.90	29.23	68.52
21.47	0.89	31.30	8.07	4.73
50.82	3.92	84.63	28.59	29.32
49.01	9.44	84.44	30.83	21.57
45.72	5.03	67.63	19.03	17.17
89.51	5.08	131.32	35.48	56.94
34.51	9.98	333.55	123.14	1.49
326.39	15.05	524.81	177.09	27.34
92.31	3.61	137.32	39.28	8.80
5.67	1.09	7.56	1.60	1.19
131.81	18.05	205.07	61.93	70.54
131.41	13.50	204.37	62.43	37.37
20.16	30.84	49.20	24.00	7.26
92.01	6.97	124.13	27.28	13.26
197.47	14.33	290.50	77.74	61.77
140.53	10.12	211.81	59.64	41.71
118.27	19.31	166.39	39.61	29.56
362.75	12.25	588.32	124.86	29.39
17.19	25.31	49.11	23.41	15.29
532.96	29.50	797.49	229.32	176.53
813.19	74.40	1505.10	601.12	322.23
45.21	2.76	62.36	14.08	19.97
7.20	1.14	11.73	3.89	5.88
31.67	0.74	39.49	6.44	1.98
2.73	2.44	4.20	1.09	1.49
261.08	8.78	445.22	165.02	11.82
38.44	1.90	58.08	17.90	0.98
18.91	8.70	30.40	9.08	3.46

珠江三角洲九市重点服务业企业主要指标(2012 年)

表一

单位：亿元

市　别	企业单位数(个)	年末资产总计		本年折旧	
		总量	比 2011 年增长(%)	总量	比 2011 年增长(%)
广　州	4543	21660.80	11.3	436.60	12.4
深　圳	3710	15775.90	14.5	311.38	14.7
珠　海	237	435.78	12.6	11.78	0.6
佛　山	410	1155.44	6.7	42.65	13.6
#顺　德	176	363.70	2.8	7.39	27.8
惠　州	152	586.81	5.2	65.79	11.2
东　莞	761	1620.17	5.9	76.72	10.0
中　山	189	743.79	7.8	16.09	-5.3
江　门	88	186.28	9.4	13.17	10.8
肇　庆	90	139.22	12.7	8.04	6.7

表二

单位：亿元

市　别	营业收入		营业成本		营业税金及附加		销售费用	
	总量	比 2011 年增长(%)	总量	比 2011 年增长(%)	总量	比 2011 年增长(%)	总量	比 2011 年增长(%)
广　州	5524.05	11.5	4124.75	13.1	134.08	2.4	337.50	10.6
深　圳	5158.58	16.9	3649.74	18.3	115.80	6.2	284.93	16.2
珠　海	163.76	12.9	104.78	17.3	4.16	-0.7	13.48	10.5
佛　山	299.32	5.8	176.81	8.1	9.72	2.7	32.00	15.9
#顺　德	71.45	10.9	48.09	12.8	2.43	6.2	3.85	41.0
惠　州	151.81	5.7	90.01	14.4	4.62	-2.5	12.55	22.8
东　莞	547.23	8.0	308.86	13.5	12.79	0.9	38.29	12.0
中　山	144.44	2.3	76.26	3.1	4.42	3.8	21.64	13.7
江　门	100.76	6.0	62.15	5.7	2.67	1.4	9.94	14.8
肇　庆	45.76	4.5	25.12	5.2	1.37	6.0	5.15	9.0

表三

单位：亿元

市别	管理费用		财务费用		利润总额	
	总量	比2011年增长（%）	总量	比2011年增长（%）	总量	比2011年增长（%）
广州	597.94	14.2	169.56	74.1	616.74	-4.5
深圳	548.49	9.5	127.74	37.3	915.80	9.0
珠海	25.62	11.1	2.31	145.4	30.28	44.2
佛山	33.04	10.5	9.84	19.8	52.62	-3.8
#顺德	12.06	19.2	6.12	9.8	1.99	-46.0
惠州	14.20	11.1	7.60	4.4	35.38	-25.5
东莞	47.09	3.0	22.90	15.7	124.61	-4.5
中山	18.64	-8.7	4.63	-1.2	27.28	-27.8
江门	8.23	7.7	1.79	5.9	18.08	2.8
肇庆	6.45	9.5	0.39	41.6	7.93	-3.1

表四

单位：亿元

市别	应交所得税		应付职工薪酬		应交增值税		从业人员平均人数（万人）
	总量	比2011年增长（%）	总量	比2011年增长（%）	总量	比2011年增长（%）	
广州	110.96	2.8	873.98	16.3	25.69	31.3	112.82
深圳	118.80	17.7	726.90	15.3	51.15	41.8	102.92
珠海	5.17	15.5	37.54	24.1	2.24	48.1	5.51
佛山	10.72	-3.0	37.76	11.6	0.71	108.8	8.35
#顺德	1.22	1.2	13.50	12.8	0.34	56.9	3.36
惠州	6.22	-9.2	16.92	13.8	0.33	146.5	3.21
东莞	19.39	-2.6	71.65	18.0	1.00	220.9	14.36
中山	4.36	-37.2	23.88	11.6	0.25	132.8	4.40
江门	3.82	5.4	13.39	12.5	0.27	695.0	2.29
肇庆	2.30	13.1	7.90	13.2	0.10		2.17

珠江三角洲九市地区生产总值

单位：亿元

市　别	2000 年	2005 年	2008 年	2009 年	2010 年	2011 年	2012 年
广　州	2492.74	5154.23	8287.38	9138.21	10748.28	12423.44	13551.21
深　圳	2187.45	4950.91	7786.79	8201.32	9581.51	11505.53	12950.06
珠　海	332.35	635.45	997.16	1038.66	1208.60	1404.93	1503.76
佛　山	1050.38	2429.38	4378.30	4820.90	5651.52	6210.23	6613.02
#顺　德	364.59	825.12	1501.25	1670.18	1951.06	2153.90	2317.33
惠　州	439.19	803.92	1304.05	1414.70	1729.95	2093.08	2367.55
东　莞	820.25	2183.20	3703.60	3763.91	4246.45	4735.39	5010.17
中　山	345.44	885.72	1457.01	1566.41	1850.65	2193.20	2441.04
江　门	504.66	801.70	1270.88	1340.88	1570.42	1830.64	1880.39
肇　庆	249.78	435.05	760.50	862.00	1085.87	1324.41	1462.35

珠江三角洲九市地区生产总值指数

上年 =100

市　别	2000年	2005 年	2008 年	2009 年	2010 年	2011 年	2012 年
广　州	113.3	112.9	112.5	111.7	113.2	111.3	110.5
深　圳	115.7	115.1	112.1	110.7	112.2	110.0	110.0
珠　海	112.0	113.1	109.2	106.6	112.9	111.3	107.0
佛　山	112.5	119.4	115.2	113.5	114.3	111.4	108.2
#顺　德	114.5	118.9	115.5	114.1	114.5	111.6	108.0
惠　州	111.3	115.9	111.6	113.2	118.0	114.6	112.6
东　莞	119.7	119.5	114.0	105.3	110.3	108.0	106.1
中　山	112.4	120.9	111.1	110.2	113.9	113.1	111.0
江　门	110.2	112.6	110.8	109.7	114.5	113.0	108.1
肇　庆	110.6	115.7	116.2	113.9	117.5	114.7	111.0

注：2009 年起区域生产总值增速由广东省统计局统一调整核算，以前年份增速由分市汇总计算

珠江三角洲九市第三产业增加值

单位：亿元

市　别	2000 年	2005 年	2008 年	2009 年	2010 年	2011 年	2012 年
广　州	1376.75	2978.79	4890.33	5560.77	6557.45	7641.92	8616.79
深　圳	1085.80	2298.64	3918.03	4367.55	5051.67	6155.65	7206.12
珠　海	145.14	273.58	423.68	465.88	514.23	603.98	688.38
佛　山	435.03	876.52	1482.97	1687.44	2003.63	2220.43	2369.16
#顺　德	138.89	309.32	522.00	610.51	713.40	906.91	1029.64
惠　州	121.70	273.09	472.14	535.45	608.00	753.32	865.76
东　莞	343.64	934.78	1787.17	1926.04	2069.07	2351.32	2615.78
中　山	141.09	315.59	562.39	616.73	725.81	911.51	1025.24
江　门	200.73	303.66	425.35	459.08	581.18	695.01	770.06
肇　庆	104.93	200.36	328.03	376.98	438.94	510.72	554.41

珠江三角洲九市第三产业增加值指数

上年 =100

市　别	2000 年	2005 年	2008 年	2009 年	2010 年	2011 年	2012 年
广　州	116.3	113.3	113.8	113.4	113.6	111.3	112.0
深　圳	113.3	112.2	112.5	112.5	110.1	108.5	112.3
珠　海	108.9	109.1	110.6	111.1	107.1	111.6	112.1
佛　山	113.6	112.3	113.3	113.8	113.4	110.8	106.6
#顺　德	116.1	115.6	115.4	116.2	113.7	111.5	108.0
惠　州	108.6	117.4	113.5	114.7	110.6	116.1	111.1
东　莞	120.0	119.3	124.0	111.4	104.1	109.0	106.5
中　山	110.0	126.0	114.1	112.5	112.0	113.0	107.1
江　门	110.2	104.0	106.1	108.1	111.9	109.9	112.2
肇　庆	112.2	120.2	114.8	113.1	111.4	111.4	105.3

珠江三角洲九市人均地区生产总值

单位：元

市　别	2000年	2005年	2008年	2009年	2010年	2011年	2012年
广　州	25626	53809	76440	79383	87458	97588	105909
深　圳	32800	60801	83431	84147	94296	110421	123247
珠　海	27770	45320	66798	68042	77888	89794	95471
佛　山	20231	42066	68033	71691	80313	86073	91259
#顺　德	22213	42382	68605	72881	81154	87263	93494
惠　州	13877	21909	31748	33142	38650	45331	50873
东　莞	13679	33287	50471	48988	52798	57470	60557
中　山	15077	36435	52921	54156	60797	70014	77527
江　门	12851	19546	29910	30999	35622	41063	42028
肇　庆	7422	11890	20041	22554	27987	33642	36864

注：2009年以后区域人均生产总值增速由广东省统计局统一调整核算，以往年份增速由分市汇总计算

珠江三角洲九市人均地区生产总值指数

上年 =100

市　别	2000年	2005年	2008年	2009年	2010年	2011年	2012年
广　州	108.3	114.3	106.4	105.2	106.1	107.5	110.0
深　圳	105.2	111.6	107.1	106.0	107.6	107.3	109.0
珠　海	104.9	110.3	106.8	104.2	111.0	110.3	106.3
佛　山	106.3	117.8	110.5	108.6	109.2	108.6	107.7
#顺　德	108.0	116.4	110.3	108.9	109.1	108.7	107.6
惠　州	107.7	113.0	107.4	108.9	112.5	111.1	111.7
东　莞	106.6	119.4	109.0	100.5	105.3	105.4	105.7
中　山	105.4	120.6	105.6	104.9	108.3	109.9	110.5
江　门	108.8	112.1	109.1	107.8	112.4	111.7	107.7
肇　庆	109.9	114.1	115.4	113.1	115.7	113.0	110.2

珠江三角洲九市人均地方公共财政预算收入

单位：元

市别	2000年	2005年	2006年	2007年	2008年	2009年	2010年	2011年	2012年
广州	2061.72	3875.93	4388.58	5110.97	5735.56	6103.90	7100.70	7693.97	8615.73
深圳	3327.64	5064.37	5896.73	7379.55	8575.37	9037.32	10892.78	12856.12	14105.11
珠海	2024.57	3492.54	4213.55	5194.40	6184.14	6643.34	8025.47	9166.01	10323.14
佛山	1146.57	2265.69	2652.59	3153.36	3542.73	3787.59	4349.20	4736.35	5300.29
#顺德			2785.13	3270.61	3625.81	3895.47	4439.32	4945.20	5507.95
惠州	408.85	946.27	1172.44	1570.40	1900.54	2379.32	2931.87	3526.46	4316.39
东莞	503.97	1585.20	1922.06	2658.48	2851.21	3008.51	3454.53	3799.37	4306.79
中山	762.08	2231.98	2666.87	3289.91	3636.68	3818.31	4578.83	5848.99	6411.82
江门	540.87	1014.97	1226.85	1492.10	1757.69	1933.44	2365.62	2673.09	3018.13
肇庆	325.95	558.68	672.36	868.72	1147.86	1463.01	1979.41	2342.76	2616.91

注：本表按年末常住人口数计算

珠江三角洲九市地方公共财政预算收支

单位：亿元

市别	地方公共财政预算收入							
	2000年	2005年	2007年	2008年	2009年	2010年	2011年	2012年
广州	200.55	371.26	523.79	621.84	702.65	872.65	979.48	1102.40
深圳	221.92	412.38	658.06	800.36	880.82	1106.82	1339.57	1482.08
珠海	24.23	48.97	75.82	92.32	101.41	124.53	143.41	162.60
佛山	59.53	130.85	194.54	227.99	254.70	306.05	341.73	384.08
#顺德	21.22	47.38	68.39	79.34	89.29	106.75	122.06	136.52
惠州	12.94	34.72	62.06	78.07	101.57	131.23	162.83	200.88
东莞	30.22	103.97	186.45	209.22	231.16	277.84	313.06	356.32
中山	17.46	54.26	86.12	100.12	110.44	139.38	183.22	201.89
江门	21.24	41.63	62.43	74.68	83.63	104.29	119.17	135.03
肇庆	10.97	20.44	32.74	43.56	55.92	76.80	92.23	103.81

（续上表）

市别	地方公共财政预算支出							
	2000年	2005年	2007年	2008年	2009年	2010年	2011年	2012年
广州	240.72	438.41	623.69	713.35	789.92	977.32	1181.25	1343.65
深圳	225.04	599.16	727.97	889.86	1000.84	1266.07	1590.56	1569.01
珠海	31.14	57.77	82.82	105.68	121.31	166.41	190.37	212.20
佛山	72.48	150.85	206.67	244.51	266.99	363.35	388.68	433.96
#顺德	25.16	54.21	69.25	77.34	83.23	134.52	130.50	148.25
惠州	20.14	52.41	86.06	106.30	134.75	185.44	227.21	274.08
东莞	33.61	117.04	193.10	218.26	232.62	289.83	351.92	385.58
中山	19.24	56.71	87.76	101.22	117.90	145.85	192.67	215.32
江门	28.18	54.24	76.40	92.60	111.08	132.98	165.30	188.12
肇庆	20.09	40.64	61.35	78.99	106.93	127.66	157.01	176.49

珠江三角洲九市城镇居民人均可支配收入和消费支出

市别	可支配收入（元）					消费支出（元）				
	2000年	2005年	2010年	2011年	2012年	2000年	2005年	2010年	2011年	2012年
广州	13621.83	18287.24	30658.49	34438.08	38053.52	10988.99	14468.24	25011.61	28209.74	30490.44
深圳	21577.24	28665.25	32380.86	36505.04	40741.88	18200.67	21188.84	22806.54	24080.03	26727.68
珠海	15375.90	18907.73	25381.58	28730.69	32978.21	12616.21	14323.66	20369.83	21162.14	24083.48
佛山	11976.98	17680.10	27244.68	30717.99	34579.72	10662.58	14485.61	21995.08	23782.18	26163.76
惠州	10327.78	15762.77	23565.24	26608.94	29965.02	8945.02	12651.95	19740.50	20602.58	22278.90
东莞	14226.05	22881.80	35690.02	39512.65	42944.23	12603.21	21767.78	25732.81	27495.23	31369.01
中山			25356.59	27699.71	31129.83			18833.13	20518.95	22287.55
江门			21152.50	23923.63	27016.58			15560.79	17076.26	18448.45
肇庆	7300.73	10097.20	16832.37	19039.65	21754.40	6750.84	7476.65	12163.85	14019.89	15728.70

珠江三角洲八市农村居民人均纯收入和生活消费支出

单位：元

市别	2010年		2011年		2012年	
	人均纯收入	人均生活消费支出	人均纯收入	人均生活消费支出	人均纯收入	人均生活消费支出
广州	12675.55	8985.81	14817.72	9903.00	16788.48	10964.52
珠海	10187.10	8070.79	11857.78	8896.90	13399.29	10099.20
佛山	12202.28	8539.28	13861.80	11184.19	15683.50	11458.11
#顺德	12543.03	9641.14	14148.54	12225.19	16062.50	11149.29
惠州	9077.20	6028.82	10938.03	7187.15	12414.66	8285.96
东莞	20486.46	11839.70	22842.40	14054.77	24943.90	16188.73
中山	14928.00	9007.72	17182.13	10173.50	19347.08	11321.27
江门	8588.65	6411.91	9995.94	7609.42	11345.39	8355.11
肇庆	7524.04	5080.96	9013.75	6159.25	10365.81	6429.73

注：1. 本表数据来自市县农村住户调查

2. 深圳因完全城市化没有开展农村居民调查，因此无相关数据

珠江三角洲九市社会消费品零售总额（2012年）

单位：亿元

市别	社会消费品零售总额	按行业分		按城乡分	
		批发和零售业	住宿和餐饮业	城镇	乡村
广州	5977.27	5168.57	808.7	5903.16	74.11
深圳	4008.78	3526.29	482.49	4008.78	
珠海	635.2	559.17	76.03	610.58	24.62
佛山	2019.5	1754.92	264.58	1475.15	544.35
#顺德	652.01	574.32	77.69	341.12	310.89
惠州	754.15	683.32	70.83	628.15	126
东莞	1354.58	1234.09	120.49	1263.84	90.74
中山	809.33	724.9	84.43	739.25	70.08
江门	807.21	712.63	94.58	554.61	252.6
肇庆	433.39	385.68	47.71	286.2	147.19

珠江三角洲九市限额以上批发零售业商品购、销、存总额（2012年）

单位：万元

市别	商品购进总额	#进口	商品销售总额	批发	#出口	零售	年末库存总额
批发业							
广州	192110933	10928034	196931728	192217835	11438966	4713893	10311069
深圳	107633270	13535869	118590498	110671120	14317920	7919378	5605188
珠海	11214712	1586200	13383247	13147643	1060145	235604	656367
佛山	24542406	1128701	27189229	26463362	4483718	725866	2460826
#顺德	8804181	346420	9379547	9352826	1223005	26722	829016
惠州	4882645	35513	5082838	4849858	366480	232981	559960
东莞	13964798	588376	14937245	14694893	3146221	242352	997940
中山	7941234	465542	8479615	8444338	2563423	35277	695240
江门	3625254	304840	3933625	3876779	797238	56846	188337
肇庆	2336798	841451	2575012	2543942	486025	31070	122678
零售业							
广州	23746252	963714	25580098	4027522	106898	21552576	2329575
深圳	17194881	1085986	21435785	2299942	49531	19135843	2601808
珠海	1918171	154056	2109700	213706		1895993	234633
佛山	4592418	410074	5228815	558371	3934	4670444	419916
#顺德	2116831	182987	2448301	148971	104	2299330	201817
惠州	1708796	69620	2436628	325037	2835	2111590	197207
东莞	6081517	510096	7384652	825656	2966	6558996	703209
中山	2593703	147959	3225634	265965	12157	2959669	340530
江门	1839855	30020	1931658	188003	1085	1743654	188143
肇庆	1716753	18764	2007961	363584		1644377	82437

珠江三角洲九市限额以上住宿餐饮业经营情况（2012 年）

单位：万元

市　别	企业数（个）	营业额			
			客房收入	餐费收入	商品销售收入
住宿业					
广　州	522	1439716.3	759076.7	477634.5	16690.5
深　圳	253	947180.4	513090.9	329197.9	3166.8
珠　海	90	206852.5	105781.3	65028.9	11361.7
佛　山	117	269790.3	92952.1	138966.7	10948.6
#顺　德	30	61173.1	22389.7	30584.8	1244.9
惠　州	92	209042.9	97058.4	79916.7	6768.3
东　莞	193	564346.6	196906.1	283717.4	2320.1
中　山	103	189515.0	63537.8	97050.7	771.5
江　门	58	158284.2	49000.3	71254.5	9589.4
肇　庆	82	81826.3	44068.4	27823.0	4730.0
餐饮业					
广　州	1403	2981784.9	42102.1	2837798.9	57817.6
深　圳	881	2931836.6	30077.0	2875586.8	7914.6
珠　海	134	158201.8	1143.4	156684.8	218.1
佛　山	263	394820.7	23447.1	358287.7	2612.0
#顺　德	51	76265.5	7090.8	65649.6	1057.9
惠　州	164	161060.3	12626.1	142806.2	1636.7
东　莞	310	396056.7	4279.2	385281.2	3063.2
中　山	248	244414.0	1350.8	242084.6	114.1
江　门	188	153498.2	3478.2	147521.4	749.6
肇　庆	253	156429.8	5460.8	142542.4	4717.9

珠江三角洲九市旅游宾馆（酒店）住宿设施（2012年）

市别	宾馆（酒店）（个）	五星级	四星级	三星级	二星级	一星级	客房（间）	床位（张）	客房出租率（%）
广州	1751	21	36	135	34		132304	217764	63.3
深圳	809	18	28	66	22		82114	120654	63.0
珠海	480	9	8	62	4		38996	60444	59.1
佛山	181	9	17	46	19	1	21554	38376	56.9
#顺德	55	2	10	7	7	1	6507	11512	56.9
惠州	63	5	11	43	4		26419	46824	54.3
东莞	89	20	25	30	13	1	17254	38358	59.1
中山	510	3	6	19	3	2	32297	47612	56.7
江门	477	6	2	21	2		34590	60030	61.9
肇庆	832		1	16	8	1	36498	54768	61.3

注：本表星级宾馆（酒店）指2010年底止已得到国家旅游局或广东省旅游局批准的，不包已报未批部分

珠江三角洲九市卫生事业机构、床位和人员数（2012年）

市别	机构（个）	#医院	床位数（张）	#医院床位	卫生工作人员（人）	#卫生技术人员	执业（助理）医师（人）
广州	2415	224	70649	62194	129509	106250	37101
深圳	2623	121	28065	26214	76822	62079	23973
珠海	482	35	7439	6103	14923	12615	4733
佛山	1039	83	25686	22140	45457	37472	13171
#顺德	291	29	8001	7585	14935	12026	4321
惠州	984	61	17231	11056	27743	23161	8564
东莞	1016	96	24617	24042	46276	37520	12849
中山	482	48	11336	11213	20244	17012	5635
江门	727	36	15627	10974	24314	20577	7409
肇庆	726	47	11869	8603	20883	16544	5176

珠江三角洲九市社会基本养老、失业保险基金征缴额和征缴率（2012年）

市别	城镇职工基本养老保险		失业保险	
	基金征缴额（万元）	基金征缴率（%）	基金征缴额（万元）	基金征缴率（%）
广州	2765865	100.0	400993	100.0
深圳	3784653	99.8	66644	99.6
珠海	514574	99.6	37676	99.7
佛山	1166920	100.0	68800	100.0
惠州	341637	100.0	10624	100.0
东莞	1316202	99.7	33203	99.8
中山	714434	100.0	24578	100.0
江门	543490	98.0	34287	98.4
肇庆	219278	100.0	20665	100.0

珠江三角洲九市社会保险参保人数（2012年）

单位：万人

市别	城镇职工基本养老保险参保人数	失业保险参保人数	医疗保险参保人数	工伤保险参保人数	生育保险参保人数
广州	583.42	391.66	768.22	406.71	276.66
深圳	811.50	340.59	1138.74	991.53	506.61
珠海	106.44	86.28	150.09	87.76	55.07
佛山	336.17	194.05	448.19	210.85	209.76
惠州	210.59	92.53	392.37	113.11	139.49
东莞	520.28	312.78	616.86	494.14	616.86
中山	211.89	145.07	250.68	146.69	250.68
江门	176.02	66.19	379.85	67.09	64.69
肇庆	67.78	38.77	394.63	40.79	36.64

中国香港特别行政区主要社会经济指标

指　标	单位	1990 年	2000 年	2010 年	2011 年	2012 年
本地生产总值						
按 2010 年环比物量计算①						
本地生产总值年增长率	%	3.9	8.0	7.0	4.9	1.4
本地生产总值	亿港元	7957	11685	17368	18630	18898
人均本地生产总值	港元	139483	175316	247256	263442	264142
按当年价格计算						
本地生产总值年增长率	%	11.7	4.0	7.3	9.0	5.4
本地生产总值	亿港元	5990	13177	17417	19361	20401
人均本地生产总值	港元	104996	197697	247951	273779	285146
人口及生命统计						
年中人口	万人	570.4	666.5	702.4	707.2	715.5
粗出生率	‰	12.0	8.1	12.6	13.5	12.8
粗死亡率	‰	5.2	5.1	6	6	6
劳动、就业②						
劳动人口	万人	274.8	337.4	363.1	370.3	378.5
失业率	%	1.3	4.9	4.3	3.4	3.3
实际工资指数③(1992 年 9 月 =100)		100.2	112.8	121.7	117.9	118.9
政府收支、货币、金融	亿港元					
政府收入总额④		895	2251	3765	4377	4455
政府支出总额④		856	2329	3014	3640	3806
货币供应量 M3		12880	36928	71563	80811	89713
居民消费物价指数（2009 年 10 月至 2010 年 9 月 =100）						
综合消费物价指数		57.3	96.5	100.7	106.0	110.3
工业生产						
工业生产指数⑤(2008 年 =100)				95.0	95.7	94.9
工业电力消费量	万亿焦耳	24934	17769	11080	11104	11282
工业煤气消费量	万亿焦耳	583	982	917	1086	1331
运输、旅游						
进出香港货运车辆	万辆	473.35	940.22	834.57	786.66	767.14
集装箱吞吐量⑥	万标准箱	510	1810	2370	2438	2312
访港旅客⑦	万人次	658	1306	3603	4192	4862
酒店入住率	%	79	83	87	89	89

（续上表）

指　　标	单位	1990年	2000年	2010年	2011年	2012年
对外商品贸易						
港产品出口	亿港元	2259	1810	695	657	588
转口	亿港元	4140	13917	29615	32716	33755
进口	亿港元	6425	16580	33648	37646	39122
教育						
小学学生人数	人	526720	493979	331112	322881	317442
中学学生人数	人	453423	466710	452581	469129	420723

注：本表数据由香港特别行政区政府统计处提供，国家统计局整理编辑。1996年及以前年份数据均指原香港地区

①按环比物量计算的本地生产总值及其组成部分的参照年，已由2009年重订为2010年

②数字已就2011年人口普查的结果作出修订。2011年人口普查的结果提供了一个基准，用作修订自2006年中期人口统计以来编制的人口数字

③自2004年以后工资统计数字采用《香港标准行业分类2.0版》编制

④财政年度数字。指当年4月1日至第二年3月31日

⑤自2005年统计年度开始，所有工业生产指数均按《香港标准行业分类2.0版》编制

⑥1998年起，采用一系列新的集装箱吞吐量数字，与1998年以前的数字不可比

⑦1996年及以后的数字包括澳门访港的非澳门居民旅客人数

中国澳门特别行政区主要社会经济指标

指　　标	单位	1990年	2000年	2010年	2011年	2012年
本地生产总值①						
以2010年环比物量计算						
本地生产总值实际增长率（支出法）	%	8.0	5.7	27.0	21.8	9.9
本地生产总值	亿澳门元	546.9	711.9	2161.7	2764.5	3039.5
人均本地生产总值	万澳门元	16.3	16.5	40.3	50.3	53.4
按当年价格计算						
本地生产总值名义增长率（支出法）	%	20.4	2.7	32.9	30.0	18.0
本地生产总值	亿澳门元	254.6	516.3	2262.2	2950.5	3482.2
人均本地生产总值	万澳门元	7.6	12	42.1	53.7	61.2
人口及生命统计						
年中人口估计	万人	33.5	43.1	53.7	55	56.8
粗出生率	‰	20.5	8.9	9.5	10.6	12.9
粗死亡率	‰	4.4	3.1	3.3	3.4	3.2

（续上表）

指　　标	单位	1990 年	2000 年	2010 年	2011 年	2012 年
劳动、就业②						
劳动人口	万人	16.9	20.9	32.4	33.6	35
失业率	%	3.2	6.8	2.8	2.6	2.0
对外贸易						
出口	亿澳门元	136.4	203.8	69.6	69.7	81.6
本地产品出口	亿澳门元		170.8	23.9	23.9	22.8
转口	亿澳门元		33.0	45.7	45.8	58.7
进口	亿澳门元	123.4	181.0	441.2	622.9	709.3
工业生产						
工业电力消耗量	亿千瓦小时		1.6	1.6	1.7	1.8
运输、旅游						
进出澳门货运车辆数目③	万辆	26.4	45.4	35.8	33.4	32.5
访澳旅客④	万人次	594.2	916.2	2496.5	2800.2	2808.2
酒店入住率	%	69	58	80	84	83
政府收支、货币、金融	亿澳门元					
政府总收入①		60.2	153.4	884.9	1229.7	1295.0
政府总开支①		55.1	150.2	383.9	455.9	567.4
货币供应		307.4	849.2	2430.5	2979.6	3744.3
消费价格指数						
综合消费价格指数			83.95	104.25	110.30	117.04
教育						
小学生	人	34972	45474	23833	22646	
中学生	人	17601	38156	37101	35726	
高等教育学生	人	7425	8358	24156	26217	

注：本表数据由澳门特别行政区政府统计暨普查局提供，国家统计局整理编辑。1998 年及以前数据均指原澳门地区

①数字在日后得到更多资料时会作出修订

②自 2009 年起，劳动人口的年龄下限由 14 岁调升至 16 岁

③自 2000 年开始包括进出关闸及路氹城边检站的数字。而自 2007 年开始亦包括进出跨境工业区边检站的数字

④自 2008 年开始，访澳旅客不包括外地雇员及学生等

·责任编辑　郝红英·

珠江三角洲发展研究论文摘要

珠江三角洲发展研究论文摘要（2012年）

论文题目： 农民工职业培训满意度调查研究——基于珠三角五城市的数据分析

作者姓名： 何建华

文献来源： 职业技术教育

发表时间： 2012-01-01

内容摘要： 本文认为，中国珠三角地区农民工对职业培训的满意度较高，但同时也存在一些问题，即培训内容和方法较为单调，不能满足农民工的培训需求；培训周期过短，培训时间安排不合理；培训环境和设施简陋，制约农民工职业培训的效果；培训教材匮乏，考试与认证机制不健全。因此，需要对当前农民工职业培训系统进行完善：丰富培训内容、创新培训方法、加强培训教材建设、完善培训评估体系。

论文题目： 都市圈经济发展中的产业整合——以珠三角都市圈为例

作者姓名： 聂小桃

文献来源： 市场经济与价格

发表时间： 2012-01-01

内容摘要： 文章通过整合区内分散的资源，有针对地进行产业分工与合作，实现产业链条的延伸和专业化生产，可以提升都市圈竞争力。本文在有关都市圈与产业整合的理论及其关系研究基础上，重点探索珠三角都市圈中的产业整合，旨在为提高中国都市圈的国际竞争力提供指导意义。

论文题目： 珠三角地区高校毕业生离职心理探析

作者姓名： 姜海鹏

文献来源： 人力资源管理

发表时间： 2012-01-08

内容摘要： 随着对外开放的持续深入，以珠三角为代表的区域经济步伐进一步加快，就业岗位多，选择面广，使珠三角高校学生毕业后多倾向留在当地城市就业。然而，大学生在毕业后半年的适应期内，离职情况较为普遍。本文通过毕业生的心理视角，对其择业、离职心理进行探析，并提出毕业生应端正择业心态，加强就业心理调试。

论文题目： 大“珠三角”地区城市经济增长因素分析——基于面板随机前沿模型

作者姓名： 苏飞

文献来源： 西安财经学院学报

发表时间： 2012-01-08

内容摘要： 文章使用超越对数生产函数估算大“珠三角”地区1988~2009年间主要城市全要素生产率（TFP）的增长，并基于随机前沿模型将TFP分解为技术进步、生产效率和规模经济。研究结果显示：第一，生产要素的积累对大“珠三角”地区城市经济增长的作用是温和的，而全要素生产率的增长平均约占大多数城市的50%；第二，城市化率、各城市GDP中第三产业的比重、基础设施水平、人力资源水平、经济对外依存度等对城市生产效率具有正面影响，而城市规模与城市生产效率之间呈负相关关系；第三，全要素生产率的增长率主要是由生产效率的变化率决定，其次是技术进步率，而在大多数城市均呈现出规模不经济。

论文题目： 珠三角地区农信社品牌战略现状与发展路径分析
作者姓名： 李岸峰　熊满澄
文献来源： 中国农村金融
发表时间： 2012-01-10
内容摘要： 本文认为，珠三角地区农信社正处于转型升级关键期，要走出一条有自我特色、现代金融企业发展新路，就要高度重视品牌战略。不仅提供差异化产品和服务，更要注重企业品牌建设，打造特色品牌。文章立足珠三角地区农信社实际，结合国内品牌战略的应用，尝试对珠三角地区农信社品牌战略现状与今后发展路径进行探讨。

论文题目： 城市化背景下农业人口流动对农村发展的影响——以珠三角地区为中心
作者姓名： 马骏　黄泽文　安宓　郑庭义　向安强
文献来源： 安徽农业科学
发表时间： 2012-01-10
内容摘要： 本文介绍珠三角地区农业人口流动的现状，及农村发展带来的新情况和新问题。在城市化背景下，农业人口流动不仅推动流入地农村城镇化进程，促进土地流转形式多样化，提高土地利用率及农业生产集约化程度，加快人口流动速度；同时也衍生出新问题，如户籍管理、计划生育管理与乡村稳定治理、土地再次流转的利益分配、农业补贴归属、流动人口社会融合、区域内两极分化严重等。

论文题目： 论珠三角经济一体化中的行政协议
作者姓名： 朱最新
文献来源： 战略决策研究
发表时间： 2012-01-10
内容摘要： 本文认为，行政协议是区域政府实现区域协调发展与社会和谐的创新机制，是珠三角一体化中政府合作的过程性选择。行政协议的现实基础是珠三角经济一体化与行政区划的既定。从实践看，行政协议运行存在众多问题，其中最根本的是行政协议的不确定性，包括法律依据、缔结程序、法律位阶以及协议文本内容等的不确定性。为克服行政协议的不确定性，应该根据珠三角实情，通过明确行政协议的法律依据和法律位阶，完善行政协议的缔结程序和主要条款等实现珠三角行政协议的制度化、规范化、法制化。

论文题目： 珠三角企业品牌国际化路径模式及其启示
作者姓名： 王卫红　张超
文献来源： 战略决策研究
发表时间： 2012-01-10
内容摘要： 本文归纳品牌国际化的路径模式，并以珠三角企业中具有代表性的TCL、东菱凯琴、格力等企业的品牌国际化进程为例，探讨这些企业品牌国际化路径的不同模式。通过对其进行比较，提出对中国企业品牌国际化发展的启示。

论文题目： 论轨道交通对珠三角区域经济一体化的促进作用
作者姓名： 张泓

文献来源： 城市轨道交通研究

发表时间： 2012-01-10

内容摘要： 文章阐述轨道交通的建设与发展对区域经济一体化发展具有的经济诱发、开发先导、区位再造和资源创造等四大功能。并提出加强规划协调、创新发展理念、优化体制机制和给予政策支持等四方面的措施建议，以发挥轨道交通对珠三角区域经济一体化的促进作用。

论文题目： 珠三角城市绿地 CO_2 通量的环境响应特征

作者姓名： 孙春健　申双和　王春林　张锦标　任倩

文献来源： 生态学杂志

发表时间： 2012-01-15

内容摘要： 本文应用 2009、2010 年位于东莞市植物园内的涡度相关 CO_2 通量定位观测资料，分析光合有效辐射（PAR）、土壤温度（T_s）、饱和水汽压差（VPD）、降水及周边不同下垫面类型对 NEE 的影响。结果表明：NEE 绝对值随 PAR 的升高而增加，PAR 超过光饱和点（约为 1500μmol photons·m-2·s-1）后，NEE 绝对值呈回落趋势；生态系统呼吸（R_{eco}）随 Ts 升高而增加，在温度较低时，R_{eco} 对 Ts 的敏感性较强（10℃时，Lloyd-Taylor 方程的 Q_{10}=1.8），随着温度升高，敏感性下降（30℃时，Q_{10}=1.43）；VPD 通过影响植物气孔导度对 CO_2 交换产生作用，相同温度下，随着 VPD 升高，气孔导度增大，呼吸释放与光合固定的 CO_2 量均增加；降水能增加土壤湿度进而使 R_{eco} 增大，25℃时，降水后的 R_{eco} 比降水前增加 15.8%；测站东北和西南方的绿地范围较大，当东北和西南部是主要贡献区时，NEE 绝对值较大，表明增加城市绿地能有效提高城市固碳效益。

论文题目： 珠三角 SO_2 污染区划及来源的定量研究

作者姓名： 王志铭　王雪梅　李伟铿　司徒淑娉　钟流举　陈多宏　陈巧俊　杨柳林　李园

文献来源： 环境科学与技术

发表时间： 2012-01-15

内容摘要： 文章利用珠三角粤港空气质量监测网 13 个空气质量监测点 2009 年 11 月 SO_2 监测浓度，通过聚类分析对珠三角 SO_2 进行污染特征区划，最终选定该时段内 3 个核心关注区域，分别为广州中心城区、佛山江门片区、珠江口西侧片区。发现佛山江门片区的污染最为严重，其次是珠江口西侧片区。研究结果为控制及治理珠三角 SO_2 源提供科学依据。

论文题目： 企业农民工的任务压力研究——基于泛珠三角的实证分析

作者姓名： 汪前元　周勇

文献来源： 中南财经政法大学学报

发表时间： 2012-01-15

内容摘要： 本文对 2008～2010 年间中国泛珠三角地区的农民工社会压力进行实证分析，结果表明：构成当前农民工社会压力的主要源头是自主性难以获得、信任难以获取、亲密关系维持难、家庭维护难、社会融入难以及自我实现难。文章又通过聚类分析发现，农民工群体可细分为传统型、新生型和过渡型。在中国未来的城市化中，过渡型和新生型农民工将扮演重要角色。中国需要通过农民工的真正市民化、城乡统筹、社会服务水平升级和区域协作来综合应对日益严重的农民工社会压力问题。

论文题目： 珠三角地区城市金融服务外包发展路径选择

作者姓名： 官华平　王莉　刘琳

文献来源： 价格月刊

发表时间： 2012-01-15

内容摘要： 珠三角地区发展金融服务外包，要明晰其发展优势和劣势，从宏观和微观角度研究选择可行的发展路径，通过制定相应的产业发展规划，积极承接离岸和在岸金融服务外包，选择 BPO 为突破口，借助与香港毗邻的地理优势，积极发展二级金融服务外包。

论文题目： 珠三角中小企业文化建设探析

作者姓名： 陈能浩

文献来源： 企业导报

发表时间： 2012-01-15

内容摘要： 本文认为，企业间的竞争从某种程度上看表现为文化的竞争。作者分析珠三角中小企业文化的特色，指出其普遍存在的问题，提倡从政府文化扶持、有计划分阶段构建、提高企业家综合素质和突出文化特色四个方面建设珠三角中小企业文化。

论文题目： 中职教师休闲体育活动与生活质量关系的实证研究——以珠三角为例

作者姓名： 田芝兰

文献来源： 体育科技文献通报

发表时间： 2012-01-20

内容摘要： 本文通过文献资料法、调查问卷法、数理统计法及逻辑推理分析等方法，对珠三角中职体育教师休闲体育活动与生活质量进行分析。研究结果表明：休闲体育活动对生活质量存在正向相关影响，尤其对中职教师业余活动、缓解精神压力、增加积极情感、提高身体活动能力等因子的相关性较为密切。休闲体育活动是一种提高珠三角中职教师生活质量的重要因素。

论文题目： 主体功能区规划框架下深化泛珠三角区域合作研究

作者姓名： 广西社科联课题组　姚兵　刘俊

文献来源： 改革与战略

发表时间： 2012-01-20

内容摘要： 本文认为，应在深化泛珠三角区域合作的重点领域及其模式有所突破，逐步推进泛珠三角区域基本公共服务均等化，建立健全泛珠三角区域合作协调机制，培育形成多圈层、多极化、开放性的深化泛珠三角区域合作新格局，促进泛珠三角区域东中西部省区互联互动、协调发展。

论文题目： 技术进步对经济增长的贡献度分析——基于长三角和珠三角 5 个地区的实证分析

作者姓名： 赵喜鸟　钱燕云　薛明慧

文献来源： 科技进步与对策

发表时间： 2012-01-25

内容摘要： 本文采用索洛余值法测算资本、劳动力和技术进步对中国长三角和珠三角部分地区 1990~2009 年经济发展的贡献度。分析得出：长三角和珠三角的 5 个代表性省市在经济增长贡献度方面，起初资本和劳动投入对经济增长的贡献度较高，而技术进步的波动性却很大，之后技术进步水平逐步趋于稳定，并基本维持在对经济增长贡献 70%左右的水平。充分说明在这 5 个地区的经济发展中，技术进步起到重要的推动作用。

论文题目： 珠三角城市群会展业区域合作机制研究——基于城市吸引力模型

作者姓名：肖轶楠　张希华　李玺
文献来源：经济体制改革
发表时间：2012-01-25
内容摘要：本文在探索、研究、确定珠三角城市会展业吸引力影响因素的基础上，采用城市吸引力理论和模型构建起以广州为核心、深圳和珠海为次核心的珠三角会展业的区域合作机制，通过优势互补、资源共享、加强珠三角各城市间的合作，提高珠三角会展业持续、健康、协调发展以及整体的竞争优势。

论文题目：广州与珠三角空间经济联系及一体化路径启示
作者姓名：范建伟　刘皇　李超
文献来源：中国外资
发表时间：2012-01-25
内容摘要：本文以珠三角区域经济一体化为背景，通过对广州与珠三角其他城市间外联经济、地缘经济关系的相关分析与匹配分析，归纳出广州与珠三角空间经济联系的总体特征。从相关分析的结果来看，广州与珠三角其他城市的外联经济联系强度、地缘经济联系强度呈现中度负线性相关，Pearson相关系数为 -0.304。匹配分析的结果亦表明，珠三角的中心城市广州与腹地区域之间出现发展轨迹的渐近化、经济结构的趋同化，在今后的城市区域合作中，这种趋势必须加以规避。

论文题目：泛珠三角经济一体化的趋同效应实证研究
作者姓名：周天芸　黄亮
文献来源：国际经贸探索
发表时间：2012-01-25
内容摘要：本文通过对泛珠江三角洲地区9+2个城市1992～2008年面板数据进行实证研究。结果发现，泛珠三角地区的人均产出存在条件趋同，而产业结构调整则存在绝对趋同。由于各地区的先天性差异以及制度性缺陷，导致地区间协同效应受限，使得泛珠三角地区的合作并未完全有效的发挥，地区间产业存在着同构化问题，经济发展速度仍然存在差距。

论文题目：珠三角绿道体育对青年低碳观念的影响
作者姓名：李国岳　宋文利
文献来源：军事体育进修学院学报
发表时间：2012-01-25
内容摘要：本文通过文献资料和逻辑推理等研究方法，从低碳视角对青年参加绿道体育运动的意义表达进行粗略探讨，突出绿道体育创造性的低碳观念影响功能，旨为珠三角绿道体育发展提供理论参考。

论文题目：珠三角区域绿道网建成环境的人地关系评价体系研究框架
作者姓名：吴隽宇
文献来源：价值工程
发表时间：2012-01-28
内容摘要：本文针对珠江三角洲区域绿道网建成环境现状，总结国内外相关研究进展，从人地关系的概念入手，引入人地关系（MLR）系统动力学模型，探讨绿道建设中出现的相关矛盾与问题，提出以“使用者（人）—绿道（环境）”关系为中心的区域绿道网的建成环境人地关系评价体系研究假设以及研究思路，并阐述绿道网建成环境人地关系评价研究对实现珠三角区域绿道网建设优化发展的深远意义。

论文题目：泛珠三角地区经济增长与环境污染关系的实证研究
作者姓名：卢鹏宇
文献来源：统计与决策
发表时间：2012-01-30
内容摘要：文章利用泰尔指数和面板数据研究泛珠三角地区经济增长与环境污染关系的差异。泰尔指数分析表明：泛珠三角不同省区间的经济发展水平和环境污染程度的差距都在拉大。面板数据分析表明：泛珠三角各省区人均GDP的增长对人均工业废水排放量的影响不同，人均GDP的增长对人均工业废气排放量和人均工业固体废物产生量均存在正向影响，且基本上与该地区的经济发展水平呈反向关系。

论文题目：科技服务业促进珠三角块状经济升级研究——基于服务外包的视角
作者姓名：魏作磊
文献来源：广东外语外贸大学学报
发表时间：2012-01-30
内容摘要：本文认为，提高中小企业创新能力是促进珠三角块状经济转型升级的突破口。中小企业创新能力的提高有赖于一个强大的科技服务平台。本文借助KPO理论，提出通过发展KPO带动中小企业创新进而促进珠三角块状经济转型升级的对策建议。

论文题目：珠三角地区产业转移的轨迹与展望
作者姓名：朱博
文献来源：市场经济与价格
发表时间：2012-02-01
内容摘要：本文认为，珠三角地区凭借其地缘优势和政策优势，成为中国经济发展最快的地区之一。近年来，受传统产业市场空间趋于饱和、要素成本越来越高、产业升级等压力的影响，珠三角地区提出“双转移”政策，本文基于珠三角地区产业转移的视角，对产业转移的轨迹进行回顾并对未来的走向提出展望和政策建议。

论文题目：珠三角地区工资集体协商的现状和相关理论问题
作者姓名：冯祥武
文献来源：法治研究
发表时间：2012-02-02
内容摘要：本文认为，珠三角地区作为世界先进制造业基地，其在工资集体协商实践中创建了“南海本田模式”；然而其在工资集体协商立法方面受到主要来自外资力量的阻滞。工资集体协商的制度构建亟须廓清与之相关的诸如协商的主体、政府应持的立场、协商应贯彻的诚信原则、协商立法是否过于偏向劳方等八个基础理论问题。

论文题目：珠三角地区经济发展水平的对应分析
作者姓名：宾江
文献来源：现代经济信息
发表时间：2012-02-08
内容摘要：本文以珠三角九市为样本，选取九项经济指标，运用多元统计中的对应分析方法，将九市的经济发展水平划分为三类，分析同一类别中的相似之处，以及不同类地区的经济差异，并结合各地市的实际情况，提出相应的建议。

论文题目：武汉城市圈与珠三角城市圈产业结构对比分析研究
作者姓名：刘天权　夏楠

文献来源： 知识经济

发表时间： 2012-02-08

内容摘要： 本文通过对武汉城市圈和珠三角城市圈的产业结构现状进行对比，分析两大城市圈产业结构差异的成因，并结合武汉城市圈的特点，为武汉城市圈产业结构优化升级提出相应的政策建议。

论文题目： 城镇化进程中集体资产产权登记之法律障碍及破解对策——以珠三角地区为例

作者姓名： 杨波

文献来源： 南方农村

发表时间： 2012-02-10

内容摘要： 本文通过完善地方立法、出台相关扶持政策及配套措施等路径，明确集体资产产权登记的有效性，克除税费、评估等现实障碍，切实解决村社建设历史遗留问题，为集体经济发展转型提供必要的产权保障。

论文题目： FDI强度与珠三角装备制造业低碳化转型发展——基于投入产出与面板数据的实证研究

作者姓名： 谭蓉娟

文献来源： 国际贸易问题

发表时间： 2012-02-15

内容摘要： 本文利用虚拟变量最小二乘法对珠三角九市装备制造业进行面板数据分析，结果显示：不同来源地的外资进入强度对珠三角装备制造业低碳化发展的核心参量碳生产力产生了不同方向的影响。其中，FDI总体和海外华资对珠三角装备制造业碳生产力具有明显的负向影响，而外商投资虽然对碳生产力具有正向影响，但显著程度较弱。

论文题目： 珠三角地区港城关系协调发展水平研究

作者姓名： 姜宝　张伟杰　李剑

文献来源： 中国水运（下半月）

发表时间： 2012-02-15

内容摘要： 珠三角地区作为中国典型的外向型经济体，港城协调是持续发展的重要保障。为探究该地区港城互动关系的发展，文中在大量面板数据的基础上，采用主成分分析法分别对影响城市和港口的各个因素进行分析，从中选取评价港城关系的核心指标。围绕核心指标运用引力模型计算出珠三角地区2001~2010年10年间港城引力的演变情况，进而提出相应的发展对策，以期为珠三角地区未来港城关系的发展提供参考。

论文题目： 基于空间关联性的广深金融服务业集群研究——珠三角经济区域背景下的考察

作者姓名： 冯国强　瞿丽　赵昆

文献来源： 财务与金融

发表时间： 2012-02-15

内容摘要： 自2000年以来，以广州、深圳为代表的珠三角各大城市先后出现不同程度的金融服务业集群，本文利用区位熵、Moran'sI等指数考察该区域内各大城市之间的区域外溢性及存在的空间关联，揭示广州、深圳两大中心城市在金融服务业集群过程中基于空间自相关性的空间依赖和空间异质。结果表明：珠三角9大城市在集群过程中各自与周边地区的关联程度不一，存在着四种不同的情形，而广州、深圳的空间关联性则更多地体现为空间依赖上的异质性。

论文题目： 珠三角地区失地农民媒介认知状况分析

作者姓名： 丁玲华

文献来源：江西社会科学
发表时间：2012-02-15
内容摘要：本文通过对珠三角地区失地农民定向入户调查，分别从媒介接触、媒介信息认知和社会认知等方面深入了解。由于媒介信息未能满足这一群体的特殊需求，其对媒介社会功能的认识仅停留在信息、娱乐的单纯取向，媒介参与行为意向较弱，对媒介表面附和实际疏离，显示其市民化进程中存在自我边缘化的障碍。

论文题目：绿道体育的开发与管理——以珠三角区域为例
作者姓名：谢冬兴　陈三政　尚欣
文献来源：武汉体育学院学报
发表时间：2012-02-15
内容摘要：本文运用文献资料法，对国内外绿道研究进行概述。通过珠三角区域绿道实地调研，以及对参与绿道体育活动的村民、城镇居民以及游客进行访谈与问卷调查，就绿道体育建设现状、绿道体育活动参与者性别、年龄、职业及总体评价等要素进行频数统计与分析，发现各要素的聚集趋势。从宏观与微观层面对珠三角区域（增城、中山、江门）绿道体育规划、建设、管理与运营展开实例、实证分析，提出绿道体育管理规范化以及形成绿道体育运行长效机制的建议。

论文题目：珠三角地区洗钱犯罪防控的必要性与可行性分析
作者姓名：夏苗　胡春梅
文献来源：云南社会主义学院学报
发表时间：2012-02-15
内容摘要：本文从社会危害性、犯罪防控等角度对珠三角地区洗钱犯罪的现状进行专门介绍和分析。作者认为该地区洗钱犯罪进行防控是必要而且可行的。

论文题目：增长极区域内的城市经济聚集状态分析——以珠三角增长极中的广州、深圳、东莞、佛山四市为例
作者姓名：夏能礼
文献来源：云南财经大学学报（社会科学版）
发表时间：2012-02-15
内容摘要：经济活动在空间上不断地演化，增长极区域内的城市经济活动随着经济在空间上存在的向心力和排斥力也在不断发生变化。本文通过分析珠江三角洲增长极四个城市的经济活动在空间上的变异，得出增长极内的经济空间变化与增长极外的经济空间变化有本质的差异，并且中国经济集聚体的地理空间分布朝多极的方向发展，最终形成多极的趋同性发展态势。

论文题目：城市群空间结构绩效研究——基于珠三角城市群的实证研究
作者姓名：李红锦　李胜会
文献来源：商业时代
发表时间：2012-02-20
内容摘要：本文认为，珠三角城市群作为中国经济最发达、最有活力的城市群之一，研究其城市群空间结构绩效不仅有助于继续发挥其对全国经济的带动作用，而且对其他城市群的发展具有一定的借鉴意义。文章通过应用参数计量模型，把珠三角城市群与广东省其他非城市群城市和长三角城市群的比较分析，得出珠三角城市群效率较高，但仍有一些城市的效率有待提高，最后指出提高这些城市效率的关键所在。

论文题目： 珠三角民营企业社会保障困局与对策

作者姓名： 张健生

文献来源： 经营管理者

发表时间： 2012-02-20

内容摘要： 本文认为，随着各地频繁出现的“用工荒”“招工难”等问题的见诸报端，民营企业的生存和发展成为社会关注的又一焦点。民营企业要生存必须要“以人为本”，而“以人为本”的关键在于社会保障体系的健全。要解决珠三角民营企业社会保障困局，需要在管理制度、企业文化、社会保障制度等多方面着手，形成配套改革机制，完善民营企业社会保障体系。

论文题目： 珠三角地区高速公路改扩建工程征地拆迁问题分析

作者姓名： 刘勇健　田志谦

文献来源： 公路

发表时间： 2012-02-25

内容摘要： 广佛、佛开高速公路改扩建工程项目地处珠三角经济发达核心地区，土地稀缺，地价高昂，沿线两侧建筑物密集、管线密布，加之原高速公路建设遗留的历史问题较多，征地拆迁工作开展起来困难重重。文中阐述广佛、佛开高速公路改扩建工程项目在实施征地拆迁过程中存在的难点问题，以及在实施过程中主要采取的措施和看法。

论文题目： 珠三角区域经济一体化进程中的问题及对策研究

作者姓名： 杨宁芳　颜家兵

文献来源： 特区经济

发表时间： 2012-02-25

内容摘要： 珠三角区域经济一体化是国家经济发展战略的一个重要环节，珠三角在经济一体化进程之中成效显著，对国内经济发展作用也日益突出。但是，随着经济全球化时代的到来，珠三角区域经济一体化的进程中面临诸多的新问题，本文通过对珠三角区域经济一体化进程中的若干问题进行针对性的研究，并且提出解决对策。

论文题目： 基于“微笑曲线”论珠三角企业转变经济增长方式

作者姓名： 潘向研

文献来源： 特区经济

发表时间： 2012-02-25

内容摘要： 本文基于微笑曲线，通过数据统计，分析珠三角地区企业目前所面临的现状和问题，主要体现在对廉价劳动的依赖来赚取“微笑曲线”中端微薄的利润，却忽视了“微笑曲线”的两端，即产品的研发、设计、采购，还有品牌的建立、市场营销策略。作者认为，只有从企业和政府两个层面转变经济增长方式，才能使珠三角地区企业走上可持续发展的道路。

论文题目： 珠三角区域创新系统的耗散结构特征及进化

作者姓名： 刘明广

文献来源： 科技和产业

发表时间： 2012-02-25

内容摘要： 本文研究珠三角区域创新系统的进化过程规律，借鉴耗散结构的基本理论与思想，对珠三角区域创新系统的耗散结构特征进行分析。构建珠三角区域创新系统的进化模型，并给出平衡点的稳定性条件，根据模型分析结果得出几个重要结论与启发。

论文题目： 交通基础设施与经济增长——基于珠三角地区的空间计量分析

作者姓名： 金江
文献来源： 华南师范大学学报（社会科学版）
发表时间： 2012-02-25
内容摘要： 本文基于1994~2008年珠三角地区的相关数据，采用空间计量经济学模型对交通基础设施的空间溢出效应进行研究。结果表明：空间滞后模型更适合刻画交通基础设施与经济增长之间的关系，交通基础设施投资具有显著的正外部性，珠三角地区的交通基础设施投资平均每增长1%，产出弹性将增长19.6%，其中10%来源于交通基础设施的空间溢出效应。这说明对交通基础设施的投资不仅能够促进本地区的经济增长，还能促进邻近地区的经济发展，进而推动区域经济一体化的进程。

论文题目： 海西区与长三角、珠三角区域经济竞争力比较与联动机制探讨
作者姓名： 黄茂兴　林寿富
文献来源： 东南学术
发表时间： 2012-03-01
内容摘要： 本文将“十一五”期间海峡西岸经济区与长三角、珠三角经济区的经济发展水平进行纵向与横向比较，拟通过对这三个经济区的经济竞争力比较分析，寻找和发现有助于加快海峡西岸经济区发展的经验与启示。同时，文章还就“十二五”时期如何加快推进海西区与长三角、珠三角经济区之间的协调联动机制进行探讨，以期为推动全国区域经济协调发展提供参考借鉴。

论文题目： 联盟网络对企业创新绩效的影响——基于珠三角企业的实证研究
作者姓名： 彭伟　符正平
文献来源： 科学学与科学技术管理
发表时间： 2012-03-10
内容摘要： 本文基于珠三角130家企业的问卷调查数据，实证分析企业联盟网络特征对其创新绩效的影响以及外部环境不确定性、内部资源与能力的调节效应。研究结果表明，企业联盟网络的关系强度对其创新绩效具有显著的正向影响；企业在其联盟网络中占据的中心性位置对其创新绩效也具有显著的正向影响；外部环境不确定性正向调节企业联盟网络的关系强度与其创新绩效间的正向关系；内部资源与能力负向调节企业在其联盟网络中占据的中心性位置与其创新绩效间的正向关系。

论文题目： 珠三角中小企业科技金融服务的思路与对策建议
作者姓名： 郭艳华
文献来源： 广东科技
发表时间： 2012-03-10
内容摘要： 本文认为，珠三角是中小企业集聚较为密集的地区之一，正是基于这些扎根于本土、量大面广的中小企业所迸发出的发展活力，珠三角有了今日经济发展的辉煌。但融资难的问题，困扰着中小企业的发展。如何破解中小企业融资难以及为中小企业提供优质的金融服务，成为推动经济又好又快发展的重要内容，同时又成为提高珠三角综合竞争力的重要手段和途径。本文系统分析中小企业融资难的深层原因，提出珠三角中小企业金融服务的基本思路和对策建议。

论文题目： 知识溢出、吸收能力与本土供应商创新绩效——基于珠三角制造业企业的实证分析
作者姓名： 杨亚平
文献来源： 经济经纬

发表时间：2012-03-10

内容摘要：本文利用珠三角制造业企业调查问卷进行实证研究，重点考察吸收能力、知识溢出对本土供应商创新绩效的影响。研究结果表明：跨国公司的显性和隐性知识溢出对供应商技术创新有明显促进作用；供应商的吸收能力对知识溢出和创新绩效有正向调节作用，即供应商的吸收能力不仅有利于其技术创新，而且强化知识溢出对其创新绩效的促进作用；隐性知识溢出在吸收能力的正向调节作用下，对创新绩效的作用更明显。

论文题目：珠三角区域经济安全与产业结构转型升级的对策

作者姓名：彭良军

文献来源：战略决策研究

发表时间：2012-03-10

内容摘要：本文认为，以原有产业结构为基础的区域经济增长模式已经达到静态极限，产业结构转型升级日益紧迫。文章对珠三角区域经济安全与产业结构面临的挑战与机遇进行分析，指出产业结构转型升级对区域经济安全的意义，并提出对珠江三角洲区域经济发展有利的产业结构转型升级的主要应对措施及其建议。

论文题目：珠三角劳动密集型企业员工流失率的影响因素研究

作者姓名：安凡所　邓楚仪

文献来源：南方农村

发表时间：2012-03-10

内容摘要：本文主要以珠三角地区某劳动密集型企业为研究对象，对其一线员工的需求层次及工作满意度开展调研和分析。研究结果表明：员工对薪酬的不满程度最高，而企业内部人力资源管理水平是影响员工流动率的重要因素，归属需要、尊重需要对员工流失率有显著影响。

论文题目：信息技术能力与企业绩效关系实证研究：结构柔性的中介效应——以珠三角制造企业为例

作者姓名：谢卫红　单培新　蒋峦

文献来源：软科学

发表时间：2012-03-15

内容摘要：本文基于组织边界理论的视角，将结构柔性分为内部组织能力、外部关系能力和跨边界组织能力，并深入剖析信息技术能力（IT 能力）、结构柔性与企业绩效的关系，提出相应的概念模型和理论假设。然后，以珠三角制造企业为研究对象，以调查问卷的方式回收数据，共回收有效问卷 381 份，并对上述模型和假设进行实证检验。研究结果表明：IT 能力对企业绩效的作用不是直接的，结构柔性在两者之间的关系中起中介作用；IT 能力通过影响内部组织能力、外部关系能力以及跨边界组织能力进而影响企业绩效。

论文题目：“泛珠三角”区域经济合作研究——基于共生理论的视角

作者姓名：陈四辉

文献来源：云南民族大学学报（哲学社会科学版）

发表时间：2012-03-15

内容摘要：本文通过引入共生理论，分析“泛珠三角”区域合作的共生系统、共生能量的产生机理、共生系统进化规律，提出提高“泛珠三角”经济合作共生单元的主质参量，培养和利用有利的共生环境，拓展合作的共生界面，促进共生系统的优化发展等促进“泛珠三角”经济合作的建议及措施。

论文题目：珠三角、长三角地区自主品牌发展的比较研究

作者姓名：蒋廉雄　陈广汉

文献来源：现代经济探讨

发表时间：2012-03-15

内容摘要：本文利用多来源数据，通过建立品牌化评价的系统指标，从多个角度和水平上对两地自主品牌的发展状况进行比较分析。研究发现，两地在品牌化相对水平、行业分布和市场优势方面存在差异，且珠三角地区的品牌成长、行业占据和市场优势均弱于长三角地区。该文还从政府和企业两个层面讨论研究结果对两地自主品牌建立的战略性启示。

论文题目：珠三角地区保税物流运作的敏捷化策略分析

作者姓名：陈广仁　宋玲

文献来源：物流工程与管理

发表时间：2012-03-15

内容摘要：本文认为，珠三角地区作为中国最为活跃的三大经济增长极之一，在进入新世纪以来珠三角地区的保税物流行业继续在外贸业务发展方面扮演重要角色，文中对近年来珠三角地区保税物流在运作中的各类敏捷化策略进行研究，以揭示其对推动珠三角地区外贸经济发展的支撑作用。

论文题目：区域市场一体化及其对经济增长作用的探讨——珠三角9市的经验证据

作者姓名：吴二娇

文献来源：深圳职业技术学院学报

发表时间：2012-03-20

内容摘要：本文从政治晋升的角度，建立数学模型对地区市场一体化现象进行经济机理分析，指出如果市场一体化对经济增长有正向作用，则带来官员晋升可能性的提高，驱使地方政府选择市场一体化；反之，则选择市场非一体化。采用相对价格法计算珠三角地区9城市2002~2010年市场一体化指数，在构建市场一体化指数数据库的基础上，研究珠三角地区市场一体化的经济增长效应。实证分析发现：珠三角地区9市市场一体化没有出现模型分析中的非市场一体化产生地区经济增长，经济发展水平处于较高阶段。

论文题目：澳门经济“适度多元化”与大珠三角经济一体化研究

作者姓名：杨英

文献来源：亚太经济

发表时间：2012-03-20

内容摘要：本文认为，澳门的经济“适度多元化”应建立在大珠三角经济一体化的基础上，以“区域锲入”和“产业融合”为基本定向，科学地推进彰显型、共建型和平台型三个不同层面产业的建设。

论文题目：基于动态视角的工业品顾客忠诚影响因素研究——以珠三角地区电子类制造企业为例

作者姓名：吴见平　张玲

文献来源：企业经济

发表时间：2012-03-25

内容摘要：本文从动态角度出发，将工业品的顾客忠诚分成形成、维持、流失三个阶段，并对忠诚形成阶段和维持阶段的影响因素进行实证研究。对中国珠三角地区的电子类制造企业进行抽样调查，运用结构方程模型等工具对调研的数据进行分析验证。结果表明：随着顾客忠诚关系的不断发展，影响顾客忠诚的因素也发生相应的变化，顾客忠

诚形成阶段的主要影响因素是顾客价值和服务质量，忠诚维持阶段的主要影响因素为顾客信任。在此基础上，构建工业品顾客忠诚的动态发展模式。

论文题目： 珠三角经济区竞争力的战略研究
作者姓名： 邹华　雷磊　陈岗
文献来源： 经济研究导刊
发表时间： 2012-03-25
内容摘要： 珠江三角洲与港澳地区，形成外向依赖型明显、以轻型加工制造业为主的地区生产体系，具有较强的国际竞争能力。但近年来，这种生产体系在规模不断膨胀的同时，却存在着生产效益低下、产业升级乏力、国际竞争力不强等问题。本文介绍珠三角经济区的概况，总结其具有的独特优势以及所面临的问题，并提出提升珠三角经济区竞争力的对策。

论文题目： 利用神经网络预测珠三角区域二氧化氮对臭氧区域性分布的贡献
作者姓名： 黎如昊　陈婷婷
文献来源： 广东科技
发表时间： 2012-03-25
内容摘要： 本文认为，机动车的快速增长和持续的灰霾天气，使珠三角地区逐步受到光化学污染的威胁。光化学污染是一次污染物VOCs和 NO_2 在阳光下经光化学反应生成，臭氧是光化学污染现象的代表性成分。由于城市之间存在着大气污染的相互影响和输送问题，臭氧污染物存在相邻城市同期达到峰值的现象。

论文题目： 制约我国制造业中小企业成长的因素分析——基于珠三角、长三角、环渤海地区的比较研究
作者姓名： 袁静
文献来源： 开封大学学报
发表时间： 2012-03-25
内容摘要： 本文通过对第五届中国国际中小企业博览会部分参展企业的问卷调查可以看出，珠三角、长三角和环渤海三个地区制造业中小企业成长过程中面临着制度环境、产业环境和企业自身因素等方面的制约。对此，应拓宽中小企业融资渠道，健全资本市场；使民营中小企业享受与国有企业同等的政策待遇；促进地方产业集群的发展，鼓励和推动企业合作；建立完善的技术和市场信息传播系统，为广大中小企业提供更多的信息服务。中小企业自身也应积极改变产权结构和经营管理模式，实行股份制，建立现代企业制度；主动与科研机构和其他企业合作，开发新产品，提高自主创新能力。

论文题目： 珠三角地区公共图书馆业务外包区域差异的实证研究
作者姓名： 张滢　陈俊翘　段锐
文献来源： 公共图书馆
发表时间： 2012-03-30
内容摘要： 本文调研珠三角32个公共图书馆业务外包的情况，分为外包基本情况、对外包的态度及外包的自主权，外包的业务以及外包的管理三部分。结果表明：广州和深圳公共图书馆外包实践最为丰富，且种类最为多样，而东莞、珠海、肇庆次之，佛山、江门、惠州种类较少。物业管理、图书加工与上架是外包最多的业务。除广深外，其余6市管理制度尚在起步。

论文题目： 制度变迁视阈下“珠三角”发展模式的演进及启示
作者姓名： 徐充　仇荀

文献来源：学习与探索
发表时间：2012-04-07
内容摘要：本文认为，制度变迁是区域经济发展模式演进的关键，对于经济增长具有决定性作用。制度变迁具有路径依赖性，这种路径依赖既可能使区域经济沿着正确的路径发展下去，形成良性循环，也可能将区域经济锁定在低效率状态中，陷入恶性循环。“珠三角”经济发展模式的演进经历了制度的巨大变迁，同时也显示出明显的双重效应，其成绩与代价对欠发达地区的经济发展具有重要的启示和借鉴作用。

论文题目：珠三角地区旅游业人力资源开发路径研究
作者姓名：梁滔滔
文献来源：中国商贸
发表时间：2012-04-11
内容摘要：本文根据旅游业人才需求的主要特点，对珠三角地区旅游业人力资源需求与培养状况进行相关调查分析，就珠三角地区旅游业人力资源开发途径进行研究。

论文题目：工业化中后期珠三角跨区域配置资源的基本特征及其对策思考
作者姓名：白国强
文献来源：中国市场
发表时间：2012-04-12
内容摘要：本文重点分析工业化中后期珠三角跨区域配置资源的基本特征，并进而揭示跨区域配置资源所形成的区际利益关系，提出跨区域配置资源的对策措施。

论文题目：论区域行政执法合作——以珠三角地区执法合作为例
作者姓名：杨桦
文献来源：暨南学报（哲学社会科学版）
发表时间：2012-04-15
内容摘要：本文针对区域执法合作中存在的问题，应强化执法合作的观念，健全执法合作的机制，发挥“软法”在执法合作中的作用，完善执法合作的“硬法”规制，建立执法合作的协调管理机构等，以推动区域执法合作取得良好的效果，提升区域法治建设的水平，进而推进法治的进程。

论文题目：基本公共服务均等化视角下的珠三角医保体系
作者姓名：莫岳云　朱晓曼
文献来源：华南理工大学学报（社会科学版）
发表时间：2012-04-15
内容摘要：本文揭示珠江三角洲城乡医疗卫生保障的现状与问题，分析珠三角城乡医疗卫生保障差异性的原因，提出推进珠三角医疗卫生服务均等化建设的若干对策建议。

论文题目：珠三角地区不同地形条件下绝缘子污秽积累规律的研究
作者姓名：张本皇　李恒真　刘刚　李立涅　刘毅刚
文献来源：高压电器
发表时间：2012-04-16
内容摘要：本文选取中国珠江三角洲地区220kV输电线路上的四个试验点，结合珠三角地区的年降水分布与城市热岛效应等因素，通过分析试验点上绝缘子的盐密（ESDD）和灰密（NSDD）变化来研究珠三角地区不同地形下绝缘子表面积污积累规律。研究表明：绝缘子的ESDD受降雨影响较大而NSDD较小；影响绝缘子积污的主要因素是降雨量和污染源；绝缘子的最大污秽度出现在雨季第一场降雨之前；不同地形下绝缘子表面积污积累规律不同；热岛效应在污秽积累过程中起了重要作用。

论文题目：珠三角城际轨道交通简支箱梁设计
作者姓名：侯建军　邓运清
文献来源：铁道标准设计
发表时间：2012-04-20
内容摘要：珠三角城际轨道交通桥梁形式采用流线形箱梁，在箱梁外侧设置大圆弧，小曲线的梁端加宽等处理更加体现城际轨道交通桥梁中景观设计要素。其常用简支箱梁根据线间距变化，设计分为双线箱梁、单线箱梁和组合箱梁三种形式。本文从箱梁设计的技术标准、桥面布置、截面选型等方面进行介绍。

论文题目：网络融资及其在珠三角地区发展的SWOT分析
作者姓名：贺赣华
文献来源：广东广播电视大学学报
发表时间：2012-04-20
内容摘要：本文认为，网络融资与网络借贷的界定不明确不利于网络融资的发展，前者的主体是沟通资金需求方与以商业银行为主体的资金供给方的网络信息平台，该平台不介入借贷资金流。国内网络融资已呈现规模化发展和一系列运作特征。由于具备契合网络融资发展的区域经济结构、雄厚的地方财政实力和相对开放的社会决策机制等特征，珠三角地区的网络融资平台有望在缓解本地区中小企业融资难问题、推动区域经济结构转型、促进商业银行发展等方面发挥作用。

论文题目：相关多样性和非相关多样性与珠三角区域经济增长
作者姓名：初大智　卢苇　崔世娟
文献来源：中国经贸导刊
发表时间：2012-04-20
内容摘要：本文引入熵值度量的方法来计算相关多样性和非相关多样性，通过珠三角洲各城市下各区2002~2010年劳动力数据实证研究发现，Jacobs外溢性能够提高就业增长率，而非相关多样性能够延缓失业增长率，并给出政策建议。

论文题目：中国邮政网络运行效能评价研究——基于珠三角地区邮政企业的实证分析
作者姓名：刘艳
文献来源：开发研究
发表时间：2012-04-20
内容摘要：本文从微观的角度结合中国邮政网络运行效能的总体现状，对邮政网络运行效能评价的可行性及影响邮政网络运行的各类因素进行分析论述，并以此作为邮政网络运行效能的衡量指标和评价模型的理论基础。通过采用广东邮政企业2009~2010年间的国内速递网的数据作为检验样本，借助数据包络技术对珠三角城市邮政快速网络运行效能进行实证分析，论证结果为邮政企业，甚至相关快递企业的管理者提供一定的管理决策依据。

论文题目：珠三角产业集群发展情况及转型升级对策建议
作者姓名：樊丽雅
文献来源：当代经济
发表时间：2012-04-23
内容摘要：本文在对珠三角产业集群发展现状进行分析的基础上，总结出珠三角产业集群发展的历程和发展类型，着重分析产业集群发展中存在的问题，提出在当前产业转型升级大背景下实现集群跨越式发展的建议。

论文题目： 珠三角产业进行省内转移的动因分析
作者姓名： 周茜
文献来源： 特区经济
发表时间： 2012–04–25
内容摘要： 本文在介绍珠三角产业省内转移现状的基础上，将珠三角产业进行省内转移的主要动因归为珠三角“用工难”、劳动力价格高；珠三角产业转移地和承接地的生产成本差异大；政府的政策支持在一定程度上导致产业省内转移；珠三角环境承载已到极限，低端高耗产业必须转移。

论文题目： 全球价值链治理、知识转移与代工企业升级——以珠三角地区为例
作者姓名： 赖磊
文献来源： 国际经贸探索
发表时间： 2012–04–25
内容摘要： 本文认为，代工企业在全球价值链的升级具有战略性和紧迫性，其升级并不是独立自发的，而是受到全球价值链中各经济主体之间的组织形式和关系安排的统一约束。知识经济的发展也为代工企业的升级创造了新的机遇。全球价值链、知识转移以及代工企业的升级之间存在着密切的关系。文章通过分析全球价值链治理下的全球领先企业与代工企业之间的知识转移模型，从而提出代工企业的升级建议。

论文题目： 基于国际高级生产者服务业布局的珠三角城市网络空间格局研究
作者姓名： 路旭　马学广　李贵才
文献来源： 经济地理
发表时间： 2012–04–26
内容摘要： 本文利用测量国际生产者服务业公司业务联系的方法，对会计、律师、保险、银行、广告等 5 个行业，99 家国际生产服务业公司及分支机构在珠三角 50 个区（县）级空间单元的业务联系分析表明：珠三角城市网络呈东西两岸、中心与外围不均衡分布状态，并具有鲜明的“跳跃性”特征，即网络节点向各城市的中心城区集中，并在各城市中心城区之间形成长距离的联系。研究认为这种城市网络特征与生产者服务业分行业差异有关，宜在区域统筹的思路下，利用高级服务业网络组织规律推动各城市融入世界城市网络的组织体系。

论文题目： 珠三角市场一体化的测度及其影响因素
作者姓名： 张应武
文献来源： 惠州学院学报（社会科学版）
发表时间： 2012–04–28
内容摘要： 本文通过测度和分析珠三角地区 1996~2010 年间市场一体化的演变轨迹、特征和影响因素，结果显示：20 世纪 90 年代以来，珠三角地区市场一体化程度不断提高，但各地级市之间仍存在差异，尤其是西岸的珠江经济圈一体化程度低于中部广佛肇经济圈；基础设施、经济发展水平和对外开放是导致各地级市之间市场一体化程度差异的重要因素。

论文题目： “原型特征”视角下的珠三角绿道建设与实施评价
作者姓名： 徐本营　魏皓严
文献来源： 室内设计
发表时间： 2012–04–30

内容摘要：本文从绿道最早的原型"公园道"入手，提出绿道出现以来一直未曾改变的特征，本文将其定义为"原型特征"。归纳总结绿道四大"原型特征"并分析其现代延伸。再以此角度对珠三角绿道建设进行实证研究，对其规划路径及工作方法进行解读，并试图对该区域绿道在建设中可能存在的问题进行基本的分析评价。

论文题目：珠三角航运业产学研平台建设探讨
作者姓名：黄勇亮　郑又新
文献来源：珠江水运
发表时间：2012-04-30
内容摘要：文章分析珠三角航运业面临的形势与挑战，提出以打造产学研平台为契机的广东航运业升级转型的构想，分析广东省航运业与产学研发展的历史、现状和趋势，明确学校在产学研连环中的作用、任务及奋斗目标。

论文题目：珠三角乡村旅游发展策略探讨
作者姓名：陈书星
文献来源：商场现代化
发表时间：2012-05-01
内容摘要：随着城市化进程和生活节奏的加快，人们回归自然，放松身心的需求越来越强烈，越来越多人选择到乡村旅游，珠三角作为全国乡村旅游最早的发源地之一，经过二十多年的发展取得一定的成果，但也存在一部分问题，文章结合珠三角乡村旅游的实际情况，围绕着主题、氛围、宣传和人才四个方面论述珠三角乡村旅游的发展策略。

论文题目：图书馆业务外包实证研究——以珠三角地区32个公共图书馆为例
作者姓名：陈俊翘　巫倩　张滢
文献来源：图书馆论坛
发表时间：2012-05-10
内容摘要：本文通过问卷调查珠三角地区32个公共图书馆及访谈6个图书馆。结果表明：22个图书馆有外包业务，出现外包读者活动等新内容和合作式外包等新模式；各馆能实施质量控制，但缺少效益评估环节。文章认为在新环境下公共馆应是社会资源整合者。

论文题目：广州构建珠三角区域物流枢纽的思路与途径
作者姓名：李旭东
文献来源：物流科技
发表时间：2012-05-10
内容摘要：本文分析经济中心城市发展物流的基本思路，指出广州构建珠江三角洲区域物流枢纽的条件和动力，在此基础上提出广州构建珠三角区域物流枢纽的思路与途径。

论文题目：珠三角农业经济在南方四大平原中变迁、原因和建议
作者姓名：王日强
文献来源：南方农村
发表时间：2012-05-10
内容摘要：珠三角平原、洞庭湖平原、鄱阳湖平原和江汉平原等四大平原被誉为中国南方四大"鱼米之乡"，在促进区域农业经济发展中发挥着巨大的作用。20年前珠三角多项农业指标在四大平原中排第一。20年后多项领先农业指标被其他三大平原赶超，珠三角农业排头兵的地位已经动摇。如何振兴珠三角农业，成了珠三角亟待破解的新课题。

论文题目：珠三角地区中小企业内部劳动力市场需求结构分析
作者姓名：杨瑞霖
文献来源：中国市场
发表时间：2012-05-12
内容摘要：珠三角经济地区是中国改革开放的先行者。然而珠三角地区中小企业却一度出现"用工荒"，许多企业常常为招不到人而苦恼，更有企业因人力不足导致加工速度滞后，不敢接订货单。本文探讨中国珠三角地区中小企业内部劳动力市场的现状，总结存在的问题，并进一步提出促进珠三角地区劳动力市场发展的新对策。

论文题目：珠三角产业聚集现状和主要问题探讨
作者姓名：朱然　周超
文献来源：现代商贸工业
发表时间：2012-05-15
内容摘要：本文结合珠三角的实际发展情况，对珠三角进行产业聚集分析，因地制宜提出关于经济发展方面的建议，推进珠三角地区又好又快的发展。

论文题目：论增值税转型对广东省珠三角企业的影响
作者姓名：伍丽珍
文献来源：中国乡镇企业会计
发表时间：2012-05-15
内容摘要：本文在介绍增值税转型的基础上，结合珠三角地区经济发展概况与产业集群特点及现状，分析增值税转型对珠三角不同类型企业固定资产投资的影响。

论文题目：珠三角一体化政策之法律化研究
作者姓名：朱最新
文献来源：暨南学报（哲学社会科学版）
发表时间：2012-05-15
内容摘要：本文认为，法律与政策是政府推动珠三角一体化的两种最重要的正式制度安排。珠三角一体化国家意志的强化、政策的局限性、法律的优越性以及珠三角区域协调发展的客观要求，迫切需要珠三角一体化政策的法律化。应以渐进方式，在遵循合法原则、可操作性原则、公众参与原则和科学原则的基础上，由法定立法主体依法将区域合作沟通协调机制、区域合作信息共享机制、区域合作利益均衡机制和区域政府间纠纷解决机制等内容上升为法律，从而为珠三角一体化营造良好的法治环境。

论文题目：珠三角产业发展与广东高校重点学科科技资源分析
作者姓名：谢春艳　杨军　王丽萍
文献来源：深圳大学学报（人文社会科学版）
发表时间：2012-05-15
内容摘要：本文认为，广东高校重点学科为珠三角产业发展提供丰富的科技创新资源，输入大量高层次人才，构建高层次的科技创新平台和综合研发平台，提供大量的科技成果和核心技术。但也存在着对产业领域的支撑不均衡、应用研究领域优势尚未凸显、科技资源利用率不高等问题。要进一步调整学科布局结构，加强技术创新平台建设，鼓励高校开展产学研合作和应用研究，建立高校、企业、政府之间有效的沟通途径。

论文题目：珠三角和长三角区域金融合作比较研究
作者姓名：彭化非
文献来源：南方金融
发表时间：2012-05-20

内容摘要：本文通过比较珠三角地区和长三角地区区域金融合作深化程度，总结各自金融合作特点和金融合作经验，提出深化区域金融合作的政策建议。

论文题目：珠三角产业转移园区管理的激励机制与风险管理分析

作者姓名：谢舒艳　赵玲玲

文献来源：中国证券期货

发表时间：2012-05-25

内容摘要：本文分析在珠三角产业园区管理中激励机制与风险管理的重要意义，探讨管理过程中存在的一些问题，如园区企业激励机制的不完善，对风险管理认识不深等。并根据实际提出相应的解决对策。

论文题目：珠三角经济区物流一体化动因、战略框架与合作模式研究

作者姓名：李国旗　刘思婧

文献来源：工业技术经济

发表时间：2012-05-25

内容摘要：本文通过对比分析珠三角经济区与相关经济区在物流业发展关键指标、物流管理机制的差异，揭示出珠三角地区物流发展存在的辐射能力不强、物流管理机制不健全的问题。在珠三角地区物流一体化驱动力研究的基础上，构建物流一体化发展战略框架，并提出三种可供选择的合作模式。

论文题目：产业集群视角下珠三角民族传统体育产业发展研究

作者姓名：李刚　梁俊雄　刘丽

文献来源：广州体育学院学报

发表时间：2012-05-28

内容摘要：文章立足产业集群视角，运用逻辑分析、文献资料、田野考察等方法分析珠三角地区民族传统体育产业集群发展的必要性和可行性，并在探讨其发展现状的基础上，对其集群发展作了创新性思考。

论文题目：以管理创新促进“珠三角模式”形成

作者姓名：张天波

文献来源：产业与科技论坛

发表时间：2012-05-30

内容摘要：本文认为，珠三角经济应为区域经济或板块经济，“深圳模式”的深化和拓展可称为“珠三角模式”，其主要特征是“五生和谐、十位协同”。人是管理、创新和经济活动的核心要素。创新是管理的灵魂，是经济的驱动力；管理中有创新才是真正的管理，经济中有创新才能持续发展；创新寓于管理和经济之中，从创新的领域研究管理即为管理创新。

论文题目：农民工性亚文化研究——基于珠三角的实地调研分析

作者姓名：袁小平

文献来源：安徽农业科学

发表时间：2012-06-01

内容摘要：本文基于对珠三角地区东莞、珠海、惠州三市农民工的问卷调查，分析农民工性文化的独特特征：他们已脱离传统生殖功能观，将性与爱联系在一起；对性行为的结果有担忧，但对性病的担忧较少，且呈现年龄差异；他们在日常生活中对性语言的使用较为宽容，但对性越轨行为的宽容局限于婚姻；他们不排斥商业性行为，其性规范体现出较为宽松的特点，且具有群体传染性，通过群体压力稳固化。这要求全社会加强对农民工的关爱，营造一个宽松的性交流氛围。

论文题目： 珠三角地区城市职能分类与转变研究
作者姓名： 王鹏 陆浩然
文献来源： 市场经济与价格
发表时间： 2012-06-01
内容摘要： 本文以珠三角地区九市为研究样本，以城市经济基础理论作为分析城市职能的理论基础，选取2000年和2009年两个测量年度，对珠三角地区进行城市职能部门基本部分就业人口比重分析和因子分析，并探讨九个城市的职能结构变化情况和目前城市职能类型的划分，最后对进一步促进城市职能的提升提出政策建议。

论文题目： 珠三角地区工业场地土地复垦效益分析
作者姓名： 陈剑华
文献来源： 中国集体经济
发表时间： 2012-06-05
内容摘要： 文章以珠三角地区某大型建设项目的工业场地为对象，在调查研究其土地复垦条件及规划可行性的基础上，根据工业场地的复垦规划目标以及采取的复垦措施，详细分析土地复垦为该地区带来的经济效益、社会效益与生态效益。

论文题目： 珠三角企业自主品牌的创建模式
作者姓名： 汪蔚 冯冈平
文献来源： 当代经济
发表时间： 2012-06-08
内容摘要： 本文分析和总结珠三角企业创建自主品牌的五种模式，即独立开发、联合开发、品牌并购、借用外部资源和OEM-ODM-OBM模式。探究各种模式的创建内涵和特征，企望找寻出各种模式相对应的可行性操作要素，借以引导珠三角企业更好地发展自主品牌。

论文题目： 珠三角地区出口制造业宏观质量评价体系构建
作者姓名： 周勇 王立军 陈丹霞
文献来源： 现代经济信息
发表时间： 2012-06-08
内容摘要： 本文根据已设定的珠三角地区出口制造业宏观质量评价指标，运用熵值法确定各评价指标的权重，为该地区的出口制造业构建一套有针对性的、可适用的宏观质量评价体系，以帮助珠三角地区的出口制造企业提升自身的可持续发展能力。

论文题目： 环渤海、长三角、珠三角经济增长差异比较——基于个体影响模型的视角
作者姓名： 赵泰
文献来源： 现代经济信息
发表时间： 2012-06-08
内容摘要： 本文通过引入虚拟变量，构建长三角、环渤海、珠三角三部类的个体影响模型，探寻三大经济圈经济增长模式的差异，发现三大经济圈在对固定资产投资的依赖程度上，珠三角 > 长三角 > 环渤海；在对地方财政支出的依赖上，环渤海 > 长三角 > 珠三角。

论文题目： 珠三角地区中小企业融资现状探究
作者姓名： 李舒筱
文献来源： 现代商业
发表时间： 2012-06-08
内容摘要： 本文认为，珠三角企业多以民营企业及中小企业为主，中小企业在促进科技发展，增加就业等方面起推动作用。然而，在珠三角光鲜的GDP增长背后，中小企业集群所普遍存在的中小企业融资难的问题更

为突出。文章对在经济危机余波下，珠三角地区的中小企业融资呈现什么样的状态，融资难的成因，如何对融资模式进行创新，以实现更快更有效的融资等问题进行探究。

论文题目：珠三角地区移动商务专业调研及专业发展规划

作者姓名：何燕

文献来源：职业技术

发表时间：2012-06-10

内容摘要：本文依据珠江三角洲产业布局一体化规划（2009~2020年）、区域内行业发展的状况及对移动商务人才的需求情况进行调研分析，规划出移动商务专业面向的主要岗位、专业人才培养目标及职业面向的培养规格和专业课程体系。

论文题目：地市级区域职业教育资源整合优化的实证研究——以珠三角F市为例

作者姓名：万伟平

文献来源：职教通讯

发表时间：2012-06-10

内容摘要：本文探讨珠三角F市职业教育资源存在布局分散、配置重复、效率低下等问题。通过整合职业院校和专业，整合职业教育实训资源，优化专业教师配置，建立职业教育资源共享机制，深化职业教育集团改革，理顺管理体制，加大政府投入等来解决。

论文题目：长三角与珠三角经济格局发展的动态比较

作者姓名：岳树岭

文献来源：统计与决策

发表时间：2012-06-10

内容摘要：文章以长三角16市和珠三角9市为研究样本，采用1978年、2010年数据，通过计算GDP动态度和不平衡指数，测算长三角和珠三角地区改革开放以来经济格局的动态演化过程，以探求两区域经济社会的发展态势及其相应的经济增长机理。结果表明：珠三角区域GDP动态度和经济发展不平衡程度都高于长三角地区，这为珠三角经济发展强劲势头落后于长三角地区这一经济现象提供实证上的解释。

论文题目：珠三角台资企业转型升级的途径、成效及策略——以中山市隆成公司为例

作者姓名：程萌

文献来源：中国商贸

发表时间：2012-06-11

内容摘要：本文通过对中山市隆成公司进行案例分析，阐述隆成公司转变经济发展方式的三种途径：坚持技术创新、发展自有品牌和坚持专利保护，在此基础上提出珠三角台资企业进一步转变经济发展方式的若干策略，即注重品牌与创新，完善政府立法，加强企业间的互助与合作。

论文题目：珠三角地区新型工业化水平的因子分析

作者姓名：徐芳燕　韩兆洲　吴毓珊

文献来源：统计与决策

发表时间：2012-06-12

内容摘要：文章以珠三角地区城市新型工业化水平为主线，采用多元统计理论和实证分析相结合的方法，全面系统地分析珠江三角洲地区新型工业化水平的现状和问题，应用SPSS13.0统计分析软件中的因子分析法，对珠江三角洲9个城市的新型工业化水平进行全面、客观的综合比较分析。

论文题目：论珠三角地区水产养殖保险
作者姓名：袁建华
文献来源：暨南学报（哲学社会科学版）
发表时间：2012-06-15
内容摘要：本文认为，珠三角水产养殖存在自然灾害、意外事故和技术风险，而水产养殖业保险市场供求关系失衡，因此，应加快水产养殖保险立法，制定水产养殖保险优惠政策，培养水产养殖保险专业人才，建立水产养殖巨灾风险基金。

论文题目：珠三角地区产业结构升级与区域经济发展——基于东莞市产业结构升级的实证研究
作者姓名：黎伟
文献来源：生产力研究
发表时间：2012-06-15
内容摘要：文章借鉴 Feder 非均衡模型的思想，构建一个反映工业发展对经济发展影响的非均衡计量经济模型。模型分析表明，工业部门比非工业部门边际生产率更高，工业部门对非工业部门存在正的外部性，将更多的资本、人力等资源配置到工业部门有利于提高整个经济的生产率水平，推进产业结构升级，促进经济增长。

论文题目：珠三角小家电专业镇技术联盟的途径探索
作者姓名：周欢伟　陈泽宇　林燕波
文献来源：机电工程技术
发表时间：2012-06-15
内容摘要：本文通过对珠三角小家电专业镇的调研，分析小家电企业的特点及存在的问题，提出建设人才资源库、技术资源库、研发交流平台及文化传播中心等四个环节，聚企业、行业协会及科研单位三方力量组建技术联盟的方式。寻找同产业链、同产业群等的关键点，提出实现寻找同类企业及技术合作点的途径，从而达到技术联盟的目标。

论文题目：珠三角绿道网的建设规模与评价模型研究
作者姓名：庄荣　李颖怡　康凯珊
文献来源：广东园林
发表时间：2012-06-15
内容摘要：文章通过总结国内外相关建设经验与研究方法，对绿道网络化的关键问题，即不同类型的珠三角绿道网络的选线密度及建设规模进行研究，并提出绿道建设评价模型，为更合理、科学地进行绿道网络规划提供基本方法与基础指导。

论文题目：道者，自然之理——浅析珠三角绿道网规划建设的价值
作者姓名：锁秀　何昉
文献来源：广东园林
发表时间：2012-06-15
内容摘要：本文通过对珠三角绿道网规划的解读，阐述珠三角绿道网概念的由来，以及绿道在自然理念的延伸、人文生态价值的演绎和多功能并存等三方面的价值塑造，揭示绿道独具中国“道者，自然之理”之大智慧，以及引领理想城市生活、弘扬新广东精神等方面的精神内涵。

论文题目：珠三角城市化进程中农村基层组织职务犯罪的打击与预防
作者姓名：张瑜
文献来源：法制与社会
发表时间：2012-06-15
内容摘要：本文立足于珠三角的实际情况，分析珠三角农村基层组织负责人职务犯罪的

原因和特点，从而提出对村官职务犯罪的打击和预防的方法措施，解决基层组织职务犯罪频发的问题，化解农村的社会矛盾。

论文题目： 珠三角制造业竞争力提升探讨——以绿色技术创新为视角
作者姓名： 王鹏　张剑波
文献来源： 城市观察
发表时间： 2012-06-20
内容摘要： 本文基于绿色技术创新的视角，分析珠三角制造业具有的优势和存在的问题，并结合新时期其所面临的绿色挑战来探讨珠三角制造业竞争力的提升，对如何提升珠三角制造业的竞争力提出政策和建议。

论文题目： 珠三角新兴物流城市竞争优势分析：基于集群视角
作者姓名： 谭裕华
文献来源： 江苏商论
发表时间： 2012-06-20
内容摘要： 本文分析东莞物流业的发展，尤其是虎门港的崛起，将为东莞海内外贸易节省大量交易成本与交易时间，从而提升东莞制造业的国际竞争优势。

论文题目： 港珠澳大桥建设对珠三角地区物流业的影响
作者姓名： 陈向科
文献来源： 交通标准化
发表时间： 2012-06-23
内容摘要： 本文从珠三角地区城市空间布局结构、产业特点出发，总结珠三角地区物流业特点，对港珠澳大桥影响珠三角物流格局的途径进行介绍；并逐一分析港珠澳大桥建成后对香港、深圳、珠海等珠三角主要城市物流业的不同影响。

论文题目： 女性农民工参与学习障碍调查研究——以珠三角女性农民工为例
作者姓名： 廖靖
文献来源： 湖北大学成人教育学院学报
发表时间： 2012-06-25
内容摘要： 本文以珠三角制造业企业基层女性农民工为研究对象，采用自编的调查问卷对实际情况进行调查。发现女性农民工的学习障碍处于中等水平，主要表现在家庭方面的障碍，教育培训机构方面的障碍，个人自身条件方面的障碍，工作单位的障碍；整体而言，受教育程度、年龄及月收入都是影响女性农民工参与学习的重要因素。

论文题目： 珠三角地区就业与城乡居民收入分配的动态均衡分析
作者姓名： 丁元　周树高　贾功祥
文献来源： 嘉应学院学报
发表时间： 2012-06-28
内容摘要： 文章基于面板数据静态和动态模型，检验珠三角九市 2000~2009 年间的就业与城乡居民收入分配的动态关系及其均衡性。实证检验表明，就业对地区的城乡收入差距影响是不均等的；珠海和深圳地区收入差距随就业的扩大表现出收敛过程，其他地区则相反，整体呈现出斜“A”型分布。经济地理优势形成的经济结构优势是重要原因；城乡收入绝对差距与从业人员年末数的对数变量间存在协整关系；对珠三角整体而言，城乡收入差距存在扩大趋势，其累积存在惯性效应。

论文题目： 珠三角地区内河码头改造方案探讨
作者姓名： 黄夏幸　吴丙贵
文献来源： 广州航海高等专科学校学报

发表时间：2012-06-30

内容摘要：本文针对广东省五金矿产进出口集团公司大尾角码头、中山三和建材公司码头在使用过程中存在的问题进行分析，提出改造方案设计，配足装卸机械设备，合理利用码头岸线，提高生产效率，取得良好的效果。

论文题目：珠三角社会转型背景下的新型城市化路径选择

作者姓名：李郇

文献来源：规划师

发表时间：2012-07-01

内容摘要：本文认为，未来珠三角的发展应坚持从半城市化走向完全城市化、从宏观尺度回归人的尺度、从城市化的数量走向质量、从工业城市转向创新城市的新型城市化发展路径。

论文题目：基于轨道公交网的珠三角城乡区域空间结构转型研究

作者姓名：张家睿　袁媛

文献来源：规划师

发表时间：2012-07-01

内容摘要：本文认为，珠三角作为中国改革开放的先驱，在取得重大经济发展成果的同时，其公路交通高速发展，轨道、铁路与航空等交通方式比重较少，综合客运结构失衡；以公路为主的空间扩张导致了城乡"蔓延式"发展，无法适应后工业化时代的需求。"公交时代"要求社会经济一体化和空间一体化，珠三角轨道交通发展逐渐以轨道交通为主导构建公交网络，以大运量的公交为主导，适应城乡统筹发展趋势，形成多中心、集约化的城乡格局，对珠三角产业结构的调整、经济持续增长等起到作用。

论文题目：全球城市区域视角下的次区域协调规划探索——以珠三角之次区域为例

作者姓名：叶育成

文献来源：中国名城

发表时间：2012-07-05

内容摘要：本文结合《珠中江城市空间协调发展规划》的实践，论述次区域空间协调规划的实现途径，即通过确定一体化发展目标，构建"政策分区"，提出"重点专项协调规划指引"，识别"城际规划建设协调地区"等，创新性地提出区域协调规划的重要实施机制——专责委员会制度。

论文题目：珠三角制造业实施逆向物流战略的初步探讨

作者姓名：阳小栋

文献来源：科技管理研究

发表时间：2012-07-08

内容摘要：本文从珠三角制造业发展现状出发，分析其在逆向物流领域发展的基本情况，并通过对政府、制造业企业以及第三方物流企业等影响逆向物流发展因素的分析，有针对性地提出如加强生产责任延伸制、实行集中管理等建议和措施，对珠三角制造业实施逆向物流战略进行初步探讨。

论文题目：珠三角地区 A^2O 工艺和倒置 A^2O 工艺运行效果研究

作者姓名：陆日明　苏伟健

文献来源：水处理技术

发表时间：2012-07-10

内容摘要：本文对 A^2O 工艺和倒置 A^2O 工艺处理珠三角地区生活污水的效果进行对比研究。结果表明：两种工艺出水水质均能稳定达到排放限值要求，适合生活污水的深度处理。倒置 A^2O 工艺的 NH_3-N 去除率显著高于 A^2O 工艺，但 TP 去除效率显著低于 A^2O 工艺，TN 去除效率不存在显著差异，但倒置 A^2O 工艺出水 TN 质量浓度较 A^2O 工艺稳定，在 TN 去除方面具有较强的抗冲击能力及稳定性。分析影响两种工艺脱氮除磷效果的因素，并提出改进建议，为同类型污水处理厂工艺改进提供参考。

论文题目： 转型时期新的社会阶层统战工作机制创新研究——基于珠三角和长三角地区的实证分析

作者姓名： 祝全永

文献来源： 理论导刊

发表时间： 2012-07-10

内容摘要： 本文以珠三角和长三角地区相关实践为例，对转型时期新的社会阶层统战工作机制创新问题进行系统研究，并提出比较务实的实践方略。

论文题目： 珠三角地区物流产业发展路径探析

作者姓名： 陆浩然

文献来源： 中国商贸

发表时间： 2012-07-11

内容摘要： 本文认为，珠三角地区的物流产业作为能源消耗的重点行业，面临着政府政策、油价波动、企业竞争加剧等多方面的约束。文中在考察珠三角物流产业发展约束的基础上，对珠三角物流产业的发展路径进行探析。

论文题目： 珠三角地区高碳企业何去何从

作者姓名： 赵凯　彭文强

文献来源： 中国商贸

发表时间： 2012-07-11

内容摘要： 本文利用成本—收益的分析方法发现：高碳企业的具体选择取决于区域间的优势差异，转入地与转出地减排成本的比较，转移成本与研发成本的比较以及先发优势与后发优势的比较四个方面。从短期来看，企业的选择主要由区域间优势差异，转入地与转出地减排成本的比较以及先发优势与后发优势的比较三个方面所决定；从长期来看，正是由于存在着地区间差异化的减排成本，才使得大部分企业选择产业转移而不是就地升级。

论文题目： 珠三角人工地貌水文调节机制的今日思考

作者姓名： 祝功武

文献来源： 热带地理

发表时间： 2012-07-15

内容摘要： 本文介绍珠三角平原上广泛分布着历年构筑的堤围和基塘两种人工地貌，概括总结珠三角先人在长期的生产实践中形成的"围 - 排水"防洪治涝理念。指出珠三角目前城市防治涝渍以加大排水能力为主的做法有严重缺陷，提出要重视围（蓄）水系统，建立城市的"围 - 排水系统"这一思路。作者认为在珠三角快速城市化的今天，应该保护一些具有重要水利价值的基塘；同时，利用一部分建筑物的地下空间构筑"人工地下水塘"，构建城市地区成规模的围水系统，形成城市区的水文调节器，快速消减地面积水，以解缓珠三角城市的涝渍之患。

论文题目： 珠三角社会体育现代化发展策略与个案预测

作者姓名： 栗燕梅

文献来源： 武汉体育学院学报

发表时间： 2012-07-15

内容摘要：本文认为，珠江三角洲社会体育非均衡综合发展策略是“非均衡发展理论”和“综合现代化发展理论”在社会体育领域的应用，是珠江三角洲社会体育改革开放30多年的经验总结，为新形势下实施全民健身计划、转变体育发展方式，为珠江三角洲和广东全省社会体育基本实现现代化建设提供实践经验和理论支撑。文章提出实施以广州、深圳为核心，三个板块梯度推进，带动东西两翼和北部山区社会体育发展的策略。

论文题目：文化创意产业发展与区域经济转型——来自珠三角的观察

作者姓名：樊继达

文献来源：经济研究参考

发表时间：2012-07-16

内容摘要：本文认为，文化创意产业已成为珠三角重要的产业门类和经济增长点，在增加就业、扩大消费和拉动内需中的贡献日益显著。通过推进政府治理创新，厘清政府与市场关系，优化服务，创新合作机制等举措促进文化创意产业竞争力的提升，进而引领珠三角产业结构调整与发展方式的全面转型。

论文题目：珠三角地区公共传媒服务与社区文化体系建设个案研究——以广州市为例

作者姓名：陈慧

文献来源：新西部（理论版）

发表时间：2012-07-20

内容摘要：本文以广州市为例，介绍广州创新公共传媒文化服务方式的做法及成效，总结广州大力推动公共文化服务体系建设的经验，探讨公共传媒服务在公共文化服务建设中的作用。指出要以公益性传媒服务为依托，发挥公共传媒在实现维护文化传承、促进民族认同、保障社会民主等方面作用，以增强文化竞争力。

论文题目：社会转型背景中珠三角村庄规划再思考

作者姓名：许世光　魏立华

文献来源：城市规划学刊

发表时间：2012-07-20

内容摘要：本文认为在村庄规划编制理论与实践以及在社会转型背景中，村庄规划不仅仅是村庄内部的乡规民约、城市和农村在土地利用方面的协议，城市帮扶农村的平台，还应突出公共服务的均等化，协调好当地在籍人口与外来人口的利益诉求。

论文题目：珠三角地区区域经济水平的水环境影响研究——基于空间回归模型的实证分析

作者姓名：杨欣　乔琳

文献来源：能源与节能

发表时间：2012-07-20

内容摘要：本文利用1996~2009年数据对处于中国经济最具活力的珠三角地区9个城市经济水平与水环境质量之间的关系进行实证研究。研究发现：珠三角地区各城市水环境状况不仅与其自身经济发展水平有密切关系，并且受到整个地区经济发展水平的显著影响。

论文题目：浅谈珠三角城际轨道交通桥梁设计

作者姓名：谢海林

文献来源：铁道建筑技术

发表时间：2012-07-20

内容摘要：本文采用一种介于地铁和客运专线之间的新型交通运输方式。针对其中桥梁工程的设计，结合在建的广珠城际轨道交通工程，从设计标准、设计理念等方面分别阐述珠三角城际不同于地铁或客专项目的设计要点。

论文题目：珠三角农业产业转型升级要素报酬变动趋势分析
作者姓名：李锐　谢长青
文献来源：华南农业大学学报（社会科学版）
发表时间：2012-07-20
内容摘要：本文通过佛山五区 1992~2009 年农业生产函数的估计，分析近 20 年农业生产要素投入的变动规律和各要素的贡献占比。研究认为，农业要素报酬变动排序为：物质投入、科技进步、土地、劳动力；随时间变化科技进步贡献率的区域变化加大，要素投放的数量和质量变化都呈现“马太效应”。提出经济发达地区以巩固资本积累为前提大力提高农业科技投入，经济欠发达地区着力于发展报酬最高的物质要素投入实现经济增长的转型期对策。

论文题目：全民健身时期珠三角绿道体育发展模式探究
作者姓名：钟喜婷　张兵
文献来源：体育科技文献通报
发表时间：2012-07-20
内容摘要：本文认为，随着 2010 年珠三角绿道网建设的提出，以及 2011 年《全民健身计划》条例的颁布，国家对民众的关心已经不仅仅是物质方面的需要，更是上升至百姓精神方面的追求。文章探讨珠三角绿道体育发展模式既是促进全民健身运动的开展，也是构建“幸福广东”的具体实践。

论文题目：港澳资企业对珠三角城市投资环境的评价——基于 2010 年问卷调查数据的实证分析
作者姓名：黎熙元　杜薇　余文娟
文献来源：亚太经济
发表时间：2012-07-20
内容摘要：本文通过对港澳资企业问卷调查数据的实证分析，得出港澳资企业对珠三角七市投资环境的综合评价及影响评价的因素。分析显示，影响港澳资企业对投资环境评价的主导因素有四个：制度因素、物价水平、基础环境和交通状况。港澳资企业认为珠海的投资环境最佳，深圳和广州最差。

论文题目：泛珠三角区域产业结构演进与产业合作发展的空间和路径
作者姓名：廖添土
文献来源：发展研究
发表时间：2012-07-20
内容摘要：泛珠三角区域产业结构演进的实证分析表明，泛珠三角区域产业结构比重存在梯度差异的发展态势，而这种产业结构演进的阶段性差异，为泛珠三角区域产业合作提供发展的空间和广阔的前景。同时，泛珠三角区域之间资源禀赋的差异和互补，良好的市场化基础以及工业化水平的差异，也为泛珠三角区域的产业合作提供良好的合作基础。因此，加强泛珠三角区域产业合作需要加快区域内工业生产要素和产品的流动，形成垂直分工与水平分工相结合的产业整合，废除地区贸易壁垒，建立共同市场，促进泛珠三角区域的产业整合。

论文题目：“珠三角”产业结构转型升级与

技术教育的发展

作者姓名：谭穗枫

文献来源：学习月刊

发表时间：2012-07-23

内容摘要：本文认为，“珠三角”要率先在自主创新方面实现重大突破，率先建成中国创新型区域，并成为亚太地区乃至世界重要的创新中心和成果转化基地之一，必须要有大量的专业技能型人才和复合型人才作支撑。因此，优化技术教育结构，满足“珠三角”现代产业核心区对专业技能型人才的需求，已成为急需解决的问题。

论文题目：珠三角地区家电产业转型升级路径研究

作者姓名：齐振彪

文献来源：特区经济

发表时间：2012-07-25

内容摘要：本文基于全球价值链、产品空间结构等产业升级理论，指出改革开放前30年，中国家电行业通过实施制度创新、人力资源以及技术创新三大升级战略，遵循一条线性升级路径（OEA→OEM→ODM→OBM）；细分和拓展“微笑曲线”，从理论上得出中国家电行业二次升级有必要以科技创新为动力，沿着家电业技术距离较短的路径升级。

论文题目：珠三角地区乡村旅游客源的市场结构特征

作者姓名：郭丽　章家恩

文献来源：吉首大学学报（自然科学版）

发表时间：2012-07-25

内容摘要：本文通过调查及数据统计，对珠三角地区乡村旅游客源市场的地域结构和游客特征进行分析。结果显示，该地区乡村旅游客源市场在地域上相对集中，市场稳定，游客群体以收入和文化程度都较高的中青工薪阶层为主。珠三角乡村旅游在今后的发展中，需要优化保持珠三角主体市场，重点拓展粤东西北和港澳台入境客源市场，合理发展其他省份和地区潜在市场。同时，要注重企业上班族、公职人员、求学学生、中产阶层以及离退休职工这五大细分市场的开发。

论文题目：珠三角“代耕农”流动规律与导流策略

作者姓名：郑庭义　廖艳丹　向安强

文献来源：老区建设

发表时间：2012-07-25

内容摘要：本文认为，“代耕农”是珠三角农业流动人口中的特殊群体，其流动具有自发性、盲目性、兼业性、分散性，缺乏规划性，处于无序状态，引发系列社会问题，需要合理导流。应从政策规范、管理助推、社会介入、自身规划等层面，引导“代耕农”有序流动。

论文题目：广佛肇经济圈与珠三角世界级城市群建设

作者姓名：梅伟霞

文献来源：探求

发表时间：2012-07-26

内容摘要：本文认为，为推动珠三角世界级城市群建设，广佛肇经济圈应在文化、交通、产业和制度方面发挥携领作用；应在推进广佛同城和广佛肇一体化的同时，完善与珠中江、深莞惠及港澳的合作机制，着力打造南沙国家新区推动制度创新，进一步扩大开放格局，充实自身国际元素。

论文题目：珠三角大都市圈背景下体育一体化的发展

作者姓名： 孙雷鸣
文献来源： 体育学刊
发表时间： 2012-07-28
内容摘要： 本文认为，大都市圈发展理论及其一体化发展模式给产业经济发达、市场机制较完善的珠三角地区体育改革与实践提供了创新发展思路。通过对体育发展空间组织、体育公共服务体系、跨区域管理组织结构以及产业促进等若干维度实施系统干预，实现资源的优化配置，促进形成更大地域范围的体育一体化发展格局。

论文题目： 珠三角城市休闲体育产业发展背景与优势分析
作者姓名： 陈新生　邵金英
文献来源： 广州体育学院学报
发表时间： 2012-07-28
内容摘要： 本文认为，珠三角是华南地区经济文化的中心，又与港、澳相邻，是中国经济最活跃的地区之一，这也为休闲体育产业的发展提供深厚的市场基础。休闲体育产业是与人们的休闲体育生活、休闲体育行为、休闲体育需求等密切相关的，以旅游业、健身娱乐业、服务业为龙头的经济形态和产业系统。它不仅能够促进区域经济的发展，而且能够提高人们的健康水平和生活质量，满足人们不断增长的物质、精神的需求，为小康社会、和谐社会的建设和发展服务。

论文题目： 珠三角高职院校开展创业教育的优势及思考
作者姓名： 赵丽洁
文献来源： 职业时空
发表时间： 2012-07-31
内容摘要： 本文在探索珠三角高职院校创业教育的优势基础之上，阐述其创业教育开展的良好态势，并提出促进珠三角高职院校进一步发展的建议。

论文题目： 浅谈几种珠三角河口地区水利工程常用桩基础方式
作者姓名： 叶伟彪
文献来源： 科技创业家
发表时间： 2012-08-01
内容摘要： 本文讲述不同地区、地域造成地质状况差别、原材料产出差别，对水利工程地基处理中的桩基础使用也有不同传统和习惯。文中就珠三角河口地区水利工程常用桩基础方式进行介绍和比较。

论文题目： 珠三角外来工的社会保险：非正规就业的视角
作者姓名： 张国英　吴少龙
文献来源： 中国人口科学
发表时间： 2012-08-01
内容摘要： 文章从非正规就业的角度出发，从政府、企业、个体三个层面分析珠三角外来工参加社会保险的影响因素。研究发现，劳动合同法对促进外来工参保具有积极作用，招商引资对外来工参保有消极作用；个体层面的变量对于保护型险种（养老保险和失业保险）的影响比较大，对于生产型险种（医疗保险、工伤保险和生育保险）的影响较小；企业层面的变量对外来工参保影响最大，签订劳动合同是农民工参保重要的影响因素。对外来工进行政策干预的重点在于签订合同、政策向劳方倾斜和进行技能培训。

论文题目： 珠三角民营物流企业薪酬管理研究
作者姓名： 卢圣杆
文献来源： 中国商贸

发表时间：2012-08-01

内容摘要：本研究立足于珠三角民营物流企业，对其薪酬管理现状进行分析，在此基础上提出优化薪酬管理体系的三项对策，对珠三角民营物流企业的发展具有十分重要的借鉴意义。

论文题目：汇率利率联动机制对珠三角中小外贸企业的影响

作者姓名：梁春燕

文献来源：中国商贸

发表时间：2012-08-01

内容摘要：本文通过研究中国的汇率利率联动机制，根据相关的数据检验分析中国珠三角地区的中小外贸企业在此轮人民币汇率快速升值，加息通道重启的双重夹击下受到的影响，从而得出中小外贸企业的应对之道。

论文题目：区域战略性新兴产业竞争力比较：以长三角、珠三角和京津冀为例

作者姓名：张国强　汤向俊

文献来源：经济问题探索

发表时间：2012-08-01

内容摘要：本文基于波特的竞争力模型，提出衡量战略性新兴产业竞争力的四个因素：市场、科技支持、空间和政府支持因素。采用主成分分析法测度近年来长三角、珠三角和京津冀地区战略性新兴产业竞争力并给出比较。结果表明：2000~2010年间中国三大区域战略性新兴产业竞争力提升较为明显；分区域来看，长三角战略性新兴产业竞争力提升最为显著，改变了十年前的落后状态。

论文题目：环渤海经济圈金融产业集聚的现状分析——基于和长三角、珠三角经济圈的比较

作者姓名：张晓燕　赵贤　马欣　王大鹏

文献来源：科技信息

发表时间：2012-08-05

内容摘要：本文分别选定长三角、珠三角和环渤海经济圈的金融中心，通过分析信贷资源、保费资源等的占比，发现环渤海经济圈的金融产业集聚程度在三大经济圈中是最高的，最终得出发展金融产业集聚程度及其影响，推动环渤海经济持续发展的结论。

论文题目：农业户籍员工的工作满意度调查——以珠三角中小民营企业为例

作者姓名：周可　王厚俊　郭雅琦

文献来源：南方农村

发表时间：2012-08-10

内容摘要：本文以珠三角中小型民营企业具有农业户籍的管理人员和一线工人为研究对象，采取以问卷调查和访谈相结合的方法，从工作本身、工作条件、工作回报、工作群体、企业整体五大方面分析民营企业农业户籍的管理者和基层员工的工作满意度。调查结果表明：在中小民营企业中工作的农业户籍员工的工作满意度为中等偏下，较高的员工流失率将难以支持中小型民营企业的持续发展。

论文题目：加快珠三角地区城市少数民族流动人口的人力资本积累

作者姓名：郭正涛　金祥

文献来源：广东技术师范学院学报

发表时间：2012-08-15

内容摘要：本文对城市少数民族流动人口和人力资本的内涵进行介绍，在此基础上就珠三角地区城市少数民族流动人口的现状进行

分析，作者认为应该从教育、社会保障、技能培训等方面加快珠三角地区城市少数民族流动人口的人力资本积累。

论文题目： 基于数据包络分析理论的区域公共管理评价——以泛珠三角为例
作者姓名： 董江涛
文献来源： 经济问题
发表时间： 2012-08-15
内容摘要： 本文通过实证分析研究泛珠江三角洲区域公共管理中存在的优势及不足，为在中国整体区域推进公共管理能力提升提出建设性意见。

论文题目： 浅析在设计行业中设计管理的强化——以珠三角地区设计行业为例
作者姓名： 黄桔
文献来源： 艺术科技
发表时间： 2012-08-15
内容摘要： 本文通过对广东地区设计行业现状进行分析，指出在设计行业强化设计管理的必要性。并分别从客户、企业、市场、设计师四个角度分析造成现有设计行业发展弊端的各种原因，进一步指出通过强化设计管理来协调这四个方面的重要性，内容包括企业设计战略管理、设计程序管理、设计质量管理和知识产权管理四个方面。建议整个设计行业形成统一标准，使得各企业设计管理措施能落到实处。

论文题目： 区域能源消费与经济增长关系的实证研究——以长三角、珠三角和海西经济区为例
作者姓名： 刘向源　张两喜
文献来源： 台湾农业探索
发表时间： 2012-08-15
内容摘要： 本文对 1986~2009 年间长三角、珠三角和海西经济区的能源消费与经济增长之间关系进行比较分析。利用协整理论和误差修正模型分析，发现在不考虑结构变化的情况下三个地区能源消费总量与实际生产总值之间都不存在线性协整关系；Granger 因果关系分析发现，长三角地区存在能源消费总量与实际生产总值之间的双向因果关系，节能减排政策的实施将会影响经济增长，而珠三角只存在实际生产总值到能源消费总量的单向因果关系，节能减排政策的实施不会影响经济增长。

论文题目： 浅议服务于珠三角经济的高职院校校企合作深度融合模式的构建
作者姓名： 李瑛珊　龚江南
文献来源： 吉林省教育学院学报（中旬）
发表时间： 2012-08-15
内容摘要： 本文通过对目前珠三角高职院校校企合作不同模式的研究，分析当前珠三角高等职业教育校企合作模式存在的问题，探索服务于珠三角经济校企合作深度融合模式的成功途径。

论文题目： 传统企业电子商务发展模式——基于珠三角地区的调查
作者姓名： 罗学强　何斌
文献来源： 电子商务
发表时间： 2012-08-15
内容摘要： 本文通过分析传统企业电子商务开展现状和存在的问题，设计和实施基于珠三角地区传统企业的电子商务发展模式调查（包括发展情况及未来规划情况的调查），针对传统企业电子商务发展模式提出建议，明确促进传统企业电子商务转型升级的关键在

于转变意识、找准定位和培养人才。

论文题目：珠三角电大系统开展社区教育的现状调查

作者姓名：王喜红

文献来源：广东广播电视大学学报

发表时间：2012-08-20

内容摘要：本文以“问卷+访谈”的方式研究珠三角地区电大系统开展社区教育的工作现状。结果表明：各级电大开展社区教育取得成效，拓展办学空间，增加电大的社会影响力和经济效益，部分电大的社区教育形成自身的特色品牌。与此同时，社区教育的开展存在认识不统一、经费来源单一、投入不足和政策保障缺失等问题，需要提升电大自身对发展社区教育重要性的认识，加大宣传，提升社区居民对社区教育认知度以及政府主管部门对社区的教育重视度。

论文题目：地方政府政策创新的成效分析——以珠三角规划纲要实施为例

作者姓名：郭芳　宋瑜

文献来源：福建商业高等专科学校学报

发表时间：2012-08-20

内容摘要：本文认为，珠三角规划纲要实施中地方政府政策创新取得显著的成效，具体表现在：制度性政策方面发挥制度体系的新优势；在工具性政策方面提高政府对区域经济的引导调控作用；在目标性政策方面解决区域发展中的部分难点问题。这些成效为珠三角规划纲要的进一步实施奠定良好的基础。

论文题目：浅析珠三角中小企业文化建设存在的问题及对策

作者姓名：王沛悦

文献来源：经营管理者

发表时间：2012-08-20

内容摘要：本文认为，珠三角中小企业数量众多，但大多数中小企业在企业文化建设方面存在误区，这在一定程度上制约企业的发展。企业文化属于企业的核心竞争优势，所以中小企业管理者要充分认识到建设优秀企业文化的必要性和紧迫性，塑造中小企业文化个性，提高企业管理者的素质，构建“以人为本”的企业文化，以创新促进企业发展。

论文题目：区域交通运输一体化构建及珠三角案例分析

作者姓名：方轮

文献来源：中国流通经济

发表时间：2012-08-23

内容摘要：本文认为，区域交通运输一体化是区域经济一体化发展的重要前提。交通运输一体化建设要均衡开展，在着力改善交通基础设施的同时，提升运输效用；交通运输一体化推进应循序渐进，分阶段规划、建设；交通运输一体化必须制定相应的保障措施，如改革交通行政管理体制，打破行政区划限制，完善投融资体制和相关配套法规等；交通运输一体化构建应由政府推动向市场驱动转变。

论文题目：区域中小企业成长发展水平综合评价研究——以珠三角地区为例

作者姓名：王钧

文献来源：科技管理研究

发表时间：2012-08-23

内容摘要：文章通过构造区域中小企业成长发展评价模型，从区域中小企业发展规模、盈利能力、偿债能力和营运能力等四个方面评价区域中小企业的发展水平、发展速度和增长水平，并以珠江三角洲地区 2001~2009 年度的中小企业发展数据为例，对珠三角地区中小企业的成长发展水平进行综合评价。

论文题目：基于珠三角地区农业经济发展需要的广东农业高级人才培养研究
作者姓名：宋欢
文献来源：广东农业科学
发表时间：2012-08-25
内容摘要：本文阐述当前珠三角地区农业经济发展对人才需求的趋势以及广东农业高级人才培养的现状，提出基于珠三角地区农业经济发展需要的广东农业高级人才培养思路，以促进珠三角地区农业经济的可持续发展。

论文题目：珠三角高职会展英语教学实证研究与探索
作者姓名：陶霞
文献来源：河北广播电视大学学报
发表时间：2012-08-25
内容摘要：本文认为，珠三角地区高职会展英语教学处于摸索阶段，其人才培养满足不了行业发展的需求，必须从开发教材、培养师资、创新教学模式、拓展实习及实训机会、加强学生的自主学习等方面来提高教学质量，以期培养出优秀的复合型会展英语人才，更好地服务并推动珠三角会展业的发展。

论文题目：珠三角城市中心城区如何实现可持续发展——以佛山市禅城区为例
作者姓名：苏瑞波　叶敏忠
文献来源：广东科技
发表时间：2012-08-25
内容摘要：本文以佛山市禅城区为例，分析珠三角城市中心城区如何实现可持续发展。首先，分析禅城区目前经济社会发展所面临的主要矛盾；然后，介绍禅城区在可持续发展方面所取得的成绩；最后，分析禅城区在可持续发展方面的一些经验和做法，为其他珠三角城市中心城区发展提供借鉴。

论文题目：基于碳金融的珠三角政府级碳基金作用分析
作者姓名：黄敏聪　王友转
文献来源：广东科技
发表时间：2012-08-25
内容摘要：本文阐述碳金融的概念与我国碳交易的现状，论述国外碳基金对于碳金融发展的促进作用，分析珠三角建立政府级碳基金的可行性与作用，阐明建立珠三角政府级碳基金的重要意义。

论文题目：基本医疗卫生服务的均等化与政策建议——基于珠三角地区的思考
作者姓名：柳春慈
文献来源：惠州学院学报（社会科学版）
发表时间：2012-08-28
内容摘要：本文利用基尼系数和综合评价方法对珠三角地区各地基本医疗卫生服务差异水平和变化趋势进行定量实证研究，结果显示：珠三角地区各地基本医疗卫生服务的产出水平差异和投入水平差异都很大，基本医疗卫生服务均等化水平仍需提高。为此，提出如下政策建议：一是构建政府间财政平衡机制；二是探索社会领域的大部门体制；三是建立多元合作供给体制。

论文题目：新世纪台商投资珠三角地区因素

分析——基于七城市数据的面板数据
作者姓名：郑云峰
文献来源：市场经济与价格
发表时间：2012-09-01
内容摘要：本文通过2000~2010年珠三角地区七个城市的面板数据，定量研究影响台资投资珠三角地区的因素。得出结论：珠三角地区进出口金额与台商在珠三角地区投资额成反向变化，在诸变量中表现得最为显著；珠三角地区中地区生产总值对台商投资的拉动很大；台商在珠三角投资很受外界条件变化影响。

论文题目：珠三角地区出口制造业宏观质量评价指标设定
作者姓名：陈丹霞　周勇　王立军
文献来源：现代商贸工业
发表时间：2012-09-01
内容摘要：本文通过研究以玩具、制衣、制鞋和电子等为主体产业的珠三角地区出口制造业的宏观质量情况，并结合相关的文献分析，设定能全面体现和评价该地区出口制造业宏观质量的指标。

论文题目：珠三角三大都市圈竞争力与发展定位研究
作者姓名：卢鹏宇
文献来源：南方论刊
发表时间：2012-09-08
内容摘要：本文综合分析“广佛肇”“深莞惠”和“珠中江”三大都市圈的竞争力，分析各自的优劣势，探寻各自未来的发展定位，为更好地推动珠三角一体化提供有益的支持。

论文题目：珠三角农村配电网规划问题探讨
作者姓名：区家辉
文献来源：中国高新技术企业
发表时间：2012-09-10
内容摘要：文章就珠三角农村配电网的发展现状进行分析，介绍农村配电网规划与建设的原则，并提出解决农村配电网规划和建设的措施。

论文题目：浅析“珠三角模式”困境及其转型
作者姓名：孙进海
文献来源：商场现代化
发表时间：2012-09-10
内容摘要：文章分析2008年国际金融危机对珠三角外向型经济的冲击，认为珠三角实现经济社会的全面、协调发展，在很大程度上取决于能否实现这次新的转型。

论文题目：珠三角某城乡结合部宅基地流转的驱动因素分析
作者姓名：张海嘉　叶帆　胡武贤
文献来源：南方农村
发表时间：2012-09-10
内容摘要：本文以珠三角某城乡结合部为例，通过建立宅基地流转驱动模型，发现非农产业的发展与城镇化的推进是促使宅基地流转的主要因素，从而得出宅基地流转是符合当地生产力与社会发展的需求，制度的约束反而成为影响农民生活发展阻碍的结论。

论文题目：“双转移”背景下珠三角中小企业对管理人才的需求调研与分析
作者姓名：晋琳琳　唐国雄
文献来源：现代管理科学
发表时间：2012-09-10

内容摘要：文章通过对珠三角地区477家中小企业的实地访谈和问卷调查，从企业内部管理转变和未来管理人才需求的角度进行分析。结果表明："双转移"对于推动中小企业的转型升级产生积极影响。在未来转型升级过程中，企业对生产运营管理、供应链管理和市场营销管理等人才的需求最为迫切。

论文题目：泛珠三角区域合作的江西渔业发展战略分析
作者姓名：陈琳　熊涛
文献来源：湖南农业科学
发表时间：2012-09-15
内容摘要：本文分析泛珠三角区域"9+2"省（区）的渔业区位关系、渔业产业要素区域特征，以及江西渔业发展战略的SWOT，并在此基础上提出面向泛珠三角区域合作的江西渔业发展战略：纵横兼顾，做好江西渔业产业定位；理清思路，加强江西渔业产业规划；完善机制，促进江西渔业产业发展；突出重点，发展江西渔业优势产业；加强研究，发掘江西渔业产业潜力。

论文题目：珠三角国际化会计人才需求与人才培养探析
作者姓名：孔韬
文献来源：重庆电子工程职业学院学报
发表时间：2012-09-20
内容摘要：本文针对各高校培养国际化会计人才的三种主要模式进行分析，寻找高校国际化会计教育现状跟外资企业会计素质能力知识要求存在的差距，探讨珠三角国际化会计人才培养的途径。

论文题目：湖南制造业承接珠三角产业转移的对策研究
作者姓名：陈辉民
文献来源：湖南工程学院学报（社会科学版）
发表时间：2012-09-25
内容摘要：文章分析湖南省对珠三角产业转移这一契机，顺利实现过渡，形成特色制造业产业集群，发挥其对经济发展的作用。作者认为可以从承接战略规划、创建承接的良好基础条件、推行低碳经济模式、实施嵌入购买者与生产者驱动型全球价值链的承接对策方面入手，对湖南制造业进行优化升级。

论文题目：珠三角地区发展液化天然气调峰电源的必要性及对策
作者姓名：刘云　余欣梅　朱志芳　彭波
文献来源：广东电力
发表时间：2012-09-25
内容摘要：本文在总结广东省现有天然气发电现状的基础上，结合广东省天然气气源规划以及电力系统发展规划，分析广东省建设天然气调峰电源的必要性和合理性，并提出广东省天然气调峰电源发展所面临的问题及解决对策，对优化广东能源结构与布局，保障能源供应安全，缓解电网调峰压力，提高负荷中心地区电源支撑能力有重要意义。

论文题目：广深金融服务业集群与产业结构的空间交叉依赖性研究——基于珠三角经济区域的考察
作者姓名：冯国强　曹耘心　赵昆
文献来源：探求
发表时间：2012-09-26
内容摘要：本文在珠三角全域分析的基础上，探析广深两地与珠三角其他城市之间金融集群与产业结构空间关联存在的共性，并进一步借助于空间计量与回归分析，探析两地金融服务业集群与产业结构的空间关联方向以及关联程度，揭示两地产业结构与金融服务业集群之间的交叉依赖性。

论文题目： 珠三角各市产业结构同构化现状分析

作者姓名： 韦小鸿　范旭　张凤凉　张震宇

文献来源： 沿海企业与科技

发表时间： 2012-09-30

内容摘要： 本文以《珠江三角洲地区改革发展规划纲要（2008~2020年）》发布实施为背景，采用实证研究方法，根据2010年的统计数据，计算出珠三角九市主要产业的同构化系数。对比分析各个城市之间的产业结构及同构化系数，指出相似度较高的城市及其产业，并得出产生同构化问题的根本原因是地方政府之间的相互博弈。

论文题目： 珠海港在珠三角港口群中定位的SWOT分析

作者姓名： 蔡佩林

文献来源： 广州航海高等专科学校学报

发表时间： 2012-09-30

内容摘要： 本文通过对珠三角地区港口群主要港口的比较分析，运用SWOT模型对珠海港在珠三角港口群中所面临的优势、劣势、机会和挑战分析，提出珠海港在珠三角港口群中近期定位和长期定位。

论文题目： 基于GEM框架的长三角和珠三角创业环境评价及比较

作者姓名： 王庆华

文献来源： 商业时代

发表时间： 2012-09-30

内容摘要： 文章分别从金融支持、政府政策和项目、教育培训、研究开发转移、商务环境和基础设施建设、市场开放程度、文化和社会规范等方面，对比分析长三角和珠三角地区的区域创业环境，并对两个区域的创业环境进行评述。

论文题目： 珠三角公共图书馆网上服务现状调查分析与思考

作者姓名： 张石欣

文献来源： 科技视界

发表时间： 2012-10-05

内容摘要： 本文对珠三角9家公共图书馆网上服务的情况进行调查分析，发现在网站平台建设、OPAC服务、网上参考咨询、网上导航、信息提供、信息用户培训、数字资源建设等方面都取得一些成绩，但还存在网站建设文种少、免费资源网址导航欠缺、信息发布功能单一等问题，公共图书馆应深化网络社会教育职能，推进手机图书馆、电视图书馆的广泛应用，进一步加大对弱势群体的关注和网络服务。

论文题目： 广东珠三角城市外来工子弟学校体育师资现状的调查研究

作者姓名： 严木林

文献来源： 科技信息

发表时间： 2012-10-05

内容摘要： 本文通过调查研究广东珠三角城市外来工子弟学校体育师资的现状，为如何加强广东珠三角城市外来工子弟学校体育师资队伍的建设提出对策与建议。旨在对这些外来工子弟学校体育师资队伍建设存在的问题进行透视、剖析，以唤起社会各界对外来工子弟受教育状况更多的关注。

论文题目： 农村基本公共服务体系构成分析——以珠三角为例

作者姓名： 巩玉涛

文献来源：南方农村
发表时间：2012-10-10
内容摘要：本文在学者前辈研究的基础上提出基本公共服务的典型特征。进而在探讨农村基本公共服务体系一般构成的基础上挖掘珠三角农村基本公共服务体系的特殊构成。最后指出农村基本公共服务体系构建的注意事项。

论文题目：珠三角地区产业转移对港口运输的影响研究
作者姓名：李君楠　王佳　王璐
文献来源：物流技术
发表时间：2012-10-15
内容摘要：本文采用区域经济学中的产业梯度系数法、产业产值份额趋势法以及产业发展阶段法对珠三角地区存在转移可能的制造产业进行识别，在此基础上采用产业产值修正法对转移产业和转移动向进一步确认，最后根据各省份区位特征，采用离散选择模型分析制造产业的转移规模，并分析产业转移对制造产业的分布格局及沿海相关港口出口运输的影响。

论文题目：国际经验对珠三角产业转型的启示
作者姓名：高巧　白艳娟
文献来源：中国物价
发表时间：2012-10-15
内容摘要：本文通过对比其他国家或地区在经济发展相同阶段的历程，特别是与70年代的日本进行比较，从中借鉴经验为珠三角地区的产业升级提供指导。

论文题目：基于因子分析法长三角和珠三角城市发展水平综合实力比较
作者姓名：陈琳
文献来源：山东商业职业技术学院学报
发表时间：2012-10-15
内容摘要：本文根据城市发展的内涵及指标体系的构建原则，建立包括经济发展指标、社会发展指标、生态环境指标在内的城市发展水平综合评价指标体系，并通过运用因子分析模型，测算指标权重，得到因子分析方法下的长三角和珠三角的25个城市综合发展水平排名，对各因子进行经济意义解释的过程中，分析各城市之间的差距所在，以便政府部门制定更合理的区域经济政策。

论文题目：基于GIS的珠三角区域空气质量时空演化分析模型研究
作者姓名：陈彦军　李伟铿　张宝春　陈慧明
文献来源：中国环境监测
发表时间：2012-10-15
内容摘要：本文利用广东省环境信息GIS综合发布平台发布的2005~2010年间珠三角区域范围内空气质量日报中空气质量等级数据，采用网格化分析、空间统计分析、专题图分级渲染模型，对珠三角区域的空气质量时空演化特征和影响因素进行研究。结果表明：各周期年度珠三角区域网格空气质量频数统计上近似呈正态分布，近5年空气质量空间分布形态由以东莞、佛山为污染中心的哑铃型向以佛山中部为中心并且长轴为西北—东南向的椭圆型演化。

论文题目：对广东省农民体育健身工程实施效果的研究——以珠三角地区为例
作者姓名：李丽　夏冬　刘志敏　谭兆风　李建军　杜光宁

文献来源： 四川体育科学
发表时间： 2012-10-15
内容摘要： 本文采用问卷调查等方法对广东省珠三角地区农民体育健身工程实施现状进行调查。结果表明：珠三角地区农民对体育健身工程了解的比例仅为四分之一。大部分农民对体育健身工程持满意态度。有 43.5% 的农民参与体育活动，项目主要是散步、羽毛球、健身操等。大部分农民每周参加 2 次（含 2 次）以上的运动；每次锻炼的时间多在 30~60 分钟之间。农民参与体育活动的形式主要以个人锻炼为主，主要目的是促进身体健康、提高运动能力和消遣娱乐。

论文题目： 泛珠三角区域旅游合作利益机制研究
作者姓名： 许辉春
文献来源： 特区经济
发表时间： 2012-10-25
内容摘要： 本文分析泛珠三角区域的旅游合作态势，探讨区域旅游合作利益机制的主体和内容的基础上，提出旨在解决区域旅游合作利益机制问题的相关对策建议。

论文题目： 珠三角经济增长与金融发展实证分析
作者姓名： 黄佑军
文献来源： 金融经济
发表时间： 2012-10-25
内容摘要： 本文以广东省珠三角九市数据为样本，利用最近 10 年（2000~2010 年）的金融与经济数据，对珠三角区域的金融发展与经济增长之间究竟存在何种相互关系进行实证分析。研究发现，珠三角九市的金融发展水平和经济增长水平之间是互为因果关系的。金融发展程度的提高，使得前期获得有效回报，这很可能加剧地方政府大量举债的问题，从而提升地方城市的贷款效率等能力，引起经济增长水平的上升。但同时发现政府的过度行为有可能会损害金融与经济相互促进的作用。

论文题目： 珠三角地区产业转移之再思考
作者姓名： 彭运芳　饶明梁
文献来源： 科技和产业
发表时间： 2012-10-25
内容摘要： 本文在对珠三角地区大量中小企业实地调研的基础上，客观地描述珠三角中小企业的发展现状，以及当前产业转移的误区，提出产业转移要坚持科学发展观和国际视野的新观点，并给出具体建议。

论文题目： 珠三角地区的投资、消费与经济增长的动态关系研究
作者姓名： 李业明
文献来源： 华南师范大学学报（社会科学版）
发表时间： 2012-10-25
内容摘要： 本文用 VAR 模型、Granger 因果分析和 Johansen 协整检验以及脉冲响应函数研究珠三角地区 1978~2010 年消费、投资和经济增长三者之间的动态关系。实证结果表明：经济增长率分别是投资率、消费率的 Granger 原因；消费率的冲击比投资率的冲击对经济增长率影响更大，但在近期内，投资率、消费率对经济增长率的冲击不具有显著性。在一定期间内，经济增长率可以使消费率保持稳定的负增长。要促使珠三角经济的加速发展，必须加快培育消费市场，改善珠三角投资体制环境。

论文题目： 打造珠三角世界级旅游目的地
作者姓名： 董观志

文献来源：特区经济

发表时间：2012–10–25

内容摘要：本文认为，旅游业是战略性的现代支柱产业，珠三角是世界级的现代产业集聚区。在世界政治、经济、文化和军事战略重心东移的大背景下，珠三角打造世界级旅游目的地，提升区域整体综合竞争力，不仅是历史的必然，而且是现实的抉择。

论文题目：珠三角城市群经济空间联系实证分析

作者姓名：张建营　毛艳华

文献来源：城市问题

发表时间：2012–10–27

内容摘要：本文利用引力模型，对珠三角城市群联系度进行定量分析。结果表明：珠三角城市群的发展水平参差不齐，经济联系呈现出以广州为中心向外依次减弱的规律，城市群内部各都市圈的发展水平差异明显。并提出加强珠三角城市群经济联系和提升其竞争力的若干政策建议。

论文题目：珠三角经济一体化下的大学生创业实践研究

作者姓名：岑桂芳　朱焕辉　林瑞青

文献来源：产业与科技论坛

发表时间：2012–10–30

内容摘要：本文在珠三角区域经济一体化下，将大学生创业实践归纳为“1123”模式，形成一套完整的创业实践服务体系，以推动大学生成长为珠三角区域经济一体化的推进者和技术创新、新创企业的主力军。

论文题目：基于长三角和珠三角地区的国民收入分配格局实证研究

作者姓名：胡洁

文献来源：国家行政学院学报

发表时间：2012–11–05

内容摘要：本文通过对长三角和珠三角地区的调研，对中国国民收入要素分配份额的变化进行分析。结果表明：目前中国收入分配格局不合理，初次分配中劳动者报酬占比过低并趋于下降，而政府在二次分配和消除歧视方面行动不力，加剧了国民财富向政府部门的过度集中。因此，政策的着力点应重点放在再分配领域。

论文题目：珠三角产业集聚与城市技术创新的实证研究

作者姓名：聂普焱　苏银珊

文献来源：现代管理科学

发表时间：2012–11–10

内容摘要：文章实证研究珠三角产业集聚与城市技术创新水平之间的关系，得出珠三角城市存在不同程度的产业集聚度，其中，深圳的产业集聚程度最高，且产业集聚对城市技术创新产生正向影响的结论。并针对目前珠三角产业集聚度不高等问题提出政策建议。

论文题目：珠三角地区公众用药安全意识与行为分析探讨

作者姓名：刘佐仁　李嘉伟

文献来源：广东药学院学报

发表时间：2012–11–13

内容摘要：本文采用现场填写、即时回收问卷的方法对珠三角地区公众用药安全意识与行为进行调查，共发放问卷 1153 份，回收有效问卷 1087 份。使用 EXCEL2003 进行数据录入、整理和分析。结果表明：被调查的公众用药安全意识普遍较低，安全用药行为不尽人意。公众自身要加强用药知识学习；

政府应加大开展合理用药活动及安全用药知识普及；社会要承担起推广安全用药的责任，促进公众安全用药。

论文题目： 珠三角城市河涌疏浚底泥的去污染技术研究
作者姓名： 黎晓霞 蔡河山
文献来源： 佛山科学技术学院学报（自然科学版）
发表时间： 2012-11-15
内容摘要： 文中详细评述疏浚底泥去污染技术的国内外研究现状及三类主要去污染方法。作者提出关于城市河涌尤其是珠三角城市河涌疏浚底泥的去污染处理技术还缺乏研究，是该研究领域的发展方向，并存在巨大的研究空间。

论文题目： 珠三角城际轨道交通票制方案探讨
作者姓名： 温敏珍
文献来源： 铁道运输与经济
发表时间： 2012-11-15
内容摘要： 本文通过比较国铁、城市轨道交通、城际轨道交通的票制类型及其优缺点，分析珠三角城际轨道交通客流需求特征和运营组织特点及其对票制的影响。对珠三角城际轨道交通分票制和一票制两种方案进行技术经济比较，依据票制选择的主要因素，研究提出珠三角城际轨道交通采用分票制方案。

论文题目： 从生态政策到民生工程：珠三角绿道建设模式初探
作者姓名： 方正兴
文献来源： 现代城市研究
发表时间： 2012-11-15
内容摘要： 本文认为，快速城镇化对区域生态廊道的破坏已成为保持珠三角生态网络系统完整性和可持续发展的严重威胁。近年珠三角通过大规模绿道建设，将生态保护与运动休闲等功能结合，实现由僵化的生态保护政策到通过利用生态要素提升生活品质的民生工程的转变，并逐步形成“政府主导、社会参与，统筹规划、分市建设，属地管理、长效运营”的绿道建设模式。

论文题目： 珠三角地区高职商务英语教学和人才需求现状探究
作者姓名： 闫娟
文献来源： 长春理工大学学报
发表时间： 2012-11-15
内容摘要： 本文认为，珠三角地区高职院校在商务英语人才培养中存在不少缺陷和不足，导致商务英语专业毕业生处于理论经验不足和实践操作缺乏的尴尬境地。为更好地服务于珠三角区域经济，以问卷调查的形式对两所广东省内高职院校近200名商务英语专业学生进行个体需求现状的调查，并对15个相关企业进行社会需求的调研。

论文题目： 区域劳动力市场一体化研究——基于海西区与长三角、珠三角的比较
作者姓名： 戚晓曜 郑雪
文献来源： 经济问题
发表时间： 2012-11-15
内容摘要： 本文利用中国城市最近的面板数据探讨区域劳动力市场一体化问题，分别考察海西区、长三角、珠三角三个区域的工资趋同性。并进一步考察影响地区工资趋同的因素以及这些影响因素与工资趋同趋势的相关关系，对比海西区与其他两个地区劳动力

市场一体化的主要差异。对促进劳动力市场的一体化提出相关政策建议。

论文题目： 基于产业技术进步效应的珠三角加工贸易产业选择与转移探析

作者姓名： 张海梅　吴长春

文献来源： 岭南学刊

发表时间： 2012-11-15

内容摘要： 本文以加工贸易产业技术进步效应为基础，结合广东珠三角及粤东西北地区的产业发展定位。研究珠三角地区应该选择继续就地升级发展和需要向省内其他地区转移的加工贸易产业及其转移方向，以促进广东珠三角地区产业转型升级，并推动粤东西北工业化进程。

论文题目： 珠三角城市养老护理员供需结构分析

作者姓名： 陈开梅

文献来源： 经济论坛

发表时间： 2012-11-15

内容摘要： 本文认为，养老护理员是随着人口老龄化、老年人预期寿命增加而为提高老年人生活质量应运而生的一种职业。文中分析珠三角城市养老护理市场的需求、养老护理员现状及存在的问题，并提出推进珠三角城市养老护理员队伍专业化的对策措施。

论文题目： 新农村建设背景下新型农民培养调查与建议——基于珠三角地区的实证研究

作者姓名： 曾书琴　陈绍华

文献来源： 继续教育研究

发表时间： 2012-11-15

内容摘要： 文章以珠三角地区作为研究案例，在实地调查的基础上，运用实证的研究方法，系统分析珠三角农村劳动力资源的基本情况，摸清新农村建设过程中新型农民的文化素质、科技能力、生产经营管理水平及教育培训的成效与不足，借鉴国内外农民培养的先进方法和模式，结合珠三角地区的特色，对新型农民的培养进行整体思考，提出相应的建议。

论文题目： 珠三角生产性服务业集聚发展分析

作者姓名： 左连村　贾宁

文献来源： 产经评论

发表时间： 2012-11-15

内容摘要： 本文以珠江三角洲地区 9 个行政单元为样本，借鉴产业集聚的度量指标和模型，从地区和行业两个层面，从静态和动态两个维度对珠江三角洲地区生产性服务业集聚发展进行实证研究。结果表明：珠三角地区正逐渐形成以广州、深圳为核心的生产性服务业集聚发展的格局；地区层面动态集聚与局部扩散并存，而行业层面的发展整体上呈现出由相对不均衡向相对均衡转变的态势。同时，珠三角生产性服务业集聚发展尚存在区域发展不均衡、地区专业化分工不足、行业发展层次较低、体制机制不够健全及高端人才储备不足等亟待解决的问题。

论文题目： 基于珠三角现代服务业的商务英语课程体系与课程群构建

作者姓名： 项伟峰

文献来源： 商场现代化

发表时间： 2012-11-20

内容摘要： 珠三角优先发展现代服务业的政策为高职商务英语专业提供新的机遇和挑战，本文按照“服务业→细分领域→岗位群→专业模块→专业课程”的思路构建课程体系和课程群，对高职商务英语专业的改革发展具有重要意义。

论文题目： 珠三角产业转移承接园引资能力研究
作者姓名： 温伟文　夏洪胜
文献来源： 特区经济
发表时间： 2012-11-25
内容摘要： 本文从珠三角企业转移的意愿和动机出发，研究珠三角企业转移进程中存在的障碍，剖析产业转移园区的吸引力要素，在此基础上提出提升园区吸引力和服务能力的对策。

论文题目： 泛珠三角旅游合作空间演化机制及策略
作者姓名： 许辉春
文献来源： 特区经济
发表时间： 2012-11-25
内容摘要： 文章结合前人地理学空间视野的理论，分析泛珠三角区域发展中的点轴结构模式、辐射模式、核心—边缘结构模式，并对三种模式进行比较，从而得出核心—边缘模式是比较合适的发展策略，对进一步加强区域合作提出建议。

论文题目： 管治理念与珠三角空间模式演进——兼论珠三角绿道规划思想的形成
作者姓名： 李建平
文献来源： 城市发展研究
发表时间： 2012-11-26
内容摘要： 1990年代以来，伴随城镇群的发育成长，珠三角空间模式和管治思路在不断演进，形成了由先前关注建设地区向现在关注非建设地区转变、由起初“单一控制”区域绿地向目前“控融结合”利用区域绿地转变。本文认为，这些转变契合了建设宜居城乡的时代要求，为珠三角绿道规划思想的形成提供理论和实践基础，使空间管治思想进一步转化为“建设区域绿道网”这一各方“共赢”的策略行动。

论文题目： 绿道体育发展与居民健身方式转型——以珠三角为例
作者姓名： 邱妙云　李国岳
文献来源： 广州体育学院学报
发表时间： 2012-11-28
内容摘要： 本文运用文献资料、问卷调查、数理统计、归纳分析等方法，围绕珠三角绿道体育发展现状及其存在的问题，对珠三角6条区域绿道节点上的居民绿道体育运动状况做调查分析。研究发现，随着经济社会发展方式的转变和绿道体育文化的日益传播，居民健身意识不断加强，健身方式不断改进，锻炼频度日趋合理，绿道体育消费不断增加，珠三角绿道体育正朝着全民健身运动的标杆发展。

论文题目： 以产业金融助珠三角中小企业走出困境
作者姓名： 江暮红
文献来源： 商场现代化
发表时间： 2012-11-30
内容摘要： 本文从珠三角中小企业生存的现状为切入点，分析产生困境的原因，并以广州金融高新区为例，提出产业金融可以助珠三角中小企业走出困境的观点。

论文题目： 珠三角自主创新与产业结构优化升级的关系研究
作者姓名： 印长副　邝国良

文献来源：科技管理研究

发表时间：2012-12-08

内容摘要：本文通过提取1991~2009年珠三角自主创新和产业结构优化的数据指标，采用协整分析和Granger因果分析法，对珠三角自主创新和产业结构优化升级的关系进行分析研究，并依据研究结果对珠三角自主创新的深入发展提出建议和想法。

论文题目：珠三角规划纲要实施中地方政府政策创新的动因分析

作者姓名：刘雪明　宋瑜

文献来源：广东行政学院学报

发表时间：2012-12-10

内容摘要：本文根据政策动态学、新制度经济学、传播模型及内部决定模型对政策创新动因的解释，在珠三角规划纲要实施中，地方政府政策的内在要求、地方政府的利益追求、地方政府间竞争的压力是促使地方政府推进政策创新的重要动因。这对促进珠三角规划纲要的实施以及珠三角地区又好又快的发展有重要意义。

论文题目：珠三角地区前后汛期强对流过程物理量指数对比分析及阈值选取

作者姓名：庞古乾　伍志方　叶爱芬　谌志刚　刘运策　孙广凤

文献来源：热带气象学报

发表时间：2012-12-15

内容摘要：本文利用2004~2006年探空资料计算的物理量，选取与强对流天气相关性好的大气温湿类（整层比湿积分IQ）、层结稳定度类（K指数）、动力类（潜在下冲气流指数MDPI）、热力动力综合类（瑞士第一雷暴指数SWISS00）作为指示因子，通过对各指数的分布特征进行对比分析，分别得到珠三角地区前、后汛期的物理量指数的阈值，为进一步做好珠三角地区未来12小时强对流预报服务提供理论依据。

论文题目：珠三角人口红利与经济增长的数理关系分析

作者姓名：李良胜　宾江

文献来源：调研世界

发表时间：2012-12-15

内容摘要：本文通过珠三角地区2000~2010年常住和户籍劳动年龄人口比重数据，分析珠三角人口红利的变化趋势，实证研究外来劳动年龄人口对珠三角经济发展的作用和影响，并提出相应利用人口红利的对策和建议。

论文题目：环珠三角休闲背景下清远体育旅游开发策略研究

作者姓名：樊新刚　李莉

文献来源：当代体育科技

发表时间：2012-12-15

内容摘要：本文以清远的体育旅游作为实证，探讨清远体育旅游的开发策略，为清远旅游的可持续发展提供借鉴和思考。

论文题目：ECFA框架下珠三角台商投融资的实证分析与发展路径研判

作者姓名：刘璟

文献来源：广州广播电视大学学报

发表时间：2012-12-20

内容摘要：本文认为，两岸经济合作框架协议（ECFA）的签署是两岸经济和金融发展的重要合作契机，它将对区域经济的发展产生重要影响。珠三角已经成为台湾最大的贸易顺差来源之一。从影响两地区经贸合作的关键因素着手，探讨台商对珠三角投资所呈现出的主要特点。数据分析表明：两地区之间的贸易与台商对珠三角投资之间呈现出长期稳定的协整关系；通过对珠三角台商投资新特点及台商融资需求分析，在两岸非政治领域交往经过整合逐步走向一体化的假设下，分短期和长期，尝试探讨珠三角地区台商投融资的发展路径；认为其关键因素还在于在 ECFA 框架下的制度创新。

论文题目： 珠三角国际化会计人才培养现状与途径探索
作者姓名： 孔韬
文献来源： 广州广播电视大学学报
发表时间： 2012-12-20
内容摘要： 本文通过分析珠三角用人单位对国际化会计人才使用情况以及这三种模式的培养现状，探索珠三角国际化会计人才培养的有效途径。

论文题目： 2012 年珠三角地区播音与主持艺术专业教育现状调查与分析
作者姓名： 陈一鸣　陈恋
文献来源： 大舞台
发表时间： 2012-12-20
内容摘要： 本文通过对珠三角地区拥有播音与主持艺术专业的综合性大学的师生和传媒机构进行问卷调查和深度采访，得出现阶段珠三角地区播音主持专业教育的现状，并为人才培养模式的改革提出建设性的建议。

论文题目： 珠三角产业转型升级期科技创新人才培养模式研究
作者姓名： 贾栗
文献来源： 科技进步与对策
发表时间： 2012-12-21
内容摘要： 本文认为，相对于发达地区，珠三角科技创新水平比较落后，科技创新人才培养滞后。作者建议从宏观上建立“五大机制”，完善科技创新外部环境，提升科技创新能力及人才培养水平；从微观上建立“多领域、多层次、多元化、多样化”的培养体系。

论文题目： 论信息化环境下珠三角现代服务业的体制机制创新
作者姓名： 陈伟华
文献来源： 科技管理研究
发表时间： 2012-12-23
内容摘要： 本文通过全面系统分析信息化环境下珠江三角洲地区现代服务业发展现状及其存在问题，指出进行体制机制创新的重要性、必要性和有利条件。提出地方政府应进一步加快行政体制、市场经济体制和科技管理体制创新，建立长效机制；通过体制机制创新，推动珠江三角洲地区现代服务业实现跨越发展。

论文题目： 供应链关系资本对采购绩效影响的实证研究——以珠三角制造企业为例
作者姓名： 万艳春　陈春花
文献来源： 科技管理研究
发表时间： 2012-12-23
内容摘要： 本文构建供应链关系资本与采购绩效的理论模型，提出相关研究假设，采用结构方程模型对假设进行检验。研究结果显示：企业与关键供应商间的联接强度正向显著影响信任和信息共享，信任和信息共享分别对采购成本绩效、采购时间绩效和采购质量绩效有正向显著影响，企业与关键供应商间的联接强度通过信任和信息共享正向影响采购成本绩效、采购时间绩效和采购质量绩效。

论文题目：广东珠三角地区天然气调峰电源建设模式分析

作者姓名：刘云　李勇

文献来源：红水河

发表时间：2012-12-25

内容摘要：本文分析广东珠三角地区建设天然气调峰电源的必要性，同时针对区域内资源、环境等特点，对珠三角地区天然气调峰电源的建设模式进行分析，提出“厂站合一”的推荐模式，并给出相关建议。

论文题目：近年珠三角劳动密集型产业“用工荒”分析

作者姓名：黄倩倩　葛敬豪

文献来源：芜湖职业技术学院学报

发表时间：2012-12-25

内容摘要：本文针对珠三角地区劳动密集型产业“用工荒”的主要特点，深入剖析该地区“用工荒”产生的原因，有助于研究者探索缓和矛盾的策略和措施。

论文题目：泛珠三角地区产业转移趋势与动向识别研究

作者姓名：蒋永雷　杨忠振　邬珊华

文献来源：工业技术经济

发表时间：2012-12-25

内容摘要：本文采用综合区位商对泛珠三角地区的区际产业转移进行初步识别。对初步识别中发现的具有转移倾向的产业，进一步用产品生命周期理论进行筛选，找出符合区际产业转移特征的产业及具有承接趋势的省份。最后利用计量经济中因果关系检验，对存在区际产业转移关系的省份进行综合区位商变量的因果关系检验。研究结果表明：泛珠三角地区内传统的外向型制造产业已呈现明显的转移趋势和动向；新兴制造业的转移趋势初显，但转移动向尚不明确；同时部分技术型制造业具有跨区转移的可能性。

论文题目：珠三角城市群城市空间吸引范围界定及其变化

作者姓名：梅志雄　徐颂军　欧阳军

文献来源：经济地理

发表时间：2012-12-26

内容摘要：本文通过构建反映城市实力的指标体系，利用因子分析法测算 1990、1996、2000、2005 和 2009 年珠三角 9 个地级市综合实力分值，以此修正断裂点模型中单一城市规模指标，分别运用断裂点模型和基于扩展断裂点模型的加权 Voronoi 图方法，划分珠三角 9 市 5 个年份的理论空间吸引范围，并在图上清楚地表现出城市间分界线的轨迹，据此揭示珠三角城市空间吸引范围的空间分异特征和变化规律。研究发现，基于扩展断裂点模型的加权 Voronoi 图克服断裂点理论确定城市间吸引范围界线时的任意性和盲目性，划分结果更符合实际。

·责任编辑　周慧琴·

文献法规

关于完善珠三角城际轨道交通沿线土地综合开发机制的意见

（广东省人民政府办公厅2012年1月19日印发）

为做好珠三角城际轨道交通项目沿线土地综合开发工作（以下简称土地综合开发），现就完善土地综合开发机制问题提出以下意见。

一、总体原则

（一）公交导向，优化布局。按照珠三角区域一体化发展的要求，采取公交导向型（TOD）开发模式推进土地综合开发，打造一批“城市综合体”，拓宽优化城市发展空间，创新城市空间组织形式，提升区域整体竞争力，形成城际轨道交通与城市规划建设相互促进的良性循环。

（二）统筹规划，共同发展。统筹协调珠三角城际轨道交通站场建设、站场周边土地开发与城市发展之间的关系，做好土地综合开发规划、城市总体规划、土地利用总体规划的相互衔接，促进城际轨道交通资源与城市资源的整合利用、共同发展。

（三）利益共享，补亏为主。充分发挥省市各方积极性，合理划分省市补亏责任；土地综合开发的净收益按补亏责任由各有关方共享，并应首先用于弥补城际轨道交通项目建设及运营的资金缺口，支持珠三角城际轨道交通可持续发展。

二、开发主体

（一）红线内土地开发主体。珠三角城际轨道交通项目红线内土地开发工作由该轨道交通项目业主承担。其中，广东珠三角城际轨道交通有限公司（以下简称珠三角城际公司）负责建设的项目，由珠三角城际公司设立的土地开发公司负责项目红线内土地开发，该土地开发公司的日常工作由广东省铁路建设投资集团有限公司（以下简称省铁投集团）主导开展。城际——城市轨道交通换乘站的红线内土地可由省市共同开发，具体开发方式由省市协商确定。

（二）红线外土地开发主体。红线外土地开发采取“一市一公司、一地一政策”的原则，由省市联合开发，或者由沿线市负责开发，具体由省市协商确定。其中，省市联合开发的，由省铁投集团作为省级出资人代表，分别与各沿线市出资人代表成立由省方主导的合资开发公司，负责对该市行政区域内依法取得的城际轨道交通站场红线外土地进行开发，省市在合资开发公司的股权比例由省市双方协商确定（市级出资比例应低于50%），并按股比分享开发净收益。

各开发主体按照省统一规划实施土地综合开发，省铁投集团负责统筹衔接红线内外土地综合开发工作；红线内外开发主体可按市场化原则，通过委托开发、合资合作等方式实现更紧密的一体化运作。

三、开发规模

（一）红线内开发用地规模。珠三角城际轨道交通项目建设用地遵循集约用地原则，其用地规模原则上按住房城乡建设部、国土资源部、铁道部《关于发布〈新建铁路工程项目建设用地指标〉的通知》（建标〔2008〕232号）规定的上限标准确定。沿线市政府应支持轨道交通项目业主依法取得用地。在确保轨道交通功能需求和运营安全的前提下，提倡立体空间开发，合理划定开发用地规模。

（二）红线外开发备选用地规模。珠三角城际轨道交通各站场周边一定范围内可开发的土地可作为开发备选用地。其中，以各站场为中心、半径800米左右范围内尚未划拨、出让的国有土地，以及其他适合开发建设的土地应作为开发备选用地，具体开发备选用地规模在土地综合开发规划中予以明确。在城际轨道交通项目规划选址阶段，沿线市政府应及时加强对以站点为中心、半径800米范围内用地的规划控制，在城际轨道交通项目可行性研究报告批复后、省住房城乡建设厅编制确定土地综合开发规划前，应暂停受理、核发此范围内地块的建设用地规划许可或出具地块规划设计条件，并暂停出让及划拨土地；因国家、省重点工程或重大民生工程、环境保护工程建设，确有必要在暂停期内开展上述工作的，由有关市政府向省政府专题申请。

（三）沿线市提供的红线外开发备选用地规模应与承担的补亏责任相匹配，允许各市在各站点、各线路和以站点为中心、半径800米范围内外进行统筹，统筹的开发备选用地应具有开发价值。

（四）对省市合作的红线外开发备选用地，各市应科学合理确定出让底价，依法公开交易；省市合资开发公司依法取得土地的开发净收益全部用于珠三角城际轨道交通项目建设及运营补亏。

四、收益管理

（一）明确补亏责任。珠三角城际轨道交通项目的运营亏损原则上由业主单位依照项目单独分线核算。项目的全线运营亏损额按沿线市路段进行分摊，各市路段分摊的运营亏损额（即该城际轨道交通项目在沿线市境内路段的运营亏损额）按沿线市境内路段投资占项目总投资的比例确定。项目业主单位应加强监管，节约成本，努力减少运营亏损。

（二）规范土地综合开发净收益管理。各市城际轨道交通站场红线内土地综合开发净收益由轨道交通项目业主用于冲减该市相应路段分摊的运营亏损。在红线内土地综合开发净收益冲减运营亏损的基础上，剩余运营亏损按以下方式弥补：

1.沿线市境内红线外开发备选用地由该市负责开发的，则该市路段剩余亏损额由该市全部承担。

2. 沿线市境内红线外开发备选用地由省市联合开发的，则该市路段剩余亏损额按省市在该路段的出资比例分担（铁道部参与投资的，其出资额纳入省级出资额）。其中，省级亏损额由红线外土地综合开发的省级净收益进行弥补，不足部分由省政府统筹解决；市级亏损额由红线外土地综合开发的市级净收益进行弥补，不足部分由该市统筹解决。红线外土地综合开发省级净收益在弥补省级亏损额后仍有剩余的，全部交由沿线市支配。

（三）设立运营补亏保障金。珠三角城际轨道交通运营补亏保障金由土地综合开发的省市出资人净收益、各沿线市上缴的城际轨道运营专项补亏资金等构成。该保障金在省铁投集团设立专户，由省财政厅负责监管，做到专户存储，专项用于珠三角城际轨道运营补亏。省财政厅负责牵头制订珠三角城际轨道交通项目运营保障金管理办法，规范该保障金的来源、收缴、汇集、划拨、使用等事项。

五、保障措施

（一）加强组织领导。省政府成立土地综合开发工作领导小组，负责总体部署土地综合开发工作，研究协调土地综合开发工作中的重大事项。领导小组由分管副省长任组长，各沿线市政府和省发展改革委、财政厅、国土资源厅、住房城乡建设厅、国资委以及广州铁路（集团）公司、省铁投集团、珠三角城际公司有关负责同志为成员，领导小组日常工作由省发展改革委承担。各沿线市政府、省有关部门、有关企业要充分认识土地综合开发的重大意义，高度重视，齐心协力，狠抓落实，为此项工作顺利开展营造良好环境。

（二）加强规划管理。珠三角城际轨道交通沿线站场红线内外的土地综合开发规划在与土地利用总体规划相衔接，并充分征求沿线市政府、省有关部门和轨道交通项目业主意见的基础上，由省住房城乡建设厅统筹编制，报经省政府审定后发布执行。各市要根据该土地综合开发规划实施进度需要，在半年内依法调整相关用地的控制性详细规划等城乡规划，适时依法调整土地利用总体规划，调整后的控制性详细规划应报省住房城乡建设厅备案审查。各土地开发主体根据控制性详细规划按程序开展开发建设的报批工作。

（三）加强政策支持。建立健全保障土地综合开发的体制机制，对城际轨道交通沿线站场土地开发在规划报批、土地使用以及有关收费等方面给予政策支持。省国土资源厅、财政厅、住房城乡建设厅等部门要尽快研究出台省权限范围内的项目红线内外土地综合开发的优惠政策。

关于建立省实施《珠江三角洲地区改革发展规划纲要（2008~2020年）》领导小组现场办公会会议制度的通知

（广东省人民政府办公厅2012年5月7日印发）

省实施《珠江三角洲地区改革发展规划纲要（2008~2020年）》领导小组各成员单位：

为进一步转变工作作风，提高工作实效，深入推进实施《珠江三角洲地区改革发展规划纲要（2008~2020年）》（以下简称《珠三角规划纲要》），经省人民政府同意，在现行省实施《珠三角规划纲要》领导小组（以下简称省领导小组）会议制度框架下，建立省领导小组现场办公会会议制度。现就有关事项通知如下：

一、主要任务。协调解决实施《珠三角规划纲要》特别是推进珠三角一体化工作中的实际困难和问题。

二、会议形式。深入基层办公，实地协调解决问题。现场办公会不定期召开，可与省领导小组专项工作协调会、经济圈建设交流会套开。

三、会议议题。现场办公会会议议题通过以下方式确定：

（一）由省领导小组组长或副组长提出。

（二）省规划纲要办根据工作实际提出建议议题，报省领导小组审定。

（三）珠三角各市、省有关部门提出需协调解决的具体事项报送省规划纲要办，省规划纲要办筛选提出建议议题，报省领导小组审定。

四、参会人员。现场办公会由省领导小组组长、副组长主持，或委托相关负责同志主持，珠三角各市、省各有关部门相关负责同志参加。具体参会人员由省规划纲要办根据会议议题于会前报省领导小组审定。

五、会议纪要。每次现场办公会后印发省政府工作会议纪要，明确具体工作安排。需进一步研究协调的，由省规划纲要办按程序报批。

六、督查落实。珠三角各市、省各有关部门要认真落实现场办公会布置的各项工作，有关办理情况及时向省规划纲要办反馈。省规划纲要办定期对会议议定事项进行督查。

粤港两地电子签名证书互认办法

（广东省人民政府办公厅2012年7月20日印发）

为推动粤港两地贸易投资便利化，促进两地电子交易快速发展并确保电子交易安全，推进两地电子签名证书互认工作，根据《〈内地与香港关于建立更紧密经贸关系的安排〉补充协议五》和《粤港两地电子签名证书互认的框架性意见》，制定本办法。

一、适用范围

依据《中华人民共和国电子签名法》获得电子认证服务许可并在广东省注册登记的第三方电子认证服务机构或依据香港特别行政区《电子交易条例》成立的认可核证机关签发，且应用于粤港跨境电子交易的电子签名证书或认可数码证书（以下统称证书）。

二、证书互认方式和发布

证书互认使用交叉识别方式，以信任列表发布。

广东省经济和信息化委员会（受工业和信息化部委托）（以下称广东省经济和信息化委）和香港特别行政区政府资讯科技总监办公室（以下简称香港资科办）应发布本地信任列表，同时发布对方的信任列表。

三、证书互认申请

申请证书互认的广东省电子认证服务机构，应向广东省经济和信息化委提交申请。申请证书互认的香港核证机关，应向香港资科办提交申请。

申请所需文件如下：

（一）证书互认申请书；

（二）符合《粤港电子签名证书互认证书策略》（以下简称《互认证书策略》）的《电子认证业务规则》；

（三）独立第三方机构出具的《电子认证业务规则》与《互认证书策略》的符合性审查报告；

（四）独立第三方机构出具的《电子认证业务规则》执行审查报告。

四、证书互认核准

广东省经济和信息化委对本地电子认证服务机构的申请进行初审并报工业和信息化部核准。香港资科办对本地核证机关的申请进行核准。

广东省经济和信息化委与香港资科办应相互通报核准结果。广东省经济和信息化委与香港资科办分别履行各自的法律程序后，发布信任列表。

五、证书互认暂停和终止

遇下列情况，广东省经济和信息化委或香港资科办应暂停或终止证书互认：

（一）广东省经济和信息化委或香港资科办收到本地参与证书互认的电子认证服务机构提出暂停或终止请求；

（二）参与证书互认的电子认证服务机构违反本办法的要求且拒不改正，或发生证书签发违法违规事件。

当暂停或终止证书互认时，广东省经济和信息化委与香港资科办应及时知会，并以书面形式向对方通报。广东省经济和信息化委与香港资科办应从信任列表中删除相应的证书类别及其电子认证服务机构，及时以书面形式相互通报并通知该电子认证服务机构结果。广东省经济和信息化委应及时向工业和信息化部信息安全协调司报备。

六、电子认证服务机构的职责

参与证书互认的电子认证服务机构应履行以下职责：

（一）通过年检 / 年度评估，并按照规定接受特别评估；

（二）《电子认证业务规则》符合《互认证书策略》，并按照规定聘请独立第三方机构进行审查；

（三）证书运营服务与《电子认证业务规则》一致，并聘请独立第三方机构进行审查；

（四）广东省电子认证服务机构应建立完善的安全管理和内部审计制度，香港核证机关应完善安全管理和监察职能；

（五）建立完善的信息保护制度，对与电子认证相关的信息进行保护；

（六）签发的互认证书准确载明下列内容：

1. 证书签发机构名称；

2. 证书持有人名称；

3. 证书序列号；

4. 证书有效期；

5. 证书持有人的签名验证数据；

6. 证书签发机构的签名；

7. 证书策略对象标识符；

8. 规定的其他内容。

（七）用于签发证书和证书状态信息的密钥对生成应符合《互认证书策略》要求，用于生成密钥对的硬件设备应符合本地监管要求。

广东省电子认证服务机构应及时将其新的电子认证服务机构证书报广东省经济和信息化委备案；广东省经济和信息化委应及时将新的电子认证服务机构证书向工业和信息化部信息

安全协调司报备。香港核证机关应及时将其新的电子认证服务机构证书向香港资科办备案。

七、证书互认管理

（一）由工业和信息化部信息安全协调司、工业和信息化部国际合作司、广东省经济和信息化委、香港资科办组成的粤港电子签名证书互认试点工作组（以下简称工作组）负责《互认证书策略》的制订、发布、更新、解释等工作，制定本办法相关细则；

（二）工作组为符合《互认证书策略》的证书核配证书策略对象标识符；

（三）内地和香港依照各自的法律法规对本地参与互认的电子认证服务机构进行监管，以确保本地电子认证服务机构能有效履行所承担的责任；

（四）本办法所指的“独立第三方机构资格”由本地监管部门依本地法律法规确定。

八、发布和生效

本办法自发布之日起生效。

·责任编辑　周慧琴·

泛珠江三角洲基本情况

福 建 省

【自然概貌】 福建省位于中国东南沿海，东隔台湾海峡与台湾省相望。全省土地总面积 12.4 万平方千米，海域面积 13.6 万平方千米。境内峰岭耸峙，丘陵连绵，河谷、盆地穿插其间，山地、丘陵占全省总面积的 80%以上。（黄继富）

【气候】 2012 年，福建省年平均气温正常，降水偏多，日照偏少。四季分布并不均匀，主要表现为冬季、秋季的气候异常：冬季呈现明显的低温、多雨、寡照特征，继上年后再次出现冷冬，降水量为 1961 年以来第四多，日照为 1961 年以来最少；秋季降水异常偏多；其余季节气候基本正常。年内主要的气象灾害有：春季强对流天气频发、灾情重；端午前后的“龙舟水”引发洪灾地灾；初夏高温难耐；台风影响多（7 个）登陆少（1 个），8 月集中来袭，登陆台风“苏拉”给宁德、三明等地造成较严重的洪涝灾害；晚秋 11 月降水总量和暴雨过程次数之多皆为历史罕见。

全省年平均气温 19.5℃，与常年同期持平，属正常。全省年极端最高气温在 33.9℃（平潭）~40.1℃（宁德）之间，其中 6 个县（市）年极端最高气温达到或超过 39℃，出现日期主要集中在 7 月上半月的两次高温过程中。全省年极端最低气温在 -5.7℃（宁化）~6.2℃（东山）之间，北部和西部内陆共 23 个县（市）年极端最低气温达到或低于 0℃，出现日期多在 12 月 31 日。

全省平均年降水量 1897.0 毫米，较常年偏多 273.3 毫米；冬季平均降水量 306.4 毫米，春季平均降水量 395.6 毫米，雨季平均降水量 511.0 毫米，夏季平均降水量 384.2 毫米，秋季平均降水量 226.3 毫米。

（杨　林）

【环境】 2012 年，福建省 12 条主要水系和集中式生活饮用水源地水质状况继续保持优良，23 个城市空气质量均达到二级标准，城市声环境和辐射环境质量基本保持稳定，森林覆盖率继续位居全国首位。全省 12 条主要水系共设置 135 个省控水质监测断面，其中行政区间交界断面 49 个。按《地表水环境质量标准》评价，水质状况为优。水域功能达标率 97.9%，比上年提高 1.4 个百分点；Ⅰ—Ⅲ类水质所占比例为 95.2%，提高 0.7 个百分点。其中，闽江和九龙江水质为优。全省近岸海域Ⅰ类、Ⅱ类水质占 63.6%，Ⅲ类水质占 7.6%，Ⅳ类和劣Ⅴ类水质占 28.8%。

大气环境方面，全省设区市优、良天数比例为 99.6%，比上年提高 1.4 个百分点。其中，福州市 $PM_{2.5}$ 年均值为 0.040mg/m^3、达标天数比例为 92.6%；厦门市 $PM_{2.5}$ 年均值为 0.038mg/m^3、达标天数比例为 97.1%。全省降水 pH 年均值为 5.09，酸雨出现频率为 47.4%，比上年提高 3.5 个百分点，全年降水 pH 最低值为 3.41，出现在福州市。

声环境方面，全省 23 个城市道路交通噪声平均等效 A 声级为 68.3 分贝，其中 10 个城市道路交通声环境质量属于“好”。全省 23 个城市区域环境噪声平均等效 A 声级为 55.4 分贝，其中 13 个城市区域声环境质量属于“较好”。

辐射环境方面，自动监测站全年环境 γ 辐射剂量率小时平均值为 104.8~161.6 纳戈瑞 / 小时，监测值未见异常升高；9 个设区市全年陆地瞬时 γ 辐射剂量率测值范围为 54.0 ~ 93.4 纳戈瑞 / 小时，均保持在天然本底水平涨落范围；水源地水体的总 α 、总 β 放射性活度浓度值、水源地和近岸海域水体中天然放射性核素活度浓度和大气中气溶胶和沉降物的总 α 、总 β 活度浓度均为环境正常水平。开展监测的广播电视电磁设施周围环境电磁辐射功率密度测值和高压输变电设施周围环境工频电场强度测值均在安全限值内。（陈　航）

【水文】 2012 年，福建省汛情特点是：入汛时间较常年偏早，闽江干流发生实测三月份同期第三大洪水。降雨量分布不均，全省 1~12 月平均雨量 1505 毫米，较常年偏多 4%，降雨集中出现在 11 月下旬，大部分县市超历史同期，全省有 54 个县（市、区）月降水量为历史同期最大。强降雨过程频繁、洪水多发。梅雨季始于 3 月上旬，终于 6 月下旬，期间先后出现 11 场暴雨过程，其中 6 月 22~24 日闽北地区出现持续性强降雨为最强过程。各江河水文（水位）站发生超警戒水位以上洪水 122 站次，其中超保证水位以上 2 站次。登陆台风个数少，共有 7 个热带气旋影响全省，其中第 9 号台风“苏拉”正面登陆。全省全年平均雨量 1505 毫米，较常年偏多 4%，较 2011 年偏多 29%。

全年洪水场次多，各江河水文（水位）站发生超警戒以上洪峰 122 站次。闽江上游支流发生大洪水，浦城水位站出现 1995 年以来最高水位 227.77 米，超保证（227.0 米）0.77 米，列 1954 年建站以来第三位，洪水重现期接近 10 年。

3 月 5~7 日，闽江干流发生实测三月份同期第三大洪水，受到洪潮共同影响，7 日 23 时 30 分福州解放大桥（上）、（下）站高潮位分别达到 4.19 米、4.11 米，超警戒 0.09 米、0.31 米。第 9 号台风“苏拉”登陆期间恰逢天文大潮期，受风暴潮水影响，8 月 1~4 日全省沿海出现超过警戒潮位的高潮位。

汛末水库蓄水状况如下：10 月 1 日，21 座大型水库蓄水总量 82.4297 亿立方米，占正常高蓄水量的 78%。比上年同期多蓄 7.885 亿立方米，偏多 11%。（刘　平）

【资源】 *海洋资源* 福建自古以来就有“闽在海中”的说法，海域面积为 13.6 万平方千米，比陆域面积大 12.4%，属中国的海洋大省之一。大陆海岸线总长居全国第二位。沿海岛屿星罗棋布，全省有海岛 2214 个，海洋矿产资源种类多，海岸带和近海已发现 60 余种矿产。地热资源丰富，具有开采价值的热水区域较多。（汤兴福）

水资源 2012 年，全省水资源总量为 1511.45 亿立方米，人均拥有水资源量 4032 立方米。其中：地表水资源量 1510.08 亿立方米，地下水资源量 349.30 亿立方米；地下水和地表水不重复量 1.37 亿立方米。在 3558 千米评价河长中，水质符合和优于Ⅲ类水的河长占评价河长的 82.21%；污染（Ⅳ、Ⅴ类和劣Ⅴ类）河长占 17.79%，水体的主要超标项目为氨氮、溶解氧、总磷、五日生化需氧量和高锰酸盐指数等。评价大型水库 21 座，其中全年期水质评价符合Ⅰ－Ⅱ类标准的 9 座，占评价水库总数的 42.86%。评价 9 个设区市 15 个主要集中式生活饮用水水源地中，水质较好的有龙岩富溪、三明东牙溪水库和宁德金涵水库，年测次合格率均为 100%。（谢光球）

野生动植物资源 种类繁多。野生动物多数属于东洋界的种类，植物种类以亚热带

区系成分为主。（刘建波）

土地资源 福建省2012年度土地变更调查结果显示，截至年底，全省土地总面积12.40万平方千米，占全国土地总面积的1.3%，其中：耕地133.84万公顷，园地79.06万公顷，林地835.39万公顷，草地23.47万公顷，城镇村及工矿用地59.46万公顷，交通运输用地19.14万公顷，水域及水利设施用地55.42万公顷，其他土地33.74万公顷。

矿产资源 截至年底，列入福建省矿产资源储量表的固体矿产118种，其中能源矿产1种（煤），金属矿产28种，非金属矿产89种。已上表矿区总数1550个，矿山总数1580个，其中大型矿区60个，中型矿区169个，小型矿区1321个。全省探矿权总数941本，面积8866平方千米，其中国有单位持有探矿权256本。按勘查矿种分类，能源矿产95本（其中煤炭矿产84本），金属矿产773本，非金属矿产73本。

（郑裕璋）

旅游资源 全省有国家旅游度假区2个（武夷山、湄洲岛）；国家级风景名胜区18个，省级风景名胜区33个；国家级自然保护区15个，省级自然保护区25个；国家森林公园29个，省级森林公园128个，国家地质公园8个，国家矿山公园2个，国家水利风景区11个；全国重点文物保护单位137个，省级文物保护单位381个；国家历史文化名城4个，省级历史文化名城4个，中国历史文化名镇7个，中国历史文化名村16个。全国农业旅游示范点16个、工业旅游示范点8个，省级农业旅游示范点21个，工业旅游示范点29个；全国休闲农业与乡村旅游示范县4个，示范点15个；全国特色景观旅游名镇名村7个；4星级乡村旅游经营单位28个，3星级乡村旅游经营单位40个，水乡渔村82个。至2012年底，全省拥有世界自然与文化遗产1处（武夷山），世界自然遗产1处（泰宁丹霞地貌），世界地质公园2处（泰宁世界地质公园、宁德世界地质公园）。全省有国家5A级旅游景区6个、4A级58个、3A级27个、2A级19个。

（薛从霖）

【建置沿革】 “闽”最早出现在周朝，西周时福建称闽越，《周礼·夏官》称七闽。秦始皇二十六年设置闽中郡，治东冶（今福州），福建为闽中郡辖区的一部分，从此福建作为一个行政区划出现在中国的版图上。唐开元二十一年（公元733年）设置福建经略使，“福建”之称由此始。宋雍熙二年（公元985年）设立福建路，下辖福、泉、建、汀、漳、南剑六州和邵武、兴化两军，时全省已有42个县。明代改设福建布政使司，治福州，辖8府1州60县。清代继承明制，省辖府、县两级，省府之间设道；清康熙二十三年（公元1684年）福建省增设台湾府；清光绪十二年（公元1886年）台湾从福建析出设立台湾省；清末，全省行政区划为宁福、兴泉永、汀漳龙、延建邵4道，福州、福宁、兴化、泉州、汀州、漳州、延平、建宁、邵武9府以及2州、58县、6厅。

民国35年（1946年）福州市成立，全省行政区划调整为9个行政督察区、2个市、66个县。民国36年（1947年）全省行政区划调整为7个行政督察区、福州和厦门2个市、67个县，10个区、899个乡（镇）。

1949年8月24日，福建省人民政府成立，将全省行政区域分为福州、厦门2个市，8个行政督察专区和67个县。2012年底，全省共辖9个设区市、26个市辖区、14个县级市、45个县、175个街道办事处、609个镇、301个乡、19个民族乡。

（李　露）

【人口】 2012年，福建省常住人口为3748万人，其中男性人口1927万人，占51.4%，女性人口1821万人，占48.6%，男女性别比为105.8。全年净增人口28万人，比上年增长0.75%，人口总量持续保持低速平稳增长的态势。全年全省出生人口47.6万人，出生率为12.74‰，提高1.33个千分点；死亡人口21.4万人，死亡率为5.73‰，提高0.53个千分点；自然增长人口26.2万人，自然增长率为7.01‰，提高0.80个千分点。

全省城镇人口2234万人，比上年增加73万人，增长3.4%，占总人口的比重为59.6%，提高1.5个百分点，比全国的平均水平高7.0个百分点，在31个省（直辖市、自治区）中排第8位。

根据人口变动抽样调查数据推算，省内跨乡（镇、街道）流动人口1160万人，省外流入人口480万人。2012年流动人口在现住地居住时间调查显示，居留时间半年至1年占18.4%，1~3年占39.3%，3~5年占17.4%，5年以上长时间居留的占25.0%。从省内与省外流动人口比较分析，省内流动人口居留更稳定，5年以上长时间居留的占27.5%，比省外流动人口高6.8个百分点。

随着人口再生产转型的完成，低龄组人口减少，全省人口负担处于较轻时期。2012年全省人口总抚养比为31.6%（通常将总抚养比在50%以下划定为低抚养比），比上年下降0.5个百分点。总人口中，0~15岁、15~65岁、65岁以上3个年龄组人口所占比重分别为15.8%、76.0%和8.2%。人口年龄结构呈典型“中间大、两头小”橄榄状，中青年人较多、老年人和少儿较少，劳动力供给充足、人口的社会负担轻，处于“人口红利”期。全省65岁以上人口所占比重比全国平均水平的9.4%低1.2个百分点，青壮年人口的迁入减缓人口老龄化的进程。

全省平均家庭户规模为2.81人，比上年减少0.8人。家庭结构日趋简单化，“两口、三口之家”成为现代家庭的主流，全省二人户和三人户占所有家庭户的比重达53.1%，比上年提高0.5个百分点。（廖瑛）

【华侨】 福建省是全国著名侨乡，海外侨胞数量多，分布广。2005年的全省重点侨情调查数据显示，闽籍海外华侨华人总数为1260万人，分布在世界176个国家和地区，以亚洲、北美洲、欧洲为主，东南亚是主要聚居地，前五位国家是：马来西亚、印度尼西亚、菲律宾、新加坡、美国；在省内，前三位地市是：泉州、福州、漳州。改革开放至2012年底，全省实际利用外资（按验资口径）857.53亿美元，其中侨资653.53亿美元，占全省实际利用外资的76.21%。闽籍侨胞捐赠福建省公益事业累计达231.8亿元。

（林晓英）

【台胞】 至2012年底，福建省共有台籍同胞17057人（内含高山族同胞568人）。在闽台胞中，有全国人大代表3名，全国政协委员3名，福建省人大代表4名，省政协委员13名，厅级干部20名。（邓建光）

【民族】 福建省是少数民族散杂居省份。全省56个民族成分齐全，少数民族人口79.69万人，占全省总人口的2.16%。全省有19个民族乡（其中畲族乡18个、回族乡

1个）、1个省级民族经济开发区（福安畲族经济开发区）和566个民族村。世居的少数民族有畲族、回族、满族、蒙古族等。畲族人口全国最多，共有36.55万人，占全国畲族人口的51.58%，占全省少数民族人口的45.87%。外省户籍少数民族人口比例大，有24.19万人，占全省少数民族总人口的30.36%以上。福建是全国回族发祥地之一，回族大多是通过海上丝绸之路来的古阿拉伯、波斯人的后裔，全省共有11.6万人，占全省少数民族人口的14.56%。全省高山族人口423人，是大陆高山族人口最多省份之一。

【宗教】 福建有佛教、道教、伊斯兰教、天主教、基督教五大宗教。经依法登记的宗教活动场所有6212个，其中佛教3326个，道教765个，伊斯兰教4个，基督教1960个，天主教157个。佛教寺庙数量和僧尼人数均居全国汉族地区前列，其中被国务院确定为首批汉族地区佛教全国重点寺院的寺庙有14座，占汉族地区全国佛教重点寺院总数近10%。有福建佛学院、福建神学院、闽南佛学院3所宗教院校，在校师生分别有431人、122人和377人。此外，福建民间信仰活动场所之多、人数之众、影响之深远、供奉神祇之庞杂、与海外联系之密切，在国内均属罕见，全省具有一定建筑规模的民间信仰活动场所达26130座。（黄淑萍）

【经济社会发展概述】 2012年，福建省实现地区生产总值19701.78亿元，比上年增长11.4%，增速比全国平均水平高3.6个百分点，总量和增幅分别居各省（市、区）第12位和第15位。全省公共财政总收入3008.91亿元，比上年增长15.9%，地方公共财政收入1776.21亿元，增长18.3%。全社会固定资产投资比上年增长25.5%，其中固定资产投资（不含农户）增长25.9%，比全国平均水平高5.3个百分点。重点项目建设、新增长区域发展、城市建设、小城镇改革发展分别完成年度计划的155.1%、150.1%、185.7%和163.6%，至年底，纳入省级跟踪管理的项目2970个、总投资3.66万亿元，累计完成投资4904亿元，其中开（动）工1705个，投产435个。龙厦铁路建成通车，合福、向莆、厦深、赣龙扩能工程等铁路项目加快建设，新增快速铁路145千米；宁德至武夷山、松溪至建瓯、福州绕城高速公路西北段等9条高速公路建成通车，新增高速公路里程800千米；港航投资首次突破100亿元，新增港口吞吐能力2000万吨。

产业　全省规模以上工业增加值7856.29亿元，比上年增长15.2%，增速居全国第九位，比上年前移10位；38个重点产业集群实现工业增加值3482.17亿元，增长14.6%；亿元工业企业达到5569家，累计实现增加值6596.53亿元，增长17.5%，占规模以上工业总量的84%；产值超千亿元的产业集群有7个，比上年增加4个。全省规模以上工业企业实现利润1779.15亿元，比上年增长9.7%，增幅比全国和东部地区平均水平高4.4个和4.6个百分点，居全国第十位、东部地区第三位。出台加快海洋经济发展的若干意见、支持和促进海洋经济发展9条措施、支持厦门东南国际航运中心建设的10条措施、促进船舶工业转型升级的11条措施等政策文件。厦门东南国际航运中心、福州（闽台）蓝色经济产业园、省船舶工业集团马尾船政船舶与海工装备园等重大海洋产业项目建设扎实推进，全省海洋生产总值5220亿元，比上年增长18.1%，占全省GDP的26.5%。出台促进福州、厦门、泉州、平潭等城市服务外包加快发展的若干意见，实施文化产业提升工程。全省第三产业增加值比上年增长8.5%，其中金融业增加值999.4亿元，增长14%，占地区生产总值的5.07%；文化产业增加值接近1000亿元，占地区生产总值的5%。

消费　全省实现社会消费品零售总额7149.54亿元、比上年增长15.9%，增速比全国平均水平高1.6个百分点，增速居全国第十一位、东部地区第一位；扣除物价实际增长13.9%，增速居全国第四位。全年居民消费价格上涨2.4%，比上年回落2.9个百分点，为近三年来的最低涨幅，比全国低0.2个百分点，涨幅居全国第26位。

外贸出口　全省外贸进出口总额1559.27亿美元，比上年增长8.6%，增速比全国平均水平高2.4个百分点，其中出口978.36亿美元，增长5.4%。

区域协调发展　第一产业增加值1776.47亿元，比上年增长4.2%。全省粮食总产量达659.3万吨，连续5年稳定在650万吨以上。298家省级重点龙头企业销售收入1619.67亿元，比上年增长7.5%，带动农户365.87万户。全省农业龙头企业中有22家在境内外上市（融资239.31亿元），有74家农业企业被列为省级上市后备企业。出台推进城镇化发展的12条措施，加快形成城乡一体化协调发展的新格局。推进福州和厦漳泉两大都市区建设，厦漳泉投资400亿元建设同城化项目，厦漳同城大道和跨海大桥、泉州环湾快速路等47个项目加快推进，首条同城化公交线路开通，厦门轨道交通项目获国家批准。福莆宁签订同城化框架协议，“旅游一票通”等一批具体项目加快推进。《莆田市城乡一体化综合配套改革试验总体方案》加快实施。抓好43个小城镇综合改革建设试点，培育一批各具特色的工业强镇、商贸重镇和旅游名镇、历史文化名镇，推动基础设施、公共配套服务向农村延伸。

实施新一轮农村扶贫开发，将农村扶贫标准从国家规定的2300元提高到3000元，惠及农村贫困人口130.5万人。出台支持扶贫开发和水土流失治理重点县发展的7条政策措施。确定帮扶项目515个，落实直接帮扶资金10.84亿元、信贷资金30多亿元。出台深化山海协作的8条意见，支持山区与沿海共建产业园区。加快推进新一轮“造福工程”和农村饮水安全工程，“造福工程”搬迁补助标准从每人2500元增加到3000元，全年新完成搬迁16.08万人；解决301.63万农村居民饮水安全问题。

民生　全省民生类公共财政支出1906亿元、占总支出的73.3%，省委、省政府确定的50件惠民实事得到落实。

全年城镇新增就业65.38万人，完成年度计划的108.97%；新增农村富余劳动力转移就业43.71万人，完成年度计划的109.28%；期末城镇登记失业率3.63%，控制在4.2%的目标内。全省城镇居民人均可支配收入28055.2元，比上年增长12.6%，农民人均纯收入9967.2元，增长13.5%，均高于年初确定的目标和GDP增速，城乡居民收入均居全国第7位。

覆盖人口96.7%的地区实现“双高普九”（高水平、高质量普及九年义务教育），90%进城务工人员随迁子女在公办学校就读，完成重建改造中小学校舍面积911万平方米，学龄前儿童入园率达95.5%；出台支持高校发展的24条措施，高等教育毛入学率达33.5%。出台城乡居民大病保险实施意见，大病救助机制初步建立；全省新增床位9617张，千人医疗机构病床数达3.86张，厦门市和9个县级公立医院探索改革“以药补医”机制。新农保制度比全国提前一年实现全覆盖，城镇居民社会养老保险制度比全国提前半年实现全覆盖。保障性安居工程加快推进，全年新开工20.4万套，开工率128.7%，基本建成14.7万套，基本建成率129.5%。基本形成覆盖城乡五级的公共文化服务网络，加强文化精品创作，获全国“五个一工程”奖三连冠。

加大对重点区域水土流失治理力度，治理水土流失面积15万公顷。持续推进“四绿”工程，完成造林绿化22.08万公顷，森林覆盖率63.1%，保持全国首位。实施“点线面”攻坚计划，推进“六江两溪”重点流域治理，全省12条主要水系水质达到或优于国家地表水Ⅲ类标准要求的占95.2%，23个城市的空气质量均达到国家环境空气质量二级以上（含二级）标准，生态环境质量位居全国前列。

健全社会稳定风险评估机制，完善“大调解”工作体系，实施依法处理信访事项“路线图”，全面推行和谐征迁工作法，开展道路交通、消防、食品药品安全等专项整治，社会保持和谐稳定。加强防汛备汛工作，有效应对“泰利”“苏拉”等强台风，实现零伤亡、少损失。

存在问题　经济总量不够大，大企业大项目不多，自主创新能力不足，外贸出口竞争力不强；节能减排、生态环境保护压力较大；城乡规划建设管理水平亟待提高，农民持续增收难度加大，城乡区域发展差距仍然较大；优质教育、医疗资源总量不足、分布不均；征地拆迁、安全生产、社会治安等方面还存在不少问题，社会管理面临一系列新问题新挑战。

（章文恕）

【闽台合作】　2012年，福建省全面实施《平潭综合实验区总体发展规划》，研究细化7个方面特殊优惠政策，试行“放地、放权、放利”，多层面、多形式、多主体与台湾进行对接。基础设施日益完善，全年完成投资600.29亿元，岛内“一环两纵两横”等城市主干道基本建成，海峡大桥复桥及第二通道公路大桥加快建设，调水工程、输变电站等项目有序推进，开发建设的基础条件基本具备。加快培育高端产业，突出发展高新技术产业、现代服务业、海洋产业、旅游业和文化创意产业等，优选总投资超过1100亿元的产业项目。协力科技、冠捷电子、海峡如意城等项目加快建设，一批优质产业项目在平潭集聚。“海峡号”高速客滚航线运送旅客近12万人次，“家园号”成功试航台北。推进体制机制创新，实验区扁平化、高效率、大综合的行政管理体制初步建立，挂牌运营行政服务中心、招投标中心、国库支付中心。实施“四个一千”人才工程，首批从全省选派350名挂职干部，面向台湾招聘管委会副主任已开始履职。

跟进落实两岸经济合作框架协议，实施促进台资企业发展35条政策，出台支持漳州古雷石化基地加快建设12条措施，促进闽台产业深度对接。全年引进台资项目505个，合同利用台资20.6亿美元，比上年增长47.6%，实际到位资金7.76亿美元。厦门两岸金融服务中心建设扎实推进，两岸合作的第一个产业投资基金（海峡产业基金）投入运营，台北富邦银行与厦门银行签署人民币清算结算协议，有9家银行及其签约授权的外币代兑机构获准试点办理新台币兑换业务。抓好国家级台湾农民创业园建设，截至年底，有467家台资农业企业入园创业，总投资达8.5亿美元。累计有35家企业和机构到台湾投资设点，协议投资1.63亿美元。

文化交流和直接往来更加密切。成功举办第四届海峡论坛，论坛成为两岸民间交流规模最大、台湾基层民众参与最多的重要平台和知名品牌。加强闽台人才交流，全面推广闽台高校和台资企业“校校企”三方联合培养人才项目，有32所福建高校与53所台湾地区高校和185家台资企业开展合作。厦金航线开通夜航，福州赴台个人游试点启动实施，金马澎离岛个人游范围扩大，两岸首条海底直通光缆（厦金海底光缆）建成，首条横跨台湾海峡、直达台湾本岛的海底光缆（海峡光缆1号）竣工开通，厦门对台邮件总包处理中心建成使用。闽台合作交流团赴台开展“乡情之旅”取得成功。全年经福建省口岸赴台旅游大陆居民28.2万人次，比上年增长19.95%，来闽台胞211.16万人次，增长14.1%。

【体制改革】 水利改革 2012年，福建省出台关于加快推进重大水利项目建设10项措施，在简化项目审批手续、优化设计流程、发挥水利投融资平台作用、鼓励社会投入等方面给予政策支持。出台《关于金融支持福建省水利改革发展的实施意见》，引导金融机构加大对水利改革发展的支持力度。完成大水网规划编制，着力构筑一张分区配置、三水并举、南北相接、纵横相济的“大水网”。出台关于支持扶贫开发和水土流失治理重点县加快发展的7项措施，明确从2012~2015年省财政每年安排专项资金2.28亿元用于27个重点县相关项目建设。启动《福建省水土保持条例》调研及起草工作。

创新土地管理方式和管理体制 确定9个县（市、区）作为农村集体土地确权登记发证示范单位，全省集体土地所有权证书发证率93%，集体建设用地使用权证书发证率88%，宅基地使用权证书发证率86%。农村土地流转稳妥推进，全省904个涉农乡镇全部建成乡镇土地流转服务平台。林权改革稳步推进，省级以上生态公益林在保率达100%，发放林权证抵押贷款11.84亿元，林权登记发证率95.56%，流转林地共达66.53万公顷。确定31个农村环境连片整治示范工作示范片区，总投资2.4亿元。完善节约集约用地的体制机制，立项旧村复垦项目849个，复垦总规模3413.33公顷，可新增耕地2986.67公顷。共审批建设用地1.03万公顷，比上年增长9.7%，合福铁路、京台高速公路、三明机场等6个重大项目2261.33公顷用地获国务院批准。

企业改革 启动福建省稀有稀土（集团）有限公司相关企业整合重组工作。加强与央企合作，省属企业与央企新签5项合作协议，投资总额230亿元。实施企业“走出去”，推动签署《福建省省属企业海外业务战略合作框架协议》。成立企业改制上市工作领导小组，推进省属企业改制上市。完善中小微企业金融服务体系，小微企业金融服务专营机构比年初增加26个，小微企业贷款占全部企业贷款总额的37%，继续位居全国前列。批准设立小额贷款公司64家。推进企业发债融资，全省31家企业在银行间债券市场发债50期，融资367.9亿元，为上年的2.03倍。216个民营企业项目列入省“百项千亿”重点技改项目投资计划，项目总投资695.83亿元。

服务业综合改革 推进福州市鼓楼区、厦门市两个国家级服务业综合改革试验区试点工作。出台《关于加快发展社区服务业的意见》和《关于加快社会养老服务体系建设的意见》，各类养老服务机构总床位数达9.4万张，新增床位约2万张，每千名老年人拥有养老床位数达20.91张。完成2059个社区居家养老服务中心站建设，基本实现城市社区居家养老服务全覆盖。出台鼓励民间资本投资养老机构的优惠政策，民办养老机构发展到184家。

科技体制改革　进一步确立科技重大专项和科技重大项目以企业技术创新需求为导向的立项机制，应用开发类项目全面实行企业为主、产学研联合实施，60%以上的科技项目、70%以上的研发投入、R&D活动人员和省级科技获奖成果由企业承担或由企业获得，60%以上的专利申请和专利授权从企业产生。制定重大科技创新平台引进和建设资助办法，171个工程技术研究中心通过省级（企业）工程技术研究中心评估，新增省级（企业）工程技术研究中心58个。完善科技管理机制，形成基础计划培育源泉、重点计划跟进孵化、重大项目抚育壮大，重大专项集中突破的递进式计划管理体系。在全国率先建立企业R&D经费专户（专账）制度。引导社会资本支持企业技术创新，与兴业银行、海峡银行等6家银行签订战略合作协议，开展专利质押贷款及贴息等科技金融试点。

文化体制机制改革　全省院团改革涉改国有文艺院团89个基本完成改革，其中完成转企14个、划转58个、撤销17个；设区市84个涉改国有文艺院团已基本完成改革任务，其中转企11个、划转56个、撤销17个。13个非时政类报刊出版单位完成转企改制。设区市、平潭综合实验区和县（市、区）全部完成文化、广电、新闻出版行政管理部门整合，并挂牌组建文化市场综合执法队伍。推动金融支持文化产业发展，与中国银行福建省分行签署文化产业战略合作协议。广电惠民工程建设有序推进，完成农村有线广播“村村响工程”验收工作。细化金融支持文化产业各项政策措施，全省文化产业贷款余额比上年增长28.8%。15家（不含厦门）文化出口企业被评为“国家文化出口重点企业”。吸收非公有资本进入影视制作领域取得成效，全省民营影视制作机构114个，占84%。

创新城乡规划建设管理　福州市总体规划于9月上报国务院，宁德市总体规划于5月经省政府批准实施。总结推广厦门提高规划审批效能的经验，出台关于创新规划审批机制，推行建设项目“菜单式”审批标准化服务的若干意见。完善城市规划督察员制度，向各设区市和平潭综合实验区派驻城市规划督察员，向福州、厦门派驻规划联络员。推进村庄规划全覆盖，已完成规划编制村庄占总数的99.5%。

行政管理体制改革　推进事业单位分类改革，拟定事业单位分类参考目录和标准，下发实施意见，起草10个方面配套政策。推进行业协会与行政主管单位“四脱钩”，全省1912个行业协会全部与行政主管部门实现职能分开、机构分设、财产分置。探索将非公募基金会登记管理权限从省下放至设区市民政部门，明确厦门市试点登记管理公募基金会，建立市级基金会备案制度，逐步实现公益慈善类社会组织去行政化、去级别化。行政审批制度改革进一步深化。下发关于推进行政审批服务标准化管理的工作意见，全面推进制定单个事项的行政审批标准、建立联合审批标准及运作机制、推进职能事权事项的服务标准化管理、进一步清理

审批收费、完善审批监管机制、规范中介机构服务等各项工作。授予平潭综合实验区在辖区内行使96项省级行政职权。产权交易中心和行政服务中心加快建设，设区市和平潭综合实验区行政服务中心建成投入使用。持续创新社会管理。在全国率先成立省级民政标准化技术委员会，加强民政工作标准化建设。开展“下基层、解民忧、办实事、促发展”活动，共有20多万名干部下基层。完成农村派出所综合警务改革，建立无讼创建点595个，建成专业性调解委员会1271个。大调解工作纵深推进，专业调处机制向矛盾多发的行业领域延伸，效能投诉受理和直查快办力度加大。

厦门莆田泉州综合配套改革　厦门市深化两岸交流合作综合配套改革试验稳步推进，制定三年行动计划和年度改革计划，明确十大重点任务和六大平台载体建设任务。两岸新兴产业与现代服务业合作示范区、区域性金融服务中心、东南国际航运中心、云计算中心等一批产业合作平台建设深入推进。一批先行先试政策（项目）取得突破，大嶝对台小额商品交易免税携带额度从每人每天3000元提高至6000元，7家银行获批开展新台币兑换业务，城市轨道交通近期建设规划获国家批准实施。莆田市城乡一体化综合配套改革试验工作稳步开展。印发改革试验的总体方案，明确以土地整理和村庄整治为切入点，创新城乡规划建设、土地流转等方面的体制机制，推动农业向规模经营集中、工业向园区集中、农民居住向城镇及规划中心村集中，同步推进城乡就业保障、社会管理、公共服务等方面的改革。提出创新城乡规划建设机制等8项主要综合改革任务，以及推进莆台交流合作等三个重要领域的配套改革试验。泉州市民营经济综合配套改革试验正式启动。研究提出关于推进改革试验的若干意见，着力建设政策支撑有力、政府服务高效、产业基础优越、社会依托完善的民营经济发展集聚区和示范区，为促进全省民营经济改革发展发挥示范带动作用。

医药卫生体制改革　全民医保制度基本建立，职工、城镇居民医保参保率达95%，新农合参合率达99.66%，城镇居民医保和新农合政府补助标准提高到240元。实施国家基本药物制度，全省各县（市、区）50%以上的行政村卫生所实施药品零差率改革。基层医疗卫生服务体系显著加强，全省乡镇卫生院基本达到国家标准。基本公共卫生服务经费标准实现城乡统一，财政投入提高到人均25元，10类41项基本公共卫生服务免费向城乡居民提供。公立医院改革试点稳妥推进，厦门市出台公立医院改革试点实施方案，全省9所试点县级公立医院开展综合改革。社会保障卡项目建设走在全国前列，所有医疗机构完成就诊“一卡通工程”。

（黄丽玲）

【年度大事要闻】　2012年，福建省发生的大事要事主要有：

福州港江阴港区正式获国务院批准　1月13日，福州港江阴港区正式获国务院批准，成为福建省唯一的汽车整车进口口岸，是中国第六个能够办理整车进口的沿海口岸。

国务院批准设立福建泉州、漳州台商投资区　1月21日和2月2日，国务院分别批复设立福建省泉州、漳州台商投资区。至年底，福建省的国家级台商投资区达到6个。

《平潭综合实验区总体发展规划》发布　2月14日，国务院新闻办在北京举行《平潭综合实验区总体发展规划》新闻发布会，福建省省长苏树林向海内外介绍《规划》，并推介平潭开放开发。

实现交通违法信息共享　2月15日，交通运输部网站发布消息，全国20个省、自治区、直辖市的交通违法记录实现联网，福建省包含在内。联网地区包括北京、天津、内蒙古、辽宁、安徽、福建、湖南、重庆、云南、甘肃、贵州、四川、吉林、黑龙江、江苏、浙江等20个省、自治区、直辖市。

省域经济综合竞争力排名位居全国第九　2月29日，全国经济综合竞争力研究中心在京发布的《"十一五"期间中国省域经济综合竞争力发展报告》显示，福建省域经济综合竞争力排名位居全国第九。其中，政府发展经济竞争力列全国第一。

龙岩经济开发区升级为国家级经济技术开发区　3月2日，国务院批准同意龙岩经济开发区升级为国家级经济技术开发区，定名为龙岩经济技术开发区。

全面实施《婚姻登记服务规范》　4月1日，福建省全面实施《婚姻登记服务规范》。这是全国第一个婚姻登记服务地方标准。

厦门金门海缆建成运营，长乐淡水海缆开始铺设　8月21日，海峡两岸首条通信光缆——厦门至金门海底光缆建成，9月底正式投入运营；11月6日，福州长乐至台湾淡水海底光缆开工铺设。海峡两岸经由第三方通信的历史结束。

打造海峡蓝色经济试验区　11月1日，《福建海峡蓝色经济试验区发展规划》获得国务院批准。福建将突出两岸合作，发展海洋经济。

清源山成为国家5A级旅游景区　12月21日，清源山国家5A级旅游景区揭牌。清源山位于福建泉州北郊，有"闽海蓬莱第一山"之美誉。清源山历来为宗教圣地，儒家、道家、佛家竞相在此发展，史上有36岩洞18胜景，形成多宗教集聚的文化名山。

（郑　菜）

江　西　省

【自然概貌】　江西省位于长江中下游交接处的南岸，因赣江是境内主要河流，故简称"赣"。总面积16.69万平方千米，占全国陆地总面积的1.74%，居华东各省（市）首位。下辖11个设区市、100个县（市、区）。

【经济社会发展概述】　2012年，江西省实现地区生产总值1.29万亿元，比上年增长11.0%。其中，第一产业增加值1520.2亿元，比上年增长4.6%；第二产业增加值6967.5亿元，增长13.1%；第三产业增加值4460.8亿元，增长9.5%。三次产业对经济增长的贡献率分别为5.0%、66.6%和28.4%。三次产业结构调整为11.7：53.8：34.5。人均生产总值2.88万元，比上年增长10.5%。非公有制经济快速发展，实现增加值7246.1亿元，增长12.0%，占全省GDP的56.0%。

农业农村经济　全年粮食总产量2084.8万吨，实现"九连丰"，其中早稻产量800.2万吨，比上年增长1.9%。全年肉类总产量333.9万吨，比上年增长5.4%。全年627家省级以上龙头企业实现销售收入1850.4亿元，比上年增长15.0%；实现利润90.9亿元，增长2.1%。全省规模以上农产品加工企业3002家，比上年增长7.2%；实现销售收入2320亿元，增长16.0%。农民专业合作组织1.91万个，比上年增长24.7%；合作组织成员20.8万户，增长27.6%。年末农业机械总动力4600万千瓦，比上年末增长9.5%；联合收割机6.3万台，增长24.5%。实际机耕面积2950千公顷；机械收获面积2374千公顷，占总播种面积的43.0%，比上年提高1.1个百分点。农用化肥施用量（折纯）141.3万吨，比上年增长0.4%。

工业和建筑业　全年工业完成增加值5854.6亿元，比上年增长13.4%，占生产总值的45.2%。其中，规模以上工业增加值4885.2亿元，增长14.7%。全年规模以上工业产品销售率99.3%。实现利税2129.8亿元，增长17.4%，其中利润1285.1亿元，增长16.4%。在37个行业中，有35个行业盈利，其中增长20%以上的行业有25个。工业经济效益综合指数298.3%。全年规模以上工业实现主营业务收入2.23万亿元，比上年增长18.5%。主营业务收入过千亿元的行业6个，主营业务收入超百亿元工业企业14家，其中江铜集团主营业务收入1690.7亿元，全省第一。全省工业园区投产企业8229家，安置从业人数188.9万人，比上年增长8.7%。全年园区完成工业增加值3465.6亿元，比上年增长14.2%；主营业务收入、利润、利税分别完成1.62万亿元、1010.3亿元和1632.8亿元，分别增长16.5%、21.1%和22.3%。年主营业务收入超百亿元园区新增13个，总数达59个，其中南昌高新技术产业开发区902.1亿元。全年具有资质等级的总承包和专业承包建筑业企业实现总产值2729.9亿元，比上年增长30.3%；全员劳动生产率（按建筑业总产值计算）人均27.4万元，增长8.7%。

固定资产投资　全年固定资产投资（不含农户）1.14万亿元，比上年增长30.1%。赣州至崇义等7条高速公路建成通车，全年新增高速公路618千米，高速公路通车里程4260千米，位居全国第八。一批重大电力能源项目建成投运，新增统调电力装机容量115万千瓦，总量1533万千瓦。峡江水利枢纽实现大江截流，山口岩水利枢纽下闸蓄水。全年房地产开发投资969.6亿元，比上年增长11.8%。其中，商品房竣工面积1747.5万平方米，比上年下降8.3%；商品房销售面积2397.1万平方米，下降0.8%；商品房销售额1137.3亿元，增长13.5%。

国内贸易　全年社会消费品零售总额4006.2亿元，比上年增长15.9%。限额以上批发零售业零售额1307.8亿元，比上年增长23.3%。其中，汽车类零售额308.9亿元，比上年增长20.9%；家具类27.6亿元，增长1.2倍；金银珠宝类19.0亿元，增长25.4%；化妆品类8.8亿元，增长21.5%；建筑及装潢材料类17.0亿元，增长16.5%。

对外经济　全年进出口总额334.09亿美元，比上年增长6.2%。其中，出口251.11亿美元，比上年增长14.8%；进口82.99亿美元，下降13.5%。全年机电产品出口93.60亿美元，比上年增长14.9%；高新技术产品出口32.8亿美元，下降14.6%。全年实际使用外商直接投资68.24亿美元，比上年增长12.6%。至年底，全省具有世界500强投资背景的企业达51家。实际引进省外单项投资5000万元以上项目资金3189.4亿元，比上年增长23.7%。全年对外承包工程合同项目127个，合同金额16.83亿美元，比上年增长16.7%；完成营业额18.41亿美元，增长16.1%。

交通、邮电和旅游　全年铁路、公路、水运完成旅客运输量8.42亿人，比上年增长 6.7%；完成货物运输量 12.70 亿吨，增长 13.8%。机场旅客吞吐量 752.0 万人，比上年增长 13.7%。其中，昌北机场旅客吞吐量 601.8 万人，比上年增长 12.5%。全年完成邮电业务总量 309.7 亿元。年末固定电话用户 644.2 万户。全年新增移动电话用户 316.7 万户，年末达 2638.8 万户。年末互联网用户数达 372 万户，比上年增长 18.8%。全年接待国内旅游人数 2.03 亿人次，比上年增长 28.3%；国内旅游收入 1372.0 亿元，增长 27.1%。接待入境旅游人数 156.2 万人次，比上年增长 15.0%；旅游外汇收入 4.85 亿美元，增长 16.8%。

财政、金融和保险业　全年财政总收入 2046.0 亿元，比上年增长 24.4%。其中，公共财政预算收入 1371.9 亿元，比上年增长 30.2%。财政总收入占生产总值的 15.8%，比上年提高 1.7 个百分点；税收总收入 1652.1 亿元，增长 20.7%，占财政总收入的 80.7%。县域财力快速增强，财政总收入超 10 亿元的县（市、区）达 56 个，超 20 亿元的 17 个，超 30 亿元的 8 个（其中丰城市超 40 亿元、南昌县超 60 亿元）。年末金融机构本外币各项存款余额 1.68 万亿元，比上年增长 17.6%。各项贷款余额 1.11 万亿元，比上年增长 19.1%。年末证券公司 33 家、期货公司 14 家、保险公司 34 家。年末全省境内证券市场有上市公司 33 家，直接募集资金 75.5 亿元。年末证券公司营业网点 126 个，全年证券交易额 1.4 万亿元。年末期货公司营业部 24 个，全年成交金额 2.4 万亿元。全年保险公司保费收入 271.7 亿元，比上年增长 7.7%。

教育和科学技术　全年有在校研究生 2.5 万人、普通高校在校生 85.1 万人，普通高中、初中、小学在校生分别达 83.7 万人、194.5 万人和 434.1 万人。特殊教育在校生 2.2 万人。幼儿园 1.06 万所，在园幼儿 152.1 万人。高等教育毛入学率 29.5%，比上年提高 2.0 个百分点；高中阶段毛入学率 79.5%，提高 2.0 个百分点；初中适龄人口入学率 99.2%；小学适龄儿童入学率 99.9%。中小学校标准化建设稳步推进。在 17 个县（市）启动学生营养餐试点。省部共建高校有 12 所。全年研究与试验发展（R&D）经费支出 107.5 亿元。年末有国家重点实验室 1 个，省重点实验室 75 个；国家工程技术研究中心 6 个，省工程技术研究中心 110 个。全年受理专利申请 1.25 万件，比上年增长 28.8%；授权专利 7974 件，增长 43.8%。全年技术市场合同成交金额 39.8 亿元，比上年增长 15.9%。高新技术产业增加值 1163.0 亿元，比上年增长 17.0%，占 GDP 的 9.0%。

文化、卫生和体育　年末有艺术表演团体 88 个、文化馆 103 个、公共图书馆 114 个、博物馆 108 个。各类医疗卫生机构 3.95 万个（含村卫生室）。全省体育健儿在国际和国内重大比赛中获 33 枚金牌、32 枚银牌和 37 枚铜牌。

人口、人民生活和社会保障　根据人口变动情况抽样调查统计，年末常住人口 4503.9 万人，比上年增长 0.35%。65 岁及以上老年人口 376.1 万人，占总人口的 8.4%。全年出生人口 60.5 万人，出生率 13.46‰；死亡人口 27.6 万人，死亡率 6.14‰；自然增长率 7.32‰。全年农民人均纯收入 7828 元，比上年增长 13.6%；城镇居民人均可支配收入 1.99 万元，增长 13.5%。农村居民恩格尔系数 43.5%，城镇居民恩格尔系数 39.7%。年末农村居民人均住房使用面积 47 平方米，比上年增加 0.9 平方米，城镇居民人均住房建筑面积40.1平方米，增加0.7平方米。全年失业人员实现再就业24.1万人，就业困难人员实现就业6.7万人。共发放小额担保贷款92.0亿元，扶持个人创业47.5万人次，带动就业151.5万人次。年末参加城镇基本养老保险人数707.4万人，比上年增长8.3%，其中参保职工518.3万人、参保离退休人员189.1万人，实现城乡居民社会养老保险制度全覆盖。参加城镇职工医疗保险人数546.8万人，其中职工366.4万人、退休人员180.4万人。开展新型农村合作医疗试点工作的县（市、区）达96个，实现农村人口全覆盖，基金支出额90.4亿元。向城市居民提供基本公共卫生服务1.0亿元。参加失业保险人数267.4万人。向城市低保户发放低保金月人均补差220元，向农村低保户发放低保金月人均补差105元。为全省城乡628.7万名义务教育阶段公办学校学生免除学杂费和免费提供教科书。全年新开工建设保障性安居工程30.4万套，竣工30.9万套，发放廉租住房租赁补贴16.8万户，完成农村危房改造17.5万户，实施尿毒症患者免费血透救治，启动贫困家庭重性精神病患者免费救治工作，白内障、唇腭裂以及儿童白血病、先天性心脏病患者免费救治进入常态化。年末有各类收养性社会福利单位1925个，提供床位15.3万张，收养人数14.5万人，临时救济困难户4.4万人次。全年销售社会福利彩票35.1亿元，筹集社会福利资金10.0亿元，直接接受社会捐赠1.4亿元。

资源、环境与安全生产　全年造林绿化完成造林面积19.91万公顷，森林覆盖率达63.1%。全年自产地表水资源量2160.6亿立方米，比上年增长1.12倍。全年主要河流监测断面水质达标率81.2%。对环境空气质量进行监测的11个设区市城区环境空气质量全部达到二级（达标）以上。年末已建有自然保护区220个，其中国家级自然保护区11个；自然保护区总面积1194.3千公顷，占全省土地面积的7.2%。全年能源消费总量7232.8万吨标准煤，比上年增长4.4%；万元生产总值综合能耗0.6133吨标准煤，下降5.9%；全年化学需氧量下降2.54%，二氧化硫排放量下降2.8%。全年生产安全事故7117起，亿元生产总值生产安全事故死亡人数0.13人，比上年下降16.1%。

【年度大事要闻】　2012年，江西省发生的大事要事主要有：

改渡建桥民生工程目标任务全部完成　3月，历时3年的改渡建桥工程全部完成。全省共新建桥梁621座，撤销渡口800个，全省11个设区市的383个乡镇、616个村直接受益，惠及1000万群众。

8个村镇入选全国特色景观旅游名镇、名村　5月14日，江西省8个村镇入选全国特色景观旅游名镇、名村，入选数量位列全国第十位。8个村镇分别是：婺源县江湾镇、浮梁县瑶里镇、横峰县葛源镇、铜鼓县大塅镇、高安市新街镇贾家村、吉水县金滩镇燕坊村、吉安市青原区文陂乡渼陂村、九江市庐山区海会镇。

峡江水利枢纽工程实现大江截流　8月29日，江西省投资最大的水利枢纽工程——峡江水利枢纽工程成功实现大江截流。大江成功截流，标志着枢纽主体工程将进入攻坚克难的新阶段，为左岸船闸的通航，右岸发电厂房蓄水发电奠定基础。

首个水资源管理专项文件出台　7月，江西省政府出台《关于实施最严格水资源管理制度的实施意见》，划定2015年前全省水资源管理“三条红线”。这是江西省历史上第一个关于水资源管理方面的专项文件，将对全省水资源工作起到极大的推动作用。

《江西省教育事业发展“十二五”规划》颁布实施　经江西省政府批准，《江西省教育事业发展“十二五”规划》于10月25日以省发改委、省教育厅的名义正式印发。《规划》明确到2015年，全省教育整体实力在中部地区排位靠前的具体目标任务，为2020年基本实现教育现代化、基本形成学习型社会、进入人力资源强省行列的战略目标打下坚实基础。（江西年鉴社）

湖　南　省

【自然概貌】　湖南省位于长江中游，省境绝大部分在洞庭湖以南，故称湖南；湘江贯穿省境南北，故简称湘。土地总面积21.18万平方千米，占全国土地总面积的2.2%，在全国各省市区中居第十位。其中，有耕地面积378.94万公顷。

【行政区划】　2012年，经湖南省人民政府批准，将湘乡市龙洞镇的石塘、花桥、谷阳、韶东、韶西、新湖、城前7个建制村成建制划归韶山市韶山乡管辖；将湘乡市的团田、舒塘2个建制村成建制划归韶山市杨林乡管辖。至年底，湖南省设13个地级市、1个自治州，共计14个地级行政单位；设16个县级市、71个县（其中7个自治县）、35个市辖区，共计122个县级行政单位。

【人口】　至2012年末，湖南省常住人口6638.93万人，比上年增长6.57‰。城镇人口3097.06万人，增加122.44万人；城镇人口占常住总人口的46.65%，比上年上升1.55个百分点。据人口变动抽样调查数据推算，湖南省流动到省外半年以上的人口571.71万人，外省流入人口75.42万人，省内流动人口653.61万人。湖南省人口出生率13.58‰，比上年增加0.23个千分点，近几年出生率呈现持续回升的态势。人口死亡率7.01‰，比上年上升0.21个千分点，死亡率基本保持在6.70‰~7.01‰之间。人口自然增长率6.57‰，比上年增加0.02个千分点。

【自然资源】　至2012年底，湖南省已建立自然保护区108个，其中国家级自然保护区18个、省级自然保护区33个、县市级自然保护区57个，总面积119.66万公顷，占湖南省国土面积的5.65%。森林覆盖率57.34%，比上年提高0.21个百分点。湿地面积561万公顷，占全省国土面积的26.47%。湖南省生物多样性调查结果显示，动植物种类共有6254种，其中湖南境内的中国特有物种数量2989种。

【经济社会发展概述】　2012年，湖南省多数经济指标实绩好于全国平均水平。地区生产总值居全国第10位，增长比全国平均水平高3.5个百分点，规模工业增加值增速居全国第14位。全社会固定资产投资居全国第11位，增长27.5%。社会消费品零售总额增速居全国第22位，增长15.4%。进出口总额219.4亿美元，居全国第21位；出口总额126亿美元，居全国第20位。

经济产业　湖南省地区生产总值22154.2亿元，比上年增长11.3%。其中，第一产业增加值3004.2亿元，增长3%；第二产业增加值10506.4亿元，增长12.8%；第三产业增加值8643.6亿元，增长12.2%。全省粮食总产量比上年增长2.3%，出栏生猪、牛、羊分别增长5.4%、3.6%和0.8%，出笼家禽增长6.1%。规模工业增加值增长14.6%。39个大类行业中，38个行业实现增长。其中，非金属矿物制品业、化学原料和化学制品制造业、有色金属冶炼和压延加工业、烟草制品业、专用设备制造业分别比上年增长19%、16.7%、16%、15.4%和12%。主要工业产品中，68.4%的产品产量实现增长。其中，原油加工量比上年增长20.3%，混凝土机械增长18.9%，汽车增长14%，原煤增长12.8%，水泥增长12.8%。全省服务业实现平稳发展，其中交通运输、仓储和邮政业比上年增长11.4%，金融业增长13.6%，营利性服务业增长15.3%。

全省完成固定资产投资14576.6亿元，比上年增长27.5%。其中，民间投资8834.8亿元，比上年增长24.5%，占湖南省投资的60.6%。从投资方向看，工业投资比上年增长28.5%，民生投资增长26.3%，基础设施投资增长15.9%，房地产开发投资增长13.7%。全年全省举办各类会展活动399场，其中举办重大节会76场，比上年增加9场。全省实现社会消费品零售总额7921.89亿元，比上年增长15.1%，扣除价格影响实际增长13.5%。家具、金银珠宝、化妆品、机电产品及设备、通讯器材等商品销售较好，零售额分别比上年增长34.1%、24.9%、24%、24%和23.3%。全年实现进出口总额219.4亿美元，比上年增长15.5%。其中，出口126亿美元，比上年增长27.3%；进口93.4亿美元，增长2.6%。出口产品中，机电产品出口50.9亿美元，高新技术产品出口13.8亿美元，分别比上年增长42.6%和75.8%；占出口额的40.4%和11%，分别提高4.4个和3个百分点。

产业结构调整。全省第三产业增加值占地区生产总值的比重达39%，比上年提高0.7个百分点。全省规模工业新产品产值比上年增长20.3%，高加工度工业和高技术产业增加值分别占规模工业的34.6%和7.5%，分别比上年提高0.9个和2.2个百分点；六大高耗能行业增加值占规模工业的31.5%，降低3.5个百分点。固定资产投资中，技改投资5629亿元，生态投资426.7亿元，分别占全省投资的38.6%和2.9%，分别比上年提高2.4个和0.5个百分点；高新技术产业投资598.5亿元，占工业投资的9.7%，提高3.5个百分点。

运行质量提升。全省规模工业综合能耗比上年下降4.4%，单位规模工业增加值能耗下降16.6%。规模工业企业实现主营业务收入27823.31亿元，比上年增长8.1%；盈亏相抵后实现利润1790.36亿元，增长9.8%。全省财政总收入2937.95亿元，比上年增长16.4%。其中，地方财政收入1782.16亿元，比上年增长17.5%。

经济发展环境改善。全省规模工业水力发电量比上年增长24.2%。全年电煤库存充裕，燃油供应较好。年末，湖南省金融机构各项本外币贷款余额15648.6亿元，比上年增长16%；比年初新增2184.5亿元，多增103.7亿元。其中，短期贷款余额4771.8亿元，比年初新增680.2亿元；中长期贷款余额10539.3亿元，新增1374.4亿元。全年实际利用外商直接投资72.8亿美元，比上年增长18.4%；实际到位内资2465.6亿元，增长18.2%。全省完成客货换算周转量比上年增长14.1%，公路完成货物周转量增长27.4%，提高5.4个百分点。

民生　国家统计局湖南调查总队抽样调查显示，湖南省城镇居民人均可支配收入21319元，比上年增长13.1%，扣除价格因素实际增长10.7%；农民人均纯收入为7440元，增长13.3%，扣除价格因素实际增长11.5%。湖南省涉及民生支出2694.7亿元，占财政支出的66%。湖南省廉租房新开工8万套，开工率为107.6%。城镇新增就业72.4万人。建设农村公路7077千米。新建农村沼气池10.5万个。解决330.98万农村居民的饮水安全问题。城乡居民社会养老保险实现全覆盖。为民办实事项目全面完成。2012年，湖南省委、省政府确定实施18件22个为民办实事项目。全年共投入各类资金567.01亿元。农村基础设施建设稳步推进，新建和改造行政村配电网6283个；建设农村专业合作社省级示范社100个；新增通电话自然村994个。病险水库除险加固主体工程完工457座；公共租赁住房新开工10.04万套，农村危房改造竣工28.26万套，移民避险搬迁安置1.07万人。城乡救助补助标准增加幅度均高于目标任务。湖南省城市低保对象月人均补差248.7元，比上年增加63.7元；农村低保对象月人均补差103.4元，比上年增加33.4元；农村五保户分散供养标准2115元，比上年增加559元。教育、文化、养老场所等建设项目全面完成。建设义务教育合格学校500所；建设农村公办幼儿园200所；建设农家书屋工程11817个；已开工建设乡镇敬老院208所。

【年度大事要闻】　2012年12月，《潇湘晨报》编辑部联合大湘网，邀请网友评选出2012年湖南十大新闻事件，分别是：

京广高铁开通　12月26日，全长2298千米的京广高铁通车。京广高铁纵贯京冀豫鄂湘粤六省市28城市，跨越京津冀经济带、中原经济区、武汉城市圈、长株潭城市群、珠三角经济区，未来还将和香港连接，影响的人口近4亿人。

湖南15条高速集中开通，3年后里程成全国第三　12月23日，湖南省新建的15条高速公路正式通车。全省全年共建成通车16条高速公路，全省高速公路通车总里程达3969千米，新增7个出省通道，凤凰、蓝山等18个县（市、区）实现首次通高速公路，湖南省“2纵5横”的高速公路骨架网基本形成。预计到2015年，全省高速公路通车总里程将达6450千米，打通25个出省通道。

湖南城乡居民养老保险实现全覆盖　从7月1日起，湖南省所有县市区全部启动实施城乡居民社会养老保险制度。全省122个县市区全面实施城乡居民社会养老保险制度，登记参保人数达3596.5万人，840.6万名60周岁以上老人按月享受养老待遇。湖南省由基本养老、基本医疗、失业、工伤、生育保险五大险种共十项制度组成的，独立于企业事业单位之外、资金来源多元化、保障制度规范化、管理服务社会化的社会保险制度体系框架基本建成。

湖南“十二五”十大环保工程启动　为集中解决影响全省经济社会发展的突出环境问题，加强主要污染物减排，中共湖南省委、省政府决定“十二五”期间在全省实施湘江流域重金属污染治理等十大环保工程。7月26日，湖南省十一届人大常委会第30次会议举行第3次全体会议，专题询问省人民政府关于湘江流域综合整治情况。8月9日，湖南省委、省政府召开十大环保工程启动大会，就有关工作作出全面动员和部署。要求拓宽投资渠道，严格考核奖惩，调动一切积极因素，深入推进十大环保工程建设。

湖南农村孕产妇住院分娩医疗9月1日起全免费　8月23日，湖南省卫生厅宣布，从是年9月1日起，只要具有湖南户籍、农业户口、符合国家生育政策、参加了新型农村合作医疗，在县、乡定点助产医疗保健机构生孩子，无论是平产还是剖宫产，均享受全免费。这意味着湖南省每年有60多万名农村孕产妇可享受此项惠民政策。计划外生育的农村孕产妇住院分娩，在缴纳社会抚养费后，也可按照上述规定予以补助。未参加新型农村合作医疗的农村孕产妇住院分娩，可享受中央和省财政每人300元的定额补助。

“爆头哥”周克华被击毙，曾在长沙枪杀3人　8月14日，重庆籍男子周克华被击毙。他在逃8年，跨苏湘渝三省市作案10起，手染10条人命，以“爆头”残忍手法闻名于世。其中，2009年10月14日，周克华在长沙南郊公园枪杀农民李成寿，其时，李成寿身上仅仅20元钱。50天后，周克华在长沙铁道学院西门外的农业银行门口打死一名取钱者，抢走现金4.5万元。2010年，周克华枪杀环诚经贸公司经理，抢走笔记本电脑。2011年6月28日，周克华在长沙市黑梨路一基建工地再次枪击伤人，长沙警方成功获取周克华体貌特征，江苏警方进一步确定他的DNA等重要信息，为案件的最终侦破奠定基础。

湖南高校教师职称评审评委被指开房收钱　5月4日，一条短信在网上引发关注，内容直指在2012年湖南高校教师职称评审工作中，评委名单刚出，就有人接到送礼指引短信。手机短信提示，评委刘一兵为此在某宾馆2408房开了套间。湖南省纪委预防腐败室副主任陆群（微博名为“御史在途”）称，其母校十几名教师当日曾到长沙送钱。

90后“湘潭神女”拟任副局长　4月18日，中共湘潭市委岳塘区委组织部发布“岳塘区委管理干部任前公示”显示：王茜，1991年10月出生，2010年9月参加工作，拟任岳塘区发展改革局副局长（上派国家发改委办公厅任副主任科员，跟班学习）。王茜不到19岁就大学毕业，工作仅一年半即拟任县级发改局副局长，被网友戏称“湘潭神女”。

衡阳25儿童吃过黄金大米　12月6日，中国疾病预防控制中心、浙江省医学科学院、湖南省疾病预防控制中心联合公布的“黄金大米”事件调查情况通报称，此项转基因试验违反相关规定、科研伦理和科研诚信，相关责任人已被撤职。上述机构为此次事件造成的不良影响向公众致歉。调查表明，“黄金大米”项目于2008年5月20日至6月23日在衡南县江口镇中心小学实施试验。80名受试儿童被随机分为3组，其中1组25名儿童于6月2日随午餐每人食用60克“黄金大米”米饭。课题组曾召开学生家长和监护人知情通报会，但未说明试验将使用转基因的“黄金大米”。通报会现场仅发放知情同意书的最后一页以供签字，而该页内容未提及受试者食用的是“转基因水稻”“黄金大米”。

无名粉店等多家餐饮店陷“卫生门”　2月28日，长沙无名粉店雨花亭店被爆“菜从来不洗；用煮粉锅洗拖把；将客人吃剩的菜回收后再卖出去”；2月29日，天天渔港店被爆“厨师用手搅面汤，炒锅变成清洁桶，脏抹布擦完桌子擦餐具，厨师直接用备货区的死海鲜做菜”；4月1日，坡子街热卤刘店被爆“厨房扫把身兼数职，扫地、清洗灶台，又用来洗刷菜锅”；4月2日，步行街四喜馄饨店被爆“厨师直接用手抓菜试吃，掉落的菜品竟用脏抹布抹入盘中”。

（湖南年鉴社）

广　东　省

【自然概貌】　广东省地处中国大陆最南部。全省陆地面积17.98万平方千米，占全国陆地面积的1.9%，其中岛屿面积1592.7平方千米，占全省陆地面积的0.9%。全省海域总面积41.9万平方千米。

受地壳运动、岩性、褶皱和断裂构造以及外力作用的综合影响，广东省地貌类型复杂多样，有山地、丘陵、台地和平原，其面积分别占全省土地总面积的33.7%、24.9%、14.2%和21.7%，河流和湖泊等只占全省土地总面积的5.5%。地势总体北高南低，北部多为山地和高丘陵，最高峰（石坑崆）海拔1902米，南部则为平原和台地。全省山脉大多与地质构造的走向一致，以北东—南西走向居多。平原以珠江三角洲平原面积最大，潮汕平原次之，此外还有高要、清远、杨村和惠阳等冲积平原。台地以雷州半岛—电白—阳江一带和海丰—潮阳一带分布较多。构成各类地貌的基岩岩石以花岗岩最为普遍，砂岩和变质岩也较多，粤西北还有较大片的石灰岩分布，此外局部还有景色奇特的红色岩系地貌，如著名的丹霞山和金鸡岭等，丹霞山和粤西的湖光岩先后被评为世界地质公园。沿海数量众多的优质沙滩以及雷州半岛西南岸的珊瑚礁，也是十分重要的地貌旅游资源。沿海沿河地区多为第四纪沉积层，是构成耕地资源的物质基础。

广东省属于东亚季风区，从北向南分别为中亚热带、南亚热带和热带气候，是全国光、热和水资源最丰富的地区之一。全省平均日照时数为1745.8小时、年平均气温22.3℃。1月平均气温约为16℃~19℃，7月平均气温约为28℃~29℃。

广东省降水充沛，年平均降水量在1300~2500毫米之间，全省平均为1777毫米。降雨的空间分布基本上也呈南高北低的趋势。降水的年内分配不均，4~9月的汛期降水占全年的80%以上；年际变化也较大，多雨年降水量为少雨年的2倍以上。

洪涝和干旱灾害经常发生，台风的影响也较为频繁。春季的低温阴雨、秋季的寒露风和秋末至春初的寒潮和霜冻，也是广东多发的灾害性天气。

【建置沿革】　广东，《吕氏春秋》称“百越”，《史记》称“南越”，《汉书》称“南粤”，“越”与“粤”通，也简称“粤”，泛指岭南一带地方。广东的先民很早就在这片土地上生息、劳动、繁衍。在历史长河中，广州、广东等地名次第出现，逐渐演化成广东省及其辖境。距今约12.9万年以前，岭南出现了早期古人（马坝人）。商与西周时代，广东先民便与中原商、周王朝有了经济文化往来。春秋战国时代，岭南与吴、越、楚国关系密切，交往频繁。公元前221年，秦王嬴政统一六国。随后，派屠睢率领50万秦军攻打岭南；公元前214年，秦军基本上占领岭南，秦始皇将所夺取的岭南地区，设桂林、象、南海3个郡，今广东省的大部分地区属南海郡。秦末，南海郡尉任嚣病危，委任龙川县令赵佗代职。任嚣死后，赵佗即起兵隔绝五岭通中原的道路。秦亡之际，赵佗武力攻并桂林、象郡，建立南越国（公元前204年至公元前111年），自称“南越武王”。当时，广东除今连州及乐昌北境属长沙郡管辖外，都属南越国地盘。汉武帝平定南越后，汉朝将南越地划分为南海等9个郡。今广东省境包括交州辖下的整个南海郡（粤中、粤东），还包括苍梧郡、和浦郡、荆州贵阳郡和扬州豫章郡的一部分。

公元210年，吴国的孙权任命步骘为交州刺史，率兵抵番禺。264年，东吴为便于治理，又把南海、苍梧、郁林、高梁4个郡（今两广大部）从交州划出，另设广州，州治番禺，广州由此得名。东吴时期，今广东省境除广州辖下的4郡外，还包括荆州始兴郡和海南岛。西晋时，今广东省腹地属当时的广州，粤北属荆州。

997年，广南路分为广南东路和广南西路，东路治所在广州，西路治所在桂州，广东大部分属广南东路，“广东”即广南东路的简称。元朝，今广东省境分为广东道和海北海南道。广东道道治在广州，海北海南道道治在今雷州市。明朝洪武二年（1369年），改广东道为广东等处行中书省，并将海北海南道改隶广东，广东成为明朝的十三行省之一。而且，过去长期与广西同属一个大区的雷州半岛、海南岛划拨广东统辖，结束了广东以往隶属不同政区的状况，广东省区域轮廓自此基本形成。

清初，“广东省”名称正式使用，所辖范围与明广东布政使司相同。清设总督管辖广东、广西两省，称“两广总督”。清代广东省最南的辖境是南海诸岛的曾母暗沙。西沙群岛（时称“千里长沙”）和南沙群岛（时称“万里石塘”）属于广东省琼州府的万州管辖。南海诸岛自古以来就是中国的领土，北宋时期中国政府已在此行使主权，清政府更是经常派水师巡视。

1841年鸦片战争中，清政府战败，被迫签订《中英南京条约》，香港（时属新安县）正式沦为英国的殖民地。1887年，葡萄牙诱逼清政府签订《中葡和好通商条约》，侵占澳门（时属香山县）。

1911年，辛亥革命后建立中华民国，广东省的名称和范围与清代相同。民国初年，市建置开始设置。1918年成立广州市政治公所，广州开始以省会设市。1921年，成立广州市政厅。1925年，中华民国国民政府在广州成立，7月改广州市政厅为广州市政府。

1949年10月1日，中华人民共和国成立后，广东政区在继承历史传统的基础上，有所调整和变更。（黄淑娟）

【资源】 *土地资源* 广东省是国内人多地少的省份之一。广东省土地资源在地形地貌、气候水文等自然因素和人类活动影响下，形成具有南粤地域特点的自然综合体。自然地理环境优越，土地复种指数高；地势北高南低、海陆兼备，适合多元化经营；地缘人缘优势明显，有利于土地发展外向型经济；人地关系矛盾突出，土地资源尚有一定潜力；土地资源分布与建设用地需求空间“错位”，保护耕地与保障发展难以协调。

水资源 广东省河流众多，以珠江流域（东江、西江、北江和珠江三角洲）及独流入海的韩江流域和粤东沿海、粤西沿海诸河为主，集水面积占全省面积的99.8%，其余属于长江流域的鄱阳湖和洞庭湖水系。

矿产资源 广东省地处欧亚板块与太平洋板块交接处，成矿地质条件优越，矿产资源丰富，种类较齐全。至2012年，全省已发现矿产有148种，占全国已发现矿种（172种）的86%，已探明资源储量的矿产有101种，其中能源矿产7种，黑色金属矿

产4种，有色金属矿产11种，贵金属矿产2种，稀有稀土及分散元素矿产15种，冶金辅助原料矿产8种，化工原料矿产9种，建材及其他非金属矿产41种，水气矿产4种。资源储量居全国前列的矿产有油页岩、铅、钨、锡、铋、钛、锆、铌、钽、镉、硒、硫铁矿、稀土、高岭土、水泥用粗面岩、饰面用大理岩等。资源比较短缺的矿产主要为煤、石油、天然气、铝、铁、磷、钾盐等。全省已开发利用的矿种主要有地下热水、矿泉水、铁、铜、铅、锌、钨、锡、锑、稀土、金、银、硫铁矿、高岭土、陶瓷土、水泥用灰岩、大理岩等。经过多年的开采，铜、钨、锡、锑等矿产资源已处于枯竭状态。

植被和生物资源 广东省光、热、水资源丰富，四季常青，动植物种类繁多。全省有野生维管束植物289科、2051属、7717种。另有栽培植物1582种。此外，还有真菌1959种，其中食用菌185种，药用真菌97种。植物种类中，属于国家一级保护野生植物的有苏铁、南方红豆杉等9种，属于二级的有桫椤、广东松、白豆杉、樟、凹叶厚朴、土沉香、丹霞梧桐等95种。在植被类型中，有属于地带性植被的北热带季雨林、南亚热带季风常绿阔叶林、中亚热带典型常绿阔叶林和沿海的热带红树林，还有非纬度地带性的常绿—落叶阔叶混交林、常绿针—阔叶混交林、常绿针叶林、竹林、灌丛和草坡，以及水稻、甘蔗和茶园等栽培植被。香蕉、荔枝、龙眼和菠萝是岭南四大名果，经济价值可观。

广东省动物种类多样。陆生脊椎动物有774种，其中兽类110种、鸟类507种、爬行类112种、两栖类45种。此外，还有淡水水生动物的鱼类281种、底栖动物181种和浮游动物256种，以及种类更多的昆虫类动物。动物种类中，被列入国家一级保护的有华南虎、云豹、熊猴和中华白海豚等22种，被列入国家二级保护的有金猫、水鹿、穿山甲、猕猴和白鹇（省鸟）等95种。广东开展对动植物资源的开发利用，重视对自然资源和环境的保护。至2012年，全省建立自然保护区369个、森林公园458处。广东重视绿化荒山，提高森林覆盖率，改善生态环境。

海洋资源 广东省海岸线长，海域辽阔，海洋资源丰富。海洋生物包括海洋动物和植物，共有浮游植物406种、浮游动物416种、底栖生物828种、游泳生物1297种。远洋和近海捕捞，以及海洋网箱养鱼和沿海养殖的牡蛎、虾类等海洋水产品年产量约400万吨；可供海水养殖面积77.57万公顷，实际海水养殖面积20.82万公顷，是全国著名的海洋水产大省。雷州半岛的养殖海水珍珠产量居全国首位。沿海还拥有众多的优良港口资源，广州港、深圳港、汕头港和湛江港已成为国内对外交通和贸易的重要通道；大亚湾、大鹏湾、碣石湾、博贺湾及南澳岛等地还有可建大型深水良港的港址。珠江口外海域和北部湾的油气田已打出多口出油井。沿海的风能、潮汐能和波浪能都有一定的开发潜力。广东沿海沙滩众多，气候温暖，红树林分布广、面积大，在祖国大陆的最南端灯楼角又有全国唯一的大陆缘型珊瑚礁，旅游资源开发潜力很大。 （粤综合）

【环境】 *大气环境* 2012年，广东省城市空气质量良好，21个地级以上城市及顺德区空气质量均达到国家二级标准（居住区标准），其中湛江、梅州、河源、阳江和揭阳5市达到一级标准。全省城市二氧化硫年平均浓度为0.017毫克/立方米，比上年下降15.0%，达到国家一级标准；二氧化氮年平均浓度为0.027毫克/立方米，与上年持平，达到国家一级标准；可吸入颗粒物年平均浓度为0.050毫克/立方米，比上年下降7.4%，达到国家二级标准。全省共获取有效空气污染指数（AP指数）7683个，优良率99.6%，其中达到一级占64.9%，三级及以上比例为0.4%。全省均未发生空气污染指数（API）超过200的情况。

全省城市降水pH均值为5.10，酸雨频率37.4%。城市降水pH均值范围在4.46～6.22之间，81.8%的城市（18个）出现酸雨（pH最小值<5.6），59.1%的城市（13个）受酸雨污染。韶关、佛山、清远、顺德和深圳等5市（区）属重酸雨区，占22.7%。

水环境　广东省21个地级以上城市及顺德区76个在用集中式供水饮用水水源地水质稳定100%达标。广东省主要江河水质总体良好，79.0%的断面水质优良（Ⅰ－Ⅲ类），84.7%的断面水质达到水环境功能区水质标准。珠江三角洲的主要干流水道水质优良；龙岗河、坪山河、深圳河、练江和小东江湛江段共5个江段水质属重度污染，主要污染指标为氨氮、总磷和部分耗氧有机物。

124个省控断面中，54.0%的断面为Ⅰ－Ⅱ类水质，水质优；25.0%为Ⅲ类水质，水质良好；10.5%为Ⅳ类水质，属轻度污染；2.4%为Ⅴ类水质，属中度污染；8.1%水质劣于Ⅴ类，属重度污染。水质好转的有市桥水道、榕江、西枝江和梅溪河4个江段。

全省跨市河流交接断面水质达标率82.9%，其中广州、云浮、河源、肇庆、江门、中山、珠海、韶关、清远和梅州等10个城市交接断面水质完全达标，深圳和揭阳2个城市交接断面水质达标状况较差，达标率分别为11.1%和0%。

省界河流东江寻邬水赣粤省界断面（兴宁电站）水质为Ⅲ类，水质良好，但未达Ⅱ类水环境功能区划目标，主要超标项目为氨氮；定南水赣粤省界断面（庙咀里）、西江桂粤省界断面（封开城上）、贺江桂粤省界断面（白沙街）、汀江闽粤省界断面（青溪）均为Ⅱ类水质，水质优；武江湘粤省界断面（三溪桥）为Ⅳ类水质，属轻度污染，主要超标项目为砷；九洲江桂粤省界断面（石角）为Ⅳ类水质，属轻度污染，主要超标项目为氨氮和总磷。

全省3个省控湖泊中湛江湖光岩湖水质为Ⅱ类、水质优；肇庆星湖水质为Ⅳ类、惠州西湖水质为Ⅲ类，水质均达到水环境功能区划目标。8个大型水库中，新丰江水库、枫树坝水库和白盘珠水库水质为Ⅰ类，流溪河水库、杨寮水库和飞来峡水库水质为Ⅱ类，水质均优；鹤地水库和高州水库水质为Ⅲ类，水质良好。

全省19条主要入海河流中，78.9%（15条）的河口水质为Ⅱ－Ⅲ类，水质优良；10.5%（2条）为Ⅳ类水质，属轻度污染；10.5%（2条）水质劣于Ⅴ类，属重度污染。磨刀门水道、韩江、漠阳江、蕉门和洪奇沥入海口水质最好，为Ⅱ类水质；深圳河和练江河口水质最差，均劣于Ⅴ类，主要污染指标为化学需氧量、氨氮和总磷。

南海东部近岸海域以二类海水为主，占59.6%，一类海水占23.1%，三类海水占5.8%，劣四类海水占11.5%。全省近岸海域水环境功能区水质达标率97.0%，除深圳为81.8%外，其余12个沿海城市近岸海域水环境功能区均完全达标。全省67个近岸海域水环境功能区中，有2个属重度污染，均位于珠江口海域，主要污染指标为活性磷酸盐和无机氮。近岸海域水环境功能区总体呈贫营养状态。呈贫营养状态的功能区有40个，占59.7%；轻度富营养状态12个，占17.9%；中度富营养状态9个，占13.4%；重度富营养状态4个，占6.0%；严重富营养状态2个，占3.0%。

声环境 城市区域环境噪声等效声级平均值55.0分贝。61.9%的城市（13个）区域声环境处于一般水平，其余城市处于较好水平。城市区域环境噪声源构成以工业和交通类声源为主，分别占50.4%和26.5%。

各城市道路交通噪声等效声级平均值均小于70分贝，全省总平均值67.4分贝，总体属于好的水平。

全省功能区噪声昼间达标率90.7%，夜间达标率63.2%。各类功能区噪声昼间点次达标率分别是0类区50%，1类区84.5%，2类区89.9%，3类区99.4%，4类区91.1%；夜间点次达标率分别是0类区100%，1类区61.3%，2类区77.2%，3类区85.7%，4类区24.1%。（刘 军 何惠明）

【人口】 2012年末，广东省常住人口为10594万人，其中男性5574.56万人、女性5019.44万人，性别比（女性为100）111.06。常住人口比上年净增89万人，人口密度每平方公里589人。继续位居全国常住人口大省之首。

受人口再生产周期的影响，广东省出生人数122.37万人，出生率11.60‰；死亡人数49.06万人，死亡率4.65‰；自然增长人数73.31万人，自然增长率6.95‰。出生、死亡人数和自然增长人数分别比上年增加12.93万人、3.5万人和9.43万人。

根据2012年人口变动情况抽样调查结果推算，广东省年末常住人口年龄结构为：0～14岁人数1690.77万人、15～64岁人数8155.24万人、65岁及以上人数747.99万人，分别占常住人口的15.96%、76.98%和7.06%。常住人口年龄结构继续表现出“两头低、中间高”的特点，即少年儿童人口（0～14岁）和老年人口（65岁及以上）所占比例较低，而劳动力年龄段的人口比例较高。主要原因是大量吸纳跨省劳动力在广东就业，拉高了劳动力年龄段人口（15～64岁）的比例，致使全省总抚养系数持续呈下降趋势。2012年，广东省少年儿童抚养系数20.73%、老年人口抚养系数9.17%、总抚养系数29.9%；少年儿童抚养系数和总抚养系数分别比上年下降1.42、1.16个百分点，老年人口抚养系数则比上年稍升0.26个百分点。在全国属于劳动力人口资源丰富，抚养负担较低的省份。

2012年末，广东省居住在城镇的人数7140.36万人、居住在乡村的人数3453.64万人，分别占常住人口的67.4%和32.6%。其中，珠江三角洲、东西北地区的城镇化程度分别为83.84%、59.05%、39.72%和45.3%，分别比上年提升0.83、0.84、1.43和0.81个百分点。至年末，全省居住在城镇的人数比上年净增154.53万人，增长2.21%，与常住人口增长0.85%相比较，高出1.36个百分点。（罗健波）

【语言】 广东省语言状况复杂，除粤北、粤东有瑶、壮、畲语及粤北土语，主要流行3种保留了丰富的古汉语特点、又各有特色的汉语方言。

粤方言 又称广州话、白话，省内可分：1. 粤海片（广府片），分布在广州、佛山、肇庆、深圳、南海、顺德、三水、高明、鹤山、怀集、广宁、四会、高要、云

浮、封开、郁南、德庆、罗定、阳山、清远、佛冈、增城、从化、连州、连山、惠州、韶关、博罗、惠阳、惠东、海丰、仁化、乐昌、英德，以广州为代表，影响最大。2. 四邑片，分布在台山、开平、恩平、新会、斗门、江门及鹤山部分地区，以台山为代表。3. 高雷片，分布在湛江、茂名、阳江、阳春、高州、信宜、化州、吴川、电白、遂溪、廉江、雷州、徐闻，未形成权威代表。4. 莞宝片，通行于东莞及深圳宝安，以莞城为代表。5. 香山片，通行于中山、珠海（斗门除外），以石岐为代表。各片小有差别，四邑与粤海差异最大。全省使用的人口近4000万人，但上述区域也掺杂小片客家方言和闽语。粤方言在马来西亚吉隆坡，越南胡志明市，澳大利亚悉尼、墨尔本，美国纽约、旧金山市，加拿大温哥华、多伦多等华人社区广泛流行。

客家方言　广东省是客家方言最重要的流行地，省内可分：粤东片，粤中片，粤北片，粤西片，省内各地有零星分布，如广州三元里、沙河。全省使用的人口约1500万人。客家方言以梅州为代表，内部一致性较强。海外的印度尼西亚、毛里求斯等国华人社区和中国台湾地区，客家方言相当通行。

闽方言　广东闽语属闽方言闽南一支，大致可分：1. 潮汕片，以汕头、潮州为代表。2. 雷州片，以雷州为代表。全省使用闽语的人口约1700万人。广东闽语是泰国、柬埔寨、法国等华人社区的强势方言。

（陈晓锦）

【民族】　广东省是56个民族成分齐全的省份。汉族人口占全省总人口的97.1%。少数民族人口324.6万人。世居少数民族有壮、瑶、畲、回、满族。改革开放以来，因人才流动、婚姻、务工经商等迁移或暂住广东的少数民族流动人口逾250万人，主要集中在广州、深圳、佛山、东莞、中山等珠江三角洲地区各城市。全省有县级范围（含县级）以上少数民族社会团体22个。根据国家宪法和有关法律规定，广东省设立连南瑶族自治县、连山壮族瑶族自治县、乳源瑶族自治县3个自治县和连州市瑶安瑶族乡、三水瑶族乡，龙门县蓝田瑶族乡，怀集县下帅壮族瑶族乡，始兴县深渡水瑶族乡，阳山县秤架瑶族乡，东源县漳溪畲族乡7个民族乡。

【宗教】　广东省是佛教、道教、伊斯兰教、天主教和基督教五大宗教齐全的省份。至2012年底，全省宗教徒293万人，其中佛教徒167万人，道教徒35万人，穆斯林15万人，天主教徒28万人，基督教徒48万人。全省宗教活动场所2901处，宗教教职人员8804人，其中佛教僧尼6801人，道教乾道、坤道874人，伊斯兰教阿訇17人，天主教主教、神甫、修女191人，基督教牧师、教师、长老、传道921人。全省县级范围（含县级）以上宗教社会团体284个，其中全省性宗教团体7个。宗教院校2所：广东佛学院、基督教广东协和神学院。

（张朝发）

【行政区划】　2012年，经国务院批准，广东省撤销2个县，设立2个市辖区；经省人民政府批准，全省撤销2个镇，设立1个镇、2个街道办事处。

截至2012年12月31日，全省有21个地级市，23个县级市、39个县、3个自治县、56个市辖区，4个乡、7个民族乡、1131个镇、444个街道办事处。　（何锋军）

【经济社会发展概述】 2012年，广东省实现地区生产总值57067.92亿元，比上年增长8.2%，继续居全国首位。人均生产总值54095.38元，比上年增长7.4%。全年地方公共财政预算收入6228.2亿元，比上年增长13%。

全年社会消费品零售总额22677.11亿元，比上年增长12%；工业品内销增长11.4%，内销占比达68.8%；完成固定资产投资19307.53亿元，增长15.5%，其中制造业投资增长20%。全年省重点项目完成投资4164亿元，全年新增高速公路里程305千米，轨道里程213千米，建成投产电源装机容量600万千瓦。

民营企业工业增加值、民间投资和私营企业进出口增速分别比全省平均水平高3.6、7和15.5个百分点。

推进蔬菜大棚、冷藏设施、平价商店“三项建设”，新建平价商店2292家。落实低收入群众临时价格补贴与价格上涨联动机制。全年居民消费价格涨幅得到有效控制，累计上涨2.8%。

产业　全省三次产业结构继续优化，全年第一、二、三产业增加值分别比上年增长3.9%、7.6%和9.2%，三次产业增加值比重为5.0：48.8：46.2，服务业增加值占比提高0.9个百分点。全年研究与实验发展经费支出占生产总值比例2.1%。每百万人口发明专利申请量571件，比上年增长15.4%；发明专利授权量22153件，增长21.4%；PCT国际专利受理量9211件，占全国的50.8%。新增国家级创新平台16个、省级工程中心76个。

70个现代服务业集聚区加快建设，全年现代服务业增加值占服务业增加值比重达57%。战略性新兴产业较快发展，累计推广应用新能源汽车1.2万辆、安装LED路灯近50万盏。形成新型显示、软件、生物医药、新材料、新一代通信和半导体照明等6个产值超千亿元的新兴产业集群。全年战略性新兴产业增加值增长12%，占规模以上工业增加值的12.1%。全年先进制造业和高技术制造业增加值占规模以上工业增加值比重分别达47.9%和23.3%。优势传统产业升级，工业技改投资比上年增长18.4%，比固定资产投资高2.9个百分点。纺织服装、食品饮料、建筑材料三大优势传统产业加快发展。

全年外贸进出口总额9838.2亿美元，比上年增长7.7%，增幅高出全国1.5个百分点。其中，出口比上年增长7.9%，进口增长7.4%。外贸结构继续优化，机电产品、高新技术产品出口分别比上年增长9.3%和12.3%，对韩国、非洲进出口分别增长21.2%和37.7%，增速均高于全省平均水平。

推进加工贸易转型升级，认定294家加工贸易转型升级示范企业，2695家来料加工企业实现不停产转型。“委托设计＋自主品牌”生产方式出口占加工贸易出口总额的54.7%。

实际利用外资235.49亿美元，比上年增长8%。投资超千万美元的外资项目合同额占比达66.2%，世界500强企业新设和增资项目投资总额95.6亿美元。出台实施支持企业开展跨国经营加快培育本土跨国公司的指导意见，境外投资新设企业达到833家，中方协议投资额增长49.6%。粤港澳合作落实CEPA及服务业对港澳扩大开放在广东先行先试政策，编制完成共建优质生活圈和粤港澳基础设施建设合作专项规划。港珠澳大桥、广深港高速铁路等跨境基础设施建设项目进展顺利。

区域发展　出台实施《广东省主体功能

区规划》，推进清远等地开展规划试点，出台《广东省生态保护补偿办法》，安排国家级、省级重点生态功能区26个县（市）财政补助资金4.5亿元。争取国家给予国家级重点生态功能区11个县（市）均衡性转移支付3亿元。粤东西北地区生产总值、工业增加值、财政收入等主要经济指标增速均高于全省平均水平。珠三角规划纲要“四年大发展”目标任务完成。广佛肇、深莞惠和珠中江三大经济圈内部以及相互之间在轨道交通、公交线路、通信资费、水利建设等领域一体化扎实推进，广珠铁路和广珠城际轨道开通运营。珠三角地区现代服务业、高技术制造业、先进制造业占地区生产总值比重稳步提升。

建设区域发展重大平台，广州南沙新区发展规划获国务院批准，深圳前海优惠政策获国家批复，珠海横琴、中新（广州）知识城、东莞台湾高科技园和佛山中德工业服务区等高端产业集聚区和重大发展平台建设加快推进。茂名滨海新区、肇庆新区、中山翠亨新区等启动建设。省级产业转移工业园实现工业总产值3850亿元，比上年增长19.6%；新增劳动力转移就业人数97.6万人。

环境保护　推进节能和循环经济重点工程，抓好能源需求侧管理。全年单位生产总值能耗超额完成下降3.99%的年度目标。推进火电、水泥等重点行业降氮脱硝工程，加快推进规模化畜禽养殖业污染治理工程。新增污水处理设施48座，新增污水日处理能力105万吨。全年化学需氧量、氨氮、二氧化硫和氮氧化物排放量分别比上年下降4.33%、2.92%、5.73%和6.11%。

初步建立节约集约用地制度框架体系，推进“三旧”（旧城镇、旧厂房、旧村庄）改造工作，为全国低效用地的二次开发形成政策储备。碳排放交易试点工作全面启动，广州和深圳碳排放权交易所正式揭牌，全年单位生产总值二氧化碳排放量比上年下降5.93%。推进生态景观林带、森林碳汇、森林进城围城三大重点生态核心工程，构筑南粤区域生态安全体系。建设生态景观林带2720千米，完成造林作业面积19.87万公顷。

重点领域改革　2012年，广东省取消和调整两批共383项省级行政审批事项。争取国务院批准在广东省行政区域内停止实施行政审批66项，下放管理层级34项；全国人大常委会同意广东省暂时调整25项由法律规定的行政审批事项。出台《关于承担行政职能事业单位改革的指导意见》等5个配套文件。省网上办事大厅开通运行，首批45个省级单位共1106项服务事项、21个地级以上市和顺德区共18879项服务事项进驻。制订《广东省企业投资管理体制改革方案》，出台实施省《鼓励和引导民间投资健康发展实施细则》，扩大民间投资开放领域，面向民间投资发布并推介两批182个重大建设项目，总投资5038亿元。

启动县级公立医院改革，推进城市公立医院改革试点。实施省级第一轮基本药物集中招标采购，集中招标价格与政府定最高临时零售价相比平均降幅47.2%。开展平价医院、平价诊室和平价药包建设。实现全省所有地级以上市基本医保市级统筹，基本医疗保险覆盖面95%以上。

出台《关于进一步培育发展和规范管理社会组织的方案》《政府向社会组织购买服务暂行办法》《2012年省级政府向社会组织购买服务目录（第一批）》等文件，政府向社会组织转移职能和购买服务的制度框架基本确立。重点培育发展枢纽型社会组织、异地务工人员服务组织和行业协会商会。

“三打两建”（打击欺行霸市、打击制假售假、打击商业贿赂，建设社会信用体系、建设市场监管体系）专项行动取得成效。出台实施《广东省建设社会信用体系工作方案》。市场监管体系建设取得阶段性成果。制定实施《建设法治化国际化营商环境五年行动计划》。推进深圳、东莞、珠海横琴新区等地商事登记制度改革试点。

民生 全省用于保障和改善民生的支出4781.18亿元，比上年增长12.8%，占支出总额比重提高到65.8%。其中拨付十件民生实事资金1649.81亿元。文化体制改革深入推进，公共文化服务体系建设加快推进。教育事业继续加强，支持欠发达地区建设1000所义务教育规范化学校、250所乡镇中心幼儿园和500所村级幼儿园。城乡基本医疗卫生服务得到优化，全省人均基本公共卫生服务经费提高到25元以上。

全年城镇新增就业167.5万人，城镇居民人均可支配收入和农村居民人均纯收入分别达30226.7元和10542.8元，分别比上年增长12.4%和12.5%，扣除价格因素实际增长均为9.3%。企业职工养老、新型农村社会养老和城镇居民养老保险制度实现全覆盖。全省城镇职工基本养老、基本医疗、失业、工伤、生育五大险种参保人数分别达3965万、8420万、1990万、2943万、2483万人，城乡居民养老保险参保人数达2460万人。新农合和城镇居民医保补助标准提高到每人每年240元。

年内新开工保障性住房156535套，新竣工72059套，新增发放租赁补贴10222户，超额完成国家下达任务。

全省3407个贫困村集体经济收入均达到3万元以上，37万户贫困家庭、157万贫困人口基本实现稳定脱贫。

存在问题 广东省经济回升向好的基础仍不牢固，仍面临稳增长和调结构的“双重压力”。一是出口形势不容乐观。全年出口增幅比上年回落9.5个百分点。全省出口企业订单不足、中短期订单居多、成本上升。贸易摩擦增多，全年广东省共遭遇各类贸易摩擦案件70件。二是内需增长动力不强。社会消费品零售总额增速为2004年以来最低，增速低于年度预期目标。城乡居民收入差距依然较大，制约了农民和中低收入者扩大消费的能力。建材、家电、家具等与房地产关系密切的产品消费增速回落明显。三是企业经营面临较大困难。全年规模以上工业企业利润总额仅比上年增长2.4%，落后于全国增长5.3%的水平，亏损企业亏损额增长24.8%。四是转型升级任务艰巨。传统产业处于转型调整期，战略性新兴产业尚处培育阶段，形成支撑作用尚需时日。区域发展不平衡虽有所改观，但区域经济发展差距仍然较大，粤东西北地区人均生产总值仅为珠三角的1/3左右，且落后于全国平均水平。同时，推进完成“十二五”节能减排目标任务依然艰巨。 （省发展改革委）

【年度大事要闻】 2012年，广东省发生的大事要事主要有：

习近平视察广东 12月7~11日，中共中央总书记、中央军委主席习近平到广东考察。7日上午，来到深圳，考察罗湖区南湖街道渔民村党群服务中心和居委会，并到村民邓伟雄家里，与大家一起拉家常、说变化；下午，前往前海，了解深港现代服务业合作区发展及建设情况，并参观考察深圳光启高等理工研究院和腾讯计算机系统有限公

司。8日上午，到莲花山公园瞻仰邓小平塑像，并敬献花圈；下午，从深圳乘军舰前往珠海，参观考察中航通用飞机有限责任公司珠海基地；随后，又参观横跨十字门水道、连接珠澳两地的莲花大桥，并到横琴新区考察建设进展和产业发展情况。9日，到佛山市顺德区考察广东工业设计城，随后，前往顺德区黄龙村，考察基层党建工作，并慰问困难群众。11日上午，考察广州市越秀区东濠涌，并听取广州治水和城市建设情况汇报。考察结束后，听取广东省委、省政府的工作汇报。

“八个行动计划”付诸实施　为贯彻落实广东省第十一次党代会精神，省委十一届一次全会决定就建设法治化国际化营商环境等八项重点工作，制定实施八个五年行动计划。5月29日，省政府召开制订行动计划工作会议，明确任务分工和具体要求。9~10月，省委办公厅、省府办公厅相继印发《广东省建设法治化国际化营商环境五年行动计划》等八个行动计划。10月29日，省委、省政府召开电视电话会议，中共中央政治局委员、省委书记汪洋就实施八个行动计划作全面部署，提出明确要求。12月31日，省委督查室发出《决策督查事项通知书》，要求各牵头单位加强指导、协调和检查，抓好八个行动计划贯彻实施工作。

省网上办事大厅开通运行　4月广东省网上办事大厅建设启动，9月17日试运行，10月19日正式开通运行。各地各部门依托省网上办事大厅总体框架，按照先易后难、分批上线的原则，实现办事指南统一查询、申请表格统一下载，为服务事项申办和结果反馈提供对接入口。首批45个省级单位共进驻事项1000多项，其中近700项提供在线申办对接；21个地市和顺德区共进驻事项近2万项，其中6600多项提供在线申报对接。

扶贫开发成效明显　6月，广东省委、省政府作出扶贫开发“规划到户责任到人”工作战略部署，对3407个贫困村、36.7万户贫困户、158.6万户贫困人口，展开历时3年多的定点、定人、定责大规模帮扶。至2012年底，158.6万名贫困人口实现人均纯收入7762元，比2009年增长近4倍，达到全省农村居民收入平均水平的73%，高出全省增长水平14.5个百分点，为全省农村居民收入增长提供4.5%的贡献率。“基本民生”得到保障，符合条件的贫困人口100%纳入低保、新农合、新农保等民生保障范围。基础设施得到较大改善。农村发展活力明显增强。区域发展差距逐步缩小。

“三打两建”行动全面开展　是年，中共广东省委、省政府在全省范围内部署开展以打击欺行霸市、制假售假、商业贿赂以及建设社会信用体系、市场监管体系为主要内容的“三打两建”专项行动。成立“三打两建”领导小组。进行为期一年的“三打”专项行动。至年底，全省侦办涉“三类”问题刑事案件73503件，打掉欺行霸市违法犯罪团伙8850个，铲除一批垄断控制农贸市场、商品批发、采矿采砂、废品收购等领域的“肉霸”“菜霸”“砂霸”以及盘踞乡里、为非作歹的“村霸”“恶霸”，捣毁一批制假售假窝点，查办一批商业贿赂大要案，清除一批腐败分子，有效维护人民群众的生命财产安全和社会主义市场经济秩序。据群众满意度、社会认可度、市场秩序好转度调查显示，全省92.7%的群众认为“三打”净化市场环境，增强经济发展动力和活力。9月，启动建设社会信用体系和建设市场监管体系的“两建”专项行动。

公共财政支出三分之二投入民生 是年，广东省各级财政坚持行政性开支得到规范和压减。十件民生实事全面完成。民生事业发展政策体系逐步完善。据统计，全年全省各级财政民生支出共完成4864.16亿元，比上年增长13.75%，占全省支出的比重近2/3，达65.8%。

海洋经济总值突破万亿元 广东是全国海洋经济大省之一，是中国海洋经济能够参与国际分工和全球化竞争的主要区域之一。据统计，自2007年以来，广东海洋经济生产总值年均净增长20%。2012年全省海洋经济生产总值再次取得10%以上增长，达到1.1万亿元，首次突破万亿元大关，占全国海洋生产总值22%，继续领跑全国14个沿海省（市、自治区）。

广货网上行拓展市场空间 8月31日，"广货网上行"活动正式启动。由广东省政府主办，省经济和信息化委承办，专门成立活动组委会，形成省政府统筹、部门配合、地市联动、社会参与、多方合力积极推动格局。"广货网上行"活动推动广东企业、广东商品、广式服务更多地"上网触电"，打造广东特色的电子商务平台。2012年9~12月广货网上行成交买家会员总数量11237.2万个，比上年增长22.1%。其中，电商平台成交买家数量6084.8万个，增长28.4%；网上商城成交买家4715万个，增长12.8%；广货网店成交买家437.5万个，增长54.6%。广货网络交易额较快增长，2012年9~12月，参与活动的电商平台、网上商城和广货网店实现销售额1670.26亿元，同比增长24.8%。其中，广货成交额1085.92亿元，占比65%。标杆企业快速成长。2012年，腾讯旗下各平台全年成交额260亿元，比上年增长120%；唯品会网络销售额达到60亿元，增长超过200%；TCL网络销售额增长超过300%，达到20亿元；真维斯在"双十一"单日网络销售额达到5700万元，同比增长135%，成交商品61万件，增长87%。

加工贸易转型升级为全国探路 2008年以来，广东省委、省政府把推动加工贸易转型升级作为加快转变经济发展方式的重要突破口，主动争取中央关于建设全国加工贸易转型升级示范区的政策支持，利用国际金融危机带来的市场倒逼压力，加快创新管理模式，搭建公共服务平台，加工贸易转型升级取得显著成效，市场结构由单一依赖国外向兼顾内外两个市场转变，产业链条由短向长转变，生产方式由OEM（贴牌生产）向ODM（委托设计生产）、OBM（自主品牌生产）混合方式转变，经营主体由单一向多元转变，产业层次由低向高转变，监管模式由传统向现代转变。2012年，全省有加工贸易企业2.9万家，加工贸易进出口总额5298.6亿美元，比上年增长4.4%，占全省外贸进出口总额的53.9%，占全国加工贸易进出口额的39.4%。其中，加工贸易出口3249.5亿美元，比上年增长4.3%，占全省外贸出口的56.6%，占全国加工贸易出口的37.7%；加工贸易进口2049.1亿美元，增长4.4%，占全省外贸进口的50.0%，占全国加工贸易进口的42.6%。

"侨批"档案入选世界记忆亚太地区名录 5月14~16日，在联合国教科文组织世界记忆亚太地区委员会第五次全体大会上，中国广东、福建两省联合申报的"侨批"档案入选世界记忆亚太地区名录。"侨批"是广东、福建等地海外侨胞通过民间渠道及后来的金融邮政机构寄回国内、连带家书或简单附言的汇款和领取包裹的凭证，是银、信结合的档案文献，潮汕、梅州地区称

为“侨批”，江门五邑地区称为“银信”。它属于民间文献，常以家庭为单位连续书写，内容除家庭事务外，还广泛涉及侨居国和迁出地的经济、政治、文化、交通、社会生活乃至军事和国际关系等领域，记载翔实，信息丰富，可与官方典籍文献互为印证，补其不足。“侨批”档案的构成丰富多样，文献与实物结合，充分展示记忆的完整性、真实性，其文献链及实物等，全面记录华侨与侨居国的生活，完整、真实地组成华侨家庭生活的历史画卷。

广东运动员伦敦奥运会取得好成绩　7月27日至8月12日，第三十届夏季奥运会在英国伦敦举行。广东省有45名运动员参加中国体育代表团，参加14个大项38个小项的比赛，有7人在7个项目中获7枚金牌、6人在4个项目中获6枚银牌、3人在3个项目中获3枚铜牌，31人次获前八名，1人次破1项奥运纪录。广东奖牌总数位居全国各省市第一，金牌总数名列第二。

（广东年鉴社）

广西壮族自治区

【自然概貌】　广西壮族自治区简称桂，首府南宁。陆地疆界线长1020千米，海岸线长1595千米。设14个市109个县（市、区）。世居民族有壮、汉、瑶、苗、侗、仫佬、毛南、回、京、彝、水、仡佬等12个。2012年末总人口5240万人，常住人口4682万人，其中城镇人口2038万人，农村人口2644万人。

广西地势西北高，东南低，疆界四周山地环绕。内陆河流众多且水量丰富。沿北部湾海岸曲折多溺谷。广西位于北纬20°54′~26°24′，东经104°26′~112°04′，北回归线横贯中部，属亚热带季风气候，全年光照充足，雨量充沛，气候温暖。年平均气温16.5℃~23.1℃，大部分地区年降水量在1500~2000毫米之间。

【资源】　广西矿产资源种类繁多，储量较大。探明储量的97种矿藏中有64种储量居全国前10位，其中铝土矿、锰矿等12种居全国首位。广西还是全国10个重点有色金属产区之一，被誉为“有色金属之乡”。石灰岩、高岭土、滑石、膨润土等非金属矿的储量亦居全国前列，但煤、石油等能源矿较贫乏。从地区分布上，桂东的主要矿产为银、钽、钛，桂南主要矿产为锰、稀土、花岗石，桂西主要矿产有铝土矿、金，桂北主要矿产为锡、铅、锌、锑、汞、银、硫铁矿和滑石，桂中主要矿产为石灰岩、白云岩和重晶石。

能源资源蕴藏巨大。境内河流众多，主要河流水量大、落差大，是中国三大水电建设基地之一。河流水能理论蕴藏量2133万千瓦，可开发装机容量1751万千瓦。风能，地热等也有较高的可开发性。

海洋资源丰富。较长的大陆海岸线以及合适的海岸线曲直比，造就沿海地区如钦州港、北海港、防城港、铁山港、珍珠港等众多天然良港。良好的海域环境孕育了众多的鱼类、虾类、头足类、蟹类、贝类、藻类和其他海洋生物种类，鱼类和虾蟹类经济水产分别达到50多种和10多种。煤、泥炭、铝、锡、锌、汞、金、钛铁矿、石英砂、石膏、石灰石、花岗岩、陶土等海洋矿产资源亦达到20多种。北部湾盆地、莺歌海盆地和合浦盆地三个含油沉积盆地蕴藏丰富的海洋石油、天然气资源。

生物资源多样。境内发现的陆栖脊椎野生动物929种（含亚种），占全国总数的43.3%，属国家重点保护的珍稀物种149种，占全国总数的44.5%，其中国家一级保护物种24种，占全国的26.8%。野生植物288科1717属8354种，居全国各省第三位，其中金花茶、银杉等国家一级重点保护植物37种。

旅游资源得天独厚。广西拥有以桂林山水为代表的山清水秀、洞幽石奇的山水景观，以北海银滩为代表的旖旎滨海风光，以兴安秦灵渠、宁明花山壁画为代表的文物古迹，以苗族侗族风情为主的少数民族民俗风情，以靖江王陵、恭城文庙、太平天国金田起义遗址、昆仑关战役旧址、百色起义纪念馆等为代表的历史人文景观，以及众多全国有名的山水园林景观，在地域分布上形成以桂林山水文化休闲旅游区，南宁商务会展绿都文化旅游区，北海银滩为主的滨海旅游区，乐业大石围天坑群旅游区，德天瀑布旅游区，桂东宗教名胜历史文化旅游区，贺州山水古镇生态文化旅游区，桂中少数民族风情生态旅游区，来宾“三圣”旅游区，崇左百色边关风情旅游区以及河池百色崇左红色教育旅游区等。

物产丰饶。除盛产水稻、木薯等粮食作物，甘蔗、蔬菜等经济作物以及各种热带和亚热带水果外，水产和畜禽养殖在国内也占有较大份额。糖料蔗、蚕茧、木薯、秋冬菜产量继续稳居全国第一位，水牛奶、大蠔、黄羽肉鸡、木材产量跃居全国第一位，肉类、水产品、优质稻、香蕉、柑橘、蔬菜、食用菌、中药材等产量位居全国前列。

地处中国大陆东、中、西三大地带交汇点，具有沿海、沿边、沿江的区位优势，是中国唯一与东盟既有陆地接壤又有海上通道的省份，中国通往东盟最便捷的国际大通道和中国西南地区最便捷的出海口。

【经济社会发展概述】 2012年，广西实现地区生产总值13035.10亿元，比上年增长11.3%。其中，第一产业增加值2172.37亿元，比上年增长5.6%；第二产业增加值6247.43亿元，增长14.2%；第三产业增加值4615.30亿元，增长9.8%。第一、二、三产业增加值占地区生产总值的比重分别为16.7%、47.9%和35.4%，对经济增长的贡献率分别为9.5%、43.5%和47.0%。按常住人口计算，人均地区生产总值27952元。财政收入1810.14亿元，比上年增长17.4%；公共财政预算收入1166.06亿元，增长23.0%。各项税收收入762.46亿元，增长18.2%。公共财政预算支出2985.2亿元，比上年增长17.3%。

经济　广西经济结构调整取得成效。一是以环境和市场倒逼机制推动产业转型升级。全自治区共对存在突出环境隐患的1183家企业进行限期整改，对374家实行停产整治，对228家进行关闭取缔。有色、电力和建材3个产业升级为千亿元产业，新增年产值超30亿元的强优企业8家、年产值超百亿元的园区5个、微型企业2.04万家；上汽通用五菱宝骏基地、梧州再生铜冶炼、玉柴铸造中心二期等一批重大产业结构调整项目竣工投产，全自治区工业园区总产值突破万亿元。二是自主创新能力增强。新组建自治区级工程院25所，新增梧州、钦州等2个自治区级高新区。新认定高新技术企业96家，总数达420家。铝产品、橡胶制品、石化产品、茧丝绸、松脂林化等5个国家质检中心通过验收，建成内燃机及零部件等国家质检中心2个、自治区质检中心6个。玉柴高速大功率船电发动机研发成功，全自治区发明专利申请量超过6500件。三是服务业发展势头良好。第三产业增加值占地区生产总值比重达34.7%，比上年提高0.6个百分点。金融机构年末存贷款余额分别达1.6万亿元和1.24万亿元，分别比上年末增长18%和16.1%；客货运输周转量增长16.3%，邮电业务总量增长12.3%；旅游总收入1659.7亿元，增长29.9%。四是区域发展协调性增强。北部湾经济区14个重点园区工业总产值突破3000亿元，沿海港口吞吐能力超2亿吨，经济增速继续领先于自治区平均水平。西江亿吨黄金水道初步形成，桂东承接产业转移示范区规划启动实施，西江经济带汽车、机械、建材、高新技术等产业布局和发展初具规模。桂西资源富集区发展规划颁布实施，百色生态型铝业、崇左糖业和锰深加工业等产业基地加快建设，河池市"产业增量提质工程"启动实施。五是城镇化水平持续提高。自治区城镇化率比上年提高1.73个百分点，达43.53%，城镇建成区面积由2180平方千米增加到2298平方千米。

增强内需支撑。优化投融资结构。年内全社会固定资产投资1.26万亿元，比上年增长24.4%，扣除价格因素实际增长20.4%，其中固定资产投资完成1.22万亿元，增长24.8%。固定资产投资中，更新改造投资完成额4257.1亿元，比上年增长39.4%，民间投资完成额7393.46亿元，增长31.7%。全年社会融资总量突破3000亿元，新增贷款1708亿元，比上年增加45亿元。获得中央预算内投资167.49亿元，比上年增加33.3亿元。有12家企业获国家核准发行债券，发债总额130.5亿元。向社会公布广西第二批共496个的投资项目目录（总投资2534亿元），大力引入民间资本。加大重大项目和基础设施建设力度。防城港钢铁基地、金桂林浆纸一体化造纸生产线、中国联通南宁总部基地等一批重大项目开工或竣工，全自治区新开工重大项目1410个，竣工或部分竣工806个，开工率和竣工率均超过90%。玉林至铁山港、钦州至崇左、六景至钦州港等3条高速公路，以及湘桂线扩能改造永州至桂林段、沿海铁路扩能南宁至钦州段及钦州至防城港段3条铁路基本建成，试验动车成功试行，柳州港阳和码头、北海港铁山港区1～4号泊位等港口项目建成投产，国家西气东输二线广西段支干线建成并向南宁市和贵港市供气，南宁电厂、贺州电厂3台新机组投产发电，南宁轨道交通1号线全面施工。项目投产新增铁路里程361.4千米、高速公路里程443千米，铁路和高速公路总里程分别达到3580千米和3197千米；新增发电装机容量288万千瓦，总装机容量达到2995万千瓦；民航旅客吞吐量超过1400万人次。扩大消费政策得到较好落实。全自治区社会消费品零售总额4474.6亿元，比上年增长15.9%，扣除价格因素后实际增长13.3%。家电下乡补贴圆满收尾，全年销售家电产品307万台，实施补贴四年来累计销售家电1000多万台。41个重点建设的市场项目开工，新型农村商品流通网络和农产品批发市场体系不断完善。

文化发展　一是建设公共文化服务体系。14个设区市的24个博物馆、图书馆、艺术馆项目全部开工建设，各级各类公共图书馆和文化馆（站）全部向社会免费开放。建成乡村公共文化服务中心1200个。在全国率先全面利用乡镇综合文化站开展中小学生书法普及教育活动。《桂花雨》《黑狗哈拉诺亥》等作品获得全国“五个一工程”奖。桂版图书突破6000种，文艺院团新创作剧（节）目近百个。靖西壮锦厂成功入选国家级非物质文化遗产生产性保护示范基地。乡镇广播电视网络整合基本完成，3万个20户以下通电自然村广播电视村村通工程完成，提前实现“十二五”直播卫星村村通目标，全自治区广播、电视人口综合覆盖率分别提高到96.1%和97.7%。成功举办第四届广西体育节、广西首届全民健身运动会、第三届广西万村农民篮球赛等大型体育活动。二是加快文化产业发展。广西文化产业城核心项目——中国东盟创意乐园启动建设，来宾金龟岛民族文化博览园、桂台文化旅游园、北海文化产业园动漫基地、凭祥红木文化产业园等建设取得实质性进展。新增自治区文化产业示范基地23个，广西榜样传媒集团入选第五批国家文化产业示范基地。三是深化文化体制改革。需要改制的108个国有文艺院团，实行转制22个、划转69个、撤销17个。

生态文明建设　一是主体功能区规划经国家审查同意并由自治区人民政府颁布实施，成为国内第5个实行发布的省区。二是实施节能减排。万元生产总值能耗比上年下降4.26%；化学需氧量排放量78.03万吨，氨氮排放量8.26万吨，二氧化硫排放量50.41万吨，氮氧化物排放量49.83万吨，分别下降1.63%、1.61%、3.25%和上升0.86%。淘汰落后产能电力2.4万千瓦、水泥1630万吨、铁合金35.17万吨、造纸31万吨。城镇污水处理率、生活垃圾处理率分别达到76.6%和89%，新增建村庄污水处理设施483套。三是发展循环经济。钦州石化产业园被国家列为循环化改造示范试点，梧州市被国家列入第二批餐厨废弃物资源化利用及无害化处理试点城市，柳钢被国家列为首批产业废物综合利用骨干企业，贺州华润循环经济产业示范区主要固体废物综合利用率达100%。四是加强生态建设和环境保护。植树造林30万公顷，全自治区森林覆盖率达61.4%。柳州市获“国家森林城市”称号，桂林市被列入国家第二批低碳试点城市。全自治区新增水土流失治理面积5.8万公顷，完成地质灾害隐患点治理200处。14个设区市环境空气质量优良天数比例达到98.9%，39条主要河流水质达标率97.2%，城市集中式饮用水水源地水质达标率98.7%，近岸海域水质保持基本稳定。

重点领域改革　一是全面完成扩权强县交接，共有719项管理权限向县级政府下放，22个扩权强镇试点和10个镇级财政管理体制改革试点启动。二是推进价格改革，依法调整桂林等市供水价格、14个设区城市污水处理收费标准以及60家小水电企业上网电价，实施居民阶梯电价。三是改革医疗体制。所有政府举办的基层医疗卫生机构和村卫生室实现基本药物制度全覆盖，7个试点县的21所公立医院全部取消药品销售加成。四是推进国有企业改革，836家规模以上国有企业有812家完成改制。五是改革金融体制，北部湾金融租赁有限公司和北部湾财产保险有限公司获得国家批准成立，填补了广西没有非银行金融业总部机构和全国性保险总部机构的空白。田东县成为国家新一轮农村金融改革试验区之一。此外，统筹城乡、农村产权、集体林权、事业单位、行政管理、社会保障等领域改革均有新进展。

开放合作　全年对外贸易进出口总额294.74亿美元，比上年增长26.3%。其中，出口154.68亿美元，比上年增长24.2%；进口140.05亿美元，增长28.5%。深化拓展以东盟为重点的国际合作。年内举办第九届中国—东盟博览会和商务与投资峰会、第七届泛北部湾经济合作论坛等重大展会；中马钦州产业园正式开园、马中关丹产业园全面启动；钦州保税港区整车进口口岸正式投入使用，北海出口加工区扩区和东兴国家重点开发开放试验区建设实施方案获国务院批复，中国—东盟南宁空港经济区、南宁—新加坡经济走廊南崇经济带发展规划颁布实施。与东盟双边贸易额达120.5亿美元。全年实际利用外资30亿美元，比上年增长11%。扩大国内区域合作，与四川、湖南、云南合作共建临海产业园，与福建、湖南两省以及神华、华润、大唐等12家央企签署合作协议；与广东签署两广经济一体化发展工作备忘录和共建粤桂合作特别试验区指导意见，与泛珠各方签约项目65个，项目投资总额259.45亿元；推进与港澳台地区的合作，香港继续成为广西最大的外资来源地。对外投资的中方协议投资额达6.72亿美元，比上年增长69.1%；对外承包工程全年完成营业额7.5亿美元，增长14.8%。

民生和社会事业　城镇居民人均可支配收入21243元，比上年增长12.7%；农村居民人均纯收入6008元，增长14.9%。年末城镇登记失业率3.41%，比上年末下降0.05个百分点，城镇新增就业人口54.05万人，农村劳动力转移就业新增89.93万人次。新型农村和城镇居民社会养老保险制度实现全覆盖，参保人数达1586.4万人，城乡三项医疗保险参保率达到97.9%，门诊统筹实现全覆盖。563.9万名农村义务教育阶段学生享受免费教科书和免学杂费资助，64.37万名城市义务教育学校在校学生免除学费；每千人口医院床位数2.92张（比上年增长7.4%），规范化电子健康档案建档数3360.3万人（建档率73%），免费婚检率达96.99%（居全国前列），基本实现诚信计生的县（市、区）达89%。城镇保障房建设完成投资246亿元，新开工25.93万套（含新增租赁补贴3.15万户），开工率达107.6%，竣工16.92万套，住房保障覆盖面提高到13%；农村危房改造竣工20.7万户，6.9万户农村分散供养五保户、低保户、残疾人和茅草房住户告别了危房，消除农村茅草树皮房攻坚战全面完成。《滇桂黔石漠化区区域发展与扶贫攻坚规划》获国务院批准，涉及35个县（区）。启动实施3000个贫困村整村推进扶贫开发村级规划、兴边富民行动大会战。

存在问题　后发展欠发达的基本区情没有改变，主要表现在：经济总量小，人均水平低；工业化城镇化水平不高，农业基础薄弱，产业结构不合理，基础设施不完善；科技支撑能力不强，创新型人才缺乏；市场化、国际化程度较低；经济发展方式仍较粗放，资源环境约束压力加大；基本公共服务保障能力不足，城镇居民收入不高，贫困面还比较大。

【年度大事要闻】　2012年，广西壮族自治区发生的大事要事主要有：

自治区党委领导职务调整　12月19日，中共中央决定，郭声琨不再担任中共广西壮族自治区党委书记、常委、委员职务，另有任用；彭清华任中共广西壮族自治区党委委员、常委、书记。

3000名机关干部任贫困村党组织第一书记　3月20日，自治区党委宣布，从2012年起，全自治区选派3000名优秀机关干部到贫困村担任党组织第一书记，担负起强组织、建新村、促增收的重任，带领贫困村村民脱贫致富。

农业生产持续发展 全年粮食总产量1484.9万吨，创7年来最高水平；甘蔗种植面积、产量保持全国第一位；蚕茧产量31.57万吨，连续8年居全国首位；园林水果产量1030.95万吨，进入全国五大水果千万吨省区行列；肉类总产量、水产品产量居全国前列；木材产量、经济林面积均居全国首位。

规模以上工业增加值增速位居全国第七位 规模以上工业增加值比上年增长15.9%，其中国有企业增长16.7%，集体企业增长16.0%，股份制企业增长15.1%，外商及港澳台商投资企业增长13.3%，其他经济类型企业增长26.9%。轻工业增长17.2%，重工业增长15.4%。

全面消除农村茅草树皮房 全自治区消除农村茅草树皮房攻坚战结束，年内改造农村茅草树皮房24457户，结束了广西农村贫困群众居住茅草树皮房的历史。

学前教育走在全国前列 学前教育三年毛入园率达76.6%，提前8年超额完成国家和广西教育规划纲要中2020年达到70%的目标。

学者论文首次问鼎《自然》杂志 9月，广西医科大学第一附属医院教授莫曾南的论文《中国男性人群全基因组关联研究发现2个位于9q31.2和19q13.4的前列腺癌易感基因位点》在《自然》杂志发表，成为广西学者首次以第一作者在该期刊发表论文，实现广西科学界零的突破。

发明创造专利增速跃居全国首位 全年申请专利1.36万件，比上年增长67.8%，其中发明专利6507件，增长136%，增速居全国首位。

多项文艺精品获得国内国际奖 壮剧《赶山》被文化部、财政部列为国家舞台艺术精品工程2011～2012年度资助剧目，音乐剧《桂花雨》获得中宣部第十二届精神文明建设“五个一工程”奖和第四届全国少数民族文艺汇演剧目金奖，图书《黑狗哈拉诺亥》获得中宣部第十二届精神文明建设“五个一工程”图书奖，彩调剧《刘三姐》获文化部第二届优秀保留剧目大奖，木偶剧《拇指姑娘》获二十一届国际木偶联会大会暨国际木偶皮影艺术节优秀剧目奖二等奖。

生态环境持续好转 全年植树造林30万公顷，自治区森林覆盖率达61.4%；元宝山等3处自然保护区晋升为国家级自然保护区；新增治理水土流失面积5.8万公顷；14个设区市环境空气质量优良天数比例98.9%，39条主要河流水质达标率97.2%，城市集中式饮用水水源地水质达标率98.7%。

防城港钢铁基地项目开工建设 5月28日项目开工。根据国家发改委批复，项目按1000万吨钢规模规划，总投资639.9亿元，建设期为4年，预留二期发展余地。项目建成后，武钢和广西要按要求实现累计淘汰炼铁能力694万吨、炼钢能力1070万吨。

南宁轨道交通一号线开工 12月29日开工建设。一号线工程为联系南宁城市东西方向的骨干线，连接城西组团、城北组团、中心组团、青秀组团，全线采用地下线方式敷设，全长32.1千米，设地下车站25座，概算总投资198亿元。计划于2016年通车试运营。

结束无高速铁路历史 12月31日，沿海铁路扩能改造南宁至钦州北、钦州至防城港段建成并启动动车联调联试，结束广西无高速铁路的历史。

中马钦州产业园区开园 3月26日，国务院正式批准设立中国—马来西亚钦州产业园区，并明确为中、马两国政府合作项目。4月1日，中国国务院总理温家宝与马来西亚总理纳吉布共同出席中马钦州产业园开园仪式。

西江经济带发展总体规划通过自治区审议 8月4日，《广西西江经济带发展总体规划（2010～2030年）》获得自治区十一届人民政府第105次常务会议审议并原则通过。

桂林航天工业学院揭牌 5月28日，原桂林航天工业高等专科学校升格为本科层次的普通高校——桂林航天工业学院。学院首批增设热能与动力工程、汽车服务工程、机械设计制造及其自动化、通信工程、人力资源管理、市场营销等本科专业6个。

中国—东盟博览会和商务与投资峰会举办 9月21日，第九届中国—东盟博览会和中国—东盟商务与投资峰会暨2012中国—东盟自由贸易区论坛在中国南宁开幕。

（叶建维）

海 南 省

【自然概貌】 海南省位于中国最南端，行政区域包括海南岛、西沙群岛、中沙群岛、南沙群岛的岛礁及其海域，是全国面积最大的省。全省陆地面积3.54万平方千米（包括海南岛和西沙、中沙、南沙群岛），海域面积约200万平方千米。

【资源】 海南粮食作物主要有水稻、旱稻、山兰坡稻，经济作物主要有甘蔗、麻类、花生、芝麻、茶等。水果种类繁多，主要有菠萝、荔枝、龙眼、香蕉、大蕉、柑橘、芒果、西瓜、杨桃、菠萝蜜、红毛丹、火龙果等。热带作物主要有橡胶、椰子、油棕、槟榔、咖啡、胡椒、剑麻、香茅、腰果、可可等。有南药30多种，最著名的四大南药为槟榔、益智、砂仁、巴戟。陆生脊椎动物有567种，其中两栖类37种（11种仅见于海南，8种被列为国家特产动物），爬行类104种，鸟类344种，哺乳类82种（21种为海南特有）。海洋水产资源具有海洋渔场广、品种多、生长快和渔汛期长等特点，主要的海洋经济鱼类40多种。矿产资源种类较多，共发现矿产88种，经评价有工业储量的矿种70种、产地396处，已探明列入矿产资源储量统计的59种、产地487处，其中探明储量位于全国前列的优势矿产有石油、天然气、玻璃用砂、钛铁砂矿、锆英砂矿、宝石、富铁矿、铝土矿（三水型）、饰面用花岗岩、饮用天然矿泉水、热矿水等。海南岛周边海域已探明的油气田主要有崖13—1、东方1—1、乐东15—1等。旅游资源丰富，极富特色，主要有海岸带景观，山岳、热带原始森林，珍禽异兽，大河、瀑布、水库风光，火山、溶洞、温泉，古迹名胜，民族风情，热带作物及田园风光等。

【气候】 2012年，海南省各地年平均气温在23.8℃（五指山）～26.2℃（三亚）之间，其中中部山区接近24℃，东、南和西部沿海地区高于25.0℃。与常年相比，全省偏高0.4℃～1.2℃。大部分市县年极端最高气温分别出现在5月上旬前中期和6月中旬前期，极端最低气温出现在12月下旬末。年降水量除临高和乐东不足1500毫米外，其余各地均超过1500毫米，定安则超过2300毫米，且大部分市县接近常年。各地年日照时数在1567.9小时（澄迈）～2498.4

小时（东方）之间，空间分布不均，其中西部市县在2100小时以上，其余在1567.9～2092.7小时之间。与常年相比，年日照时数除白沙、琼中偏多43.5～261.2小时外，其余多数市县偏少41.1～823.9小时，其中三亚偏少800小时以上。全省先后受4个热带气旋影响，没有热带气旋在海南岛登陆，热带气旋影响个数也较常年偏少3个，属热带气旋灾害影响偏轻年份。第1个影响海南的热带气旋在6月中旬，属正常年份；最后一个影响海南的热带气旋在10月下旬，较常年偏晚4旬。在影响海南的4个热带气旋中，1223号台风“山神”影响相对较重。

【人口】 2012年，海南省常住人口886.55万人，户籍人口901.93万人。户籍人口中，男性471.74万人，女性430.19万人；非农业人口342.26万人，农业人口559.67万人；汉族739.38万人，少数民族162.55万人，其中黎族147.59万人，苗族7.77万人，回族1.24万人。

【行政区划】 2012年6月，国务院批准撤销西沙群岛、南沙群岛、中沙群岛办事处，设立地级三沙市，管辖西沙群岛、中沙群岛、南沙群岛的岛礁及其海域，市政府驻西沙永兴岛。三沙市岛屿面积13平方千米，海域面积约200万平方千米。7月24日，举行三沙市成立大会暨揭牌仪式。至年底，全省有19个市县，其中3个地级市、6个县级市、4个县、6个民族自治县。基层设乡镇和含街道办事处222个，其中镇183个、乡21个、街道办事处18个。

【经济社会发展概述】 2012年，海南省实现地区生产总值2855.54亿元，按可比价格计算，比上年增长9.1%。其中，第一产业增加值711.54亿元，比上年增长6.3%；第二产业增加值804.47亿元，增长11%；第三产业增加值1339.53亿元，增长9.5%。居民消费价格（CPI）比上年上涨3.2%，低于年初预期调控目标1.8个百分点，其中食品上涨5.2%，居八大类消费品涨幅首位。农业生产资料价格上涨4.3%，工业品出厂价格上涨0.8%，工业品购进价格下降0.4%。全口径公共财政收入770.87亿元，比上年增长11.7%，其中地方公共财政收入409.44亿元，增长20.4%，增速高于年度预期目标。地方公共财政支出911.67亿元，比上年增长17.1%。其中，教育支出158.79亿元，比上年增长24.8%；住房保障支出44.76亿元，增长29.6%；医疗卫生支出59.86亿元，增长19%；农林水事务支出123.42亿元，增长17%；社会保障和就业支出106.15亿元，增长12.9%。

农业农村经济　全省农业增加值711.54亿元，比上年增长6.3%。按产业划分，种植业增加值298.63亿元，比上年增长5.1%；渔业增加值176.13亿元，增长7%；林业增加值93.37亿元，增长6.8%；畜牧业增加值125.41亿元，增长6.9%。全年粮食产量199.50万吨，比上年增长6.1%；蔬菜产量499万吨，增长6.4%；水果产量428.71万吨，增长6.2%；水产品产量172.73万吨，增长7.8%；干胶产量39.51万吨，增长6.3%；肉类总产量79.54万吨，增长10.6%。瓜果菜出岛590万吨，比上年增长3.5%；生猪出岛220万头，增长9.5%；家禽出岛3950万只，增长10.5%。全省农业机械总动力442.81万千瓦，其中排灌机械动力98.90万千瓦，大中型拖拉机保有量1.77万台，小型拖拉机保有量5.84万台，化肥施用量

（折纯量）46.25万吨，农村用电量8.59亿千瓦时，农田水利有效灌溉面积17.86万公顷。

工业　全年工业增加值521.15亿元，比上年增长8.8%，其中规模以上工业增加值482.05亿元，增长8.9%。按轻重工业划分，轻工业增加值106.17亿元，比上年增长14.5%；重工业增加值375.88亿元，增长7.5%。按经济类型划分，国有企业比上年增长25.4%，集体企业下降33.6%，股份合作企业增长25.5%，股份制企业增长15.4%，外商及港澳台投资企业下降0.6%，其他经济类型工业增长17.1%。年产值超30亿元的规模以上重点行业中，石油加工业产值579.09亿元，汽车制造业产值119.45亿元，电力、热力的生产和供应业产值167.08亿元，造纸及纸制品业产值93.10亿元，非金属矿物制品业产值108.74亿元，化学原料及化学制品制造业产值109.39亿元，医药制造业产值92.22亿元，黑色金属矿采选业32.48亿元，电气机械及器材制造业产值65.35亿元，食品制造业产值39.13亿元，计算机、通信和其他电子设备制造业产值34.64亿元。加快工业项目建设，汉能250兆瓦太阳能电池、华盛400万吨新型干法水泥、椰树集团老城饮料基地、红塔30万箱卷烟异地技改、中高端光电倍增管等15个项目建成投产或试产。洋浦经济开发区、老城开发区、海口保税区、东方工业园区、昌江循环经济开发区等工业经济园区产值规模不断扩大，成为支撑工业经济的主力军。工业产品产销衔接良好，产销率达99.2%。列入统计监测的377家规模以上工业企业综合效益指数328.88%，实现利润总额133.35亿元。

旅游业　全年接待旅游过夜游客3320.37万人次，比上年增长10.6%。其中，接待国内游客3238.80万人次，比上年增长10.9%；接待入境游客81.57万人次，增长0.1%。旅游总收入379.12亿元，比上年增长17%。其中，国内旅游收入356.79亿元，比上年增长19.1%；入境旅游收入3.48亿美元，下降8%。年内，整顿和规范旅游市场秩序，提升旅游服务管理水平。加强旅游宣传促销，启动海南国际旅游岛全国推广活动，组团到俄罗斯、日本、韩国、港澳台等国家和地区参加展会和举办旅游专项促销活动，举办中国（海南）七仙温泉嬉水节、第三届海南国际旅游岛形象大使选拔活动、环岛国际公路自行车赛、观澜湖高尔夫球世界职业明星邀请赛等体育赛事和文化活动，吸引游客到海南旅游。新建和改造一批旅游宾馆，抓好景区等级创建和改造升级工作，提高旅游接待能力。全省有挂牌星级宾馆172家，其中五星级23家、四星级46家、三星级8家。

房地产业　全年房地产业增加值238.11亿元，比上年增长4.7%。全省房地产开发完成投资886.64亿元，比上年增长33.7%。房屋施工面积5109.49万平方米，比上年增长39.6%，其中新开工面积1661.29万平方米，增长0.7%；销售面积931.84万平方米，增长4.9%；销售额735.57亿元，下降6.9%。从工程用途看，住宅完成投资725.32亿元，占房地产开发完成投资的81.8%，比上年降低4.8个百分点；非住宅完成投资161.32亿元，占18.2%，提高4.8个百分点。年内，继续贯彻执行国家房地产调控政策，抑制房价过快增长；调整开发结构，促进转型升级；降低交易税费，刺激一二级市场交易，调整住房公积金贷款政策，鼓励住房消费；开展房地产促销活动，创新销售模式，促进房地产销售。

交通运输邮电业　全年交通运输、邮电和仓储业增加值133.40亿元，比上年增长8.7%。货物运输周转量1557.08亿吨千米，比上年增长12.4%；旅客周转量503.67亿人千米，增长6.5%。港口货物吞吐量1.18亿吨，增长8.1%；港口旅客吞吐量3255.33万人次，增长3.4%。邮电业务总量101.42亿元，比上年增长10.3%。其中，电信业务总量95.50亿元，比上年增长10.2%；邮政业务总量5.92亿元，增长12.5%。年末全省固定电话用户173.01万户，其中城市电话用户121.99万户，农村电话用户51.02万户；移动电话用户775.62万户，比上年增长15.5%；互联网用户725.30万户，增长17.3%。固定电话普及率每百人19.3部，移动电话普及率每百人86.6部。年内，海口至屯昌高速公路、三亚绕城高速公路、文昌航天发射场配套道路灵山至文城段、洋浦大桥南连接线工程、环岛高速公路白莲立交至白马井段改造工程完工，海口港新海港区客货滚装码头工程、屯昌至琼中高速公路、环岛高速铁路三亚站至凤凰机场段开工建设。

批发零售和住宿餐饮业　全年批发零售业增加值300.52亿元，比上年增长7.5%；住宿餐饮业增加值108.26亿元，比上年增长3.2%。全年社会消费品零售总额852.34亿元，比上年增长15%。按城乡分，城镇零售额748.89亿元，比上年增长14.3%；乡村零售额103.45亿元，增长20.4%。按消费形态分，商品零售额723.55亿元，比上年增长14.2%；餐饮收入128.79亿元，增长19.7%。在限额以上企业商品零售额中，化妆品类零售额比上年增长73.3%，粮油类增长34.5%，服装类增长22.5%，日用品类增长74.5%，书报杂志类增长22.8%，金银珠宝类增长34.5%，中西药品类增长28.9%，通讯器材类增长41.5%。年内，先后举办第六届海南汽车展销会、首届海南电脑手机数码博览会、中国（海南）国际旅游岛美食文化节、名特优产品展销会等。

金融业　年末全省金融机构本外币存款余额5109.70亿元，比上年末增长13.3%；贷款余额3889.63亿元，增长21.7%。银行业金融机构资产总额7282.92亿元，比上年增长17.4%；利润总额76.86亿元，增长14.2%；不良贷款率1.1%，下降0.3个百分点。全年保险保费收入60.27亿元，比上年增长12.1%，其中财产保险收入25.89亿元，人身保险收入35.38亿元，分别增长15.5%和9.8%；赔付支出18.17亿元，增长14.4%，其中财产保险赔付12.45亿元，人身保险赔付5.72亿元，分别增长17.5%和8.5%。年末境内上市公司达26家，股票市价总值1444.86亿元，比上年增长17.7%；证券和期货交易总额41937.99亿元，增长13.8%。全年通过发行、配售股票共筹集资金99.32亿元，比上年增长21.3%。年内，阳光人寿保险公司总部、亚洲金融合作联盟落户三亚，海南大宗商品交易中心正式挂牌营业，城市商业银行方案获中国银监会批准，中信银行海口分行、招商银行海口分行挂牌运营，新批准设立小额贷款公司8家。双城药业在深交所上市，海南航空、海岛建设和欣龙控股定向增发融资93.32亿元，海航机场发行中期票据募集资金6亿元，金元证券获大股东增资20亿元，新发起设立3支股权投资资金共7亿元。

固定资产投资　全省完成固定资产投资2145.38亿元，比上年增长33.1%。从行业结构看，第一产业完成投资30.03亿元，比上年增长1.6倍；第二产业完成投资394.36

亿元，增长29.4%；第三产业完成投资1720.98亿元，增长32.9%。推进重点项目建设，全年265个重点项目完成投资1370亿元，比上年增长77.9%，为年度计划投资的117.8%。30万箱红塔卷烟、英利400兆瓦多晶硅太阳能电池、汉能250兆瓦薄膜太阳能电池、中航特玻3号生产线、中高端光电倍增管、椰树集团老城饮料基地、澄迈含硫含镁作物专用肥、文昌光伏玻璃砂生产基地、文昌热带饮料产业基地、东方电厂二期工程、清澜大桥、海口至屯昌高速公路等项目建成，海口国宾馆、海口天利酒店、三亚海棠湾洲际酒店、乐东温德姆酒店、乐东凯宾斯基别墅酒店等项目进入收尾阶段，昌江核电一期工程、红岭水利枢纽工程、海棠湾国家海岸、陵水清水湾、万宁神州半岛、乐东龙沐湾、海南生态软件园、海马30万辆汽车、中海油精细化工一期工程、60万吨聚酯原料、中石化成品油保税库等项目进入主体施工阶段，国际旅游岛先行试验区基础设施、海口观澜湖旅游小镇、布隆赛乡村文化旅游小镇、洋浦精密零部件制造、昌江生态建材、东软信息产业基地一期、屯昌至琼中高速公路等项目开工建设。

外贸进出口　全年对外贸易进出口总值143.30亿美元，比上年增长12.3%。其中，出口总值31.43亿美元，比上年增长23.7%；进口总值111.87亿美元，增长9.5%。在出口总值中，对香港出口9.75亿美元，比上年增长31.6%；对中东出口1.14亿美元，增长21.5%；对东盟出口6.07亿美元，增长89.8%；对欧盟出口4.44亿美元，下降4.1%；对美国出口3.39亿美元，增长40.2%；对日本出口1.54亿美元，增长2%。利用外资规模持续扩大。全年全省实际利用外商直接投资16.41亿美元，比上年增长7.8%。新签外商投资项目74个，比上年增长19.4%；协议合同外商投资额12.34亿美元，增长68%。

城乡居民收入　全年城镇居民人均可支配收入2.09万元，比上年增长13.9%，实际增长10.4%；农村居民人均纯收入7408元，增长14.9%，扣除价格因素，实际增长11.4%。全年在岗职工平均工资4.01万元，增长9.1%。城乡居民储蓄存款2170.91亿元，比上年增长15.8%。全年城镇居民人均消费支出1.45万元，比上年增长14.3%；农民人均生活消费支出4736元，增长14.8%。全年城镇新增就业人数9.70万人，比上年增长2.1%；年末城镇登记失业率2%，增加0.3个百分点。农村劳动力转移9.30万人，比上年增长1.1%。年末从业人员483.90万人，比上年增长5.4%，其中城镇从业人员183.21万人，增长9.7%。全部在岗职工人数87.29万人，比上年增长5.4%。

社会保障　全省月最低工资标准上调220元，城乡居民医疗保险财政补助水平由每年200元提高到240元，60周岁以上农村居民基础养老金由70元提高到85元，率先在全国实现五项社会保险省级统筹。年末全省城镇参加基本养老保险（含离退休人员）214万人，比上年增长7.5%；参加医疗保险378万人，增长9.5%；参加工伤保险119万人，增长14.9%；参加生育保险116.03万人，增长15.2%；参加失业保险141.81万人，增长10.6%。全年城镇开工建设保障性住房8.41万套，竣工7.17万套；农村危房改造3.04万套，竣工2.86万套。

医疗卫生　加快医疗设施建设，解放军总医院海南分院、省眼科医院和耳鼻喉头颈外科医院建成开诊，海南医学院附属医院外科综合大楼建成投入使用，改造乡镇卫生院

50个。推进基本医疗保障制度扩面提标，全省城镇职工医保、城镇居民医保参保率95.4%，新农合参合率98.2%，城镇居民基本医保和新农合政府补助标准从2011年的每人每年200元提高到240元，新农合住院费用补偿比例从70%左右提高到75%左右。完善医疗救助制度，三亚、儋州、五指山、澄迈、保亭5个市县开展重特大疾病医疗救助试点。扩大基本药物制度实施范围，有79个非政府办社区卫生服务机构和93所茶林农盐场医院实施国家基本药物制度。推进公立医院改革，出台《关于县级公立医院综合改革试点的指导意见》，在三亚公立医院改革试点的基础上，增加文昌、屯昌、陵水、保亭、澄迈、昌江6个市县开展县级公立医院改革试点。年末全省有各类卫生机构5142个，比上年增长6.8%；医院病床位3.01万张，增长5.3%；卫生技术人员4.47万人，增长3.3%。

教育　继续实施学前教育改革和发展三年行动计划，新建、续建和改建幼儿园254所，新增学位2.60万个。推进教育扶贫移民工程，新建成8所思源学校，新增学位1.82万个。继续发展义务教育，切实解决进城务工人员随迁子女入学问题，提高教学水平和质量。加快发展职业教育，对中职学校14.40万名城镇家庭经济困难学生、涉农专业学生和农村户籍学生实行免学费政策。推进高等教育发展，海南大学被列入国家中西部高校基础能力建设专项规划。全年普通高校（含成人教育）招生6.19万人，在校学生19.61万人；中职学校招生5.11万人，在校学生14.19万人；普通高中招生6.30万人，在校学生17.55万人；普通初中招生11.94万人，在校学生36.47万人；普通小学招生12.25万人，在校学生75.22万人。

科技　全省新增省级工程技术研究中心1个、省级重点实验室10个，有73个项目通过省高新技术项目认定，24家企业通过国家高新技术企业认定。推进“农业科技110”建设，全省新建服务点85个、服务站7个。组织实施国家火炬计划项目12个、科技型中小企业技术创新基金项目37个、国家“973”计划前期研究专项课题1个、国家星火计划项目5个、国家农业科技成果转化资金项目12个、国家科技进步奖项目1个、国家自然科学基金项目144个。全年申请专利1824件，比上年增长23.2%；获得专利授权1084件，增长38.3%。

文化　深化文化体制改革，国有文艺院团和非时政类报刊出版单位体制改革取得重大进展，省政府正式授权省经营性国有文化资产监督管理领导小组及其办公室代表省政府履行省属经营性国有文化资产出资人职责。加快文化设施建设，“六大文化惠民工程”建设取得新的进展，其中广播电视村村通工程完成“十二五”第二批10万套直播卫星接收设备安装，实现自然村全覆盖，提前3年实现国家制定的目标。举办首届海南省艺术节、第二届海南迎新艺术节、2012年海南省“文化遗产日”、第四届海南书香节、“群艺大舞台”、海口万春会等文化活动。推进文化产业发展，省委、省政府出台《关于加快推进文化改革发展的决定》和《关于支持文化产业加快发展的若干政策》，以国际旅游岛先行试验区为突破口，大力发展文化旅游、文化创意、出版发行、广播影视、演艺娱乐、文化会展、动漫游戏、体育健身、休闲养生等重点产业。年末全省有各类艺术表演团体61个，文化艺术馆21个，公共图书馆20个。全省有线电视用户达95万户，比上年增长11.4%。广播综合人口覆盖率和电视综合人口覆盖率分别达到96.5%和95.5%。全省有报社15家，出版报纸2.45亿份；杂志社43家，出版杂志803万册。省直院团演出521场，收入1282万元，观众69.80万人次。全省电影票房收入1.19亿元，有线电视收入3.60亿元，广播电视播出机构收入7.54亿元。

体育 年内举办的赛事有：第三届海南岛国际大帆船赛、第七届环岛国际公路自行车赛、世界沙滩排球巡回赛、“奥林匹克杯”三亚女子公开赛、海南万宁日月湾国际冲浪节、世界女子高尔夫球锦标赛、观澜湖高尔夫世界明星邀请赛、海南省第四届体育运动会等体育赛事，组团组队或派员参加2012全国青少年高尔夫冠军赛广东站比赛、“美克杯”全国男子举重锦标赛暨伦敦奥运会选拔赛、2012年全国青少年U21男排锦标赛、2012年世界青年举重锦标赛、2012年“光荣行杯”全国大众跆拳道锦标赛、2012年全国男子拳击冠军赛等比赛。全年全省运动员在全国体育运动会比赛中获金牌34枚、银牌34枚、铜牌27枚，在亚洲运动会比赛中获金牌2枚、银牌3枚、铜牌6枚，在世界性运动会比赛中获金牌6枚、银牌1枚、铜牌1枚。

民生 扩大农村医疗救助范围，确定对患22种重大疾病贫困农村居民予以医疗救助。提高医疗救助报销比例，省慈善惠民医院医疗救助比例从80%提高到85%，进一步减轻中西部7个市县困难群众看病负担。实施城乡困难家庭临时教育救助制度，对考入全日制大专以上院校的城乡低保家庭子女和孤儿实施临时教育救助。推进殡葬改革，推广海口、三亚、陵水3个市县惠民殡葬政策试点经验，开工建设公益性公墓18个，其中16个投入使用。全省有重点优抚对象2.74万人，享受城镇居民最低生活保障人员15.71万人，享受农村居民最低生活保障人员24.74万人，有农村五保户供养人员3.30万人。全年实施城乡医疗救助59.32万人次，其中城市医疗救助24.77万人次，农村医疗救助34.55万人次。全年救助灾民86万人次，投入救灾救济资金7400万元。实施城乡低收入群体补贴与物价上涨联动机制，增强群众应对物价上涨的承受能力。全年全省为50.07万人次农村五保户、重点优抚对象、领取失业保险金人员联动补贴对象，8.40万户次城镇低收入住房困难家庭，28.51万名大中专学生发放物价联动补贴和临时生活补贴4039.33万元。推进养老院建设，10所农村敬老院改建扩建工程全部建成，省托老院即将完工，4所城镇中心养老院开工建设。

环境保护 加快淘汰落后产能，国家下达的钢铁、造纸、水泥等落后产能淘汰率达100%。推广节能新技术、新工艺，企业燃煤机组脱硫设施安装率和投运率分别为100%、98.8%，电力业脱硝设施安装率和投运率分别达39%和91.4%。万元规模以上工业增加值能耗下降4.3%，工业企业污染物排放达标率达96.6%。加快垃圾和污水处理设施建设，年内新增污水处理能力4.50万吨/日，新增垃圾无害化处理能力3514吨/日。至年底，全省城镇有污水处理厂29座，污水处理能力106万吨/日，城镇生活污水集中处理率75%；垃圾填埋场15座、垃圾焚烧发电厂3座，生活垃圾无害化处理率达100%。推进文明生态村和小康环保示范村建设，新建文明生态村631个，累计达1.37万个；新建小康环保示范村34个，累计达150个。开展“绿化宝岛”行动，全年造林绿化面积4.45万公顷，森林覆盖率61.5%，城市建成区绿化覆盖率34%。加强自然保护区建设，全省有自然保护区49个，其中国家级9个，省级23个；自然保护区面积270.25万公顷，其中国家级10.36万公顷，省级258.47万公顷。年内，化学需氧量（COD）排放量19.74万吨，二氧化硫（SO_2）排放量3.41万吨。城镇环境空气质量优良天数比例为100%，所有监测城市（镇）的环境空气质量均达到或优于居住区空气质量要求的国家二级标准，有96.4%的监测日环境空气质量符合国家一级标准，达到自然保护、风景名胜区的空气质量水平。环境空气中主要污染物二氧化硫、二氧化氮浓度符合国家环境空气质量一级标准，部分城市（镇）个别监测日出现可吸入颗粒物浓度超国家一级标准。地表水环境质量总体为优，全省94.2%的监测河段、83.3%的监测湖库水质达到或优于可作为集中式生活饮用水源地的国家地表水Ⅲ类标准，南渡江、昌化江、万泉河三大河流水质保持优良态势，大多数中小河流水质优良，个别湖库和部分中小河流的局部河段水质轻度污染。近岸海域水质总体为优，海南岛绝大部分近岸海域处于清洁状态，一、二类海水占91.1%，92.5%的监测海域水质符合水环境管理目标的要求。

【年度大事要闻】 2012年12月30日，海南日报社评出2012年海南十大新闻，分别是：鹦哥岭青年团队事迹产生全国影响；中国共产党海南省第六次代表大会召开；在全省范围内开展集中整治“庸懒散贪”问题专项工作；解放军总医院海南分院开业；中共海南省委、省政府隆重表彰“6·29”反劫机英雄机组；《黎族故事》在第四届全国少数民族文艺汇演中获11项大奖；地级三沙市揭牌成立；海南离岛免税政策调整实施；第八届泛珠大会在海南举行；海屯高速公路建成通车。

（海南年鉴社）

四　川　省

【自然概貌】 四川省国土面积48.5万平方千米，占全国国土总面积的5.1%，居全国第五位。但由于人口众多，人均国土面积低于全国平均水平，人多地少的矛盾十分突出。

四川地貌复杂多样，有山地、丘陵、平原和高原4种地貌类型，分别占全省面积的77.1%、12.9%、5.3%、4.7%。土壤类型丰富，据第二次土壤普查，全省土壤类型共有25个土类、66个亚类、137个土属、380个土种，土类和亚类数分别占全国总数的43.48%和32.60%。

【气候】 四川气候复杂多样，地带性和垂直变化十分明显。根据水热条件和光照条件的差异，全省分为三大气候区：一是四川盆地中亚热带湿润气候区。该区热量条件好，全年温暖湿润，气温日较差小，年较差大，冬暖夏热；全年日照时间较短，雨量充沛，年降雨量1000~1200毫米。二是川西南山地亚热带半湿润气候区。该区全年气温较高，日较差大，年较差小，早寒午暖，降水量较少，干湿季分明，全年有7个月为旱季；河谷地区受焚风影响形成典型的干热河谷气候，山地形成显著的立体气候。三是川西北高山高原高寒气候区。该区海拔高差大，气候立体变化明显，从河谷到山脊依次出现亚热带、暖温带、中温带、寒温带、亚寒带、寒带和永冻带，总体上以寒温带气候为主，河谷干暖，山地冷湿，冬寒夏凉，水热不足，天气晴朗，日照充足。

2012年，全省平均气温14.9℃，较常年偏高0.2℃，为连续第16个偏高年份；降水量1016.1毫米，较常年偏多65.7毫米，偏多6%。春旱较常年偏重，重旱区主要是在攀西地区南部、盆地西北部和中南部，夏、伏旱较常年偏轻；汛期出现5次区域性暴雨天气过程，其中盆地东部暴雨过程较为频繁；冬季和夏季发生较严重的低温阴雨天气；秋季绵雨偏重发生；大风冰雹灾害性天气次数少；8月上中旬，盆地大部出现持续高温闷热天气，全省有31站达到极端高温天气标准。经综合分析评估，2012年全省气候年景为一般年份。

【资源】 *水资源* 四川省水资源居全国前列。全省多年平均降水量4889.75亿立方米。水资源以河川径流最为丰富，境内共有大小河流近1400条，号称“千河之省”。全省水资源总量共计3489.7亿立方米。地下水资源量546.9亿立方米，可开采量115亿立方米。

四川水资源的特点是：总量丰富，人均水资源量高于全国，但时空分布不均，形成区域性缺水和季节性缺水；水资源以河川径流最为丰富，但径流量的季节分布不均，大多集中在6~10月，洪旱灾害时有发生；河道迂回曲折，利于农业灌溉；天然水质良好，但部分地区也有污染。

生物资源 保存有许多珍稀、古老的动植物种类，是全国乃至世界的珍贵物种基因库之一。森林覆盖率达35.3%。

植被类型多样，植物种类非常丰富。全省有高等植物近万种，占全国总数的1/3，仅次于云南居全国第二位。有各类野生经济植物5500余种，其中药用植物4600多种，全省所产中药材占全国药材总产量的1/3，是全国最大的中药材基地；芳香及芳香类植物300余种，是全国最大的芳香油产地；野生果类植物达100多种，其中以猕猴桃资源最为丰富，居全国之首，并在国际上享有一定声誉；菌类资源十分丰富，野生菌类资源达1291种，占全国的95%。动物资源丰富，有脊椎动物1246种，占全国总数的45%以上，兽类和鸟类占全国的53%。四川野生大熊猫数量达1206只，占全国总数的76%以上，其种群数量居全国第一位。全省动物中可供经济利用的种类占50%以上，四川雉类资源极为丰富，雉科鸟类达20种，占全国雉科总数的40%，素有雉类的乐园之称。

能源资源 主要以水能、煤炭和天然气为主，煤炭资源占23.5%，天然气及石油资源占1.5%，水能资源占75%。全省水能资源理论蕴藏量达1.43亿千瓦，占全国的21.2%，仅次于西藏；其中技术可开发量1.03亿千瓦，占全国的27.2%，经济可开发量7611.2万千瓦，占全国的31.9%，均居全国首位，是中国最大的水电开发和西电东送基地。雅砻江上的二滩水电站总装机容量达330万千瓦，是中国已建成的最大水电工程，也是亚洲最大的水电站。全省保有煤炭资源量122.7亿吨，主要分布在川南。四川盆地是国内主要的含油气盆地之一，已发现天然气资源储量达7万亿立方米，占全国天然气资源总量的19%。生物能源也比较丰富，每年有可开发利用的人畜粪便3148.53万吨，薪柴1189.03万吨，秸秆4212.24万吨，沼气10亿立方米。此外，太阳能、风能、地热资源也较为丰富，有待开发利用。

矿产资源 四川地质构造复杂，矿产种

类比较齐全。已查明资源储量的矿种有100余种、矿区达1906处，其中有43种矿产的保有资源储量位居全国前5位，煤、铁、锰、钛、钒、铜、铅、锌、轻稀土、磷、水泥用灰岩等重要矿产资源储量有所增加。全省矿产资源供应能力较强，是西部乃至全国的矿物原材料生产和加工大省。

四川矿产资源的特点是：资源总量丰富，但人均占有量低于全国水平；资源种类齐全，但多数矿种储量不足。大型或特大型矿床分布集中，区域特色明显，有利于形成综合性的矿物原料基地；矿产集中分布在川西南（攀西）、川南、川西北三个区，并各具特色。部分重要矿产以贫矿和低品质矿为主，富矿不足。矿床的共生、伴生矿多，具有重要的综合利用价值，但增加了采矿和选冶工艺难度。

旅游资源　拥有美丽的自然风景、悠久的历史文化和独特的民族风情，旅游资源数量和品位均在全国名列前茅，是中国著名的旅游资源大省。全省有世界遗产5处，加入世界人与生物圈保护网络的保护区有4处（九寨、卧龙、黄龙、稻城亚丁）；拥有国家级重点风景名胜区14处、省级风景名胜80处。

2012年末，全省有然保护区167个，湿地公园19个。共建森林公园119处，其中国家级32处。已发现地质遗迹220余处，其中有兴文和自贡世界级地质公园2处、国家级地质公园16处，其数量居全国前列。四川也是一个文物大省，有博物馆148个，全国重点文物保护单位128处，省级文物保护单位1062处；有国家级非物质文化遗产名录120项，省级非物质文化遗产名录460项。

【经济社会发展概述】　2012年，四川省生产总值23849.8亿元，居全国第八位，比上年增长12.6%，增速居全国第六位。其中，第一产业增加值3297.2亿元，比上年增长4.5%；第二产业增加值12587.8亿元，增长15.4%；第三产业增加值7964.8亿元，增长11.2%。三次产业对经济增长的贡献率分别为4.7%、64.9%和30.4%。人均地区生产总值29579元，比上年增长12.3%。三次产业结构为13.8：52.8：33.4。

农业和农村经济　2012年，四川省全年粮食作物播种面积比上年增长0.4%，粮食总产量增长0.7%，实现“六连增”。全年生猪出栏7170.7万头，比上年增长2.4%；牛出栏254万头，增长1.2%；羊出栏1562.7万只，增长0.8%；家禽出栏量达62000万只，增长7.0%；禽蛋产量146万吨，增长1.1%。水产养殖面积19.1万公顷，比上年增长1.1%；水产品产量118.9万吨，增长6.0%。林业面积0.24亿公顷，居全国第三位。完成营造林62.33万公顷。新增农田有效灌溉面积8.1万公顷，年末有效灌溉面积266.8万公顷。新增综合治理水土流失面积2340平方千米，累计67702平方千米。新解决饮水困难人口497万人。新增农业机械总动力268万千瓦，年末农业机械总动力3694万千瓦，比上年增长7.8%。农村用电量156.0亿千瓦小时，比上年增长5.0%。建设现代农业万亩亿元示范区311个，累计达到619个。农业产业化省级以上重点龙头企业504家，其中国家重点企业60家，居全国第三位。全省农民合作组织32400个。各类产业化经营组织带动农户面60%，龙头企业从业人员160万人。

工业和建筑业　全年实现全部工业增加值10800.5亿元，比上年增长15.6%，对经

济增长的贡献率为56.9%，工业总量在全国排名第八位。其中，规模以上工业增加值10026.5亿元，增长16.1%，增速比全国高6.1个百分点。全年规模以上工业企业实现出口交货值2042.6亿元，比上年增长42.0%；实现主营业务收入31065.7亿元，增长13.3%。实现利税总额3892.1亿元，比上年增长20.0%，盈亏相抵后实现净利润2142.7亿元，比上年增长22.7%。全社会建筑业增加值1787.3亿元，增长14.0%。年末施工总承包和专业承包建筑企业3825家。全年实现利税总额441.8亿元，比上年增长25.9%。房屋建筑施工面积38916.1万平方米，比上年增长12.0%；房屋建筑竣工面积15189.9万平方米，增长11.2%，其中住宅竣工面积11065.1万平方米，增长12.2%。

第三产业　初步扭转近十年来第三产业占GDP比重逐步下降的态势，呈现“止跌趋稳”迹象。交通运输、仓储和邮政业增加值707.19亿元，比上年增长7.6%；批发和零售业增加值1342.25亿元，增长11.3%；住宿和餐饮业增加值643.56亿元，增长9.5%；金融业增加值1085.49亿元，增长22.9%；房地产业增加值653.51亿元，增长3.8%；其他服务业增加值3532.81亿元，增长10.4%。消费品市场平稳较快增长，社会消费品零售总额突破9000亿元，全年实现社会消费品零售总额9087.9亿元，比上年增长16.0%，比全国平均水平快1.7个百分点，增长速度居全国第二。按经营地分，城镇市场消费品零售额7316.2亿元，比上年增长16.3%；乡村市场消费品零售额1771.7亿元，增长14.4%。全年实现旅游总收入3280.3亿元，比上年增长33.9%。

固定资产投资　全年完成全社会固定资产投资18038.9亿元，比上年增长19.3%。其中，第一产业完成投资462.8亿元，比上年增长65.1%；第二产业投资6562.6亿元，增长13.5%，其中工业投资6499.5亿元，增长13.4%；第三产业投资11013.5亿元，增长21.6%，占全社会投资的61.0%，提高1.1个百分点。全年民间投资9644亿元，比上年增长20.4%，增速比全社会固定资产投资快1.1个百分点。全年房地产开发投资3266.4亿元，比上年增长15.9%。全年商品房施工面积29865.5万平方米，比上年增长10.1%；商品房销售面积6455.9万平方米，下降1.3%。

对外经济　全年实际利用外资105.5亿美元，规模与上年基本持平。新批外商直接投资企业289家，累计批准9904家。外商投资实际到位资金98.7亿美元，比上年增长3.6%。落户四川的境外世界500强企业187家。年末驻川外国领事机构9个。全年对外承包工程和劳务合作新签合同金额32.5亿美元，完成营业额56.8亿美元，比上年增长12.7%。全年实际到位国内省外直接投资7795.3亿元，比上年增长10.1%。全年进出口总额591.3亿美元，比上年增长23.9%。其中，出口额384.6亿美元，比上年增长32.5%；进口额206.7亿美元，增长10.5%。全年以加工贸易方式进出口287亿美元，比上年增长36.6%，占全省进出口总额的比重为48.5%；以一般贸易方式进出口238.1亿美元，增长7.9%，占全省进出口总额的比重为40.3%。

财税金融　全年地方公共财政收入2421.3亿元，比上年增长18.4%；其中税收收入1827.2亿元，增长18.8%。地方公共财政支出5431.1亿元，比上年增长16.2%。年末金融机构人民币各项存款余额41130.8亿元，比年初增加6397.9亿元，增长18.4%。

人民币各项贷款余额25560.4亿元，比年初增加3530.5亿元，增长16.0%。年末人民币个人储蓄存款余额19438.3亿元，比上年增长20.4%。全年原保险保费收入819.5亿元，比上年增长5.2%。全年支付各项赔款和给付232.9亿元，比上年增长21.9%。年末全省共有境内外上市公司103家，其中A股90家、H股公司15家（2家公司A、H股两地上市）。全年累计实现融资252.5亿元。全年新增16个证券营业部，8个期货营业部，2家基金公司分公司。

人民生活　城镇居民人均可支配收入20307元，比上年增长13.5%；人均消费性支出15050元，增长9.9%。农村居民人均纯收入7001.4元，比上年增加872.9元，增长14.2%；农村居民人均生活消费支出5366.7元，增长14.8%。

全省常住人口8076万人，比上年增加26万人。城镇人口3513万人，城镇化率43.5%，人口自然增长率2.97‰。年末全省城乡就业人员4798.3万人，城乡就业结构由上年的29.6：70.4变化为30.3：69.7。

继续扩大社会保障受惠面。全年养老保险参保人数1614万人，失业保险参保（职工）人数577.5万人，基本医疗保险参保人数2386万人；参加工伤保险职工680.5万人，参加生育保险职工654.4万人。全省181个县（市区）农村新型社会养老保险全面展开，参保人数2782.3万人。

建设社会救助体系。全年纳入城市低保人员186.2万人，农村低保人数433.7万人，城市和农村最低生活保障人均补助水平分别提高19元和15元。符合条件的五保供养对象全部纳入供养范围，集中供养率49.6%。按城市低保人数计算，城市医疗年人均救助水平不低于306元；按农村低保和五保人数计算，农村医疗年人均救助水平不低于262元。养老服务设施总床位数31.9万张。建立城镇社区服务中心（站）2937个。销售福利彩票59.5亿元，直接接受社会捐赠1.7亿元。

教育科技　全省有各级各类学校2.6万所，在校生（学历教育）1579.9万人，教职工95.8万人，其中专任教师79.6万人。小学8586所，在校生560.7万人，小学学龄儿童入学率99.5%；初中3908所，在校生304.2万人；特殊教育113所，在校生4.4万人。普通高中735所，在校生151.7万人。中等职业教育630所，在校生139.9万人。职业技术培训注册学员279.3万人（次）。成人高等教育本（专）科在校生33.0万人，成人中学在校生4.9万人，参加学历教育自学考试66万人。全省普通高校99所。普通本（专）科招生38.2万人，比上年增长8.4%；在校生122.4万人，增长7.4%；毕业生28.7万人。研究生培养单位40个，在校生85626人，毕业生22198人。

在川国家级重点实验室12个、省部级重点实验室148个，国家级工程技术研究中心14个、省级工程技术研究中心122个。全省有中国科学院院士26人、中国工程院院士34人。全年共申请专利66312件，专利授权42220件，其中新增专利实施项目5487个；行政机关立案处理专利案件353件，审理结案340件。全省国家创新型（试点）企业26家，其中创新型企业14家，创新型试点企业12家。认定省级创新型企业1154家，其中试点企业387家，培育企业741家；产业技术创新联盟101个。全年共登记技术合同11600项，成交金额119亿元。完成省级科技成果登记1010项。

文化体育　全省文化系统内艺术表演团

体68个，文化馆205个，文化站4600个，公共图书馆171个。有国家级文化产业示范基地13个，省级文化产业示范基地33个。全年新增博物馆4个，共有博物馆148个、文物保护管理机构173个，全国重点文物保护单位128处、省级文物保护单位1062处。全省博物馆纪念馆免费开放工作进入常态，全年接待观众3597万人（次）。国家级非物质文化遗产名录120项，省级非物质文化遗产名录460项。广播综合覆盖率96.8%，电视综合覆盖率97.8%。全年出版地方报纸136种，出版量17.2亿份；出版期刊343种，出版量10816万册；出版图书8720种，出版量22391万册；出版音像制品120种，电子出版物300种。档案馆247个，国家综合档案馆全年向社会开放各类档案543.1万卷。

全省优秀运动队获世界级比赛金牌13枚、银牌25枚、铜牌3枚；获亚洲级比赛金牌19枚、银牌4枚。全年体育彩票销售额38.0亿元，比上年增长13.8%，共筹集公益金10.9亿元。共建设全民健身路径5700条，当年新建1205条。投入专项资金1.1亿元实施体育“十项惠民行动”，新建农民体育健身工程1574个。

医疗卫生　全省医疗卫生机构76073个，其中医院1532所、基层医疗卫生机构73742个；床位39.1万张，比上年增长16.6%。有卫生技术人员37.9万人，比上年增长7.3%；其中，执业（助理）医师16.2万人，注册护士13.4万人。新增省级卫生城市2个；农村自来水普及率、卫生厕所普及率分别提高3.0和1.9个百分点。新型农村合作医疗制度覆盖全部涉农县（市、区），参合率98.7%。住院费用实际补偿比提高到60.9%。基本药物上网采购率98.2%。法定传染病报告发病率连续6年低于全国平均水平。孕产妇死亡率、婴儿死亡率和5岁以下儿童死亡率持续下降。

生态环境　全省扶持新能源、节能环保产业领域发展项目共计97个，支持资金5.8亿元。全面完成433家企业淘汰落后产能任务。全年安排用于污染治理、环境监察、监测能力建设等环保专项资金6.2亿元。全年单位GDP能耗下降7.18%。城市污水处理率80%，生活垃圾无害化处理率89%。推进重点生态工程建设，退牧还草围栏建设55万公顷，治理沙化土地0.45万公顷，治理水土流失2380平方千米，森林覆盖率35.3%。生态公益林补偿制度和草原生态保护补助奖励机制初步建立。规范推进城乡建设用地增减挂钩试点和农村土地整治，实施“金土地工程”，整理耕地12.83万公顷，新增耕地1.37万公顷。年末，全省有自然保护区167个，面积901万公顷，占全省土地面积的18.6%；有国家级生态县7个，省级生态县24个。

【年度大事要闻】　2012年，四川省发生的大事要事主要有：

中国共产党四川省第十次代表大会召开　5月16~19日，中国共产党四川省第十次代表大会在成都召开。会议选举出新一届省委、省纪委和四川省出席党的十八大代表。

中共四川省委主要领导调整　11月21日，四川省领导干部会议在成都召开，宣布中央关于四川省委主要领导调整的决定：刘奇葆不再兼任四川省委书记、常委、委员和省人大常委会主任职务，王东明任四川省委委员、常委、书记，提名为省人大常委会主任候选人。

凉山彝族自治州建州60周年　9月23日，中国最大的彝族聚居区——凉山彝族自治州在首府西昌市举行建州60周年庆祝大会。全国人大常委会、国务院向凉山州成立60周年发来贺电。凉山彝族自治州建州60年来，发生巨变。

新加坡总理李显龙访问四川 9月2~3日，新加坡总理李显龙和夫人何晶女士率团对四川省进行考察访问，进一步推进新加坡与四川的交流合作。其间，李显龙出席成都来福士广场的落成典礼，考察“5·12”汶川特大地震的震中汶川县映秀镇，并在新川创新科技园了解项目规划建设情况，参观成都宽窄巷子了解成都旅游文化产业发展情况。

四川省高速公路通车总里程突破4000千米 2012年，四川省建成通车高速公路1327千米，占全国新增高速公路的12%，其中包括4条出川大通道，以及雅西、映汶、广甘高速等创下交通建设史奇迹的超高难度工程。四川高速公路总里程达4334千米，列全国第七，居西部第一。

四川藏区电网“新都桥—甘孜—石渠”联网工程建设 3月20日，四川藏区电网“新都桥—甘孜—石渠”联网工程正式开工。该工程是四川电网2012年“一号工程”和“十二五”甘孜藏区电网骨干网架和向石渠县供电的关键性工程，总投资32.15亿元，起于甘孜州康定县新都桥镇，穿越康定、道孚、炉霍、甘孜、德格，最后到达石渠县，线路全长1015千米。9月19日，“新甘石”联网工程正式通电。

第十三届“西博会”召开 9月25~30日，以“深化国际合作，加快西部发展”为主题的第十三届中国西部国际博览会在成都召开。中共中央政治局常委、全国人大常委会委员长吴邦国出席开幕式。本届“西博会”共吸引来自全球88个国家和地区的参展商、采购商及各界嘉宾8万余人。共签约投资项目1590个，金额10526亿元，比上届增长11.4%；实现贸易成交额2531.8亿元，增长0.2%，投资项目签约及贸易合同成交额均创历届“西博会”之最。

川籍运动员在伦敦奥运赛场创造佳绩 在2012年第30届伦敦奥运会上，四川省共有20名运动员入选中国代表团。在比赛中获得4枚金牌、4枚银牌、2枚铜牌，参赛成绩位列全国第四，超额完成任务，创造四川选手在境外参加奥运会比赛的最佳成绩。

毗河供水一期工程开工建设 5月12日，毗河供水一期工程正式开工建设。毗河供水工程是川中旱区重大民生工程，也是四川省“再造一个都江堰灌区”工程的重点项目。工程涉及成都市金堂县，资阳市雁江区、简阳市、安岳县、乐至县，遂宁市安居区、大英县等3市7县（市、区），全长158千米；以农田灌溉、城乡供水为主，兼有改善生态环境等综合效益，供水总人口433万人、灌溉面积22.2万公顷。

全省实现粮食总产“六连增” 是年，四川省克服川南严重干旱和严重病虫害的影响，全省粮油生产实现双丰收，全省粮食总产达740亿斤，比上年增产6亿斤，增长0.8%，实现“六连增”。油料总产达286.6万吨，增加1.2万吨，增长2.9%，连续11年创历史最高水平。

“翼龙”无人机在珠海航展亮相 11月12日，由成都飞机设计研究所研制的“翼龙”无人机在珠海航展上展出，这是“翼龙”无人机首度以真机公开亮相。资料显示，“翼龙”的最高飞行高度为5300米，航程可达4000千米，最大续航时间为20个小时，兼具侦察—打击等一体化功能，同时能广泛应用于民用和科学研究领域。

（李　果）

贵 州 省

【自然概貌】 贵州地处云贵高原，境内地势西高东低，自中部向北、东、南三面倾斜，平均海拔在1100米左右。全省地貌可概括分为高原山地、丘陵和盆地三种基本类型，其中92.5%的面积为山地和丘陵。境内山脉众多，重峦叠峰，绵延纵横，山高谷深。北部有大娄山，自西向东北斜贯北境，川黔要隘娄山关高1444米；中南部苗岭横亘，主峰雷公山高2178米；东北境有武陵山，由湘蜿蜒入黔，主峰梵净山高2572米；西部乌蒙山的赫章县珠市乡韭菜坪海拔2900.6米，为贵州境内最高点，黔东南州的黎平县地坪乡水口河出省界处，海拔147.8米，为境内最低点。贵州岩溶地貌发育非常典型，喀斯特（出露）面积109084平方千米，占全省国土总面积的61.9%，境内岩溶分布范围广泛，形态类型齐全，地域分异明显，构成特殊岩溶生态系统。

贵州河流处在长江和珠江两大水系上游交错地带，是长江、珠江上游地区的重要生态屏障。全省水系顺地势由西部、中部向北、东、南三面分流。苗岭以北属长江流域，流域面积115747平方千米，占全省国土面积的65.7%，主要河流有：乌江、赤水河、清水江、洪州河、舞阳河、锦江、松桃河、松坎河、牛栏江、横江等；苗岭以南属珠江流域，流域面积60420平方千米，占全省国土面积的34.3%，主要河流有：南盘江、北盘江、红水河、都柳江、打狗河等。贵州河流数量较多，其中长度在10千米以上的河流有984条。贵州河流的山区性特征明显：河流上游，河谷开阔，水流平缓，水量小；中游河谷束放相间，水流湍急；下游河谷深切狭窄，水量大，水力资源丰富。

由于特定的地理位置和复杂的地形地貌，贵州的气候和生态条件复杂多样，立体农业特征明显，农业生产的地域性、区域性较强。

【建置沿革】 中华人民共和国成立初期，全省设1个直辖市、8个专区、1个专区辖市，共设置79县。1956年4月，撤销贵定、镇远、都匀3专区，设置黔东南苗族侗族自治州和黔南布依族苗族自治州。1981年9月，撤销兴义地区，设置黔西南布依族苗族自治州。1997年，撤销遵义地区，设立地级遵义市。2000年，撤销安顺地区，设立地级安顺市。至2010年底，全省设立4个地级市，3个自治州，2个地区；9个县级市，56个县，11个自治县，10个市辖区，2个特区。

【经济社会发展概述】 经济 2012年，贵州省实现地区生产总值6802.20亿元，比上年增长13.6%。其中第一产业增加值890.02亿元，比上年增长8.5%；第二产业增加值2655.39亿元，增长16.8%；第三产业增加值3256.79亿元，增长12.1%。人均生产总值19566元，比上年增长13.5%。全社会固定资产投资7596.19亿元，比上年增长55.3%。社会消费品零售总额2005.25亿元，比上年增长16.0%。金融机构人民币各项存款余额10540.06亿元，比年初增长20.6%；金融机构人民币各项贷款余额8274.78亿元，增长20.9%。生产总值、规模以上工业增加值（统计口径为年主营业务收入2000万元及以上工业企业，下同）、固定资产投资（统计口径为计划总投资500万元及以上城镇投资、农村非农户投资和房地产开发投资）、社会消费品零售总额、公共财政预算收入、进出口总额增速分别高出全国5.8个、6.2个、11.2个、1.7个、15.0个和29.5个百分点。财政收入、企业收入均较快增长。全年财政总收入1644.48亿元，比上年增长23.6%。其中，公共财政预算收入1014.05亿元，比上年增长31.2%，连续两年保持30%以上的高速增长。规模以上工业企业实现主营业务收入5686.18亿元，比上年增长18.9%；盈亏相抵后的利润总额为466.04亿元，增长47.5%。

产业 第一产业、第二产业和第三产业增加值占生产总值的比重分别为13.1%、39.0%和47.9%。第二产业比重比上年提高0.5个百分点，第二产业特别是工业带动经济发展的作用进一步增强。农业经济在各项支农、惠农、强农政策措施的实施带动下运行良好。粮食在上年因灾减产的情况下实现恢复性增产，全年粮食产量1079.5万吨，比上年增长23.1%。经济作物加快发展，油菜籽产量78.2万吨，比上年增长8.9%，创历史最高水平；茶叶、水果、烤烟产量分别增长40.3%、22.6%和14.8%。畜牧业增加值244.16亿元，比上年增长5.5%。肉类总产量191.10万吨，比上年增长6.2%，其中猪肉产量156.13万吨，增长5.3%。全年规模以上工业增加值2055.46亿元，比上年增长16.2%。主要工业产品产量大幅增长，原煤产量、白酒产量、发电量分别比上年增长16.4%、18.6%和14.8%，白酒产业超过电力行业成为贵州第二大支柱产业。产业园区加快发展，年末有1411家工业企业入驻各类产业园区，园区规模以上工业企业增加值、主营业务收入均比上年增长20%以上。服务业方面，旅游业继续发挥龙头带动作用，全年接待旅游者2.14亿人次，实现旅游总收入1860.16亿元，分别比上年增长25.8%和30.1%。年末全省金融机构人民币各项存、贷款余额分别为10540.06亿元和8274.78亿元，比上年增长20.6%和20.9%。商品房屋销售面积、销售额分别比上年增长16.2%和23.0%。全省公路货物周转量、公路旅客周转量和电信业务总量分别比上年增长25.9%、28.7%和19.5%。

基础设施建设 铁路投入快速增长，全年全省铁路投资264.44亿元，比上年增长56.6%；公路投资762.28亿元，增长37.1%，县县通高速公路项目全部开工，全部市（州）所在地和60个县（市、区）通高速公路，年末全省高速公路里程达2630千米。水利投入快速增长，全年水利、环境和公共设施管理业投资1240.01亿元，比上年增长82.1%，增速高于固定资产投资增速26.8个百分点。实施《贵州省水利建设生态建设石漠化治理综合规划》，推进黔中水利枢纽一期工程和毕节夹岩等大型水库前期工作。实施《贵州省城镇体系规划（2011~2030）》和《贵州省“十二五”城镇化发展专项规划》，城市市政设施继续完善，建成一批城镇污水处理和垃圾处理项目，城市公共服务水平进一步提高，城市环境进一步改善，城市硬件设施的完善加快城镇化发展步伐，全年全省城镇化率36.4%。

开放 简化行政审批项目，扩大招商引资规模。进一步深化体制改革，国有资产监管体系进一步完善，县级经济管理权限不断扩大，省直管县财政改革范围扩大，新组建贵阳龙洞堡国际机场股份有限公司、贵安新区开发投资有限公司等融资平台和贵州银行等金融机构。进一步完善促进民营经济、中小企业发展的政策体系，民营经济投资迅速

增加，全年民营经济投资达 3532.84 亿元，比上年增长 67.8%，占生产总值的 40%。全年引进省外到位资金 3857 亿元，比上年增长 49.5%；实际利用外资 10.46 亿美元，增长 55.4%。全年进出口总额 66.32 亿美元，比上年增长 35.7%；其中出口 49.52 亿美元，增长 65.9%。

民生　居民收入较快增长，农村就近就地转移就业大量增加，工资性收入逐渐成为农村居民收入的重要来源和支柱。全省城镇居民人均可支配收入 18700.51 元，比上年增长 13.4%；农民人均纯收入 4753.00 元，增长 14.7%。全省年末城镇新增就业人数 42.23 万人，比上年增加 13.86 万人，其中促进下岗失业人员再就业人数 13.25 万人，增加 2.44 万人。年末城镇登记失业率 3.29%。社会保障体系不断完善，年末全省城镇企业职工基本养老保险参保人数 220.65 万人，比上年增长 9.8%，新型农村社会养老保险参保人数增长 48.2%，基本医疗保险参保人数 648.11 万人，增长 3.0%。

社会事业　教育事业方面，年末各级各类学校专任教师 42.35 万人，比上年增长 4.2%。小学学龄儿童入学率和初中阶段毛入学率分别比上年提高 0.77 和 3.24 个百分点；高中阶段毛入学率 62.2%，提高 3.3 个百分点。普通高等学校在校生 38.38 万人，比上年增长 11.5%，高等教育毛入学率 25.5%，提高 2.3 个百分点。科研方面，全年国家重点项目中有国家安排科技支撑计划项目 10 个、“973”计划项目 2 个、国家重点新产品试产项目 8 个。取得省部级以上科研成果登记 131 项，其中基础理论成果 28 项，应用技术成果 103 项。全年专利申请量 10720 件、专利授权量 6016 件，分别比上年增长 42.7%和 77.7%。文化事业方面，公共文化服务体系建设不断加强，文化艺术、广播影视、新闻出版等各项事业稳步发展。年末全省共有博物馆、纪念馆 53 个，公共图书馆 94 个，档案馆 107 个，文化馆和群众艺术馆 97 个，乡镇文化站 1490 个；文化艺术服务单位 2100 个，比上年增长 9.3%，其中艺术表演团体 45 个，艺术表演场所 11 个。医疗服务方面，年末全省卫生机构（含村卫生室）27672 个，其中医院、卫生院 2171 个，卫生防疫防治机构 112 个，疾病预防控制中心 105 个，妇幼保健院（所、站）97 个。全省卫生机构床位数 13.1 万张。卫生技术人员 12 万人，其中执业（助理）医师 4.67 万人，注册护士 4.58 万人。

【年度大事要闻】　2012 年，贵州省发生的大事要事主要有：

对外贸易逆势增长　是年，贵州省进出口总值达 66.3 亿美元，比上年增长 35.8%，比全国平均水平高 29.6 个百分点，增速位居全国第四。其中，出口 49.5 亿美元，比上年增长 65.9%；进口 16.8 亿美元，下降 11.6%。

中国英雄史诗的重大新发现——苗族英雄史诗《亚鲁王》出版　2 月 21 日，“中国英雄史诗的重大新发现——苗族英雄史诗《亚鲁王》出版成果发布会”在北京举行。《亚鲁王》是有史以来第一部苗族长篇英雄史诗，是当代文学史上的重大新发现，它的发现和出版，改写苗族没有长篇英雄史诗的历史，是当代中国口头文学遗产抢救的重大成果。

贵州竞技体育实现历史突破　5 月 8 日，在上海举行的全国体操锦标赛暨奥运选拔赛男子体操团体比赛中，贵州省代表队以 353.700 分的总成绩，战胜实力强劲的广东队和江苏队，夺得分量最重的男子团体金牌。这是贵州体操队获得的第一块团体金牌，也是西部省区首次在全国体操比赛中获得男团冠军，实现贵州竞技体育的又一历史性突破。

国内首次大桥低空跳伞在安顺举行 7月21日，“2012中国安顺坝陵河大桥跳伞国际挑战赛”在贵州关岭县坝陵河大桥举行，来自美国、加拿大、德国等15个国家30名世界一流低空跳伞选手在黔山秀水间演绎空中飞人绝技，这是中国首次举办大桥低空跳伞，中央电视台新闻频道对比赛进行长达40分钟直播，在全国产生广泛影响。

生态文明成贵州品牌 7月27日，会议发表《2012贵阳共识》。贵州贵阳市在生态文明城市建设中取得突出成效，获得中国“十大”特色休闲城市、中国“十大”低碳城市、全球“十大”避暑名城、中国避暑之都、国家节水型城市、国家园林城市、全国文明城市、国家卫生城市等称号。4年来连续举办的生态文明贵阳会议，成为政府、企业、专家、民众等多方参与，共建共享生态文明的长期性、制度性论坛品牌。

足球成为多彩贵州亮丽名片 2012年初，原“陕西人和足球队”更名为“贵州人和茅台足球队”落户贵阳，代表贵州征战2012年中超联赛，取得联赛第四名、足协杯亚军并获得参加亚洲俱乐部冠军联赛资格。贵州人和茅台足球队成为西部九省一市唯一一支中超球队。贵州智诚足球队在本年度中乙联赛中以24战16胜6平2负的战绩夺得总冠军，实现冲甲目标，捧回贵州足球历史上第一座联赛冠军奖杯。

“金优785”被农业部确认为超级稻品种 2012年，贵州省农科院水稻研究所选育的迟熟籼型三系杂交稻品种“金优785”被农业部确认为超级稻品种之一。这是继2006年贵州省黔两优2058首获农业部确认为超级稻品种后的第二个超级稻品种。该品种创造亩产967.3公斤的成绩。 （张焕志）

云 南 省

【自然概貌】 云南省简称“滇”或“云”，全省国土总面积39.4万平方千米，占全国国土总面积的4.1%，居第八位。

云南属山地高原地形，山地高原占全省国土总面积的94%。海拔高低相差很大。云南地形极为复杂，大体以元江谷地和云岭山脉南端宽谷为界，分为东西两大地形区。东部为滇东、滇中高原，是云贵高原的组成部分，平均海拔2000米左右，为起伏和缓的低山和浑圆丘陵，广泛分布着各种类型的岩溶（喀斯特）地貌；西部为横断山脉纵谷区，高山与峡谷相间，云南地势雄奇险峻，其中以三江并流最为壮观。

云南河流众多，有大小河流600多条，主要河流180多条，分属怒江、澜沧江、金沙江、红河、珠江、大盈江六大水系。全省有40多个天然高原湖泊，多数为断陷型湖泊，湖泊水面面积约1100平方千米，总蓄水量约300亿立方米。

云南属亚热带高原季风型气候，气候类型众多、年温差小、日温差大、干湿季节分明，气温随地势高低垂直变化异常明显。全省大部分地区年降水量在1000毫米以上，但在季节上和地域上的分配极不均匀。全省无霜期长，南部边境地区全年无霜，比较寒冷的滇西北和滇东北也达210~220天。

【资源】 云南自然资源极为丰富，有脊椎动物 1737 种，占全国 58.9%，有滇金丝猴等 46 种国家一类保护动物、熊猴等 154 种国家二类保护动物；有 17000 多种高等植物，列入国家一、二、三级重点保护和发展的树种有 150 多种，矿产资源较为丰富，尤以有色金属及磷矿著称，有 50 多个矿种的保有量居全国前 10 位，其中，铅、锌、锡、磷、铜、银等 25 种分别居全国前 3 位。水能、煤炭资源储量较大，开发条件优越；地热能、太阳能、风能、核能、生物能有较好的开发前景。全省水资源总量 2256 亿立方米，水能资源蕴藏量 1.04 亿千瓦，居全国第三位；可开发装机容量 0.9 亿千瓦，居全国第二位。煤炭资源已探明储量 240 亿吨，居全国第九位。全省有出露的天然温热泉约 700 处，地热资源居全国之冠。云南土壤类型多种多样，全省有 16 个土类，占全国土类的 1/4。其中，红壤占全省土地面积的 50%，故有“红土高原”“红土地”之称。

云南以独特的高原风光，热带、亚热带的边疆风物和多彩多姿的民族风情而闻名于海内外。已建成一批以高山峡谷、现代冰川、高原湖泊、石林、喀斯特洞穴、火山地热、原始森林、花卉、文物古迹、传统园林及少数民族风情等为特色的旅游景区。全省有景区、景点 200 多个，国家级 A 级以上景区有 134 个，其中列为国家级风景名胜区的有石林、大理、西双版纳、三江并流、昆明滇池、丽江玉龙雪山、腾冲地热火山、瑞丽江—大盈江、宜良九乡、建水等 12 处，列为省级风景名胜区的有陆良彩色沙林、禄劝轿子雪山等 53 处。有昆明、大理、丽江、建水、巍山等 5 座国家级历史文化名城，有腾冲、威信、保山、会泽、石屏、广南、漾濞、孟连、香格里拉、剑川、通海等 11 座省级历史文化名城，有禄丰县黑井镇、会泽县娜姑镇白雾街村、剑川县沙溪镇、腾冲县和顺镇、云龙县诺邓镇诺邓村、石屏县郑营村、巍山县永建镇东莲花村、孟连县娜允镇等 8 座国家历史文化名镇名村，还有 14 个省级历史文化名镇、14 个省级历史文化名村和 1 个省级历史文化街区。丽江古城被列入《世界文化遗产名录》，三江并流、石林被列入《世界自然遗产名录》。

【经济社会发展概述】 2012 年，云南省生产总值 10309.80 亿元，比上年增长 13.0%，占全国的 2.0%；全社会固定资产投资 7553.51 亿元，增长 27.3%，占全国的 2.1%；外贸进出口总额 210.05 亿美元，增长 31.0%，占全国的 0.5%；社会消费品零售总额 3541.60 亿元，增长 18.0%；财政总收入 2624.20 亿元，增长 16.2%；财政支出 3573.41 亿元，增长 22.0%。城镇居民人均可支配收入 21075 元，实际增长 10.2%；农民人均纯收入 5417 元，实际增长 12.1%；城镇登记失业率 4.03%；人口自然增长率 6.22‰；居民消费价格总水平上涨 2.7%。普通高校在校生 51.22 万人，普通中学在校生 265.95 万人，小学在校生 406.70 万人。卫生机构床位数 19.47 万张。

一批重大项目获国家核准。相继出台稳增长 28 条、财税 17 条、工业跨越发展 20 条、发展高原特色农业 31 条等政策措施，加大土地、资金、煤电油气运等保障力度。全省经济增速逐季回升，总量跨上 1 万亿元台阶。

对全省工业跨越发展、高原特色农业、园区经济、县域经济、民营经济等重点工作进行部署，创新谋划滇中产业新区，全力实施工业发展“3 个 10 千亿工程”，加快六大战略性新兴产业发展。策划建设10大历史文化旅游项目，加快推进旅游二次创业，旅游总收入1702亿元。民营经济比重提高到44%。

推进桥头堡建设，与国家部委和央企累计签订84份战略合作协议，第一次部际联席会议召开，桥头堡建设总体规划获批。中国—南亚博览会落户昆明，中缅油气管道、昆明滇池国际会展中心等一批重大项目开工建设，瑞丽重点开发开放试验区建设起步良好。组织出访大湄公河次区域五国，赴粤、港、澳、沪、苏、浙、津、川、黔等地开展招商引资活动，重视与周边省区市的互利合作，推进"央企入滇""民企入滇"。举办第二十届昆交会等系列活动。

加强金融改革创新，跨境贸易人民币结算试点等改革取得新成效。开展医疗保障制度、国家基本药物制度、基层医疗卫生服务体系、基本公共卫生服务均等化、公立医院改革试点等5项重点改革。教育统筹综合改革、事业单位分类改革、文艺院团体制改革、下放土地供地权改革和开远国家农村改革试验区工作稳步推进，出台丰枯期企业差别电价及居民阶梯电价政策。

落实强农惠农富农政策，切实加大农业农村投入，抗旱减灾有序有力有效。粮食总产量达1827.8万吨、比上年增长4.5%，肉类总产量达540万吨、增长3.5%。特色产业基地和示范园区建设步伐加快，新增经济作物和经济林木46.67万公顷。新增农业产业化龙头企业90家、农业专业合作社3748个。完成中低产田地改造23.07万公顷，营造林66.67万公顷，新建木本油料基地33.33万公顷以上，实施陡坡地生态治理5.33万公顷。开展1万多个自然村的新农村项目建设。农业总产值达2680亿元、比上年增长7%。

加强基础设施建设。全省在建铁路项目11个，玉蒙铁路、六沾二线建成运营，铁路投资快速增长；丽江机场高速、石锁高速公路建成通车，18座"索改桥"完工，新开工建设南北大通道3段高速公路；昆明长水国际机场投入运营，泸沽湖机场正式开工，红河、沧源、澜沧机场通过国家审批。新开工建设52个重点水源工程项目，建成山区"五小"水利工程项目42万个，牛栏江—滇池补水工程即将试通水。糯扎渡、向家坝、功果桥等水电站一批机组建成投产，水利水电移民得到妥善安置。39个城镇污水和垃圾处理设施投入运行。

推进区域协调发展。实施新10年农村扶贫开发纲要，民族贫困地区经济发展速度高于全省水平。启动4个集中连片特困地区区域发展与扶贫攻坚，不断加大对民族自治地方、边境地区、人口较少民族、散居民族地区和特困民族地区的投入力度。286万名农业转移人口转为城镇居民。推进城镇上山工作，低丘缓坡开发利用试点全面开展，新增城乡建设用地规模17.39万公顷。

保障和改善民生方面，启动实施"居民收入倍增计划"，困难群众的补助标准和收入稳步提高。实施更加积极的就业政策，城镇新增就业29.3万人。加强市场监管，建立价格调节基金，物价保持基本稳定。社会保障实现制度全覆盖。新开工建设31.8万套城镇保障性住房、实施53.3万户农村危房改造及地震安居工程，解决317万名农村人口饮水安全问题，实现村村户户通电。全力以赴抗灾救灾，宁蒗"6·24"、彝良"9·7"等地震灾后恢复重建工作全面展开，完成盈江"3·10"地震第一阶段恢复重建任务。为全省农村义务教育阶段学生实施营养改善计划、为7万多名白内障患者实施免费复明手术等10件惠民实事全部办结。

【年度大事要闻】 2012年12月31日，云南春城晚报社评选出云南省2012年十大新闻。分别是：

云南省GDP破万亿　是年，云南全省GDP首次突破1万亿元，比上年增长12%。

长水启用地铁通车　6月26日，昆明新机场——昆明长水国际机场全面竣工，并于6月28日8时正式转场通航运营，昆明巫家坝机场的历史使命宣告结束。6月28日，昆明地铁6号线（机场线）正式通车，标志着昆明成为自苏州后第二个拥有轨道交通的地级市。

澄江化石地8年梦圆　7月1日，第36届世界遗产委员会认定中国“澄江化石地”是地球生命深化的杰出范例，宣布正式将其列入《世界自然遗产名录》。

糯康等人昆明受审彰显中国司法主权　9月20日，制造震惊中外的“10·5湄公河惨案”的糯康、桑康·乍萨、依莱、扎西卡、扎波、扎拖波等6名被告人在昆明公开受审。其中4人一审被判死刑，同时判决6名被告人连带赔偿各附带民事诉讼原告人共计600万元。12月20日，二审糯康案开庭。12月26日，云南省高级人民法院对湄公河中国船员遇害案进行二审宣判：驳回上诉，维持对糯康、桑康·乍萨、依莱、扎西卡的死刑判决，维持并核准对扎波死刑、缓期二年执行的判决，维持对扎拖波有期徒刑八年的判决。该案在中国的审理，彰显了中国司法主权，13名惨死异乡的中国船员的亡魂在一年零一个月后终得告慰。

伦敦奥运滇将夺两金　伦敦奥运会云南有郭伟阳、蔡泽林、李建波、李夏延、史庆兰、童卫松、孙玉洁、刘晓、董国建和张娴10名运动员入选体操、竞走、游泳、山地自行车、击剑、马拉松、排球项目，郭伟阳、孙玉洁分别夺得体操男团和重剑女团金牌，孙玉洁同时还获女子个人重剑铜牌，蔡泽林获男子20公里竞走第四名。

彝良地震　9月7日，云南省昭通市彝良县连发两次5级以上地震，造成彝良县、昭阳区和大关县3县24个乡镇74.4万人受灾、81人死亡，821人受伤。

三年连旱　持续3年的干旱已造成曲靖、楚雄、文山、昭通、大理、临沧等13州市91个县（市、区）630余万人受灾。

桥头堡建设周年　5月30日，桥头堡建设一周年。与桥头堡建设相关的一系列战略举措出台。10月15日，省委、省政府作出推进滇中城市经济圈建设的重大战略部署。规划提出，“一区”即滇中产业新区；“两带”即昆曲绿色经济示范带和昆玉旅游文化产业经济带；“四城”即加快昆明、曲靖、玉溪、楚雄四个城市同城化建设；“多点”指四州市辖区的42个县（市、区），是滇中城市经济圈的基础和基石。12月5日，云南省住房和城乡建设厅公示《滇西南城镇群规划（2012～2030年）》以及《滇东南城镇群规划（2012～2030年）》，并公开向各界征求意见。云南计划在未来10～20年内规划建成以昆明为中心的滇中、滇西、滇东北、滇东南、滇西南及滇西北等6大城镇群，打破行政区划约束，跨地区优化资源和生产力配置。12月16日，昆明固定电话正式升位为8位。此次固定电话号码的成功升位，对于促进昆明通信基础设施的有效扩容，为滇中通信同城固定电话并网留足号码资源，有力提升区域通信管理水平和服务质量，加快推动滇中城市经济圈一体化建设，意义十分重大。

昆明公租房首次公开申请 是年12月，昆明公租房公开接受申请。截至12月25日，昆明市主城区已发放公租房申请书32742份，收回4455份。

巧家爆炸案晋宁杀人案告破 5月10日上午9时许，昭通市巧家县白鹤滩镇花桥社区便民服务大厅发生一起爆炸案，造成4人死亡16人受伤。8月6日晚，云南省公安厅披露巧家爆炸案案情：案发地巧家县迤博村村民邓德勇和宋朝玉，被证实策划爆炸案。 （普永宏）

香港特别行政区

【基本情况】 香港是中华人民共和国成立的特别行政区。香港自1842年开始由英国统治，1997年，中国政府按照“一国两制”的原则对香港恢复行使主权。根据《基本法》，香港保留现有的政治、经济、法律和社会制度，50年不变。除防务和外交事务归中央人民政府管理外，香港特别行政区享有高度自治。

香港简称港，Hong Kong（英语），位于南中国海沿岸，地处珠江口以东，北接广东深圳，南望万山群岛，西迎澳门和广东珠海，由香港岛、九龙和新界组成，共有岛屿263个。香港华人普遍通行广府片粤语，当地惯称广东话。香港有“东方之珠”的美誉，人口713万人（2012年），总面积1070平方千米，是全球人口最密集的地区之一。2012年，香港获得“中国特色魅力城市”称号。由香港岛、九龙半岛、新界内陆地区以及262个大小岛屿（离岛）组成。香港总面积1104.32平方千米，已发展土地少于25%，郊野公园及自然保护区40%。香港管辖总面积2755.03平方千米，其中陆地面积1104.32平方千米，水域面积1650.64平方千米。

香港属亚热带气候，全年气温较高，年平均温度为22.8℃。夏天炎热且潮湿，温度约在26℃~30℃；冬天凉爽而干燥，5~9月多雨，夏秋之间，时有台风吹袭，全年平均雨量2214.3毫米。

自然资源匮乏，香港最宝贵的天然资源是一个优良的深水港。香港食用淡水60%以上依靠广东省供给。邻近大陆架，洋面广阔，岛屿众多，有得天独厚的渔业生产的地理环境，香港有超过150种具有商业价值的海鱼，主要是红衫、九棍、大眼鱼、黄花鱼、黄肚和魷鱼。农业方面，香港主要出产少量的蔬菜、花卉、水果和水稻，饲养猪、牛、家禽及淡水鱼，日常需要的农副产品近半数需中国内地供应。

香港地区共划分为18个行政区域。

行政长官是香港特别行政区的首长。根据《基本法》，行政长官在香港通过选举或协商产生，然后由中央人民政府任命。现时负责选出行政长官的选举委员会，由1200人组成。选举委员会大部分成员由选举产生。

行政会议是协助行政长官决策的机构，行政长官作出重要决策、向立法会提交法案、制定附属法规和解散立法会前，须征询行政会议的意见。

立法会负责行使的职权，包括根据《基本法》规定并依照法定程序制定、修改和废除法律；根据政府的提案，审核、通过财政预算；批准税收和公共开支；以及对政府的工作提出质询。立法会由70位议员组成，

35位经分区选举产生，35位经由功能界别选举产生。在地区层面，18个区议会就影响所属地区居民福利的事宜提供意见，亦是咨询公众的渠道。

2012年行政长官的选举，委员会人数由过去的800人增加至1200人。2012年立法会选举，议席由60席增加至70席。除新增五个分区直选议席外，新增的五个功能界别议席，由民选区议员提名，然后由没有登记在功能界别投票的登记选民，一人一票选出。按照这个安排，每名选民在立法会选举中都有两票，一票投地区直选议席，一票投功能界别议席。

香港的法律由《基本法》、本地制定的法例、附属法例、普通法、衡平法和习惯法组成。列于《基本法》附件三内的数条全国性法律（关乎国旗及国歌、国籍法和外交特权与豁免等项目）亦适用于香港。香港特别行政区的法院包括终审法院、高等法院（分为上诉法庭及原讼法庭）、区域法院（包括家事法庭）、土地审裁处、裁判法院（包括少年法庭）、劳资审裁处、小额钱债审裁处、淫亵物品审裁处和死因裁判法庭。

【香港与内地的经济联系】 香港的经济素以自由贸易、低税率和最少政府干预见称。香港在全球贸易经济体系中排行第九，最主要的贸易伙伴是中国内地。香港的经济以服务业为主，与中国内地和亚太区其他地方的联系尤其密切。2012年，香港本地生产总值18898亿港元，实质增长1.4%，人均本地生产总值285146港元。

全年访港旅客4860万人次，比上年增长16%，中国内地旅客是增长的主要推动力。来自中国内地的旅客3490万人次，比上年增长24.2%，占总数的72%。全年入境旅游总消费额2966亿元，比上年增长14.6%。过夜旅客人均消费7818元，增长4.7%。

香港经济的四大支柱产业是：贸易及物流业（2011年该业增加值占GDP的25.5%）、旅游业（4.5%）、金融业（16.1%）、专业服务及其他生产性服务（12.4%）。具有明显优势可进一步发展的六项产业是：文化及创意产业、医疗产业、教育产业、创新及科技产业、检测及认证产业，以及环保产业。

2012年，香港对中国内地的总出口，有31.5%涉及外发加工活动，其中本地产品出口和转口分别为15.7%及31.8%。据香港特区政府统计，62%的转口货物原产地为中国内地，而54%则以中国内地为目的地。据中国海关统计，香港是中国内地继美国之后的第二大贸易伙伴，2012年占贸易总额的8.8%。香港是中国内地最大的海外直接投资来源地。至年底，在中国内地获批准的外资项目中，44.1%与香港有关。来自香港的实际利用外资总额5912亿美元，占全国的46.3%。

至年底，在中国内地注册成立的金融机构中，共有10家持牌银行和3个代表处在香港经营业务。中国银行、中国工商银行、中国农业银行和中国建设银行等大型机构已在香港开展分行业务。其他内地商业银行包括北京银行、广发银行及平安银行则在香港设有代表处。

香港也是中国内地企业重要的离岸集资中心。至年底，在香港上市的内地企业有721家，其中包括H股、红筹股及民营企业，总市值1.6万亿美元，占市场总值的57.4%。自1993年，内地企业通过发行股票在香港集资超过4000亿美元。

【香港地位】 香港是跨国公司设立地区总部或代表办事处的热门地点，藉此管理他们在亚太地区的业务，尤其是中国内地业务。至2012年6月，香港共有3883个地区总部和地区办事处，代表其位于香港以外地区的母公司，比上年增长3.5%，其中81%是负责在中国内地的业务。美国在香港设立的地区总部/地区办事处最多（占22%），其次是日本（17%）、英国（9%）和中国内地（7%）。在香港的地区总部/地区办事处大部分属进出口贸易、批发及零售业（51%），其他则是专业、商用和教育服务（19%），金融及银行业（11%），以及运输、仓库及速递服务业（8%）。

香港是亚太区重要的银行和金融中心。至年底，全港共有200个认可机构和60个代表办事处。认可机构为国际贸易融资提供的贷款总额和在香港境外使用的其他贷款总额分别为491亿美元和1981亿美元。据国际结算银行调查显示，2010年，香港是亚洲第三大和全球第六大外汇市场，平均每日成交额为2376亿美元。

自中央政府在2009年7月推出跨境贸易人民币结算试点计划以来，香港的离岸人民币业务迅速扩大，香港成功推出更多以人民币计价的金融产品和服务，包括贸易融资、人民币计价股票、人民币计价债券和人民币计价基金。计划推行以来，相关的跨境汇款总额为4.9万亿元人民币，而在2012年底，香港人民币存款大升10倍，达6030亿元人民币。2012年，在香港发行的人民币计价债券（点心债）达1120亿元人民币。2011年4月，汇贤房地产投资信托基金挂牌，是香港交易所首个以人民币计价的基金产品，也是中国内地境外第一次以人民币计价的首次公开招股。2012年2月，恒生人民币黄金交易所买卖基金（ETF）在香港交易所上市，是香港首只人民币计价的交易所买卖基金。以市值计算，至年底，香港是亚洲第二大和全球第六大证券市场。香港交易所共有1547家公司上市，其中179家公司在创业板挂牌。香港股市总市值达2.8万亿美元。香港也是亚洲第二大私募基金中心，在2012年底管理的基金总额占整个地区的18%。

香港是亚太区领先的电讯枢纽。住宅固网和住宅宽频的普及率分别超过100%及85%。香港的流动电话用户超过1600万户，是香港总人口的两倍以上，其中60%以上是2.5G和3G/4G流动电话用户。全港有超过18000个公共Wi-Fi接入点。香港是世界上备受欢迎的营商及大型会议举办地点，每年有超过300个国际会议及展览会在香港举行。

【人口】 2012年年中，香港的人口为715万人（包括694万名常住居民和22万名流动居民），其中绝大部分为华裔人士，外籍人士占8%。在2008年至2012年间，香港人口的平均年增长率为0.7%。2012年年中，香港男女人口的比率是每千名女性对869名男性。总人口的年龄中位数为42.0岁。

人口密度（每平方公里）6620人，粗略出生率（每千人）12.8人，华裔人士占人口比例92%，其他国籍人士主要为：印尼人（164850人）、菲律宾人（160850人）、美国人（28290人）。

2012年，全香港劳动人口379万人，其中男性占68.7%，女性占53.6%。大部分就业人口（88.3%）从事服务行业，其中从事批发、零售、进口与出口贸易、住宿及饮食业的占31.9%，运输、仓库及通讯业占

11.5%，金融、保险、地产及商用服务业占19%，公共行政、社会及个人服务业占25.9%，建造业占8.1%，制造业占3%。

【宗教】 世界各大宗教在香港几乎都有人信奉。华人主要信仰佛教、道教。香港寺院共有360多间，公共庙宇有40座，天后庙宇24座。天主教会在香港办有学校、医院和社会服务中心。基督教有50多个宗派，信徒28.5万人，在香港也兴办学校、医院和社会服务中心等机构。信仰其他宗教情况大致是：伊斯兰教教徒5万人，其中半数以上是华人；印度教教徒1.2万人；少数锡克教和犹太教徒。

【语言文字】 香港的法定语言（不称作“官方语言”）是中文和英文，而政府的语文政策是“两文三语”，即书面上使用中文白话文和英文、口语上使用粤语（俗称广州话）、普通话和英语，而香港的原居民是讲围头话（莞宝片粤语）和客家话的。而二战之后，特别是大逃港时期，来自广东的南番顺、四邑、香山、东莞等广府系地区和潮州、汕头、普宁、海陆丰等潮汕系地区的移民大幅增加，尤以广府人为甚，人数占到当时香港总人口88.7%，故香港当前大部分居民都并非本地原居民。六七暴动后，香港语文统一，成为推广广府文化的基地，使不少香港原住的疍家人和客家人以及外籍人士亦主动学习粤语。当前香港华裔人口中主要使用广府片粤语，而非华裔人口则多以英语作交际语。文字方面，由于中国内地推行简化字的时候，香港还是英国的殖民地，因此香港最普遍使用的汉字书体是繁体中文。

按惯用语言划分的人口比例：广东话（粤语）占89.5%，普通话占1.4%，其他中国方言占4%，英语占3.5%，其他语言占1.6%。

【经济社会发展概述】 公共财政　截至2013年3月底，香港特别行政区政府的财政储备为7339亿元（港元，下同）。在2013/2014财政年度，预算政府的总收入为4351亿元，其中44%来自直接税，22%来自间接税。其余的收入来源包括：地价收入、投资收入和各项收费。

在2013/2014财政年度，预算的公共开支总额为4671亿元，约占本地生产总值的21.7%，其中包括政府开支的4400亿元，以及房屋委员会和各营运基金的开支共271亿元。年度内，主要的公共开支范畴有：教育（16.5%）、社会福利（13.1%）及卫生（11.5%）。

经济　香港有勤奋的工作人口、完善的基础设施和优良的电讯网络，加上政府奉行自由企业和自由贸易的政策，促使香港发展成为首屈一指的贸易、金融和商业中心。过去20年，香港的本地生产总值平均每年有3.7%的实质增长。2012年，本地生产总值以当时市价计算达20419亿元，而人均本地生产总值则为285403元。

贸易　2012年，香港的贸易总额（包括商品进口、港产品出口及转口）为73465亿元，比上年上升3.4%。整体出口的主要市场是中国内地，占2012年本港出口总值的54.1%，其次是美国（9.9%）、日本（4.2%）、中国台湾（2.4%）及德国（2.3%）。香港的进口货品主要来自中国内地（47.1%）、日本（8.0%）、新加坡（6.3%）、中国台湾（6.3%）及美国（5.2%）。

房屋　至2013年3月31日，香港共有239万个住户，其中69.20万户或200万人

（占全港人口 30%）居于香港房屋委员会（房委会）的公共租住房屋（公屋），3.11 万户或 8.69 万人居于香港房屋协会（房协）的公屋。另外，有 36.80 万户或 116 万人（占全港人口 16%）居于房委会或房协的资助出售房屋。全港有接近一半的住户正居住在受政府资助的房屋。余下 130 万个居住在私人楼宇的住户中，87 万户是住在自置物业。就整体而言，全港超过一半以上的家庭居住在自己所拥有的房屋。

卫生　至 2012 年 12 月底，香港有 41 家公营医院、11 家私家医院、50 家护养院和惩教署辖下 21 家医院，设有病床总数达 36579 张，即每千人 5.1 张。香港有注册医生 13006 名、注册中医 6565 名及表列中医 2733 名，即比例上每千人分别有注册医生 1.8 名、注册中医 0.9 名和表列中医 0.4 名。

教育　在 2011/2012 学年，香港共有幼儿园 946 所，小学 568 所，中学 524 所。在幼儿园就读的学生有 157433 人，在小学和中学就读的分别为 322881 人和 467087 人。在 2011/2012 学年，获大学教育资助委员会（教资会）拨款资助的 8 所院校所开办的教资会资助课程，共有学生 75597 人，而经本地评审自资副学位或以上的专上课程（除职业训练局外），共有学生 105714 人。职业训练局的职前课程共有学生 51750 人。政府已推出涵盖三年初中、三年高中及四年大学教育的新学制。新学制的三年高中课程已于 2009 年 9 月在中四推行，而四年的大学学位课程于 2012 年 9 月实施。

社会福利　社会福利署及非政府机构（包括 171 个受资助的福利机构）透过约 2800 个服务协议单位，提供多项福利服务，包括有：社会保障、家庭及儿童福利、医务社会工作、小组及小区工作、青少年服务、长者服务、弱能人士康复服务，以及违法者服务。社会福利署的热线服务全日 24 小时运作，提供社会福利服务信息，更有当值社工提供实时电话辅导、支持及转介服务。

交通运输　香港是世界上最繁忙的集装箱港口之一。2012 年，抵港的远洋船舶及内河船只分别有 30700 和 160160 航次。年内约有 1180 万人次从中国内地及澳门乘搭喷射船和双体船抵港，并在尖沙咀的中国客运码头、上环的港澳码头和屯门客运码头（屯门客运码头在渡轮营办商于 2012 年 9 月终止租赁协议和交还码头后，已停止运作）登岸；而从这三个码头乘船往境外的旅客约有 1390 万人次。

2012 年，香港的道路全长 2090 千米，领有牌照车辆及政府车辆 653010 辆，车辆密度为每千米道路有 313 辆车行驶。香港岛与九龙半岛之间，由三条海底隧道连接。在 2012 年，本港约有专营巴士 5740 辆，年内平均每日载客逾 380 万人次。此外，本港还有数目不少的小型巴士和的士，另有电车 164 辆。

香港的铁路系统是由香港铁路有限公司（港铁）营运及管理，并由观塘线（调景岭至油麻地）、荃湾线（荃湾至中环）、港岛线（柴湾至上环）、东涌线（香港至东涌）、将军澳线（宝琳／康城至北角）、东铁线（红磡至罗湖／落马洲）、西铁线（屯门至红磡）、马鞍山线（乌溪沙至大围）、迪斯尼线（欣澳至迪斯尼）组成，全程 175 千米，共有车站 82 个。港铁也营运全长 35.2 千米的机场快线，以及在新界西北营运全长 36.2 千米的轻铁系统（共设有 68 个车站）。轻铁接驳巴士服务为铁路乘客提供更全面的服务网络。整个系统每日平均载客约 428 万人次。港铁同时经营往返香港与北京、上海，以及广东省内城市的跨境直通车服务。

香港国际机场是全球最繁忙的机场之一。有约110家航空公司使用香港国际机场，每周有约6700班定期客机及货机来往香港。2012年，机场共处理国际旅客逾5566万人次及空运货物403万公吨。

电讯　截至2013年1月，全数码化电话系统共接驳接近426万条电话线。流动电话系统则为超过1647万名用户提供服务，即在每100名人口中便有约230名流动电话用户，普及率属全球最高之一。第三代和第四代流动服务继续增长，令用户可享用流动高速多媒体服务，用户人数已增长至995万人。除基本话音服务外，各种数据服务也广受消费者欢迎。在2013年1月，本地流动数据用量已激增至8057TB（即8056550GB），或每名2.5G/3G/4G流动用户平均758.9MB，相当于2012年同期流动数据用量的1.8倍和2011年同期用量的4倍。本地宽带用户226万户，住户宽带普及率达86%。另外，香港为首屈一指的无线城市，截至2013年3月，全港共有约6000个地点提供18880个热点让市民可透过WiFi接达互联网。

汇率　由1983年10月起，香港实施联系汇率制度，把港元汇率固定于每7.80港元兑1美元上。税制：根据地域来源征税概念，只有于香港产生或得自香港的收入才需要课税。在香港从事贸易、商业或专业活动，其利润须课利得税。于2011/12课税年度，法团的利得税税率为16.5%，而法团以外人士的利得税税率则为15%。从受雇工作所得入息须缴纳薪俸税，税额是把入息减去各项扣除和免税额后按累进税率计算，但以不超过扣减免税额前的入息净额的15%（标准税率）为限。香港物业的业主须缴纳物业税，税额是把每年所得租金收入减去差饷及20%法定的修葺及支出免税额后，再以标准税率15%计算。

传播媒介　香港是亚洲读报人数最多的地区之一，也是世界上其中一个最大的中文刊物中心。截至2013年4月，在香港注册的刊物共有735份，其中报章51份，包括每日出版的中文报章25份和英文报章12份。期刊杂志684份，内容涉及公共事务/政治、专门技术，以至娱乐等题材。香港观众可收看超过400个由本地持牌机构提供的本地及非本地电视节目服务频道，其中包括15个由两个本地免费电视节目服务持牌机构经营的免费频道、约370个由三个本地收费电视节目服务持牌机构提供的收费电视频道，以及约40个非本地电视节目服务频道。此外，三家香港电台，共设13个以模拟制式传送的中英文频道，每周广播节目逾2000小时。四个广播机构已推出数码声音广播服务，将提供18个数码声音广播频道。

金融市场　2012年9月底，香港有154家持牌银行、20家有限制牌照银行和25家接受存款公司。此外，有61家外资银行在本港设有代表办事处，分行总数约1400家（不包括在本港的主要营业地点）。这些外资银行来自34个国家，其中69家是属于全球最大的100家银行。香港的银行从事多方面的零售及批发银行业务。

香港已连续18年（1995~2012年）被美国传统基金会评为经济最自由的地方。香港的外汇市场发展成熟，买卖活跃。本港没有外汇管制，且位于有利的时区，有利促进外汇市场的发展。由于本港与海外的外汇市场紧密联系，香港的投资者可以全日24小时在世界各地的市场进行外汇买卖。根据国际结算银行在2010年进行的每三年一度全球调查，香港外汇市场以成交额计算在世界排行第六位。

香港货币市场主要包括银行同业拆息市场。货币市场主要是给机构进行批发层面的银行业务。香港的银行同业拆息率，是按市场参与者之间的资金供求而决定，所以，这个利率是香港短期贷款最重要的价格指针之一。在2012年8月，香港银行同业拆息市场平均每日的成交额为2220亿港元。

以截至2012年9月底的资本市值计算，香港的股票市场位列世界第六，在亚洲则排名第二。香港的证券市场交投活跃，2009、2010和2011年的首次公开招股集资额高踞全球首位。本地股票市场上有多元化的投资产品，包括普通股份、期权、认股权证、牛熊证、交易所买卖基金、房地产投资信托基金、单位信托及债务证券，供投资者进行买卖。截至2012年9月底，在香港联合交易所（联交所）主板市场挂牌的上市公司有1533家，资本市值总额达196486亿港元，当中有710家为内地企业，这些内地企业由1993年至2012年9月底已透过香港集资33499亿港元。

衍生产品市场方面，香港期货交易所（期交所）及联交所提供一系列期货及期权产品，包括指数期货、股票期货、利率期货、债券期货、黄金期货、指数期权及股票期权。

在两个交易所内进行的交易透过三家互连的结算公司进行交收及结算，这三家公司分别是香港中央结算有限公司、香港联合交易所期权结算公司及香港期货结算公司。至2012年10月底，共有19个海外交易所和市场营运者获认可为自动化交易服务提供者，为香港机构提供交易服务。

除股票及期货市场外，香港亦有一个活跃的场外交易市场，主要由专业机构参与运作及使用，涉及的产品包括与股票、利率及货币有关的掉期、远期及期权合约。

香港的债务市场已发展为区内其中一个流通量最高的市场。“债务工具中央结算系统”于1990年设立，由香港金融管理局负责管理，为外汇基金票据及债券，香港政府债券以至私营机构发行的债务证券提供结算和托管服务。至2012年9月底，未偿还的外汇基金票据及债券数额为6568亿港元，平均每日成交额为186亿港元。在2011年，外汇基金票据及债券以外的港元债务证券发行数额共达2301亿港元。

香港金银业贸易场自20世纪初开始已为投资者提供买卖黄金的交易平台。该贸易场已在2011年推出人民币公斤条黄金。

香港是全球最开放的保险业中心之一。在2012年9月，香港共有160家认可的保险公司，其中85家在香港注册成立，其余75家则分别在21个国家注册成立，当中以百慕大及英国最多。在2011年，保费总额为2337亿港元。作为亚洲区内最大的资产管理中心之一，香港继续吸引国际投资者以其作为区内的投资平台。截至2011年年底，香港的基金管理业务合并资产的总值达90380亿港元。此外，香港是投资组合管理活动的区域中心，包括香港认可的单位信托和互惠基金，以及较大规模的机构基金管理。至2012年3月31日，香港共有1863个认可的单位信托及互惠基金。在2011年12月31日，该等获认可的单位信托及互惠基金的资产净值为79082亿港元。在2000年12月推行的强制性公积金（强积金）制度滚存庞大的退休资产，促进了金融市场进一步发展。至2012年6月，强积金计划下的累算资产总额达3843亿港元（493亿美元）。

【年度大事要闻】 2012年12月29日，香港传媒机构评选出香港2012年度十大民生新闻，分别是：

南丫大海难　全城悼亡灵　10月1日，香港发生回归以来最严重的撞船意外。载有逾百人的港灯渡轮“南丫四号”，准备开往维港观赏烟花时，遭一艘高速驶至的港九小轮“海泰号”拦腰撞及，渡轮迅速下沉，船上乘客全部堕海，事件最终酿成39人死亡，101人受伤。事发后，政府展开紧急救援，并宣布10月4日为全港哀悼日，悼念此次海难死难者。政府随即宣布成立独立调查委员会，希望在半年内完成调查，确定事故起因及全面检视监管制度的漏洞等，防止类似悲剧再发生。

长津笃定推　贫老有保障　香港特别行政区行政长官梁振英2012年7月上任后宣布推出长者生活津贴计划，依照计划规定，香港65岁或以上永久性居民长者，只需简单资产审查，即可每月获2200港元津贴，较现时高龄津贴多出1110港元。此项计划将有40多万名长者受惠，政府则每年需额外支付60亿港元。政府原计划争取10月上旬由立法会通过拨款，同时将计划生效日期与财委会通过拨款日期挂钩，使该计划可追溯至2012年10月。但立法会不同政党对是否需要资产审查制度存在争议，长津频遭拖延。最终立法会于12月7日通过长者生活津贴涉及的人手开支拨款，通过整个计划，但追溯期需由10月改为12月。

粤港打水客　秩序终复常　随着人民币升值、开放深圳居民“一签多行”来港，2012年以来，新界北区的水货活动影响面扩大。2012年9月，有上水居民到港铁上水站聚集，抗议水货客影响居住环境及阻塞通道。政府随后推出六项措施严厉打击水货客，包括加强对水货客阻街执法、核证水货客身份等。入境处接连展开“风沙行动”，检查水货客集中的工厂大厦，港铁则实施行李限重，深圳当局在边境加强执法，港铁站出入的水货客明显减少，秩序全面恢复正常。

辣招遏炒风　保楼市健康　受供求失衡及热钱涌港影响，香港楼价节节上升屡创新高，近百万名市民无力置业，同时公屋轮候册数字突破20万大关。新一届政府采取措施，稳定楼市。10月推出买家印花税，向非香港永久居民买家征收15%的买卖楼宇印花税，同时将额外印花税适用期由2年延长至3年，并增加5%的印花税，有关立法建议计划提交立法会审议。

停收“双非”妇　纾产科压力　非香港孕妇涌向香港产子问题引起香港社会巨大反应，梁振英当选后宣布，2013年香港的公私营医院“双非”将实施“零配额”，令产科压力得以纾缓。

2012年初，时任行政长官曾荫权亦抛出四项措施，堵截非本地孕妇“闯关”产子，包括由两地联手打击中介公司和跨境车辆，从源头禁绝未预约的内地孕妇来港；在入境管制站加强截查，尽快遣返未经预约的内地孕妇；加强取缔无牌经营旅馆，令内地孕妇难以非法居留；检讨非香港孕妇在急症室分娩的收费，减少被滥用。

拓新界东北　谋长远发展　新一届政府将土地政策列为施政重点，面对市区土地发展饱和，政府致力开拓新的土地资源。新界东北新发展区计划在上世纪90年代已被港府纳入发展策略，在2007年施政报告中也被列入十大基建之一，计划在2008年正式立项，展开首阶段公众咨询。政府在2012年展开第三阶段公众咨询，支持者和反对者各持己见，政府表明本港有需要开拓更多土地，将聆听各界意见，进一步完善和落实计划，第三阶段报告将在2013年上半年公布。

新发展区涉及古洞、粉岭北和坪輋/打鼓岭的787公顷土地，计划用作住宅和商业发展，预计落成后可提供5.4万个住宅单位，为15万人提供居所。新界东北发展计划预期于2017年启动，于2022年让第一批人口迁入居住，于2031年完成所有工程。

重设扶贫会　首订贫穷线　扶贫工作是梁振英政纲中的重要关注点，6月宣布成立扶贫委员会筹备工作小组，并担任主席。梁振英承诺为香港设定一条贫穷线，了解香港贫穷状况及评估扶贫措施成效，制定政策方向。11月扶贫委员会名单公布，由政务司司长林郑月娥负责，并于12月1日正式运作。委员会辖下设六个小组，全面检讨本港贫穷成因，订出贫穷线，评估扶贫政策成效，检讨及制订政策防贫及扶贫，同时提供合适的安全网，协助弱势社群改善生活。12月，在立法会就订立贫穷线举行公听会，听取民意。政府将于2013年首季展开工作。

置安心出炉　反应超热烈　新一届政府宣布置安心单位转租为售。首期项目绿悠雅苑将提供988个中小型单位，以市价七折发售，申请家庭每月入息上限为4万港元，资产限额为83万港元，申请单身人士的每月入息上限为2.5万港元，资产限额为50万港元，较以往申请资助房屋的入息限额宽松。房屋协会预计首个置安心项目将超额10倍申请，并在圣诞假前提早开放示范单位，首日吸引近3000人参观，派发逾万份申请表，随后周末每日的看楼人潮更接近5000人。绿悠雅苑预计在2015年初落成，市民可在12月28日开始递交申请。

美容针死人　规管迫眉睫　4名女子于DR医学美容集团接受静脉输液疗程后出现败血性休克，当中46岁病人陈宛林更出现多个器官衰竭后死亡，另有一人需截肢，其中一名受害人是DR集团主席周向荣的胞姊。

事件引起社会对医学美容疗程关注，政府宣布成立私营医疗机构规管检讨督导委员会，辖下设立4个工作小组，分别负责区分医疗程序或行为和美容服务、界定在非住院情况下施行的高风险医疗程序、研究处理先进疗法产品处所的规管及研究私家医院的规管。警方将此案列为刑事案，调查是否有人因严重疏忽而犯误杀罪。

新地涉贪案　震惊政商界　2012年3月29日，廉政公署拘捕新鸿基地产董事局联席主席郭炳江、郭炳联，以及前政务司司长许仕仁，怀疑他们涉及贪污罪名。7月13日，廉署正式立案起诉郭炳江、郭炳联、许仕仁等5人，被控八项罪名，并在香港东区裁判法院开审。许仕仁被指在任职政务司司长期间收受贿赂，收取郭炳江透过财务公司发出的现金支票，并透过新地收受款项。许仕仁被控八项罪名，涉嫌贪污金额4000万港元。10月12日，案件再次开审，检控方面提出需时到海外搜证，裁判官将案件押后至2013年1月25日再审，郭氏兄弟获准各以现金1000万港元保释，其余三人保释金为20万至500万港元不等。

澳门特别行政区

【基本情况】　澳门特别行政区是中国领土的一部分，地处珠江三角洲的西岸，毗邻广东省，澳门总面积因为沿岸填海造地而一直扩大，2012年，总面积为29.9平方千米。

至2012年底，澳门居住人口58.2万人。澳门半岛北区为世界人口密度最高的城区之一。澳门人口近20年每年以4%的幅度增加，2012年增速为4.4%。根据2011人口普查详细结果，中国籍居民占92.3%，葡萄牙籍占0.9%，菲律宾籍占2.7%。

澳门的官方语言分别是中文及葡萄牙文。澳门以中文为日常用语的居住人口超过94%，而使用葡萄牙语的人口则为0.7%，其余人口使用英语及其他语言。在澳门出生的居民占40.9%，在中国内地出生的居民占46.2%，在其他地方出生者超过10%。

【政治及经济】 2012年是澳门特别行政区政制发展取得阶段性成果的一年。行政长官和立法会产生办法经“五步曲”的修法程序，于2012年2月29日由全国人大常委会通过《关于澳门特别行政区2013年立法会产生办法和2014年行政长官产生办法有关问题的决定》。特区政府随即启动两个选举法的本地立法工作，具体落实全国人大常委会的有关决定和前阶段全面咨询的结果。2012年8月29日，《行政长官选举法》及《澳门特别行政区立法会选举法》的修订法案经立法会细则性审议通过，为2013年立法会选举和2014年行政长官选举提供法律基础。政制发展迈出重要的一步，彰显“一国两制”在澳门的稳步实践。

澳门经济规模不大，但外向度高，是区内税率最低的地区之一，财政金融稳健，无外汇管制，具有自由港及独立关税区地位，是亚太区内极具经济活力的一员。2012年，澳门本地生产总值为3482亿澳门元，同比实质增长9.9%；人均本地生产总值逾61.2万澳门元，在亚洲名列前茅。2012年底，外汇储备达1325亿澳门元。

【旅游博彩业】 旅游博彩业是澳门主要的经济动力之一，其中包括作为澳门最大直接税来源的博彩业，及酒店、饮食、零售等行业，对推动澳门经济的发展相当重要。2002年特区政府透过适度开放幸运博彩市场，引入新的投资者和营运模式，为博彩业发展注入新的动力和多元化元素，为社会提供大量就业机会。2012年，澳门博彩税总收入达1133.78亿澳门元，比上年增长13.76%；博彩业毛收入总额3052.35亿澳门元，增长16.97%。

全年入境旅客2800万人次。澳门最大客源市场依次为中国内地（60.2%）、中国香港（25.2%）、中国台湾（3.8%），澳门首10位客源市场主要是亚洲国家及地区。国际旅客的比重亦稳步上扬，占总体旅客的10.8%。

至2012年底，实施“个人游”政策的省市包括广东省全省，北京，上海等共计49个城市，涵盖近3亿人口。2012年，全部中国内地旅客中有42.2%为持个人游签注访澳。

【粤澳合作】 2012年，根据《粤澳合作框架协议》作为合作发展横琴重点项目的粤澳中医药科技产业园进展顺利，年内已完成园区首阶段工程。横琴岛澳门大学新校区兴建工程全面推进，至年底全面进入收尾工程阶段。河底隧道主体结构亦于2013年1月全部完成。穗澳合作开发广州南沙取得进展，穗澳经贸合作得到加强。

2012年2月，粤澳双方签署《深入实施CEPA，推动粤澳合作2012年工作备忘录》，促进粤澳服务业合作。4月，《内地与澳门关于建立更紧密经贸关系的安排》补充协议八正式实施；7月，澳门特别行政区与商务部再签署《安排》补充协议九，并于2013年1月1日起实施，使服务贸易总开放领域达48个，累计开放措施将达318项。

2012年，澳门特别行政区政府持续跟进《环珠江口宜居湾区建设重点行动计划》《澳珠协同发展规划》和《珠江口西岸地区发展规划》的编制，加强与珠海市及邻近的珠江三角洲地区在城市规划、基础设施、口岸通关、公共服务、产业布局、生态环境等方面的统筹规划，建设生态环境优美、公共服务衔接、产业配套发展、工作生活便利的珠澳国际都会区，发挥澳门世界旅游休闲中心和区域商贸服务平台的作用，强化澳门经济适度多元发展动力，拓展澳门经济适度多元发展腹地。

为配合港珠澳大桥的落成，三地政府组成“港珠澳大桥跨界通行政策研究协调小组”，启动各项相关的跨境方案研究及推进两地工作的进程。

【就业和社会福利】 2012年第4季的统计数据显示，澳门劳动人口共35.7万人，就业人口35万人，失业人口6600人（1.9%），就业人口每月工作收入中位数12000澳门元，按年上升20.0%。

澳门属较高社会福利的城市，是大中华区首个提供15年免费教育的地区。2012年9月，政府更提出把学费津贴的范围，扩大至在珠海和中山就读高中的澳门学生，并于暑假期间为他们开办认识澳门文化和社会发展的课程，拓展惠民政策，进一步推动粤澳合作，致力达到全方位完善教育政策的目标。

2012年，澳门特别行政区政府把完善民生福利作为施政重点的首要任务，落实及提升多项保障、提高民生综合水平的政策，涉及支出超过100亿澳门元。2011年，澳门开始向落实双层式社会保障制度推进，社会保障基金作为第一层社会保障，其福利发放的类别包括养老金、残疾恤金、社会救济金、失业津贴、疾病津贴、出生津贴、结婚津贴、丧葬津贴等多个方面。其中，2012年养老金的受益人63579人，在全年社会保障给付金额总数约为13亿澳门元里面，亦以养老金的支出占最大比重，达94.3%，约为12.3亿澳门元。另外还有多项敬老扶弱措施、税收减免以及水、电费的特别津贴。中央公积金作为第二层社会保障，目的是在澳门居民获得基本退休保障的同时累积资金，使居民的退休生活有更充裕的保障。年内获批准的申请4.2万份，发放金额总数3.4亿澳门元。而中央储蓄制度2012年拨款的工作于7月份展开，符合资格获分配拨款的居民32万人。8月10日，特区政府决定未来4年逐年向社保注资370亿澳门元，并于9月25日向合资格永久居民的中央账户注入6000澳门元。

为协助市民应对通货膨胀，近年澳门特别行政区政府亦推出现金分享措施，与市民分享经济发展的成果，2012年度现金分享计划分别向永久性居民和非永久性居民发放7000澳门元和4200澳门元。涉及款项41.23亿澳门元。

另外，澳门特别行政区政府投入充足的医疗卫生资源，2012年卫生局总开支40.1亿澳门元，比上年增长6.1%。其他社会福利还有以租赁方式供弱势人士居住的社会房屋，以及由政府投资兴建供合资格人士以低于市场价格购买的经济房屋。

【文化】 在保护及传扬非物质文化遗产方面，2012年澳门新增妈祖信俗、哪吒信俗、土生葡人美食文化及土生土语话剧，入选《澳门非物质文化遗产名录》。从2005年“澳门历史城区”成为世界遗产以来，至2012年底，澳门共有10个项目列入《澳门非物质文化遗产名录》，6个项目列入《国家级非物质文化遗产名录》，1个项目列入联合国教科文组织《人类非物质文化遗产名录》。

【年度大事要闻】 2012年，澳门特别行政区发生的大事要事主要有：

《新控烟法》实施　1月1日，澳门特别行政区《新控烟法》生效，绝大部分的室内及公共场所全面禁烟。违反禁烟规定者最高罚款600澳门元；禁烟场所管理人未有在场所当眼处张贴禁烟标志，罚款1万至10万澳门元。

台湾澳门经济文化办事处设立　5月13日，澳门特别行政区政府在台湾设立澳门经济文化办事处。该办事处是澳门特区政府在台湾设立的综合性办事机构。其主要职能是：为澳门居民在台工作、学习、旅游、商务和生活，以及急难事件提供服务与协助；促进澳台经贸、旅游、科技、环保、教育、医疗卫生、文化创意、学术出版、专业技术、社会福利及其他领域等的交流与合作；加强澳台两地共同打击犯罪以及司法协助合作。

《澳门行政长官产生办法修正案（草案）》和《澳门立法会产生办法修正案（草案）》获全国人大批准和备案　6月30日，第十一届全国人大常委会第二十七次会议通过由行政长官崔世安报请批准的《澳门行政长官产生办法修正案（草案）》，以及报请备案的《澳门立法会产生办法修正案（草案）》。

首届“世界旅游经济论坛·澳门2012”举办　9月9日，“世界旅游经济论坛·澳门2012”在澳门举行。本次论坛是由澳门特别行政区政府社会文化司主办、中华全国工商业联合会旅游业商会协办、世界旅游经济研究中心筹办的首届世界旅游经济论坛。论坛以“增长驱动增长：旅游与经济发展的互惠互动”为主题，旨在打造一个国际性交流合作平台，探讨旅游业与相关产业相互影响、牵引互动所带来的机遇和挑战，为旅游业及相关产业寻找契合点和合作机遇，同时协助提升澳门旅游产业的国际竞争力，打造澳门的世界旅游休闲中心地位。

《规范进入娱乐场和在场内工作及博彩的条件》法例生效　11月1日，《规范进入娱乐场和在场内工作及博彩的条件》法例生效。依照该法例，未满21岁人士禁止进入娱乐场。

横琴新区首次向澳门企业挂牌出让商业用地　11月20日，横琴新区首次推出专门面向澳门企业挂牌出让的商业用地，面积逾3万平方米，竞拍底价2.5亿元人民币。

习近平接见崔世安　12月20日，中共中央总书记、中央军委主席习近平接见澳门特别行政区行政长官崔世安，强调中央在十八大换届后，对港澳的大政方针没有改变，相信澳门的事业会越来越好。

（澳门特区政府新闻局）

·责任编辑　郝红英·

汉语拼音主题索引

说　　明

一、本索引采用主题分析方法，款目按汉语拼音字母（同音字按声调）顺序排列。

二、文中的分目题用黑体字标示，其余用宋体字排印。

三、索引款目后的数字表示内容所在的页码，数字后的拉丁字母（a、b）表示栏别（即版面的左、右栏）。

四、同一主题的内容在文中多处出现的，在其款目后用不同的页码标明。

五、本书《大事记》《统计资料》《珠江三角洲发展研究论文摘要》《文献法规》等篇目未作索引。

六、为了方便从不同名词述语检索相关内容，索引中部分主题词使用“见”，作相互参照。

A

B

C

D

F

G

H

J

P

Q

R

S

T

W

X

Y

Z